Adobe Captivate 9

어도비 캡티베이트 9을 활용한 이러닝 개발

| 김동식 · 이효진 · 신윤희 · 나청수 공저 |

E-learning Development by Adobe Captivate 9

학지사

　대학에서 이러닝 개발 과목을 가르치면서 학생들이 이러닝 개발을 어렵게 느끼지 않게 할 방법이 없을까 고민해 왔다. 왜냐하면 이 코스에서는 반드시 하나의 이러닝 프로그램을 만들어 보아야 하는데, 그 일을 마치려면 학생들이 근 한 달 정도는 개발실에서 밤을 새워야 하는 경우가 비일비재했기 때문이다. 학생들이 2~3명으로 팀을 만들어 내용을 설계하고 필요한 멀티미디어 자료를 가지고 이러닝 프로그램을 만드는 일은 시간이 많이 걸리는 일이기 때문에 이런 어려움은 불가피하다.

　그래서 즐겁게 프로그램을 개발하도록 개발 방법을 소상하고 친절하게 설명해 주는 책을 제공하는 방법이 좋겠다고 생각했다. 이런 취지로 다양한 이러닝 저작도구 중에서 손쉽게 상호 작용 구현이 가능한 Adobe Captivate 9을 사용하여 이러닝을 개발할 수 있는 지침서를 내기로 했다.

　최근까지 국내에서는 Adobe Flash를 많이 사용해 왔다. 하지만 스마트폰이 대중화되고, Apple 사의 기기가 널리 사용됨에 따라 모바일 콘텐츠 제작에 Adobe Flash는 한계를 보이게 되었다. 심지어 Adobe 사에서도 Flash의 비중을 자체적으로 줄이고 있다. Adobe Captivate 9은 HTML5 형식의 출력을 지원함으로써 일반적인 이러닝 콘텐츠뿐만 아니라 모바일 콘텐츠 제작에도 강점을 가지고 있다. 또한 Adobe Flash나 Adobe Director와 같은 스크립트에 의한 개발 방식과 달리, 몇 번의 클릭으로 복잡한 상호 작용 표현이 가능하다.

　이 책은 이러닝 개발의 초보자도 쉽게 접근할 수 있도록 쓰였다. 모든 저작도구와 관련해 개발자들이 내놓은 매뉴얼이 있지만 실제로 프로그램을 만들려면 그것이 별로 도움이 되지 않는다는 말을 많이 한다. 실제로 그 매뉴얼이 잘못되어서가 아니라 초보자가 그 기능들을 어떤 경우에 왜 사용하는 것인가를 잘 알지 못하기 때문이다. 그래서 이 책에서는 가급적이면 대수롭지 않은 설명도 자세하게 설명하려고 하였으며, 어떤 기능에 대한 설명을 간단히 글로만 제시하지 않고 실제 프로그램에서 어떤 변화가, 어떻게 일어나는지 그 변화 과정을 화면과 함께 순서대로 제시하였다.

　이 책이 기업이나 학교 현장에서 교육 콘텐츠를 개발하는 모든 사람에게 도움이 되기를 바라는 마음이 간절하다. 혹시 사용하면서 잘못된 부분을 발견한다면 집필진에게 알려 달라. 개정판에서 반드시 반영할 것이다. 책의 일부분을 수업에 사용하면서 잘못된 부분을 지적해 준 한양대학교 교육공학과 제자들에게 감사한 마음을 전한다.

집필진을 대표해서 김동식 씀

Adobe Captivate 9이란

1. Adobe Captivate 9 개괄

Adobe Captivate 9은 전문적인 프로그래밍 지식이나 멀티미디어에 대한 기술 없이도 쉽고 빠르게 이러닝 콘텐츠를 만들어 낼 수 있는 이러닝 저작도구다. 지금까지는 이러닝 콘텐츠를 개발하기 위해 주로 Adobe Flash와 Microsoft PowerPoint를 많이 사용해 왔다. Adobe Flash는 자연스러운 애니메이션을 제작할 수 있는 대표적인 도구로서 슬라이드 기반의 콘텐츠 제작이나 비디오 제어가 가능하다. 하지만 스마트 기기가 등장하고 모바일 콘텐츠가 확산되면서 Adobe Flash는 이를 지원하는데 많은 한계를 보여왔다. 게다가 Adobe Flash를 자유자재로 활용하기 위해서는 액션 스크립트라는 프로그래밍 언어를 이해해야 하는데, 이는 일반 사용자들이 배우고 사용하기까지 오랜 시간이 걸린다는 것이 단점으로 지적되고 있다. Microsoft PowerPoint의 경우 프레젠테이션용으로 개발되었기 때문에 Adobe Flash보다 사용이 훨씬 용이하다. 하지만 표현할 수 있는 기능이나 효과가 상당히 제한적이며, 특히 사용자와의 상호 작용을 구현하는데 많은 한계를 가지고 있다.

Adobe Captivate 9은 Adobe Flash의 표현 가능성과 Microsoft PowerPoint의 사용 용이성을 적절히 결합한 저작도구라 할 수 있다. Adobe Captivate 9을 통해 애니메이션 제작, 타임라인 관리 등 Adobe Flash에서 사용하는 것 이상으로 표현 가능하다. 이는 자동으로 실행되도록 설계가 되어있어서 원하는 기능을 몇 번의 마우스 클릭만으로 구현할 수 있다. 게다가 Adobe Captivate 9은 다른 도구들과 달리 이러닝 콘텐츠 개발을 위해 특화되어 있기 때문에 다양한 유형의 퀴즈 설계, 학습결과에 따른 분기 설계 등 여러 가지 학습을 위한 기능 또한 제공하고 있다.

2. Adobe Captivate 9 활용 대상

● 이러닝 전문가: 이러닝 전문가는 이러닝 컨텐츠 제작 및 유지 관리 작업의 효율성을 높일 수 있다. 기존 프로젝트와 PowerPoint 프레젠테이션의 컨텐츠를 손쉽게 재활용할 수 있으며 최적화된 인터페이스를 사용하여 보다 생산적으로 작업할 수 있으며 학습자의 관심을 끌고 학습 효과를 높이기 위해 멀티미디어, 퀴즈, 시뮬레이션 및 인터랙티브한 기능을 추가할 수 있다.

● 교육자: 교육 전문가 또는 커리큘럼 개발자는 프로그래밍 없이도 전문적인 교육용 프로그램을 간편하게 제작하여 유지·관리할 수 있다. 이미지, 풍부한 애니메이션 효과, 비디오·오디오 내레이션, 상호 작용적인 요소 및 퀴즈를 추가하면 창의적인 아이디어와 강의실 수업 내용을 모든 학생이 원하는 효과적인 자습서로 탈바꿈시킬 수 있다.

● 기술지원 관리자: 기술지원 관리자 또는 고객지원 책임자는 셀프 서비스 비디오를 신속하면서도 간편하게 제작할 수 있다. 프로그래밍 없이 '사용 방법' 동영상과 '개별 학습' 데모를 손쉽게 제작할 수 있다. 또한 멀티미디어, 인터랙티브한 기능과 퀴즈를 포함하여 학습 효과와 학습자의 습득력을 향상시킬 수 있다.

Adobe Captivate 9 설치하기

1) http://www.adobe.com/kr/products/
   captivate.html 접속

2) 무료 시험버전 클릭

3) Adobe 아이디 생성(기존 아이디 있으면 로그인)

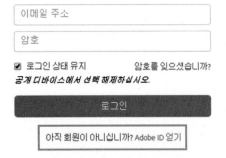

4) 사용자 정보를 입력하고 '한국어 l Windows
   64-bit'를 선택 후 다운로드 버튼 클릭(32bit에
   서는 작동 안됨)

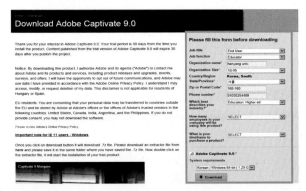

5) 다운로드할 폴더 선택 – 다운로드 진행

6) captivate_9_x64_LS21.7z파일 열기(자동 실행)

7) '다음'을 눌러 다운로드한 파일 추출

8) Adobe 설치 프로그램 자동 실행

9) 시험 버전 설치

10) 사용권 동의

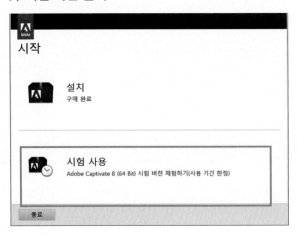

11) Adobe 아이디 로그인

12) 설치 완료

Adobe Captivate 9 인터페이스 안내

1. 상단 메뉴

파일(F)	편집(E)	보기(V)	삽입(I)	수정(M)	프로젝트(P)	퀴즈(Q)	오디오(A)	비디오	테마(T)	창(W)	도움말(H)

상단 메뉴는 위와 같으며, Adobe Captivate 9의 모든 기능 설정을 상단 메뉴에서 할 수 있다.

2. 기타 메뉴

⊞	✉	↓ ↑ 1 / 2	100 ▼	Live Chat	클래식 ▼
ⓐ	ⓑ	ⓒ	ⓓ	ⓔ	ⓕ

ⓐ **Adobe Knowhow** https://www.adobeknowhow.com/# 링크에 연결되며, Adobe에서 출시된 프로그램을 사용할 때 적재적소에 활용할 수 있는 노하우를 공유해놓은 곳이다.

ⓑ **Access Adobe Resources** Adobe와 관련된 업데이트 정보를 공지해주는 곳이다.

ⓒ **슬라이드 이동** 화살표를 활용하여 프로젝트 내의 슬라이드를 이동할 수 있을 뿐만 아니라, 직접 슬라이드 번호를 입력하여 이동할 수 있다.

ⓓ **Zoom Control** 드롭다운 메뉴를 클릭하면, 25, 33, 50, 66, 75, 100, 150, 200, 300, 400, 자동맞춤의 배율로 슬라이드의 비율을 변경할 수 있다. 창 크기가 작을 경우 Zoom control이 나타나지 않을 수 있다. 이 경우 창 크기를 최대화시킨다.

ⓔ **Live Chat** https://helpx.adobe.com/contact.html?step=CPTV_deciding-what-to-buy_stillNeedHelp 링크에 연결되며, 프로그램과 관련된 기술적 지원을 실시간으로 받을 수 있다.

ⓕ **인터페이스 양식 선택** 기본 값은 **[클래식]**이며, 사용자에 맞게 개별화된 인터페이스 양식을 선택할 수 있다.

3. 라이브러리

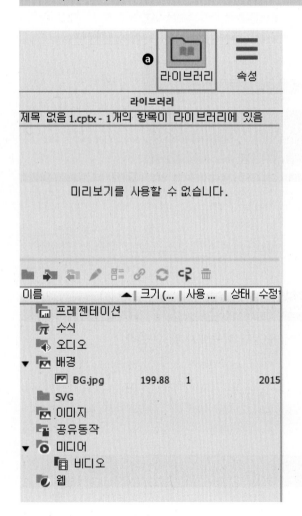

라이브러리 패널은 프로젝트 내의 프리젠테이션, 수식, 오디오, 배경, SVG, 이미지, 공유동작, 미디어, 웹 등 다양한 자원들을 관리, 저장할 수 있는 공간이다. 라이브러리 패널은 ⓐ 아이콘을 클릭하면 나타나고 사라질 수 있으며, 상단 메뉴의 **[창]＞[라이브러리]** 에서도 동일하게 나타나고 사라질 수 있다.

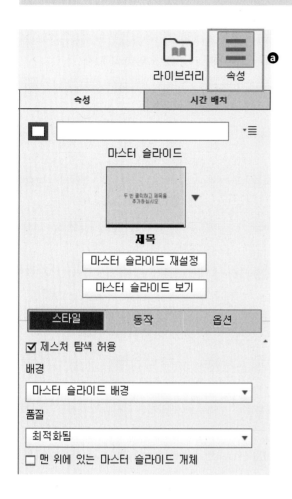

속성 패널은 프로젝트 내의 개체, 동영상, 음악, 퀴즈 등 모든 기능의 세부 속성을 설정하는 것을 의미한다. 속성 패널은 ⓐ 아이콘을 클릭하면 나타나고 사라질 수 있다.

5. 빠른 실행 도구

빠른 실행 도구는 프로젝트 제작할 때 가장 필요한 기능들을 모아놓은 곳으로, **[슬라이드]**, **[테마]**, **[텍스트]**, **[모양]**, **[개체]**, **[상호 작용]**, **[미디어]**, **[기록]**, **[저장]**, **[미리 보기]**, **[게시]**, **[에셋]** 기능을 포함하고 있다.

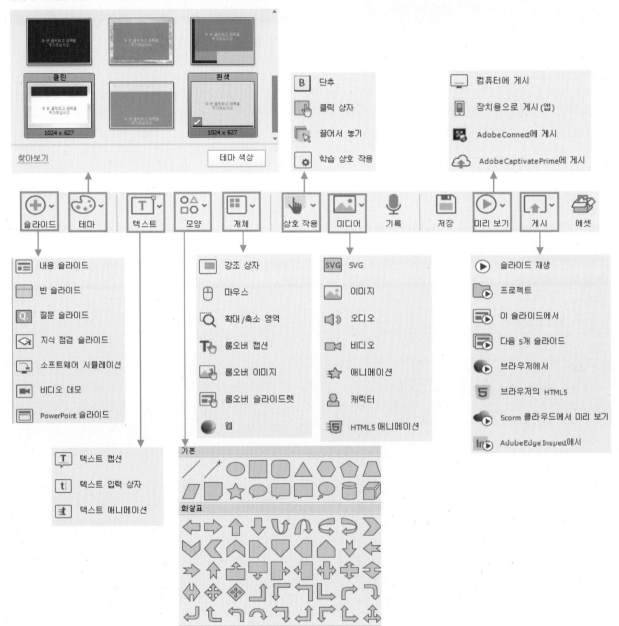

6. 필름 스트립

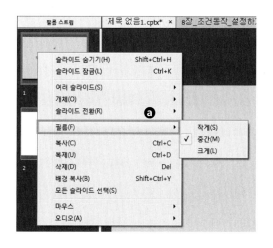

프로젝트 내의 슬라이드를 보여주는 공간으로, 슬라이드 순서, 제목, 효과 등을 보여준다. 특정 슬라이드를 우클릭한 후, **[필름]**(ⓐ)을 선택하면, 필름 스트립의 크기를 조정할 수 있다.

7. 프로젝트 닫기

Adobe Captivate 9에서 여러 개의 프로젝트를 동시에 실행시켜놓고 작업할 수 있다. 위의 그림에서는 제목 없음 1.cptx, 8장_조건동작_설정하기.cptx, 5장_드래그앤드롭 연습_6.cptx가 동시에 실행되고 있음을 확인할 수 있다. 또한 자신이 원하는 프로젝트를 클릭하면 해당 프로젝트를 슬라이드 창에서 작업할 수 있다.

8. 슬라이드

실제 사용자들이 작업하는 공간으로, 텍스트, 동영상, 이미지, 각종 개체들을 슬라이드 공간에 불러와 작업할 수 있다.

타임라인은 슬라이드 위 개체의 움직이는 동작, 시간을 기록하는 공간이다. 타임라인 창을 나타내기 위하여, 상단 메뉴의 **[창](ⓐ) > [타임라인](ⓑ)**을 선택하거나, 슬라이드 하단의 **[타임라인](ⓒ)**을 더블클릭하면 **[타임라인] 창(ⓓ)**이 나타난다.

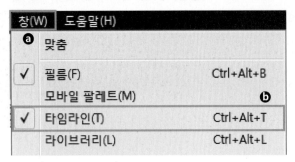

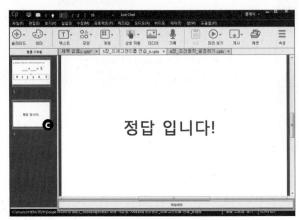

프로젝트 만들기 제**1**장

♣ 프로젝트 유형
• Adobe Captivate 9에서 프로젝트
• 프로젝트 유형

♣ 빈 프로젝트 만들기
• 빈 프로젝트 만들기
• 빈 프로젝트에서 테마 색상 적용하기

♣ PowerPoint 프로젝트 만들기
• PowerPoint 프로젝트 만들기
• PowerPoint 프로젝트 속성 값 설정하기

♣ 반응형 프로젝트 만들기
• 반응형 프로젝트 만들기
• 장치 및 슬라이드 높이 설정하기

• 테마 색상 사용자 정의
• 기본 캡션 색상 설정하기

♣ 소프트웨어 시뮬레이션 프로젝트 만들기
• 소프트웨어 시뮬레이션 프로젝트 만들기
• 전체 화면을 소프트웨어 시뮬레이션 프로젝트로 만들기
• 화면의 일부만 소프트웨어 시뮬레이션 프로젝트로 만들기
• 특정 응용프로그램을 소프트웨어 시뮬레이션 프로젝트로 만들기

♣ 탬플릿 기반 프로젝트 만들기
• 탬플릿 만들기
• 프로젝트 탬플릿 활용하기
• 탬플릿의 프로젝트 만들기

♣ 빈 프로젝트 만들기

실행 첫 화면인 팝업 창에서 [새 항목]을 클릭하고 [빈 프로젝트]를 선택한다.

♣ PowerPoint 프로젝트 만들기

실행 첫 화면인 팝업 창에서 [새 항목]을 클릭하고 [PowerPoint에서]를 선택한다.

♣ 반응형 프로젝트 만들기

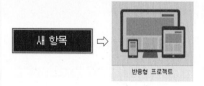

실행 첫 화면인 팝업 창에서 [새 항목]을 클릭하고 [반응형 프로젝트]를 선택한다.

♣ 소프트웨어 시뮬레이션 프로젝트 만들기

실행 첫 화면인 팝업 창에서 [새 항목]을 클릭하고 [소프트웨어 시뮬레이션]을 선택한다.

♣ 탬플릿 기반 프로젝트 만들기

파일(F) ▷ 새 프로젝트(N) ▷ 프로젝트 템플릿(T)...

상위 메뉴 [파일]에서 [새 프로젝트]를 클릭하고 [프로젝트 탬플릿]을 선택한다.

♣ 탬플릿의 프로젝트 만들기

파일(F) ▷ 새 프로젝트(N) ▷ 템플릿의 프로젝트(T)...

상위 메뉴 [파일]에서 [새 프로젝트]를 클릭하고 [탬플릿의 프로젝트]를 선택한다.

- 빈 프로젝트, PowerPoint 프로젝트, 소프트웨어 시뮬레이션 프로젝트, 탬플릿 기반 프로젝트 만들기
- 프로젝트 각 유형별 속성 값 설정

이러닝 설계팁

♣ 학습목적에 맞는 프로젝트 제작

Adobe Captivate 9에서는 다양한 유형의 프로젝트 형태를 지원한다. 기본적인 프로젝트를 통해 튜토리얼, 연습 활동, 창의적 학습 활동 등 다양한 기본적인 프로젝트를 구현할 수 있다. 또한 소프트웨어 시뮬레이션과 비디오 데모의 경우 시뮬레이션 형태의 이러닝을 효과적으로 표현 가능하다.

♣ 반응형 프로젝트의 제작

반응형 프로젝트는 데스크톱을 기준으로 콘텐츠를 제작하면 태블릿과 모바일의 크기에 맞춰 내용이 자체적으로 재정렬될 수 있도록 지원하는 기능이다. 이를 통해 학습자들이 다양한 버전과 성능이 다른 기기를 이용하여 이러닝을 학습할 수 있도록 도와준다.

♣ 프로젝트 크기 결정

프로젝트의 크기를 결정할 때는 학습 장소에 대하여 고려할 필요가 있다. 화면의 크기를 확정하기 전에 관련 기기의 화면 크기가 근시일 내에 변화하지 않을지의 여부를 반드시 확인해볼 필요가 있으며, 작은 디스플레이에서 큰 디스플레이로 바꾸는 것이 그 반대의 경우보다 용이하다는 점을 유의해야 한다(Horton, 2006).

1. Adobe Captivate 9에서 프로젝트

Adobe Captivate 9에서 프로젝트는 도구의 다양한 기능을 적용하여 사용자가 전달하고자 하는 내용을 효과적으로 구성, 표현, 저장한다. 완성된 프로젝트는 출력과정을 거친 후 하나의 이러닝 콘텐츠가 된다.

2. 프로젝트 유형

프로젝트의 유형은 크게 여섯 가지로 빈 프로젝트, PowerPoint 프로젝트, 반응형 프로젝트, 소프트웨어 시뮬레이션 프로젝트, 템플릿 기반 프로젝트, Adobe Captivate Draft 프로젝트가 있다.

● 빈 프로젝트
● PowerPoint 프로젝트
● 반응형 프로젝트
● 소프트웨어 시뮬레이션 프로젝트
● 템플릿 기반 프로젝트
● Adobe Captivate Draft 프로젝트

Adobe Captivate 9에서 빈 프로젝트는 빈 슬라이드에서 시작하는 프로젝트로 이미지, 오디오, 비디오 등 다양한 객체를 추가할 수 있다. 또한 PowerPoint 프로젝트, 소프트웨어 시뮬레이션 프로젝트 등 다양한 프로젝트도 추가할 수 있다. 이는 하나의 프로젝트에 다양한 종류의 슬라이드방식이 필요한 콘텐츠를 만드는데 유용하다.

1. 빈 프로젝트 만들기

1) 바탕화면 또는 시작프로그램 목록에서 **[Adobe Captivate 9]**(ⓐ) 아이콘을 클릭한다.

[그림 1-1]

2) [새 항목](ⓐ)을 클릭한다.

[그림 1-2]

보충설명

다른 방법으로 빈 프로젝트 만들기

[Adobe Captivate 9]의 실행 첫 화면에서 [파일] > [새 프로젝트] > [빈 프로젝트]를 클릭하여도 빈 프로젝트가 생성된다.

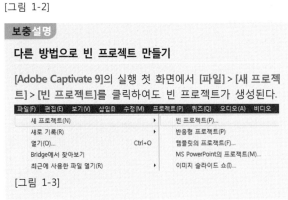

[그림 1-3]

3) [빈 프로젝트](ⓐ)>[캔버스](ⓑ) 값을 설정한다. 본 예시에서는 [캔버스] 값을 기본 값인 [1024×627]로 설정한다.

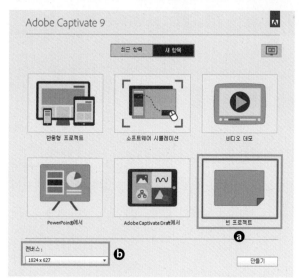

[그림 1-4]

보충설명

캔버스 값 설정

• [캔버스]는 프로젝트가 게시될 때의 화면 크기를 말한다.
• 기본 폭×높이 값은 [1024×627]로 설정되어있다.
• 기본으로 설정된 컨버스 외에 각 장치(iPad, iPhone, YouTube) 레이아웃에 적합한 크기별로 선택 가능하다.

보충설명

캔버스 값 설정 Tip

빈 프로젝트에 PowerPoint 슬라이드를 추가할 것이라면, 사용자 정의를 선택하여 너비와 높이 값을 PowerPoint 파일과 동일한 크기[사용자 정의(960×720)]로 설정하는 것이 좋다.

4) [만들기](ⓐ)를 클릭한다.

[그림 1-5]

5) [만들기]를 완료하면 **그림 1-6**과 같이 빈 프로젝트가 만들어진다.

[그림 1-6]

2. 빈 프로젝트에서 테마 색상 적용하기

2-1 테마 색상 사용자 정의하기

1) 열려있는 빈 프로젝트에서 **[테마]**(ⓐ)＞**[테마 색상]**(ⓑ)을 클릭한다.

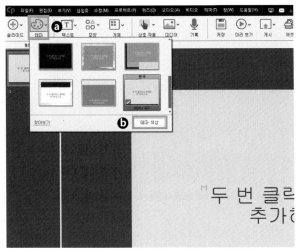

[그림 1-7]

2) 테마 색상 팝업 창에서 **[사용자 정의]**(ⓐ)를 클릭한다.

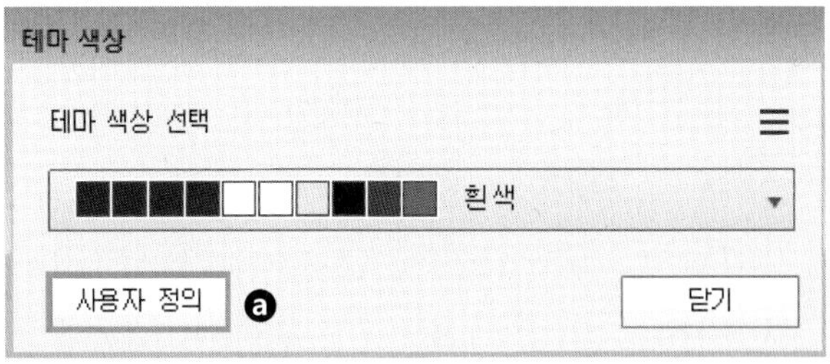

[그림 1-8]

3) 테마 색상 선택 창 하단의 **[색상 목록]**(ⓐ)에서 원하는 색상을 선택한다.

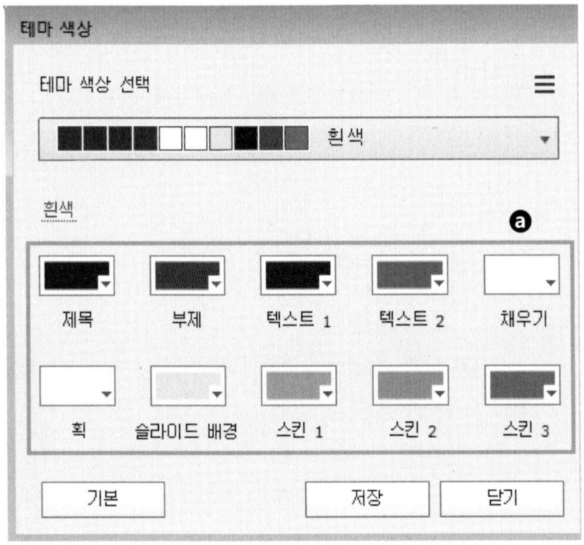

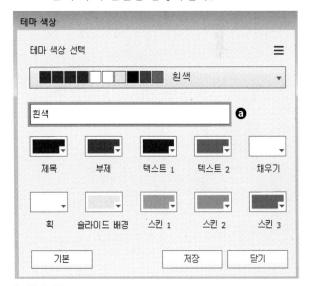

[그림 1-9]

4) 색상 선택 완료 후 **[테마 이름]**(ⓐ) 부분을 마우스로 클릭 하여 빈칸을 활성화한다.

[그림 1-10]

5) 원하는 테마명을 적는다. 본 예시에서는 'hope'(ⓐ)라 적은 후 [저장](ⓑ) > [닫기](ⓒ)를 선택한다.

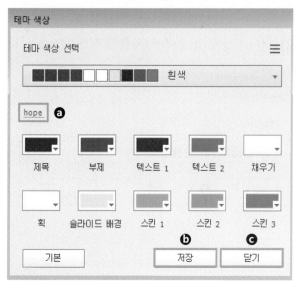

[그림 1-11]

6) 저장이 완료되면 슬라이드 색상이 변경한 테마 색상인 것을 확인할 수 있다.

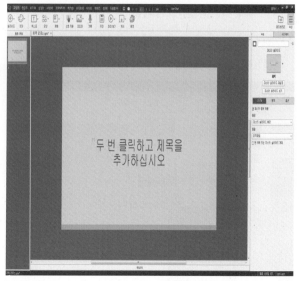

[그림 1-12]

2-2 사용자 정의된 테마 색상 적용하기

1) 열려있는 빈 프로젝트에서 [테마](ⓐ) > [테마 색상](ⓑ)을 클릭한다.

[그림 1-13]

2) 테마 색상 선택 드롭다운 목록에서 앞에서 추가한 사용자가 정의한 테마명(ⓐ) 'hope'를 찾을 수 있다.

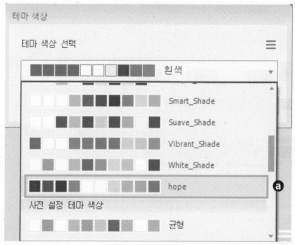

[그림 1-14]

3) 테마 색상 창에서 [닫기](**ⓐ**)를 클릭한다.

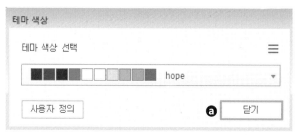

[그림 1-15]

4) 저장이 완료되면 슬라이드 색상이 변경한 테마 색상인 것을 확인할 수 있다.

[그림 1-16]

2-3 적용된 테마 색상 삭제하기

1) 열려있는 빈 프로젝트에서 [테마](**ⓐ**) > [테마 색상](**ⓑ**)을 클릭한다.

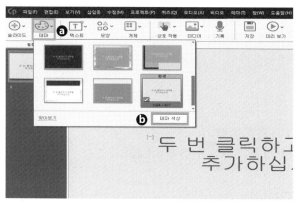

[그림 1-17]

2) 테마 색상 창에서 [사용자 정의 색상 관리](**ⓐ**) 아이콘을 클릭한다.

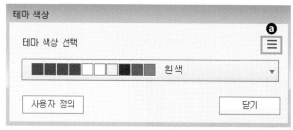

[그림 1-18]

3) [사용자 정의 테마 색상 관리] 목록에서 삭제하고 싶은 테마(**ⓐ**)를 클릭 후 [삭제](**ⓑ**)를 클릭한다.

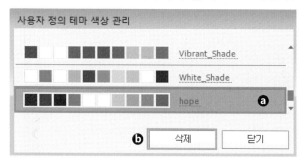

[그림 1-19]

4) [사용자 정의 테마 색상 관리] 목록에서 테마명이 삭제된 것을 확인할 수 있다.

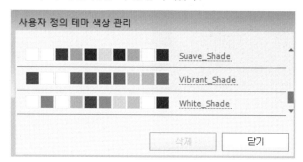

[그림 1-20]

보충설명

테마 색상 삭제 가능 목록

사용자 정의 테마 색상 관리 창을 띄운 시점에 설정되어 있는 사용자 정의 테마명은 사용자 정의 테마 색상 관리 창 목록에 나타나지 않고, 다른 테마로 설정 후 삭제 가능하다.

Adobe Captivate 9은 PowerPoint 프레젠테이션에서 작성한 내용을 프로젝트에 가져올 수 있다. 기존 PowerPoint 에 있던 슬라이드 노트, 오디오, 애니메이션 기능은 Adobe Captivate 9에서 동일하게 작동하고, 가져온 슬라이드를 편집할 수도 있다.

1. PowerPoint 프로젝트 만들기

1) 바탕화면 또는 시작프로그램에서 **[Adobe Captivate 9]**(ⓐ) 아이콘을 클릭한다.

[그림 1-21]

2) [새 항목](ⓐ)을 클릭한다.

[그림 1-22]

보충설명

다른 방법으로 PowerPoint 프로젝트 만들기

[Adobe Captivate 9]의 실행 첫 화면에서 [파일]>[새 프로젝트]>[MS PowerPoint의 프로젝트]를 클릭하여도 PowerPoint 프로젝트가 생성된다.

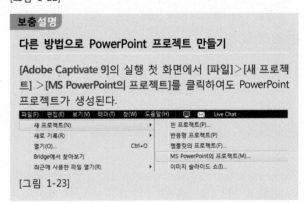

[그림 1-23]

3) [PowerPoint에서](ⓐ)＞[만들기](ⓑ)를 선택한다.

[그림 1-24]

4) 본 예시에서는 [프리젠테이션 1](ⓐ) 파일을 선택
후＞[열기](ⓑ)를 클릭한다.

[그림 1-25]

5) Microsoft PowerPoint 프레젠테이션 변환 설정
창에서 가져올 PowerPoint 속성 값과 슬라이드
수를 정한다. 본 예시에서는 기본 설정 값을 그대
로 가져오고[너비 960×높이 720(ⓐ), 슬라이드 모
두 선택(ⓑ), 연결됨(ⓒ)], [OK](ⓓ)를 클릭한다.

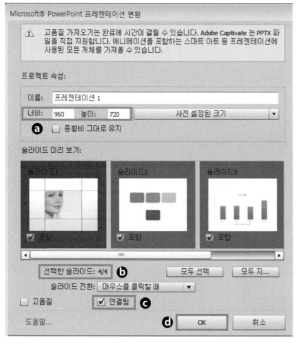

[그림 1-26]

6) 설정을 완료하면 그림 1-27과 같이 PowerPoint
프로젝트가 만들어진다.

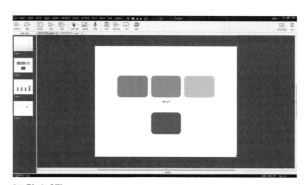

[그림 1-27]

1) [프레젠테이션 변환] 대화상자에서 옵션 값(ⓐ~ⓕ)을 설정 후 **[OK]**를 클릭한다.

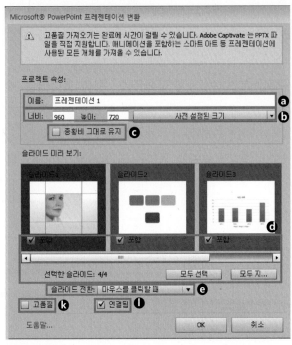

[그림 1-28]

프로젝트 속성

ⓐ **[이름]** 기존 PowerPoint 파일명으로 설정되어 있고, 원하는 이름으로 수정 가능하다.

ⓑ **[너비]** PowerPoint 슬라이드의 실제 크기 **[960× 720 원본 PowerPoint 프로젝트 크기]**로 기본설정 되어있다.

ⓒ **[종횡비 그대로 유지]** 기존 PowerPoint 슬라이드에 삽입된 이미지의 높이, 너비 비율을 유지하는 기능이다. 이 옵션을 선택하면 이미지가 정확하게 표시되고 왜곡되지 않는다.

슬라이드 미리 보기

ⓓ **[모두선택], [모두지우기], [포함]** 기존 PowerPoint 슬라이드 중에서 Adobe Captivate 9 프로젝트로 가져올 슬라이드를 선택할 수 있다.

ⓔ **[슬라이드 전환]** PowerPoint의 슬라이드 쇼와 같이 Adobe Captivate 9의 게시된 화면에서 슬라이드가 전환될 때의 방법을 선택할 수 있다.

• **[자동]** 프로젝트를 게시할 때 자동으로 슬라이드가 전환된다. 가져온 슬라이드에 클릭 상자는 추가되지 않고 Adobe Captivate 9의 슬라이드 **[시간 배치](ⓕ)** 또는 **[타임라인](ⓖ)**에서 슬라이드 지속시간을 조정한다.

• **[마우스를 클릭할 때]** 프로젝트를 게시할 때 마우스를 클릭해야 슬라이드가 전환된다. 가져온 슬라이드 전체에 **[클릭 상자](ⓗ)**가 삽입되고 클릭 상자의 **[시간 배치](ⓘ)** 또는 **[타임라인](ⓙ)**에서 슬라이드 지속시간을 조정한다.

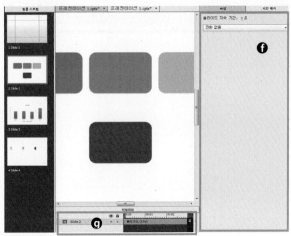

[그림 1-29]

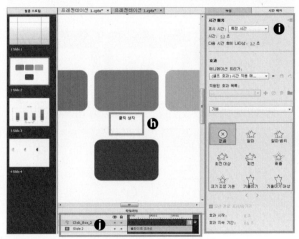

[그림 1-30]

ⓚ [고품질]   Adobe Captivate 9에서 Microsoft PowerPoint 프레젠테이션을 가져올 경우 **[속성]** 설정 값에서 **[고품질]** 선택 여부를 결정한다.

- **고품질 선택된 상태**   Adobe Captivate 9 프로젝트에서 프레젠테이션에 포함된 기능 중 애니메이션, 스마트워크 등의 고급기능을 가져오고 그 기능을 활용할 수 있다.
- **고품질 선택 안 된 상태**   Adobe Captivate 9 프로젝트에서 프레젠테이션에 포함된 기능 중 애니메이션, 스마트워크 등의 고급기능은 활용할 수 없다.

ⓛ [연결됨]   Adobe Captivate 9 프로젝트에 가져온 PowerPoint 슬라이드의 편집여부를 결정한다.

- **연결된 상태**   가져온 PowerPoint 파일은 Adobe Captivate 9 프로젝트에 이미지 형태로 연결되어 직접 편집할 수는 없고, PowerPoint 원본 파일을 편집한 후에 프로젝트로 가져와야 한다.
- **연결 안 된 상태**   가져온 PowerPoint 파일은 Adobe Captivate 9 프로젝트에서 직접 편집 가능하다. 단, 이를 포함할 경우 프로젝트의 용량이 커진다.

반응형 프로젝트는 하나의 프로젝트에서 데스크톱, 모바일 등 디바이스의 레이아웃에 맞게 콘텐츠를 설계하고 만들 수 있다. 각 디바이스의 출력화면을 미리 볼 수 있어서 디바이스마다 사용자가 원하는 화면크기 또는 화면 구성으로 변경할 수도 있다.

1. 반응형 프로젝트 만들기

1) 바탕화면 또는 시작프로그램 목록에서 **[Adobe Captivate 9]**(ⓐ) 아이콘을 클릭한다.

[그림 1-31]

2) **[새 항목]**(ⓐ)을 클릭한다.

[그림 1-32]

3) [반응형 프로젝트](ⓐ) > [만들기](ⓑ)를 클릭한다.

[그림 1-33]

다른 방법으로 반응형 프로젝트 만들기

[Adobe Captivate 9]의 실행 첫 화면에서 [파일] > [새 프로젝트] > [반응형 프로젝트]를 클릭하여도 반응형 프로젝트가 생성된다.

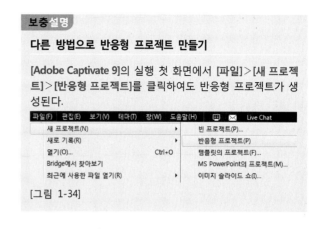

[그림 1-34]

4) 슬라이드(스테이지, ⓐ)에 반응형 프로젝트가 열린 것을 확인한다.

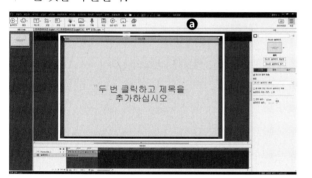

[그림 1-35]

5) 그림 1-36과 같이 이미지와 텍스트를 추가한다.

[그림 1-36]

6) [데스크톱](ⓐ), [태블릿 세로](ⓑ), [모바일 세로](ⓒ) 아이콘을 클릭하여 각 유형에 따라 레이아웃 크기가 변하는 것을 확인한다.

ⓐ[데스크톱] 창 레이아웃: [폭×높이, 1024×768]

[그림 1-37]

데스크톱 창 레이아웃

일반적으로 PC환경에서 프로젝트를 만들고 게시하기 때문에 기본 값은 PC환경에 맞게 설정되어있다.

ⓑ [태블릿 세로] 창 레이아웃: [폭×높이, 768×627]

[그림 1-38]

ⓒ [모바일 세로] 창 레이아웃: [폭×높이, 414×466]

[그림 1-39]

7) 데스크톱 옆 [+] 아이콘을 클릭하여 [사용자 정의 태블릿](ⓐ), [사용자 정의 모바일](ⓑ)을 활성화한다. [사용자 정의]는 기본 사이즈가 설정 되지만 사용자가 원하는 크기로 레이아웃을 자유롭게 변경할 수 있다.

ⓐ [사용자 정의 태블릿] 창 레이아웃: [폭×높이, 896×627]

ⓑ [사용자 정의 모바일] 창 레이아웃: [폭×높이, 667×410]

[그림 1-40]

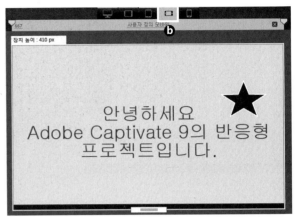

[그림 1-41]

2. 장치 및 슬라이드 높이 설정하기

네모박스 아래, 옆, 위 부분을 마우스로 직접 드래그하여 창을 이동하고 크기를 변경할 수 있다.

2-1 반응형 프로젝트 설정 영역을 통해 반응형 슬라이드 크기 조정하기

1) 상단에 [데스크톱](ⓐ) 아이콘을 클릭한다.

2) 왼쪽 하이퍼링크(ⓐ)를 더블클릭하여 폭 범위 내에서 넓이를 변경한다. 본 예시에서는 '**946**'으로 설정한다. (참고로 데스크톱 너비의 범위는 914 이상 1280 이하다.)

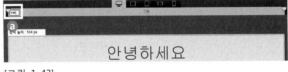

[그림 1-43]

[그림 1-42]

3) 장치 높이 테두리의 밑변(ⓐ)을 마우스로 드래그하여 높이를 변경하고 왼쪽 탭(ⓑ) 또는 오른쪽 속성 창(ⓒ)에서 확인한다. 본 예시에서는 장치 높이를 '**514**'로 설정한다.

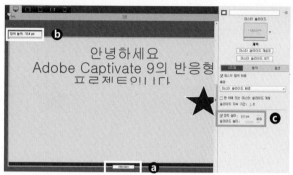

[그림 1-44]

4) 가운데 하이퍼링크(ⓐ)를 클릭하여 이름을 변경한다. 본 예시에서는 '**기본**'으로 설정한다.

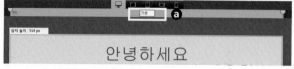

[그림 1-45]

2-2 슬라이더를 사용해 반응형 슬라이더 크기 조정하기

1) 반응형 프로젝트 상단에 [**슬라이더**](ⓐ)를 확인한다. 슬라이더는 위에서 마우스로 좌우를 움직여 레이아웃의 폭을 조절할 수 있다. 각 중단점의 시작과 끝에는 슬라이더가 표시되어 있다.

[그림 1-46]

2) 상단의 [**데스크톱**](ⓐ) 아이콘을 클릭한다.

[그림 1-47]

3) 반응형 프로젝트 슬라이드 중단점의 시작점 [**슬라이더**](ⓐ)를 마우스로 클릭한 후 오른쪽으로 이동해 장치 크기를 줄인다.

[그림 1-48]

보충설명

슬라이더 사용

- 슬라이더는 사용자가 원하는 레이아웃 크기를 설정하고자 할 때 사용한다.
- 예를 들어, [태블릿] 또는 기타 [모바일] 레이아웃보다 큰 크기의 장치에 대한 내용을 만드는 경우 [슬라이더]를 사용한다.

반응형 프로젝트는 장치 높이에 따라 슬라이드 높이를 [사용자 정의]할 수 있다. [속성](ⓐ)＞[스타일](ⓑ)＞[장치 높이](ⓒ)를 사용하면 특정 장치 높이에 맞게 슬라이드 높이를 조정할 수 있다.

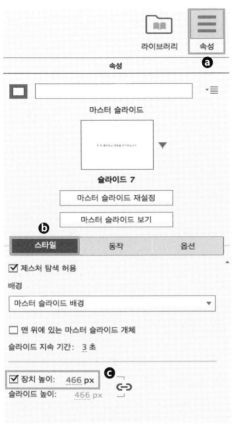

[그림 1-49]

보충설명

창 레이아웃 설정

기본적으로 제공되는 레이아웃보다 큰 크기는 한 단계 더 큰 크기의 레이아웃을 사용한다. 예를 들어, 기본 값 대신 450×450의 모바일 레이아웃를 원할 경우, 모바일(360×415) 보다 크고 기본(1024×627) 보다 작으므로 태블릿(768×627) 레이아웃을 사용한다.

2-3 속성을 통해 반응형 슬라이드 크기 조정하기

1) 상단의 [모바일](ⓐ) 아이콘을 클릭한다.

[그림 1-50]

2) 장치 높이를 선택(체크표시, ⓐ)한 경우 아래 [모바일] 레이아웃 화면에 표시된 것처럼 각 레이아웃에 대해 노란 테두리(ⓑ)를 확인한다.

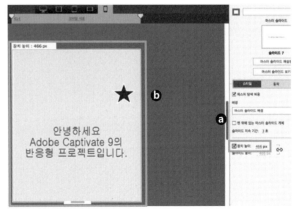

[그림 1-51]

3) 장치 높이 옆 숫자를 더블클릭하여 '**300**'(ⓐ)으로
변경하고 장치 높이를 나타내는 노란 테두리의 높
이(ⓑ)가 '**300px**'으로 변경되는 것을 확인한다.

[그림 1-52]

반응형 프로젝트는 장치와 슬라이드 간 연결 및 해제 기능을 통해 슬라이드 높이를 [**사용자 정의**]할 수 있다. [**속성**](ⓐ) > [**스타일**](ⓑ) > [**연결 및 해제**](ⓒ) 아이콘을 사용하면 특정 장치 높이와 별개로 슬라이드 높이를 조정할 수 있다.

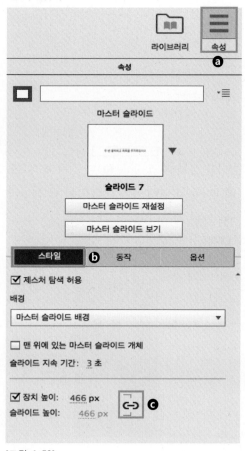

[그림 1-53]

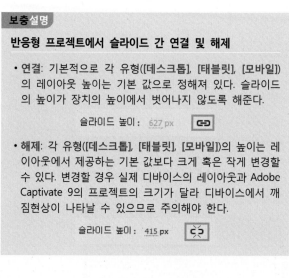

보충설명

반응형 프로젝트에서 슬라이드 간 연결 및 해제

- 연결: 기본적으로 각 유형([데스크톱], [태블릿], [모바일])의 레이아웃 높이는 기본 값으로 정해져 있다. 슬라이드의 높이가 장치의 높이에서 벗어나지 않도록 해준다.

  슬라이드 높이: 627 px

- 해제: 각 유형([데스크톱], [태블릿], [모바일])의 높이는 레이아웃에서 제공하는 기본 값보다 크게 혹은 작게 변경할 수 있다. 변경할 경우 실제 디바이스의 레이아웃과 Adobe Captivate 9의 프로젝트의 크기가 달라 디바이스에서 깨짐현상이 나타날 수 있으므로 주의해야 한다.

  슬라이드 높이: 415 px

2-4 [속성] 창에서 반응형 장치와 슬라이드 간 연결 및 해제하기

1) 슬라이드 높이 **[연결]**(ⓐ) 아이콘을 클릭하여 장
치와 슬라이드 간 연결을 해제 한 후 **[슬라이드
높이]**(ⓑ)를 '300px'로 변경한다. **그림 1-54와 같**
이 장치 높이를 나타내는 노란 테두리의 높이는
'466px'(ⓒ)이고 슬라이드화면을 나타내는 흰 화
면의 높이는 '300px'(ⓓ)임을 확인 할 수 있다.

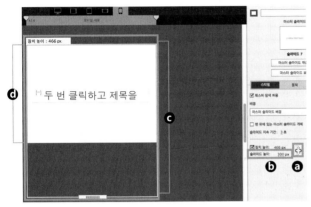

[그림 1-54]

---

3. 기본 캡션 색상 설정하기

반응형 프로젝트는 각 유형마다 서로 다른 색상의 기본 캡션 텍스트를 설정할 수 있다.

1) 열려있는 반응형 프로젝트에서 **[편집]**(ⓐ) > **[개
체 스타일 관리자]**(ⓑ)를 선택한다.

[그림 1-55]

2) [기본 캡션 스타일](ⓐ) > [텍스트 형식]의 [중단점](ⓑ) 레이아웃 선택 > [중단점](ⓒ) 색상을 선택한다. 본 예시에서는 중단점은 '**모바일 세로**', 집합은 '**Trebuchet MS**', 스타일은 '**Regular**'로 선택하고 중단점 색상은 '**빨강**'으로 선택한다. 선택 완료 후 [적용](ⓓ) > [OK](ⓔ)를 클릭한다.

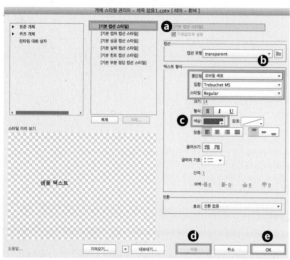

[그림 1-56]

3) 그림 1-59와 같이 중단점으로 지정한 [모바일 세로](ⓐ) 유형만 캡션 색상이 바뀐 것을 확인할 수 있다.

[그림 1-57]   [그림 1-58]

[그림 1-59]

Adobe Captivate 9은 사용자가 컴퓨터 화면에서 수행하는 동작을 동영상 또는 슬라이드 형태로 기록하여 프로젝트로 만들 수 있다.

1. 전체 화면을 소프트웨어 시뮬레이션 프로젝트로 만들기

1) 바탕화면 또는 시작프로그램 목록에서 [Adobe Captivate 9](ⓐ) 아이콘을 클릭한다.

[그림 1-60]

2) [새 항목](ⓐ)을 클릭한다.

[그림 1-61]

보충설명

다른 방법으로 소프트웨어 시뮬레이션 프로젝트 만들기

[Adobe Captivate 9]의 실행 첫 화면에서 [파일]>[새로 기록]>[소프트웨어 시뮬레이션 프로젝트]를 클릭하여도 소프트웨어시뮬레이션 프로젝트가 생성된다.

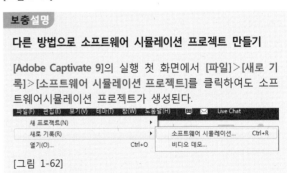

[그림 1-62]

3) [소프트웨어 시뮬레이션](**ⓐ**)>[만들기](**ⓑ**)를 클릭한다.

[그림 1-63]

4) [속성] 값 설정에서 [화면 영역](**ⓐ**)>[전체 화면](**ⓑ**), [모니터 1](**ⓒ**)>[기록](**ⓓ**)을 클릭한다.

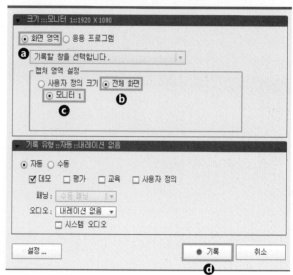

[그림 1-64]

5) 로딩화면이 나오고 기록이 시작되면, 컴퓨터 전체 화면에서 실행되는 동작이 기록된다.

[그림 1-65]

6) 컴퓨터 전체 화면에서 기록하고 싶은 내용을 절차에 따라 수행한다.

7) 프로젝트 기록을 완료하였다면, Window 상태표시줄에서 [Adobe Captivate 9](**ⓐ**) 아이콘을 클릭하여 기록을 종료한다.

[그림 1-66]

8) 컴퓨터 전체 화면에서 수행한 내용이 [필름 스트립](**ⓐ**)의 슬라이드로 기록된 것을 확인할 수 있다.

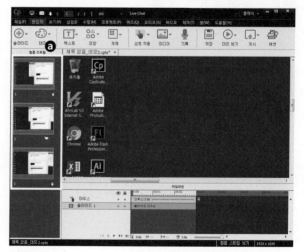

[그림 1-67]

1) 바탕화면 또는 시작프로그램 목록에서 **[Adobe Captivate 9]**(ⓐ) 아이콘을 클릭한다.

[그림 1-68]

2) [새 항목](ⓐ)을 클릭한다.

[그림 1-69]

3) [소프트웨어 시뮬레이션](ⓐ) > [만들기](ⓑ)를 클릭한다.

[그림 1-70]

4) [속성] 값 설정에서 [화면 영역](ⓐ) > [사용자 정의 크기](ⓑ) > 1024×627(ⓒ) > [기록](ⓓ)을 클릭한다.

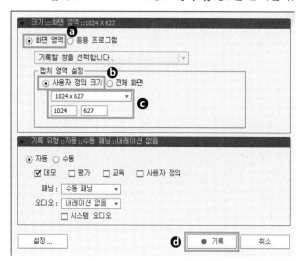

[그림 1-71]

5) 로딩화면이 나오고 기록이 시작되면, 설정한 컴퓨터화면 영역 내에서 실행되는 동작이 기록된다.

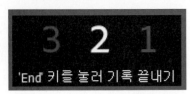

[그림 1-72]

6) 화면 영역[1024×627] 내에서 기록하고 싶은 내용을 절차에 따라 수행한다.

[그림 1-73]

7) 프로젝트 기록을 완료하였다면, Window 상태표시줄에서 [Adobe Captivate 9](ⓐ) 아이콘을 클릭하여 기록을 종료한다.

[그림 1-74]

8) 화면 영역[1024×627] 내에서 수행한 내용이 [필름 스트립](ⓐ)의 슬라이드로 기록된 것을 확인할 수 있다.

[그림 1-75]

1) 바탕화면이나 시작 버튼을 눌러 녹화하고자 하는 프로그램을 연다. 본 예시에서는 'Chrome'이라는 프로그램을 실행한다.

[그림 1-76]

2) 바탕화면 또는 시작프로그램 목록에서 **[Adobe Captivate 9]**(ⓐ) 아이콘을 클릭한다.

[그림 1-77]

3) [새 항목](ⓐ)을 클릭한다.

[그림 1-78]

4) [소프트웨어 시뮬레이션](ⓐ)＞[만들기](ⓑ)를 클릭한다.

[그림 1-79]

5) [속성] 값 설정에서 [응용 프로그램](ⓐ)>'Chrome'(ⓑ)>[기록](ⓒ)을 클릭한다.

[그림 1-80]

6) 로딩화면이 나오고 기록이 시작되면, 인터넷 실행화면 영역만 기록된다.

[그림 1-81]

7) 응용 프로그램 화면 영역 내에서 기록하고 싶은 내용을 절차에 따라 수행한다.

8) 프로젝트 기록을 완료하였다면, Window 상태표시줄에서 **[Adobe Captivate 9]**(ⓐ) 아이콘을 클릭하여 기록을 종료한다.

[그림 1-82]

9) 선택한 응용 프로그램 내에서 수행한 내용이 **[필름 스트립]**(ⓐ)의 슬라이드로 기록된 것을 확인할 수 있다.

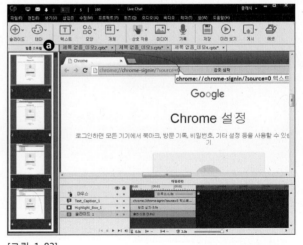

[그림 1-83]

Adobe Captivate 9 템플릿을 사용하면 비슷한 프로젝트 또는 프로젝트 모듈 간의 일관성을 높이고, 새 프로젝트를 만드는 노력을 줄일 수 있다.

1. 템플릿 만들기

[프로젝트 템플릿]은 여러 작성자가 비슷한 프로젝트 작업을 진행하는 경우에 특히 유용하다.

1) Adobe Captivate 9 실행 첫 화면에서 **[파일]**(ⓐ) > **[새 프로젝트]**(ⓑ) > **[프로젝트 템플릿]**(ⓒ)을 클릭한다.

[그림 1-84]

보충설명

프로젝트 템플릿

[Adobe Captivate 9] 실행 첫 화면에 팝업 창으로 나타나지는 않지만, 상위 메뉴의 **[파일]**에서 선택하여 열 수 있다.

2) **[선택]**(ⓐ)에서 프로젝트 템플릿의 치수를 선택한다. **[사용자 정의]**를 선택하여 **[너비]**, **[높이]**(ⓑ) 값을 직접 설정할 수도 있다. 본 예시에서는 템플릿 크기를 '너비: 1024, 높이: 627'로 설정한다. 설정 후 **[OK]**(ⓒ)를 클릭한다.

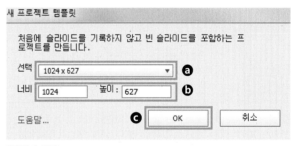

[그림 1-85]

3) 만들어진 템플릿 파일은 *cptl 확장자(ⓐ)다. 이는 기존 파일 확장자(*cptx)와 구별된다.

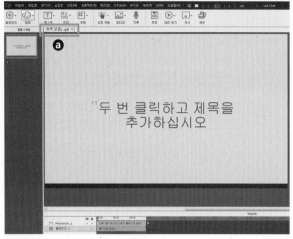

[그림 1-86]

2. 프로젝트 템플릿 활용하기

2-1 프로젝트 템플릿에서 이미지 슬라이드 삽입하기

1) 열려있는 프로젝트 템플릿에서 **[삽입](ⓐ) > 이미지 슬라이드(ⓑ)**를 클릭한다.

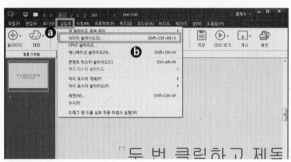

[그림 1-87]

2) 삽입하고자 하는 이미지(ⓐ) > **[열기](ⓑ)**를 클릭한다.

[그림 1-88]

3) 이미지 크기 조정/자르기 창이 뜨면 [확인](ⓐ)을 클릭한다.

[그림 1-89]

보충설명

이미지 속성 변경

이미지 속성 변경에 대한 자세한 내용은 4장 이미지 삽입하기(169p)를 참고한다.

4) 이미지 슬라이드가 필름 스트립 두 번째(ⓐ)에 추가된 것을 확인할 수 있다.

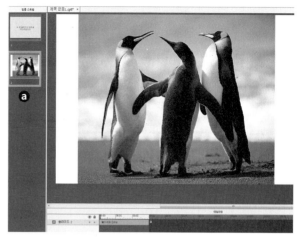

[그림 1-90]

보충설명

프로젝트 템플릿에서 삽입 가능한 슬라이드 유형

- 이미지 슬라이드
- CPVC 슬라이드
- 애니메이션 슬라이드
- 콘텐트 마스터 슬라이드
- 자리 표시자 슬라이드

자리 표시자는 템플릿을 만들 때 미리 어떤 개체 또는 슬라이드 유형이 삽입될 것인지 자리를 정해놓는 기능이다. 프로젝트 템플릿의 자리 표시자 종류는 [자리 표시자 개체]와 [자리 표시자 개체 슬라이드]가 있다.

2-2 프로젝트 템플릿에서 자리 표시자 개체 삽입하기

1) 이미지가 배경에 삽입된 프로젝트 템플릿에서 [삽입](ⓐ)＞[자리 표시자 개체](ⓑ)＞[텍스트 애니메이션](ⓒ)을 클릭한다.

[그림 1-91]

2) [텍스트 애니메이션](ⓐ) 개체를 추가한 후 원하는 위치에 배치한다.

[그림 1-92]

3) 타임라인에 [텍스트 애니메이션](ⓐ)이 삽입된
  것을 확인할 수 있다.

[그림 1-93]

2-3 프로젝트 템플릿에서 자리 표시자 슬라이드 삽입하기

1) 슬라이드에 대한 자리 표시자를 삽입하려면 [삽
  입](ⓐ) > [자리 표시자 슬라이드](ⓑ) > [질문 슬
  라이드 자리 표시자](ⓒ)를 선택한다.

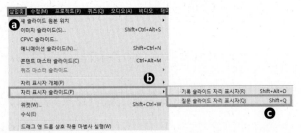

[그림 1-94]

2) [필름 스트립]의 세 번째 위치(ⓐ)에 [질문 슬라
  이드 자리 표시자] 슬라이드가 추가된 것을 확인
  할 수 있다.

[그림 1-95]

3) [파일](ⓐ) > [저장](ⓑ)을 클릭한 후 [파일 이름](ⓒ)을 적고 [저장](ⓓ)을 클릭한다. 파일은 .cptl 확장명으로 저장된다.

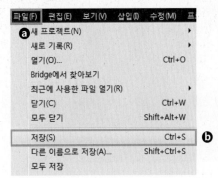

[그림 1-96]

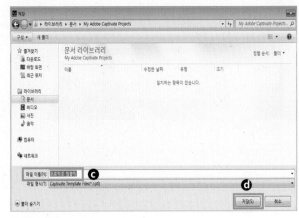

[그림 1-97]

템플릿 프로젝트는 기존에 만들어놓은 프로젝트 템플릿을 가져와 프로젝트를 보다 쉽게 구성할 수 있다.

1) Adobe Captivate 9 실행 첫 화면에서 **[파일](ⓐ)>** **[새 프로젝트](ⓑ)>[템플릿의 프로젝트](ⓒ)**를 클릭한다.

[그림 1-98]

2) **[프로젝트 템플릿](ⓐ)** 파일을 찾아서 **[열기](ⓑ)** 를 클릭한다.

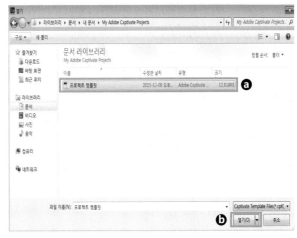

[그림 1-99]

3) 앞 예시에서 구성해놓은 프로젝트 템플릿을 확인한다. 첫 번째는 빈 슬라이드(ⓐ), 두 번째는 이미지 슬라이드(ⓑ), 세 번째는 질문 슬라이드 자리표시자(ⓒ)다.

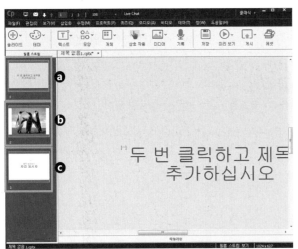

[그림 1-100]

4) 첫 번째 슬라이드에 원하는 내용을 입력(ⓐ)한다. 본 예시에서는 **'펭귄이 사는 이야기'**라고 입력한다.

[그림 1-101]

5) 두 번째 슬라이드에서 **[텍스트 애니메이션]** 자리 표시자(**ⓐ**)를 더블클릭 한 후 텍스트 애니메이션 속성을 설정(**ⓑ**)한다. 본 예시에서는 텍스트에 '**이야기 듣기**'라고 적은 후 글자 '**굵게**', 색상은 '**보라**'로 변경한다.

[그림 1-102]

7) 세 번째 슬라이드에서 **[질문 슬라이드 자리 표시자]**(**ⓐ**)를 더블클릭하여 질문 슬라이드를 삽입한다. 본 예시에서는 '**짝짓기**'(**ⓑ**) 질문 유형을 삽입한다.

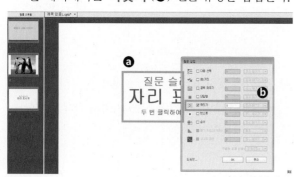

[그림 1-104]

6) **[텍스트 애니메이션 자리 표시자]**(**ⓐ**) 내용이 삽입된 것을 확인할 수 있다.

[그림 1-103]

8) **[질문 슬라이드 자리 표시자]**에 짝짓기 질문유형이 삽입된 것을 확인할 수 있다.

[그림 1-105]

보충설명

Adobe Captivate Draft

Adobe Captivate Draft 프로젝트는 [Adobe Captivate 9] 응용편에서 자세히 학습한다.

보충설명

자리 표시자 vs 콘크리트 개체/슬라이드

프로젝트 템플릿에 내용을 삽입하기 위해 자리 표시자 개체/슬라이드를 더블클릭한다. 더블클릭한 후 내용 삽입이 가능한 개체/슬라이드 상태를 콘크리트 상태라 한다.
- **[자리 표시자]**
  - 템플릿을 만들 때 사용된다.
  - [자리 표시자] 개체/슬라이드는 사용자가 원하는 자리 (위치)를 표시하는 역할을 한다.
  - [자리 표시자] 상태일 때는 자리배치, 사이즈 조정 등 편집은 할 수 없다.
- **[콘크리트]**
  - 저장된 템플릿을 열면 확인할 수 있다.
  - [자리 표시자]는 [콘크리트] 상태로 변환되어 있다.
  - [콘크리트] 개체/슬라이드는 자리배치, 사이즈 조정 등 편집 가능한 개체/슬라이드다.

슬라이드 삽입 및 관리하기 제**2**장

♣ 새 슬라이드 삽입
• 빈 슬라이드 삽입
• 내용 슬라이드 삽입
• PowerPoint 슬라이드 삽입
• 이미지 슬라이드 삽입

♣ 슬라이드 관리하기
• 슬라이드 숨김 및 해제
• 슬라이드 이동
• 슬라이드 잠금
• 슬라이드 그룹 활용하기

♣ 슬라이드 노트
• 슬라이드 노트 추가

• 슬라이드 노트 삭제

♣ 마스터 슬라이드
• 마스터 슬라이드 편집하기
• 마스터 슬라이드 유형
• 마스터 슬라이드 만들기

♣ 슬라이드 속성 패널
• 속성 탭
• 스타일 탭
• 동작 탭
• 옵션 탭
• 시간 배치 탭

♣ 빈 슬라이드 삽입

 ⇨ 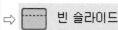 빈 슬라이드

빠른 실행 도구의 [슬라이드]에서 [빈 슬라이드]를 선택한다.

♣ 내용 슬라이드 삽입

 ⇨ 내용 슬라이드

빠른 실행 도구의 [슬라이드]에서 [내용 슬라이드]를 선택한다.

♣ PowerPoint 슬라이드 삽입

 ⇨ PowerPoint 슬라이드

빠른 실행 도구의 [슬라이드]에서 [PowerPoint 슬라이드]를 선택한다.

♣ 이미지 슬라이드 삽입

삽입(I) ⇨ 이미지 슬라이드(S)...

상위 메뉴 [삽입]에서 [이미지 슬라이드]를 선택한다.

♣ 슬라이드 관리하기

 ⇨ [마우스 우클릭] ⇨ [원하는 슬라이드 관리기능 클릭]

필름 스트립에서 슬라이드를 마우스 우클릭한 후 원하는 슬라이드 관리기능을 선택한다.

♣ 슬라이드 노트 삽입

창(W) ⇨ 슬라이드 노트(N)

상위 메뉴 [창]에서 [슬라이드 노트]를 선택한다.

♣ 마스터 슬라이드 삽입

창(W) ⇨ 마스터 슬라이드(M)

상위 메뉴 [창]에서 [마스터 슬라이드]를 선택한다.

♣ 슬라이드 속성 패널

 ⇨ 속성

필름 스트립에서 슬라이드 선택하고 창의 오른쪽에서 [속성] 탭을 선택한다.

- 프로젝트에 빈 슬라이드, 내용 슬라이드, PowerPoint 슬라이드, 이미지 슬라이드 삽입
- 삽입된 슬라이드 복사 및 붙여넣기, 슬라이드 노트 추가, 마스터 슬라이드 등 슬라이드 편집기능 활용

이러닝 설계팁

♣ 학습목적에 맞는 슬라이드 제작

Adobe Captivate 9에서는 다양한 유형의 슬라이드 형태를 지원한다. 이를 통해 특정한 프로젝트 형태를 선택했더라도 여러 가지 유형의 슬라이드를 추가함으로써 혼합된 형태의 프로젝트를 제작할 수 있다. 빈 슬라이드 및 내용 슬라이드를 통해 튜토리얼, 연습 활동, 창의적 학습 활동 등 다양한 활동을 구현할 수 있으며, 소프트웨어 시뮬레이션과 비디오 데모의 경우 시뮬레이션 형태의 이러닝을 효과적으로 표현 가능하다. 이와 더불어 질문 슬라이드와 지식점검 슬라이드를 통해 평가활동을 삽입할 수 있다.

♣ 지식점검 슬라이드를 통한 상호 작용 설계

튜토리얼에서 질문은 일반적인 평가와는 다른, 일종의 상호 작용이라 할 수 있다. 질문을 통해 학습자의 주의를 이러닝에서 떠나지 않도록 하고, 연습의 기회를 제공하며, 이해의 정도를 점검하여 프로그램의 순서를 결정할 수 있다(Alessi & Trollip, 2003). 이러닝에서 질문은 자주 제시될수록 좋으며, 학습 내용 제시는 짧고 그 내용 사이사이에 질문을 제시하는 게 효과적이다. Adobe Captivate 9에서는 지식 점검 슬라이드를 통해 이러한 상호 작용을 지원한다. 이는 평가를 목적으로 하는 질문 슬라이드와 다르게 퀴즈 결과에 포함되지 않는다는 것이 가장 큰 특징이다. 따라서 질문 슬라이드와 별도로 학습 내용 중간 중간 지식 점검 슬라이드를 삽입함으로써 이러닝에서의 상호 작용을 촉진하는 것이 바람직하다.

1. 빈 슬라이드 삽입

1) [새 항목](ⓐ) > [빈 프로젝트](ⓑ) > [만들기](ⓒ)
를 클릭한다.

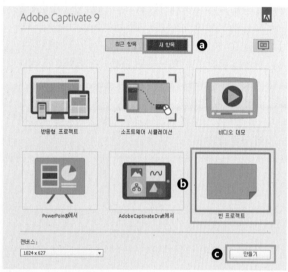

[그림 2-1]

2) 열려있는 빈 프로젝트에서 빠른 실행 도구의 [슬
라이드](ⓐ) > [빈 슬라이드](ⓑ)를 선택한다.

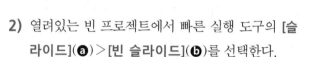
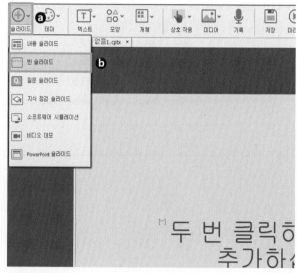

[그림 2-2]

3) [필름 스트립]의 두 번째에 빈 슬라이드(ⓐ)가 삽
입된 것을 확인할 수 있다.

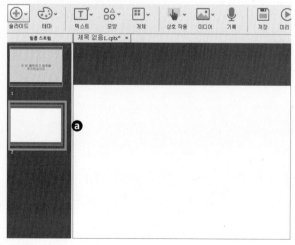

[그림 2-3]

1) [새 항목](ⓐ)＞[빈 프로젝트](ⓑ)＞[만들기](ⓒ)를 클릭한다.

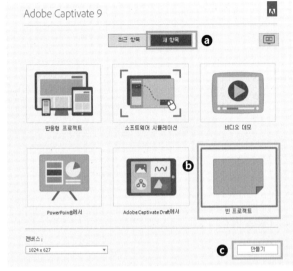

[그림 2-4]

2) 열려있는 빈 프로젝트에서 빠른 실행 도구의 [슬라이드](ⓐ)＞[내용 슬라이드](ⓑ)를 선택한다.

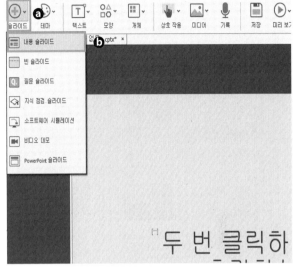

[그림 2-5]

3) [필름 스트립]의 두 번째에 내용 슬라이드(ⓐ)가 삽입된 것을 확인할 수 있다.

[그림 2-6]

> **보충설명**
>
> **내용 슬라이드와 빈 슬라이드**
>
> • 내용 슬라이드는 삽입되는 위치 앞에 있는 슬라이드의 테마와 마스터 슬라이드를 적용한다.
> • 빈 슬라이드는 앞에 있는 슬라이드와 상관없이, 테마나 마스터 슬라이드가 적용되지 않은 비어있는 슬라이드다.

> **보충설명**
>
> **마스터 슬라이드의 설정**
>
> 마스터 슬라이드에 대한 자세한 내용은 본 장 마스터 슬라이드(78p)를 참고한다.

3-1 PowerPoint 슬라이드 삽입하기

1) [새 항목](ⓐ) > [빈 프로젝트](ⓑ) > [만들기](ⓒ)
를 클릭한다.

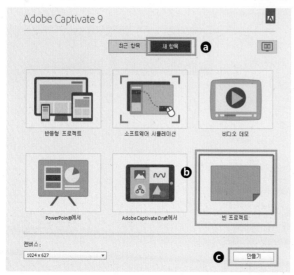

[그림 2-7]

2) 열려있는 빈 프로젝트에서 빠른 실행 도구의 [슬라이드](ⓐ) > [PowerPoint 슬라이드](ⓑ)를 선택한다.

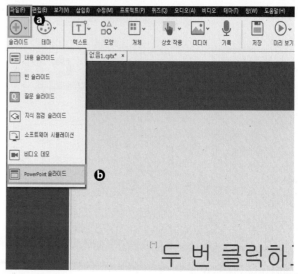

[그림 2-8]

3) 가져올 PowerPoint 슬라이드의 위치를 선택한다. 가져오는 PowerPoint 슬라이드는 [선택된 슬라이드](ⓐ)
뒤에 삽입된다.

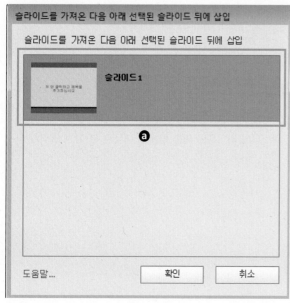

[그림 2-9]

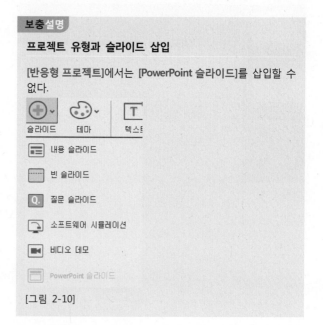

보충설명

프로젝트 유형과 슬라이드 삽입

[반응형 프로젝트]에서는 [PowerPoint 슬라이드]를 삽입할 수
없다.

[그림 2-10]

4) [PowerPoint 파일](ⓐ)을 선택 후 [열기](ⓑ)를 클릭한다.

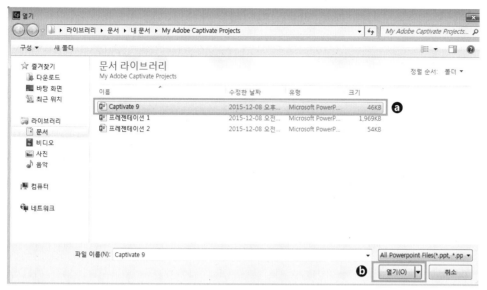

[그림 2-11]

5) 가져올 PowerPoint 슬라이드 속성 값을 설정한다. 본 예시에서는 [모두 선택](ⓐ)을 클릭하여 [포함](ⓑ) 체크박스를 모두 선택하고 [연결됨](ⓒ)이 표시된 상태로 설정한다.

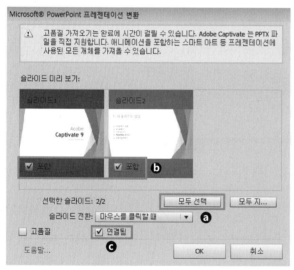

[그림 2-12]

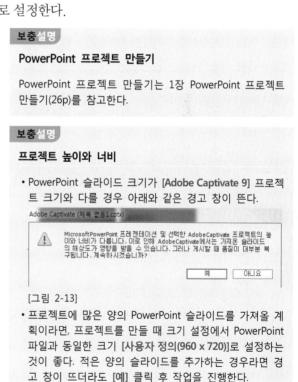

보충설명

PowerPoint 프로젝트 만들기

PowerPoint 프로젝트 만들기는 1장 PowerPoint 프로젝트 만들기(26p)를 참고한다.

보충설명

프로젝트 높이와 너비

• PowerPoint 슬라이드 크기가 [Adobe Captivate 9] 프로젝트 크기와 다를 경우 아래와 같은 경고 창이 뜬다.

[그림 2-13]

• 프로젝트에 많은 양의 PowerPoint 슬라이드를 가져올 계획이라면, 프로젝트를 만들 때 크기 설정에서 PowerPoint 파일과 동일한 크기 [사용자 정의(960 x 720)]로 설정하는 것이 좋다. 적은 양의 슬라이드를 추가하는 경우라면 경고 창이 뜨더라도 [예] 클릭 후 작업을 진행한다.

6) 경고 팝업 창이 뜨면 [예](ⓐ)를 클릭한다.

[그림 2-14]

7) Adobe Captivate 9 프로젝트에 PowerPoint 슬라이드(ⓐ)가 삽입된 것을 확인할 수 있다.

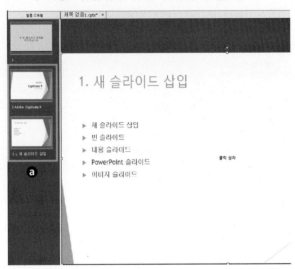

[그림 2-15]

PowerPoint 슬라이드를 **그림 2-12**의 **[연결됨]** 옵션으로 가져왔을 때, Adobe Captivate 9에서 PowerPoint 슬라이드를 직접 편집할 수는 없다. 대신 아래 방법을 이용해 PowerPoint 슬라이드를 편집 및 업데이트 할 수 있다.

3-2 PowerPoint 슬라이드를 [슬라이드 편집]으로 편집하기

1) 가져온 PowerPoint 슬라이드 중 첫 번째 슬라이드를 선택하고 마우스 우클릭 후 **[Microsoft Power Point로 편집]**(ⓐ)＞**[슬라이드 편집]**(ⓑ)을 클릭한다.

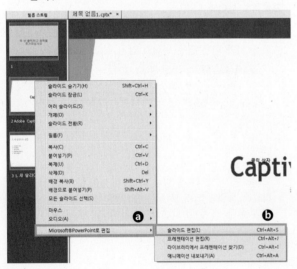

[그림 2-16]

2) **[슬라이드 편집]** 선택된 하나의 슬라이드만 편집 창에 열린다. **[저장]**(ⓐ) 및 **[취소]**(ⓑ) 버튼을 누르면 다시 Adobe Captivate 9 프로젝트 화면으로 돌아간다.

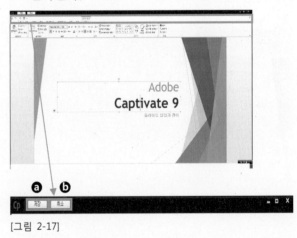

[그림 2-17]

3-3 PowerPoint 슬라이드를 [프레젠테이션 편집]으로 편집하기

1) 가져온 PowerPoint 슬라이드 중 첫 번째 슬라이드를 선택하고 마우스 우클릭 후 **[Microsoft Power Point로 편집]**(**ⓐ**) > **[프레젠테이션 편집]**(**ⓑ**)을 클릭한다.

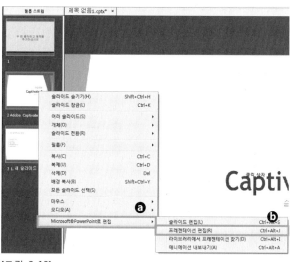

[그림 2-18]

2) **[프레젠테이션 편집]** 전체 프레젠테이션의 전체 슬라이드가 편집 창에 열린다. **[저장]**(**ⓐ**) 및 **[취소]**(**ⓑ**) 버튼을 누르면 다시 Adobe Captivate 9 프로젝트 화면으로 돌아간다.

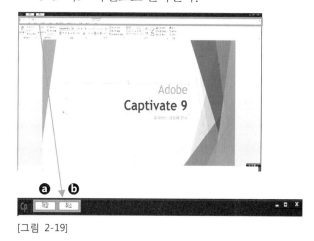

[그림 2-19]

[라이브러리에서 프레젠테이션 찾기], **[라이브러리]** 패널에서 프레젠테이션 업데이트 기능을 사용한다. 업데이트 기능은 프레젠테이션 원본 파일에서 수정된 내용을 한번에 Adobe Captivate 9 슬라이드로 가져온다.

3-4 PowerPoint 슬라이드를 [라이브러리에서 프레젠테이션 찾기]로 편집하기

1) PowerPoint 슬라이드 원본에서 첫 번째 슬라이드 내용을 **그림 2-20**과 같이 변경 후 *ppt파일을 저장한다.

[그림 2-20]

2) 가져온 PowerPoint 슬라이드 중 첫 번째 슬라이드를 선택하고 마우스 우클릭 후 **[Microsoft Power Point로 편집]**(**ⓐ**) > **[라이브러리에서 프레젠테이션 찾기]**(**ⓑ**)를 클릭한다.

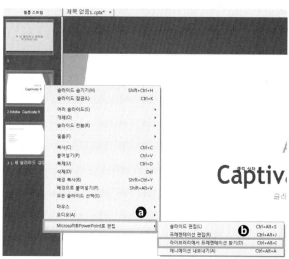

[그림 2-21]

3) 오른쪽 화면에 활성화된 라이브러리 패널에서 [라이브러리](ⓐ) > [PowerPoint 파일명](ⓑ)을 클릭한다.

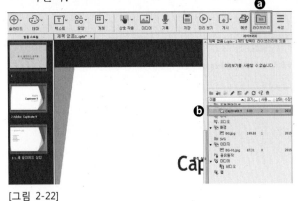

[그림 2-22]

4) [PowerPoint 파일명](ⓐ)을 마우스 우클릭하여 [업데이트](ⓑ) 선택한다.

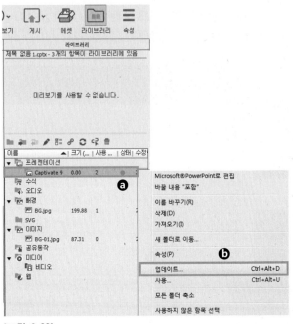

[그림 2-23]

5) 라이브러리 항목 업데이트 창에서 [업데이트](ⓐ)를 클릭하여 업데이트를 완료한 후 [OK](ⓑ)를 클릭한다.

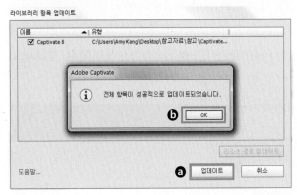

[그림 2-24]

6) 그림 2-25에서 수정된 내용을 업데이트 하면 그림 2-26과 같은 Adobe Captivate 9 슬라이드 화면이 나온다.

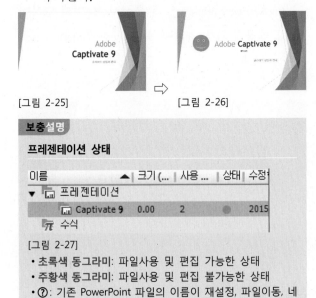

[그림 2-25] ⇨ [그림 2-26]

보충설명

프레젠테이션 상태

이름	크기 (...	사용 ...	상태	수정
▼ 프레젠테이션				
Captivate 9	0.00	2	●	2015
수식				

[그림 2-27]

- 초록색 동그라미: 파일사용 및 편집 가능한 상태
- 주황색 동그라미: 파일사용 및 편집 불가능한 상태
- ⑦: 기존 PowerPoint 파일의 이름이 재설정, 파일이동, 네트워크 연결문제 등

3-5 PowerPoint 슬라이드 [애니메이션 내보내기]로 편집하기

1) 가져온 PowerPoint 슬라이드 중 첫 번째 슬라이드를 선택하고 마우스 우클릭 후 **[Microsoft PowerPoint로 편집]**(ⓐ)>**[애니메이션 내보내기]**(ⓑ)를 클릭한다.

[그림 2-28]

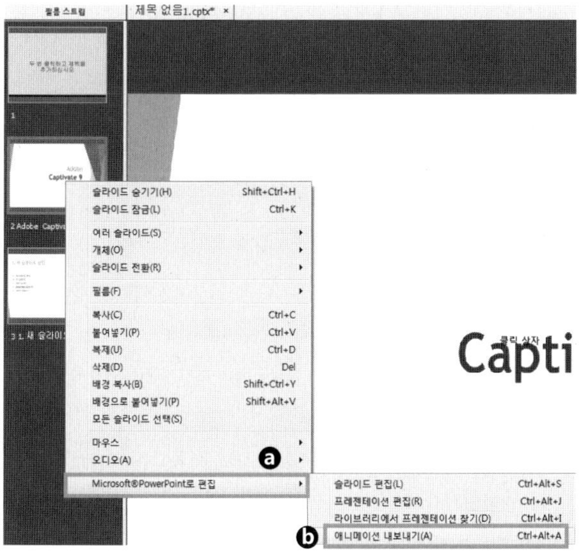

2) **[애니메이션 내보내기]**에서 선택된 슬라이드가 .swf 파일(ⓐ)로 변환된다. 변환된 파일은 다른 프로그램(웹 페이지, 다른 captivate 프로젝트)에서도 사용 가능하다.

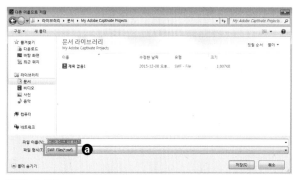

[그림 2-29]

4. 이미지 슬라이드 삽입

이미지 슬라이드를 추가하면, 이미지는 Adobe Captivate 9 슬라이드의 배경에 합쳐진다.

1) **[새 항목]**(ⓐ)>**[빈 프로젝트]**(ⓑ)>**[만들기]**(ⓒ)를 클릭한다.

[그림 2-30]

2) 열려있는 빈 프로젝트에서 **[삽입]**(ⓐ)>**[이미지 슬라이드]**(ⓑ)를 선택한다.

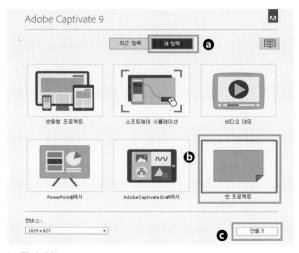

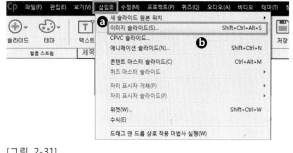

[그림 2-31]

3) 추가할 이미지(ⓐ)를 찾아 선택 후 [열기](ⓑ)를 클릭한다.

[그림 2-32]

4) [이미지 크기 조정/자르기] 창이 뜨면 [확인](ⓐ)을 클릭한다.

[그림 2-33]

5) 두 번째 슬라이드에 이미지 슬라이드(ⓐ)가 추가된 것을 확인할 수 있다.

[그림 2-34]

1. 슬라이드 숨김 및 해제

Adobe Captivate 9 프로젝트에서 개별 슬라이드를 숨길 수 있다. 숨겨진 슬라이드는 필름 스트립에는 남아 있지만 프로젝트가 재생될 때 눈에 보이지 않는다. 이 옵션은 다른 사람이 프로젝트를 검토하지만 특정 슬라이드의 정보가 변경 중이므로 변경이 완료될 때까지 해당 슬라이드를 숨기려는 경우와 같은 상황에 유용하다.

1-1 슬라이드 숨김

1) [새 항목](ⓐ) > [빈 프로젝트](ⓑ) > [만들기](ⓒ)를 클릭한다.

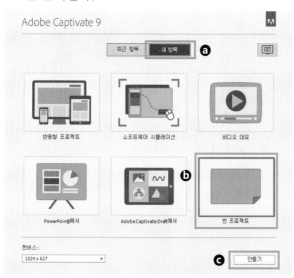

[그림 2-35]

2) 열려있는 빈 프로젝트에서 [슬라이드](ⓐ) > [빈 슬라이드](ⓑ)를 클릭한다.

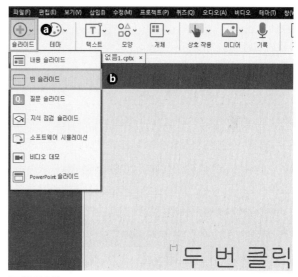

[그림 2-36]

3) 앞의 2)와 동일한 절차를 두 번 반복하여 빈 슬라이드 두 개를 추가한다. 총 슬라이드 개수는 세 개(ⓐ)임을 확인한다.

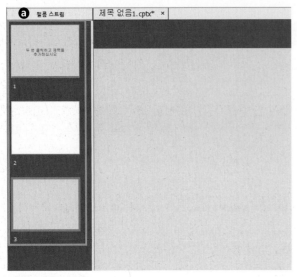
[그림 2-37]

4) [필름 스트립]에서 두 번째 슬라이드를 클릭한 후 [모양](ⓐ) > [별 모양](ⓑ)을 선택하고 **그림 2-39** 와 같이 슬라이드에 배치한다.

[그림 2-38]

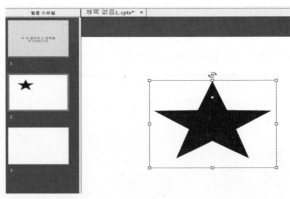
[그림 2-39]

5) [필름 스트립]에서 슬라이드를 선택 후(ⓐ) 마우스 우클릭하여 [슬라이드 숨기기](ⓑ)를 선택한다.

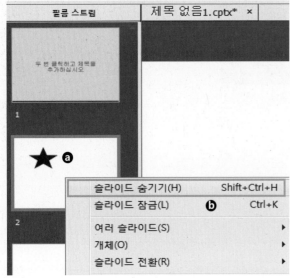
[그림 2-40]

6) 필름 스트립에서 슬라이드가 흐리게 표시되고 슬라이드 아래에 [눈 모양](ⓐ) 아이콘이 나타난다.

[그림 2-41]

7) 숨겨진 슬라이드는 프로젝트 미리 보기 또는 게시 할 때 나타나지 않는다. [미리 보기](ⓐ) > [프로젝트](ⓑ)를 클릭하여 숨겨진 슬라이드가 보이지 않는 것을 확인한다.

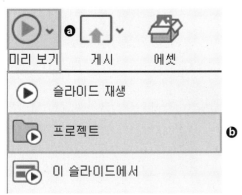

[그림 2-42]

1-2 프로젝트 인쇄할 때 숨김 슬라이드 포함 또는 제외

1) 열려 있는 프로젝트에서 [파일](ⓐ) > [인쇄](ⓑ)를 선택한다.

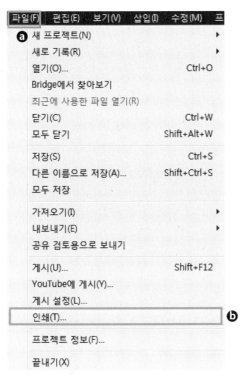

[그림 2-43]

2) [유형](ⓐ)에서 [Handouts](ⓑ)을 선택하고 [유인물 레이아웃 옵션](ⓒ) 영역에서 [숨겨진 슬라이드 포함](ⓓ)을 선택한 후 [게시](ⓔ)를 클릭한다.

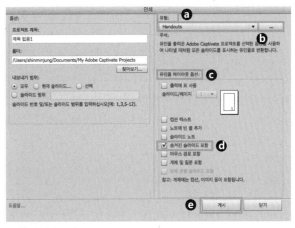

[그림 2-44]

1-3 슬라이드 숨김 해제

1) [필름 스트립]의 [슬라이드]에서 숨김 해제 하기 위해 슬라이드 아래에 있는 [눈 모양](ⓐ) 아이콘을 클릭하거나, 슬라이드 위에서 마우스 우클릭하여 [슬라이드 표시](ⓑ)를 클릭한다.

[그림 2-45]

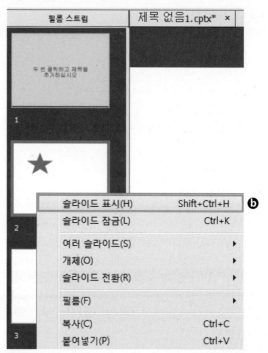

[그림 2-46]

2. 슬라이드 이동

슬라이드를 이동하는 방법으로 **[복사]**, **[붙여넣기]**, **[삭제]**, **[이동]** 기능이 있다.

2-1 슬라이드 복사, 붙여넣기 및 삭제하여 이동하기

1) [필름 스트립]의 [슬라이드]에서 두 번째 슬라이드 (ⓐ)를 마우스 우클릭 후 **[복사]**(ⓑ)를 선택한다.

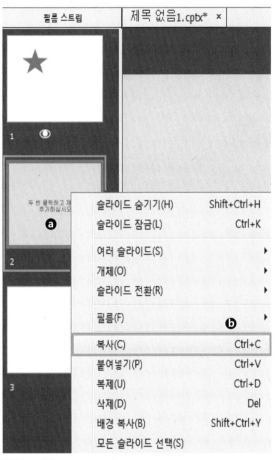

[그림 2-47]

2) [필름 스트립]의 [슬라이드]에서 세 번째 슬라이드 (ⓐ)를 마우스 우클릭 후 **[붙여넣기]**(ⓑ)를 선택한다.

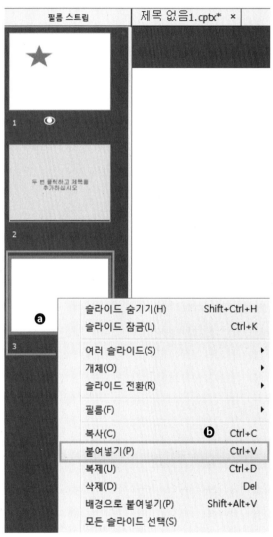

[그림 2-48]

3) 세 번째 슬라이드 뒤에 두 번째 슬라이드와 동일한 슬라이드(ⓐ)가 생성된 것을 확인 할 수 있다.

[그림 2-49]

4) [필름 스트립]의 [슬라이드]에서 첫 번째 슬라이드(ⓐ)를 마우스 오른쪽으로 선택한 후 [삭제](ⓑ)를 클릭한다.

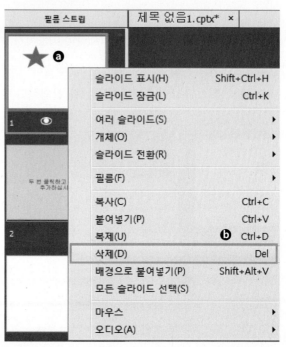

[그림 2-50]

5) 경고 팝업 창이 뜨면 [OK](ⓐ)를 클릭한다.

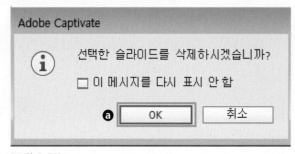

[그림 2-51]

6) 선택한 슬라이드가 삭제된 것을 확인할 수 있다.

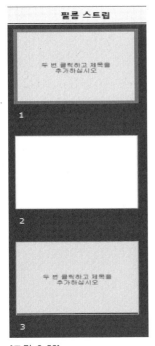

[그림 2-52]

보충설명

다른 방법으로 슬라이드 복사, 붙여넣기, 삭제하기

• [필름 스트립]에서 슬라이드 선택>상위 메뉴의 [편집]>
  [복사], [붙여넣기], [삭제]
• [필름 스트립]에서 슬라이드 선택>마우스 Ctrl+C, Ctrl
  +V, Del

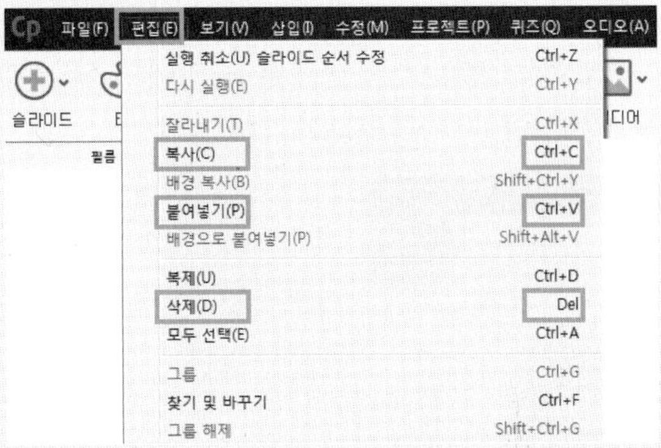

[그림 2-53]

2-2 슬라이드 드래그하여 이동하기

1) [필름 스트립]의 [슬라이드]에서 이동하고자 하는
슬라이드를 마우스로 선택(ⓐ)하고, 드래그해서
원하는 위치(ⓑ)에 놓는다.

[그림 2-54]

2) 첫 번째와 두 번째 슬라이드의 위치가 바뀐 것을
확인할 수 있다.

[그림 2-55]

3. 슬라이드 잠금

Adobe Captivate 9은 개별 슬라이드를 잠그는 옵션을 제공한다. 슬라이드를 잠그면 슬라이드의 모든 개체를 볼 수는 있지만 편집할 수 없다. 잠긴 슬라이드는 슬라이드 자체를 삭제할 수도 없다.

3-1 슬라이드 잠그기

1) **[필름 스트립]**의 **[슬라이드]**에서 잠그고자 하는 슬라이드를 마우스 우클릭 후 **[슬라이드 잠금]**(ⓐ)을 선택한다.

[그림 2-56]

2) **[작은 잠금 아이콘]**(ⓐ)을 보고 슬라이드가 잠겨 있는지 알 수 있다. 이 아이콘은 **[필름 스트립]**에서 잠긴 슬라이드 위에 표시된다.

[그림 2-57]

보충설명

슬라이드 잠금

이 기능은 프로젝트를 검토할 다른 사람에게 보내지만 검토자가 개체를 변경하거나 삭제하는 것을 원치 않을 때 유용하다.

3-2 슬라이드 잠금 해제하기

1) [필름 스트립]의 [슬라이드 미리 보기]에서 잠금 해제 하고자 하는 슬라이드를 마우스 우클릭하여 [슬라이드 잠금 해제](ⓐ)를 선택한다.

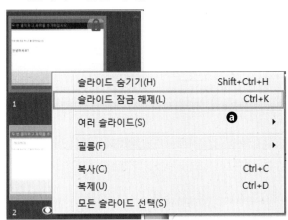

[그림 2-58]

보충설명

슬라이드 잠금 해제

[필름 스트립]의 [슬라이드] 오른쪽 상단에 [잠금] 아이콘을 클릭하여 잠금을 해제할 수 있다.

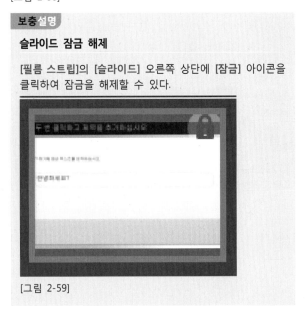

[그림 2-59]

2) [슬라이드의 잠금 아이콘](ⓐ)이 사라진 것을 확인할 수 있다.

[그림 2-60]

4. 슬라이드 그룹 활용하기

Adobe Captivate 9은 슬라이드 수가 많아져 관리하기 어려운 경우에 슬라이드를 그룹화할 수 있다. 그룹화는 프로젝트에 대한 유용한 개요를 제공하며, 여러 슬라이드(예: 게시하지 않을 슬라이드)를 한번에 삭제하거나 숨기는 편리한 방법을 제공한다.

4-1 슬라이드 그룹 만들기

1) 그룹화할 슬라이드를 클릭하고 Ctrl 또는 Shift 를 누른 채 그룹화할 나머지 슬라이드(ⓐ)를 선택한다.

[그림 2-61]

2) 마우스 우클릭하여 [그룹](ⓐ) > [만들기](ⓑ)를 클릭한다.

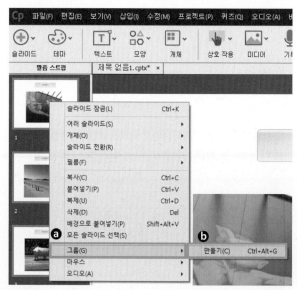

[그림 2-62]

4-2 슬라이드 그룹 이름 지정 및 표시

1) [필름 스트립](ⓐ)에서 [그룹 슬라이드](ⓑ)를 클릭한다.

[그림 2-63]

2) [속성](ⓐ)에서 [제목](ⓑ) 텍스트 상자에 슬라이드 그룹의 이름을 입력한다. 이 제목은 그룹화된 슬라이드의 맨 아래(ⓒ)에 표시된다.

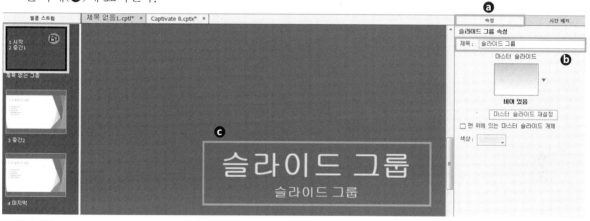

[그림 2-64]

3) [색상](ⓐ)에서 선택한 색은 그룹의 모든 슬라이드에 대한 테두리 색상이다. 이 색상은 프로젝트가 실행되는 경우에는 표시되지 않는다.

[그림 2-65]

4-3 슬라이드 그룹 확장 또는 축소

1) 그룹 슬라이드를 마우스 우클릭 후 [그룹](ⓐ)>
[확장](ⓑ)를 선택한다.

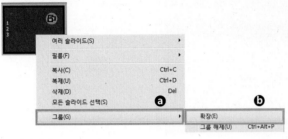

[그림 2-66]

2) 그림 2-66은 그룹으로 묶여있던 1~2번 슬라이
드가 확장된 화면이다.

[그림 2-67]

보충설명

슬라이드 그룹 확장 및 축소

그룹 슬라이드의 맨 위에 있는 화살표 아이콘 🔺을 클릭하
면 이 기능을 더 빨리 수행할 수 있다.

3) 그룹 슬라이드를 마우스 우클릭 후 [그룹](ⓐ)＞
[축소](ⓑ)를 선택한다.

[그림 2-68]

4) 그림 2-68은 1~2번 슬라이드가 그룹으로 묶인
(축소된) 화면이다.

[그림 2-69]

4-4 슬라이드 그룹 해제

1) 그룹 슬라이드를 마우스 우클릭 후 [그룹](ⓐ)＞[그룹 해제](ⓑ)를 선택한다.

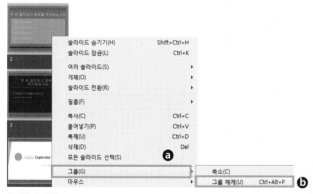

[그림 2-70]

1. 슬라이드 노트 추가

PowerPoint의 슬라이드 노트와 같이 Adobe Captivate 9의 **[슬라이드 노트]**도 개발자가 개별 슬라이드에 참고할 만한 글을 넣을 수 있다.

1) **[새 항목](ⓐ) > [빈 프로젝트](ⓑ) > [만들기](ⓒ)** 를 클릭한다.

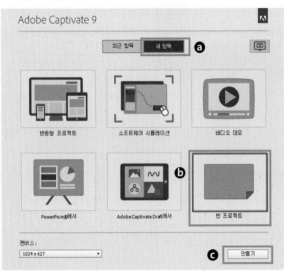

[그림 2-71]

2) 열려있는 빈 프로젝트의 **[창](ⓐ)**에서 **[슬라이드 노트](ⓑ)**를 선택한다.

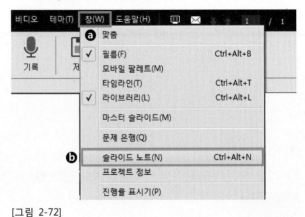

[그림 2-72]

3) **[슬라이드 노트]** 패널에서 **[+](ⓐ)**아이콘을 클릭한 후 새 슬라이드 노트를 추가한다.

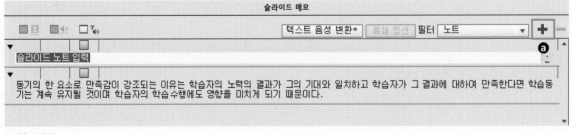

[그림 2-73]

4) 커서가 활성화된 곳(**ⓐ**)에 슬라이드 노트를 입력한다.

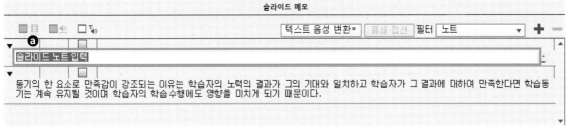

[그림 2-74]

> **보충설명**
>
> **슬라이드 노트의 활용**
>
> • 슬라이드 노트는 개발자 지침으로 사용되거나 완료되지 않은 항목에 대한 미리 알림 역할을 할 수 있다.
> • 노트는 동영상이 재생될 때는 보이지 않는다.
> • Microsoft PowerPoint에서 슬라이드를 가져오면 슬라이드 노트는 자동으로 가져오게 된다.
> • 유인물을 만들기 위해 프로젝트를 Microsoft Word로 내보내는 경우 문서에 슬라이드 노트를 포함할 수 있다.
> • 프로젝트를 Microsoft Word로 게시할 때 검토자를 위해 정보를 추가하려는 경우 유용하다.

2. 슬라이드 노트 삭제

1) [슬라이드 노트]에서 삭제를 원하는 노트의 제목 부분(**ⓐ**)을 클릭한다.

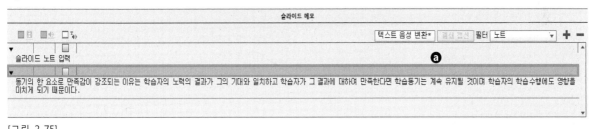

[그림 2-75]

2) [슬라이드 노트] 패널에서 [-](**ⓐ**)아이콘을 클릭하여 슬라이드 노트를 삭제한다.

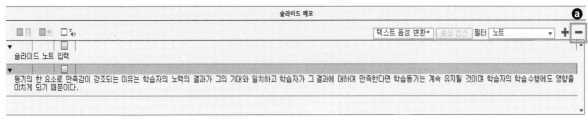

[그림 2-76]

마스터 슬라이드는 여러 개의 슬라이드에 동일한 레이아웃이나 개체를 포함시킬 때 사용된다. 각 슬라이드마다 개체를 복사하고 붙이는 수고를 덜어준다. 마스터 슬라이드가 모여 하나의 테마를 구성한다.

1. 마스터 슬라이드 편집하기

1) [새 항목](ⓐ) > [빈 프로젝트](ⓑ) > [만들기](ⓒ)를 클릭한다.

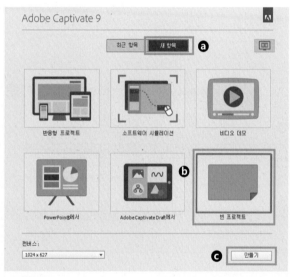

[그림 2-77]

2) 열려있는 빈 프로젝트에서 [창](ⓐ) > [마스터 슬라이드](ⓑ)를 선택한다.

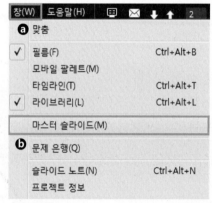

[그림 2-78]

3) 마스터 슬라이드 기능이 활성화된 것(**ⓐ**)을 확인할 수 있다.

[그림 2-79]

2. 마스터 슬라이드 유형

1) 마스터 슬라이드에서 상단에 크게 제시되는 슬라이드를 **[주 마스터 슬라이드]**(**ⓐ**)라 부른다. **[주 마스터 슬라이드]**는 첫 번째 슬라이드로 전체 슬라이드에 배경적용이 가능하다.

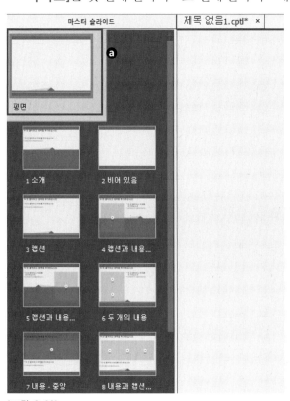

[그림 2-80]

보충설명

주 마스터 슬라이드

• [주 마스터 슬라이드]는 [마스터 슬라이드] 패널의 첫 번째 슬라이드다.
• [주 마스터 슬라이드]에 개체 및 배경 색상을 적용하면 다른 모든 마스터 슬라이드에도 적용된다.
• 각 테마에는 하나의 [주 마스터 슬라이드]가 있고, [주 마스터 슬라이드]의 이름은 테마의 이름과 같다.

2) 마스터 슬라이드에서 하단에 제시되는 작은 슬라이드들은 [**콘텐트 마스터 슬라이드**](ⓐ)라 부른다. [**콘텐트 마스터 슬라이드**]는 주 마스터 슬라이드를 제외한 나머지 모든 슬라이드로 개별 슬라이드마다 다양한 개체를 삽입할 수 있다.

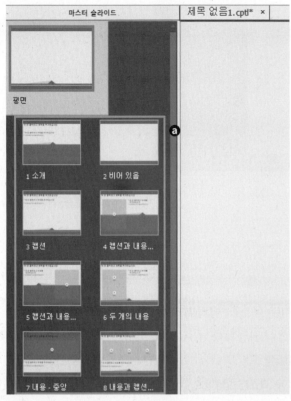

[그림 2-81]

> **보충설명**
>
> **콘텐트 마스터 슬라이드**
>
> • [주 마스터 슬라이드]에 적용된 개체 및 배경 색상은 다른 슬라이드에도 동일하게 적용된다. 이와 달리 [콘텐트 마스터 슬라이드]는 개별 슬라이드에 개체 및 배경색상을 적용할 수 있다.
> • 콘텐트 슬라이드에는 [자리 표시자 개체]를 삽입할 수 있다. 자리 표시자 개체를 사용하면 삽입할 개체의 자리를 미리 표시해 놓을 수 있다.

3. 마스터 슬라이드 만들기

3-1 주 마스터 슬라이드 만들기

1) 열려있는 빈 프로젝트에서 [**창**](ⓐ) > [**마스터 슬라이드**](ⓑ)를 클릭한다.

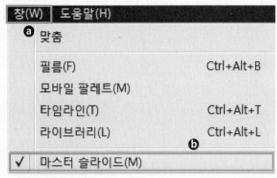

[그림 2-82]

2) 마스터 슬라이드의 첫 번째 슬라이드는 주 마스터 슬라이드다. 주 마스터 슬라이드에 추가하고 싶은 개체를 삽입한다. 예를 들어, **[모양](ⓐ)**에서 **[위로 구부러진 리본](ⓑ)**을 삽입하면 마스터 슬라이드에 이 모양(ⓒ)이 삽입된다.

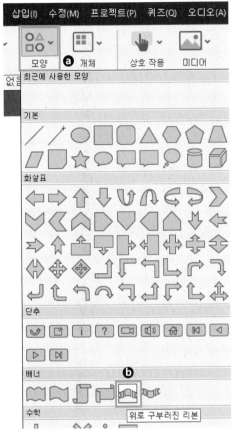

[그림 2-83]

[그림 2-84]

> **보충설명**
>
> **개체 삽입**
>
> 개체 삽입에 대한 자세한 내용은 4장 스마트 모양 삽입하기 (177p)를 참고한다.

3) 주 마스터 슬라이드에 적용된 기능은 나머지 마스터 슬라이드(콘텐트 마스터 슬라이드)의 전체 (ⓐ)에 적용된다.

[그림 2-85]

> **보충설명**
>
> **주 마스터 스라이드 개체 표시**
>
> [콘텐트 마스터 슬라이드]에서 [주 마스터 슬라이드 개체 표시] 기능을 체크하지 않을 경우, 콘텐트 마스터 슬라이드에 [주 마스터 슬라이드]의 개체나 배경이 적용되지 않는다.

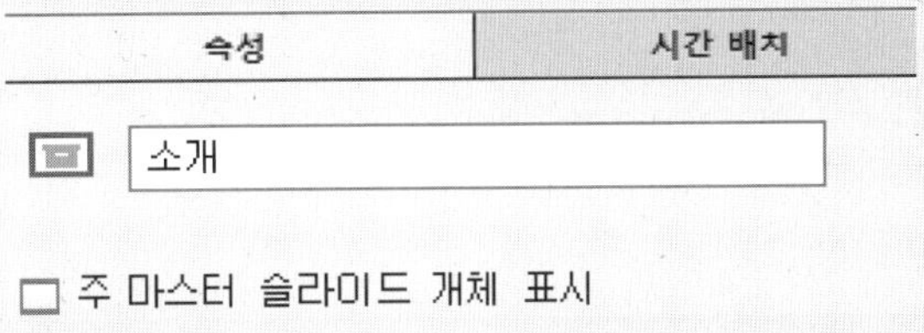

속성	시간 배치
소개	

☐ 주 마스터 슬라이드 개체 표시

[그림 2-86]

4) [마스터 슬라이드 보기]를 종료하기 위해 상단의
[마스터 슬라이드 나가기](ⓐ) 버튼을 클릭한다.

[그림 2-87]

5) [슬라이드](ⓐ) > [빈 슬라이드](ⓑ)를 클릭한다.

[그림 2-88]

6) [필름 스트립]에서 두 번째 슬라이드(ⓐ)를 클릭한 후, 오른쪽의 [속성](ⓑ) > [마스터 슬라이드] 드롭다운
목록(ⓒ)을 클릭한다.

[그림 2-89]

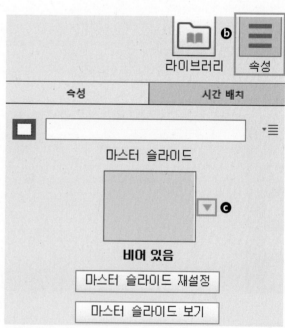

[그림 2-90]

7) [마스터 슬라이드]목록에서 [목차](ⓐ)를 선택한다.

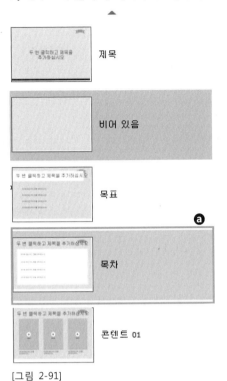

[그림 2-91]

8) [필름 스트립]의 두 번째 슬라이드(ⓐ)에 목차유형의 마스터 슬라이드가 삽입된 것을 확인할 수 있다. 또한 [주 마스터 슬라이드]에서 설정한 개체(ⓑ)가 삽입되어 있다.

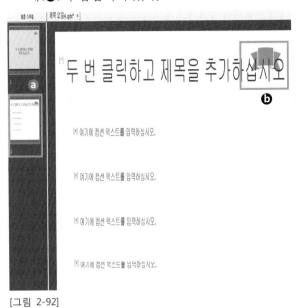

[그림 2-92]

앞에서 슬라이드에 추가하는 개체가 나머지 모든 슬라이드에 적용되는 [주 마스터 슬라이드]를 만들었다면, 이제 해당 슬라이드에서만 적용되는 [콘텐트 마스터 슬라이드]를 만들어 본다.

3-2 콘텐트 마스터 슬라이드 만들기

1) 열려있는 빈 프로젝트에서 [삽입](ⓐ)＞[콘텐트 마스터 슬라이드](ⓑ)를 선택한다.

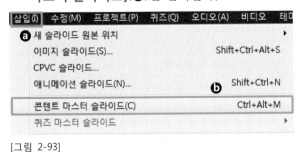

[그림 2-93]

2) 창 왼쪽의 [마스터 슬라이드](ⓐ) 패널에서 원하는 [콘텐트 마스터](ⓑ)를 선택한다. 본 예시에서는 '1. 제목' 마스터 슬라이드를 선택한다.

[그림 2-94]

3) [삽입](ⓐ)＞[자리 표시자 개체](ⓑ)＞[텍스트 캡션](ⓒ)을 선택한다.

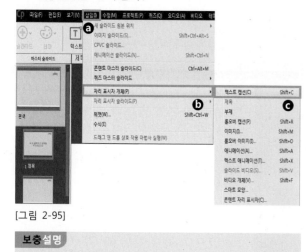

[그림 2-95]

보충설명

오디오 자리 표시자 개체

마스터 슬라이드에 오디오를 추가할 수 없다.

4) 삽입된 [텍스트 캡션](ⓐ) 개체의 사이즈, 위치, 속성을 조정한다.

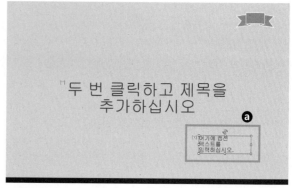

[그림 2-96]

보충설명

개체 편집

개체 삽입에 대한 자세한 내용은 4장 텍스트 캡션 삽입하기 (163p)를 참고한다.

5) [마스터 슬라이드 보기]를 종료하기 위해 상단의 [마스터 슬라이드 나가기](ⓐ)를 클릭한다.

[그림 2-97]

6) [슬라이드](ⓐ)＞[빈 슬라이드](ⓑ)를 선택한다.

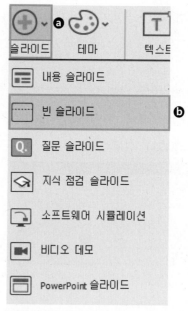

[그림 2-98]

7) [빈 슬라이드](ⓐ)가 [필름 스트립]의 세 번째에 삽입된 것을 확인할 수 있다. 삽입된 슬라이드 3번(ⓐ)을 선택한 상태에서 창 오른쪽의 마스터 슬라이드 드롭다운 목록(ⓑ)을 선택한다.

[그림 2-99]

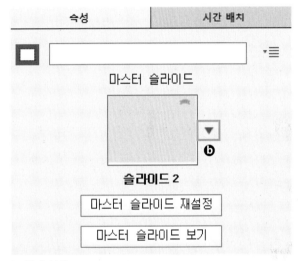

[그림 2-100]

8) [마스터 슬라이드] 패널에서 앞에서 삽입한 '제목' [콘텐트 마스터](ⓐ)를 클릭한다.

[그림 2-101]

보충설명

마스터 슬라이드 설정

슬라이드를 마우스 우클릭 후 [여러 슬라이드]>[새 슬라이드 원본 위치]를 클릭하여 마스터 슬라이드를 설정할 수 있다.

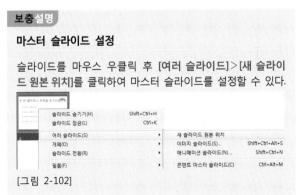

[그림 2-102]

9) '제목' [콘텐트 마스터](ⓐ)가 삽입된 것을 확인할 수 있다.

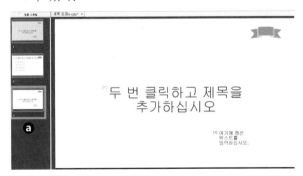

[그림 2-103]

10) [텍스트 캡션](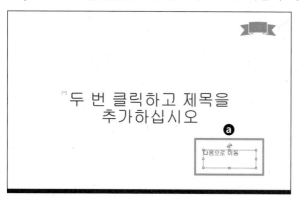) 부분을 마우스로 클릭한 후 원하는 내용을 적는다.

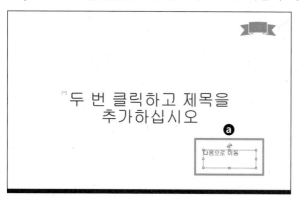

[그림 2-104]

보충설명

콘텐트 자리 표시자

[주 마스터 슬라이드]를 제외한 각 슬라이드는 텍스트 캡션, 이미지 또는 일반, 콘텐트 자리 표시자와 같은 여러 개체에 [자리 표시자]를 삽입할 수 있다. 하나의 슬라이드에 여러 개의 자리 표시자를 삽입하려면 [콘텐트 자리 표시자]를 클릭한다.

1) [필름 스트립]의 슬라이드를 마우스 우클릭하거나 슬라이드 레이아웃에서 마우스 우클릭한다.

2) [자리 표시자 개체]>[콘텐트 자리 표시자]를 클릭한다.

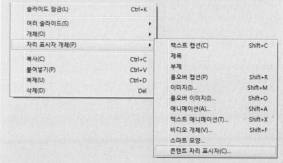

[그림 2-105]

3) [콘텐트 자리 표시자]는 다음과 같은 자리 표시자 삽입이 가능하다.
- 텍스트 캡션
- 텍스트 애니메이션
- 이미지
- FLV 또는 F4V 비디오(이벤트 비디오)
- SWF 애니메이션

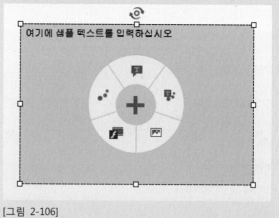

[그림 2-106]

1. 슬라이드 속성 설정

1) [필름 스트립](ⓐ)에서 속성을 설정하고 싶은 슬라이드(ⓑ)를 선택한 후 [속성] 창(ⓒ)을 활성화한다.

[그림 2-107]

2) 슬라이드 [속성] 값을 설정한다.

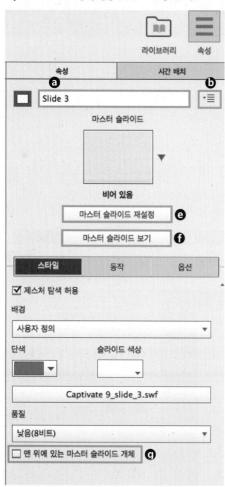

[그림 2-108]

[그림 2-109]

ⓐ [슬라이드 레이블] 슬라이드의 이름이다. 슬라이드 레이블은 **그림 2-109**와 같이 [필름 스트립]의 슬라이드 아래(ⓐ)에 표시된다.

ⓑ [액세스 가능성] 화면판독기가 소리 내어 읽을 수 있도록 텍스트를 추가할 수 있다. 각 슬라이드의 노트를 가져올 수 있다.

• **그림 2-110**의 흰 창에 화면판독기에서 소리 내어 읽도록 할 텍스트를 입력한다.

• 슬라이드 노트를 사용하려면 **[슬라이드 노트 가져오기]**(**ⓒ**)를 클릭하고 **[확인]**(**ⓓ**)을 클릭한다.

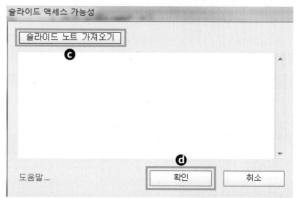

[그림 2-110]

ⓔ, ⓕ [마스터 슬라이드] Adobe Captivate 9의 마스터 슬라이드는 파워포인트의 마스터 슬라이드와 상당히 유사하다. 반복해서 사용하기 원하는 배경슬라이드를 만들 수 있다. 드롭다운 메뉴에서 원하는 슬라이드 유형을 선택한다.

ⓔ [마스터 슬라이드 재설정] 마스터 슬라이드에서 가져올 슬라이드에서 수정한 부분이 있을 때 **[마스터 슬라이드 재설정]** 버튼을 누르면, 다시 기본 설정 사이즈와 포맷으로 돌아가도록 재설정 해 준다.

ⓕ [마스터 슬라이드 보기] 편집 및 사용 가능한 마스터 슬라이드들을 왼쪽 필름 스트립이 있던 창에서 볼 수 있다. [속성] 탭에서 마스터 슬라이드 속성 값을 설정할 수 있다.

ⓖ [맨 위에 있는 마스터 슬라이드 개체] 슬라이드의 다른 개체 맨 위에 마스터 슬라이드의 개체를 배치하려면 선택한다.

2. 스타일 탭

[스타일] 탭에서 [배경]은 슬라이드 배경으로 선택할 수 있는 세 가지 옵션을 제공한다.

1) [필름 스트립](ⓐ)에서 스타일을 추가하고 싶은 슬라이드를 선택(ⓑ)한 상태에서, 창 오른쪽의 [속성] 탭(ⓒ) >
   [스타일] 탭(ⓓ)을 선택한다.

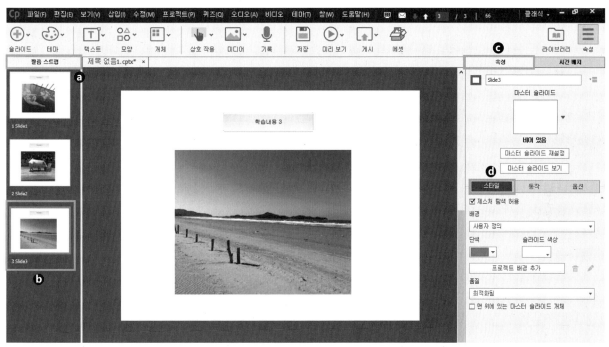

[그림 2-111]

2) [배경](ⓐ)드롭다운 목록에서 원하는 배경을 설정한다. 구체적인 설정 값은 다음과 같다.

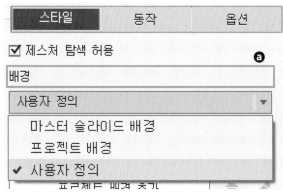

[그림 2-112]

ⓐ [배경]

   • [마스터 슬라이드 배경] 마스터 슬라이드의 배경을 슬라이드 배경으로 사용하려면 선택한다.
   • [프로젝트 배경] 프로젝트 환경 설정에서 [배경 설정]을 슬라이드에 적용하려면 선택한다. ([마스터 슬

라이드 배경 사용] 옵션을 선택 취소해야 사용할 수 있다.)
- **[사용자 정의]**
  - **[단색]** 슬라이드의 배경색을 선택할 수 있다. 배경은 **[단색 채우기]**, **[그라디언트 채우기]**, **[이미지 채우기]**를 적용할 수도 있다.
  - **[슬라이드 색상]** 슬라이드 이미지배경 **[단색 채우기]**, **[그라디언트 채우기]**, **[이미지 채우기]**에 따라 슬라이드 색상을 설정할 수 있다. (**[이미지]**와 **[슬라이드 색상]** 옵션은 프로젝트 또는 마스터 슬라이드 배경을 선택하지 않은 경우 사용할 수 있다.)
  - **[프로젝트 배경 추가]** 프로젝트의 라이브러리에서 이미지를 선택하여 슬라이드의 배경 이미지를 변경하려면 선택한다. (**[마스터 슬라이드 배경 사용]**옵션을 선택하지 않은 경우 사용할 수 있다.)

3) **[품질]**(ⓐ) 드롭다운 목록에서 원하는 품질을 선택한다.

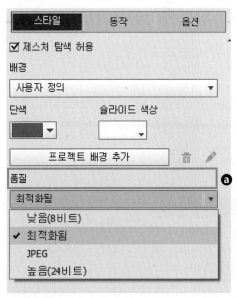

[그림 2-113]

보충설명

슬라이드 품질 설정 값

최적화, JPEG 또는 고품질 형식을 선택하면 파일 크기가 커지고 프로젝트를 다운로드 하는데 필요한 시간이 늘어날 수 있다. 필요한 경우에만 낮음(8비트) 이외의 형식을 사용하는 것이 좋다.

3. 동작 탭

슬라이드를 보거나 다른 슬라이드로 이동할 때 작동되는 동작을 선택할 수 있다.

1) 동작을 추가하고 싶은 슬라이드를 **[필름 스트립]** 에서 선택한 상태에서 창 오른쪽 **[속성]**의 **[동작]** (ⓐ) 탭을 클릭한다.

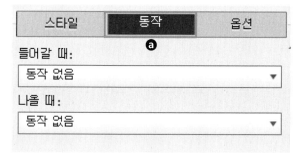

[그림 2-114]

> **보충설명**
> **동작 설정**
>
> 동작 설정에 대한 자세한 내용은 5장 슬라이드렛에 동작 설정하기(216p)를 참고한다.

2) **[들어갈 때]**(ⓐ) 값을 선택한다. **[들어갈 때]** 메뉴는 슬라이드가 표시될 때 슬라이드에 대해 설정할 수 있는 동작을 표시한다.

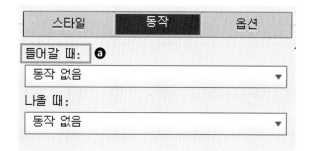

[그림 2-115]

> **보충설명**
> **들어갈 때 나올 때 모두 적용 가능한 동작**
>
> - [계속]
> - [URL 또는 파일 열기]
> - [다른 프로젝트 열기]
> - [전자 메일 보내기]
> - [JavaScript 실행]
> - [고급 동작 실행]
> - [공유 동작 실행]
> - [오디오 재생]
> - [표시]
> - [숨기기]
> - [사용]
> - [사용 안 함]
> - [증가]
> - [감소]
> - [효과 적용]
> - [나가기]
> - [일시 중지]
> - [전환]
> - [목차 표시]
> - [재생 막대 표시]
> - [목차 숨기기]
> - [재생 막대 숨기기]
> - [목차 잠금]
> - [목차 잠금 해제]
> - [동작 없음]

3) **[나올 때]**(ⓐ) 값을 선택한다. **[나올 때]** 메뉴는 사용자가 슬라이드를 종료할 때 설정할 수 있는 동작을 표시한다.

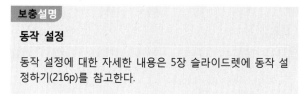

[그림 2-116]

> **보충설명**
> **나올 때만 적용 가능한 동작**
>
> - [이전 슬라이드로 이동]
> - [다음 슬라이드로 이동]
> - [마지막으로 본 슬라이드로 이동]
> - [퀴즈로 복귀]
> - [슬라이드로 이동]

1) 오디오를 추가하고 싶은 슬라이드를 [필름 스트립]에서 선택한 상태에서, 창 오른쪽의 [속성]의 [옵션](ⓐ)>[오디오 추가](ⓑ)를 클릭한다.

[그림 2-117]

2) [슬라이드 오디오] 대화 상자에서 [녹음](ⓐ)>[내레이션 가져오기](ⓑ)>[라이브러리에서 가져오기](ⓒ)를 통해 오디오를 추가할 수 있다.

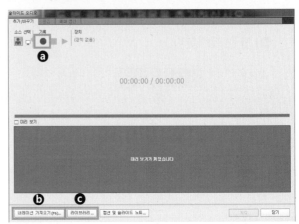

[그림 2-118]

> **보충설명**
>
> **오디오 삽입**
>
> 오디오와 비디오에 대한 자세한 내용은 7장 오디오 및 비디오 삽입하기(333p)를 참고한다.

3) 오디오가 추가되면 [속성](ⓐ)>[옵션](ⓑ)에서 오디오를 편집할 수 있다.

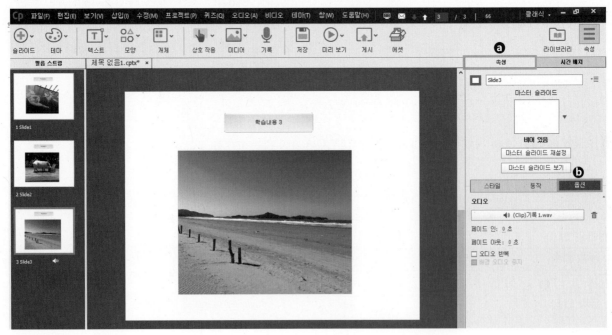

[그림 2-119]

4) 구체적인 오디오 편집 기능은 다음과 같다.

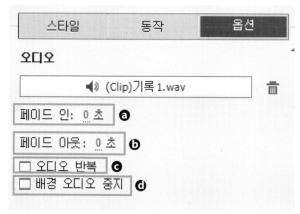

[그림 2-120]

- ⓐ **[페이드 인]** [#]초 오디오가 완전한 볼륨으로 페이드 인되는 데 걸리는 시간을 지정한다.
- ⓑ **[페이드 아웃]** [#]초 오디오가 완전한 무음으로 페이드 아웃되는 데 걸리는 시간을 지정한다.
- ⓒ **[오디오 반복]** 슬라이드를 종료할 때까지 오디오 파일을 연속 재생한다.
- ⓓ **[배경 오디오 중지]** 슬라이드에 연결된 모든 배경 오디오의 재생을 중지한다.

5. 시간 배치 탭

하나의 슬라이드가 다음 슬라이드로 이동하는 시간 즉, 슬라이드 지속 기간을 편집하기 위해 **[속성]**의 **[시간 배치]** 탭을 사용한다.

1) 슬라이드 지속 기간을 변경하기 위해 **[필름 스트립]**(ⓐ)에서 원하는 슬라이드를 선택(ⓑ)한 상태에서 오른쪽의 **[속성]**(ⓒ)의 **[시간 배치]**(ⓓ) 탭을 선택한다.

[그림 2-121]

2) [슬라이드 지속 기간](ⓐ)에서 숫자를 더블클릭
하여 지속 기간을 수정한다.

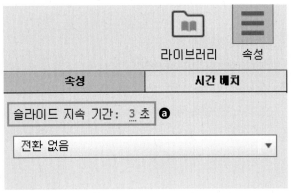

[그림 2-122]

보충설명

슬라이드 지속 기간

하나의 슬라이드가 다음 슬라이드로 이동하기까지 지속되는
시간이다. 기본 값은 3초이고, 최대값은 1시간(3600초)이다.

3) [페이드](ⓐ)목록에서 슬라이드가 전환될 때 나
타나는 효과를 선택한다.

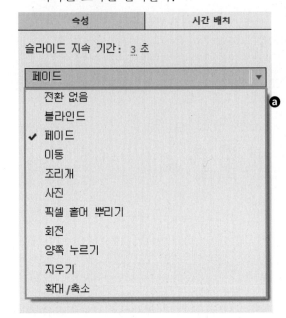

[그림 2-123]

보충설명

슬라이드 전환효과

슬라이드와 슬라이드 간 이동 시 나타나는 효과로 슬라이드
가 보여지는 시작 부분에 나타난다. 예를 들어, 슬라이드 3번
에 전환을 적용하면 슬라이드 2번에서 3번으로 이동할 때
효과가 나타난다.

개체 관리하기 제**3**장

♣ 개체 삽입하기
• Adobe Captivate 9에서 개체의 종류
• 개체 삽입하기

♣ 개체의 이름 설정하기

♣ 개체 복사하기/붙여넣기
• 다른 슬라이드에 개체 복사하기
• 여러 슬라이드에 개체 복사하기
• 개체 복사하기

♣ 여러 개체를 그룹으로 묶기
• 여러 개체를 그룹으로 묶기
• 그룹설정 해제하기
• 그룹 내 특정 개체만 그룹 해제하기

♣ 개체 정렬하기

♣ 개체에 그림자 효과 적용하기
• 속성 창을 통해 그림자 효과 적용하기
• 효과 창을 통한 그림자 효과 적용하기

♣ 개체에 반사효과 적용하기

♣ 라이브러리에서 개체 관리하기
• 라이브러리에서 개체 보기
• 라이브러리에서 개체 가져오기

♣ 개체를 슬라이드 배경으로 만들기

♣ 개체 스타일 설정하기
• 개체 스타일 사용자 정의하기
• 사용자 정의한 개체 스타일 적용하기
• 개체 스타일 편집하기
• 개체 스타일 내보내고 가져오기

♣ 개체에 오디오 추가하기

♣ 개체 시간 배치 변경하기

♣ 개체 전환효과 설정하기

♣ 타임라인에서 개체 관리하기
• 타임라인 표시하기/숨기기
• 타임라인 구성 살펴보기
• 타임라인에서 개체 순서 변경하기
• 타임라인에서 개체 시간 변경하기

♣ 개체에 효과 적용하기
• 개체에 효과 적용하기
• 개체에 효과 중 모션패스 적용하기
• 효과를 저장하여 활용하기
• 개체에 여러 가지 효과 적용하기
• Adobe Captivate 9에서의 효과

---

e 실행 순서

♣ 개체의 이름 설정하기

[개체 선택] ⇨ 속성 ⇨ SmartShape_2

변경하고 싶은 개체를 클릭하고 [속성] 창에서 [이름입력]을 선택한다.

♣ 개체 복사하기/붙여넣기

[개체 우클릭] ⇨ 복사(C) 붙여넣기(P)

변경하고 싶은 개체를 우클릭하고 [복사]나 [붙여넣기]를 선택한다.

♣ 여러 개체를 그룹으로 묶기

[개체 우클릭] ⇨ 그룹 그룹 해제

변경하고 싶은 개체를 우클릭하고 [그룹]을 선택하여 그룹으로 묶고 [그룹 해체]를 선택하여 그룹을 해제한다.

♣ 개체 정렬하기

창(W) ⇨ 맞춤 ⇨ [원하는 정렬 형태 클릭]

정렬하고 싶은 개체들을 클릭하고 상위 메뉴 [창]에서 [맞춤]을 선택하여 [맞춤 도구]를 열고, 원하는 [정렬 형태]를 선택한다.

♣ 개체에 그림자 효과 적용하기

[개체 선택] ⇨ 속성 ⇨ 그림자 및 반사 ⇨ 그림자

변경하고 싶은 개체를 클릭하고 [속성] 창에서 [그림자 및 반사]의 [그림자]에서 원하는 그림자 효과를 선택한다.

♣ 개체에 반사효과 적용하기

[개체 선택] ⇨ 속성 ⇨ 그림자 및 반사 ⇨ 반사

변경하고 싶은 개체를 클릭하고 [속성] 창에서 [그림자 및 반사]의 [반사]에서 원하는 반사 효과를 선택한다.

♣ 라이브러리에서 개체 관리하기

창(W) ⇨ 라이브러리(L)

상위 메뉴 [창]에서 [라이브러리]를 선택한다.

♣ 개체를 슬라이드 배경으로 만들기

[개체 우클릭] ⇨ 배경에 병합(M)

배경으로 만들고 싶은 개체를 우클릭하고 [배경에 병합]을 선택한다.

♣ 개체 스타일 설정하기

편집(E) ⇨ 개체 스타일 관리자...

상위 메뉴 [편집]에서 [개체 스타일 관리자]를 선택한다.

♣ 개체에 오디오 추가하기

[개체 선택] ⇨ 속성 ⇨ 옵션 ⇨ 오디오
⇨ 오디오 추가...

오디오를 삽입하고 싶은 개체를 클릭하고 [속성] 창의 [옵션]에서 [오디오]의 [오디오 추가]를 선택한다.

♣ 개체 시간 배치 변경하기

[개체 선택] ⇨ 시간 배치 ⇨ 시간 배치

변경하고 싶은 개체를 클릭하고 [시간 배치] 창의 [시간 배치]에서 원하는 시간 배치를 선택한다.

♣ 개체 전환효과 설정하기

[개체 선택] ⇨ 시간 배치 ⇨ 전환

변경하고 싶은 개체를 클릭하고 [시간 배치] 창의 [전환]에서 원하는 전환효과를 선택한다.

♣ 타임라인에서 개체 관리하기

창(W) ⇨ 타임라인(T)

상위 메뉴 [창]에서 [타임라인]을 선택한다.

♣ 개체에 효과 적용하기

[개체 선택] ⇨ 시간 배치 ⇨ 효과

변경하고 싶은 개체를 클릭하고 [시간 배치] 창의 [효과]에서 원하는 전환효과를 선택한다.

🖊 기능의 목적

- 개체에 이름을 부여하거나 그림자 효과를 적용하는 등, 다양한 속성 값 변경
- 타임라인에서 개체의 제시 시간 설정
- 개체에 효과 적용을 통해 애니메이션 효과 부여

⚙ 이러닝 설계팁

♣ 타임라인을 통한 학습 내용의 강조

Adobe Captivate 9에서는 타임라인을 통해 개체의 시간적 순서를 설정할 수 있으며, 이는 애니메이션과 같이 학습 내용을 강조하는데 활용할 수 있다. 구체적으로 학습 내용의 시간적 순서를 타임라인을 통해 차례로 제시하여 해당 부분에만 집중할 수 있도록 도와준다. 이 때 학습자에게 시간의 양을 결정할 수 있게 해주어야 한다. 예를 들어, 시간차로 제시된 개체가 일정 시간이 지나면 자동적으로 사라지도록 하는 것보다 학습자가 마우스를 클릭하거나 키를 눌렀을 때만 다음 화면이 나타나게 할 수 있다(Alessi & Trollip, 2003).

♣ 효과 적용을 통한 학습 내용의 강조

학습자들은 정적인 이미지보다 동적인 이미지에 더 집중하는 경향이 있다(Mayer, 2009). Adobe Captivate 9에서는 효과 적용을 통해 개체를 이동시켜 동적인 상태로 표현할 수 있으며, 이를 통해 학습자들로 하여금 학습 내용에 집중하도록 할 수 있다. 하지만 지나친 효과의 적용은 오히려 학습을 방해한다.

1. Adobe Captivate 9에서 개체의 종류

1) 개체는 이러닝 콘텐츠를 구성하는 모든 요소를 말한다. 개체는 크게 학습자가 클릭해야 반응하는 대화형 개체와 학습자의 클릭여부와 상관없이 제시되는 비대화형 개체로 나뉜다. Adobe Captivate 9에서 활용하는 개체의 종류는 다음과 같다.

구 분	개체명	개체 설명	참 고
비대화형 개체	텍스트 캡션	일반 텍스트를 입력할 수 있다.	4장 163p
	텍스트 애니메이션	특수 효과가 적용된 텍스트를 입력할 수 있다.	4장 187p
	스마트 모양	네모, 세모, 화살표와 같은 다양한 도형을 입력할 수 있다.	4장 177p
	마우스	소프트웨어 시뮬레이션 프로젝트를 만들 때, 마우스 포인터를 입력할 수 있다.	8장 411p
	강조 상자	슬라이드의 일부분을 강조할 수 있도록 색깔이 다른 도형을 추가할 수 있다.	4장 182p
	확대/축소영역	슬라이드의 일부분을 확대하여 표시할 수 있다.	4장 190p
	이미지	JPG, JPEG, GIF, PNG, BMP 같은 형식의 이미지를 추가할 수 있다.	4장 169p
	오디오/비디오	오디오/비디오 파일을 추가할 수 있다.	7장 333p
	애니메이션	SWF 또는 GIF 애니메이션 파일을 추가할 수 있다.	4장 185p
	캐릭터	Adobe Captivate 9에서 제공하는 캐릭터를 입력할 수 있다.	4장 175p
대화형 개체	텍스트 입력 상자	사용자가 텍스트를 입력하도록 영역을 지정할 수 있다.	5장 226p
	롤오버 캡션	사용자가 슬라이드의 지정된 영역 위로 마우스를 이동할 때만 캡션을 표시할 수 있다.	5장 207p
	롤오버 이미지	사용자가 슬라이드의 지정된 영역 위로 마우스를 이동할 때만 이미지를 표시할 수 있다.	5장 200p
	롤오버 슬라이드렛	사용자가 슬라이드의 지정된 영역 위로 마우스를 이동할 때만 슬라이드렛(슬라이드 내의 슬라이드)을 표시할 수 있다.	5장 212p
	단추	사용자가 클릭할 때 다양한 동작을 실행할 수 있다.	6장 238p
	클릭 상자	다음 동작이 수행되기 전에 사용자가 클릭하도록 설정할 수 있다.	6장 258p
	드래그 앤 드롭 상호작용	개체를 끌어서 놓는 동작을 설정할 수 있다.	6장 268p
	학습 상호 작용	상호 작용이 추가된 다양한 탭 및 도형을 추가할 수 있다.	5장 231p

<표 3-1> Adobe Captivate 9에서 활용하는 개체의 종류

1) 개체는 상단의 빠른 실행 도구 중 [텍스트], [모양], [개체], [상호 작용], [미디어](ⓐ)에서 다양한 개체를 선택하여 삽입할 수 있다. 개체 별 삽입방법은 표 3-1에 나와있는 개체별 해당 챕터에서 확인한다.

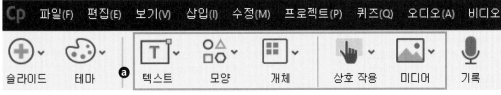

[그림 3-1]

1. 개체 이름 설정하기

1) 개체를 삽입하기 위해 빈 프로젝트를 연다.

[그림 3-2]

> **보충설명**
>
> **빈 프로젝트 열기**
>
> 빈 프로젝트 열기에 대한 자세한 내용은 1장 빈 프로젝트 만들기(21p)를 참고한다.

2) 슬라이드에 개체를 삽입한다. 본 예시에서는 **[모양](ⓐ)＜[사각형](ⓑ)**을 클릭하여 슬라이드에 사각형을 삽입한다.

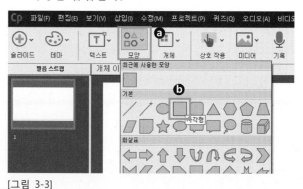

[그림 3-3]

3) 마우스 포인터가 '+' 표시로 바뀌면, 스테이지에서 마우스를 클릭하고(ⓐ) 드래그 해서(ⓑ) 사각형을 그리면 **그림 3-5**와 같이 슬라이드에 사각형이 삽입된다.

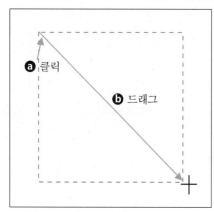

[그림 3-4]

[그림 3-5]

4) 사각형(ⓐ)을 클릭하여 [속성](ⓑ) 창을 활성화한다.

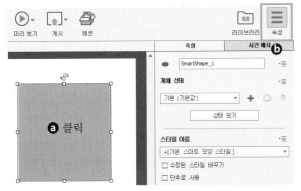

[그림 3-6]

5) [속성](ⓐ) 창에서 [이름 입력](ⓑ)을 더블클릭하여 개체의 이름을 입력한다. 본 예시에서는 'Square_1'이라고 입력한다.

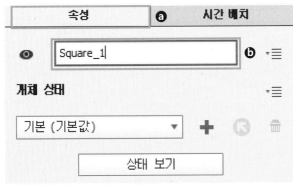

[그림 3-7]

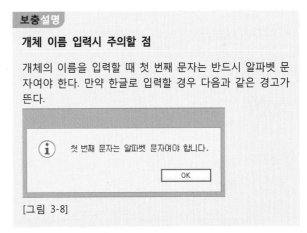

보충설명

개체 이름 입력시 주의할 점

개체의 이름을 입력할 때 첫 번째 문자는 반드시 알파벳 문자여야 한다. 만약 한글로 입력할 경우 다음과 같은 경고가 뜬다.

[그림 3-8]

보충설명

개체 이름 설정의 중요성

• 한 슬라이드에 삽입하는 텍스트 캡션의 수가 한 개 이상이 될 때에는 캡션이름을 설정해야 한다. 그렇게 해야 타임라인에서 어떤 캡션인지 인식이 가능하여 작업할 때 쉽다.

• 예를 들어, 그림 3-9와 같이 개체의 이름을 설정하지 않을 경우(ⓐ) 타임라인에서 어떤 개체가 작업하고자 하는 개체인지 파악하기 어렵다. 따라서 그림 3-10과 같이 개체의 이름을 설정해 주어야(ⓑ) 원하는 개체를 쉽게 파악하여 작업할 수 있다.

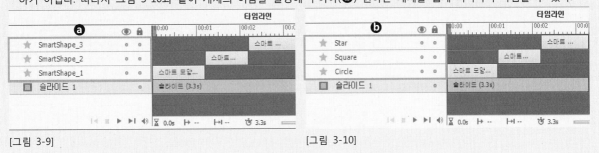

[그림 3-9]   [그림 3-10]

1. 다른 슬라이드에 개체 복사하기

1) 개체가 포함된 슬라이드를 열거나 슬라이드에 개체를 삽입한다. 다른 슬라이드에 개체를 복사하기 위해서는 복사할 개체를 붙여넣기 위한 두 개 이상의 슬라이드가 있어야 한다.

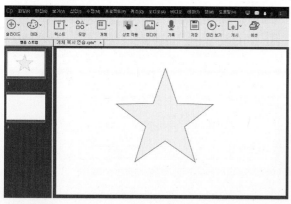

[그림 3-11]

2) 개체의 안쪽(ⓐ)을 마우스 우클릭하고 [복사](ⓑ)를 선택한다.

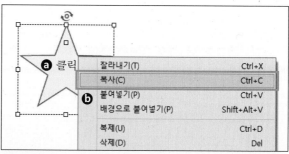

[그림 3-12]

보충설명

복사 단축키

개체의 복사는 키보드에서 Ctrl 과 C 를 동시에 누르면 편리하게 할 수 있다.

3) [필름 스트립]에서 개체를 복사할 다른 슬라이드(**ⓐ**)를 선택한다. 슬라이드 안쪽(**ⓑ**)에서 마우스 우클릭하여 [붙여넣기](**ⓒ**)를 선택하면 **그림 3-14**와 같이 슬라이드에 복사한 개체가 삽입된다.

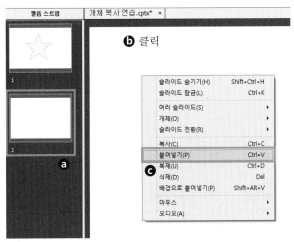

[그림 3-13]

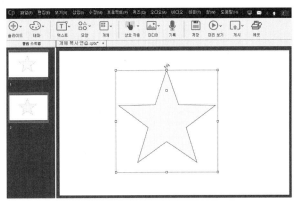

[그림 3-14]

보충설명

필름 스트립에서 슬라이드 편집

필름 스트립에서 슬라이드 편집에 대해 자세히 살펴보고 싶은 경우, 2장 슬라이드 삽입 및 관리하기(51p)를 참고한다.

보충설명

프로젝트 간 개체 복사/붙여넣기

- [Adobe Captivate 9]에서는 다른 프로젝트에서 개체를 복사하여 붙여넣을 수 있고, 이는 많은 시간을 절약할 수 있다. 예를 들어, 다른 프로젝트에서 세부 개체를 만든 경우 해당 개체를 복사한 다음 새로 만든 프로젝트에 붙여 넣으면 된다.
- 다른 프로젝트의 미디어 개체를 재사용하려면 현재 프로젝트 라이브러리 내에서 해당 프로젝트 라이브러리를 연다. 그런 다음 개체를 직접 슬라이드 또는 현재 프로젝트 라이브러리로 끌어 손쉽게 재사용할 수 있다.

1) 개체가 포함된 슬라이드를 열거나 슬라이드에 개체를 삽입한다. 여러 슬라이드에 개체를 복사하기 위해서는 세 개 이상의 슬라이드가 있어야 한다.

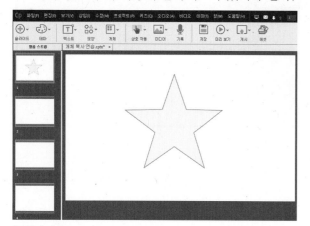

[그림 3-15]

2) 개체의 안쪽(ⓐ)을 마우스 우클릭하고 [복사](ⓑ)를 선택한다.

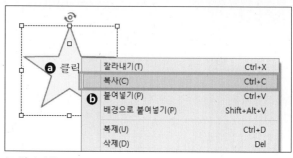

[그림 3-16]

3) [필름 스트립]에서 개체를 복사할 슬라이드(ⓐ)를 선택한다. 동시에 여러 슬라이드에 개체를 붙여넣고자 할 때 Shift 를 누른 채 연속된 슬라이드를 클릭하거나, Ctrl 을 누른 채 임의의 슬라이드를 선택할 수 있다.

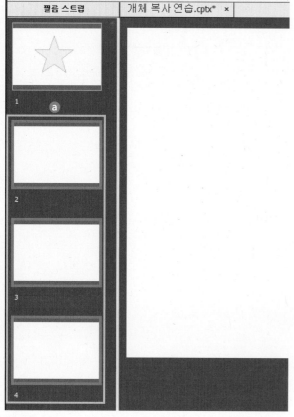

[그림 3-17]

보충설명

필름 스트립에서 슬라이드 편집

필름 스트립에서 슬라이드 편집에 대해 자세히 살펴보고 싶은 경우, 2장 슬라이드 삽입 및 관리하기(51p)를 참고한다.

4) 선택한 여러 슬라이드 중 하나(**ⓐ**)를 마우스 우클릭하고 [**붙여넣기**](**ⓑ**)를 선택하면 **그림 3-19**와 같이 여러 슬라이드에 개체가 삽입된다.

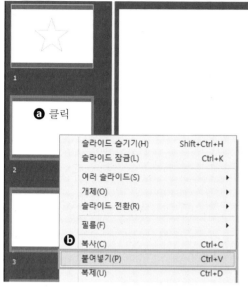

[그림 3-18]

[그림 3-19]

3. 개체 복제하기

개체에서 복사를 누르고 다시 붙여넣기 해야 하는 개체 복사와 다르게, 개체에서 복제를 누르면 해당 슬라이드에 똑같은 개체가 바로 생성된다. 같은 슬라이드 내에 여러 개의 개체를 복제하고 싶을 때 이용하면 편리하다.

1) 복제할 개체가 포함된 슬라이드를 열거나 슬라이드에 개체를 추가한다.

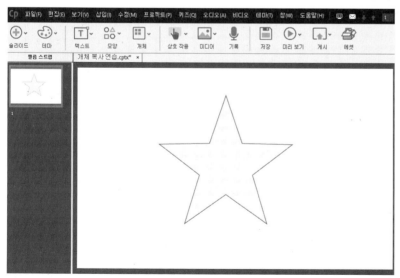

[그림 3-20]

2) 개체 안쪽(**ⓐ**)을 마우스 우클릭하고 [복제](**ⓑ**)를 선택하면 **그림 3-22**와 같이 슬라이드에 개체가 복제된다.

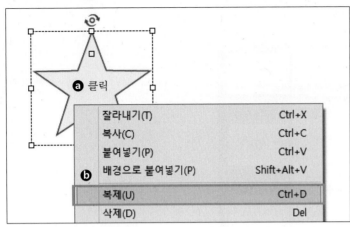

[그림 3-21]

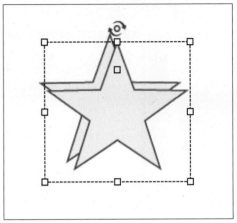

[그림 3-22]

프로젝트 작업 속도를 높이기 위해 슬라이드의 개체를 그룹으로 묶을 수 있다. 그룹은 복수의 개체를 하나의 개체인 것처럼 이동, 회전 또는 편집할 수 있다. 예를 들어, 그룹을 선택하고 그림자 효과를 적용한다. 그룹에 적용된 변경 사항은 그룹 안의 모든 개체에 동시에 적용된다.

1. 여러 개체를 그룹으로 묶기

1) 그룹으로 묶을 개체가 포함된 슬라이드를 연다.
   (파일명: 3장_개체 그룹핑 연습.cptx)

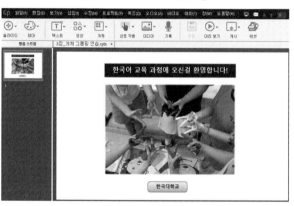

[그림 3-23]

2) Shift 를 누른 채 그룹으로 묶을 개체를 선택한다.

[그림 3-24]

보충설명

그룹핑 가능/불가능 개체

- 그룹화할 개체를 선택하면 모든 관련 개체도 그룹화된다. 예를 들어, 클릭 상자와 연관된 '성공 캡션'을 선택하면 실패, 힌트 캡션 및 해당 클릭 상자도 그룹화된다.
- 슬라이드렛, 마우스, 오디오, 질문 항목 및 응답 개체는 그룹화할 수 없다.
- 질문 슬라이드에서는 강조 상자 및 단추와 같은 개체만 그룹화할 수 있다.
- 기존의 여러 그룹을 선택하여 하나의 그룹으로 묶을 수도 있다.

3) 선택한 개체들 중 하나의 개체 위(ⓐ)에 마우스 오른쪽을 클릭하여 [그룹](ⓑ)을 선택한다.

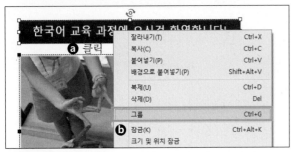

[그림 3-25]

5) 필요한 경우 [속성](ⓐ)에서 그룹에 대한 이름(ⓑ)을 지정한다.

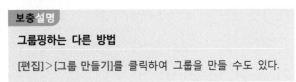

[그림 3-27]

4) 마우스를 그룹의 개체 위로 가져가면 그룹의 윤곽이 점선으로 표시된다.

[그림 3-26]

2. 그룹설정 해제하기

1) 그룹 안쪽(ⓐ)에서 마우스 우클릭한 다음 [그룹 해제](ⓑ)를 선택한다.

[그림 3-28]

3. 그룹 내 특정 개체만 그룹 해제하기

1) 그룹 안쪽(ⓐ)을 클릭하여 그룹을 선택하고(검은 점으로 표시) 해당 개체(ⓑ)를 한번 더 클릭하여 개체만 선택한다(흰 점으로 표시).

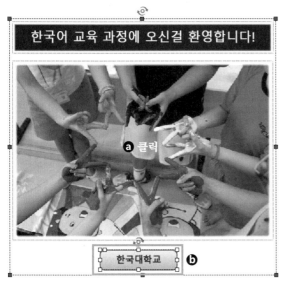

[그림 3-29]

2) 개체 안쪽(ⓐ)에서 마우스 우클릭하고 **[그룹에서 제거]**(ⓑ)를 클릭한다.

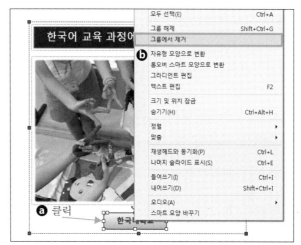

[그림 3-30]

3) 그림 **3-31**과 같이 해당 개체만 그룹에서 제거된다.

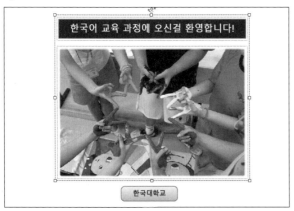

[그림 3-31]

1. 개체 정렬하기

1) 개체를 정렬할 슬라이드를 열거나 슬라이드에 개체를 삽입한다.

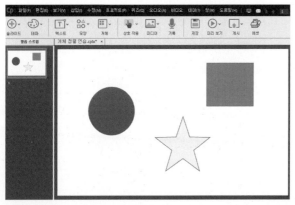

[그림 3-32]

보충설명

개체를 정렬하기 위한 조건

개체를 정렬하기 위해서는 반드시 두 개 이상의 개체가 슬라이드에 있어야 한다.

2) 상위 메뉴에서 [창](ⓐ)을 클릭하고 [맞춤](ⓑ)을 선택하면 **그림 3-34**와 같이 [맞춤 도구 모음](ⓒ)이 나타난다.

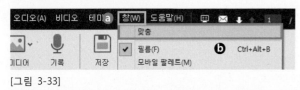

[그림 3-33]

보충설명

맞춤 도구 모음 없애기

맞춤 도구 모음을 없애기 위해서는 다시 한번 [창]>[맞춤]을 클릭한다.

[그림 3-34]

3) Shift를 누른 채 맞추고 싶은 개체를 클릭한다. 이 때 먼저 선택하는 개체는 개체 가장자리에 흰 점(ⓐ)이 표시되고, 그 다음에 선택하는 개체(들)은 검은 점(ⓑ)으로 표시된다. 개체의 정렬은 흰 점이 표시된 개체를 기준으로 적용된다.

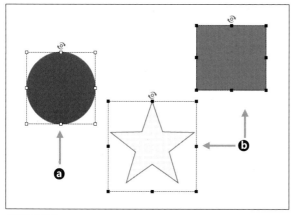

보충설명

기준 개체에 의한 정렬

- [Adobe Captivate 9]에서 개체 정렬은 첫 번째 선택된 개체를 기준으로 이루어진다. 본 예시에서는 원을 먼저 선택했으므로 왼쪽 정렬을 하면 이 원의 왼쪽 위치를 기준으로 정렬된다. 만약 네모를 첫 번째 개체로 선택할 경우 네모의 왼쪽 위치를 기준으로 정렬된다.
- 슬라이드에 텍스트로만 표시되길 원하는 경우에는 [transparent (투명)] 캡션 스타일을 사용한다.

[그림 3-35]

4) [맞춤 도구 모음]에서 원하는 맞춤 옵션을 클릭한다. 본 예시에서는 **[위쪽 맞춤]** ⊤ (ⓐ)을 선택한다.

[그림 3-36]

5) 그림 3-37과 같이 먼저 선택한 개체인 동그라미를 기준으로 위쪽 맞춤된 것을 확인할 수 있다.

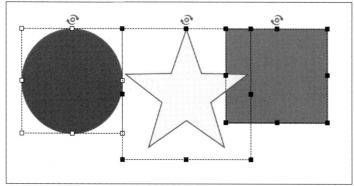

[그림 3-37]

6) 맞춤 도구 모음의 각 옵션에 대한 세부 설명은 다음과 같다.

아이콘	이름	기능
	왼쪽 맞춤	선택한 개체들을 기준 개체의 왼쪽으로 정렬한다.
	가운데 맞춤	선택한 개체들을 기준 개체의 가운데로 정렬한다.
	오른쪽 맞춤	선택한 개체들을 기준 개체의 오른쪽으로 정렬한다.
	위쪽 맞춤	선택한 개체들을 기준 개체의 위쪽으로 정렬한다.
	중간 맞춤	선택한 개체들을 기준 개체의 중간으로 정렬한다.
	아래쪽 맞춤	선택한 개체들을 기준 개체의 아래쪽으로 정렬한다.
	슬라이드에서 가로 가운데 맞춤/슬라이드렛	선택한 개체들을 슬라이드/슬라이드렛의 가로 가운데로 정렬한다.
	슬라이드에서 세로 가운데 맞춤/슬라이드렛	선택한 개체들을 슬라이드/슬라이드렛의 세로 가운데로 정렬한다.
	가로로 분포	개체간 가로 간격을 동일하게 정렬한다.
	세로로 분포	개체간 세로 간격을 동일하게 정렬한다.
	같은 높이로 크기 조정	선택한 개체들을 기준 개체와 같은 높이로 조정한다.
	같은 폭으로 크기 조정	선택한 개체들을 기준 개체와 같은 폭으로 조정한다.
	같은 크기로 크기 조정	선택한 개체들을 기준 개체와 같은 높이와 폭으로 조정한다.
	정렬 및 같은 크기로 조정	선택한 개체들을 기준 개체와 같은 높이와 폭으로 조정하고 같은 위치로 정렬한다.
	선택한 개체를 앞으로 가져오기	선택한 개체를 기존 위치보다 앞으로 이동한다.
	선택한 개체를 뒤로 보내기	선택한 개체를 기존 위치보다 뒤로 이동한다.
	선택한 개체를 맨 앞으로 가져오기	선택한 개체를 다른 개체들 중 가장 앞으로 이동한다.
	선택한 개체를 맨 뒤로 보내기	선택한 개체를 다른 개체들 중 가장 뒤로 이동한다.

<표 3-2> 맞춤 도구 모음의 이름과 기능

1. 속성 창을 통해 그림자 효과 적용하기

1) 빈 프로젝트에서 개체를 삽입한다. 본 예시에서는 빠른 실행 도구 [모양](ⓐ)에서 별을 삽입한다.

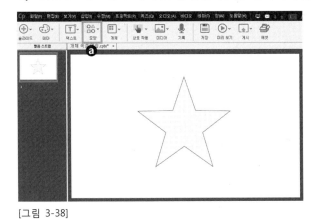

[그림 3-38]

> **보충설명**
>
> **스마트 모양 삽입하기**
>
> 스마트 모양 삽입하기에 대한 자세한 내용은 4장 스마트모양 삽입하기(177p)를 참고한다.

2) 슬라이드에서 개체를 선택(ⓐ)하여 [속성](ⓑ)을 연다.

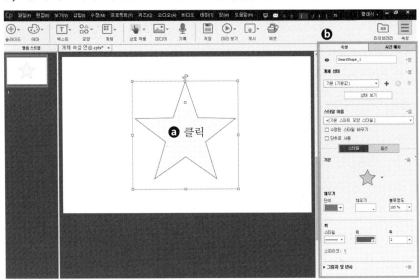

[그림 3-39]

3) [속성] 창 하단에 있는 [그림자 및 반사](ⓐ)를 클릭하여 **그림 3-41**과 같이 [그림자 및 반사] 창(ⓑ)을 활성화한다.

4) [그림자](ⓐ)에서 [내부]나 [외부]를 선택하여 그림자 효과를 적용할 수 있다. 본 예시에서는 [내부](ⓑ)에서 [가운데 하단](ⓒ)에 그림자를 적용한다.

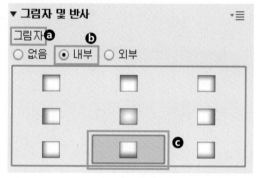

[그림 3-42]

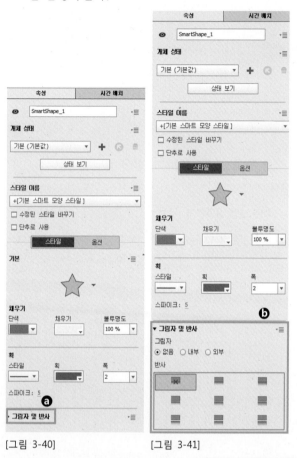

[그림 3-40]　　　　[그림 3-41]

5) 그림자 세부 설정을 변경하기 위해 우측에 [스크롤 바](ⓐ)를 내리면 **그림 3-43**과 같이 그림자 설정 화면이 나타난다.

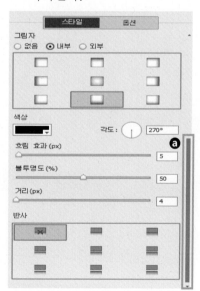

[그림 3-43]

6) [그림자 설정]에서 임의로 각도 '180도'(**ⓐ**), 흐림 효과 '20px'(**ⓑ**), 불투명도 '30%'(**ⓒ**), 거리 '10px'(**ⓓ**)로 설정해본다. 그 결과 **그림 3-45**와 같이 개체에 그림자 효과가 적용된 것을 확인할 수 있다.

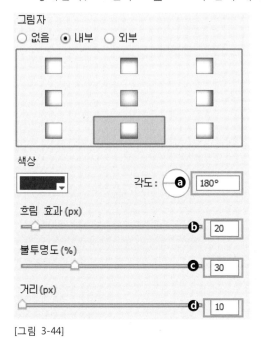

[그림 3-44]

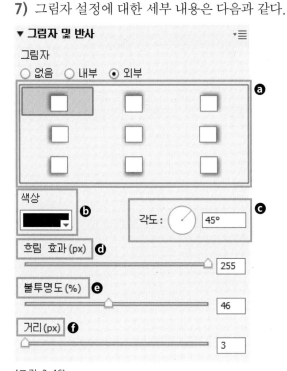

[그림 3-45]

7) 그림자 설정에 대한 세부 내용은 다음과 같다.

[그림 3-46]

ⓐ [**그림자 방향 설정**] 그림자가 표시되는 방향을 설정한다.

ⓑ [**색상**] 그림자 색상을 설정한다.

ⓒ [**각도**] 그림자가 표시되는 각도를 조절한다.

ⓓ [**흐림 효과**] 그림자의 테두리의 흐림 정도를 조절한다.

ⓔ [**불투명도**] 그림자 색의 투명도를 조절한다.

ⓕ [**거리**] 개체로부터 그림자의 거리를 조절한다.

1. 개체에 반사효과 적용하기

1) 빈 프로젝트에서 개체를 삽입한다. 본 예시에서는 빠른 실행 도구 **[모양]**(**ⓐ**)에서 별을 삽입한다.

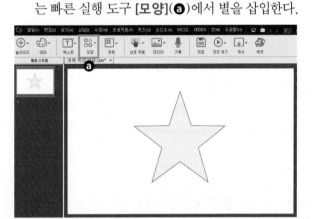

[그림 3-47]

보충설명

스마트 모양 삽입하기

스마트 모양 삽입하기에 대한 자세한 내용은 4장 스마트모양 삽입하기(177p)를 참고한다.

2) 슬라이드에서 개체를 선택(**ⓐ**)하여 **[속성]**(**ⓑ**)을 연다.

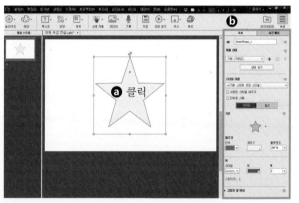

[그림 3-48]

3) [속성] 창 하단에 있는 [그림자 및 반사](ⓐ)를 클릭하여 **그림 3-50**과 같이 [그림자 및 반사] 창(ⓑ)을 활성화한다.

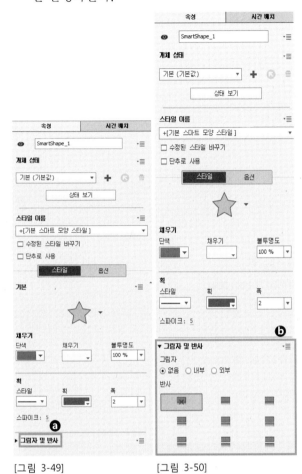

[그림 3-49]　　　　[그림 3-50]

4) [반사](ⓐ)에서 원하는 반사효과를 클릭하여 적용한다. 본 예시에서는 오른쪽 상단에 있는 효과(ⓑ)를 선택한다.

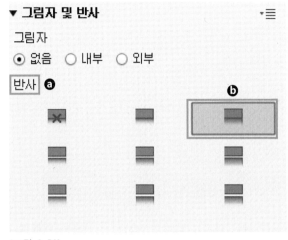

[그림 3-51]

> **보충설명**
>
> **이전 효과 적용**
>
> 이전에 개체에 반사 효과를 적용한 경우 이러한 효과 설정이 기본적으로 적용된다.

5) 그림 3-52와 같이 개체에 반사효과가 적용된 것을 확인한다.

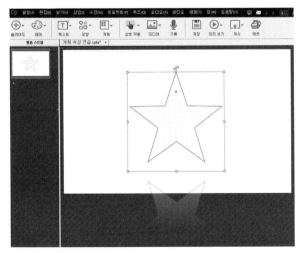

[그림 3-52]

오디오, 이미지, 비디오 등 이전에 사용한 개체들은 라이브러리에 자동 저장되며, 쉽게 재사용할 수 있다.

1. 라이브러리에서 개체 보기

1) [창](**ⓐ**)＞[라이브러리](**ⓑ**)를 선택하면 **그림 3-54**와 같이 [라이브러리] 창이 표시된다.

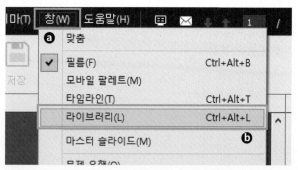

[그림 3-53]

보충설명

라이브러리의 개체

라이브러리에서 볼 수 있는 개체는 이전에 해당 프로젝트에서 사용한 것이어야 하며, 새로운 프로젝트(빈 프로젝트)에서는 이전에 사용한 개체가 없기 때문에 라이브러리가 비어 있는 것을 확인할 수 있다.

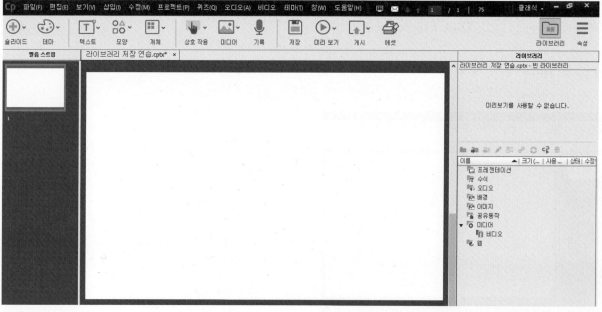

[그림 3-54]

2) 상단의 빠른 실행 도구에서 [미디어](ⓐ)>[이미지](ⓑ)를 클릭하면 **그림 3-56**와 같은 창이 나온다.

[그림 3-55]

3) 원하는 이미지(ⓐ)를 찾아서 선택하고 [열기](ⓑ)를 누른다.

[그림 3-56]

4) 슬라이드에 이미지가 삽입(ⓐ)됨과 동시에 라이브러리에도 이미지가 추가(ⓑ)되는 것을 확인할 수 있다.

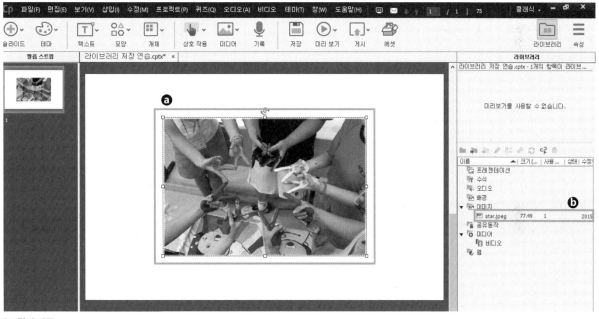

[그림 3-57]

2. 라이브러리에서 개체 가져오기

1) 라이브러리에서 재사용할 개체(ⓐ)를 클릭하고 개체를 슬라이드로 끈다(ⓑ).

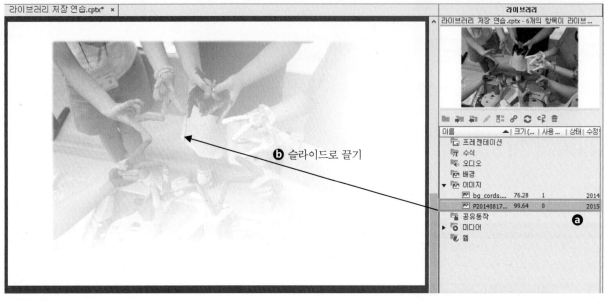

[그림 3-58]

3. 라이브러리에서 개체 관리하기

1) 오디오, 배경, 이미지, 미디어 등 각 폴더(ⓐ)를 열고 개별 개체를 클릭하여 확인한다.

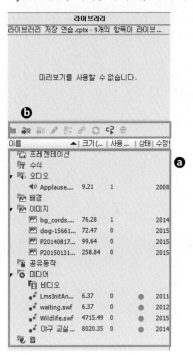

[그림 3-59]

보충설명

라이브러리에서 미리 보기

라이브러리 미리 보기 창에서는 이미지 파일을 보는 것 외에도 오디오 및 애니메이션 파일을 재생할 수 있다.

2) [라이브러리 도구모음](ⓑ)에서 개체를 관리한다.

아이콘	이름	기능
	라이브러리 열기	외부 라이브러리에서 개체 가져오기
	가져오기	컴퓨터에 저장된 개체를 라이브러리로 가져오기
	내보내기	라이브러리에 있는 개체를 컴퓨터에 저장하기
	편집	개체 편집하기
	속성	개체의 속성 살펴보기
	사용	개체를 슬라이드에 사용하기
	업데이트	개체 리소스 경로 업데이트 하기
	사용하지 않는 항목 선택	라이브러리에서 사용하지 않는 항목 활성화하기
	삭제	라이브러리에서 개체 삭제하기

<표 3-3> 라이브러리 도구 모음의 이름과 기능

이미지, 캡션, 클릭 상자, 강조 상자, 텍스트 입력 상자, 단추를 포함하여 슬라이드에 만들어 배치하는 모든 개체를 슬라이드 배경으로 병합할 수 있다. 개체를 배경으로 병합하면, 개체를 선택할 수 없기 때문에 슬라이드 내 선택 가능한 개체가 줄어들어 관리하기가 쉬워진다.

1. 개체를 슬라이드 배경으로 만들기

1) 병합할 개체가 포함된 슬라이드를 연다.

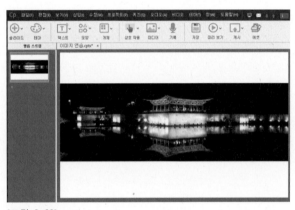

[그림 3-60]

> **보충설명**
>
> **슬라이드렛에서의 배경병합**
>
> • 슬라이드렛의 개체를 배경에 병합하면 개체가 슬라이드렛 배경에 병합된다.
> • 슬라이드렛에 대한 자세한 설명은 5장 롤오버 슬라이드렛 삽입하기(212p)를 참고한다.

2) 이미지, 캡션, 확인란 등 슬라이드에 병합할 개체(ⓐ)를 마우스 우클릭하여 **[배경에 병합]**(ⓑ)을 선택한다.

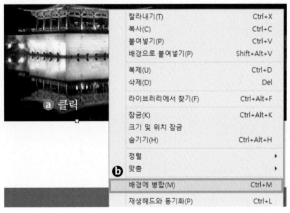

[그림 3-61]

> **보충설명**
>
> **배경에 병합이 뜨지 않을 경우**
>
> 슬라이드가 마스터 슬라이드 배경으로 설정되어 있을 경우 개체를 배경에 병합할 수 없다. 따라서 슬라이드 빈곳을 클릭하여 [속성] 창을 활성화한 뒤 [배경]을 [사용자 정의]로 바꾼 다음 배경을 병합해야 한다.

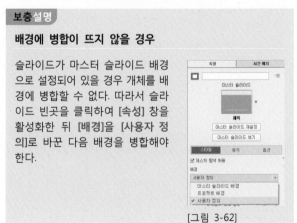

[그림 3-62]

3) 그림 3-63과 같은 창이 뜨면 **[예]**(**ⓐ**)를 클릭한다.

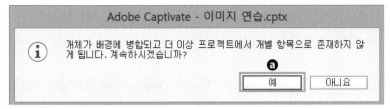

[그림 3-63]

4) 그림 3-64와 같이 개체가 슬라이드에 병합된다.

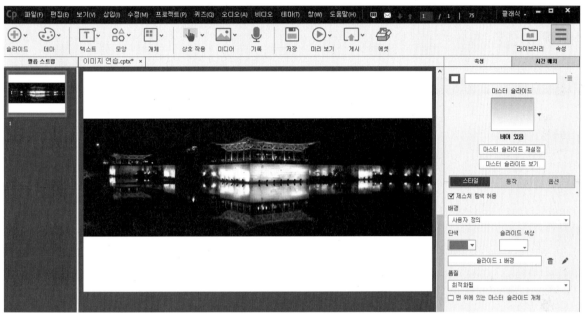

[그림 3-64]

1. 개체 스타일 사용자 정의하기

1) [편집](**ⓐ**)>[개체 스타일 관리자](**ⓑ**)를 선택한다.

2) 개체 목록에서 사용자 정의할 개체의 종류(**ⓐ**)와 스타일(**ⓑ**)을 선택하고 [복제](**ⓒ**)를 클릭한다.

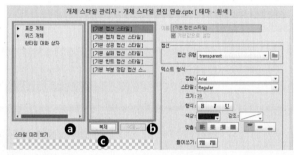

[그림 3-66]

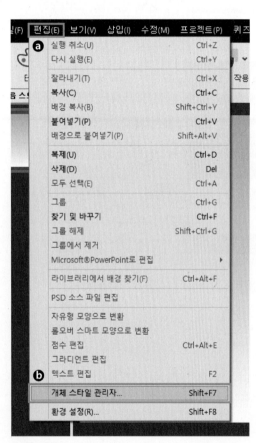

[그림 3-65]

3) 사용자 정의 스타일의 **[이름]**, **[캡션 유형]**, **[텍스트 형식]**, **[전환효과]**(❶)를 지정하고 **[OK]**(❷)를 클릭한다.

[그림 3-67]

2. 사용자 정의한 개체 스타일 적용하기

1) 스타일을 개체에 적용하려면 개체가 삽입된 슬라이드를 열거나 슬라이드에 개체를 삽입한다.

[그림 3-68]

2) 개체(❶)를 클릭하여 **[속성]** 창(❷)을 열고 **[스타일 이름]** 드롭다운 목록(❸)에서 정의했던 개체 스타일(❹)을 선택하면 **그림 3-69**와 같이 개체 스타일이 변경된다.

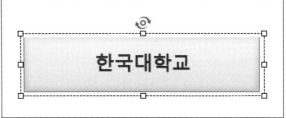

[그림 3-69]

1) 개체(ⓐ)를 선택하고 **[속성]** 창(ⓑ)을 연 다음 **[스타일]**(ⓒ)에서 개체 스타일을 변경한다.

[그림 3-70]

2) 개체 스타일을 변경하면 기존에 정의한 스타일 이름 앞에 '+'가 붙는다(ⓐ). 이 표시는 임시로 스타일을 수정하고 있다는 뜻으로 해당 개체에서만 적용되며, 본래 스타일을 변경하려면, **[편집]**＞**[개체 스타일 관리자]**에서 수정할 수 있다.

[그림 3-71]

4. 개체 스타일 내보내고 가져오기

개체 스타일을 내보내서 저장하면 다른 프로젝트에서도 해당 스타일을 가져와 쓸 수 있다.

1) [편집](ⓐ) > [개체 스타일 관리자](ⓑ)를 선택한다.

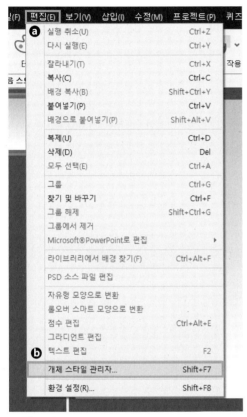

[그림 3-72]

2) 개체 스타일 관리자 하단에 [내보내기 드롭다운 목록](ⓐ)을 연 다음 옵션(ⓑ, ⓒ, ⓓ)을 선택하고 [내보내기](ⓔ)를 클릭한다.

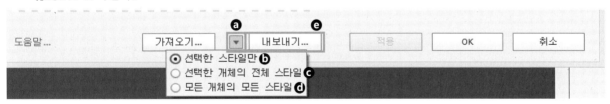

[그림 3-73]

ⓑ **[선택한 스타일만]**　편집하고 있는 스타일만 내보내기(예: 기본 캡션 스타일 중 해당 캡션 스타일)

ⓒ **[선택한 개체의 전체 스타일]**　편집하고 있는 스타일이 속하는 개체의 전체 스타일 내보내기(예: 기본 캡션 스타일 전체)

ⓓ **[모든 개체의 모든 스타일]**　해당 프로젝트에서의 모든 스타일 내보내기(예: 기본 캡션 스타일, 기본 캡처 캡션 스타일 등을 포함한 전체 스타일 모두)

3) 개체 스타일(.cps 형식)을 저장할 위치를 선택하고 **[저장]**(ⓐ)을 누르면 **그림 3-75**와 같은 메시지가 뜬다.

[그림 3-74]

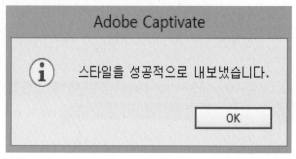

[그림 3-75]

4) 저장한 개체 스타일을 다른 프로젝트에 가져오려면 **[개체 스타일 관리자]** 하단에서 **[가져오기]**(ⓐ)를 클릭한다. 다음 저장했던 위치에서 필요한 개체 스타일에 해당하는 .cps 파일(ⓑ)을 선택하고 **[열기]**(ⓒ)를 클릭한다.

[그림 3-76]

[그림 3-77]

1. 개체에 오디오 추가하기

1) 개체가 포함된 슬라이드를 열거나 슬라이드에 개체를 삽입한다. (파일명: 3장_개체 오디오 삽입 연습.cptx)

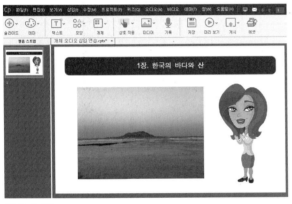

[그림 3-78]

2) 오디오를 삽입하고 싶은 개체(ⓐ)를 클릭하여 [속성] 창(ⓑ)을 열어 [옵션](ⓒ)을 클릭한다.

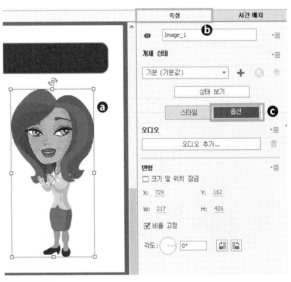

[그림 3-79]

3) [오디오](ⓐ)에서 [오디오 추가](ⓑ)를 클릭하면 그림 3-81와 같은 [개체 오디오] 창이 열린다.

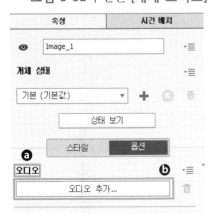

[그림 3-80]

4) [개체 오디오] 창에서 [가져오기](ⓐ)를 클릭한다.

[그림 3-81]

5) [오디오 가져오기] 창이 열리면 추가하고 싶은 오디오 파일(ⓐ)을 선택한 후 [열기](ⓑ)를 클릭한다.

[그림 3-82]

6) [개체 오디오] 창에 그림 3-83과 같이 오디오가 삽입되면 [저장](ⓐ)을 클릭한 다음 [닫기](ⓑ)를 클릭한다.

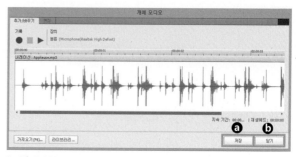

[그림 3-83]

7) 오디오를 편집하고 싶으면 오디오가 삽입된 개체(ⓐ)를 선택하고 [속성] 창(ⓑ)에서 [삽입된 오디오](ⓒ)을 클릭한다.

[그림 3-84]

8) [개체 오디오] 창이 열리면 [편집](ⓐ) 탭을 클릭하여 오디오를 편집하고 [저장](ⓑ)을 클릭한 다음 [닫기](ⓒ)를 클릭한다.

[그림 3-85]

> **보충설명**
>
> **오디오 삽입 및 편집하기**
>
> 오디오 삽입 및 편집하기에 대한 자세한 내용은 7장 오디오 및 비디오 삽입하기(333p)를 참고한다.

1. 개체 시간 배치 변경하기

1) 시간 배치를 변경하고 싶은 개체(ⓐ)를 선택하고 [시간 배치] 창(ⓑ)을 클릭한다.

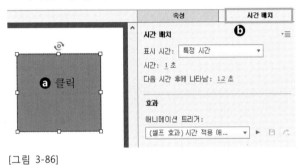

[그림 3-86]

2) [시간 배치]에서 속성 값을 설정한다.

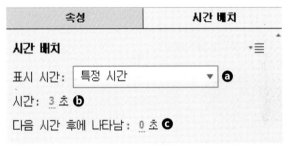

[그림 3-87]

> **보충설명**
>
> **타임라인에서 개체 시간 배치하기**
>
> 타임라인에서 개체의 시간을 배치하는 것에 대한 자세한 내용은 3장 타임라인에서 개체관리하기(133p)를 참고한다.

ⓐ **[표시 시간]** 시간 동안 표시 개체가 슬라이드에 표시되는 지속 기간이다.
- **[특정 시간]** 개체가 슬라이드에 나타나는 지속 기간이다. **[시간]**에 값을 입력할 수 있다.
- **[나머지 슬라이드]** 개체가 슬라이드의 전체 지속 기간 동안 표시된다.
- **[프로젝트 나머지 부분]** 개체가 프로젝트의 전체 지속 기간 동안 표시된다.

ⓑ **[시간]** 개체가 슬라이드에 표시되는 시간 의미한다. 입력칸을 더블클릭하여 값을 입력하거나, 입력칸 위에 마우스를 올려놓고 스크롤 화살표 ◀▶를 좌우로 움직여 시간을 초 단위로 설정한다.

ⓒ **[다음 시간 후에 나타남]** 지정한 지속 기간 후에 개체가 슬라이드에 나타난다.

1. 개체 전환효과 설정하기

1) 전환효과를 주고 싶은 개체(ⓐ)를 선택하고 [시간 배치] 창(ⓑ)을 클릭하고 하단의 [전환] 창(ⓒ)을 확인한다.

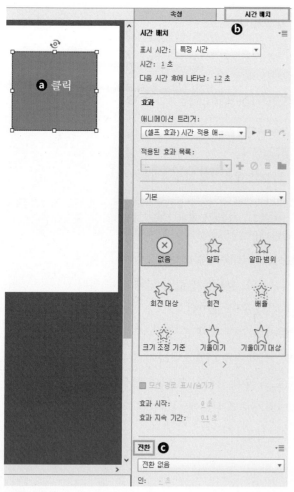

[그림 3-88]

2) [전환]에서 속성 값을 설정한다.

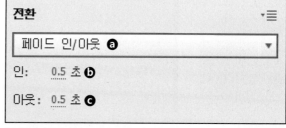

[그림 3-89]

ⓐ **[페이드 인/아웃]** 페이드 인은 어두웠던 개체가 점차 밝아지면서 나타나고, 페이드 아웃은 밝았던 개체가 점차 어두워지며 사라진다.

ⓑ **[인]** 개체가 페이드 인되기 시작해서 완전히 나타날 때까지의 시간이다.

ⓒ **[아웃]** 개체가 페이드 아웃되기 시작해서 완전히 사라질 때까지의 시간이다.

타임라인은 슬라이드에 있는 모든 개체의 시간 배치를 시각적으로 표현한 것으로, 타임라인을 사용하면 개체의 시간 배치를 정확하게 제어할 수 있다.

1. 타임라인 표시하기/숨기기

1) 상위 메뉴 중 **[창]**(ⓐ) > **[타임라인]**(ⓑ)을 선택한다.

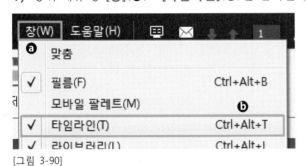

[그림 3-90]

> **보충설명**
>
> 한 슬라이드에 삽입하는 텍스트 캡션의 수가 한 개 이상이 될 때에는 캡션이름을 설정해야 타임라인에서 어떤 캡션인지 인식이 가능하여 작업할 때 용이하다.

2) 그림 **3-91**과 같이 스테이지 하단에 **[타임라인]**(ⓐ) 이 표시되는 것을 확인할 수 있다.

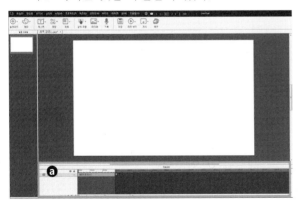

[그림 3-91]

3) 타임라인을 숨기고 싶을 때는 **[타임라인]** 상단(ⓐ) 을 더블클릭하면 숨겨진다.

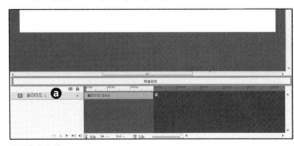

[그림 3-92]

4) 숨겼던 타임라인을 다시 표시하기 위해서는 **[타임라인]** 상단(ⓐ)을 다시 더블클릭한다.

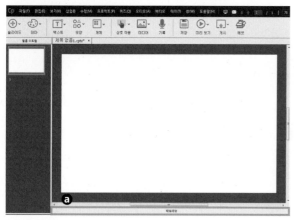

[그림 3-93]

2. 타임라인 구성 살펴보기

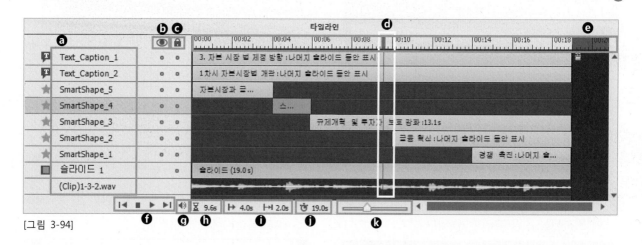

[그림 3-94]

ⓐ **[개체]** 슬라이드 또는 슬라이드에 있는 개체, 개체 또는 슬라이드에 연결된 모든 오디오가 표시된다.

ⓑ **[모든 항목 표시/숨기기]** 타임라인의 모든 개체를 보이거나 숨기게 할 수 있다. (개체 레이어를 숨기면 스테이지에서만 숨겨지며, 미리 보거나 게시하는 경우에는 해당 레이어를 계속 볼 수 있다.)

ⓒ **[모든 항목 잠금/잠금 해제]** 타임라인의 모든 개체를 잠그거나 잠금 해제할 수 있다. (레이어 및 해당 개체는 레이어 잠금을 해제할 때까지 편집하거나 이동할 수 없다.)

ⓓ **[재생헤드]** 슬라이드를 보고 있는 특정 시점이 표시된다.

ⓔ **[타임라인 헤더]** 타임라인 헤더에 시간이 '**분:초**' 형식으로 표시되며, 눈금은 개체가 표시되는 정확한 위치를 보는 데 도움이 된다.

ⓕ **[재생 헤드 조절]**
- ◄ 재생 헤드를 시작지점으로 이동
- ■ 재생 중지
- ▶ 재생
- ►I 재생 헤드를 끝으로 이동

ⓖ [음소거] 오디오 파일을 음소거 할 수 있다.

ⓗ [경과된 시간] 현재 재생 헤드가 있는 시간이 표시된다.

ⓘ [선택한 시작 시간] 선택한 개체의 시작 시간과 지속 시간을 나타낸다.

ⓙ [슬라이드 지속 기간] 슬라이드의 총 시간을 나타낸다.

ⓚ [확대/축소 슬라이더] 타임라인을 확대하거나 축소할 수 있다.

---

3. 타임라인에서 개체 순서 변경하기

슬라이드에 겹치는 개체가 두 개 있는 경우에는 겹침 순서를 설정하여 앞에 나타낼 개체를 선택해야 한다.

1) 이동하고 싶은 개체 위에 마우스를 올리면 **[손모양 아이콘]**(ⓐ)이 나타나며 개체를 클릭한 상태에서 위로 드래그(ⓑ)하여 위치를 변경한다.

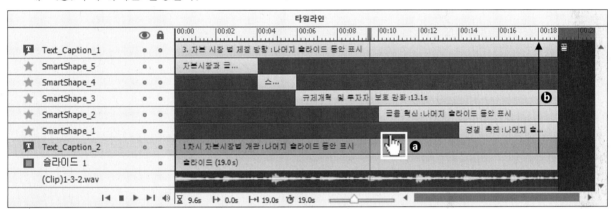

[그림 3-95]

보충설명

겹침 순서 설정

개체를 겹침 순서에서 위쪽으로 이동하면 스테이지의 앞으로 이동되고 개체를 아래쪽으로 이동하면 스테이지의 뒤쪽으로 이동된다.

> **예제** --
> 내레이션에 맞춰 텍스트와 이미지가 동시에 나타나도록 해 보자.

4-1 두 개체를 동시에 나타나도록 하기

1) 타임라인을 조정할 슬라이드를 불러온다. (파일명: 3장_타임라인 연습_동시적.cptx)

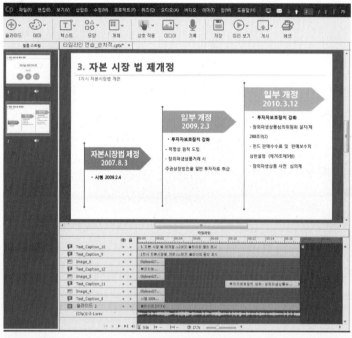

[그림 3-96]

2) 타임라인에서 [Ctrl]을 누르고 개체를 클릭하여 모두 선택(ⓐ)한다.

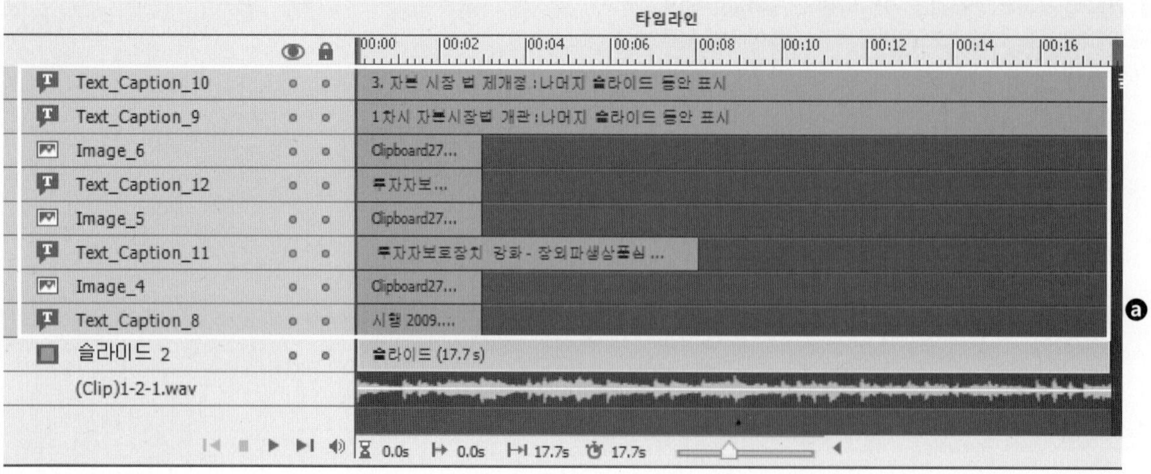

[그림 3-97]

3) 제목을 제외한 모든 개체가 선택된 상태에서 마우스 우클릭(ⓐ)을 하고 [나머지 슬라이드 표시](ⓑ)를 선택
하면 **그림 3-99**와 같이 개체의 타임라인이 슬라이드의 길이와 일치하게 된다.

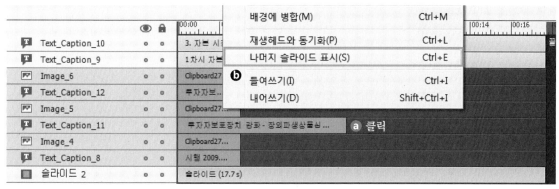

[그림 3-98]

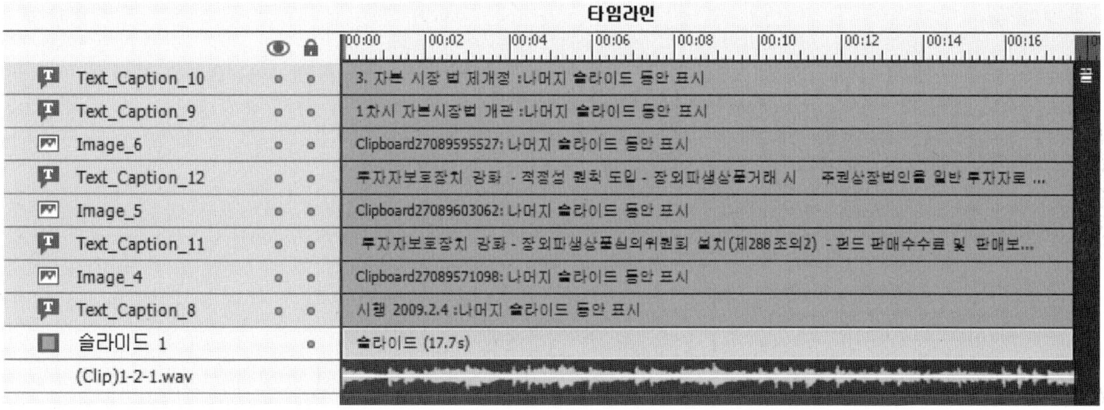

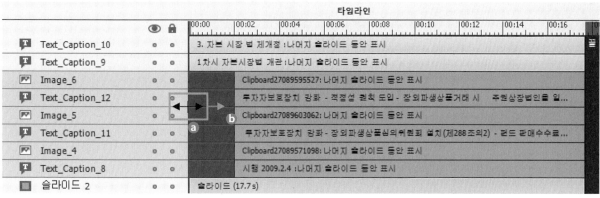

[그림 3-99]

4) 개체가 선택된 상태에서 ◀─┼─▶(ⓐ)가 나타나면 개체 시작 부분을 클릭하고 드래그(ⓑ)하여 모든 개체가 슬
라이드 시작 2초 후에 나타나도록 한다.

타임라인

[그림 3-100]

5) 빠른 실행 도구에서 [미리 보기](ⓐ)>[프로젝트] (ⓑ)를 클릭하여 프로젝트를 게시한다.

[그림 3-101]

6) 미리 보기에서 2초 후에 개체들이 동시에 나타나는지 확인할 수 있다.

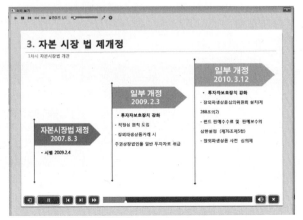

[그림 3-102]

예제 ···

내레이션에 맞춰 순차적으로 강조 상자를 표시해 보자.

4-2 두 개체가 순차적으로 나타나도록 하기

1) 텍스트 캡션과 내레이션이 포함된 슬라이드를 연다. (파일명: 3장_타임라인 연습_순차적.cptx)

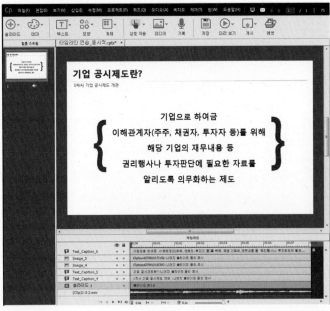

[그림 3-103]

2) 상단의 빠른 실행 도구에서 [개체](ⓐ) > [강조 상자](ⓑ)를 클릭하면 **그림 3-105**와 같이 강조 상자가 슬라이드에 삽입된다.

[그림 3-104]

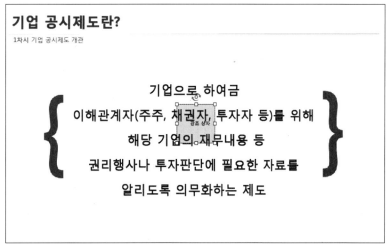

[그림 3-105]

3) 강조할 부분으로 강조 상자를 옮기고 크기를 조정(ⓐ)한다.

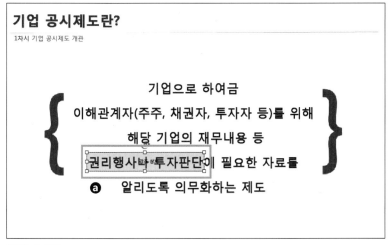

[그림 3-106]

보충설명

강조 상자 삽입

강조 상자 삽입에 대한 자세한 내용은 4장 강조 상자 삽입하기(182p)를 참고한다.

4) 내레이션에 맞춰 강조 상자가 나타나도록 하기 위해 강조 상자를 내레이션에 맞춰 이동(ⓐ)한다.

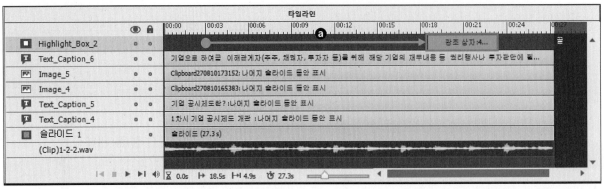

[그림 3-107]

5) 강조 상자가 슬라이드가 끝날 때까지 표시되도록 하기 위해 타임라인에서 강조 상자를 마우스 오른쪽(ⓐ)을 누르고 [나머지 슬라이드 표시](ⓑ)를 선택하면 **그림 3-109**와 같이 늘어난다.

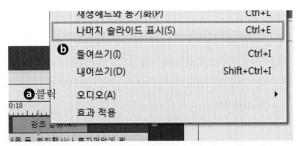

[그림 3-108]

[그림 3-109]

6) 빠른 실행 도구에서 [미리보기](ⓐ) > [프로젝트] (ⓑ)를 클릭하여 프로젝트를 게시한다.

[그림 3-110]

7) 미리 보기에서 순차적으로 개체들이 나타나는지 확인할 수 있다.

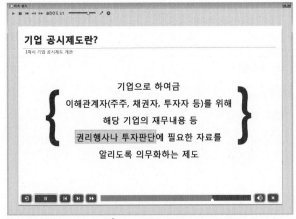

[그림 3-111]

효과란 개체를 커지게 하거나 이동하는 등 애니메이션을 적용하는 것으로 개체 효과를 사용하면 슬라이드에서 필요한 개체에 대해 사용자의 주의를 쉽게 끌 수 있다.

1. 개체에 효과 적용하기

1) 효과를 추가할 프로젝트를 연다. (파일명: 3장_효과연습_1.cptx)

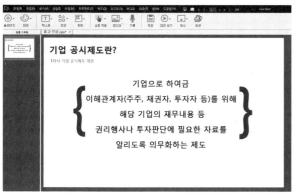

[그림 3-112]

2) 개체를 마우스 우클릭(ⓐ)하고 [효과 적용](ⓑ)을 선택한다.

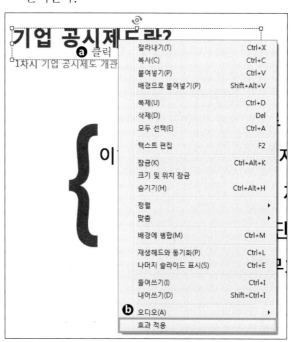

[그림 3-113]

3) [시간 배치] 창(ⓐ)에서 [효과](ⓑ)가 활성화되는 것을 확인한다.

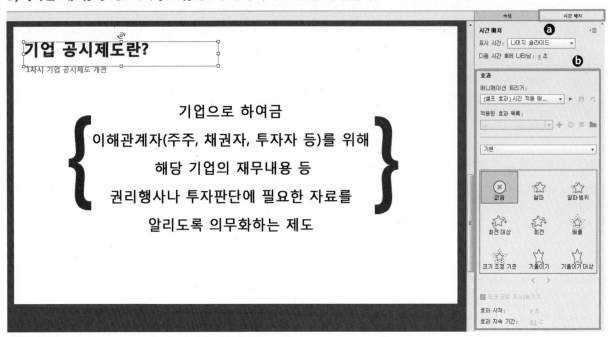

[그림 3-114]

4) [효과 선택] 드롭다운 목록(ⓐ)에서 [들어가기](ⓑ)를 선택한다.

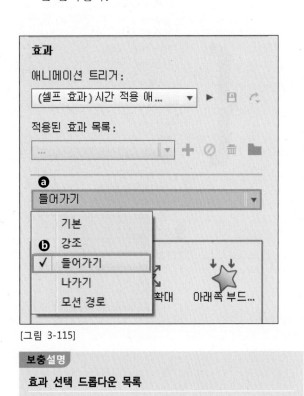

[그림 3-115]

보충설명

효과 선택 드롭다운 목록

효과 선택 드롭다운 목록은 처음에 [기본]으로 되어 있다.

5) 들어가기 효과 중에서 [오른쪽 부드럽게 들어가기](ⓐ)를 선택하고, [적용된 효과 목록](ⓑ)에서 이를 확인한다.

[그림 3-116]

6) [효과 지속 기간](ⓐ)에서 효과 시간을 0.5초로 입력한다.

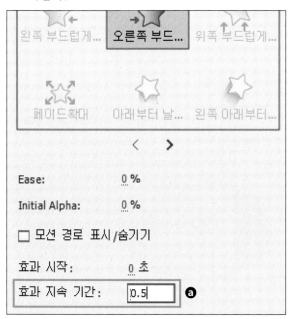

[그림 3-117]

7) 빠른 실행 도구에서 [미리 보기](ⓐ)＞[프로젝트](ⓑ)를 클릭하여 프로젝트를 게시한다.

[그림 3-118]

8) 미리 보기에서 개체에 효과가 적용되었는지 확인할 수 있다.

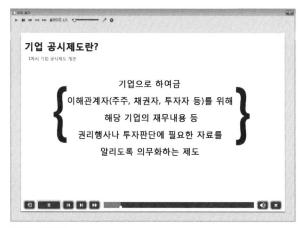

[그림 3-119]

모션경로는 사용자가 사전에 경로를 정의하여 개체가 이동할 수 있도록 하는 효과 중 하나다.

예제
모션경로를 이용해 공이 바닥에 튕기도록 해 보자.

1) 모션경로를 적용할 슬라이드를 연다. (파일명: 효과연습_2.cptx)

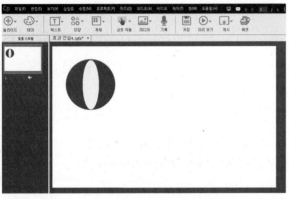

[그림 3-120]

2) 개체를 마우스 우클릭(ⓐ)하고 [효과 적용](ⓑ)을 선택한다.

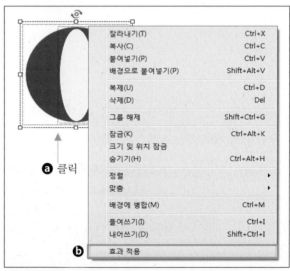

[그림 3-121]

3) [효과 선택] 드롭다운 목록(ⓐ)에서 [모션 경로](ⓑ)를 선택한다.

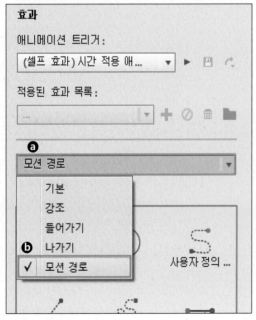

[그림 3-122]

4) 모션 경로 효과 중에서 [사용자 정의 곡선](ⓐ)을 선택하고, [적용된 효과 목록](ⓑ)에서 이를 확인한다.

[그림 3-123]

5) 마우스 포인터가 '+'로 변하면 개체를 클릭(ⓐ)하고 ⓑ > ⓒ > ⓓ > ⓔ > ⓕ > ⓖ > ⓗ 순으로 클릭하여 사용자 정의 곡선을 그린다.

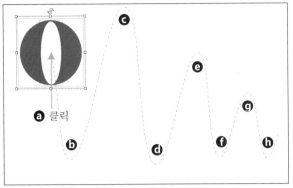

[그림 3-124]

6) 곡선 끝부분(ⓐ)을 더블클릭하면 **그림 3-125**와 같이 곡선이 변한다.

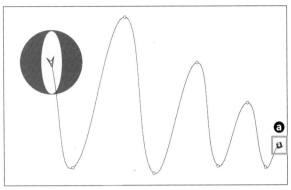

[그림 3-125]

7) 곡선을 더블클릭하면 베지어 곡선(ⓐ)이 나타나며 흰 점과 빨간 점을 이용해 **그림 3-126**과 같이 곡선을 부드럽게 조정한다.

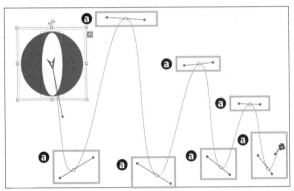

[그림 3-126]

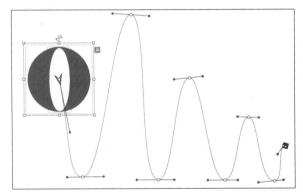

[그림 3-127]

보충설명

베지어 곡선의 편집

베지어 곡선 편집에 대한 자세한 내용은 4장 스마트모양 삽입하기(177p)를 참고한다.

8) 빠른 실행 도구에서 [미리 보기](ⓐ) > [프로젝트] (ⓑ)를 클릭하여 프로젝트를 게시한다.

[그림 3-128]

9) 미리 보기에서 개체에 효과가 적용되었는지 확인할 수 있다.

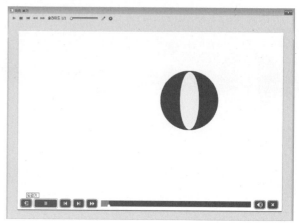

[그림 3-129]

3. 효과를 저장하여 활용하기

1) 효과가 적용된 개체를 클릭(ⓐ)하고 [시간 배치](ⓑ) > [효과](ⓒ)에서 [저장 🖫](ⓓ)을 클릭한다.

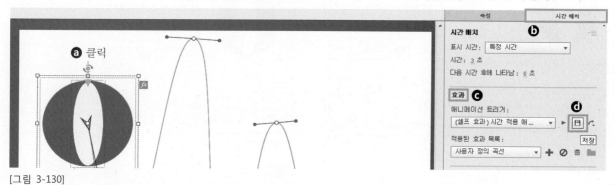

[그림 3-130]

2) [다른이름으로 저장] 창이 열리면 효과를 저장할 폴더를 선택(ⓐ)하고 [파일 이름](ⓑ)을 입력한 후, [저장] (ⓒ)을 누른다.

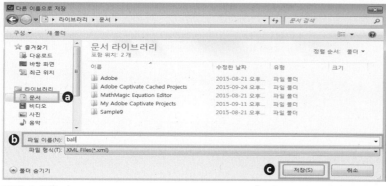

[그림 3-131]

3) 저장된 효과를 적용할 개체가 있는 슬라이드를 연다. (파일명: 3장_효과연습_3.cptx)

[그림 3-132]

4) 개체를 마우스 우클릭(**ⓐ**)하고 [효과 적용](**ⓑ**)을 선택한다.

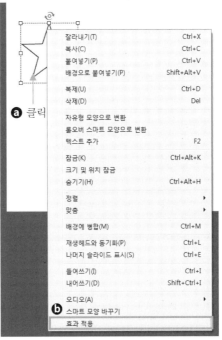

[그림 3-133]

5) [시간 배치](**ⓐ**) > [효과](**ⓑ**)에서 [효과 찾아보기 ▦](**ⓒ**)를 클릭한다.

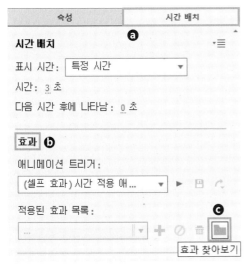

[그림 3-134]

6) 열기 창이 뜨면 저장했던 효과 파일(.XML, **ⓐ**)을 선택하고 [열기](**ⓑ**)를 누른다.

[그림 3-135]

7) 해당 개체에 효과가 적용된 것을 확인할 수 있다.

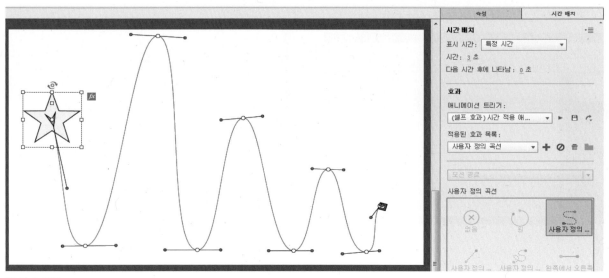

[그림 3-136]

4. 개체에 여러 가지 효과 적용하기

예제
내레이션에 맞춰 개체가 순차적으로 들어왔다 나가는 효과를 적용해 보자.
본 예제는 크게 2단계로 나누어 생각해 보자.

| 1. 개체가 나타날 때 효과와 사라질 때 효과 지정 | → | 2. 타임라인의 속성을 이용해 개체가 순차적으로 나타나게 지정 |

4-1 **개체가 나타날 때 효과와 사라질 때 효과 지정하기**

1) 개체에 효과를 적용할 슬라이드를 연다. (3장_효과연습_4.cptx)

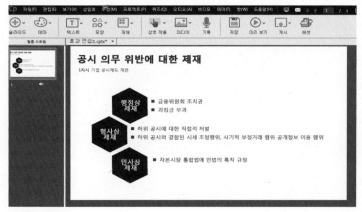

[그림 3-137]

2) 효과를 적용하고자 하는 첫 번째 개체를 마우스 우클릭(ⓐ)하고 **[효과 적용]**(ⓑ)을 선택한다. 본 예시에서는 가장 먼저 나타날 학습 내용인 첫 번째 텍스트 캡션('**금융위원회 조치권~**')에 효과를 먼저 적용한다.

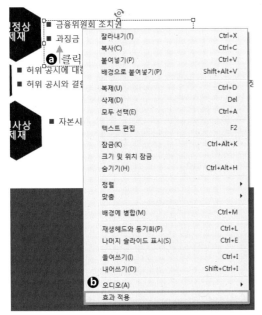

[그림 3-138]

3) 나타날 때 효과를 먼저 적용하기 위해 **[효과 선택]** 드롭다운 목록(ⓐ)에서 **[들어가기]**(ⓑ)를 선택한다.

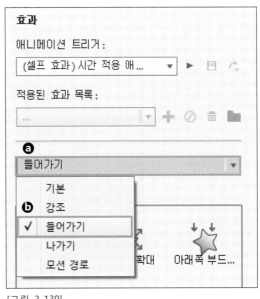

[그림 3-139]

4) 들어가기 효과 중에서 **[아래부터 날아오기]**(ⓐ)를 선택하고, **[적용된 효과 목록]**(ⓑ)에서 이를 확인한다.

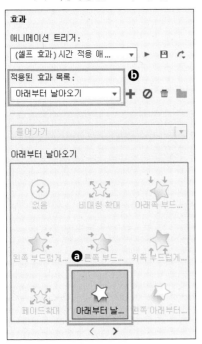

[그림 3-140]

5) 사라질 때 효과를 적용하기 위해 **[효과 추가 ✚]**(ⓐ)를 클릭한다.

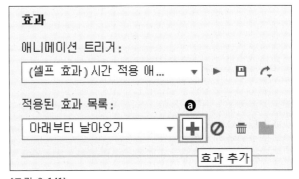

[그림 3-141]

6) [효과 선택] 드롭다운 목록(ⓐ)에서 [나가기](ⓑ)
를 선택한다.

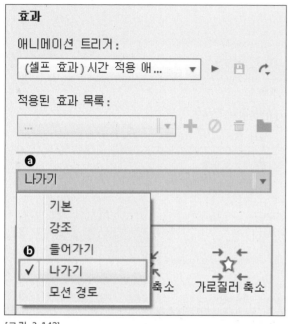

[그림 3-142]

7) 나가기 효과 중에서 [축소](ⓐ)를 선택한다.

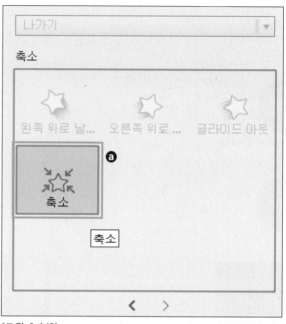

[그림 3-143]

8) [적용된 효과 목록] 드롭다운 목록(ⓐ)을 클릭하
여 두 개의 효과가 적용되었는지 확인한다.

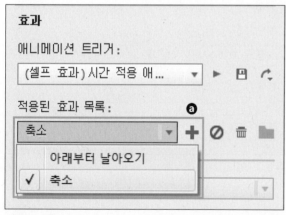

[그림 3-144]

9) 두 번째('허위 공시에 대한~', ⓐ), 세 번째('**자본
시장 통합법~**', ⓑ) 텍스트 캡션도 위와 같은 과정
을 반복하여 효과를 적용한다. 효과를 적용하면
그림 3-145와 같이 총 세 개의 선이 생기는 것을
확인할 수 있다.

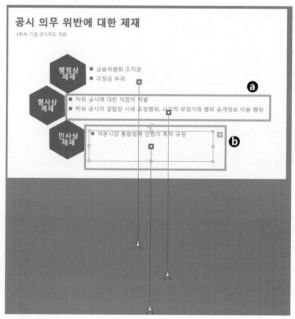

[그림 3-145]

4-2 타임라인의 속성을 이용해 개체가 순차적으로 나타나게 지정하기

1) 상위 메뉴 중 [창](ⓐ) > [타임라인](ⓑ)을 선택하면 **그림 3-147**과 같이 타임라인이 나타난다. 효과를 적용한 개체는 *fx*(ⓒ)가 표시된다.

[그림 3-146]   [그림 3-147]

2) 개체 옆의 ▼(ⓐ)를 클릭하여 효과의 타임라인을 연다.

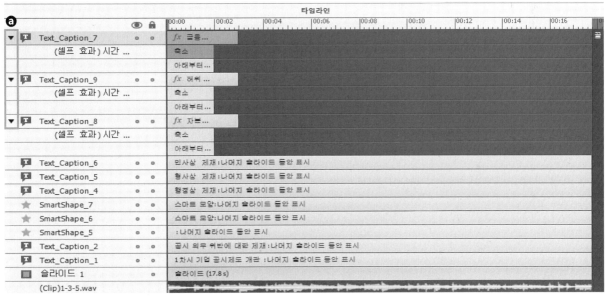

[그림 3-148]

3) 첫 번째 개체의 시간을 먼저 지정한다. 첫 번째 개체의 시간을 5초(ⓐ)로 늘린다.

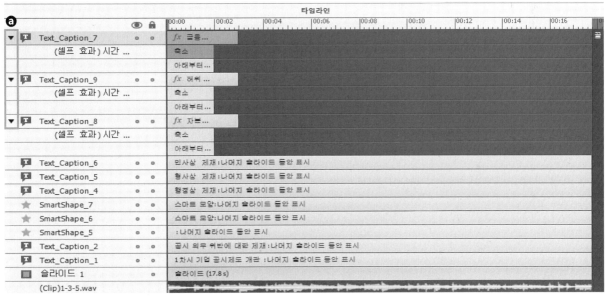

[그림 3-149]

4) 첫 번째 개체의 들어가기 효과 타임라인(ⓐ)을 1초로 줄인다.

[그림 3-150]

5) 첫 번째 개체의 나가기 효과 타임라인(ⓐ)을 이동하여 개체의 마무리 시간(5초, ⓑ)에 맞춘다.

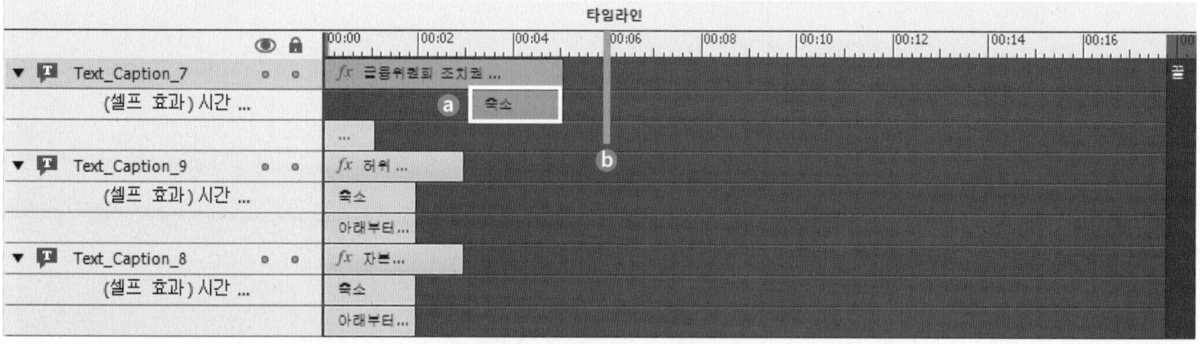

[그림 3-151]

6) 첫 번째 개체의 나가기 효과 타임라인(ⓐ)을 0.5초로 줄인다. 그 결과 첫 번째 개체가 나타날 때 적용한 효과
가 1초, 사라질 때는 효과가 0.5초 적용되도록 설정되었다.

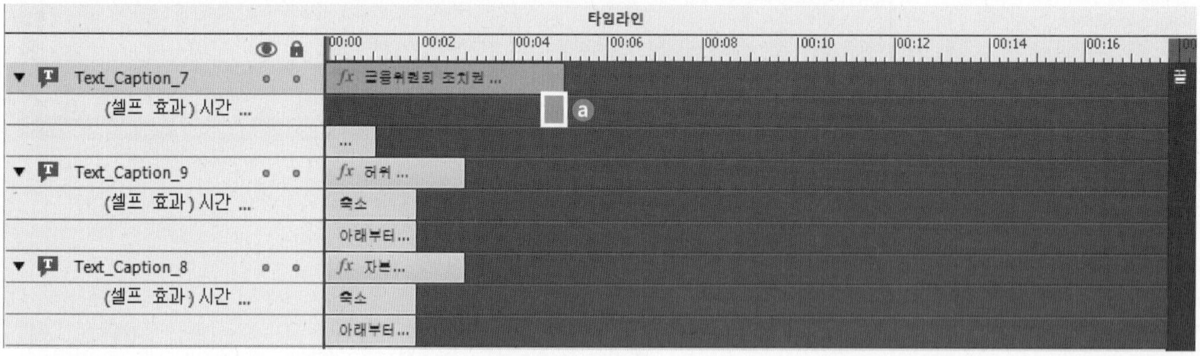

[그림 3-152]

7) 두 번째 개체는 첫 번째 개체가 사라진 이후 나타나도록 한다. 두 번째 개체 타임라인(ⓐ)를 클릭하여 첫 번째 개체가 끝나는 시간(5초, ⓑ)으로 이동시킨다. 개체 타임라인을 이동시키면 효과 타임라인은 자동으로 이동된다.

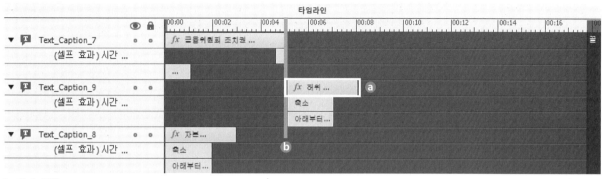

[그림 3-153]

8) 두 번째 개체의 시간을 5초(ⓐ)로 늘린다.

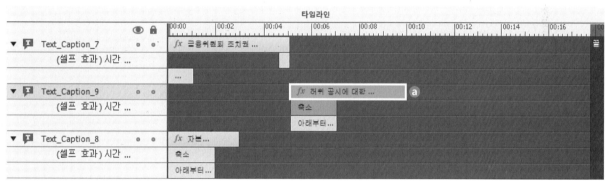

[그림 3-154]

9) 두 번째 개체의 들어가기 효과 타임라인(ⓐ)을 1초로 줄인다.

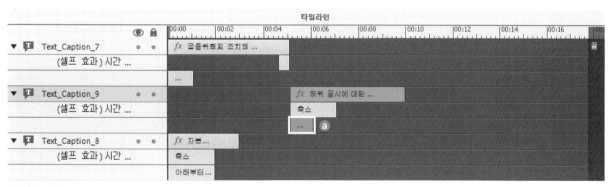

[그림 3-155]

10) 두 번째 개체의 나가기 효과 타임라인(**ⓐ**)을 이동하여 개체의 마무리 시간(10초, **ⓑ**)에 맞춘다.

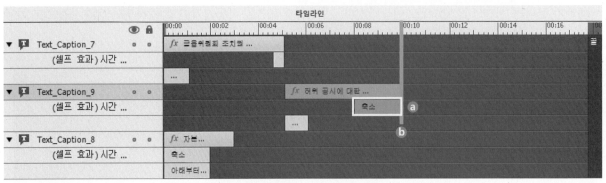

[그림 3-156]

11) 두 번째 개체의 나가기 효과 타임라인(**ⓐ**)을 0.5초로 줄인다. 그 결과 첫 번째 개체와 마찬가지로 나타날 때 적용한 효과가 1초, 사라질 때는 효과가 0.5초 적용되도록 설정되었다.

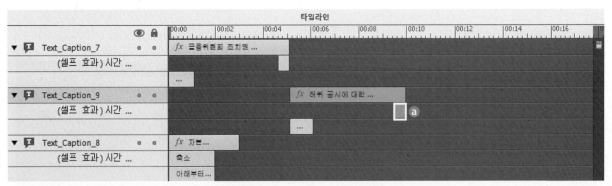

[그림 3-157]

12) 세 번째 개체는 두 번째 개체가 사라진 이후에 나타나도록 한다. 세 번째 개체 타임라인(**ⓐ**)를 클릭하여 두 번째 개체가 끝나는 시간(10초, **ⓑ**)으로 이동시킨다. 개체 타임라인을 이동시키면 효과 타임라인은 자동으로 이동된다.

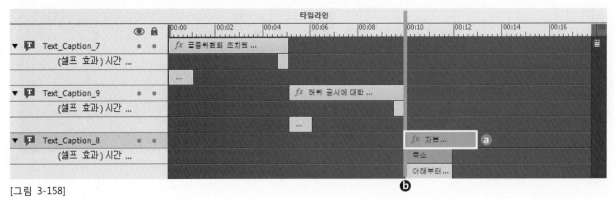

[그림 3-158]

13) 세 번째 개체를 마우스 우클릭(ⓐ)하고 [나머지 슬라이드 표시](ⓑ)를 선택한다.

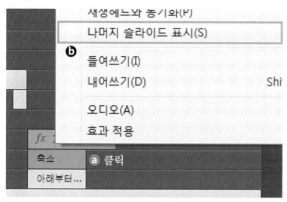

[그림 3-159]

14) 세 번째 개체의 들어가기 효과 타임라인(ⓐ)을 1초로 줄인다.

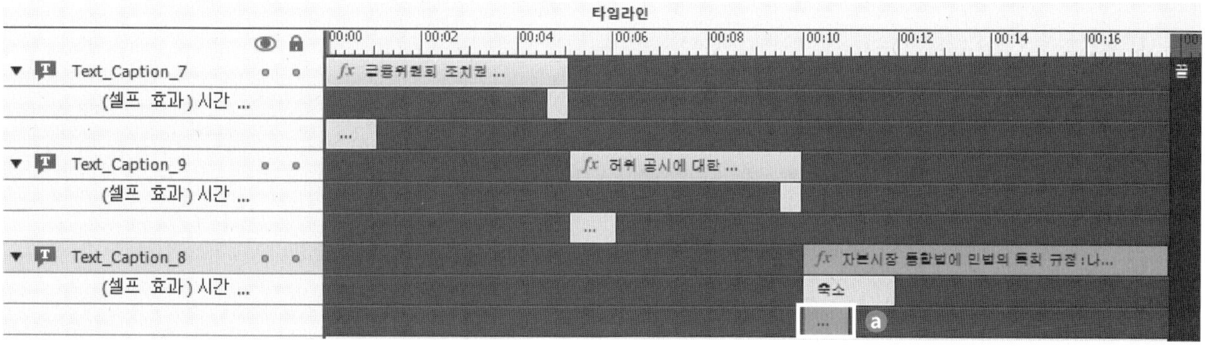

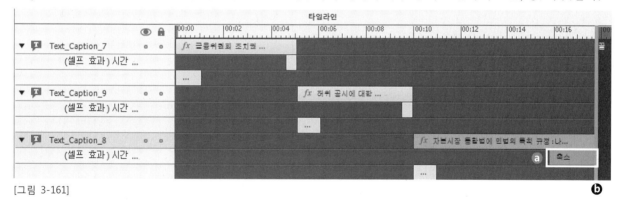

[그림 3-160]

15) 두 번째 개체의 나가기 효과 타임라인(ⓐ)을 이동하여 개체의 마무리 시간(슬라이드 끝, ⓑ)에 맞춘다.

[그림 3-161]

16) 세 번째 개체의 나가기 효과 타임라인(**ⓐ**)을 0.5초로 줄인다. 그 결과 세 번째 개체가 나타날 때 적용한 효과가 1초, 사라질 때는 효과가 0.5초 적용되도록 설정되었다.

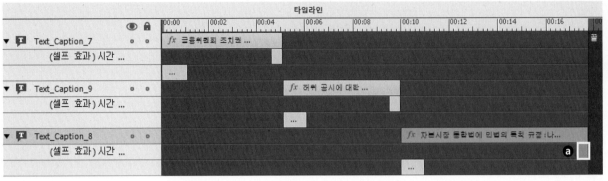

[그림 3-162]

17) 빠른 실행 도구에서 [미리 보기](**ⓐ**)>[프로젝트] (**ⓑ**)를 클릭하여 프로젝트를 게시한다.

[그림 3-163]

18) 미리 보기에서 효과가 적용된 것을 확인한다.

[그림 3-164]

	기본		
알파	알파	배율	배율
알파 범위	알파 범위	크기 조정 기준	크기 조정 기준
회전 대상	회전 대상	기울이기	기울이기
회전	회전	기울이기 대상	기울이기 대상

	강조		
시계 반대 방향...	시계 반대 방향 회전	자유 낙하	자유 낙하
시계 방향 회전	시계 방향 회전	성장 회전	성장 회전
떨어뜨리기 및...	떨어뜨리기 및 바운스	회전 시간	회전 시간
명멸	명멸	회전	회전

	들어가기		
비대칭 확대	비대칭 확대	위부터 날아오기	위부터 날아오기
아래쪽 부드...	아래쪽 부드럽게 들어가기	왼쪽 위부터.	왼쪽 위부터 날아오기
왼쪽 부드럽게..	왼쪽 부드럽게 들어가기	오른쪽 위부터	오른쪽 위부터 날아오기
오른쪽 부드.	오른쪽 부드럽게 들어가기	글라이드	글라이드
위쪽 부드럽게.	위쪽 부드럽게 들어가기	나선형 들어가기	나선형 들어가기
페이드확대	페이드 확대	아래로부터	아래로부터 늘이기
아래부터 날.	아래부터 날아오기	왼쪽으로부터	왼쪽으로부터 늘이기
왼쪽 아래부터.	왼쪽 아래부터 날아오기	오른쪽으로.	오른쪽으로부터 늘이기
오른쪽 아래	오른쪽 아래부터 날아오기	위로부터 늘이기	위로부터 늘이기
왼쪽부터 날.	왼쪽부터 날아오기	확대	확대
오른쪽부터	오른쪽부터 날아오기		

	나가기		
비대칭 축소	비대칭 축소	아래로 날아가기	아래로 날아가기
가로질러 축소	가로질러 축소	왼쪽 아래로.	왼쪽 아래로 날아가기
아래로 축소	아래로 축소	오른쪽 아래로	오른쪽 아래로 날아가기
왼쪽으로 축소	왼쪽으로 축소	왼쪽으로 날	왼쪽으로 날아가기
오른쪽으로 축소	오른쪽으로 축소	오른쪽으로.	오른쪽으로 날아가기
위로 축소	위로 축소	위로 날아가기	위로 날아가기
아래쪽 부드.	아래쪽 부드럽게 나가기	왼쪽 위로 날	왼쪽 위로 날아가기
왼쪽 부드럽게	왼쪽 부드럽게 나가기	오른쪽 위로	오른쪽 위로 날아가기
오른쪽 부드.	오른쪽 부드럽게 나가기	글라이드 아웃	글라이드 아웃
위쪽 부드럽게	위쪽 부드럽게 나가기	축소	축소
페이드축소	페이드 축소		

	모션경로		
원	원	오른쪽에서 왼쪽	오른쪽에서 왼쪽
사용자 정의	사용자 정의 곡선	삼각형	삼각형
사용자 정의	사용자 정의 라인	넘기기 아래	넘기기 아래
사용자 정의	사용자 정의 스크리블	넘기기 아래	넘기기 아래 오른쪽
왼쪽에서 오른쪽	왼쪽에서 오른쪽	넘기기 위	넘기기 위
반복	반복	넘기기 위	넘기기 위 오른쪽
사각형	사각형		

비대화형 제4장
개체 추가하기

♣ 텍스트 캡션 삽입하기
- 텍스트 캡션 삽입하기
- 텍스트 캡션 편집하기
- 텍스트 캡션 속성 설정하기
- 텍스트 캡션 내보내기/불러오기

♣ 이미지 삽입하기
- 이미지 삽입하기
- 이미지 속성 설정하기
- 이미지 편집하기
- 이미지 투명도 설정하기

♣ 캐릭터 삽입하기
- 캐릭터 삽입하기

♣ 스마트 모양 삽입하기
- 스마트 모양 삽입하기
- 스마트 모양 바꾸기
- 스마트 모양 편집하기
- 스마트 모양 안에 텍스트 입력하기

♣ 강조 상자 삽입하기
- 강조 상자 삽입하기
- 강조 상자 속성 설정하기

♣ 애니메이션 삽입하기
- 애니메이션 삽입하기
- 애니메이션 속성 설정하기

♣ 텍스트 애니메이션 삽입하기
- 텍스트 애니메이션 삽입하기
- 텍스트 애니메이션 속성 설정하기

♣ 확대/축소 영역 삽입하기
- 확대/축소 영역 삽입하기

♣ 수식 삽입하기
- 수식 삽입하기

♣ 웹 개체 삽입하기
- 웹 개체 삽입하기
- 웹 개체 속성 설정하기

♣ 텍스트 캡션 삽입하기

빠른 실행 도구에서 [텍스트]를 클릭하고 [텍스트 캡션]을 선택한다.

♣ 이미지 삽입하기

빠른 실행 도구에서 [미디어]를 클릭하고 [이미지]를 선택한다.

♣ 캐릭터 삽입하기

빠른 실행 도구에서 [미디어]를 클릭하고 [캐릭터]를 선택한다.

♣ 모양 삽입하기

빠른 실행 도구에서 [모양]을 클릭하고 원하는 도형을 선택한다.

♣ 강조 상자 삽입하기

빠른 실행 도구에서 [개체]를 클릭하고 [강조 상자]를 선택한다.

♣ 애니메이션 삽입하기

빠른 실행 도구에서 [미디어]를 클릭하고 [애니메이션]을 선택한다.

♣ 텍스트 애니메이션 삽입하기

빠른 실행 도구에서 [텍스트]를 클릭하고 [텍스트 애니메이션]을 선택한다.

♣ 확대/축소 영역 삽입하기

빠른 실행 도구에서 [개체]를 클릭하고 [확대/축소 영역]을 선택한다.

♣ 수식 삽입하기

삽입(I) ⇨ 수식(E)

상위 메뉴에서 [삽입]을 클릭하고 [수식]을 선택한다.

♣ 웹 삽입하기

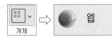

빠른 실행 도구에서 [개체]를 클릭하고 [웹]을 선택한다.

기능의 목적

• 텍스트 캡션, 이미지, 캐릭터, 도형, 강조 상자, 애니메이션, 확대/축소 영역, 수식, 웹 등 비 상호 작용 개체를 슬라이드에 삽입

• 다양한 유형의 비대화형 개체를 통한 학습 내용의 구성

이러닝 설계팁

♣ 개체를 통한 흥미유발

이러닝에서 학습자의 흥미유발을 위해 이미지와 텍스트를 활용하는 경우가 많다. 이때 유의할 점은 학습자의 흥미보다는 학습 내용과 관련성을 더 중점적으로 고려해야 한다는 것이다. 즉, 흥미롭지만 관련이 없는 텍스트나 이미지들을 이러닝에서 제거하였을 때 학습은 증진된다. 학습자의 머릿속에서는 불필요한 내용과 핵심내용이 경쟁하게 돼서 결국 학습자가 핵심내용에 주의집중하지 못하고 학습 내용을 조직하는 과정을 방해받고, 학습 내용과 관련성이 적은 학습 내용을 부적합 주제로 통합하게 된다(Mayer, 2009).

♣ 텍스트 캡션에서의 강조

이러닝에서는 텍스트를 통한 학습 내용이 가장 일반적이다. 텍스트는 그 자체로 제공하는 것보다 핵심적인 내용을 강조하여 제공할 때 훨씬 효과적이다. Adobe Captivate 9에서 제공하는 텍스트 캡션 기능에서 학습 내용의 강조를 위해서는 화살표, 글자 크기 확대 등이 있으며, 강조 상자를 통해 핵심적인 내용에 박스 처리를 할 수 있다. 밑줄 긋기와 다양한 글자체 활용 역시 일반적인 방법이지만 이는 하이퍼링크와 혼돈될 수 있으므로 피하는 것이 좋다. 이러한 강조기법들은 적절히 사용해야 하며, 많이 사용할 경우 오히려 그 효과가 감소한다(Alessi & Trollip, 2003).

♣ 텍스트 캡션을 통한 프롬프트의 설계

이러닝에서는 일종의 지시메세지인 프롬프트를 통해 학습을 안내할 수 있다. 프롬프트는 그 목적에 따라 크게 반응 프롬프트와 입력 프롬프트로 나눈다(Alessi & Trollip, 2003). 반응프롬프트는 컴퓨터가 하나의 반응을 기다리고 있다는 신호로서 '질문에 대한 정답을 입력하세요.' 혹은 '옳은 답을 클릭하세요.' 등과 같이 학습자의 행동을 구체적으로 제시해 주는 것을 말한다. 입력 프롬프트는 입력해야 하는 곳을 알려주기 위한 상자모양 혹은 물음표와 같이 화면에 제시된 하나의 상징을 의미한다. 실제로 다음 슬라이드로 이동하기 위한 단추를 가르키며 '이 단추를 누르세요.'라고 구체적으로 제시할 수 있다. Adobe Captivate 9에서는 텍스트 캡션을 통해 이러한 프롬프트를 구현 가능하다.

♣ 이러닝에서 이미지의 활용

학습 내용을 이미지로 적합하게 사용하면 학습에 도움이 되지만, 그렇지 못하면 오히려 학습에 방해가 될 수 있다(Dwyer & Moore, 1992). 이미지의 효과적인 활용을 위해서는 제시할 내용의 중요성을 먼저 따져보아야 한다(Szabo & Poohkay, 1996). 학습자들은 일반적으로 좀 특이한 것에 주의를 기울이며, 이러닝에서 보충적인 내용보다는 중요한 내용에 주의가 집중되어야 한다. 그런데도 개발자들은 미적으로는 훌륭하지만 학습 목표에 부수적인 내용을 표현하기 위한 이미지를 삽입하는 실수를 범한다(Alessi & Trollip, 2003).

♣ 이미지와 텍스트 동시 설계

이러닝에서 관련된 이미지와 텍스트는 가능한 함께 제시하는 것이 좋다. 이 때, 이미지를 설명하는 텍스트의 분량이 한 화면에 제시되기에 너무 많다면, 이미지를 고정시키고, 텍스트를 스크롤시키거나 부분 지움, 별도 윈도우 제시 등의 방법을 사용하는 것을 고려할 수 있다. 이미지와 텍스트의 제시순서가 큰 의미가 없는 경우에는 학습자의 호기심이나 기대감을 자극하기 위하여 이미지를 텍스트보다 먼저 제시하는 것이 바람직하다. 내용설명이 제시됨에 따라 변하는 이미지에 대해서는 각 단계마다 필요한 모든 이미지를 단계별로 구분하여 제시해야 한다(Alessi & Trollip, 2003).

♣ 이러닝에서 애니메이션의 활용

사진으로 쉽게 나타낼 수 없는 움직이는 물체나 현상을 설명할 때에는 애니메이션을 사용하는 것이 바람직하다. 예를 들어, 정적인 이미지로 설명하기 힘든 과학 현상이나, 텍스트만으로는 설명하기 힘든 수학 원리를 가르칠 때 효과적으로 사용되고 있다. 애니메이션을 설계할 때, 애니메이션 상의 그림과 관련된 텍스트를 동시에 제시하여 그림과 설명을 같이 검토할 수 있어야 하며, 가능하다면 그림을 텍스트보다는 음성으로 설명하는 것이 효과적이다. 이러한 음성은 학습자가 멈추기, 계속하기, 반복하기를 사용할 수 있게 해주어야 한다(Alessi & Trollip, 2003).

Adobe Captivate 9에서 텍스트 캡션은 슬라이드에 텍스트를 삽입할 수 있는 기능을 말하며, 이를 사용하여 학습 내용을 설명하거나 메뉴를 만드는 등 세부 정보로 사용자의 주의를 끌 수 있다. 음성 내레이션을 사용하지 않는 경우 텍스트 캡션을 대신 사용할 수 있다.

1. 텍스트 캡션 삽입하기

1) 상단의 빠른 실행 도구에서 [텍스트](ⓐ)>[텍스트 캡션](ⓑ)을 선택하면 슬라이드에 텍스트 캡션이 삽입된다.

[그림 4-1]

2. 텍스트 캡션 편집하기

1) 슬라이드에 삽입된 텍스트 캡션을 더블클릭하면 텍스트를 편집할 수 있으며, 원하는 텍스트를 입력한 후 빈 화면을 클릭하여 선택을 해제한다.

[그림 4-2]

1) 슬라이드에 삽입된 텍스트 캡션을 클릭하여 속성을 설정한다.

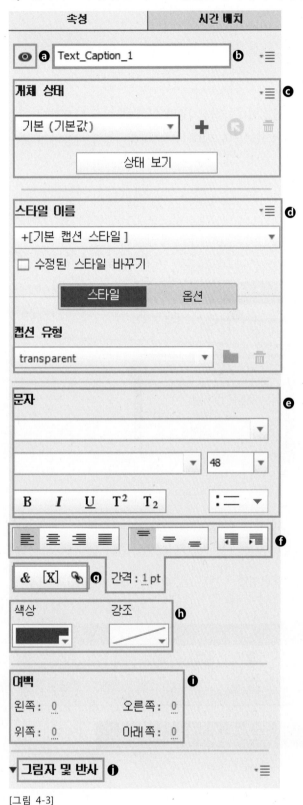

[그림 4-3]

ⓐ **[보임/숨김]** 해당 캡션을 보이거나(◉) 보이지 않게(◌) 할 수 있다. (보이지 않게 설정하면 슬라이드에는 표시되지만 프로젝트 재생 시 보이지 않는다.)

ⓑ **[캡션 이름]** 캡션의 이름을 설정한다. [자세한 내용은 3장 개체 이름 설정하기(100p)를 참고한다.]

ⓒ **[개체 상태]** 캡션의 상태를 설정한다. [자세한 내용은 6장 개체 상태 설정하기(324p)를 참고한다.]

ⓓ **[스타일 이름]** 캡션의 스타일을 설정할 수 있다. [① 캡션에서 텍스트 스타일 및 서식을 설정하기 전에 캡션 유형을 선택하면 텍스트의 스타일 및 서식 변경 사항이 유지된다. ② 캡션이 슬라이드에 텍스트로만 표시되길 원하는 경우에는 **[transparent (투명)]** 캡션 스타일을 사용한다. ③ 자세한 내용은 3장 개체 스타일 설정하기(124p)를 참고한다.]

ⓔ **[문자 텍스트 설정]** 글꼴, 글꼴 스타일, 글자 크기, 글머리표 등을 설정한다.

ⓕ **[텍스트 문단 설정]** 텍스트의 문단을 설정한다.

ⓖ **[추가 삽입]** 텍스트 캡션을 더블클릭해야 해당 캡션이 활성화하고 기타 추가 기능을 삽입한다.
- **⌖ 기호 삽입** 저작권 또는 특수 기호를 삽입할 수 있다.
- **☒ 변수 삽입** 시스템 또는 사용자 정의 변수를 삽입할 수 있다. [자세한 내용은 9장 고급 동작을 활용한 특수효과 적용하기(473p)를 참고한다.]
- **⌗ 하이퍼링크 삽입** 텍스트 캡션의 일부분을 드래그해서 하이퍼링크를 삽입할 수 있다.

ⓗ **[텍스트 색상 및 효과 설정]** 텍스트 색상 및 강조 효과를 설정한다.

ⓘ **[여백 설정]** 텍스트 캡션 내 여백을 설정한다.

ⓙ **[그림자 및 반사]** 캡션에 그림자 및 반사 효과를 적용한다. [자세한 내용은 3장 개체에 그림자 효과 적용하기(113p)와 3장 개체에 반사효과 적용하기(116p)를 참고한다.]

4. 텍스트 캡션 내보내기/불러오기

Microsoft Word 파일(.doc)에서 텍스트 캡션을 내보내고 가져올 수 있다. 여러 캡션을 편집해야 하는 경우에는 슬라이드 사이를 이동하는 것보다 Word 파일로 작업하는 것이 더 쉽고 빠르다.

1) 텍스트 캡션이 포함된 프로젝트를 연다.

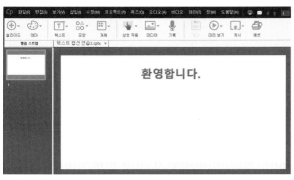

[그림 4-4]

2) 상단 메뉴의 [파일](ⓐ)＞[내보내기](ⓑ)＞[프로젝트 캡션 및 폐쇄 캡션](ⓒ)을 클릭하면 **그림 4-6**과 같은 창이 생성된다.

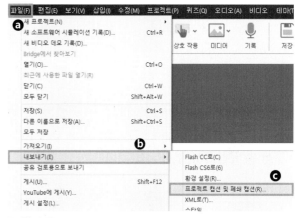

[그림 4-5]

3) [다른 이름으로 저장] 창이 뜨면 파일을 저장할 다른 위치에 새 Word 파일의 이름을 '**이러닝 환영 Captions**'(ⓐ)라고 입력하고 [**저장**](ⓑ)을 누른다.

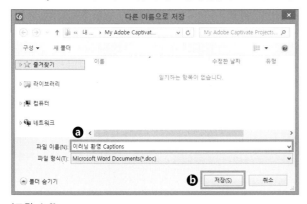

[그림 4-6]

4) 저장한 위치에서 Word 파일(.doc)를 연다.

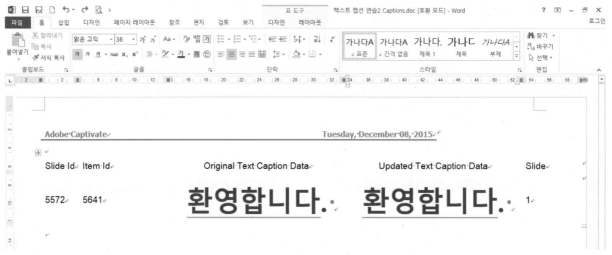

[그림 4-7]

5) Word 파일의 **[Updated Text Caption Data]**(ⓐ)에서 저장된 텍스트 캡션을 편집한다. 본 예시에서는 '**여러분 환영합니다.**'로 글자를 수정하고, '**빨강**'으로 글자 색깔을 바꾼다.

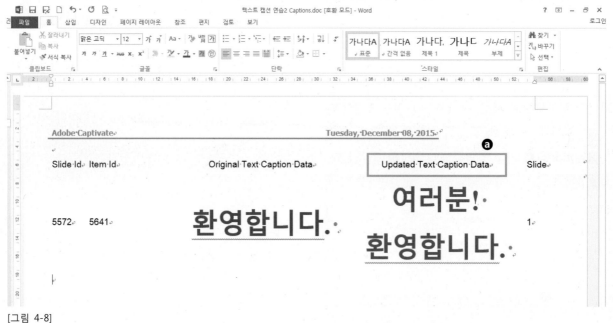

[그림 4-8]

6) Word 파일에서 오른쪽 상단 메뉴인 [파일](ⓐ)>[저장](ⓑ)을 누른다.

[그림 4-9]

[그림 4-10]

7) 텍스트 캡션을 내보냈던 프로젝트를 다시 연다.

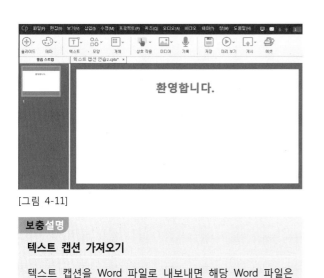

[그림 4-11]

보충설명

텍스트 캡션 가져오기

텍스트 캡션을 Word 파일로 내보내면 해당 Word 파일은 원본 프로젝트로만 다시 가져올 수 있다.

8) 상단 메뉴의 [파일](ⓐ)>[가져오기](ⓑ)>[프로젝트 캡션 및 폐쇄 캡션](ⓒ)을 클릭한다.

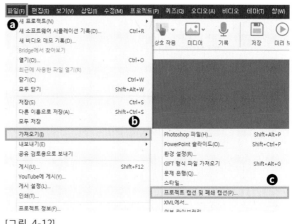

[그림 4-12]

9) 내보낸 텍스트 캡션이 포함된 Word 파일(**ⓐ**)을 선택하고 [**열기**](**ⓑ**)를 클릭한다.

[그림 4-13]

10) 성공적으로 가져왔음을 확인하는 정보 대화 상자가 나타나면 [**OK**](**ⓐ**)를 클릭한다.

[그림 4-14]

11) Word 파일에서 편집한 부분이 프로젝트에 반영된 것을 확인한다.

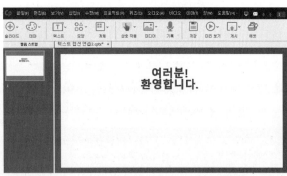

[그림 4-15]

Adobe Captivate 9에서는 슬라이드에 이미지를 삽입하고, 이미지를 로고, 시작 화면, 마우스, 배경, 단추 등의 형태로 프로젝트에 통합할 수 있다.

1. 이미지 삽입하기

1) 상단의 빠른 실행 도구에서 [미디어](ⓐ)>[이미지] (ⓑ)를 클릭하면 **그림 4-17**과 같은 창이 나온다.

[그림 4-16]

2) 원하는 이미지를 찾아서 선택하고 **[열기](ⓐ)**를 누르면 이미지가 슬라이드에 삽입된다.

[그림 4-17]

1) 슬라이드에 삽입된 이미지(ⓐ)를 클릭하면 **[속성]** 창(ⓑ)이 뜬다. 그 중 **[스타일]**(ⓒ)을 클릭하여 이미지의 스타일 속성을 변경한다.

[그림 4-18]

2) 구체적인 속성 설정에 대한 내용은 다음과 같다.

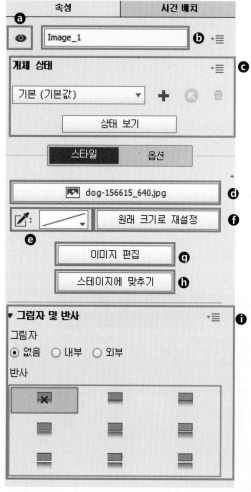

[그림 4-19]

ⓐ **[보임/숨김]** 클릭하여 해당 이미지를 보이거나(👁) 보이지 않게(⃠) 할 수 있다. (보이지 않게 설정하면 슬라이드에는 표시되지만 프로젝트 재생 시 보이지 않는다.)

ⓑ **[이미지 이름]** 이미지의 이름을 설정한다. [자세한 내용은 3장 개체 이름 설정하기(100p)를 참고한다.]

ⓒ **[개체 상태]** 캡션의 상태를 설정한다. [자세한 내용은 6장 개체 상태 설정하기(324p)를 참고한다.]

ⓓ **[이미지 가져오기]** 라이브러리나 컴퓨터에서 다른 이미지를 가져와 변경이 가능하다.

ⓔ **[투명도]** 선택한 색상의 투명도를 설정할 수 있다.

ⓕ **[원래 크기로 재설정]** 처음 불러온 이미지 크기로 되돌아 간다.

ⓖ **[이미지 편집]** 이미지의 속성 값을 변경하여 편집할 수 있다.

ⓗ **[스테이지에 맞추기]** 이미지의 크기를 스테이지의 크기에 맞추어 변경할 수 있다. (이미지와 슬라이드가 다른 비율이라면 이미지의 위쪽과 아래쪽이나 왼쪽과 오른쪽을 남겨두고 조절 가능하다.)

ⓘ **[그림자 및 반사]** 이미지에 그림자 및 반사 효과를 적용한다. [자세한 내용은 3장 개체에 그림자 효과 적용하기(113p)와 3장 개체에 반사효과 적용하기(116p)를 참고한다.]

3) 슬라이드에 삽입된 이미지(ⓐ)를 클릭하면 **[속성]** 창(ⓑ)이 뜬다. **[속성]** 창 안에 **[옵션]**(ⓒ)을 클릭하여 이미지의 추가 속성을 변경한다.

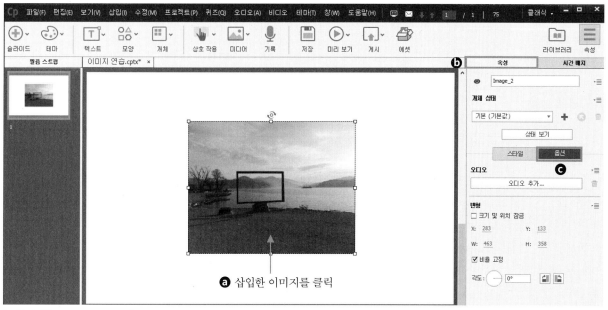

ⓐ 삽입한 이미지를 클릭

[그림 4-20]

3. 이미지 편집하기

1) 편집하고 싶은 이미지를 클릭한 후 **[속성]** 창이 열린다. **[속성]** 창에서 **[이미지 편집]**(ⓐ)을 클릭하면 **그림 4-22**와 같은 창이 열린다.

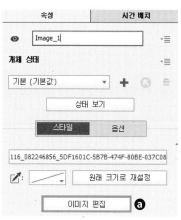

[그림 4-21]

2) 구체적인 이미지 편집에 대한 내용은 다음과 같다.

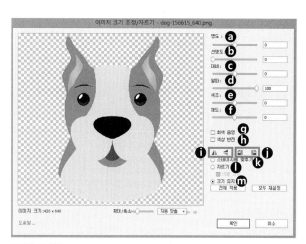

[그림 4-22]

ⓐ [명도] 명도 값을 높이면 선택한 이미지가 더 밝게 나타난다.

명도 값 −100   명도 값 0   명도 값 +100

[그림 4-23]

ⓑ [선명도] 선명하게 하기를 사용하면 이미지의 가장자리의 선명도가 향상된다.

선명도 값 0   선명도 값 +100

[그림 4-24]

ⓒ [대비] 이미지에서 밝은 영역과 어두운 영역 간의 대비로서 대비 값을 높이면 더 밝은 영역은 더 밝게, 더 어두운 영역은 더 어둡게 나타나게 된다.

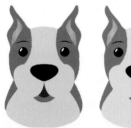

대비 값 −100   대비 값 0   대비 값 +100

[그림 4-25]

ⓓ [알파] 이미지의 투명도로 100% 알파에서는 이미지가 불투명하고 0%에서는 이미지가 완전히 투명해져 보이지 않는다.

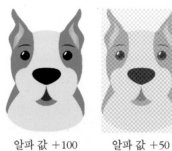

알파 값 +100   알파 값 +50

[그림 4-26]

ⓔ [색조] 색조 값을 변경하여 이미지의 색상을 변경할 수 있다.

색조 값 0   색조 값 +50   색조 값 −50   색조 값 −180/+180

[그림 4-27]

f **[채도]**　이미지의 색상 강도로서 채도 값을 올리면 색상의 강도가 커진다.

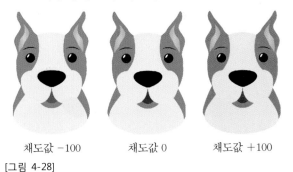

채도값 −100　　채도값 0　　채도값 +100

[그림 4-28]

g **[회색 음영]**　컬러 이미지를 흑백 이미지로 바꾼다.

h **[색상 반전]**　이미지의 색상을 반전시킨다.

i **[뒤집기]**　이미지를 세로 또는 가로로 뒤집을 수 있다.

j **[회전]**　이미지를 시계 방향이나 반시계 방향으로 한번에 90도씩 회전할 수 있다.

k **[스테이지에 맞추기]**　슬라이드 치수에 맞게 이미지 크기를 조정할 수 있다.

l **[자르기]**　이미지를 자를 수 있다.

m **[크기 유지]**　이미지의 원래 크기를 유지한다.

4. 이미지 투명도 설정하기

1) 편집하고 싶은 이미지를 클릭하여 **[속성]** 창을 활성화한다. **[속성]** 창에서 **[투명도 설정]**(**a**)을 클릭하면 **그림 4-30**과 같은 창이 열린다.

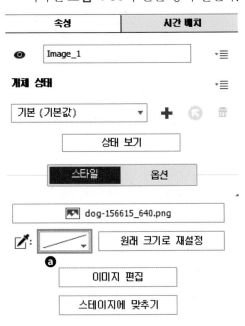

[그림 4-29]

2) 그림 4-30에서 **[색 고르기]**(**a**)를 클릭하면 **그림 4-31**과 같이 창이 바뀌고 마우스가 스포이드 모양(🖊)으로 변경된다.

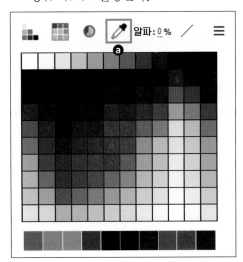

[그림 4-30]

3) 스포이드 모양의 마우스를 이미지에서 투명도를 조절하고 싶은 곳(ⓐ)에 클릭한다.

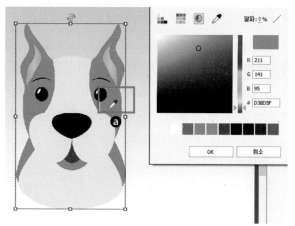

[그림 4-31]

4) 선택한 색깔이 투명하게 되면서 **그림 4-32**와 같은 이미지로 변경된다.

변경 전 이미지 　　　　 변경 후 이미지

[그림 4-32]

5) 색깔의 투명도를 조절하고 싶을 경우 다시 **[투명도 설정]**(ⓐ)을 클릭하고 **[알파 값]**(ⓑ)을 조절한다.

[그림 4-33]

보충설명

알파값 조절

- 알파값은 더블클릭하여 숫자를 직접 입력하거나 숫자 위에 마우스를 올리고 좌우로 드래그 하여 조절할 수 있다.
- **알파값 0%:** 완전 투명
- **알파값 100%:** 완전 반투명

Adobe Captivate 9에서 캐릭터는 실제 사람의 모습이나 사람 형태의 일러스트를 삽입할 수 있는 기능이다. 이를 통해 이러닝에서 강사의 이미지를 대체하거나 캐릭터를 통해 성우의 말을 전달 할 수 있다. 이러닝 컨셉에 따라 여러 명의 캐릭터를 등장시켜 학습자가 공감할 수 있는 상황과 캐릭터의 역할을 주고 진행하기도 한다(예: 멘토와 멘티, 전문가와 MC 등).

1. 캐릭터 삽입하기

1) 상단의 빠른 실행 도구에서 **[미디어](ⓐ) > [캐릭터]**
(ⓑ)를 클릭하면 **그림 4-35**와 같은 창이 생성된다.

[그림 4-34]

2) **[범주]** 드롭다운 목록(ⓐ)을 클릭하여 원하는 범주를 선택한다. 본 예시에서는 '**Business**'(ⓑ)를 선택한다.

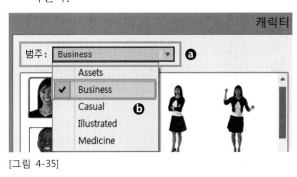

[그림 4-35]

보충설명

처음으로 캐릭터 삽입할 경우

처음으로 캐릭터를 삽입할 때에는 다음과 같이 링크를 눌러 파일을 다운 받은 후 캐릭터를 삽입할 수 있다.

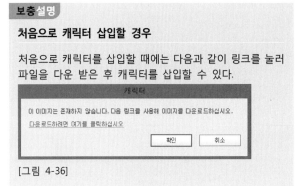

[그림 4-36]

3) 원하는 캐릭터의 [유형](ⓐ) > [동작](ⓑ) > [부분] (ⓒ) > [확인](ⓓ)을 누른다.

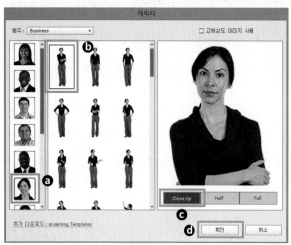

[그림 4-37]

4) 그림 4-38과 같이 슬라이드에 캐릭터가 삽입된다.

[그림 4-38]

> **보충설명**
>
> **원하는 캐릭터가 없을 경우**
>
> 원하는 캐릭터가 없을 경우, 하단의 링크를 클릭하여 Adobe 에서 제공하는 다른 캐릭터를 웹 상에서 다운 받는다.
>
> 추가 다운로드 : eLearning Templates
> 추가 다운로드 : eLearning Art

스마트 모양은 화살표, 단추 또는 기본 모양과 같은 다양한 범주의 사전 준비된 모양을 포함한다. 모양을 롤오버 또는 기타 자유형 모양으로 변환할 수도 있으며, 단추로 사용할 수도 있다.

1. 스마트 모양 삽입하기

1) 상단의 빠른 실행 도구에서 [모양](ⓐ)을 클릭하고, 원하는 스마트 모양을 선택한다. 본 예시에서는 원(ⓑ)을 선택한다.

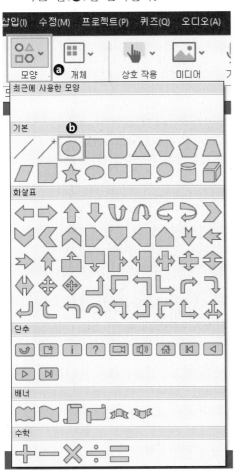

[그림 4-39]

2) 마우스 포인터가 '+' 표시로 바뀌면, 스테이지에서 마우스로 클릭하고(ⓐ) 드래그 해서(ⓑ) 스마트 모양을 그린다.

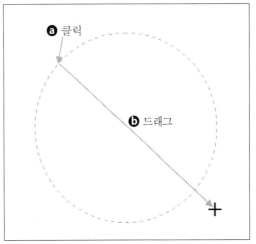

[그림 4-40]

3) 흰 점을 이용해 모양 크기를 조정한다. 모양 안쪽으로 당기면(ⓐ) 크기가 작아지고, 모양 바깥쪽으로 당기면(ⓑ) 크기가 커진다.

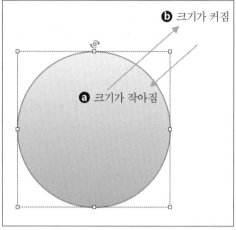

[그림 4-41]

4) 노란 점(ⓐ)을 이용해 모양을 회전한다. 노란 점을 클릭한 상태에서 오른쪽으로 돌리면 오른쪽 회전, 왼쪽으로 돌리면 왼쪽으로 회전한다.

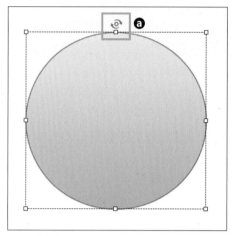

[그림 4-42]

2. 스마트 모양 바꾸기

1) 스마트 모양 안(ⓐ)에서 마우스 우클릭하고 [스마트 모양 바꾸기](ⓑ)를 클릭한다.

[그림 4-43]

2) 다양한 모양 중에서 원하는 모양을 클릭한다. 본 예시에서는 '별'(ⓐ)을 선택한다.

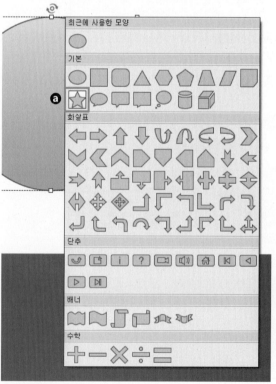

[그림 4-44]

3) 그림 4-45와 같이 슬라이드의 원이 별로 바뀌는 것을 확인한다.

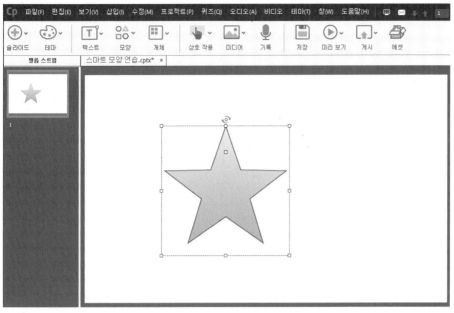

[그림 4-45]

3. 스마트 모양 편집하기

1) 삽입된 스마트 모양을 자유형 모양으로 변환하려면 모양 안쪽(ⓐ)에서 우클릭하고 [자유형 모양으로 변환](ⓑ)을 클릭한다.

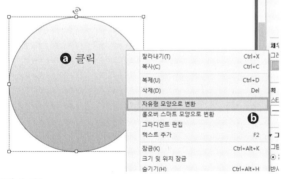

[그림 4-46]

2) 스마트 모양의 윤곽에 검은 점(ⓐ)이 나타나고 검은 점을 클릭하면 선을 곡선으로 변형할 수 있는 베지어 곡선(ⓑ)이 나타난다.

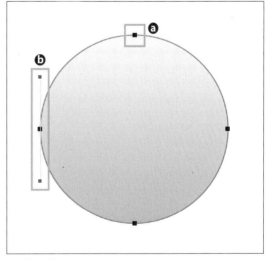

[그림 4-47]

3) 검은 점을 클릭하여 안이나 밖으로 끌거나(**ⓐ**) 베지어 곡선 양 끝을 클릭하고 안이나 밖으로 끌어(**ⓑ**, **ⓒ**) 모양을 변경할 수 있다.

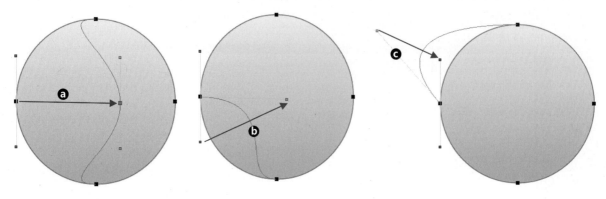

[그림 4-48]

4) 스마트 모양 영역 밖을 클릭하면 편집 내용이 저장된다.

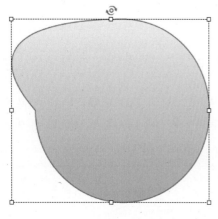

[그림 4-49]

5) 변경된 모양을 다시 편집하려면 스마트 모양의 안쪽(**ⓐ**)에서 마우스 우클릭하고 **[점수 편집]**(**ⓑ**)을 클릭한다.

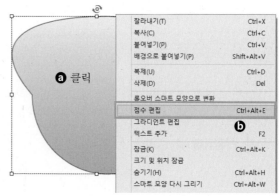

[그림 4-50]

4. 스마트 모양 안에 텍스트 입력하기

1) 스마트 모양 안쪽(ⓐ)에서 마우스 우클릭하고 [텍스트 추가](ⓑ)를 선택한다.

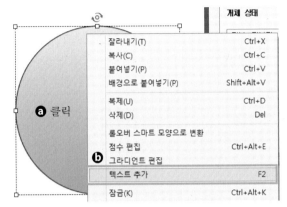

[그림 4-51]

보충설명

텍스트 입력 방법

스마트 모양을 더블클릭하면 바로 텍스트를 입력할 수 있다.

보충설명

텍스트 입력 불가능 모양

선 모양을 선택한 경우에는 텍스트를 입력할 수 없다.

2) 스마트 모양 내에 표시되는 텍스트 영역에서 '**안녕하세요!**'(ⓐ)라는 텍스트를 추가한다.

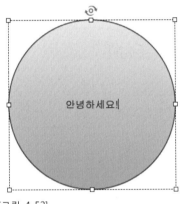

[그림 4-52]

3) 스마트 모양을 선택한 상태로 [스타일](ⓐ)에서 우측 스크롤바를 내려 [문자](ⓑ)를 활성화하고, 텍스트 서식을 설정한다.

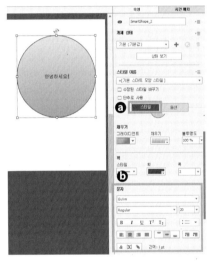

[그림 4-53]

4) 텍스트를 편집하려면 스마트 모양 안쪽(ⓐ)에서 마우스 우클릭하고 [텍스트 편집](ⓑ)을 선택하여 '**안녕하세요!**'를 수정한다.

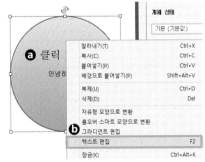

[그림 4-54]

제4절 스마트 모양 삽입하기 **181**

제5절 강조 상자 삽입하기

슬라이드 내에서 주의를 환기시킬 영역에 강조 상자를 사용한다. 강조 상자는 사용자가 슬라이드의 필수 영역에 집중할 수 있도록 한다.

1. 강조 상자 삽입하기

1) 강조하고 싶은 개체가 포함된 슬라이드를 열거나 개체를 슬라이드에 삽입한다.

강조상자 연습.cptx*
교수설계 [教授設計, instructional design]
교수활동의 전개과정을 최적의 조건으로 구성함으로써 교수효과를 증진시켜 보려는 교수계획의 수립활동. 교수설계란 교수의 과정을 이해하고 개선하려는데 그 목적을 두고 있으며, 특히 학습자의 요구와 교수목표를 분석하고, 그러한 요구와 교수목표를 효과적·효율적으로 성취시킬 수 있도록, 수업관련 변인 및 요소들을 체계적으로 조직·운영하며 또한 적절한 교수방법을 처방해 주기 위한 교수계획을 수립하는 과정이다.
즉 교수설계는 교사 특성·학생 특성·교과내용 특성·물리적환경 특성·심리적 환경 특성·교수방법의 유형 등등 다양한 변인들이 유기적으로 상호작용할 수 있도록 구성함으로써 기대하는 교육성취를 효과적·효율적으로 달성시켜 보려는 체제적 접근과정이다.
출처: 교육학용어사전, 서울대학교 교육연구소, 1995. 6. 29., 하우동설

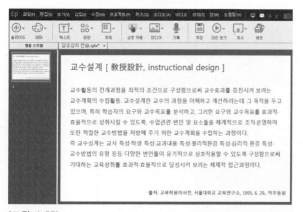

[그림 4-55]

2) 상단의 빠른 실행 도구에서 **[개체]**(ⓐ)>**[강조 상자]**(ⓑ)를 클릭하면 **그림 4-57**과 같이 강조 상자가 슬라이드에 삽입된다.

수정(M)
프로젝트(P)
퀴즈(Q)
오디오
ⓐ
개체
상호 작용
미디어
ⓑ
강조 상자

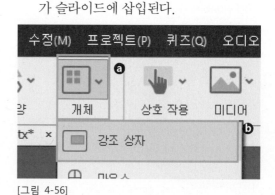

[그림 4-56]

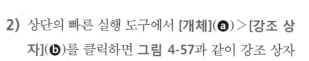

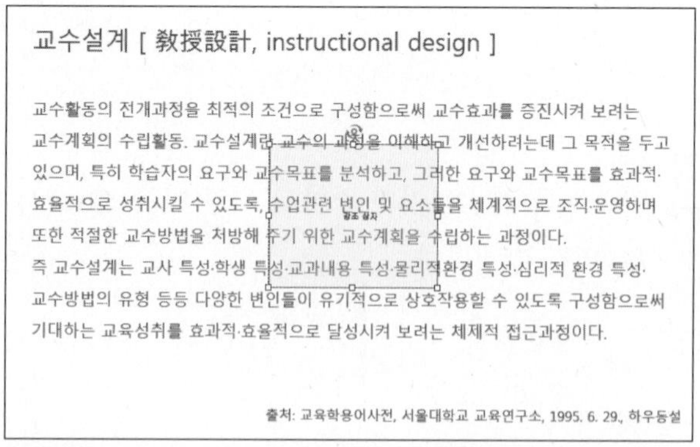

교수설계 [教授設計, instructional design]
교수활동의 전개과정을 최적의 조건으로 구성함으로써 교수효과를 증진시켜 보려는 교수계획의 수립활동. 교수설계란 교수의 과정을 이해하고 개선하려는데 그 목적을 두고 있으며, 특히 학습자의 요구와 교수목표를 분석하고, 그러한 요구와 교수목표를 효과적·효율적으로 성취시킬 수 있도록, 수업관련 변인 및 요소들을 체계적으로 조직·운영하며 또한 적절한 교수방법을 처방해 주기 위한 교수계획을 수립하는 과정이다.
즉 교수설계는 교사 특성·학생 특성·교과내용 특성·물리적환경 특성·심리적 환경 특성·교수방법의 유형 등등 다양한 변인들이 유기적으로 상호작용할 수 있도록 구성함으로써 기대하는 교육성취를 효과적·효율적으로 달성시켜 보려는 체제적 접근과정이다.
출처: 교육학용어사전, 서울대학교 교육연구소, 1995. 6. 29., 하우동설

[그림 4-57]

3) 삽입된 강조 상자의 크기를 변경하여 강조하기를 원하는 부분에 위치시킨다.

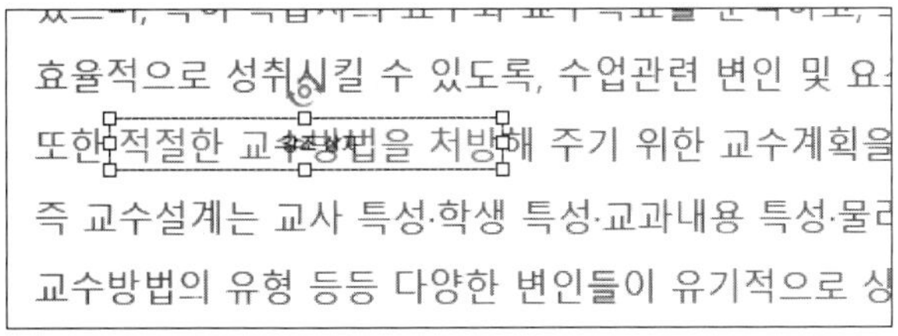

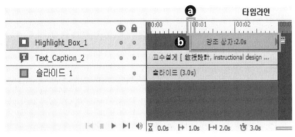

[그림 4-58]

강조 상자의 삽입

강조 상자는 모양이나 캡션과 다르게 기본적으로 상자 가운데 '강조 상자'라는 글자가 항상 표시되기 때문에 개체 편집 시 쉽게 구별이 가능하다.

5) 타임라인에서 강조 상자가 텍스트 캡션보다 1초(ⓐ) 늦게 나타나도록 강조 상자 타임라인(ⓑ)을 조절한다.

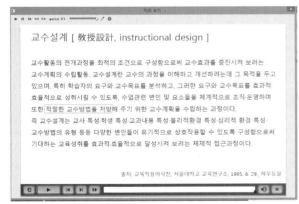

[그림 4-60]

타임라인에서 개체 관리

타임라인에서 개체를 관리하는 자세한 방법은 3장 타임라인에서 개체 관리하기(133p)를 참고한다.

4) 스테이지 하단에서 [타임라인](ⓐ)을 더블클릭하여 타임라인 창을 활성화한다.

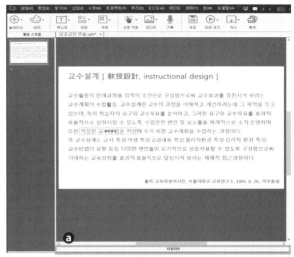

[그림 4-59]

6) [미리 보기](ⓐ) > [프로젝트](ⓑ)를 클릭한다.

[그림 4-61]

7) 그림 4-62와 같이 강조 상자 지정부분이 강조되는 것을 확인한다.

교수설계 [教授設計, instructional design]

교수활동의 전개과정을 최적의 조건으로 구성함으로써 교수효과를 증진시켜 보려는 교수계획의 수립활동. 교수설계란 교수의 과정을 이해하고 개선하려는데 그 목적을 두고 있으며, 특히 학습자의 요구와 교수목표를 분석하고, 그러한 요구와 교수목표를 효과적·효율적으로 성취시킬 수 있도록, 수업관련 변인 및 요소들을 체계적으로 조직·운영하며 또한 적절한 교수방법을 처방해 주기 위한 교수계획을 수립하는 과정이다.
즉 교수설계는 교사 특성·학생 특성·교과내용 특성·물리적 환경 특성·심리적 환경 특성·교수방법의 유형 등등 다양한 변인들이 유기적으로 상호작용할 수 있도록 구성함으로써 기대하는 교육성취를 효과적·효율적으로 달성시켜 보려는 체제적 접근과정이다.

출처: 교육학용어사전, 서울대학교 교육연구소, 1995. 6. 29. 하우동설

[그림 4-62]

1) 강조 상자를 선택하고 **[속성]**에서 속성 값을 설정한다.

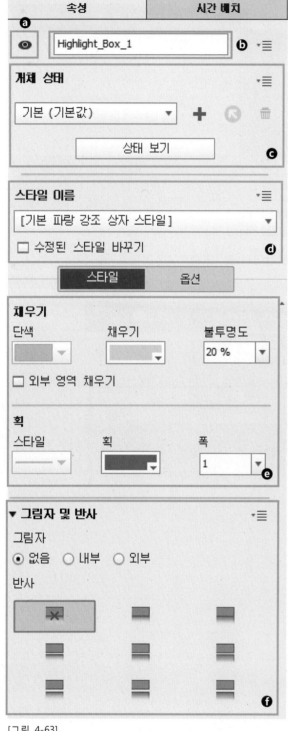

[그림 4-63]

ⓐ [보임/숨김] 클릭하여 해당 강조 상자를 보이거나(◉) 보이지 않게(⊘) 할 수 있다. (보이지 않게 설정하면 슬라이드에는 표시되지만 프로젝트 재생 시 보이지 않는다.)

ⓑ [강조 상자 이름] 강조 상자의 이름을 설정한다. [자세한 내용은 3장 개체 이름 설정하기(100p)를 참고한다.]

ⓒ [개체 상태] 강조 상자의 상태를 설정한다. [자세한 내용은 6장 개체 상태 설정하기(324p)를 참고한다.]

ⓓ [스타일 이름] 강조 상자의 스타일을 설정할 수 있다. [자세한 내용은 3장 개체 스타일 설정하기(124p)를 참고한다.]

ⓔ [채우기 및 획(윤곽선) 설정] 강조 상자의 채우기 값 및 획(윤곽선) 값을 설정한다.

ⓕ [그림자 및 반사] 캡션에 그림자 및 반사 효과를 적용한다. [자세한 내용은 3장 개체에 그림자 효과 적용하기(113p)와 3장 개체에 반사효과 적용하기(116p)를 참고한다.]

1. 애니메이션 삽입하기

1) 상단의 빠른 실행 도구에서 [미디어](ⓐ)＞[애니메이션](ⓑ)을 클릭하면 **그림 4-65**와 같은 [열기] 창이 생성된다.

[그림 4-64]

보충설명

애니메이션을 삽입하는 방법

애니메이션을 삽입하는 또 다른 방법은 상단의 메뉴에서 [삽입]＞[애니메이션 슬라이드]를 클릭하면 마찬가지로 문서 열기 창이 생성된다.

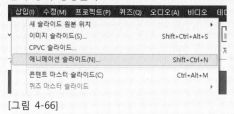

[그림 4-66]

2) 여러 개의 파일 중 원하는 애니메이션(ⓐ)을 선택하고 [열기](ⓑ)를 누른다.

[그림 4-65]

보충설명

지원 파일 형식

[Adobe Captivate 9]에서는 파일 형식이 SWF, GIF인 것만 지원 가능하다. 파일 형식은 파일명 끝에 파일의 확장자 이름으로 확인이 가능하다.

[그림 4-67]

1) 속성을 변경하고자 하는 애니메이션을 선택하고 **[속성]**에서 속성 값을 변경한다.

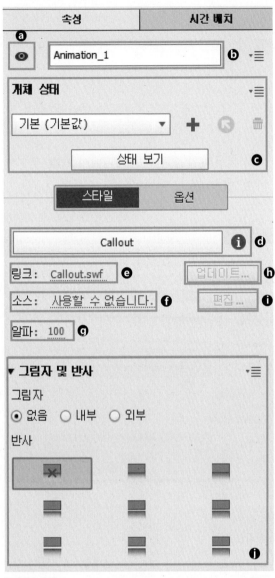

[그림 4-68]

ⓐ [보임/숨김] 클릭하여 이미지를 보이거나(👁) 보이지 않게(🚫) 할 수 있다. (보이지 않게 설정하면 슬라이드에는 표시되지만 프로젝트 재생 시 보이지 않는다.)

ⓑ [이름] 애니메이션의 이름을 설정한다. [자세한 내용은 3장 개체 이름 설정하기(100p)를 참고한다.]

ⓒ [개체 상태] 캡션의 상태를 설정한다. [자세한 내용은 6장 개체 상태 설정하기(324p)를 참고한다.]

ⓓ [애니메이션 가져오기] 라이브러리나 컴퓨터에서 다른 애니메이션을 가져와 변경이 가능하다.

ⓔ [링크] 연결된 애니메이션 파일에 대한 링크를 제공한다.

ⓕ [소스] 애니메이션 SWF 파일의 소스 FLA 파일에 연결한다.

ⓖ [알파] 애니메이션 파일의 투명도를 조절한다. (알파 값이 높으면 애니메이션 파일이 밝아지고 값이 낮으면 애니메이션이 더 희미해진다.)

ⓗ [업데이트] 수정한 내용을 소스 파일에 반영하려면 클릭한다(외부에서 편집한 경우).

ⓘ [편집] Adobe Captivate 9 내에서 Adobe Flash를 사용하여 FLA 파일을 편집하려면 클릭한다. (이는 Adobe eLearning Suite와 함께 설치된 Adobe Captivate 9에서만 사용할 수 있다.)

ⓙ [그림자 및 반사] 애니메이션에 그림자 및 반사효과를 적용한다. [자세한 내용은 3장 개체에 그림자 효과 적용하기(113p)와 3장 개체에 반사효과 적용하기(116p)를 참고한다.]

텍스트 애니메이션은 특수 효과가 적용된 텍스트다. 예를 들어, 프로젝트의 시작 슬라이드에서는 처음부터 시선을 사로잡기 위해 텍스트가 날아오거나 페이드 인 되는 방법으로 사용할 수 있다.

1. 텍스트 애니메이션 삽입하기

1) 상단의 빠른 실행 도구에서 [텍스트](ⓐ) > [텍스트 애니메이션](ⓑ)을 클릭하면 **그림 4-70**과 같은 [텍스트 애니메이션 속성] 창이 생성된다.

[그림 4-69]

2) [텍스트 애니메이션 속성] 창에서 애니매이션 효과를 주고자 하는 텍스트를 입력(ⓐ)한다. 본 예시에서는 '**환영합니다.**'라고 입력한다.

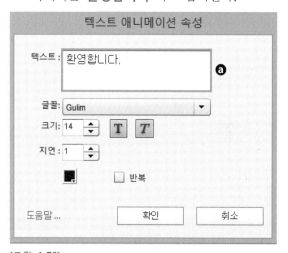

[그림 4-70]

3) 텍스트를 입력한 뒤 속성 값을 설정한다. 본 예시에서는 **그림 4-71**과 같이 글꼴을 'Malgun Gothic', 크기는 '48', 글자효과 'Bold', 지연은 '1', 글자 색은 '파랑', 반복 '체크'로 설정한다.

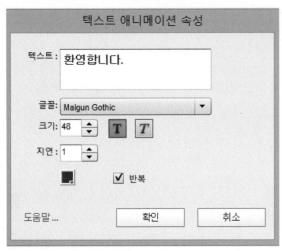

[그림 4-71]

4) 속성 값을 설정한 후 [확인](ⓐ)을 누르면 **그림 4-73** 과 같이 텍스트 애니메이션이 슬라이드에 삽입된다.

[그림 4-72]

[그림 4-73]

5) 텍스트 애니메이션을 클릭(ⓐ)하여 [속성] 창(ⓑ)을 활성화하면 **그림 4-74**와 같이 텍스트 애니메이션 미리보기(ⓒ)가 가능하다.

[그림 4-74]

2. 텍스트 애니메이션 속성 설정하기

1) 텍스트 애니메이션 속성에 대한 구체적인 내용은 다음과 같다.

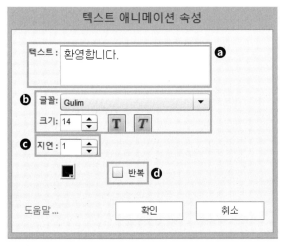

[그림 4-75]

ⓐ **[텍스트]** 애니메이션이 적용되는 텍스트다.

ⓑ **[글꼴]** 글꼴 이름을 지정한 다음 스타일, 크기, 효과 및 색상을 지정한다.

ⓒ **[지연]** 애니메이션 문자 하나가 표시된 후 다음 문자가 표시될 때까지의 경과 시간을 프레임 단위로 나타낸다. 낮은 숫자(예: 0 또는 1)를 설정하면 모든 문자가 차례로 빠르게 나타난다. 더 높은 숫자(예: 30 또는 40)를 설정하면 각 문자가 보다 뚜렷하게 나타난다. ([지연]에서 지정한 숫자로 인해 애니메이션 텍스트 기능이 나타나는 절대 시간이 변경되지는 않는다. 예를 들어, [옵션] 탭에서 전체 애니메이션 시간을 8초로 지정한 경우 [지연] 옵션 값이 1이든 30이든, 이 값으로 8초라는 절대 시간을 변경할 수는 없다.)

ⓓ **[반복]** 프로젝트가 재생될 때 애니메이션 파일이 계속 반복 재생되도록 한다.

2) 속성을 변경하고 싶은 텍스트 애니메이션을 선택하면 [속성] 창에서 속성 및 효과를 설정할 수 있다.

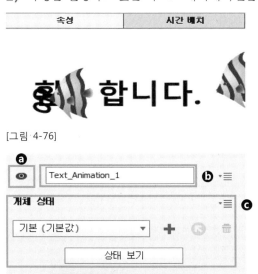

[그림 4-76]

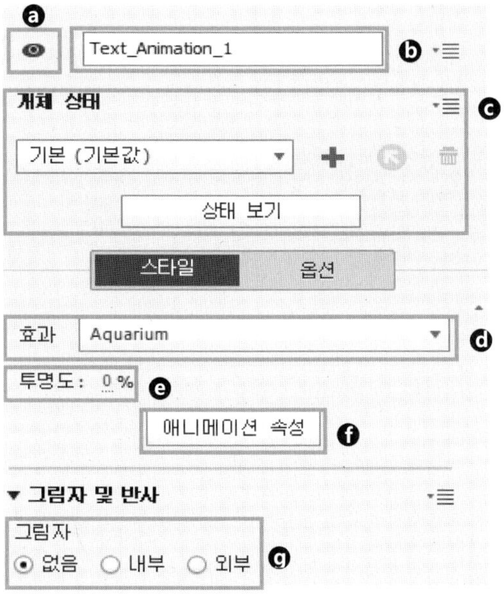

[그림 4-77]

ⓐ **[보임/숨김]** 클릭하여 애니메이션을 보이거나 (◉) 보이지 않게(◎) 할 수 있다. (보이지 않게 설정하면 슬라이드에는 표시되지만 프로젝트 재생 시 보이지 않는다.)

ⓑ **[이름]** 텍스트 애니메이션의 이름을 설정한다. [자세한 내용은 3장 개체 이름 설정하기(100p)를 참고한다.]

ⓒ **[개체 상태]** 텍스트 애니메이션의 상태를 설정한다. [자세한 내용은 6장 개체 상태 설정하기(324p)를 참고한다.]

ⓓ **[효과]** 텍스트 애니메이션 효과를 변경한다. (처음 텍스트 애니매이션 입력 시, 기본으로 Aquarium 효과가 적용되어 있다.)

ⓔ **[투명도]** 애니메이션 파일의 투명도를 조절한다.

ⓕ **[애니메이션 속성]** 그림 4-75와 같이 텍스트 애니메이션 속성 창이 열리면서 텍스트 속성 값을 변경할 수 있다.

ⓖ **[그림자 및 반사]** 애니메이션에 그림자 및 반사 효과를 적용한다. [자세한 내용은 3장 개체에 그림자 효과 적용하기(113p)를 참고한다.]

Adobe Captivate 9에서는 슬라이드의 일정 부분을 확대하거나 축소하여 강조하는 효과를 줄 수 있다.

1. 확대/축소 영역 삽입하기

1) 슬라이드에 확대하거나 축소할 이미지나 텍스트 캡션을 삽입하거나 해당 캡션이 포함된 프로젝트를 연다. (파일명: 4장_확대 축소 영역 연습.cptx)

2) 상단의 빠른 실행 도구에서 [개체](ⓐ) > [확대/축소 영역](ⓑ)을 클릭하면 **그림 4-80**과 같이 슬라이드에 [확대/축소 소스]와 [확대/축소 대상]이라는 상자가 삽입된다.

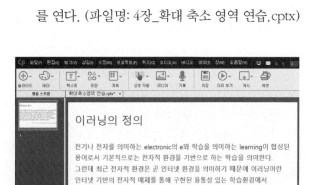

[그림 4-78]

[그림 4-79]

3) [확대/축소 소스](ⓐ) 상자는 확대하거나 축소하고 싶은 부분에 영역을 설정하는 역할을 하고, [확대/축소 대상](ⓑ) 상자는 확대하거나 축소된 부분이 표시될 부분의 영역을 설정하는 기능을 한다.

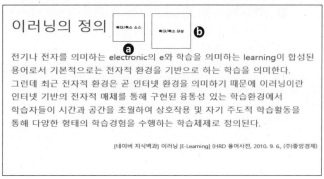

[그림 4-80]

4) 확대/축소하고 싶은 부분에 [확대/축소 소스](ⓐ) 상자를 올려 놓는다.

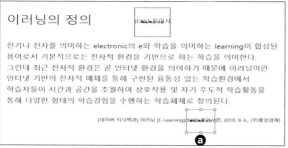

[그림 4-81]

보충설명

확대/축소 소스 상자

이 때, 확대/축소 소스 상자는 검은 테두리로 유지되고 확대/축소 대상 상자는 빨간 테두리로 활성화된다.

5) [확대/축소 소스](ⓐ) 상자를 확대/축소하고 싶은 부분에 맞추어 크기를 조정한다.

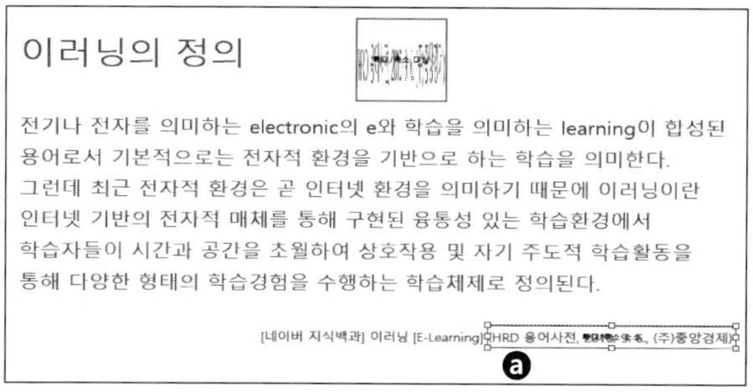

[그림 4-82]

6) 확대/축소된 부분이 표시될 곳에는 [확대/축소 대상](ⓐ) 상자를 클릭하여 옮겨 놓는다.

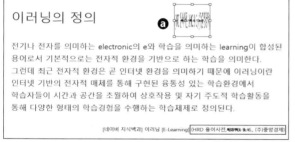

[그림 4-83]

보충설명

확대/축소 대상 상자

이 때, 확대/축소 대상 상자는 검은 테두리로 유지되고 확대/축소 소스 상자는 파란 테두리로 활성화 된다.

7) 확대/축소된 부분이 잘 나타나도록 [확대/축소 대상](ⓐ) 상자의 크기를 적절히 조정한다.

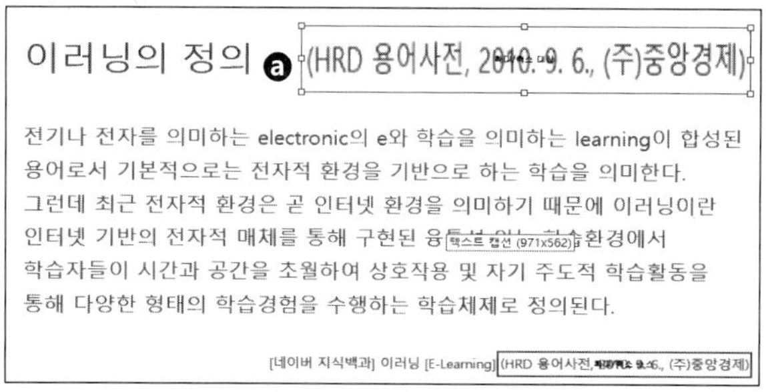

[그림 4-84]

8) [타임라인]에서 확대/축소 시간과 속도를 조절 가능하다.

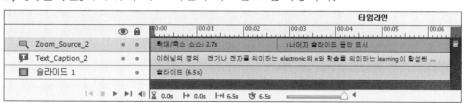

[그림 4-85]

보충설명

타임라인에서 개체 관리

타임라인에서 개체를 관리하는 자세한 방법은 3장 타임라인에서 개체 관리하기(133p)를 참고한다.

1. 수식 삽입하기

1) 상단의 메뉴에서 **[삽입]**(ⓐ) > **[수식]**(ⓑ)을 클릭하면 **그림 4-87**과 같은 수식이 슬라이드에 삽입됨과 동시에 **그 림 4-88**과 같이 **[MathMagic Personal Custom v 7.6]**이라고 하는 수식 편집 소프트웨어가 자동 실행된다.

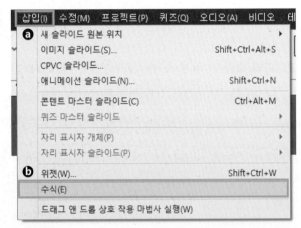

[그림 4-86]

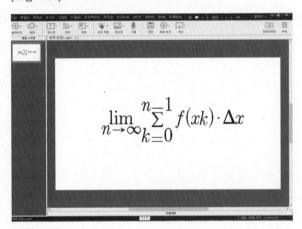

[그림 4-87]

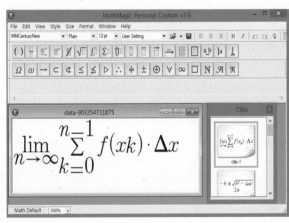

[그림 4-88]

2) [MathMagic Personal Custom]을 사용해 수식을 편집한 후, 상단 메뉴에서 [File](ⓐ)을 선택하여 [Save](ⓑ)를 클릭한다.

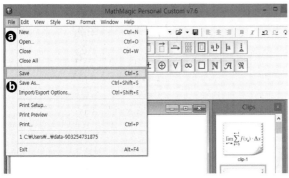

[그림 4-89]

3) 저장이 되면 [File](ⓐ)에서 [Exit](ⓑ)를 클릭하여 수식 편집을 종료한다.

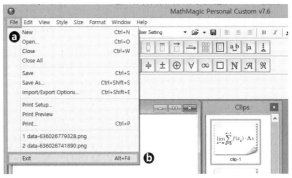

[그림 4-90]

4) 수식 편집 창을 종료하면 슬라이드에 편집한 수식이 삽입된다. 다시 수식을 편집하고자 할 경우 수식에서 마우스 우클릭(ⓐ)을 하고 [수식 편집](ⓑ)을 클릭하면 편집이 가능하다.

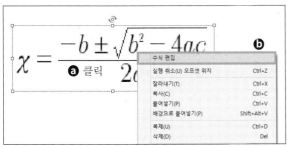

[그림 4-91]

1. 웹 개체 삽입하기

1) 상단의 빠른 실행 도구에서 [개체](ⓐ)>[웹](ⓑ)을 클릭하면 **그림 4-93**과 같이 슬라이드에 웹 화면이 삽입된다.

[그림 4-92]

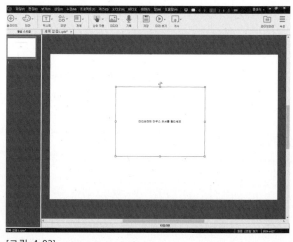

[그림 4-93]

2. 웹 개체 속성 설정하기

1) 삽입된 웹 화면을 클릭하여 속성을 설정한다.

[그림 4-94]

ⓐ **[보임/숨김]** 클릭하여 웹 화면을 보이거나(◉) 보이지 않게(⊘) 할 수 있다. (보이지 않게 설정하면 슬라이드에는 표시되지만 프로젝트 재생 시 보이지 않는다.)

ⓑ **[이름]** 웹의 이름을 설정한다. [자세한 내용은 3장 개체 이름 설정하기(100p)를 참고한다.]

ⓒ **[개체 상태]** 웹 화면의 상태를 설정한다. [자세한 내용은 6장 개체 상태 설정하기(324p)를 참고한다.]

ⓓ **[주소]** 웹 주소를 입력한다.

ⓔ **[자동 로드]** 이 부분을 체크할 경우 학습자에게 즉시 보여질 수 있다. 체크를 해제하면 학습자가 **[실행]**을 클릭해야 한다.

ⓕ **[표시 위치]** 처음 설정에서는 슬라이드에 웹 콘텐츠를 삽입하도록 설정되어 있으며, 새 브라우저 창에 웹 콘텐츠가 나타나도록 설정 가능하다.

ⓖ **[테두리]** 체크하여 웹 콘텐츠에 테두리를 설정 가능하다.

ⓗ **[스크롤링]** 처음 설정에서는 웹 페이지보다 웹 콘텐츠 창이 작을 경우 스크롤바를 표시한다.

ⓘ **[애니메이션 로드 중]** 이 설정을 체크할 경우, 학습자들은 웹 콘텐츠가 로드되는 동안 애니매이션 로드 중이라는 아이콘을 볼 수 있다.

대화형 개체 추가하기_Part 1

제**5**장

♣ 롤오버 이미지 삽입하기
• 롤오버 이미지 삽입하기

♣ 롤오버 스마트 모양 삽입하기
• 롤오버 스마트 모양 삽입하기

♣ 롤오버 캡션 삽입하기
• 롤오버 캡션 삽입하기
• 롤오버 캡션 속성 설정하기

♣ 롤오버 슬라이드렛 삽입하기
• 롤오버 슬라이드렛 삽입하기
• 롤오버 슬라이드렛에 동작 설정하기
• 롤오버 슬라이드렛 속성 설정하기

♣ 텍스트 입력상자 삽입하기
• 텍스트 입력 상자 삽입하기
• 텍스트 입력 상자 속성 설정하기
• 텍스트 입력 단추 속성 설정하기

♣ 학습 상호 작용 삽입하기
• 학습 상호 작용 삽입하기

실행 순서

♣ 롤오버 이미지 삽입하기

빠른 실행 도구에서 [개체]를 클릭하고 [롤오버 이미지]를 선택한다.

♣ 롤오버 스마트 모양 삽입하기

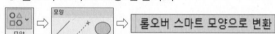

빠른 실행 도구에서 [모양]을 클릭하고 원하는 도형을 선택하여 삽입하고 [롤오버 스마트 모양으로 변환]을 선택한다.

♣ 롤오버 캡션 삽입하기

빠른 실행 도구에서 [개체]를 클릭하고 [롤오버 캡션]을 선택한다.

♣ 롤오버 슬라이드렛 삽입하기

빠른 실행 도구에서 [개체]를 클릭하고 [롤오버 슬라이드렛]을 선택한다.

♣ 텍스트 입력상자 삽입하기

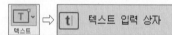

빠른 실행 도구에서 [텍스트]를 클릭하고 [텍스트 입력 상자]를 선택한다.

♣ 학습 상호 작용 삽입하기

빠른 실행 도구에서 [상호 작용]를 클릭하고 [학습 상호 작용]을 선택한다.

기능의 목적

• 롤오버 개체, 텍스트 입력 상자 등 학습자와 상호 작용이 가능한 여러 가지 대화형 개체 삽입

• 다양한 유형의 대화형 개체를 통한 상호 작용 설계

♣ 롤오버 개체를 통한 부연내용 제시

이러닝에서 다루는 학습 내용 중에는 핵심적인 내용보다 중요도는 낮지만 언급하지 않을 수는 없는 것들이 종종 있다. 예를 들어, 학습자들의 지식수준이 다양하여 어떤 학습자에게는 기존 학습 내용만으로도 충분하지만, 또 다른 학습자에게는 기존 학습 내용 보다 많은 지식을 제공해야 할 때가 있다. 이러닝에서 이러한 부연적인 내용을 제시하는 방법으로는 내레이션만으로 이를 설명하거나 또는 팝업되도록 할 수 있다. Adobe Captivate 9에서는 롤오버 기능을 통해 부연 내용을 팝업되도록 제시할 수 있다. 설명하고자 하는 내용이 적을 경우 롤오버 캡션을 활용하며, 많을 경우에는 롤오버 슬라이드렛을 통해 별도의 팝업 창 형태로 제시할 수 있다.

♣ 텍스트 입력 상자를 통한 상호 작용 설계

Adobe Captivate 9에서는 텍스트 입력 상자를 통해 학습자로 하여금 직접 텍스트를 입력하게 하여 상호 작용을 유도할 수 있다. 기존 질문 슬라이드 기능 외에도 텍스트 입력 상자를 통해 학습자의 반응과 참여를 유도하는 질문의 방법을 활용할 수 있으며, 학습자의 투입 행동에 따라 적절하고 즉각적이며, 교정적인 피드백을 제시할 수 있다.

1. 롤오버 이미지 삽입하기

> (예제) --
> '사자'라는 글자에 마우스를 올려 놓으면 '사자 이미지'가 팝업될 수 있도록 만들어 보자.
> 본 예제는 크게 2단계로 나누어 생각해 보자.
>
> | 1. '사자'라는 텍스트 캡션 삽입 | → | 2. '사자 이미지'를 롤오버 이미지로 삽입 |

1-1 '사자'라는 텍스트 캡션 삽입

1) 먼저 마우스를 올려놓을 글자를 만들기 위해 상단의 빠른 실행 도구에서 **[텍스트]ⓐ** > **[텍스트 캡션]**(ⓑ)을 선택하면 **그림 5-2**와 같이 슬라이드에 텍스트 캡션이 삽입된다.

[그림 5-1]

보충설명

텍스트 캡션의 삽입 및 설정

텍스트 캡션의 삽입 및 설정에 대한 자세한 내용은 4장 텍스트 캡션 삽입하기(163p)를 참고한다.

2) **[텍스트 캡션]**(ⓐ) 안쪽을 더블클릭하여 '**사자**'(ⓑ)를 입력한다.

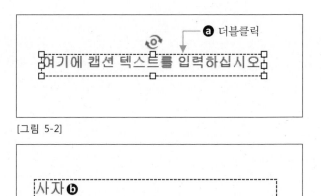

[그림 5-2]

[그림 5-3]

1-2 '사자 이미지'를 롤오버 이미지로 삽입

1) 상단의 빠른 실행 도구에서 **[개체]**(ⓐ)＞**[롤오버 이미지]**(ⓑ)을 선택하면 **그림 5-5**와 같이 **[열기]** 창이 열린다.

[그림 5-4]

2) 원하는 이미지를 찾아서 선택하고 **[열기]**(ⓐ)를 누르면 **그림 5-6**과 같이 이미지와 롤오버 영역이 슬라이드에 삽입된다.

[그림 5-5]

[그림 5-6]

> **보충설명**
>
> **지원 형식**
>
> JPG, JPEG, GIF, PNG, BMP, ICO, EMF, POT, WMF 같은 형식의 이미지를 추가할 수 있다.

3) **[롤오버 영역]**(ⓐ)을 클릭하여 '**사자**' **[텍스트 캡션]**(ⓑ) 위에 올려 놓는다.

[그림 5-7]

> **보충설명**
>
> **롤오버 영역의 선택**
>
> 롤오버 영역을 선택하면 롤오버 이미지는 빨간 테두리로 변한다.

4) [롤오버 영역]의 흰 점(**ⓐ**)을 이용하여 **그림 5-8**과 같이 롤오버 영역의 크기를 텍스트 캡션의 크기에 맞게 조정한다.

[그림 5-8]

> **보충설명**
>
> **롤오버 영역의 조정**
>
> 롤오버 영역 위에 마우스를 올리면 롤오버 개체가 바로 나타나므로, 롤오버 영역을 정확하게 설정해 주는 것이 중요하다. 특히 여러 개의 롤오버 개체가 있거나 퀴즈에서 롤오버 개체를 활용할 경우에는 롤오버 영역과 아닌 영역을 명확하게 구분해 주어야 한다.

5) 빠른 실행 도구에서 [미리 보기](**ⓐ**) > [프로젝트](**ⓑ**)를 클릭하여 프로젝트를 게시한다.

[그림 5-9]

6) 프로젝트가 게시된 상태에서 '사자' [텍스트 캡션] 위에 마우스를 올려 놓으면 '사자' [이미지]가 나타나는 것을 확인할 수 있다.

[그림 5-10]

1. 롤오버 스마트 모양 삽입하기

> **예제**
>
> 도형 이름에 마우스를 올려놓으면 해당 도형이 나타나는 롤오버 스마트 모양을 만들어 보자.
> 본 예제는 크게 2단계로 나누어 생각해 보자.
>
> | 1. 도형 및 도형 이름 삽입 | → | 2. 롤오버 스마트 모양으로 변환 |

1-1 도형 및 도형 이름 삽입

1) 상단의 빠른 실행 도구에서 [텍스트](ⓐ) > [텍스트 캡션](ⓑ)을 선택하면 슬라이드에 텍스트 캡션이 삽입된다.

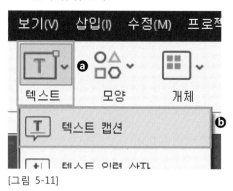

[그림 5-11]

2) 슬라이드에 삽입된 [텍스트 캡션](ⓐ)을 더블클릭하여 '**사각형**'이라고 입력하고, [속성](ⓑ)에서 텍스트 속성 값을 설정한다.

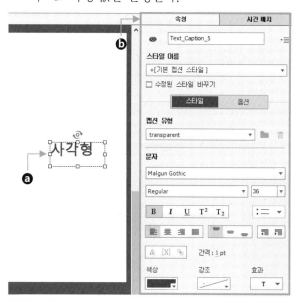

[그림 5-12]

> **보충설명**
>
> **텍스트 캡션 속성 설정**
>
> 텍스트 캡션 속성 설정에 대한 자세한 내용은 4장 텍스트 캡션 삽입하기(163p)를 참고한다.

3) 그림 5-13과 같이 **1)~2)**의 방법으로 세 가지 도형의 이름('**사각형**' '**사다리꼴**' '**원**')을 텍스트 캡션에 입력한 후, 적절한 위치에 배치한다.

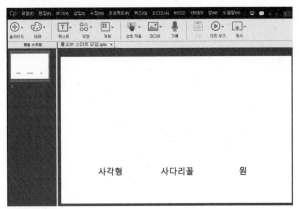

[그림 5-13]

4) 상단의 빠른 실행 도구에서 **[모양](ⓐ)＞[사각형]**(ⓑ)을 선택하면 슬라이드에 사각형이 삽입된다.

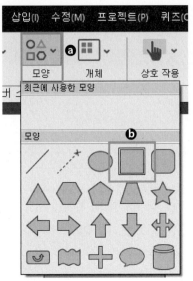

[그림 5-14]

> **보충설명**
>
> **스마트 모양 삽입**
>
> 스마트 모양 삽입에 대한 자세한 내용은 4장 스마트 모양 삽입하기(177p)를 참고한다.

5) 마찬가지로 **그림 5-15**와 같이 도형의 이름에 맞는 도형을 삽입한다.

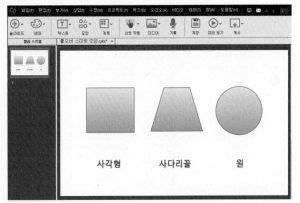

[그림 5-15]

1-2 롤오버 스마트 모양으로 변환

1) [사각형 스마트 모양](ⓐ)을 마우스 우클릭하여 [롤오버 스마트 모양으로 변환](ⓑ)을 선택하면 **그림 5-17** 과 같이 [사각형 스마트 모양]에 [롤오버 영역](ⓒ)이 추가된다.

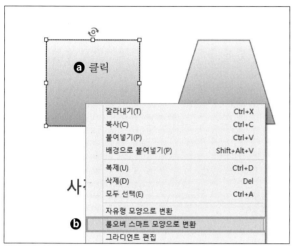

[그림 5-16]

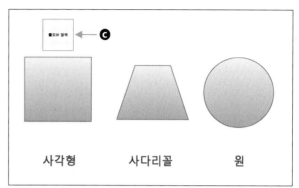

[그림 5-17]

2) [사각형 스마트 모양]의 [롤오버 영역]을 '사각형' [텍스트 캡션](ⓐ) 위에 올려놓고 크기를 조정한다.

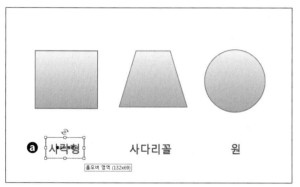

[그림 5-18]

3) 다른 도형들도 **그림 5-16~18**과 같이 [롤오버 스마트 모양으로 변환]하고, [롤오버 영역]을 조정하는 과정을 적용한다.

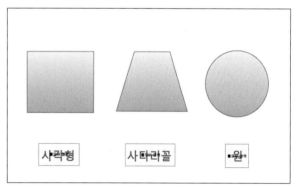

[그림 5-19]

4) 빠른 실행 도구에서 [미리 보기](**ⓐ**) > [프로젝트] (**ⓑ**)를 클릭하여 프로젝트를 게시한다.

[그림 5-20]

5) 게시된 프로젝트에서 설정한 '**도형 이름**' [**텍스트 캡션**] 위에 마우스를 올려 놓으면 [**롤오버 스마트 모양**]이 뜨는 것을 확인할 수 있다.

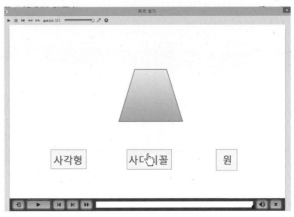

[그림 5-21]

1. 롤오버 캡션 삽입하기

예제

영어 문제에서 어려운 단어 위에 마우스를 올려놓으면, 단어의 뜻이 나타나도록 롤오버 캡션을 만들어 보자.

1) 롤오버 캡션을 적용할 슬라이드를 연다. (파일명: 5장_롤오버 캡션 연습.cptx)

[그림 5-22]

2) 상단의 빠른 실행 도구에서 **[개체](ⓐ)＞[롤오버 캡션](ⓑ)**을 선택하면 **그림 5-24**와 같이 슬라이드에 **[텍스트 캡션](ⓒ)**과 **[롤오버 영역](ⓓ)**이 삽입된다.

[그림 5-23]

[그림 5-24]

3) 마우스를 올려놓을 부분 위에 **[롤오버 영역]**(ⓐ)을 위치시키고 흰 점을 이용해 크기를 조정한다.

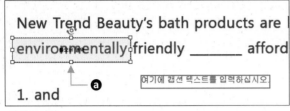

[그림 5-25]

보충설명

롤오버 캡션과 영역

롤오버 영역은 마우스를 올려놓을 위치이고, 롤오버 캡션을 롤오버 영역에 마우스를 올려놓을 때 팝업되는 텍스트를 말한다.

4) **[롤오버 캡션]**(ⓐ)을 더블클릭하여 '**[부사]** 환경(보호)적으로'라고 단어의 뜻을 입력하고 위치를 조정한다.

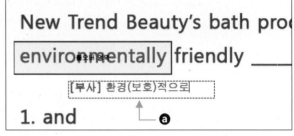

[그림 5-26]

5) 빠른 실행 도구에서 **[미리 보기]**(ⓐ)＞**[프로젝트]**(ⓑ)를 클릭하여 프로젝트를 게시한다.

[그림 5-27]

6) 게시된 프로젝트에서 설정한 롤오버 영역 위에 마우스를 올려 놓으면 롤오버 캡션이 뜨는 것을 확인할 수 있다.

[그림 5-28]

2. 롤오버 캡션 속성 설정하기

1) 롤오버 캡션의 속성을 변경하기 위해서 **[롤오버 캡션]**(ⓐ)을 클릭하면 **[롤오버 영역]**(ⓑ)은 파란 테두리로 바뀌고 **[속성]** 창(ⓒ)이 뜬다.

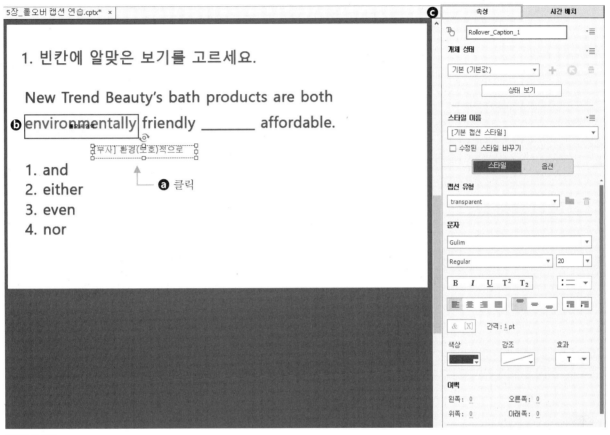

[그림 5-29]

2) [속성] 창에서 롤오버 캡션의 속성 값을 설정한다.

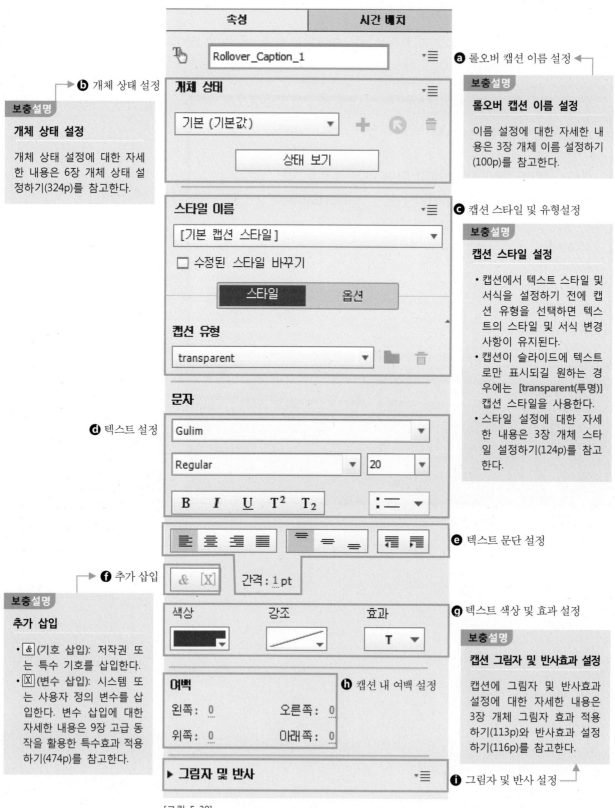

ⓐ 롤오버 캡션 이름 설정

보충설명

롤오버 캡션 이름 설정

이름 설정에 대한 자세한 내용은 3장 개체 이름 설정하기(100p)를 참고한다.

ⓑ 개체 상태 설정

보충설명

개체 상태 설정

개체 상태 설정에 대한 자세한 내용은 6장 개체 상태 설정하기(324p)를 참고한다.

ⓒ 캡션 스타일 및 유형설정

보충설명

캡션 스타일 설정

• 캡션에서 텍스트 스타일 및 서식을 설정하기 전에 캡션 유형을 선택하면 텍스트의 스타일 및 서식 변경 사항이 유지된다.
• 캡션이 슬라이드에 텍스트로만 표시되길 원하는 경우에는 [transparent(투명)] 캡션 스타일을 사용한다.
• 스타일 설정에 대한 자세한 내용은 3장 개체 스타일 설정하기(124p)를 참고한다.

ⓓ 텍스트 설정

ⓔ 텍스트 문단 설정

ⓕ 추가 삽입

보충설명

추가 삽입

• ⓐ(기호 삽입): 저작권 또는 특수 기호를 삽입한다.
• ⓧ(변수 삽입): 시스템 또는 사용자 정의 변수를 삽입한다. 변수 삽입에 대한 자세한 내용은 9장 고급 동작을 활용한 특수효과 적용하기(474p)를 참고한다.

ⓖ 텍스트 색상 및 효과 설정

보충설명

캡션 그림자 및 반사효과 설정

캡션에 그림자 및 반사효과 설정에 대한 자세한 내용은 3장 개체 그림자 효과 적용하기(113p)와 반사효과 설정하기(116p)를 참고한다.

ⓗ 캡션 내 여백 설정

ⓘ 그림자 및 반사 설정

[그림 5-30]

3) 롤오버 영역의 속성을 변경하기 위해서 **[롤오버 영역]**(ⓐ)을 클릭하면 **[롤오버 캡션]**(ⓑ)은 빨간 테두리로 바뀌고 **[속성]** 창(ⓒ)이 뜬다.

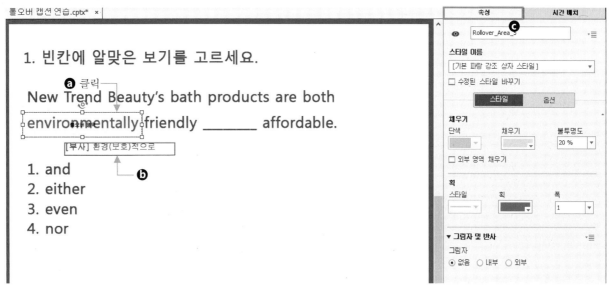

[그림 5-31]

4) [속성] 창에서 롤오버 영역의 속성 값을 설정한다.

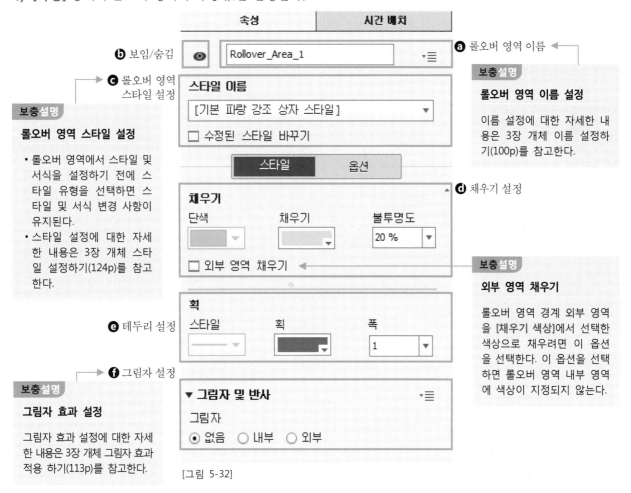

ⓑ 보임/숨김

ⓒ 롤오버 영역 스타일 설정

보충설명

롤오버 영역 스타일 설정

• 롤오버 영역에서 스타일 및 서식을 설정하기 전에 스타일 유형을 선택하면 스타일 및 서식 변경 사항이 유지된다.
• 스타일 설정에 대한 자세한 내용은 3장 개체 스타일 설정하기(124p)를 참고한다.

ⓔ 테두리 설정

ⓕ 그림자 설정

보충설명

그림자 효과 설정

그림자 효과 설정에 대한 자세한 내용은 3장 개체 그림자 효과 적용 하기(113p)를 참고한다.

ⓐ 롤오버 영역 이름

보충설명

롤오버 영역 이름 설정

이름 설정에 대한 자세한 내용은 3장 개체 이름 설정하기(100p)를 참고한다.

ⓓ 채우기 설정

보충설명

외부 영역 채우기

롤오버 영역 경계 외부 영역을 [채우기 색상]에서 선택한 색상으로 채우려면 이 옵션을 선택한다. 이 옵션을 선택하면 롤오버 영역 내부 영역에 색상이 지정되지 않는다.

[그림 5-32]

롤오버 슬라이드렛은 슬라이드 속에 팝업 창 형태의 슬라이드를 삽입할 수 있는 기능이다. 슬라이드 내에서 추가적인 정보를 제공하고자 할 경우 활용할 수 있다.

1. 롤오버 슬라이드렛 삽입하기

> **예제**
>
> 사다리꼴의 넓이를 구하는 문제에서 '사다리꼴 넓이 구하는 공식'이라는 캡션 위에 마우스를 올려 놓으면 공식을 알려주는 슬라이드렛이 팝업될 수 있도록 만들어 보자.

1) 롤오버 슬라이드렛을 삽입할 슬라이드를 연다. (파일명: 5장_롤오버 슬라이드렛 연습.cptx)

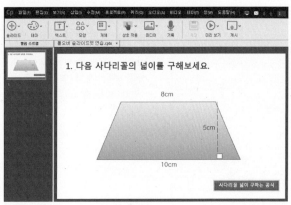

[그림 5-33]

> **보충설명**
>
> **롤오버 슬라이드렛 추가 불가 슬라이드**
>
> 질문 슬라이드 또는 퀴즈 검토 슬라이드에는 롤오버 슬라이드렛을 만들 수 없다.

2) 상단의 빠른 실행 도구에서 [개체](ⓐ) > [롤오버 슬라이드렛](ⓑ)을 선택하면 **그림 5-35**와 같이 슬라이드에
[슬라이드렛](ⓒ)과 [롤오버 슬라이드렛 영역](ⓓ)이 삽입된다.

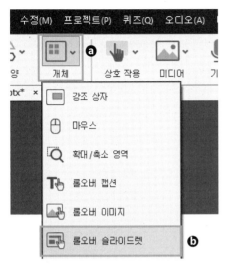

[그림 5-34]

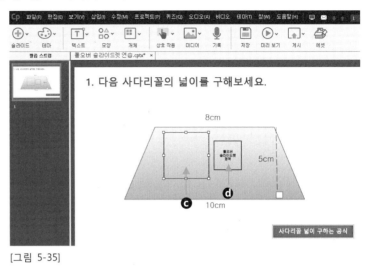

[그림 5-35]

3) [롤오버 슬라이드렛 영역](ⓐ)을 클릭하여 '**사다리꼴 넓이 구하는 공식**' [텍스트 캡션](ⓑ) 위에 올려 놓고
크기를 조정한다.

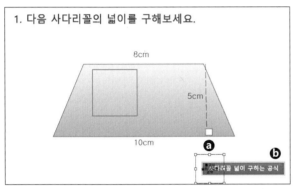

[그림 5-36]

> **보충설명**
>
> **롤오버 영역의 선택**
>
> 롤오버 영역을 선택하면 롤오버 슬라이드렛은 빨간 테두리
> 로 변한다.

4) 일반 슬라이드와 슬라이드렛을 구분하기 위해 [슬라이드렛](ⓐ)을 클릭하고 [속성](ⓑ)의 [채우기](ⓒ)에서
슬라이드렛의 색깔을 '**흰색**'으로 하고 [불투명도](ⓓ)를 '**100%**'로 바꾼다.

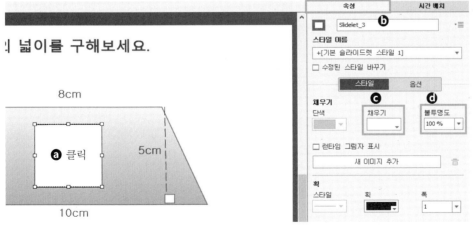

[그림 5-37]

5) [슬라이드렛]의 흰 점(**ⓐ**)을 이용하여 슬라이드렛을 적절한 크기로 조정한다.

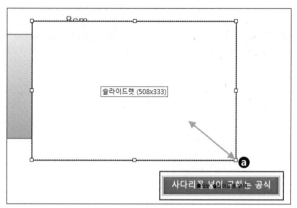

[그림 5-38]

보충**설명**

롤오버 영역의 선택

롤오버 영역을 선택하면 롤오버 이미지는 빨간 테두리로 변한다.

6) [슬라이드렛](**ⓐ**)을 클릭한 상태에서 상단의 빠른 실행 도구의 [텍스트](**ⓑ**) > [텍스트 캡션](**ⓒ**)을 선택하면 슬라이드렛 안에 텍스트 캡션이 삽입된다.

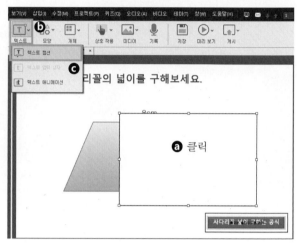

[그림 5-39]

보충**설명**

슬라이드렛에 삽입 불가능 개체

슬라이드렛에는 대부분의 [Adobe Captivate 9]의 개체를 삽입할 수 있지만, 마우스, 텍스트 입력 상자, 클릭 상자, 단추, 또는 롤오버 슬라이드렛은 삽입할 수 없다.

보충**설명**

슬라이드렛에서 개체 편집

• 슬라이드렛 개체는 슬라이드렛 경계 외부로 끌 수 없다.
• 슬라이드렛을 삭제하면 연결된 개체도 삭제된다.

7) [텍스트 캡션](**ⓐ**)을 더블클릭하여 '사다리꼴 넓이 = (아랫변＋윗변)×높이÷2'라는 글자를 입력하고, [속성]창(**ⓑ**) > [문자](**ⓒ**)에서 텍스트 속성을 설정한다.

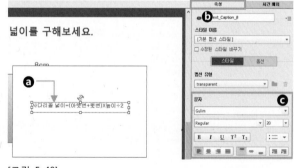

[그림 5-40]

보충**설명**

텍스트 캡션 편집하기

텍스트 캡션 편집하기에 대한 자세한 내용은 4장 텍스트 캡션 삽입하기(163p)를 참고한다.

8) 본 예시에서는 슬라이드렛 안에 도형을 넣어본다. [슬라이드렛](ⓐ)을 클릭한 상태에서 [모양](ⓑ) > [사다리꼴](ⓒ)을 클릭하여 슬라이드렛 안에 사다리꼴을 삽입한다.

[그림 5-41]

9) 삽입된 [사다리꼴]을 마우스 우클릭(ⓐ)하여 [복제](ⓑ)를 눌러 사다리꼴을 두 개로 복제한다.

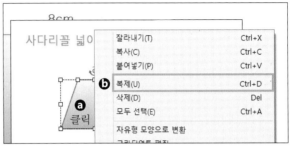

[그림 5-42]

보충설명

슬라이드렛 내 개체 선택

슬라이드렛의 모든 개체를 선택하려면 슬라이드렛 내의 개체를 마우스 우클릭하고 [모두 선택]을 클릭한다.

10) 사다리꼴 중 하나를 클릭하고 상단의 위쪽 노란점(ⓐ)을 이용하여 180도 회전시킨 후 **그림 5-44**와 같이 나란히 위치(ⓑ)시킨다.

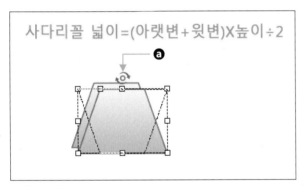

[그림 5-43]

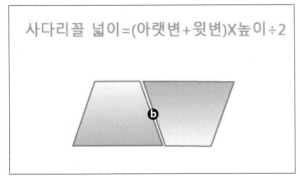

[그림 5-44]

11) 설명을 추가하기 위해 다시 한번 [슬라이드렛](ⓐ)을 클릭한 상태에서 상단의 빠른 실행 도구의 [텍스트](ⓑ) > [텍스트 캡션](ⓒ)을 선택하고 **그림 5-46**과 같이 설명(ⓓ)을 입력한다.

[그림 5-45]

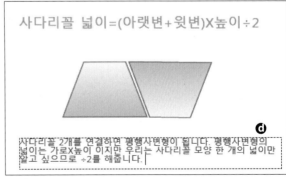

[그림 5-46]

12) 빠른 실행 도구에서 [미리 보기](ⓐ) > [프로젝트](ⓑ)를 클릭하여 프로젝트를 게시한다.

[그림 5-47]

13) 게시된 프로젝트에서 설정한 '**사다리꼴 넓이 구하는 공식**' [텍스트 캡션] 위에 마우스를 올려 놓으면 [**롤오버 슬라이드렛**]이 뜨는 것을 확인할 수 있다.

[그림 5-48]

> **보충설명**
>
> **슬라이드렛의 타임라인 설정**
>
> 롤오버 슬라이드렛을 새로 삽입할 때마다 기본 시간 배치는 [나머지 슬라이드]다. 필요한 경우 나중에 속성을 수정할 수 있다.

2. 슬라이드렛에 동작 설정하기

> **예제**
> 롤오버 슬라이드렛을 클릭할 때 내레이션이 재생되도록 해 보자.

2-1 슬라이드렛 클릭시 동작 설정하기

1) 동작을 설정하고 싶은 [**롤오버 슬라이드렛 영역**](ⓐ)을 클릭하여 [**속성**] 창(ⓑ)을 활성화한다.

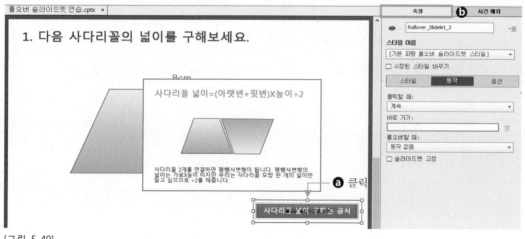

[그림 5-49]

2) [동작](ⓐ)을 클릭하고 [클릭할 때] 드롭다운 목록(ⓑ) 중 원하는 동작을 선택한다. 본 예시에서는 [오디오 재생](ⓒ)을 선택한다.

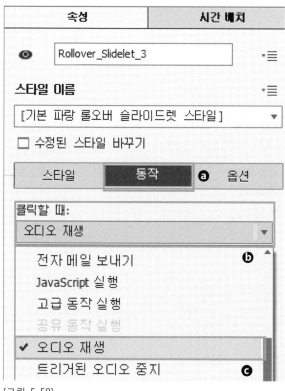

[그림 5-50]

3) [오디오 삽입(▣)](ⓐ)을 누른다.

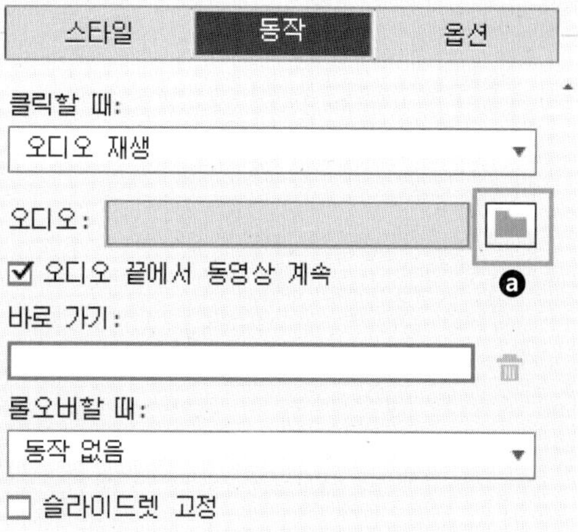

[그림 5-51]

4) 열기 창이 뜨면 삽입하고자 하는 파일(ⓐ)을 클릭하고 [열기](ⓑ)를 누른다.

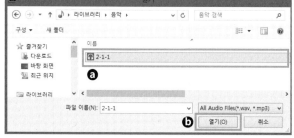

[그림 5-52]

5) [오디오](ⓐ)에서 파일이 삽입된 것을 확인한다.

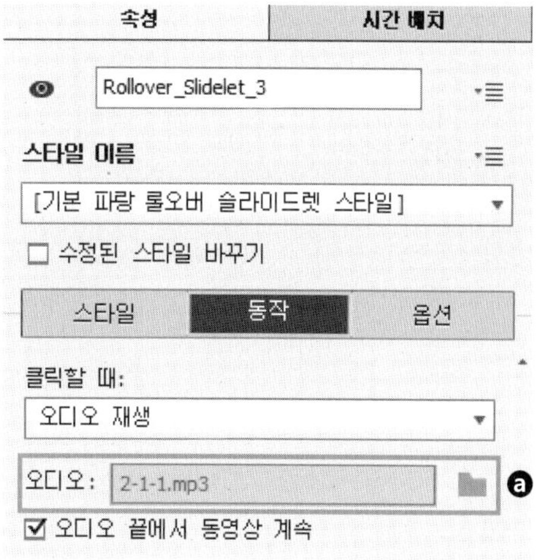

[그림 5-53]

6) 빠른 실행 도구에서 [미리 보기](ⓐ)>[프로젝트] (ⓑ)를 클릭하여 프로젝트를 게시한다.

[그림 5-54]

7) 미리 보기를 통해 적용된 동작이 실행되는 것을 확인한다.

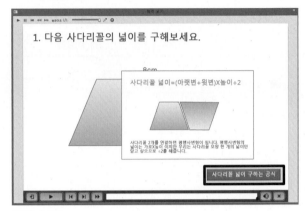

[그림 5-55]

> **예제**
>
> 롤오버 슬라이드렛에 롤오버 하면 스마트 모양이 나타나도록 해 보자.

2-2 슬라이드렛 롤오버시 동작 설정하기

1) 빠른 실행 도구의 [모양](ⓐ)에서 [타원 설명선] (ⓑ)을 클릭한다.

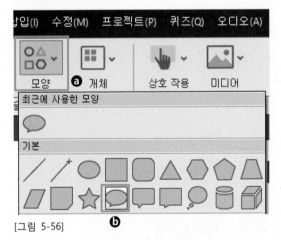

[그림 5-56]

2) 마우스 포인터가 '+'로 변하면 클릭하고 드래그 (ⓐ)하여 타원 설명선을 만든다.

[그림 5-57]

보충설명

스마트 모양 삽입

스마트 모양 삽입에 대한 자세한 내용은 4장 스마트 모양 삽입하기(177p)를 참고한다.

3) 만들어진 타원 설명선을 마우스 우클릭(**ⓐ**)하고 [텍스트 추가](**ⓑ**)를 클릭한다.

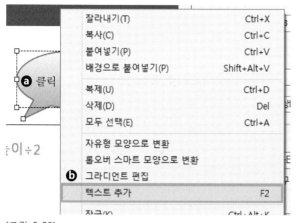

[그림 5-58]

4) 커서가 활성화되면 '**공식을 확인해서 넓이를 구해보세요.**'(**ⓐ**)라고 입력한다.

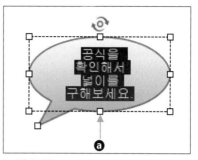

[그림 5-59]

5) 다른 개체와 구별하기 위해 모양을 클릭한 상태에서 이름을 '**message**'(**ⓐ**)라고 입력한다.

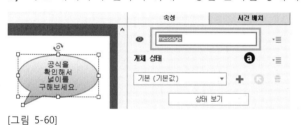

[그림 5-60]

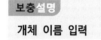

보충설명

개체 이름 입력

개체 이름 입력에 대한 자세한 내용은 3장 개체 이름 설정하기(100p)를 참고한다.

6) 슬라이드의 빈 공간(**ⓐ**)을 클릭하여 [속성] 창(**ⓑ**)을 활성화한다.

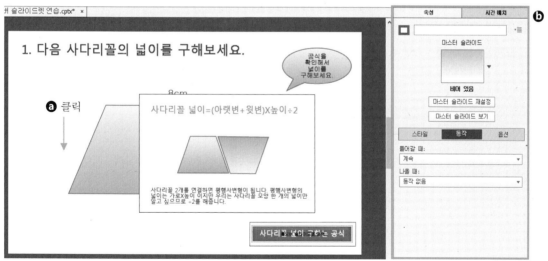

[그림 5-61]

7) [동작](ⓐ)을 클릭하고 [들어갈 때] 드롭다운 목록(ⓑ)에서 [숨기기](ⓒ)를 선택한다.

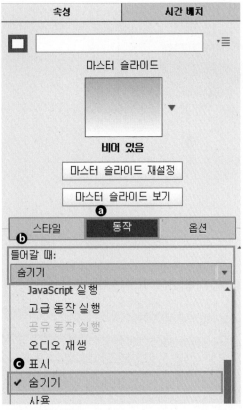

[그림 5-62]

8) [숨기기] 드롭다운 목록(ⓐ)에서 [message](ⓑ)를 선택한다.

[그림 5-63]

9) [롤오버 슬라이드렛 영역](ⓐ)을 클릭하고 [속성] 창(ⓑ)을 활성화한다.

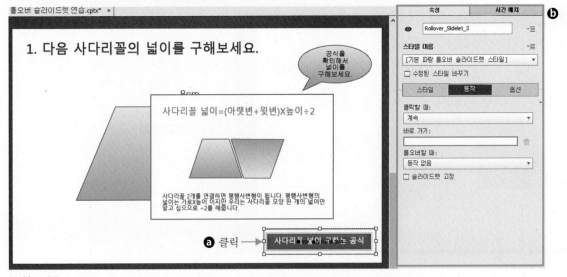

[그림 5-64]

10) [동작](ⓐ)을 클릭하고 [롤오버할 때] 드롭다운
목록(ⓑ)에서 [표시](ⓒ)를 선택한다.

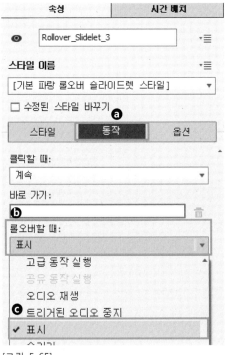

[그림 5-65]

11) [표시] 드롭다운 목록(ⓐ)에서 [message](ⓑ)를
선택한다.

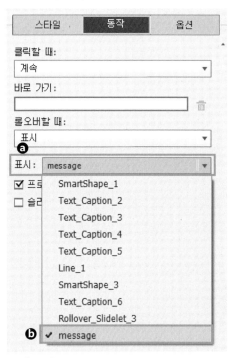

[그림 5-66]

12) 클릭하면 모양이 없어지도록 하기 위해 [클릭할 때]
드롭다운 목록(ⓐ)에서 [숨기기](ⓑ)를 선택한다.

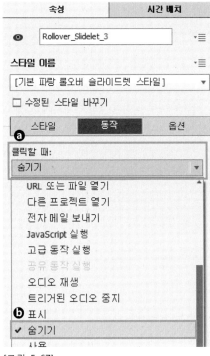

[그림 5-67]

13) [숨기기] 드롭다운 목록(ⓐ)에서 [message](ⓑ)
를 선택한다.

[그림 5-68]

14) 빠른 실행 도구에서 **[미리 보기](ⓐ)>[프로젝트]** (ⓑ)를 클릭하여 프로젝트를 게시한다.

[그림 5-69]

15) 미리 보기에서 설정한 동작이 적용된 것을 확인한다.

[그림 5-70]

2-3 슬라이드렛의 동작 설정

1) 슬라이드렛의 **[동작]** 설정에 대한 세부 내용은 다음과 같다.

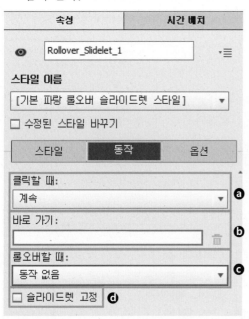

[그림 5-71]

ⓐ **[클릭할 때]** 사용자가 롤오버 슬라이드렛을 클릭할 때 수행할 동작을 설정한다. [자세한 내용은 6장 개체에 동작 적용하기(301p)를 참고한다.]

ⓑ **[바로 가기]** 슬라이드렛을 활성화하는 단축키를 지정할 수 있다. [자세한 내용은 6장 개체에 동작 적용하기(301p)를 참고한다.]

ⓒ **[롤오버할 때]** 사용자들이 롤오버 영역에 마우스를 올려놓았을 때 수행할 동작을 설정한다. [자세한 내용은 6장 개체에 동작 적용하기(301p)를 참고한다.]

ⓓ **[슬라이드렛 고정]** 마우스를 롤오버 슬라이드렛 영역에서 떨어뜨려 놓아도 슬라이드렛이 계속 표시된다.

3. 롤오버 슬라이드렛 속성 설정하기

3-1 슬라이드렛의 속성 설정

1) 롤오버 슬라이드렛의 속성을 변경하기 위해서 [롤오버 슬라이드렛](ⓐ)을 클릭하면 [롤오버 슬라이드렛 영역](ⓑ)은 파란 테두리로 바뀌고 [속성] 창(ⓒ)이 뜬다.

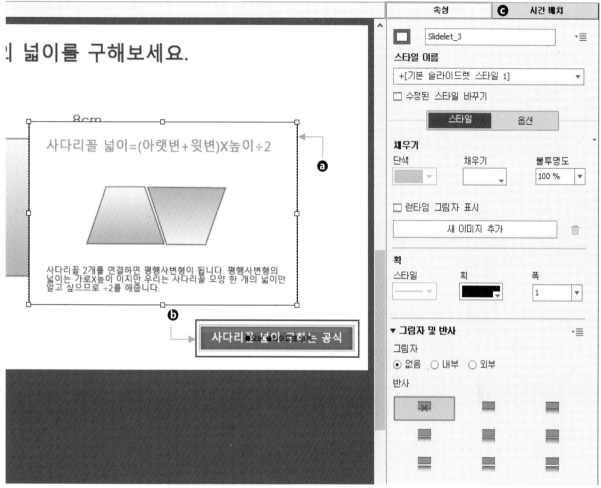

[그림 5-72]

2) [속성] 창에서 롤오버 슬라이드렛의 속성 값을 설정한다.

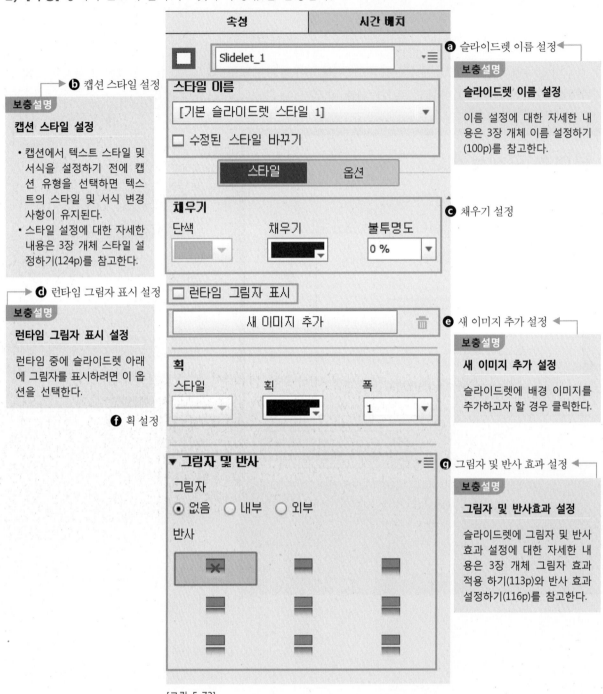

ⓑ 캡션 스타일 설정

보충설명

캡션 스타일 설정

• 캡션에서 텍스트 스타일 및 서식을 설정하기 전에 캡션 유형을 선택하면 텍스트의 스타일 및 서식 변경 사항이 유지된다.
• 스타일 설정에 대한 자세한 내용은 3장 개체 스타일 설정하기(124p)를 참고한다.

ⓓ 런타임 그림자 표시 설정

보충설명

런타임 그림자 표시 설정

런타임 중에 슬라이드렛 아래에 그림자를 표시하려면 이 옵션을 선택한다.

ⓕ 획 설정

ⓐ 슬라이드렛 이름 설정

보충설명

슬라이드렛 이름 설정

이름 설정에 대한 자세한 내용은 3장 개체 이름 설정하기(100p)를 참고한다.

ⓒ 채우기 설정

ⓔ 새 이미지 추가 설정

보충설명

새 이미지 추가 설정

슬라이드렛에 배경 이미지를 추가하고자 할 경우 클릭한다.

ⓖ 그림자 및 반사 효과 설정

보충설명

그림자 및 반사효과 설정

슬라이드렛에 그림자 및 반사 효과 설정에 대한 자세한 내용은 3장 개체 그림자 효과 적용 하기(113p)와 반사 효과 설정하기(116p)를 참고한다.

[그림 5-73]

3-2 롤오버 영역의 속성 설정

1) 롤오버 영역의 속성을 변경하기 위해서는 **[롤오버 슬라이드렛 영역]**(ⓐ)을 클릭하면 **[롤오버 슬라이드렛]**
(ⓑ)은 빨간 테두리로 바뀌고 **[속성]** 창(ⓒ)이 뜬다.

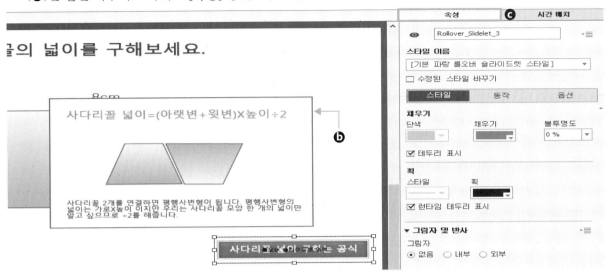

[그림 5-74]

2) **[속성]** 창에서 롤오버 영역의 속성 값을 설정한다.

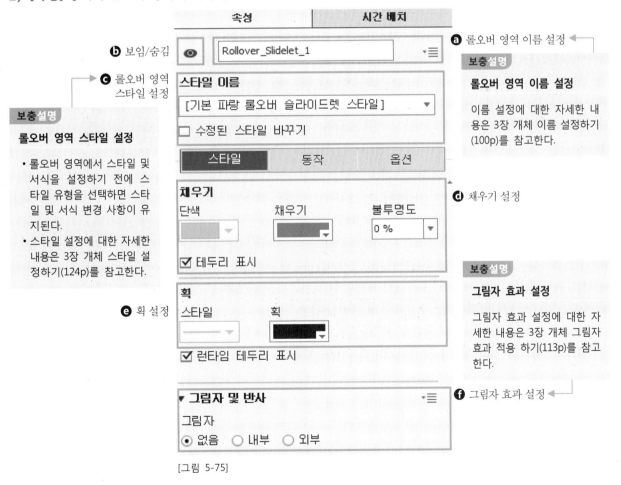

[그림 5-75]

텍스트 입력 상자는 사용자가 텍스트를 입력할 수 있도록 영역을 설정할 수 있다. 이를 통해 사용자의 지식을 테스트하거나 원하는 경우 사용자에게 힌트를 제공할 수도 있다.

1. 텍스트 입력 상자 삽입하기

예제
텍스트 입력 상자에 '사과'라고 입력하면, 다음 슬라이드로 넘어갈 수 있도록 만들어 보자.

1) 상단의 빠른 실행 도구에서 **[텍스트](ⓐ)**>**[텍스트 입력 상자](ⓑ)**를 선택하면 **그림 5-77**과 같이 슬라이드에 **[텍스트 입력 상자](ⓒ)**와 **[제출 단추](ⓓ)**가 삽입된다.

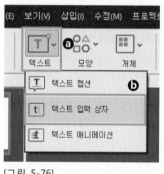

[그림 5-76]

[그림 5-77]

2) **[텍스트 입력 상자](ⓐ)**를 선택한 상태에서 **[사용자 입력 유효성 검사](ⓑ)**에 체크한다.

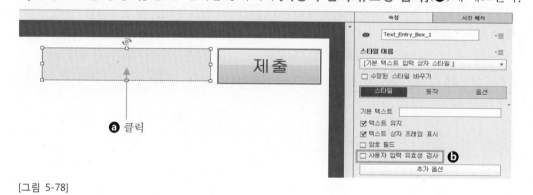

[그림 5-78]

3) [올바른 입력] 창이 뜨면 '＋'(ⓐ)를 클릭한다.

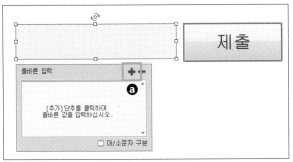

[그림 5-79]

4) 텍스트 입력이 활성화되면 '사과'(ⓐ)라고 입력한다.

[그림 5-80]

5) '사과'이외의 추가 답변을 입력하기 위해, 다시 '＋' (ⓐ)를 클릭한다.

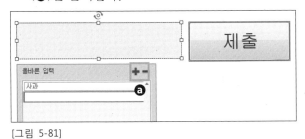

[그림 5-81]

6) 텍스트 입력이 활성화되면 'apple'(ⓐ)이라고 입력 한다.

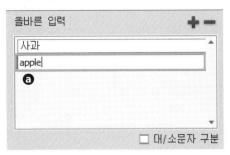

[그림 5-82]

7) 답변을 정확히 입력하면 다음 슬라이드로 넘어가게 하기 위해 빠른 실행 도구에서 [슬라이드](ⓐ)＞[빈 슬라 이드](ⓑ)를 클릭하여 **그림 5-84**와 같이 슬라이드를 추가한다.

[그림 5-83]

[그림 5-84]

8) 빠른 실행 도구에서 [텍스트](ⓐ) > [텍스트 캡션](ⓑ)를 클릭하여 **그림 5-86**과 같이 슬라이드에 텍스트 캡션을 입력한다.

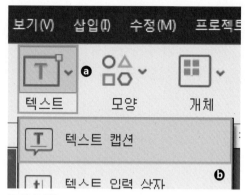

[그림 5-85]

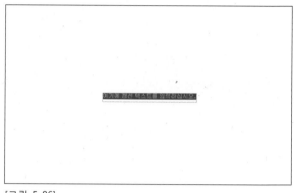

[그림 5-86]

9) 텍스트 캡션을 더블클릭하여 '**축하합니다!**'(ⓐ)라고 입력한다.

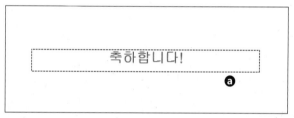

[그림 5-87]

10) 빠른 실행 도구에서 [미리 보기](ⓐ) > [프로젝트](ⓑ)를 클릭하여 프로젝트를 게시한다.

[그림 5-88]

11) 정답을 입력했을 때는 다음 슬라이드로 넘어가고, 오답을 입력하면 다음 슬라이드로 넘어가지 않는 것을 확인한다.

[그림 5-89]

2. 텍스트 입력 상자 속성 설정하기

1) 텍스트 입력 상자의 속성을 변경하기 위해서는 **[텍스트 입력 상자](ⓐ)**를 클릭하면 **[텍스트 입력 단추](ⓑ)** 는 빨간 테두리로 바뀌고 **[속성]** 창(ⓒ)이 뜬다.

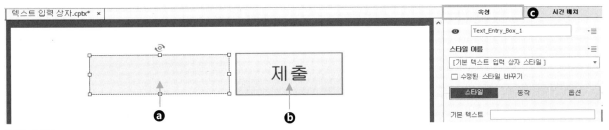

[그림 5-90]

[그림 5-91]

ⓐ **[보임/숨김]** 클릭하여 해당 상자를 보이거나 (👁) 보이지 않게(✎) 할 수 있다. (보이지 않게 설 정하면 슬라이드에는 표시되지만 프로젝트 재생 시 보이지 않는다.)

ⓑ **[텍스트 입력 상자 이름]** 상자의 이름을 설정한 다. [자세한 내용은 3장 개체 이름 설정하기(100p) 를 참고한다.]

ⓒ **[스타일]** 상자의 스타일을 설정할 수 있다. [자 세한 내용은 3장 개체 스타일 설정하기(124p)를 참고한다.]

ⓓ **[기본 텍스트]** 텍스트 입력 상자에 나타나는 기 본 텍스트를 표시한다. (사용자가 텍스트를 입력 하기 위해 커서를 활성화하면 기본 텍스트가 사 라진다. 예를 들어, 텍스트 입력 상자에 '**여기에 대답을 입력하십시오.**'라는 기본 텍스트를 설정 할 수 있다.)

ⓔ **[텍스트 유지]** 사용자가 **[뒤로]** 단추를 사용하 여 이 슬라이드로 돌아오는 경우 이전에 입력한 대답을 볼 수 있다.

ⓕ **[텍스트 상자 프레임 표시]** 텍스트 입력 상자 의 테두리를 표시한다.

ⓖ **[암호 필드]** 상자가 암호 필드라는 것을 나타내 기 위해 텍스트 입력 상자에 별표를 표시한다.

ⓗ **[사용자 입력 유효성 검사]** 사용자가 미리 입 력 값을 설정한다.

ⓘ [추가 옵션] 추가 옵션을 설정한다.

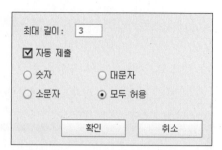

- **[최대 길이]** 입력을 제한할 문자 수를 지정한다.
- **[자동 제출]** 사용자의 입력이 최대 길이에 도달하면 **[전송]**을 클릭하지 않아도 자동으로 전송된다. (문자의 최대 길이를 지정한 경우에만 활성화된다.)
- **[숫자]** 사용자가 숫자만 입력하도록 한다.
- **[대문자]** 텍스트 입력 상자에 대문자만 입력하도록 한다. (모든 문자는 사용자가 소문자로 입력하더라도 대문자로 자동 변환된다.)

[그림 5-92]

- **[소문자]** 텍스트 입력 상자에 소문자만 입력하도록 한다. (모든 문자는 사용자가 대문자로 입력하더라도 소문자로 자동 변환된다.)
- **[모두 허용]** 설정한 모든 제한(숫자, 대문자 또는 소문자)을 제거한다.

ⓙ [변수] 시스템 또는 사용자 정의 변수를 삽입한다.

ⓚ [채우기] 텍스트 입력 상자의 채우기 색상 및 투명도를 설정한다.

ⓛ [문자] 글꼴, 글꼴 스타일, 글자크기, 글자 색상 등을 설정한다.

ⓜ [그림자 및 반사] 캡션에 그림자 및 반사 효과를 적용한다. [자세한 내용은 3장 개체에 그림자 효과 적용하기(113p)와 3장 개체에 반사 효과 적용하기(116p)를 참고한다.]

3. 텍스트 입력 단추 속성 설정하기

1) 텍스트 입력 상자의 속성을 변경하기 위해서는 **[텍스트 입력 단추](ⓑ)**를 클릭하면 **[텍스트 입력 상자](ⓐ)**는 파란 테두리로 바뀌고 **[속성]** 창(ⓒ)이 뜬다.

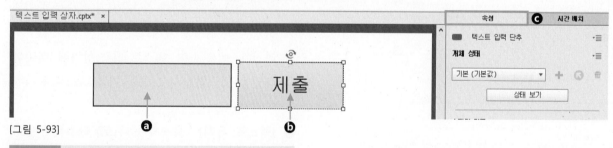

[그림 5-93]

보충설명

텍스트 입력 단추 속성

텍스트 입력 단추의 속성에 대한 자세한 내용은 6장 단추 삽입하기(238p)를 참고한다.

학습 상호 작용은 아코디언 또는 탭이 사용되는 상호 작용과 같은 표준 사용자 상호 작용의 시작에 도움이 되는 정적 위젯이다.

1. 학습 상호 작용 삽입하기

1) 학습 상호 작용을 삽입하기 위해 **[상호 작용]**(❶) >**[학습 상호 작용]**(❷)을 클릭한다.

[그림 5-94]

2) **[상호 작용 선택]** 창이 뜨면 원하는 상호 작용 유형을 선택한다. 본 예시에서는 '**Process Circle**' 상호 작용-(❶) >**[삽입]**(❷)을 클릭한다.

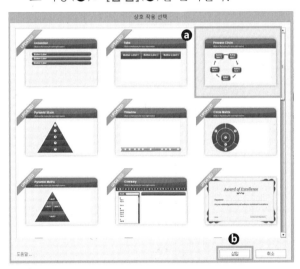

[그림 5-95]

3) [상호 작용 구성] 창이 뜨면 왼쪽 [테마](ⓐ)에서 원하는 상호 작용 테마(ⓑ)를 선택한다.

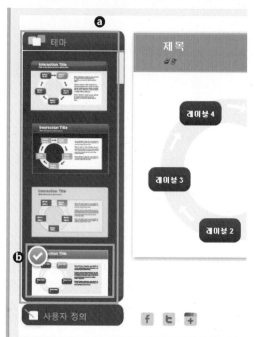

[그림 5-96]

4) 테마의 일부분을 변경하기 위해 [사용자 정의](ⓐ)를 클릭한다.

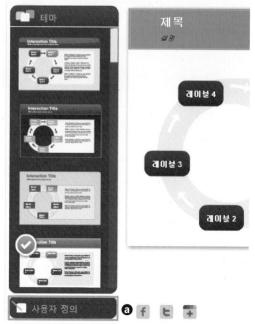

[그림 5-97]

5) 기본 색상으로 체크되어있는 부분을 [사용자 정의](ⓐ)를 클릭하고 단추 설정을 변경하기 위해 [단추](ⓑ)를 선택한다.

[그림 5-98]

6) [색상](ⓐ)과 [텍스트](ⓑ)를 클릭하여 설정 값을
수정한다.

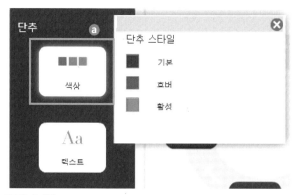

[그림 5-99]

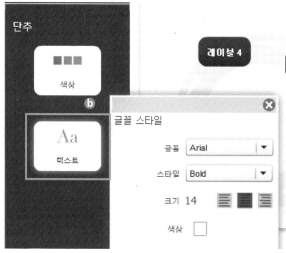

[그림 5-100]

7) 단추를 추가하기 위해 ➕(ⓐ)를 클릭한다.

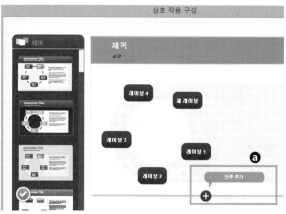

[그림 5-101]

보충설명

단추 삭제

단추를 삭제하기 위해서는 삭제하고 싶은 레이블을 더블클
릭한 뒤 ➖를 클릭한다.

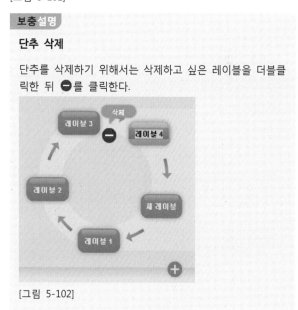

[그림 5-102]

8) [제목 영역](ⓐ)을 더블클릭하여 제목을 입력한다.

[그림 5-103]

9) 마찬가지로 [제목 설명](ⓐ)<[레이블]ⓑ<[단추 내용](ⓒ)을 더블클릭하여 내용을 입력한다.

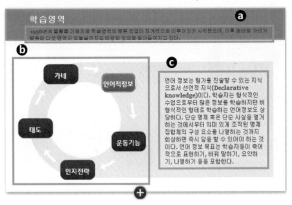

[그림 5-104]

11) 열기 창이 뜨면 해당 음성 파일(ⓐ)을 클릭하고, [열기](ⓑ)를 선택한다.

[그림 5-106]

13) 그림 5-108과 같이 슬라이드에 학습 상호 작용이 삽입되는 것을 확인한다.

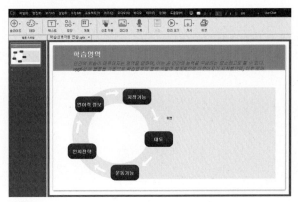

[그림 5-108]

10) 단추 내용에 대한 내레이션을 입력하기 위해 단추 내용 창이 활성화된 상태에서 [오디오 입력] 아이콘 (ⓐ)을 더블클릭한다.

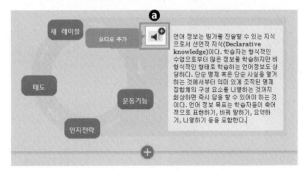

[그림 5-105]

12) 내용 입력과 내레이션 삽입이 끝났으면, [확인](ⓐ)을 누른다.

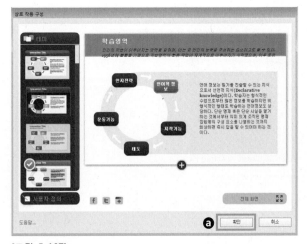

[그림 5-107]

대화형 개체 추가하기_Part 2

제**6**장

♣ 단추 삽입하기
• 단추 삽입하기
• 단추에 스타일 변경하기
• 단추에 동작 적용하기
• 단추 활용하기

♣ 클릭 상자 삽입하기
• 클릭 상자 삽입하기
• 클릭 상자에 동작 설정하기

♣ 드래그 앤 드롭 상호 작용 삽입하기
• 드래그 앤 드롭 상호 작용 삽입하기
• 드래그 앤 드롭 상호 작용 유형 설정하기

• 드래그 앤 드롭 상호 작용 정답 설정하기
• 드래그 앤 드롭 상호 작용에 효과 삽입하기
• 드래그 앤 드롭 상호 작용 속성 설정하기

♣ 개체에 동작 적용하기
• 개체에 동작 적용하기
• 개체 동작 활용하기

♣ 개체 상태 설정하기
• 개체 상태 변경하기
• 새 개체 상태 추가하기
• Adobe Captivate 9에서 개체 상태

실행 순서

♣ 단추 삽입하기

빠른 실행 도구에서 [상호 작용]을 클릭하고 [단추]를 선택한다.

♣ 클릭 상자 삽입하기

빠른 실행 도구에서 [상호 작용]을 클릭하고 [클릭 상자]를 선택한다.

♣ 드래그 앤 드롭 상호 작용 삽입하기

빠른 실행 도구에서 [상호 작용]을 클릭하고 [끌어서 놓기]를 선택한다.

♣ 개체에 동작 적용하기

[속성] 창에서 [동작]을 클릭한다.

♣ 개체 상태 설정하기

[속성] 창에서 [상태 보기]를 클릭한다.

기능의 목적

• 단추, 클릭 상자, 드래그 앤 드롭 상호 작용 등 학습자와 상호 작용이 가능한 여러 가지 대화형 개체 삽입

• 단추 등의 개체 상태(기본, 롤오버할 때, 클릭할 때) 설정

♣ 단추 및 클릭 상자를 통한 학습자 통제

이러닝에서 통제란 학습을 진행할 통제권이 학습자에게 있는가 혹은 프로그램에 있는가를 말한다. Adobe Captivate 9에서는 단추와 클릭 상자를 통해 이러닝의 통제권을 학습자에게 줄 수 있다. 학습자 통제를 설계할 때 학습 순서, 학습 진도, 학습자의 상태, 학습 전략 등을 고려할 수 있다.

먼저 학습 순서와 관련된 통제는 학습자별로 학습 시간이 다를 수 있으므로 학습자에게 앞이나 뒤로 이동할 수 있는 권한을 주어야 한다는 것이다. 특히 동영상, 음성, 애니메이션이 포함되어 있을 때는 언제나 학습자에게 멈춤, 계속, 반복, 스킵할 수 있도록 허용해 주어야 한다.

학습 진도와 관련하여 일반적으로 어느 부분을 먼저 공부할 것인가, 언제 학습을 종료할 것인가에 대한 결정을 학습자가 하도록 하는 것이 좋다. 하지만 나이가 어린 학습자들에게 난이도나 종료시점을 정하게 하는 것은 좋지 않기 때문에, 설계자나 내용전문가가 학습자의 성취수준에 기초하여 결정하도록 해야 한다(Alessi & Trollip, 2003).

다음으로 사용자의 요구를 알고 그들의 요구에 적합한 통제를 제공해야 한다. 예를 들어, 사용자들의 읽기 능력의 차이가 크다면 텍스트와 음성 중에서 선택할 수 있는 기회를 제공한다. 일반적으로 나이가 어린 학습자보다 성인에게 통제할 수 있는 기회를 더 주어야 하며, 사전 지식이 없는 학습자보다 많은 학습자에게 더 많은 통제의 기회를 제공해야 한다. 만약 학습 성과가 좋지 못하면 학습자 통제를 제한하거나 학습자의 보다 효과적인 통제 결정을 돕기 위한 조언을 제시하는 것이 옳다(Alessi & Trollip, 2003).

또한 내용에 따라서 학습자 통제 방법을 다르게 해야 한다. 문제해결이나 고차적 사고기능의 학습은 학습자 통제를 보다 많이, 절차적 학습이나 보다 단순한 기능의 학습을 위해서는 프로그램 통제를 더 사용해야 한다(Alessi & Trollip, 2003).

♣ 개체 상태를 통한 단추의 기능 표현

이러닝에서 각각의 단추는 명확한 그림이나 텍스트 명칭을 통해 단추의 목적을 나타내야 한다. 일반적으로 단추를 가리키면 마우스 포인터 모양이 바뀌고(화살표가 손모양으로 바뀌는 등) 옆에 부가적인 정보(버튼의 목적에 대한 간략한 설명을 담은 롤오버 캡션)가 나타나도록 설계할 수 있다. 또한 마우스 포인터를 단추 위에 두고 마우스를 클릭하면 단추가 하이라이팅되면서 사용자가 어떤 단추를 선택했는지를 확인하도록 구현할 수 있다(Alessi & Trollip, 2003). 분명한 의미, 롤오버, 확인 기능을 가진 단추를 통해 친절한 사용자 인터페이스를 제공할 수 있으며, Adobe Captivate 9에서는 기본 상태, 롤오버 상태, 클릭 상태별로 개체 상태를 설정함으로써 이를 지원한다.

1. 단추 삽입하기

1) 상단의 빠른 실행 도구에서 **[상호 작용](ⓐ) > [단추](ⓑ)**를 선택하면 **그림 6-2**와 같이 슬라이드에 단추가
삽입된다.

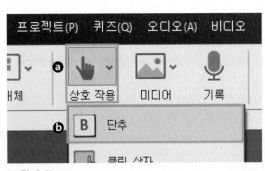

[그림 6-1]

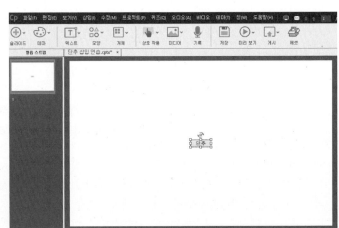

[그림 6-2]

2) 단추의 흰 점(ⓐ)을 끌어 단추의 크기를 조절한다.

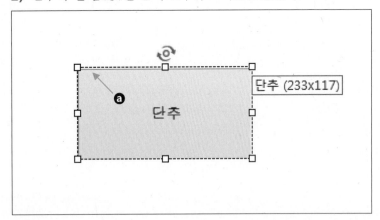

[그림 6-3]

단추는 스타일에 따라 텍스트 단추, 투명 단추, 이미지 단추로 나누어 진다. 텍스트 단추는 텍스트 속성만 변경 가능하고, 단추 스타일 변경이 불가하다. 투명 단추는 텍스트의 속성뿐만 아니라 채우기와 선의 속성을 자유롭게 변경할 수 있다. 이미지 단추는 Adobe Captivate 9에서 사전에 정해진 단추 스타일을 제공한다.

2-1 텍스트 단추 설정하기

1) 스타일을 바꾸고 싶은 **[단추](ⓐ)**를 클릭하고 **[속성](ⓑ) > [스타일](ⓒ)**에서 드롭다운 목록을 클릭하여 **[텍스트 단추](ⓓ)**를 선택한다.

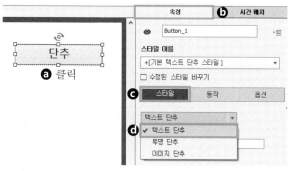

[그림 6-4]

2) **[속성](ⓐ) > [스타일](ⓑ) > [캡션](ⓒ)**에서 단추 안에 입력할 텍스트를 수정한다. 본 예시에서는 'HOME'이라고 입력한다.

[그림 6-5]

> **보충설명**
>
> **단추 스타일 설정**
>
> • [Adobe Captivate 9]에서는 처음 단추를 삽입하면 기본적으로 텍스트 단추로 삽입된다.
> • 단추 스타일 변경에 대한 자세한 내용은 3장 개체 스타일 설정하기(124p)를 참고한다.

3) **[속성](ⓐ) > [스타일](ⓑ) > [문자](ⓒ)**에서 텍스트의 속성 값을 설정한다.

[그림 6-6]

2-2 투명 단추 설정하기

1) 스타일을 바꾸고 싶은 **[단추]**(ⓐ)를 클릭하고 **[속성]**(ⓑ)＞**[스타일]**(ⓒ)에서 드롭다운 목록을 클릭하여 **[투명 단추]**(ⓓ)를 선택한다.

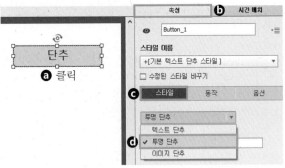

[그림 6-7]

2) **[속성]**(ⓐ)＞**[스타일]**(ⓑ)＞**[캡션]**(ⓒ)에서 단추 안에 입력할 텍스트를 수정한다. 본 예시에서는 '**EXIT**'라고 입력한다.

[그림 6-8]

3) **[속성]**(ⓐ)＞**[스타일]**(ⓑ)＞**[채우기]**(ⓒ)와 **[획]**(ⓓ)에서 단추의 속성 값을 설정한 뒤, **[문자]**(ⓔ)에서 텍스트 속성 값을 설정한다.

[그림 6-9]

2-3 이미지 단추 설정하기

1) 스타일을 바꾸고 싶은 [단추](ⓐ)를 클릭하고 [속성](ⓑ) > [스타일](ⓒ)에서 드롭다운 목록을 클릭하여 [이미지 단추](ⓓ)를 선택한다.

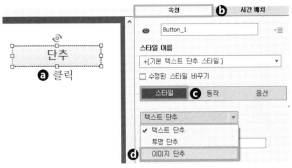

[그림 6-10]

2) [속성](ⓐ) > [스타일](ⓑ)에서 원하는 [이미지 단추](ⓒ)를 선택한다.

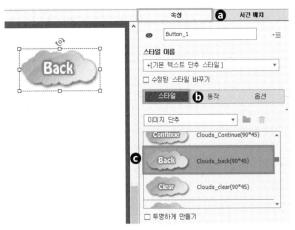

[그림 6-11]

3. 단추에 동작 적용하기

> **예제**
> 단추를 클릭하면 다음 슬라이드로 이동하도록 해 보자.

1) 상단의 빠른 실행 도구에서 [상호 작용](ⓐ) > [단추](ⓑ)를 선택하면 **그림 6-13**과 같이 슬라이드에 단추가 삽입된다.

[그림 6-12]

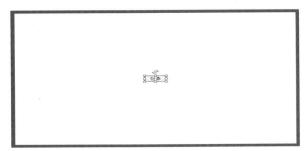

[그림 6-13]

2) 단추의 흰 점(ⓐ)을 끌어 단추의 크기를 조절한다.

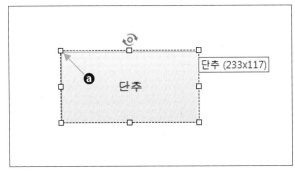

[그림 6-14]

3) 빠른 실행 도구에서 [슬라이드](ⓐ) > [빈 슬라이드](ⓑ)를 클릭하여 **그림 6-16**과 같이 슬라이드를 추가한다.

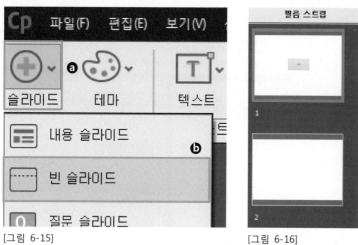

[그림 6-15]
[그림 6-16]

4) 단추를 클릭(ⓐ)하고 [캡션](ⓑ)에 'NEXT'라고 입력한다.

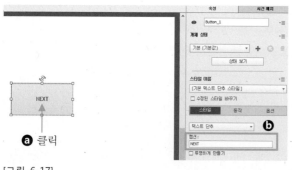

[그림 6-17]

5) [동작](ⓐ)을 클릭하고 [성공한 경우] 드롭다운 목록(ⓑ)에서 [다음 슬라이드로 이동](ⓒ)을 선택한다.

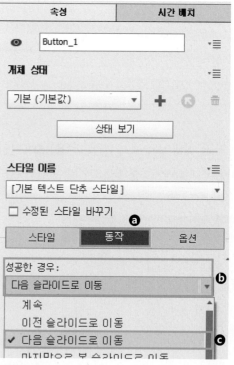

[그림 6-18]

6) 단추를 정확히 클릭할 때 나타날 메시지를 설정하기 위해 [성공](ⓐ)을 체크하면 슬라이드에 [성공 텍스트 캡션](ⓑ)이 삽입된다.

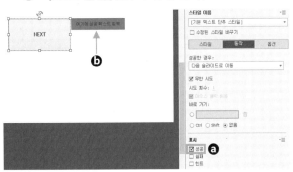

[그림 6-19]

7) [성공 텍스트 캡션](ⓐ)을 더블클릭하여 '**다음 슬라이드로 이동합니다.**'라고 입력한다.

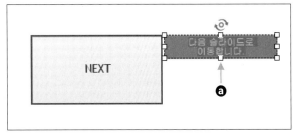

[그림 6-20]

8) 단추 바깥쪽을 클릭할 때 나타날 메시지를 설정하기 위해, [실패](ⓐ)를 체크하면 슬라이드에 [실패 텍스트 캡션](ⓑ)이 삽입된다.

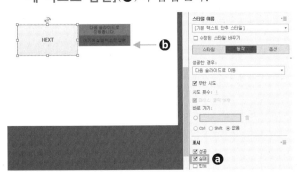

[그림 6-21]

9) [실패 텍스트 캡션](ⓐ)을 더블클릭하여 '**단추를 정확히 클릭해 보세요.**'라고 입력한다.

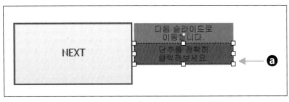

[그림 6-22]

10) 힌트 메시지를 설정하기 위해, [힌트](ⓐ)를 체크하면 슬라이드에 [힌트 텍스트 캡션](ⓑ)이 삽입된다.

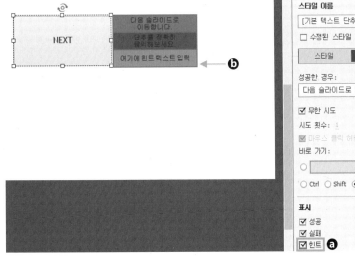

[그림 6-23]

11) [힌트 텍스트 캡션](ⓐ)을 더블클릭하여 '단추를 클릭해 다음 슬라이드로 이동하세요.'라고 입력한다.

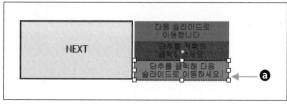

[그림 6-24]

12) 빠른 실행 도구에서 [미리 보기](ⓐ) > [프로젝트](ⓑ)를 클릭하여 프로젝트를 게시한다.

[그림 6-25]

13) 게시된 프로젝트에서 설정한 동작이 실행되는 것을 확인할 수 있다.

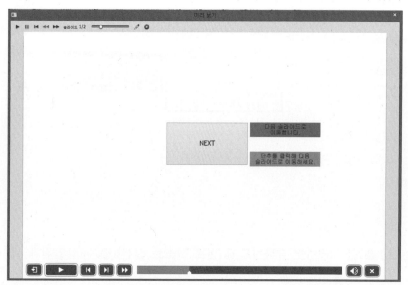

[그림 6-26]

예제 --

다른 그릇에 담긴 물의 양을 비교하는 과정을 효과에 적용하여 단추로 실행하도록 해 보자.

1) 단추를 추가할 슬라이드를 불러온다. (파일명: 6 장_단추 활용 연습.cptx)

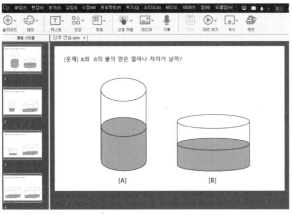

[그림 6-27]

2) 첫 번째 슬라이드는 문제를 안내하는 내용이므로 [필름 스트립](ⓐ)에서 단추를 삽입할 두 번째 슬 라이드(ⓑ)를 클릭한다.

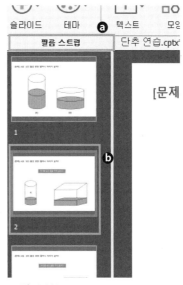

[그림 6-28]

3) 빠른 실행 도구에서 [상호 작용](ⓐ) > [단추](ⓑ) 를 클릭하여 슬라이드에 단추를 삽입한다.

[그림 6-29]

4) 삽입된 단추(ⓐ)를 클릭하고, [속성](ⓑ) > [스타일](ⓒ)의 드롭다운 목록에서 [투명 단추](ⓓ)를 선택한다.

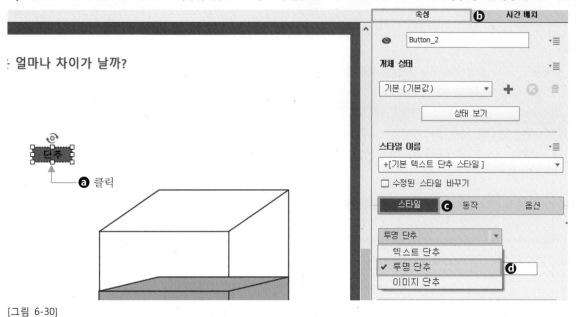

[그림 6-30]

5) 단추를 클릭한 상태에서 [캡션](ⓐ)에 '여기를 눌러 물을 부어 봅시다.'라고 입력하고 [채우기], [획], [문자](ⓑ)에서 단추와 텍스트 속성 값을 변경한다.

[그림 6-31]

6) [동작](ⓐ)을 클릭하고 [성공한 경우] 드롭다운 목록(ⓑ)에서 [효과 적용](ⓒ)을 선택한다.

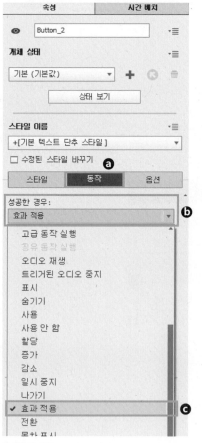

[그림 6-32]

7) 효과를 적용할 개체를 지정하기 위해 [개체 이름](ⓐ)의 드롭다운 목록에서 [A_cup_2](ⓑ)로 선택한다.

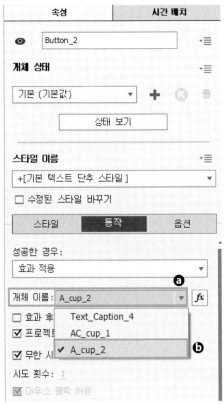

[그림 6-33]

8) [효과 적용](ⓐ)을 누르면 **그림 6-35**와 같이 [시간 배치](ⓑ)에서 [효과](ⓒ)설정이 활성화된다.

[그림 6-34]

[그림 6-35]

9) 비커가 기울여 지는 효과를 주기 위해 효과의 종류를 고르는 드롭다운 목록에서 **[기본]**(ⓐ)이 선택된 상태에서 **[회전]**(ⓑ)효과를 클릭하면 **그림 6-37**과 같이 함수 표시(ⓒ)가 나타난다.

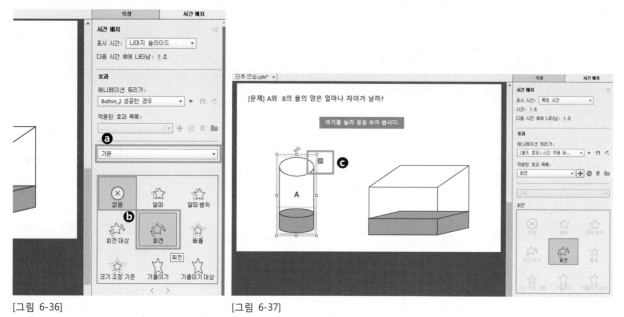

[그림 6-36]   [그림 6-37]

10) 비커가 이동하는 효과를 주기 위해 효과의 종류를 고르는 드롭다운 목록에서 **[모션 경로]**(ⓐ)를 선택한다.

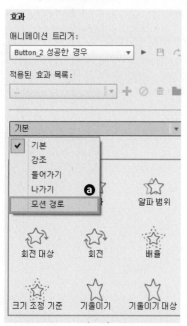

[그림 6-38]

11) 다양한 모션 경로 효과 중 **[사용자 정의 곡선]**(ⓐ)을 클릭하면 마우스가 '+' 모양(ⓑ)으로 바뀐다.

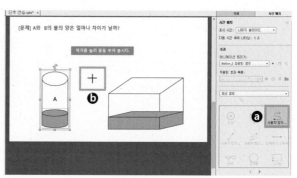

[그림 6-39]

12) '+'모양 마우스를 A 비커 위에서 클릭(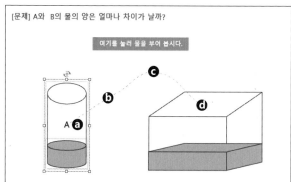ⓐ)하고 ⓑ, ⓒ에서 차례로 클릭하여 곡선을 만들고 마지막으로 ⓓ에서 더블클릭하여 마무리한다.

[그림 6-40]

13) 곡선이 만들어지면 다음과 같이 [베지어 곡선](ⓐ)이 활성화되고 흰 점과 빨간 점을 조정하여 곡선을 매끄럽게 만든다.

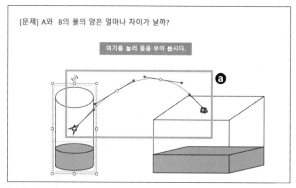

[그림 6-41]

14) [필름 스트립](ⓐ)에서 세 번째 슬라이드(ⓑ)를 클릭하고, 두 번째 슬라이드와 같은 과정을 반복하여 [회전] 효과와 [사용자 정의 곡선] 효과를 적용한다. 적용된 효과는 [적용된 효과 목록](ⓒ)에서 확인한다.

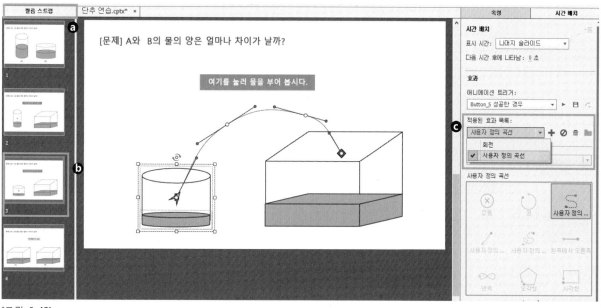

[그림 6-42]

15) [필름스크립](ⓐ)에서 네 번째 슬라이드(ⓑ)를 클릭한다.

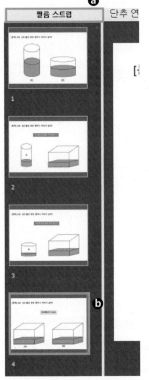

[그림 6-43]

16) 물의 양이 같다는 메시지가 나타나도록 하기 위해 [모양](ⓐ) ＞ [타원 설명선](ⓑ)을 클릭한다.

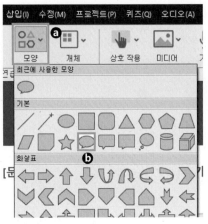

[그림 6-44]

보충설명

개체 이름 기억

한 슬라이드에 삽입하는 텍스트 캡션의 수가 한 개 이상이 될 때에는 캡션이름을 설정하면 타임라인에서 어떤 캡션인지 인식이 가능하여 작업할 때 용이하다.

17) 삽입된 타원 설명선을 마우스 우클릭(ⓐ)하고 [텍스트 추가](ⓑ)를 클릭한다.

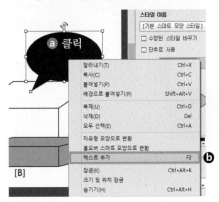

[그림 6-45]

18) 커서가 활성화되면 타원 설명선 안에 '물의 양이 같다.'라는 글을 입력한다.

[그림 6-46]

19) 다른 개체와 구분하기 위해 개체 이름 입력 창(ⓐ)에 'message'라고 입력한다.

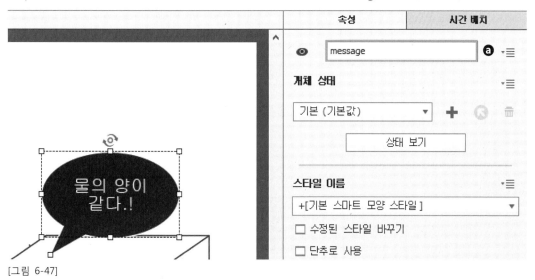

[그림 6-47]

20) 입력한 타원 설명선을 처음에는 나타나지 않게 하기 위해 슬라이드 빈 공간(ⓐ)을 클릭하여 슬라이드 [속성](ⓑ) > [동작](ⓒ)을 활성화한다.

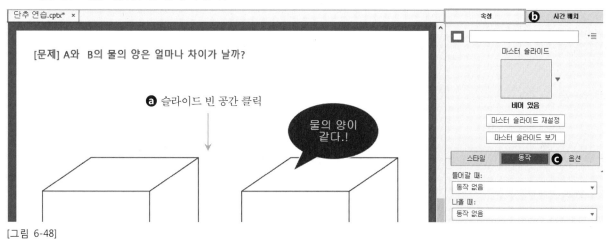

[그림 6-48]

21) [들어갈 때](ⓐ) 드롭다운 목록을 클릭하여 [숨기기](ⓑ)를 선택한다. ([나올 때]는 동작 없음 그대로 둔다.)

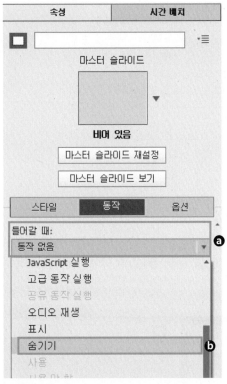

[그림 6-49]

22) 숨길 개체를 선택하기 위해 [숨기기] 드롭다운 목록(ⓐ)을 클릭하고 타원 설명선의 이름인 'message'(ⓑ)를 선택한다.

[그림 6-50]

보충설명

숨기기와 표시 효과

개체에 [표시] 효과를 적용하기 위해서는 반드시 [숨기기] 효과를 먼저 적용해야 한다. 즉, 개체를 숨겨야만 표시되게 할 수 있다.

23) 빠른 실행 도구에서 [상호 작용](ⓐ) > [단추](ⓑ)를 클릭하여 슬라이드에 단추를 삽입한다.

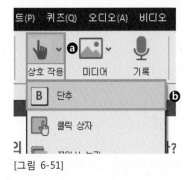

[그림 6-51]

24) 삽입된 단추(**ⓐ**)를 클릭하고, [속성](**ⓑ**)>[스타일](**ⓒ**)의 드롭다운 목록에서 [텍스트 단추](**ⓓ**)를 선택한다.

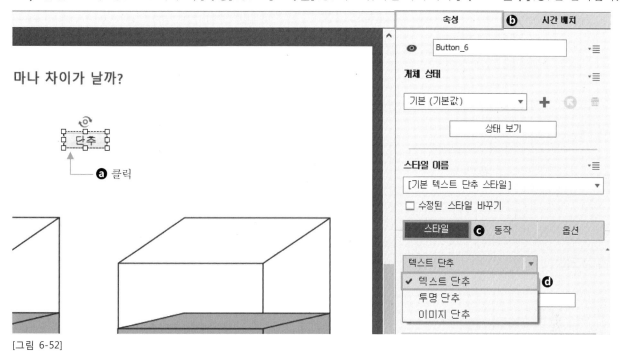

[그림 6-52]

25) 단추를 클릭한 상태에서 [캡션](**ⓐ**)에 '**비교해봅시다. Click!**'이라고 입력하고 [문자](**ⓑ**)에서 텍스트 속성 값을 변경한다.

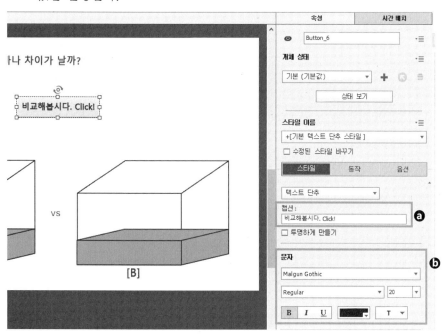

[그림 6-53]

26) 개체에 동작을 적용하기 위해 [속성](ⓐ)>[동작] (ⓑ)에서 [성공한 경우](ⓒ) 드롭다운 목록을 클릭하고 [고급 동작 실행](ⓓ)을 선택한다.

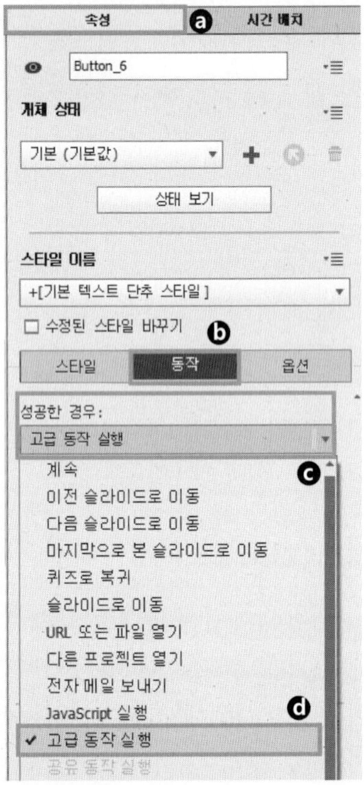

[그림 6-54]

27) 두 개의 효과를 동시에 적용하는 고급 동작을 만들기 위해 [ ](ⓐ)을 더블클릭한다.

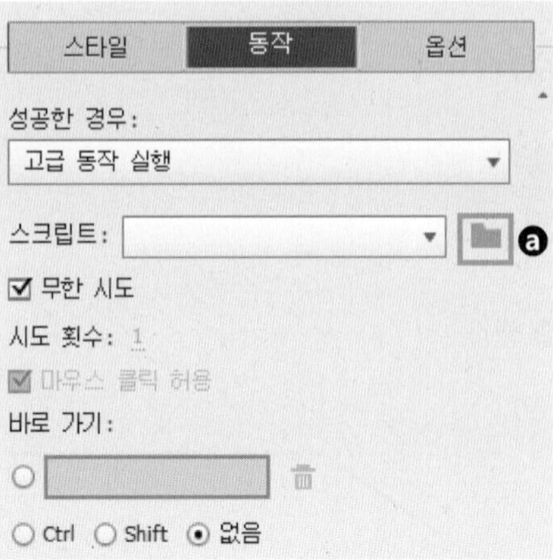

[그림 6-55]

28) [고급 동작] 창이 뜨면 [동작 이름](ⓐ)에 설정할 고급 동작의 임의의 명칭을 입력한다. 여기서는 'compare'로 입력한다.

[그림 6-56]

29) 동작을 입력하기 위해 [추가](ⓐ)를 클릭한다. 여기서는 두 개의 동작을 입력할 것이므로 두 번 클릭하여 ⓑ 와 같이 두 개의 동작을 추가한다.

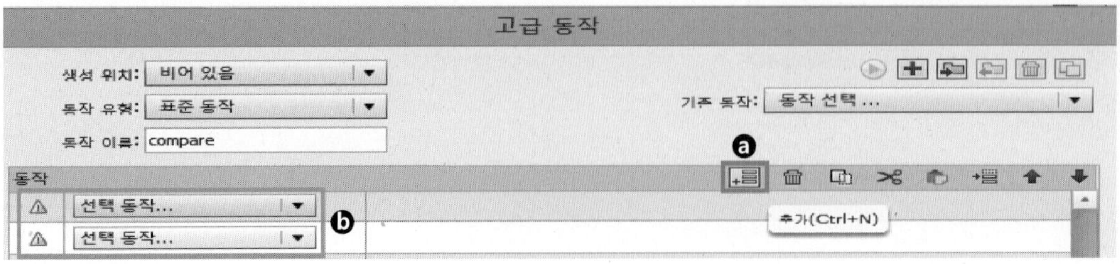

[그림 6-57]

30) 첫 번째 [선택 동작] 드롭다운 목록(**ⓐ**)을 클릭하여 [효과 적용](**ⓑ**)을 선택한다.

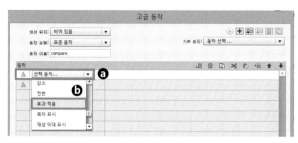

[그림 6-58]

31) [항목 선택] 드롭다운 목록(**ⓐ**)을 클릭하여 동작을 적용할 개체를 선택한다. 여기서는 A 비커의 물이 담긴 상자인 'AC_cup_2'(**ⓑ**)를 선택한다.

[그림 6-59]

32) A 비커의 물이 담긴 상자를 B 비커의 물이 담긴 상자로 이동하여 비교하기 위해 [효과 선택] 드롭다운 목록(**ⓐ**)에서 [모션 경로](**ⓑ**) > [왼쪽에서 오른쪽](**ⓒ**)을 선택한다.

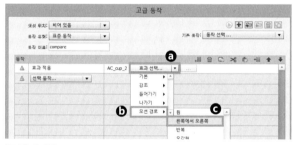

[그림 6-60]

33) 두 번째 동작에서 이전 단계에서 만든 메세지를 나타나게 하기 위해 [선택 동작] 드롭다운 목록(**ⓐ**)에서 [표시](**ⓑ**)를 선택한다.

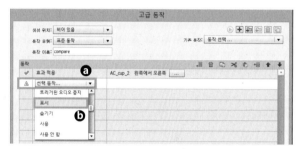

[그림 6-61]

34) 효과를 적용할 개체를 선택하기 위해 [항목 선택] 드롭다운 목록(**ⓐ**)을 클릭하고 'message'(**ⓑ**)를 선택한다.

[그림 6-62]

35) [동작으로 저장](ⓐ)을 누르고 **그림 6-64**와 같이 저장 성공 메시지가 나오면 [OK](ⓑ)를 클릭한다.

[그림 6-63]

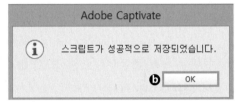

[그림 6-64]

36) [닫기](ⓐ)를 눌러 고급 동작 창을 닫는다.

[그림 6-65]

37) [스크립트](ⓐ)에서 해당 고급 동작이 적용된 것을 확인한다.

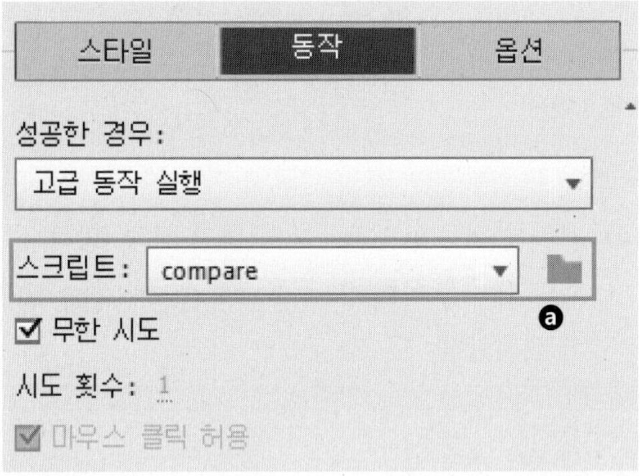

스타일	동작	옵션

성공한 경우:

고급 동작 실행

스크립트: compare ⓐ

☑ 무한 시도

시도 횟수: 1

☑ 마우스 클릭 허용

[그림 6-66]

38) 빠른 실행 도구에서 [미리 보기](ⓐ) > [프로젝트](ⓑ)를 클릭하여 프로젝트를 게시한다.

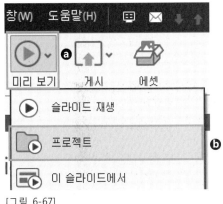

[그림 6-67]

39) 게시된 프로젝트에서 설정한 효과들이 단추를 통해 실행되는 것을 확인할 수 있다.

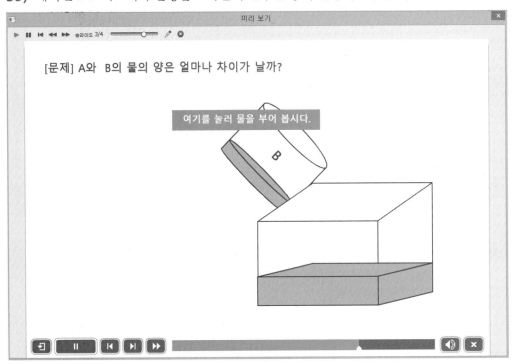

[그림 6-68]

클릭 상자는 영역을 설정하고 동작을 실행할 수 있도록 하는 기능이다. 모양, 강조 상자 등 동작을 부여할 수 없는 다양한 개체에 동작을 적용하고 싶을 때 사용할 수 있다.

1. 클릭 상자 삽입하기

> **예제**
> 여러 개의 도형 중 별 모양을 클릭했을 때 '맞았습니다.', 다른 도형을 클릭했을 때는 '다시 한번 클릭해보세요.', 별 위에 마우스를 올려놓으면 힌트로 '거의 맞췄어요!'라는 캡션이 제시되도록 해 보자.

1) 클릭할 영역을 삽입할 슬라이드를 불러온다. (파일명: 6장_클릭 상자 연습_1.cptx)

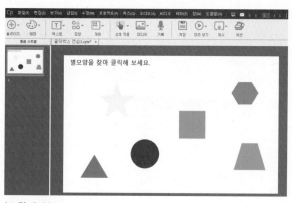

[그림 6-69]

2) 상단의 빠른 실행 도구에서 [**상호 작용**](ⓐ)＞[**클릭 상자**](ⓑ)를 선택하면 **그림 6-71**과 같이 슬라이드에 클릭 상자와 성공 텍스트 캡션, 실패 텍스트 캡션, 힌트 텍스트 캡션이 삽입된다.

[그림 6-70]

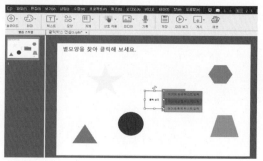

[그림 6-71]

3) 원하는 영역 위로 클릭 상자와 캡션들을 옮긴 후 크기를 조정(ⓐ)한다.

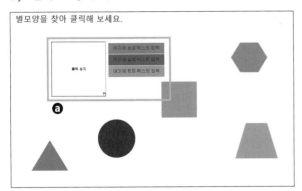

[그림 6-72]

4) [성공 텍스트 캡션](ⓐ)을 더블클릭하여 '맞았습니다!'라고 입력한다.

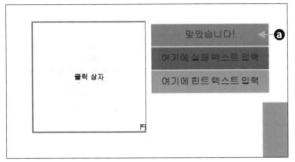

[그림 6-73]

5) [실패 텍스트 캡션](ⓐ)을 더블클릭하여 '다시 한 번 찾아보세요.'라고 입력한다.

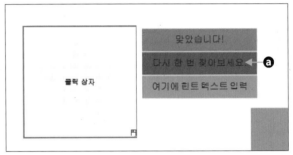

[그림 6-74]

6) [힌트 텍스트 캡션](ⓐ)을 더블클릭하여 '거의 맞췄어요!'라고 입력한다.

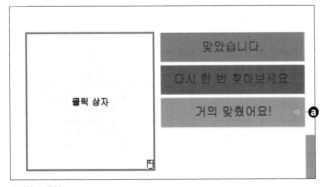

[그림 6-75]

7) 클릭 상자를 선택(ⓐ)하여 [속성] 창(ⓑ)을 활성화한다.

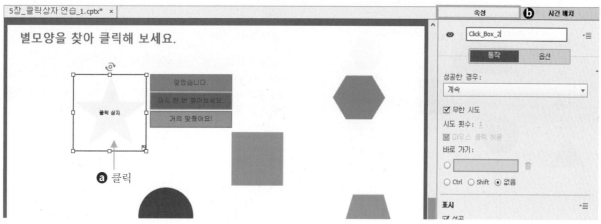

[그림 6-76]

8) [동작](ⓐ)을 클릭하고 [성공한 경우] 드롭다운 목록(ⓑ)에서 [계속](ⓒ)을 선택한다.

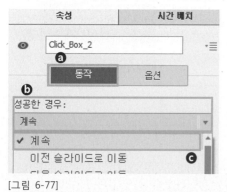

[그림 6-77]

9) 빠른 실행 도구에서 [미리 보기](ⓐ)>[프로젝트](ⓑ)를 클릭하여 프로젝트를 게시한다.

[그림 6-78]

10) 미리 보기에서 설정한 클릭 상자가 적용되는지 확인한다.

[그림 6-79]

2. 클릭 상자에 동작 설정하기

클릭 상자를 클릭하면 숨겨진 목차가 나타나도록 설정해 보자.

1) 클릭 상자를 삽입할 슬라이드를 연다. (파일명: 6장_클릭 상자 연습_2.cptx)

[그림 6-80]

2) 본 예시에서는 [필름 스트립](ⓐ)에서 다섯 번째 슬라이드(ⓑ)를 선택하여 목차를 삽입하고 숨겨본다.

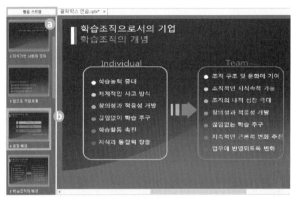

[그림 6-81]

3) 빠른 실행 도구의 [모양](ⓐ)에서 [타원](ⓑ)을 선택한다.

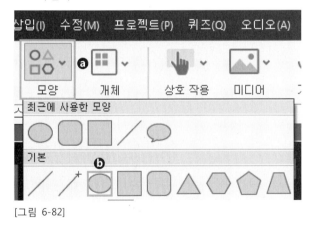

[그림 6-82]

4) 마우스 포인터가 '＋'로 바뀌면 원하는 위치에 클릭하고 드래그(ⓐ)를 하여 타원을 만든다.

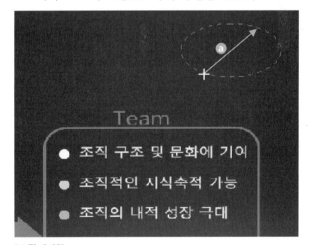

[그림 6-83]

보충설명

스마트 모양 삽입

스마트 모양 삽입에 대한 자세한 내용은 4장 스마트 모양 삽입하기(177p)를 참고한다.

5) 타원 안쪽에서 마우스 우클릭(ⓐ)하고 **[텍스트 추가]**(ⓑ)를 선택한다.

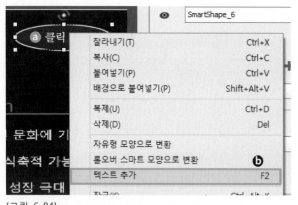

[그림 6-84]

6) 커서가 활성화되면 '**목차**'라고 입력한다.

[그림 6-85]

7) 스마트 모양을 클릭하고 원하는 대로 **[채우기]**, **[획]**, **[문자]**(ⓐ) 값을 변경한다.

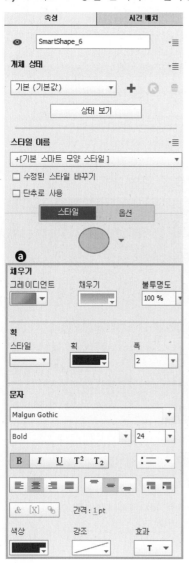

[그림 6-86]

8) 빠른 실행 도구에서 [상호 작용](ⓐ)＞[클릭 상자](ⓑ)를 선택하면 **그림 6-88**과 같이 슬라이드에 클릭 상자 (ⓒ)가 삽입된다.

[그림 6-87]

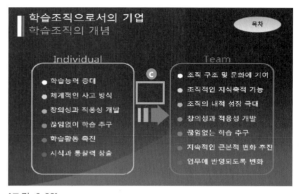

[그림 6-88]

9) 클릭 상자를 이동하여 삽입된 스마트모양에 맞게 크기를 조정(ⓐ)한다.

[그림 6-89]

10) 클릭 상자가 선택된 상태(ⓐ)에서 [동작](ⓑ)을 클릭하고 [성공한 경우] 드롭다운 목록(ⓒ)에서 [목차 표시](ⓓ)를 클릭한다.

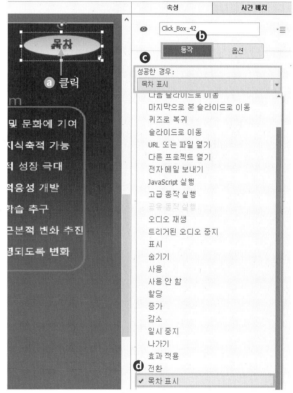

[그림 6-90]

11) 슬라이드의 빈 공간(ⓐ)을 클릭하고 [속성] 창(ⓑ)을 활성화한다.

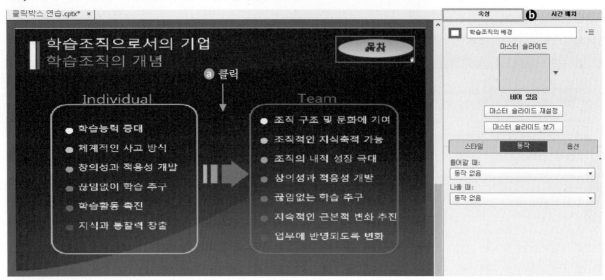

[그림 6-91]

12) [동작](ⓐ)을 클릭하고 [들어갈 때] 드롭다운 목록(ⓑ)에서 [목차 숨기기](ⓒ)를 클릭한다.

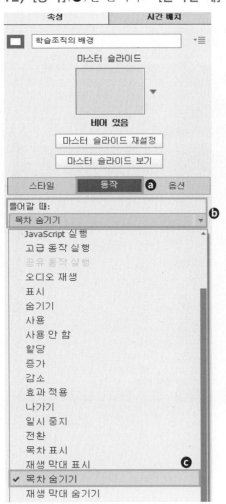

[그림 6-92]

13) 상위 메뉴에서 [창](ⓐ) > [스킨 편집기](ⓑ)를 클릭하면 **그림 6-94**와 같이 스킨 편집기 창이 활성화된다.

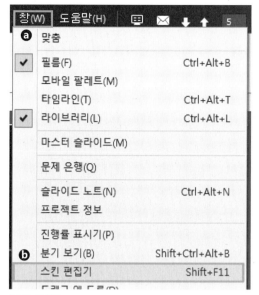

[그림 6-93]

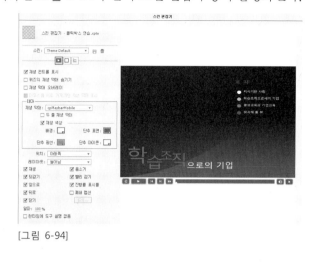

[그림 6-94]

14) [목차 편집▤](ⓐ)을 클릭하면 **그림 6-95**와 같이 목차 편집 화면이 나온다.

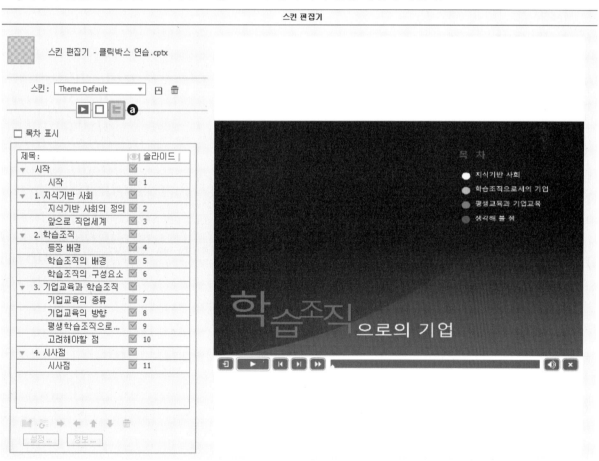

[그림 6-95]

15) [목차 표시](ⓐ)를 클릭하여 목차(ⓑ)를 활성화한다.

[그림 6-96]

16) 하단에 [설정](ⓐ)을 클릭하면 그림 6-98과 같이 목차 설정 창이 뜬다.

[그림 6-97]

17) [스타일]에서 [오버레이](ⓐ)를 선택한다.

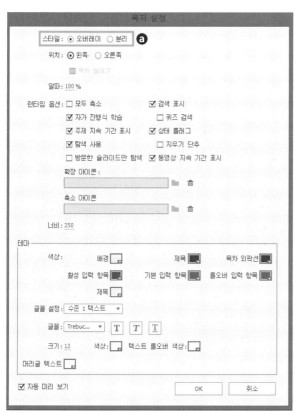

[그림 6-98]

18) [위치]에서 [오른쪽](ⓐ)을 선택하고 [OK](ⓑ)를 클릭한다.

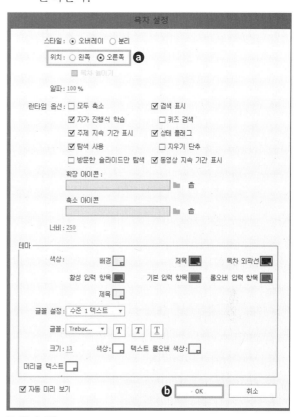

[그림 6-99]

19) 오른쪽 상단에 [닫기▩](ⓐ)를 클릭하여 스킨 편집기 창을 닫는다.

[그림 6-100]

20) 빠른 실행 도구에서 [미리 보기](ⓐ) > [프로젝트] (ⓑ)를 클릭하여 프로젝트를 게시한다.

[그림 6-101]

21) 미리 보기를 통해 목차가 나타나고 숨겨지는 것을 확인한다.

[그림 6-102]

드래그 앤 드롭 상호 작용은 지정된 영역이나 개체(드롭 대상)에 다른 개체(드래그 소스)를 끌어서 놓도록 하는 방식이며, 이 기능은 주로 퀴즈 슬라이드에 삽입하여 학습자의 지식을 평가하는데 사용하거나 간단한 상호 작용으로 학습자의 주의를 환기시키는 등 다양한 방식으로 활용이 가능하다.

1. 드래그 앤 드롭 상호 작용 삽입하기

1-1 빠른 실행 도구를 통한 드래그 앤 드롭 상호 작용 삽입하기

1) 드래그 소스가 될 개체를 만들기 위하여, 상단의 빠른 실행 도구에서 **[모양](ⓐ) > [타원](ⓑ)**을 선택하면 그림 **6-107**과 같이 슬라이드에 타원형 도형이 삽입된다.

[그림 6-103]

> **보충설명**
>
> **드래그소스/드롭 대상 개체 삽입**
>
> • 다음 개체는 드래그 소스 또는 드롭 대상으로 변환할 수 없다. 텍스트 입력 상자/클릭 상자/단추/자리 표시자/롤오버 개체/슬라이드 비디오/FLV 비디오/텍스트 애니메이션/대화형 위젯/마우스/확대축소 영역/롤오버 슬라이드렛에 삽입된 개체/시간 배치가 '프로젝트의 나머지 부분'으로 설정된 모든 개체
> • 드래그 앤 드롭 상호 작용에서는 개체 효과가 지원되지 않는다.
> • 드래그 앤 드롭 상호 작용은 반드시 두 개 이상의 개체가 있어야 실행된다. 만약 하나의 개체 혹은 개체 없이 드래그 앤 드롭 상호 작용을 실행하고자 할 경우 이와 같은 경고문이 나타난다.

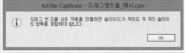

[그림 6-104]

> **보충설명**
>
> **드롭 대상과 드래그 소스의 크기**
>
> • 드롭 대상은 드래그 소스보다 크기가 작은 것이 좋다. 드롭 대상이 드래그 소스보다 큰 경우, 드래그 소스가 드롭 대상에 살짝만 닿아도 드롭이 될 수 있다.
> • 이 그림과 같이 드롭 대상의 크기를 줄이면 학습자가 더 정확한 작업을 수행하도록 할 수 있다.

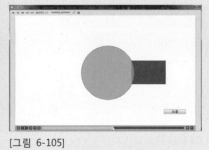

[그림 6-105]

2) 드롭 대상이 될 개체를 만들기 위하여, 상단의 빠른 실행 도구에서 **[모양](ⓐ) > [사각형](ⓑ)**을 선택하면 그림 6-107과 같이 슬라이드에 사각형 도형이 삽입된다.

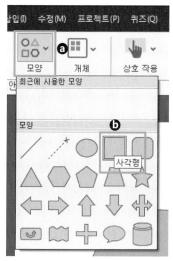

[그림 6-106]

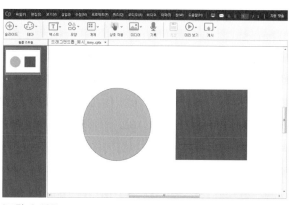

[그림 6-107]

3) 상단의 빠른 실행 도구에서 **[상호 작용](ⓐ) > [끌어서 놓기](ⓑ)**를 선택하여 드래그 앤 드롭 상호 작용 마법사를 실행한다.

[그림 6-108]

> **보충설명**
>
> **드래그 앤 드롭 상호 작용 다른 삽입 방법**
>
> 상단 메뉴에서 [삽입] > [드래그 앤 드롭 상호 작용 마법사 실행]을 클릭하여 상호 작용을 삽입할 수도 있다.

4) 그림 6-109와 같이 **[드래그 앤 드롭 상호 작용 마법사](ⓐ)**가 실행된다.

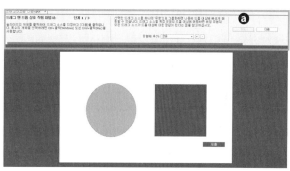

[그림 6-109]

> **보충설명**
>
> **드래그 앤 드롭 상호 작용 삽입 불가능 슬라이드**
>
> 드래그 앤 드롭 상호 작용은 마스터 슬라이드, 문제 은행 슬라이드, 질문 슬라이드, 자리 표시자 슬라이드에서 실행할 수 없다.

5) 두 개의 개체 중 이동시키고 싶은 [드래그 소스] (ⓐ)를 먼저 클릭하고 [다음](ⓑ)을 클릭하여 2단 계로 넘어간다.

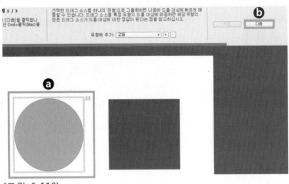

[그림 6-110]

보충설명

드래그 소스란?

- 드래그 소스란 이동시킬 대상을 의미하며 드래그 소스를 드롭 대상에 가져 놓을 수 있다.
- 드래그 소스를 선택하면 개체는 초록 네모 테두리로 변한다.
- 만약 선택을 취소하고 싶으면 테두리 오른쪽 윗 부분의 [-]를 클릭하면 선택이 해제된다.

6) 두 개의 개체 중 드래그 소스가 이동해서 겹쳐질 개체인 [드롭 대상](ⓐ)을 클릭하고 [다음](ⓑ)을 클릭하여 3단계로 넘어간다.

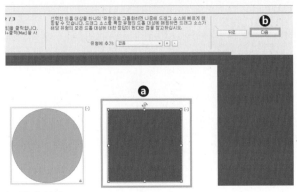

[그림 6-111]

보충설명

드롭 대상이란?

- 드롭 대상이란 드래그 소스가 이동해서 겹쳐지는 개체를 의미하며, 드래그 소스를 드롭 대상에 가져다 놓을 수 있다.
- 전 단계에서 드래그 소스로 지정한 개체에는 자물쇠 모양 의 아이콘이 나타나면서 클릭해도 아무런 변화가 나타나 지 않는다.

7) 이동할 경로를 설정하기 위해 지정된 드래그 소 스 중앙에 있는 [⊕](ⓐ)을 선택하고 원을 가져다 놓을 장소(ⓑ)까지 끌어서 놓는다.

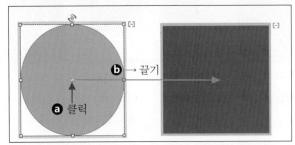

[그림 6-112]

8) 경로를 설정하고 [성공/실패 텍스트 캡션](ⓐ)이 만들어지면, 오른쪽 상단에 [완료](ⓑ)를 눌러 마 법사를 종료한다.

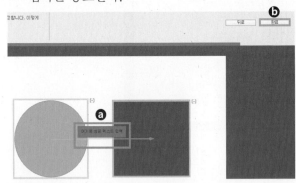

[그림 6-113]

보충설명

성공/실패 텍스트 캡션의 기능 및 값 변경

- 성공 텍스트 캡션은 학습자가 드래그 소스를 드롭 대상에 정확히 이동시켰을 때 나타나며, 실패 텍스트 캡션은 이 동하지 못했을 때 나타난다.
- 성공/실패 텍스트 캡션의 메시지는 마법사를 완료한 후 작업공간에서 입력할 수 있다.

9) 스테이지에서 [성공 텍스트 캡션](ⓐ)을 더블클릭하여 '잘하셨어요!'라고 입력한다.

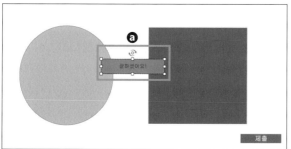

[그림 6-114]

10) [성공 텍스트 캡션](ⓐ)을 위로 이동시키고 하단에 있던 [실패 텍스트 캡션](ⓑ)을 더블클릭하여 '다시 한번 해 보세요!'라고 입력한다.

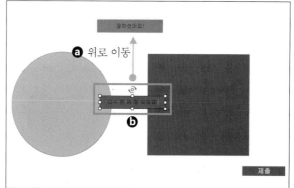

[그림 6-115]

11) 빠른 실행 도구에서 [미리 보기](ⓐ)＞[프로젝트](ⓑ)를 클릭하여 프로젝트를 게시한다.

[그림 6-116]

12) 미리 보기에서 드래그 소스를 드래그 대상에 끌어놓고 [제출] 버튼을 누르면 성공 캡션이 나타나고 실패하면 실패 캡션이 나타나는 것을 확인할 수 있다.

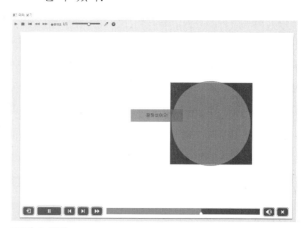

[그림 6-117]

1-2 상호 작용 마법사를 통한 드래그 앤 드롭 상호 작용 삽입하기

1) 그림 6-118과 같이 빈 프로젝트에 서로 다른
두 개의 스마트 도형을 삽입한다.

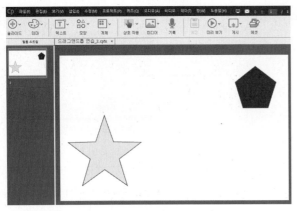

[그림 6-118]

2) 상위 메뉴에서 [삽입](ⓐ)>[드래그 앤 드롭 상호 작
용 마법사 실행](ⓑ)을 선택하면 **그림 6-120**과 같이
[드래그 앤 드롭 상호 작용 마법사]가 실행된다.

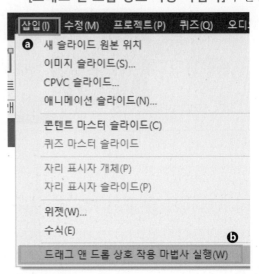

[그림 6-119]

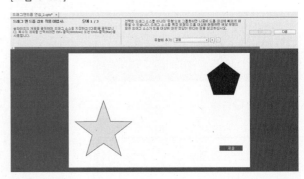

[그림 6-120]

3) 두 개의 개체 중 이동시키고 싶은 [드래그 소스](ⓐ)를 먼저 클릭하고 [다음](ⓑ)을 클릭하여 2단계로 넘어간다.

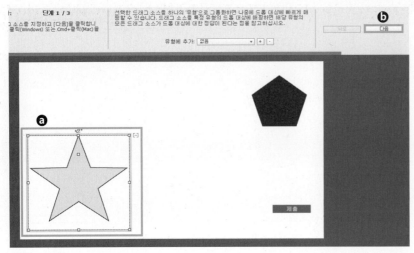

[그림 6-121]

4) 두 개의 개체 중 드래그 소스가 이동해서 겹쳐질 개체인 [드롭 대상](ⓐ)을 클릭하고 [다음](ⓑ)을 클릭하여 3단계로 넘어간다.

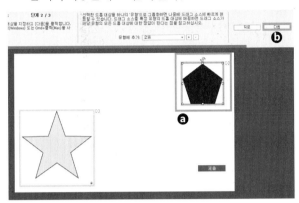

[그림 6-122]

5) 이동할 경로를 설정하기 위해 지정된 드래그 소스 중앙에 있는 [⊕](ⓐ)을 선택하고 별을 가져다 놓을 장소(ⓑ)까지 끌어서 놓는다.

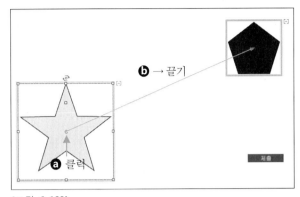

[그림 6-123]

6) 경로를 설정하고 [성공/실패 텍스트 캡션](ⓐ)이 만들어지면, 오른쪽 상단에 [완료](ⓑ)를 눌러 마법사를 종료한다.

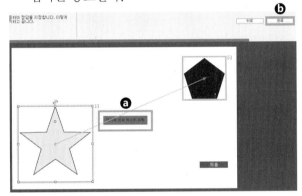

[그림 6-124]

1-3 속성 창을 통한 드래그 앤 드롭 상호 작용 삽입하기

1) 그림 6-125와 같이 빈 프로젝트에 서로 다른 두 개의 스마트 도형을 삽입한다.

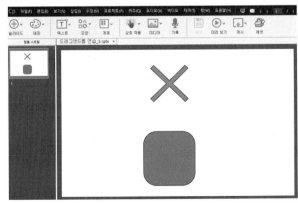

[그림 6-125]

2) [속성](ⓐ)을 눌러 [속성] 창(ⓑ)을 활성화한다.

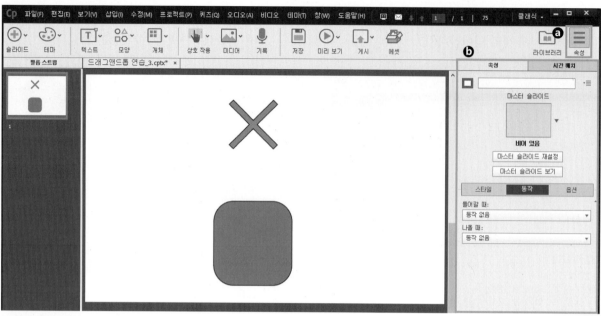

[그림 6-126]

3) [창](ⓐ) > [드래그 앤 드롭](ⓑ)을 클릭하면 그림 6-128과 같이 오른쪽에 [드래그 앤 드롭 상호 작용 속성] 창(ⓒ)이 나타난다.

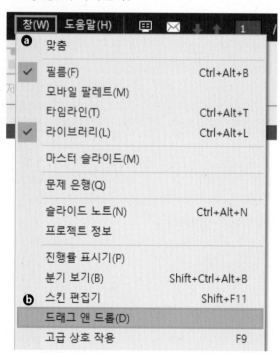

[그림 6-127]

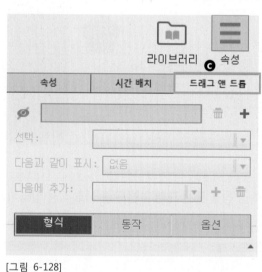

[그림 6-128]

4) 드래그 앤 드롭 상호 작용 속성에서 [**+**](ⓐ)를 클릭하면 **그림 6-130**과 같이 상호 작용 추가(ⓑ)되면서 슬라이드에 제출 단추(ⓒ)가 삽입된다.

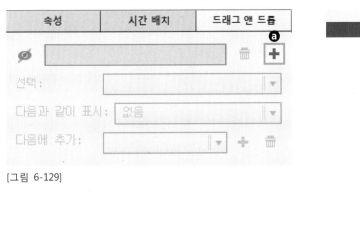

[그림 6-129]

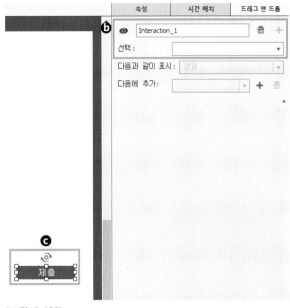

[그림 6-130]

5) 드래그 소스를 지정하기 위해 원하는 개체를 클릭(ⓐ)한 다음 [드래그 앤 드롭] 속성(ⓑ) > [다음과 같이 표시] 드롭다운 목록(ⓒ) > [드래그 소스](ⓓ)를 선택한다.

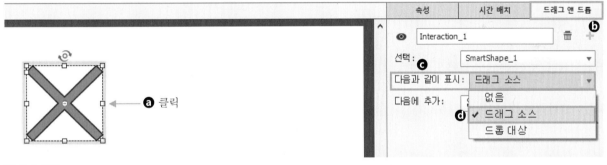

[그림 6-131]

6) 마찬가지로 드롭 대상을 지정하기 위해 원하는 개체를 클릭(ⓐ)한 다음 [드래그 앤 드롭] 속성(ⓑ) > [다음과 같이 표시] 드롭다운 목록(ⓒ) > [드롭 대상](ⓓ)을 선택한다.

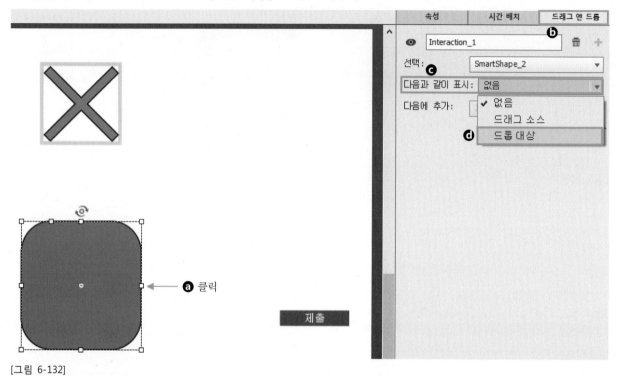

[그림 6-132]

7) 이동할 경로를 설정하기 위해 드래그 소스 중앙에 있는 ✕(ⓐ)를 선택하여 가져다 놓을 장소(ⓑ)까지 끌어서 놓는다.

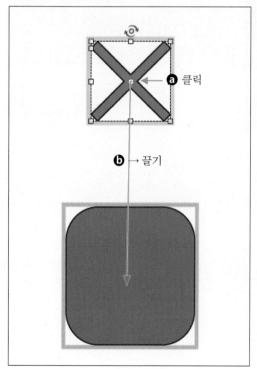

[그림 6-133]

2. 드래그 앤 드롭 상호 작용 유형 설정하기

드래그 앤 드롭 상호 작용 유형은 사전에 상호 작용 경로를 설정해 두고 다른 개체에 적용 가능한 기능이다. 이를 통해 신속하게 상호 작용을 설정할 수 있다.

> **예제**
> 여섯 개의 영단어(드래그 대상)를 적절한 세 개의 품사(드롭 대상) 위에 올려놓을 수 있도록 설정해 보자.

1) 드래그 소스 및 드롭 대상으로 표시할 개체가 있는 프로젝트를 연다. (파일명: 6장_드래그 앤 드롭 연습_1.cptx)

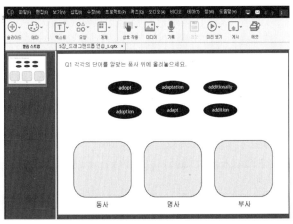

[그림 6-134]

2) 상위 메뉴에서 [삽입](ⓐ)>[드래그 앤 드롭 상호 작용 마법사 실행](ⓑ)을 선택하면 **그림 6-136**과 같이 드래그 앤 드롭 상호 작용 마법사가 실행된다.

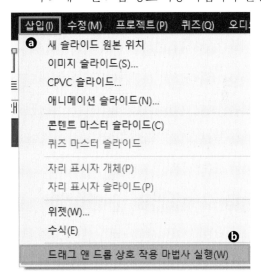

[그림 6-135]

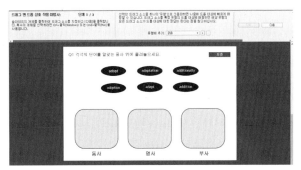

[그림 6-136]

3) 첫 번째 단어를 드래그 소스(ⓐ)로 선택하고 유형을 추가하기 위해 상단에서 [+](ⓑ)를 클릭한다.

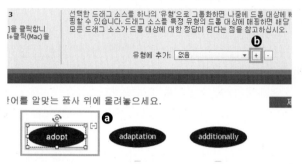

[그림 6-137]

4) 새 유형 추가 창이 뜨면 유형이름을 'Interaction Type_v'(ⓐ)라고 입력하고 [확인](ⓑ)을 누른다.

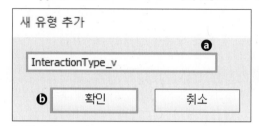

[그림 6-138]

5) 두 번째 단어를 드래그 소스(ⓐ)로 선택하고 유형을 추가하기 위해 상단에서 [+](ⓑ)를 클릭한다.

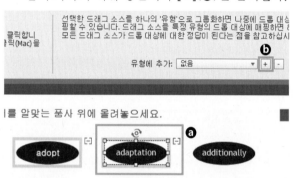

[그림 6-139]

6) 새 유형 추가 창이 뜨면 유형이름을 'Interaction Type_n'(ⓐ)이라고 입력하고 [확인](ⓑ)을 누른다.

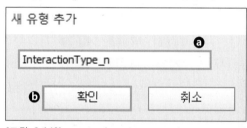

[그림 6-140]

7) 마지막으로 세 번째 단어를 드래그 소스(ⓐ)로 선택하고 유형을 추가하기 위해 상단에서 [+](ⓑ)를 클릭한다.

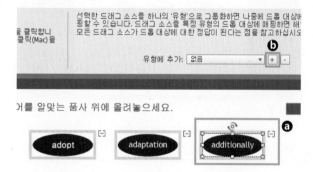

[그림 6-141]

8) 새 유형 추가 창이 뜨면 유형이름을 'Interaction Type_ad'(ⓐ)이라고 입력하고 [확인](ⓑ)을 누른다.

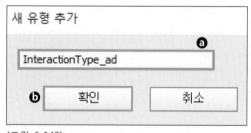

[그림 6-142]

9) 위의 과정으로 세 개의 개체가 선택된 상태(❶)에서 [다음](❷)을 누른다.

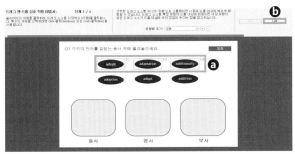

[그림 6-143]

10) 2단계에서는 드롭 대상인 세 개의 개체를 선택(❶)하고 [다음](❷)을 누른다.

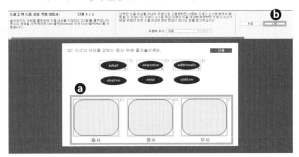

[그림 6-144]

11) 드래그 소스에 적절한 드롭 대상을 연결해 이동경로(❶)를 만들고 [완료](❷)를 누른다.

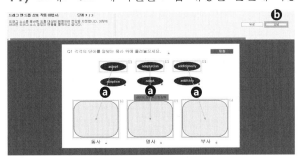

[그림 6-145]

12) 다른 개체에 유형을 적용하기 위해 개체를 선택(❶)하고 [드래그 앤 드롭] 창(❷)의 [다음과 같이 표시] 드롭다운 목록(❸)에서 [드래그 소스](❹)를 선택한다.

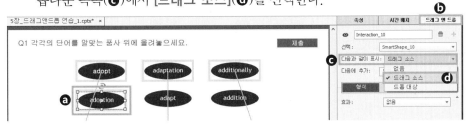

[그림 6-146]

13) 해당 단어는 명사이기 때문에 명사를 위해 만들어 두었던 유형을 설정한다. [다음에 추가] 드롭다운 목록(❶)에서 'InteractionType_n'(❷)를 선택하면, 슬라이드에 이동경로(❸)가 삽입된다.

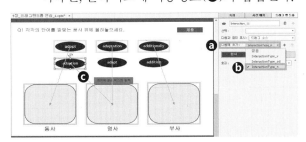

[그림 6-147]

14) 다른 두 개체(❶)도 위와 같이 드래그 소스로 지정하고 적절한 상호 작용을 연결한다.

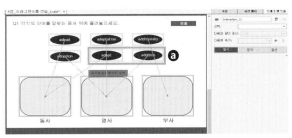

[그림 6-148]

15) 성공시 캡션이 나타나도록 하기 위해 가운데 성공캡션(ⓐ)을 더블클릭하고 '**정답입니다!**'라고 입력한다.

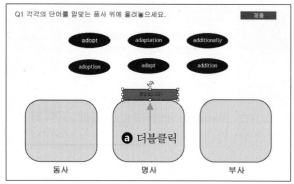

[그림 6-149]

16) 정답이 아닐 경우 캡션이 나타나도록 하기 위해 성공캡션 뒤에 있는 실패캡션(ⓐ)을 더블클릭하고 '**다시 한번 시도해보세요!**'라고 입력한다.

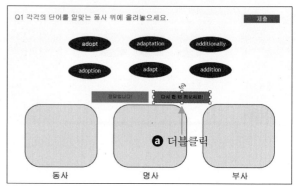

[그림 6-150]

17) 실패 시 처음상태로 돌아가도록 하기 위해 [드래그 앤 드롭] 속성 창을 클릭하여 활성화하고 [무한 시도](ⓐ)와 [모두 재설정](ⓑ)을 선택한다.

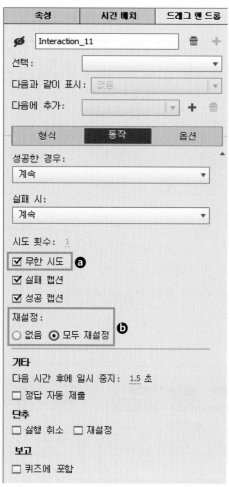

[그림 6-151]

18) 빠른 실행 도구에서 [미리 보기](ⓐ)＞[프로젝트](ⓑ)를 클릭하여 프로젝트를 게시한다.

[그림 6-152]

19) 미리 보기에서 설정한 드래그 앤 드롭 상호 작용대로 이동시키고 [제출] 단추를 눌렀을 때 상호 작용이 적용되는지 확인한다.

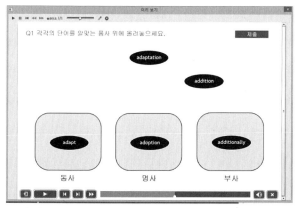

[그림 6-153]

보충설명

유형을 통한 다양한 상호 작용 설정

- 여러 드래그 소스가 드롭 대상 정답인 경우: '유형'을 만들고 드래그 소스를 이 유형으로 그룹화한 뒤, 이 '유형'을 드롭 대상에 연결한다.
- 여러 드롭 대상이 드래그 소스를 하나만 허용하는 경우: 여러 드롭 대상의 '유형'을 만든 뒤, 드래그 소스를 이 '유형'에 연결한다.
- 드래그 소스 유형 중 일부만 지정된 드롭 대상 정답인 경우: 스테이지에서 드롭 대상을 클릭하고 [드롭 대상] 속성에서 [개체 동작]을 클릭한 다음 필요한 드래그 소스 유형을 선택한다.
- 드래그 소스 유형에 속한 일부 개체만 드롭 대상 정답인 경우: 스테이지에서 드롭 대상을 클릭하고 [드롭 대상] 속성에서 [개체 동작]을 클릭한 다음 필요한 드래그 소스 유형을 선택한다. [모두 허용] 확인란을 선택 취소한 다음 개체 제한 수를 지정한다.
- 단일 상호 작용에서 드래그 소스와 드롭 대상 연결이 여러 개 필요한 경우: 정답을 클릭한 다음(드래그 앤 드롭 속성 관리자>상호 작용 속성) 기존 정답 집합에 행을 추가한다. 또는 새 대답 집합을 만들고 연결 경로를 지정한다.
- 사용자가 특정 순서대로 개체를 끌어 놓아야 하는 경우: 대화 상자에서 원하는 대로 대답을 배열하여 순서를 만든 다음 [유형] 아래에 있는 [순서] 옵션을 선택한다.

드래그 앤 드롭 상호 작용에서는 정답 설정을 통해 정답의 순서를 정하거나, 여러 개의 정답을 지정할 수 있다.

예제 --

산수 문제의 답을 드래그 앤 드롭하여 맞추는 과정에서 순서를 지정해 보자.

3-1 정답 순서 설정하기

1) 드래그 앤 드롭 상호 작용을 삽입할 슬라이드를 불러온다. (파일명: 6장_드래그 앤 드롭 연습_2.cptx)

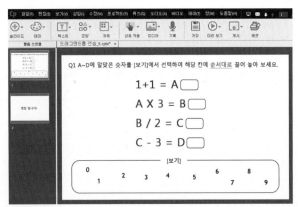

[그림 6-154]

2) 상위 메뉴에서 **[삽입](ⓐ)>[드래그 앤 드롭 상호 작용 마법사 실행](ⓑ)**을 선택하면 **그림 6-156**과 같이 마법사가 실행된다.

[그림 6-155]

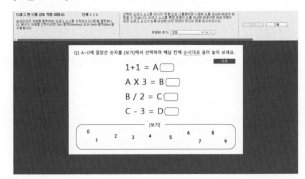

[그림 6-156]

3) [드래그 소스](ⓐ)을 선택하고 [다음](ⓑ)을 누른다.

[그림 6-157]

4) [드롭 대상](ⓐ)을 선택하고 [다음](ⓑ)을 누른다.

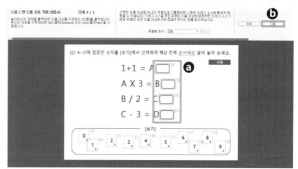

[그림 6-158]

5) 그림 6-159와 같이 정답인 드래그 소소와 드롭 대상 간의 이동경로(ⓐ)를 각각 설정하고 [완료](ⓑ)를 누른다. 본 예시에서는 수식에 따라 'A→2' 'B→6' 'C→3' 'D→0'으로 이동 경로를 설정한다.

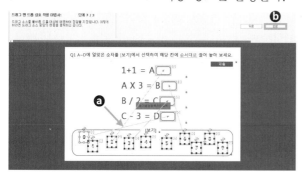

[그림 6-159]

6) 상위 메뉴에서 [창](ⓐ)＞[드래그 앤 드롭](ⓑ)을 선택하면 그림 6-161과 같이 오른쪽에 [드래그 앤 드롭] 창(ⓒ)이 나타난다.

[그림 6-160]

[그림 6-161]

7) [옵션](ⓐ)을 클릭하고 [정답 설정](ⓑ)을 누르면, **그림 6-163**과 같이 정답 설정 창이 뜬다.

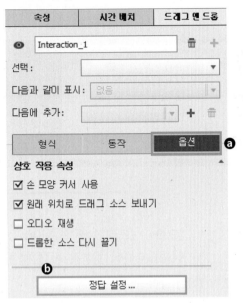

[그림 6-162]

[그림 6-163]

8) [유형](ⓐ) 드롭다운 목록에서 [순서](ⓑ)를 선택한다.

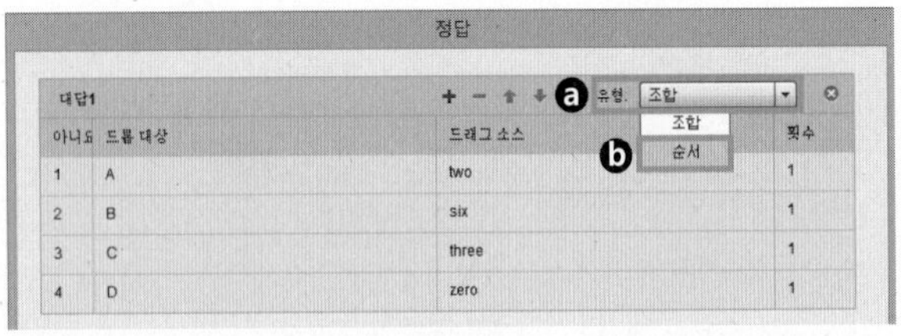

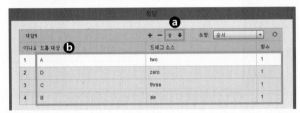

[그림 6-164]

9) [이동](ⓐ)아이콘을 이용해 **그림 6-165**와 같이 순서를 설정(ⓑ)한다.

[그림 6-165]

10) [OK](ⓐ)를 눌러 정답 설정 창을 닫는다.

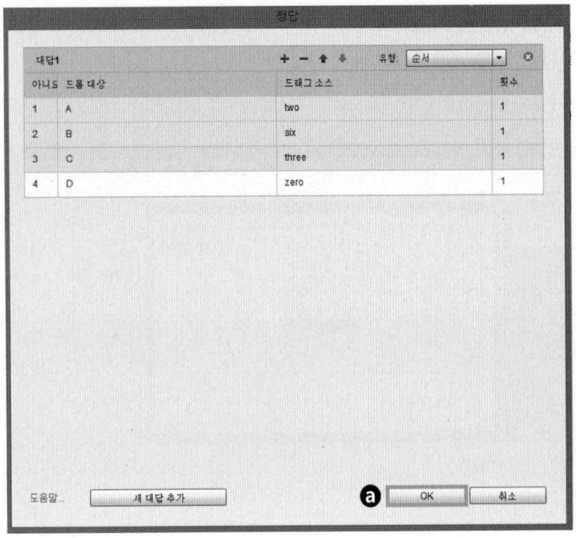

[그림 6-166]

> **보충설명**
>
> **정답 횟수 설정**
>
> 횟수는 드래그 소스 유형에서 정답이 될 수 있는 개체 수를 나타낸다. 이 숫자는 기본적으로 상호 작용 구성 과정에서 지정된 이동 경로에서 가져온다. 만약 하나의 드롭 대상에 두 개의 드래그 소스의 이동경로가 설정되어 있으면 정답 횟수는 자동적으로 2로 표시된다.

11) [동작](ⓐ)을 클릭하고 [성공한 경우] 드롭다운 목록(ⓑ)에서 [다음 슬라이드로 이동](ⓒ)을 선택한다.

[그림 6-167]

12) [무한 시도](ⓐ)를 선택하고, [실패 캡션](ⓑ)과 [성공 캡션](ⓒ)은 해제한다.

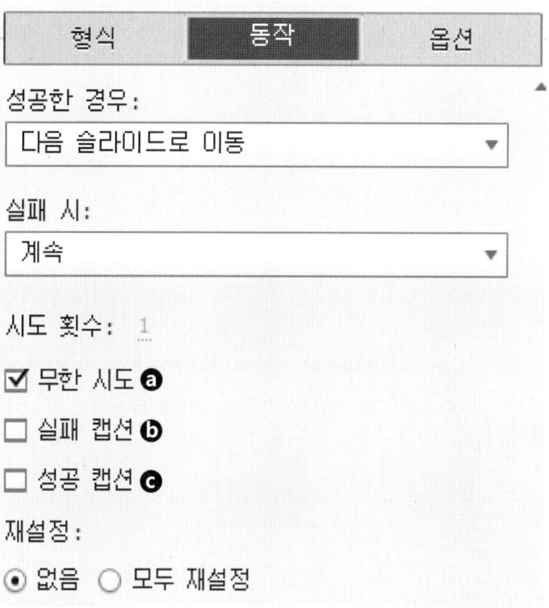

형식	동작	옵션

성공한 경우:

다음 슬라이드로 이동 ▼

실패 시:

계속 ▼

시도 횟수: 1

☑ 무한 시도 ⓐ

☐ 실패 캡션 ⓑ

☐ 성공 캡션 ⓒ

재설정:

◉ 없음 ○ 모두 재설정

[그림 6-168]

13) 빠른 실행 도구에서 [미리 보기](ⓐ) > [프로젝트](ⓑ)를 클릭하여 프로젝트를 게시한다.

[그림 6-169]

14) 미리 보기에서 설정한 드래그 앤 드롭 상호 작용대로 이동시키고 [제출] 단추를 눌렀을 때 상호 작용이 적용되는지 확인한다.

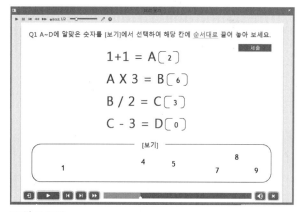

[그림 6-170]

정답이 여러 개인 □+□=5라는 수식의 빈칸을 드래그 앤 드롭으로 채울 수 있도록 설정해 보자.

3-2 여러 개 정답 설정하기

1) 드래그 앤 드롭 상호 작용을 적용할 슬라이드를 연다. (파일명: 6장 드래그 앤 드롭 연습_3.cptx)

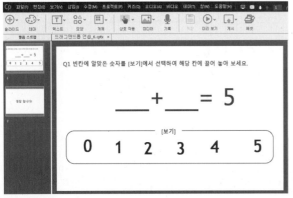

[그림 6-171]

2) 상위 메뉴에서 [삽입](ⓐ)>[드래그 앤 드롭 상호 작용 마법사 실행](ⓑ)을 선택하면 **그림 6-173**과 같이 마법사가 실행된다.

[그림 6-172]

[그림 6-173]

3) [드래그 소스](ⓐ)를 모두 선택하고 [다음](ⓑ)을 누른다.

[그림 6-174]

4) [드롭 대상](ⓐ)을 모두 선택하고 [다음](ⓑ)을 누른다.

[그림 6-175]

5) 총 여섯 개의 정답(0+5, 5+0, 2+3, 3+2, 1+4, 4+1) 중 **그림 6-176**과 같이 하나의 정답만 드래그 소스와 드롭 대상 간의 이동경로(**ⓐ**)를 각각 설정하고 **[완료](ⓑ)**를 누른다.

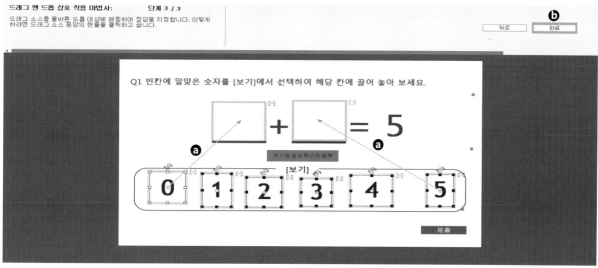

[그림 6-176]

6) 상위 메뉴에서 **[창](ⓐ) > [드래그 앤 드롭](ⓑ)**을 선택하면 **그림 6-178**과 같이 오른쪽에 **[드래그 앤 드롭]** 창(**ⓒ**)이 나타난다.

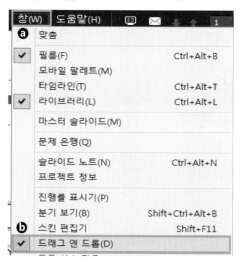

[그림 6-177]

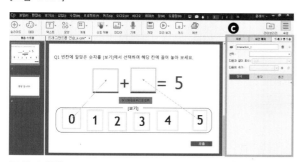

[그림 6-178]

7) **[옵션](ⓐ)**을 클릭하고 **[정답 설정](ⓑ)**을 누르면, **그림 6-180**과 같이 정답 설정 창이 뜬다.

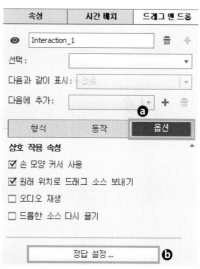

[그림 6-179]

[그림 6-180]

8) 정답 설정 창 하단에 [새 대답 추가](ⓐ)를 클릭하면 **그림 6-181**과 같이 [대답 2](ⓑ)가 추가된다.

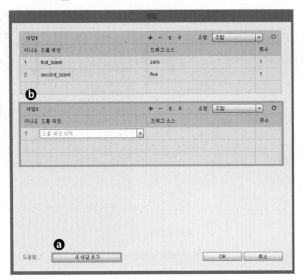

[그림 6-181]

9) [드롭 대상 선택] 드롭다운 목록(ⓐ)에서 [first_blank](ⓑ)를 선택한다.

[그림 6-182]

10) [드래그 소스 선택] 드롭다운 목록(ⓐ)에서 [one](ⓑ)를 선택한다.

[그림 6-183]

11) ⓐ 부분을 더블클릭하면 두 번째 행이 활성화된다.

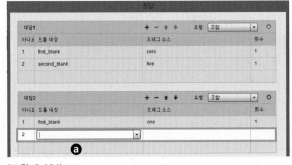

[그림 6-184]

12) [드롭 대상 선택] 드롭다운 목록(ⓐ)에서 [second_blank](ⓑ)를 선택한다.

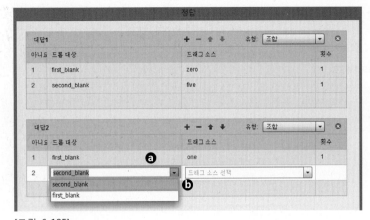

[그림 6-185]

13) [드래그 소스 선택] 드롭다운 목록(ⓐ)에서 [four] (ⓑ)를 선택한다.

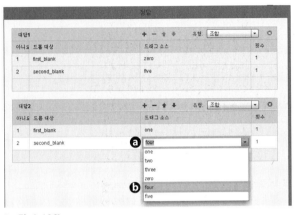

[그림 6-186]

14) 같은 과정으로 **그림 6-187**과 같이 총 여섯 개의 정답(0+5, 5+0, 2+3, 3+2, 1+4, 4+1)(ⓐ)을 입력하고 [OK](ⓑ)를 눌러 창을 닫는다.

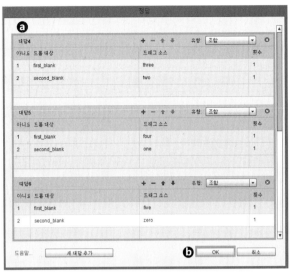

[그림 6-187]

15) [동작](ⓐ)을 클릭하고 [성공한 경우] 드롭다운 목록(ⓑ)에서 [다음 슬라이드로 이동](ⓒ)을 선택한다.

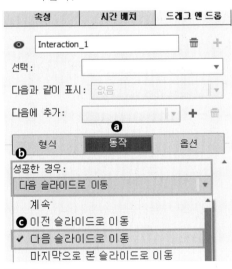

[그림 6-188]

16) [무한 시도](ⓐ)를 선택하고, [실패 캡션](ⓑ)과 [성공 캡션](ⓒ)은 해제한다.

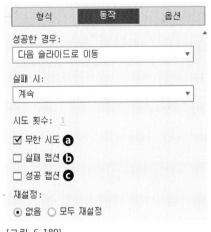

[그림 6-189]

17) 빠른 실행 도구에서 [미리 보기](**ⓐ**)＞[프로젝트] (**ⓑ**)를 클릭하여 프로젝트를 게시한다.

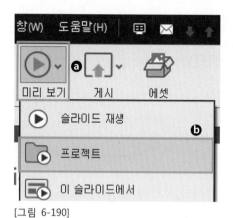
[그림 6-190]

18) 미리 보기에서 설정한 드래그 앤 드롭 상호 작용대로 이동시키고 [제출] 단추를 눌렀을 때 상호 작용이 적용되는지 확인한다.

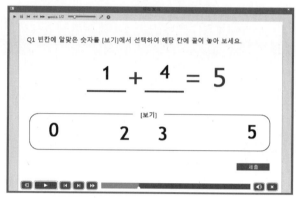
[그림 6-191]

4. 드래그 앤 드롭 상호 작용에 효과 삽입하기

> **예제**
> 26개의 알파벳을 조합하여 세 개의 알파벳으로 이루어진 단어를 만들 수 있도록 드래그 앤 드롭 기능을 적용하고, 드롭 시 효과음이 나도록 설정해 보자.

1) 드래그 앤 드롭 상호 작용을 삽입할 슬라이드를 연다. (파일명: 6장 드래그 앤 드롭 연습_4.cptx)

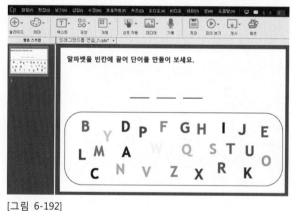
[그림 6-192]

2) 상위 메뉴에서 [삽입](ⓐ) > [드래그 앤 드롭 상호 작용 마법사 실행](ⓑ)을 선택하면 **그림 6-194**와 같이 마법사가 실행된다.

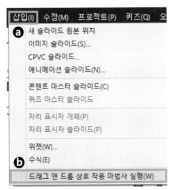

[그림 6-193]

[그림 6-194]

3) A~Z까지 텍스트 캡션을 모두 클릭하여 [드래그 소스](ⓐ)를 선택한다.

[그림 6-195]

4) Ctrl을 누른 채 드래그 소스를 모두 선택한 상태 (ⓐ)에서 [유형에 추가](ⓑ)아이콘을 누르면 [새 유형 추가] 창(ⓒ)이 뜬다.

[그림 6-196]

5) 새 유형 추가 창에서 빈칸을 더블클릭하여 유형의 이름을 'alphabet'(ⓐ)이라고 입력한 후, [확인](ⓑ)을 누른다.

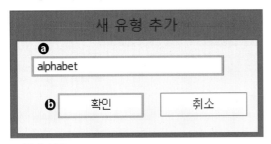

[그림 6-197]

6) [유형에 추가] 드롭다운 목록(ⓐ)에서 유형이 추가된 것을 확인 한 후 [다음](ⓑ)을 클릭한다.

[그림 6-198]

7) [드롭 대상](ⓐ)을 선택하고 [다음](ⓑ)을 누른다.

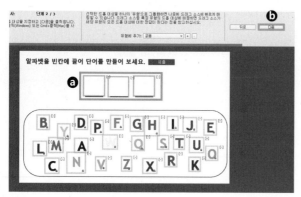

[그림 6-199]

8) 총 26개의 드래그 소스 중 하나의 정답만 이동경로(ⓐ)를 설정한다.

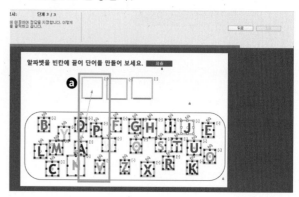

[그림 6-200]

9) 그림 6-201과 같이 나머지 25개의 드래그 소스도 자동으로 연결된 것(ⓐ)을 확인하고 [완료](ⓑ)를 클릭한다.

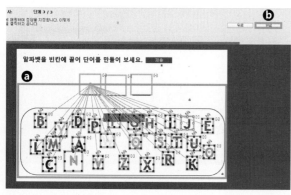

[그림 6-201]

10) 상위 메뉴에서 [창](ⓐ) > [드래그 앤 드롭](ⓑ)을 선택하면 그림 6-203과 같이 오른쪽에 [드래그 앤 드롭] 창(ⓒ)이 나타난다.

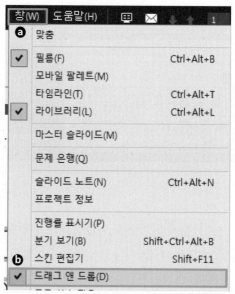

[그림 6-202]

[그림 6-203]

11) [옵션](ⓐ)을 클릭하고 [정답 설정](ⓑ)을 누르면, **그림 6-205**와 같이 정답 설정 창이 뜬다.

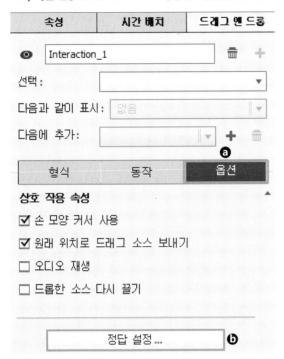

[그림 6-204]

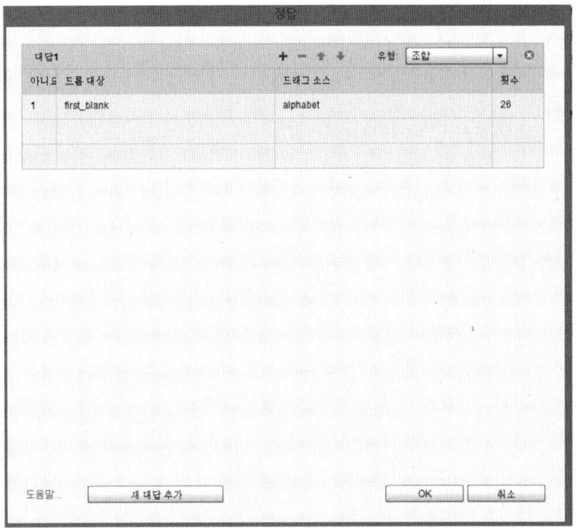

[그림 6-205]

12) 정답 설정 창 하단에 [새 대답 추가](ⓐ)를 클릭하면 **그림 6-206**과 같이 [대답 2](ⓑ)가 추가된다.

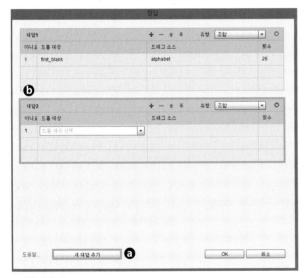

[그림 6-206]

13) [드롭 대상 선택] 드롭다운 목록(ⓐ)에서 [second_blank](ⓑ)를 선택한다.

[그림 6-207]

14) [드래그 소스 선택] 드롭다운 목록(ⓐ)에서 [alphabet](ⓑ)을 선택한다.

[그림 6-208]

15) [횟수 선택] 드롭다운 목록(ⓐ)을 더블클릭하여 활성화하고, [26](ⓑ)을 선택한다.

[그림 6-209]

16) 정답 설정 창 하단에 [새 대답 추가](ⓐ)를 클릭하면 그림 6-210과 같이 [대답 3](ⓑ)이 추가된다.

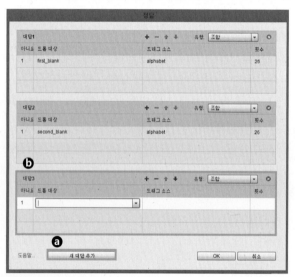

[그림 6-210]

17) [드롭 대상 선택] 드롭다운 목록(ⓐ)에서 [third_blank](ⓑ)를 선택한다.

[그림 6-211]

18) [드래그 소스 선택] 드롭다운 목록(ⓐ)에서 [alphabet](ⓑ)을 선택한다.

[그림 6-212]

19) [횟수 선택] 드롭다운 목록(ⓐ)에서 [26](ⓑ)을 선택한다.

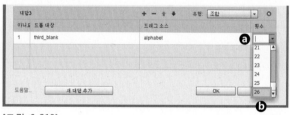

[그림 6-213]

20) 세 개의 정답이 추가된 것(ⓐ)을 확인한 후, [OK](ⓑ)를 누른다.

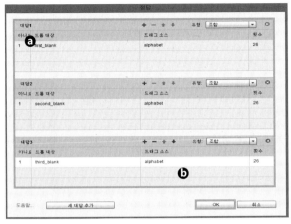

[그림 6-214]

21) 슬라이드에서 첫 번째 드롭 대상(ⓐ)을 클릭하여 [드래그 앤 드롭] 창(ⓑ)을 활성화한다.

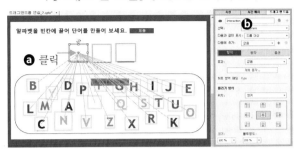

[그림 6-215]

22) [형식](ⓐ)에서 [개체 동작](ⓑ)을 클릭하면 **그림 6-217**과 같이 허용된 드래그 소스 창이 열린다.

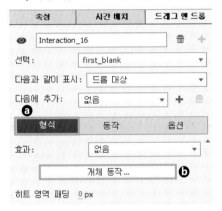

[그림 6-216]

[그림 6-217]

23) 창 상단에서 [모두 허용](ⓐ)의 체크를 해제한다.

[그림 6-218]

24) [허용한 경우]에서 [바꾸기](ⓐ)를 선택한다.

[그림 6-219]

25) [동작없음](ⓐ)을 더블클릭하면 **그림 6-221**과 같이 드롭 시 동작 창이 열린다.

[그림 6-220]

[그림 6-221]

26) [동작] 드롭다운 목록(ⓐ)에서 [오디오 재생](ⓑ)을 선택한다.

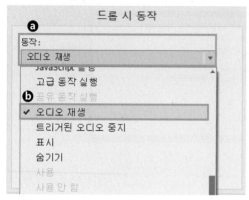

[그림 6-222]

27) 오디오를 삽입하기 위해 ▬(ⓐ)를 클릭한다.

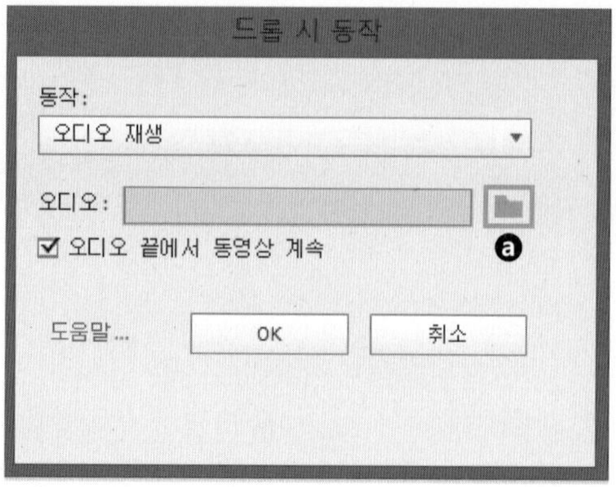

[그림 6-223]

28) 열기 창에서 원하는 파일(ⓐ)을 선택하고 [열기](ⓑ)를 누른다.

[그림 6-224]

29) [오디오](ⓐ)에서 파일이 삽입된 것을 확인하고 [OK](ⓑ)를 클릭한다.

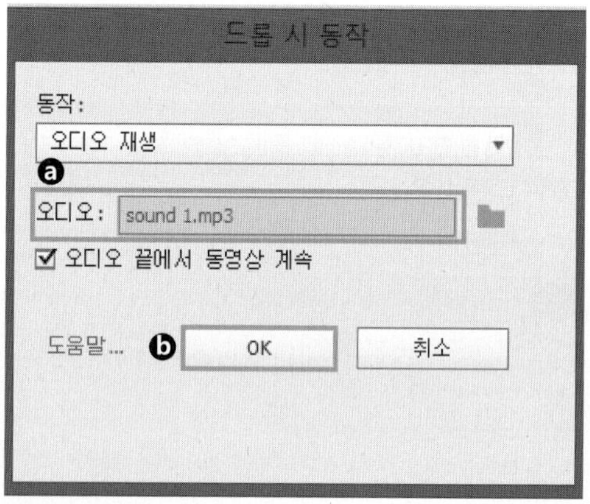

[그림 6-225]

30) 동작이 삽입된 것(ⓐ)을 확인한 뒤 [확인](ⓑ)을 클릭한다.

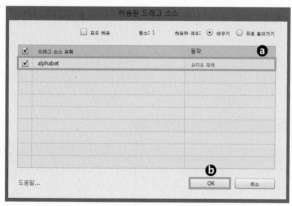

[그림 6-226]

31) [동작](ⓐ)을 클릭하고 [성공한 경우] 드롭다운 목록(ⓑ)에서 [계속](ⓒ)을 선택한다.

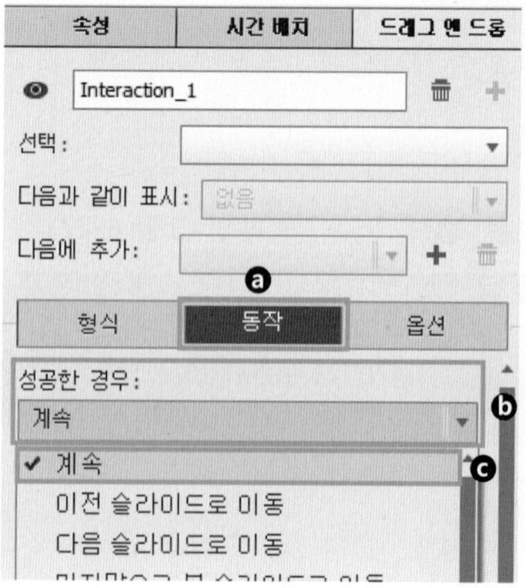

[그림 6-227]

32) [무한 시도](ⓐ)를 선택하고, [실패 캡션](ⓑ)과 [성공 캡션](ⓒ)은 해제한다.

[그림 6-228]

33) 빠른 실행 도구에서 [미리 보기](ⓐ) ＞ [프로젝트](ⓑ)를 클릭하여 프로젝트를 게시한다.

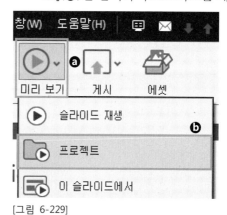

[그림 6-229]

34) 미리 보기에서 설정한 드래그 앤 드롭 상호 작용대로 이동시키고 [제출] 단추를 눌렀을 때 상호 작용이 적용되는지 확인한다.

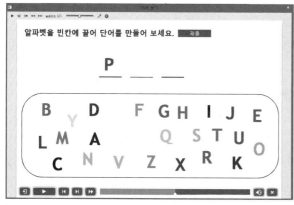

[그림 6-230]

5-1 드롭 대상 속성 설정하기

1) 슬라이드에서 **[드롭 대상]**(ⓐ)을 클릭하고 **[형식]**(ⓑ)을 선택한다.

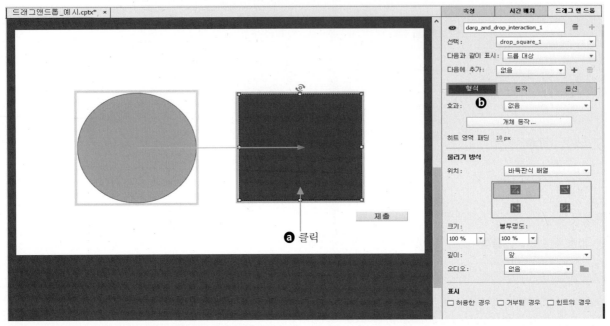

[그림 6-231]

2) 드롭 대상의 속성을 설정한다.

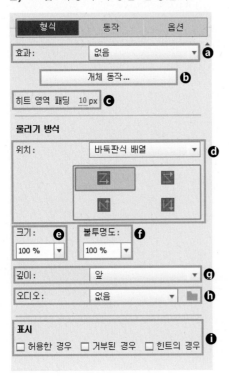

[그림 6-232]

ⓐ **[효과]** 드롭 시 효과를 설정한다.

ⓑ **[개체 동작]** 여러 개의 드롭 대상에 효과를 줄수 있다.

ⓒ **[히트 영역 패딩]** 선택한 드롭 대상 주위의 여백을 나타낸다. [드래그 소스를(해당 대상에 정확히 일치하지 않아도) 이 패딩 영역 내에 놓기만 하면 대상에 드롭된 것으로 간주된다.]

ⓓ **[위치]** 드래그 소스를 선택한 대상에 놓은 후 드래그 소스를 맞추는 방법을 지정하려면 다음 옵션 중 하나를 클릭한다.

• **[절대적]** 드래그 소스는 사용자가 드래그 소스를 놓은 곳과 동일한 위치에 그대로 유지된다.

• **[앵커]** 드래그 소스를 선택된 앵커 지점에 맞춘다.

• **[바둑판식]** 배열 선택한 순서대로 여러 드래그 소스가 배열 또는 배치된다.

ⓔ [크기] 드래그 소스를 대상에 놓은 후 드래그 소스의 크기를 늘리거나 줄이려면 기본 값(100%)을 편집한다. (값이 100%보다 작으면 크기가 줄어들고 100%보다 크면 크기가 늘어난다.)

ⓕ [불투명도] 드래그 소스를 대상에 놓은 후 드래그 소스의 불투명도를 변경하려면 기본 값(100%)을 편집한다. (값이 0이면 드래그 소스를 대상에 놓은 후 드래그 소스가 표시되지 않는다.)

ⓖ [깊이] 드래그 소스를 대상에 놓은 후 드래그 소스의 순서를 지정하려면 **[앞으로]** 또는 **[뒤로]**를 선택한다. (맨 처음 놓은 소스는 드롭 대상의 앞이나 뒤에 배치되며, 이후에 놓은 개체는 이전에 놓은 개체의 앞이나 뒤에 배치된다.)

ⓗ [오디오] 드롭 시 오디오를 재생할 수 있다.

ⓘ [표시] 드롭 시 텍스트 캡션을 표시한다.

• **[허용한 경우]** 드롭을 성공하였을 때 성공 텍스트 캡션이 나타난다.

• **[거부된 경우]** 드롭을 실패하였을 때 실패 텍스트 캡션이 나타난다.

• **[힌트의 경우]** 드롭 전 힌트를 제공하고 싶을 때 힌트 텍스트 캡션이 나타난다.

5-2 드래그 옵션 설정하기

1) 슬라이드에서 **[드래그 소스]**나 **[드롭 대상](ⓐ)**를 클릭하고 **[옵션](ⓑ)**을 선택한다.

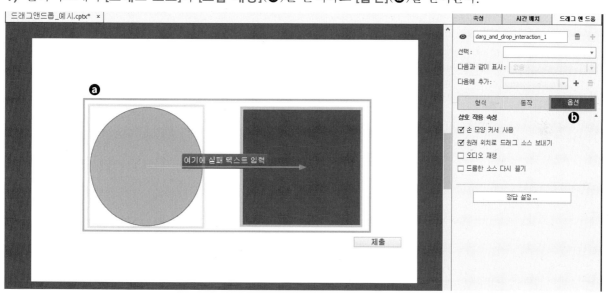

[그림 6-233]

2) 상호 작용 속성을 설정한다.

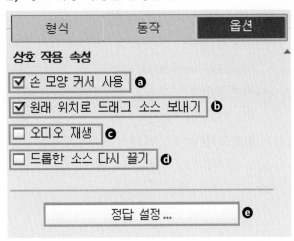

[그림 6-234]

ⓐ [손 모양 커서 사용] 사용자가 개체를 끌어서 놓는 동안 손 모양 커서가 나타난다.

ⓑ [원래 위치로 드래그 소스 보내기] 드래그 소스를 드롭 대상 범위 밖에 놓은 경우 끌어온 개체가 슬라이드의 원래 위치로 되돌아간다. (이를 선택하지 않은 경우 사용자가 슬라이드에서 드래그 소스를 이동하면 **[뒤로 돌아가기]** 옵션을 통해 끌어온 개체가 슬라이드의 이전 위치로 되돌아간다. 오답은 자동으로 원래 위치로 되돌아 간다.)

ⓒ [오디오 재생] 드롭 대상이 대답을 거부하는 경우 기본 오디오 파일을 재생하게 할 수 있다. (드롭 대상이 대답을 허용하는 경우 오디오를 재생하려면 드롭 대상을 클릭한 다음 **[드롭 대상]** 형식의 **[오디오]** 목록에서 오디오 파일을 클릭한다.)

ⓓ [드롭한 소스 다시 끌기] 드롭한 드래그 소스(올바르거나 올바르지 않은 소스)를 다른 드롭 대상으로 다시 끌 수 있다.

ⓔ [정답 설정] 정답의 순서를 설정하거나 여러 개의 정답을 지정할 수 있다. [정답 설정에 대한 자세한 내용은 6장 여러 개 정답 설정하기(286p)를 참고한다.]

1. 개체에 동작 적용하기

1) 동작을 추가할 슬라이드를 연다. 본 예시에서는 두 장의 슬라이드에 슬라이드 순서를 기입한다.

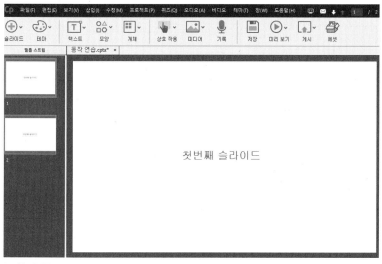

[그림 6-235]

2) 동작을 적용할 개체를 삽입하기 위해 상단의 빠른 실행 도구에서 **[상호 작용](ⓐ)＞[단추](ⓑ)**를 선택하면 **그림 6-237**과 같이 슬라이드에 단추가 삽입된다.

[그림 6-236]

[그림 6-237]

3) 동작을 설정하고 싶은 개체(ⓐ)를 선택하고 **[동작](ⓑ)>[성공한 경우]** 드롭다운 목록(ⓒ)에서 원하는 동작을 선택한다. 본 예시에서는 **[다음 슬라이드로 이동](ⓓ)**을 선택한다.

[그림 6-238]

4) 빠른 실행 도구에서 **[미리 보기](ⓐ)>[프로젝트]** (ⓑ)를 클릭하여 프로젝트를 게시한다.

[그림 6-239]

5) 미리 보기에서 동작이 적용되었는지 확인할 수 있다.

[그림 6-240]

1) 동작을 설정하고 싶은 **[대화형 개체]**를 클릭하고 **[속성]** 창을 활성화하여 속성 값을 설정한다.

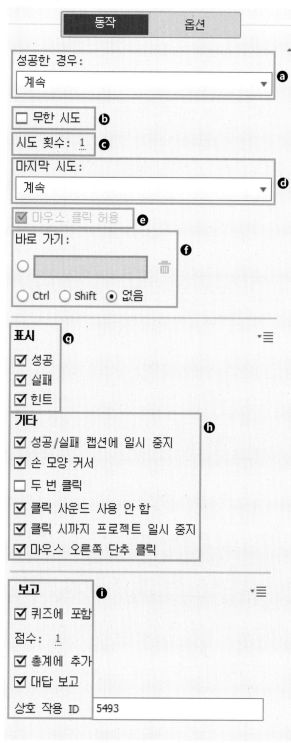

[그림 6-241]

ⓐ **[성공한 경우]** 사용자가 대화형 개체를 실행시킬 때 발생하는 동작을 지정한다.

ⓑ **[무한 시도]** 사용자는 횟수 제한 없이 시도할 수 있다.

ⓒ **[시도 횟수]** 사용자가 해당 문제를 몇 번까지 시도하면 지정된 동작이 수행되는지 지정한다. 기본적으로 허용되는 횟수는 무한이기 때문에 숫자를 지정하려면 **[무한 시도]**를 체크 해제한 다음 숫자를 입력한다.

ⓓ **[마지막 시도]** 마지막 시도 후 발생할 동작을 지정한다.

ⓔ **[마우스 클릭 허용]** 바로 가기를 사용해도 마우스 클릭을 허용한다.

ⓕ **[바로 가기]** 대화형 개체를 실행하기 위한 마우스 클릭에 대한 단축키를 지정할 수 있다.

ⓖ **[표시]** 클릭 상자 성공/실패시 나타나는 캡션 여부를 설정한다.
- **[성공]** 사용자가 대화형 개체를 실행시킬 때 표시되는 캡션을 삽입한다.
- **[실패]** 사용자가 대화형 개체를 실행시키지 못할 때 표시되는 캡션을 삽입한다.
- **[힌트]** 사용자에게 표시할 힌트 메시지를 캡션으로 제시한다.

ⓗ **[기타]** 대화형 개체 실행시 속성 값을 설정한다.
- **[성공/실패 캡션에 일시 중지]** 모든 성공 및 실패 캡션이 표시될 때까지 프로젝트를 일시 중지한다.
- **[손 모양 커서]** 개체 위로 마우스를 이동하면 가리키는 손 모양으로 마우스가 변경된다.
- **[두 번 클릭]** 사용자가 개체를 두 번 클릭해야 한다.

- **[클릭 사운드 사용 안 함]** 사용자가 개체 내부를 클릭할 때 재생되는 클릭 사운드를 비활성화한다.
- **[클릭 시까지 프로젝트 일시 중지]** 사용자가 개체를 클릭할 때까지 프로젝트를 일시 중지하고, 클릭한 후에 프로젝트가 다시 시작된다.
- **[마우스 오른쪽 단추 클릭]** 사용자가 개체를 마우스 오른쪽 단추로 클릭하도록 한다.

ⓘ **[보고]** 개체 실행 성공 시 결과를 퀴즈에 반영한다.
- **[퀴즈에 포함]** 대화형 개체를 현재 퀴즈에 포함된 질문으로 간주한다. 이 개체에 할당된 점수가 현재 퀴즈의 점수 결과에 추가된다.
- **[점수]** 질문에 할당할 점수로 최고 100점, 최저 0점이다. 이 클릭 상자에 할당된 점수가 현재 퀴즈의 점수 결과에 추가된다.
- **[총계에 추가]** 올바른 실행에 대한 점수를 총 점수에 포함된다.
- **[대답 보고]** LMS(교육 관리 시스템)에 퀴즈 점수를 보낸다.
- **[상호 작용 ID]** 교육 관리 시스템에 추적 정보를 보낸다. 해당 교육 관리 시스템에서 지정한 상호 작용 ID를 사용한다.

2) **[성공한 경우]**와 **[마지막 시도]**에서 설정할 수 있는 구체적인 동작들은 다음과 같다.

동 작	내 용
계속	동영상이 다음 정의된 동작으로 이동한다.
이전 슬라이드로 이동	이전 슬라이드로 이동한다.
다음 슬라이드로 이동	다음 슬라이드로 이동한다.
마지막으로 본 슬라이드로 이동	이전에 본 슬라이드로 이동한다.
슬라이드로 이동	지정된 슬라이드로 이동한다.
URL 또는 파일 열기	지정된 웹 페이지가 열리거나 지정한 파일을 열 수 있다.
다른 프로젝트 열기	지정된 Adobe Captivate 9 프로젝트를 연다.
전자 메일 보내기	전자 메일 주소가 지정된 상태로 기본 전자 메일 편집기의 초안이 열린다.
JavaScript 실행	지정된 JavaScript를 실행한다.
고급 동작 실행	미리 작성된 스크립트를 실행한다. [고급 동작 설정에 대한 자세한 내용은 9장 고급 동작을 활용한 특수효과 적용하기(473p)를 참고한다.]
공유 동작 실행	공유된 고급 동작에 개체를 연결시킨다. 이 옵션을 선택한 경우 드롭다운 목록에서 공유 동작을 선택한 다음 [P]를 클릭하여 매개 변수를 편집한다.
오디오 재생	지정된 오디오를 재생한다. (① 오디오는 사용자가 다른 대화형 개체를 클릭하거나 슬라이드 밖으로 이동할 때까지 재생 된다. ② 사용자가 상호 작용을 하지 않으면 오디오는 지정한 오디오 파일의 길이만큼만 재생되고 더 이상 반복되지 않는다. ③ 오디오가 끝나기 전에 사용자가 오디오가 있는 다른 대화형 개체를 클릭하는 경우 두 번째 오디오 파일이 재생된다. ④ **[고급 동작]**에서 복수의 **[오디오 재생]** 동작을 사용한 경우 첫 번째 **[오디오 재생]** 동작에 해당하는 오디오만 재생된다.)
트리거된 오디오 중지	**[오디오 재생]** 동작이 트리거한 가장 최근의 오디오를 중지시킨다.
표시	**[숨기기]** 동작에 의해 숨겨진 개체가 표시된다.

동작	내용
숨기기	지정된 개체가 표시되지 않는다.
사용	프로젝트의 다른 개체가 활성화된다.
사용 안 함	프로젝트의 다른 개체가 비활성화된다.
할당	지정된 변수의 값이 개체 내에 설정된다.
증가	지정된 변수의 값이 그에 따라 증가한다.
감소	지정된 변수의 값이 그에 따라 감소한다.
나가기	프로젝트 재생이 종료된다.
일시 중지	프로젝트 재생이 일시 중지된다.
효과 적용	지정된 개체와 연결된 효과가 적용된다.
전환	지정된 변수가 0에서 1로, 또는 1에서 0으로 전환된다.
목차 표시	목차가 표시된다.
목차 숨기기	목차가 숨겨진다.
재생 막대 표시	재생 막대가 표시된다.
재생 막대 숨기기	재생 막대가 숨겨진다.
목차 잠금	목차가 잠겨지면서 목차의 항목을 클릭해도 해당 항목으로 이동하지 않는다.
목차 잠금 해제	목차가 잠금 해제된다.
동작 없음	아무 동작도 수행되지 않는다.

예제

미국식 영어와 영국식 영어 발음을 비교하는 이러닝 콘텐츠에 아래와 같이 여러 가지 동작을 적용해 보자.

슬라이드	추가할 동작	동작명
미국식 영어 발음 vs 영국식 영어 발음	1-1 학습을 시작하는 버튼 추가	[다음 슬라이드로 이동]
Plant Pass Laugh　　　단어장 영국 발음 Plant Pass Laugh 미국 발음 Plant Pass Laugh	2-1 단어장 텍스트 캡션 위에 단어장 슬라이드로 넘어갈 수 있도록 클릭 상자 추가	[슬라이드로 이동]
	2-2 발음별 영어 발음 재생 및 중지	[오디오 재생] [트리거된 오디오 중지]
	2-3 학습 시작 첫 및 마무리 화면으로 이동	[이전 슬라이드로 이동] [슬라이드로 이동]
단어장 각 단어를 클릭해 보세요 Plant Pass Laugh	3-1 인터넷 영영사전으로 연결할 수 있도록 단추 추가	[URL 또는 파일 열기]
	3-2 단어를 클릭하면 발음이 재생되고 가려진 도형이 없어지면서 단어의 뜻이 Zoom in 효과로 나타남	[고급 동작 실행]
	3-3 다시 발음 공부하는 화면으로 이동	[마지막으로 본 슬라이드로 이동]
다음 시간는에는 미국 영어와 영국영어의 철자 차이를 알아보겠습니다	4-1 프로젝트를 종료하는 단추 추가	[나가기]

3-1 학습을 시작하는 버튼 추가하기

1) 동작을 적용할 프로젝트를 불러온다. (파일명: 6장_동작 설정 연습.cptx)

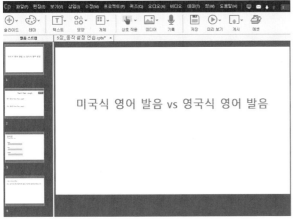

[그림 6-242]

2) [필름 스트립](ⓐ)에서 첫 번째 슬라이드(ⓑ)를 선택한다.

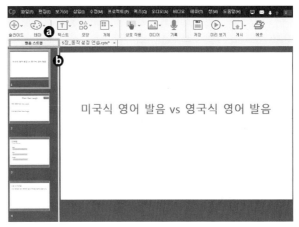

[그림 6-243]

3) [상호 작용](ⓐ) > [단추](ⓑ)를 선택하여 슬라이드에 단추를 삽입한다.

[그림 6-244]

4) [단추]의 흰 점을 이용해 단추의 크기를 조정(ⓐ)하고, 적절한 위치로 이동(ⓑ)한다.

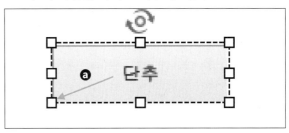

[그림 6-245]

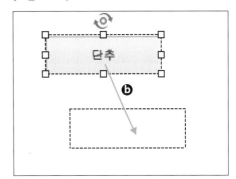

[그림 6-246]

5) 단추(ⓐ)를 선택하고, [속성](ⓑ) > [스타일](ⓒ)에서 단추 유형을 [투명 단추](ⓓ)로 변경하고, 단추의 텍스트를 'START'(ⓔ)로 바꾸고 [문자](ⓕ)에서 속성 값을 설정한다.

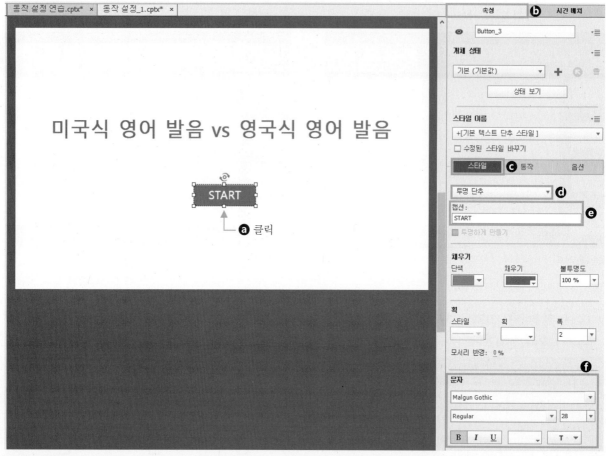

[그림 6-247]

6) [속성](ⓐ) > [동작](ⓑ)에서 성공한 경우에 [다음 슬라이드로 이동](ⓒ)을 선택한다.

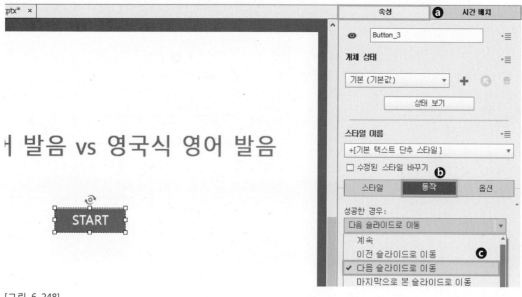

[그림 6-248]

3-2 단어장 텍스트 캡션 위에 단어장 슬라이드로 넘어갈 수 있도록 클릭 상자 추가하기

1) [필름 스트립](ⓐ)에서 두 번째 슬라이드(ⓑ)를 선택한다.

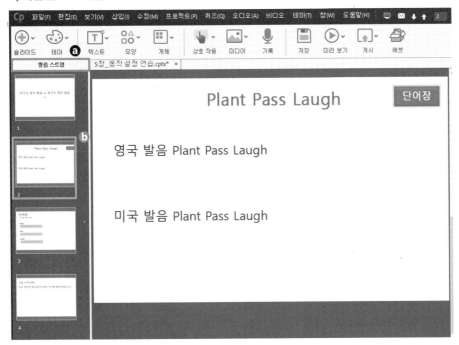

[그림 6-249]

2) 상단의 빠른 실행 도구에서 [상호 작용](ⓐ)＞[클릭 상자](ⓑ)를 선택하면 **그림 6-251**과 같이 슬라이드에 클릭 상자가 삽입된다.

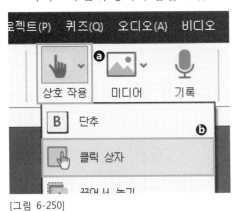

[그림 6-250]

[그림 6-251]

3) 클릭 상자의 위치를 단어장 위로 옮기고 흰 점을 이용해 단어장에 맞게 크기를 조정한다.

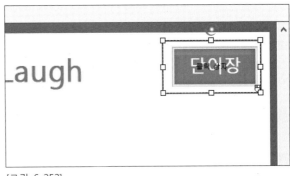

[그림 6-252]

4) 클릭 상자를 클릭하면 단어장 슬라이드로 이동하기 위해 **[동작]**(ⓐ)에서 **[성공한 경우]**(ⓑ) 드롭다운 목록을 클릭하고 **[슬라이드로 이동]**(ⓒ)을 선택한다.

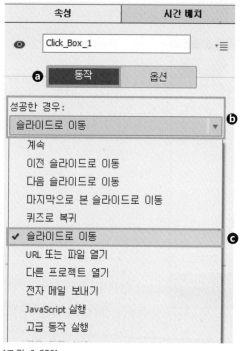

[그림 6-253]

5) 이동할 슬라이드를 설정하기 위해 **[슬라이드]**(ⓐ) 드롭다운 목록을 클릭하고 단어장이 있는 **[3 슬라이드 3]**(ⓑ)을 선택한다.

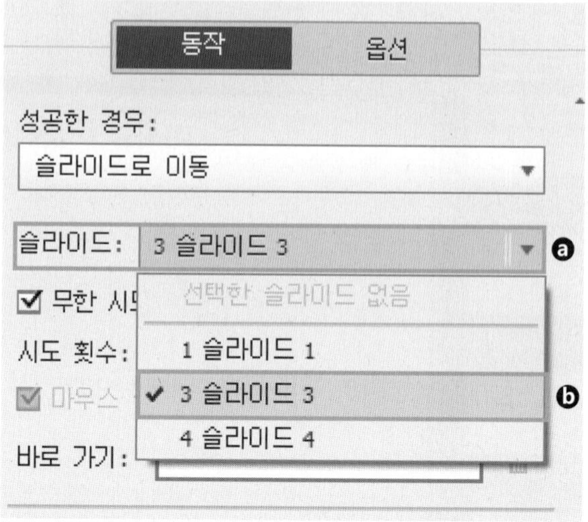

[그림 6-254]

3-3 발음별 영어 발음 재생 및 중지

1) **[필름 스트립]**(ⓐ)에서 두 번째 슬라이드(ⓑ)를 선택한다.

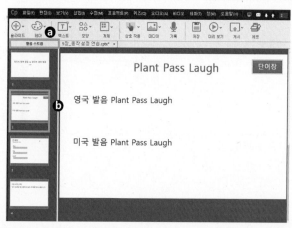

[그림 6-255]

2) 빠른 실행 도구에서 **[상호 작용]**(ⓐ) > **[단추]**(ⓑ)를 클릭하여 슬라이드에 단추를 삽입한다.

[그림 6-256]

3) 삽입된 단추를 마우스 우클릭(ⓐ)하여 [복제](ⓑ)를 선택한다.

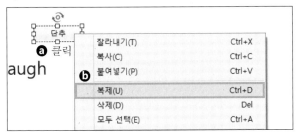

[그림 6-257]

4) Ctrl 을 누른 채 복제된 두 개의 단추(ⓐ)를 선택한 상태에서 다시 마우스 우클릭하고 [복제](ⓑ)를 선택하여
그림 6-259와 같이 총 네 개의 단추를 만든다.

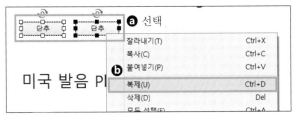

[그림 6-258]

[그림 6-259]

5) Ctrl 을 누른 채 첫 번째 열의 단추(ⓐ)들을 선택하
고 [스타일](ⓑ)에서 [단추 유형] 드롭다운 목록
(ⓒ)을 클릭하여 [이미지 단추](ⓓ)를 선택한다.

[그림 6-260]

6) 이미지 단추 목록에서 [start_blue(90*27)](ⓐ) 이
미지 단추를 선택한다.

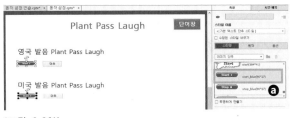

[그림 6-261]

7) 단추를 누르면 발음이 나오도록 하기 위해 첫 번
째 열의 첫 번째 단추(ⓐ)만 선택한 상태에서 [동작]
(ⓑ)을 클릭한 다음 [성공한 경우] 드롭다운 목록
(ⓒ)을 클릭하고 [오디오 재생](ⓓ)을 선택한다.

[그림 6-262]

8) 오디오 파일을 삽입하기 위해 ▮▮ (ⓐ)을 클릭한다.

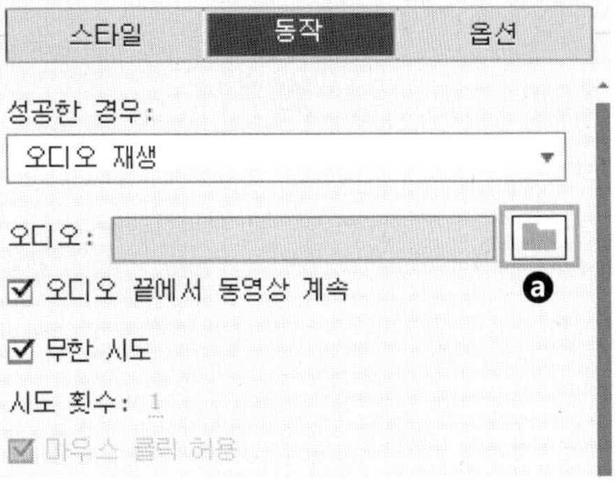

스타일	동작	옵션

성공한 경우:

오디오 재생 ▼

오디오: ▮

☑ 오디오 끝에서 동영상 계속

☑ 무한 시도

시도 횟수: 1

☑ 마우스 클릭 허용

[그림 6-263]

9) 열기 창이 뜨면 원하는 파일(ⓐ)을 선택한 후 **[열기]**(ⓑ)를 클릭하여 **그림 6-265**와 같이 파일이 삽입된 것을 확인할 수 있다.

[그림 6-264]

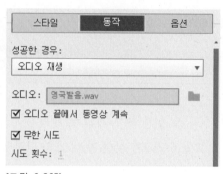

[그림 6-265]

10) 두 번째 열의 첫 번째 단추도 마찬가지의 과정으로 해당 음악 파일을 삽입(ⓐ)한다.

[그림 6-266]

11) Ctrl 을 누른 채 두 번째 열의 단추(ⓐ)들을 선택하고 **[스타일]**(ⓑ)에서 **[단추 유형]** 드롭다운 목록(ⓒ)을 클릭하여 **[이미지 단추]**(ⓓ)를 선택한다.

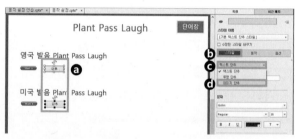

[그림 6-267]

12) 이미지 단추 목록에서 **[stop_blue(90*27)]**(ⓐ) 이미지 단추를 선택한다.

[그림 6-268]

13) 단추를 누르면 재생된 발음이 멈추도록 하기 위해 두 번째 단추들을 모두 선택된 상태에서 **[동작]**(ⓐ)을 클릭한 다음 **[성공한 경우]** 드롭다운 목록(ⓑ)을 클릭하고 **[트리거된 오디오 중지]**(ⓒ)를 선택한다.

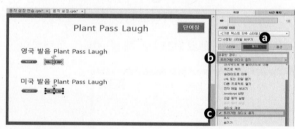

[그림 6-269]

3-4 학습 시작 첫 및 마무리 화면으로 이동

1) [필름 스트립](ⓐ)에서 두 번째 슬라이드(ⓑ)를 선택한다.

[그림 6-270]

2) 빠른 실행 도구에서 [상호 작용](ⓐ) > [단추](ⓑ)를 클릭하여 슬라이드에 단추를 삽입한다.

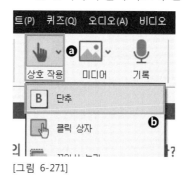

[그림 6-271]

3) 단추를 마우스 우클릭하고 [복사](ⓐ)를 누르면, **그림 6-273**과 같이 슬라이드에 단추 두 개가 삽입된다.

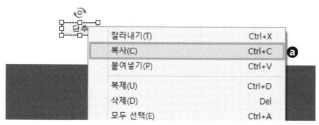

[그림 6-272]

4) Ctrl 을 누른 채 첫 번째 열의 단추(ⓐ)들을 선택하고 [스타일](ⓑ)에서 [단추 유형] 드롭다운 목록(ⓒ)을 클릭하여 [이미지 단추](ⓓ)를 선택한다.

[그림 6-273]

5) 첫 번째 단추(**ⓐ**)만 선택한 상태에서 이미지 단추 목록에서 [**back_blue(90*27)**](**ⓑ**) 이미지 단추를 선택한다.

[그림 6-274]

6) 단추를 누르면 본래 화면으로 되돌아 가도록 하기 위해 [**동작**](**ⓐ**)을 클릭한 다음 [**성공한 경우**] 드롭다운 목록(**ⓑ**)을 클릭하고 [**이전 슬라이드로 이동**](**ⓒ**)을 선택한다.

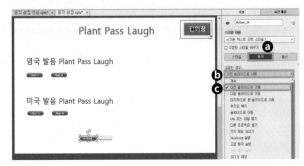

[그림 6-275]

7) 두 번째 단추(**ⓐ**)만 선택한 상태에서 이미지 단추 목록에서 [**next_blue(90*27)**](**ⓑ**) 이미지 단추를 선택한다.

[그림 6-276]

8) 단추를 누르면 다음 화면으로 넘어가도록 하기 위해 [**동작**](**ⓐ**)을 클릭한 다음 [**성공한 경우**] 드롭다운 목록(**ⓑ**)을 클릭하고 [**슬라이드로 이동**](**ⓒ**)을 선택한다.

[그림 6-277]

9) [**슬라이드**] 드롭다운 목록(**ⓐ**)에서 다음 슬라이드인 [**4 슬라이드 4**](**ⓑ**)를 선택한다.

[그림 6-278]

3-5 인터넷 영영사전으로 연결할 수 있도록 단추 추가

1) [필름 스트립](ⓐ)에서 세 번째 슬라이드(ⓑ)를
선택한다.

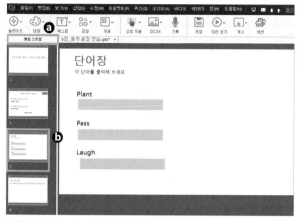

[그림 6-279]

2) 빠른 실행 도구에서 [상호 작용](ⓐ)＞[단추](ⓑ)
를 클릭하여 슬라이드에 단추를 삽입한다.

[그림 6-280]

3) 단추를 클릭(ⓐ)하여 [속성] 창(ⓑ)을 활성화한다.

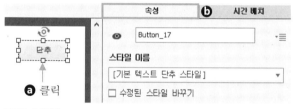

[그림 6-281]

4) [캡션](ⓐ)에서 '영영사전'(ⓑ)이라고 입력한다.

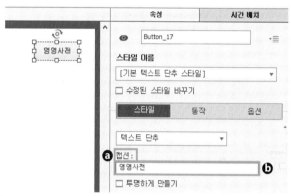

[그림 6-282]

5) 단추를 누르면 인터넷 영영사전이 열리도록 하기
위해 [동작](ⓐ)을 클릭한 다음 [성공한 경우](ⓑ)
드롭다운 목록을 클릭하고 [URL 또는 파일 열기]
(ⓒ)을 선택한다.

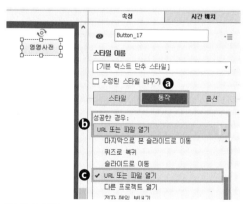

[그림 6-283]

6) [URL](ⓐ)에 인터넷 영영사전 주소 'http://www.
oxforddictionaries.com'를 입력한다.

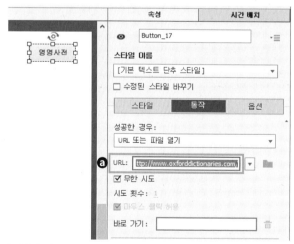

[그림 6-284]

3-6 단어를 클릭하면 발음이 재생되고 가려진 도형이 없어짐

1) [필름 스트립](ⓐ)에서 세 번째 슬라이드(ⓑ)를 선택한다.

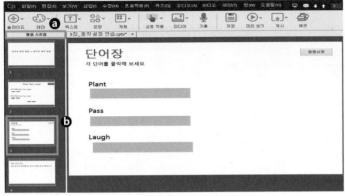

[그림 6-285]

2) Plant 캡션 하단 네모(ⓐ)를 클릭하고 개체 이름 (ⓑ)에 'SmartShape_plant'라고 입력한다.

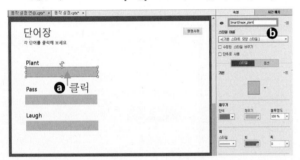

[그림 6-286]

3) 네모 뒤에 단어 뜻 캡션(ⓐ)을 클릭하고 개체 이름(ⓑ)에 'Text_Caption_plant'라고 입력한다.

[그림 6-287]

4) Pass 캡션 하단 네모(ⓐ)를 클릭하고 개체 이름(ⓑ)에 'SmartShape_Pass'라고 입력한다.

[그림 6-288]

5) 네모 뒤에 단어 뜻 캡션(ⓐ)을 클릭하고 개체 이름(ⓑ)에 'Text_Caption_Pass'라고 입력한다.

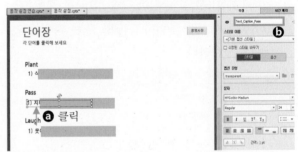

[그림 6-289]

6) Laugh 캡션 하단 네모(**ⓐ**)를 클릭하고 개체 이름 (**ⓑ**)에 'SmartShape_Laugh'라고 입력한다.

[그림 6-290]

7) 네모 뒤에 단어 뜻 캡션(**ⓐ**)을 클릭하고 개체 이름 (**ⓑ**)에 'Text_Caption_Laugh'라고 입력한다.

[그림 6-291]

8) 상위 메뉴에서 [프로젝트](**ⓐ**) > [고급 동작](**ⓑ**)을 선택한다.

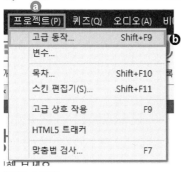

[그림 6-292]

9) [고급 동작] 창이 뜨면 [동작 이름](**ⓐ**)에 'Plant'라고 입력한다.

[그림 6-293]

10) ⊞ (동작 추가, **ⓐ**)를 더블클릭하여 두 개 동작(**ⓑ**)을 추가한다.

[그림 6-294]

11) 첫 번째 [선택 동작] 드롭다운 목록(**ⓐ**)에서 [오디오 재생](**ⓑ**)을 선택한다.

[그림 6-295]

12) [오디오 파일 선택](ⓐ)을 더블클릭한다.

[그림 6-296]

13) [라이브러리에서 오디오 선택] 창이 뜨면 [가져오기](ⓐ)를 클릭한다.

[그림 6-297]

14) [열기] 창이 뜨면 'plant' 음성 파일(ⓐ)을 선택한 후 [열기](ⓑ)를 클릭한다.

[그림 6-298]

15) 두 번째 [선택 동작] 드롭다운 목록(ⓐ)에서 [숨기기](ⓑ)를 선택한다.

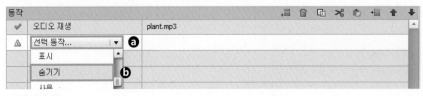

[그림 6-299]

16) 숨길 개체를 선택하기 위해 드롭다운 목록에서 'SmartShape_plant'(ⓐ)를 선택한다.

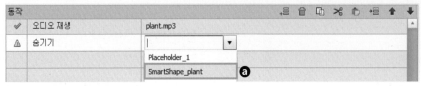

[그림 6-300]

17) [동작으로 저장](**ⓐ**)을 클릭한다.

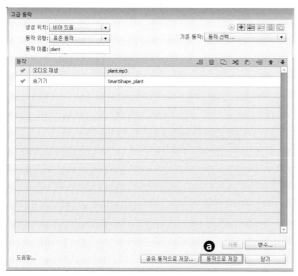

[그림 6-301]

18) 그림 6-302와 같이 성공적으로 스크립트가 저장되면 [OK](**ⓐ**)를 누른다.

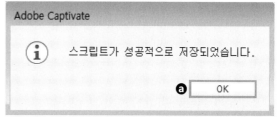

[그림 6-302]

19) [닫기](**ⓐ**)를 클릭한다.

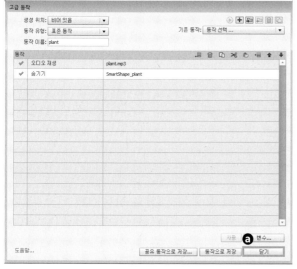

[그림 6-303]

20) 상단의 빠른 실행 도구에서 [상호 작용](**ⓐ**) > [클릭 상자](**ⓑ**)를 선택하여 슬라이드에 클릭 상자를 삽입한다.

[그림 6-304]

21) 'Plant' 텍스트 캡션 위(**ⓐ**)에 클릭 상자를 올려놓고 크기를 조절한다.

[그림 6-305]

22) 클릭 상자를 선택한 채로 [동작](ⓐ) > [성공한 경우] 드롭다운 목록(ⓑ)에서 [고급 동작 실행](ⓒ)을 선택한다.

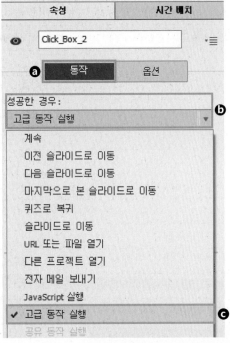

[그림 6-306]

23) [스크립트] 드롭다운 목록(ⓐ)에서 'plant'(ⓑ)를 선택한다.

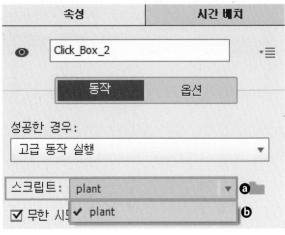

[그림 6-307]

24) 같은 과정을 반복하여 'Pass'와 'Laugh'에 적용한다.

3-7 다시 발음 공부하는 화면으로 이동

1) [필름 스트립](ⓐ)에서 세 번째 슬라이드(ⓑ)를 선택한다.

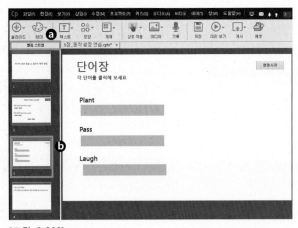

[그림 6-308]

2) 빠른 실행 도구에서 [상호 작용](ⓐ) > [단추](ⓑ)를 클릭하여 슬라이드에 단추를 삽입한다.

[그림 6-309]

3) 단추를 선택한 상태에서 [단추 유형] 드롭다운 목록(ⓐ)을 클릭하여 [이미지 단추](ⓑ)를 선택한다.

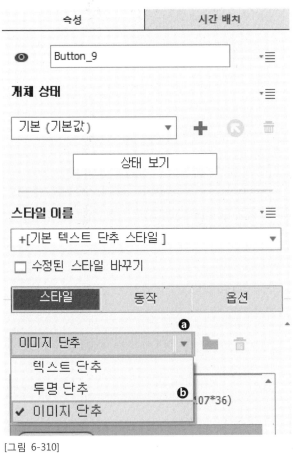

[그림 6-310]

4) 이미지 단추 목록에서 [back_blue(90*27)](ⓐ) 이미지 단추를 선택한다.

[그림 6-311]

5) 단추를 누르면 본래 화면으로 되돌아 가도록 하기 위해 [동작](ⓐ)을 클릭한 다음 [성공한 경우] 드롭다운 목록(ⓑ)을 클릭하고 [마지막으로 본 슬라이드 이동](ⓒ)을 선택한다.

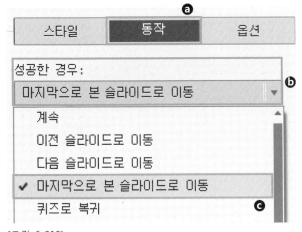

[그림 6-312]

3-8 프로젝트를 종료하는 단추 추가

1) [필름 스트립](ⓐ)에서 네 번째 슬라이드(ⓑ)를 선택한다.

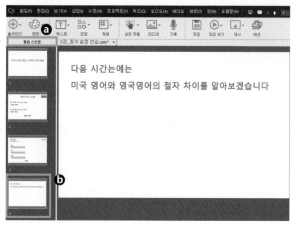

[그림 6-313]

2) 빠른 실행 도구에서 [상호 작용](ⓐ) > [단추](ⓑ)를 클릭하여 슬라이드에 단추를 삽입한다.

[그림 6-314]

3) 단추를 선택한 상태에서 [단추 유형] 드롭다운 목록(ⓐ)을 클릭하여 [투명 단추](ⓑ)를 선택한다.

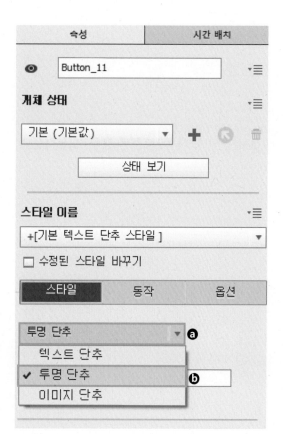

[그림 6-315]

4) [캡션](ⓐ)에 '학습종료'라고 입력하고, [채우기] > [획] > [문자](ⓑ)에서 단추의 속성 값을 자유롭게 설정한다.

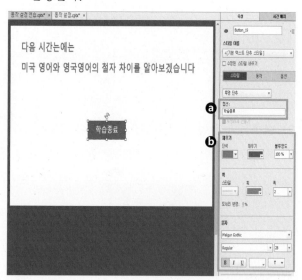

[그림 6-316]

5) 단추를 누르면 프로젝트를 끝내도록 하기 위해 [동작](ⓐ)을 클릭한 다음 [성공한 경우] 드롭다운 목록(ⓑ)을 클릭하고 [나가기](ⓒ)를 선택한다.

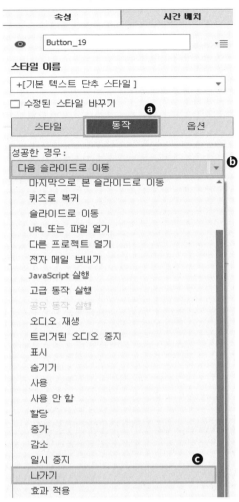

[그림 6-317]

3-9 프로젝트 미리 보기

1) 빠른 실행 도구에서 [미리 보기](ⓐ) > [프로젝트](ⓑ)를 클릭하여 프로젝트를 게시한다.

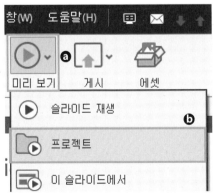

[그림 6-318]

2) 설정한 효과가 적용되는지 확인해본다.

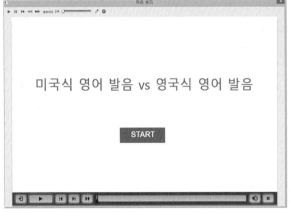

[그림 6-319]

Adobe Captivate 9에서는 개체의 다중 상태를 지원한다. 구체적으로 롤오버 되거나 클릭했을 때 개체의 모양을 다르게 설정할 수 있으며, 이는 모바일 콘텐츠를 구성할 때 효과적으로 활용할 수 있다.

1. 개체 상태 변경하기

> **예제**
>
> 단추의 원래 상태와, 단추 위에 마우스를 올려놓았을 때, 클릭했을 때 상태가 바뀔 수 있도록 설정해 보자.

1) 개체 상태를 변화하기 위해 슬라이드를 연다. (파일명: 개체 상태 연습.cptx)

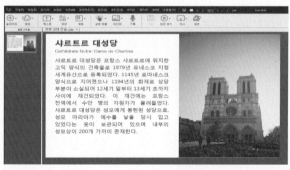

[그림 6-320]

2) 상단의 빠른 실행 도구에서 [상호 작용](ⓐ) > [단추](ⓑ)를 선택하여 슬라이드에 단추가 삽입된다.

[그림 6-321]

3) 단추(ⓐ)를 원하는 위치로 옮기고 크기를 조정한다.

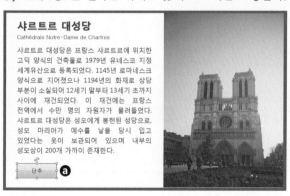

[그림 6-322]

4) 단추를 선택한 상태에서 [단추 유형] 드롭다운 목록(ⓐ)을 클릭하여 [투명 단추](ⓑ)를 선택한다.

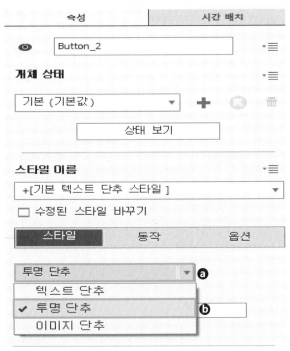

[그림 6-323]

> **보충설명**
>
> **단추 스타일 변경**
>
> 단추 스타일 변경에 대한 자세한 내용은 6장 단추 스타일 변경하기(239p)를 참고한다.

6) [동작](ⓐ)을 클릭하고 [성공한 경우](ⓑ)드롭다운 목록에서 [URL 또는 파일 열기](ⓒ)를 선택한다.

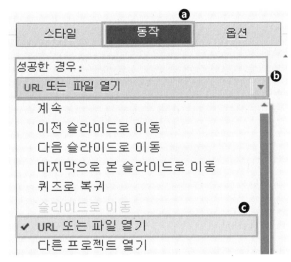

[그림 6-325]

5) [캡션](ⓐ)에서 단추 안에 들어갈 텍스트를 입력한다. 본 예시에서는 '지도'라고 입력한다.

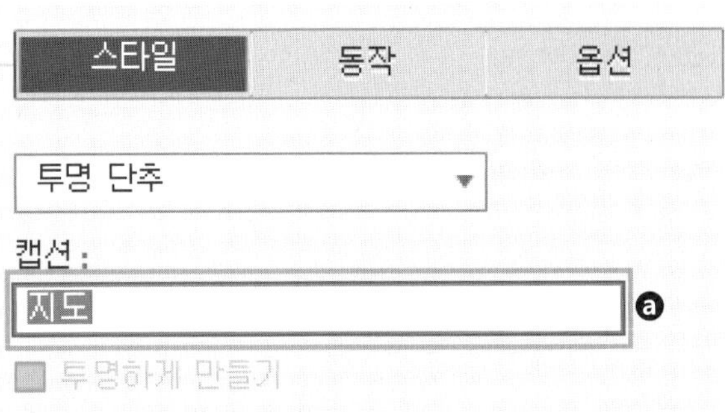

[그림 6-324]

7) [URL] 입력 필드(ⓐ)에서 인터넷 주소를 입력한다. 본 예시에서는 샤르트르 대성당의 인터넷 지도 주소(https://goo.gl/maps/LRkjQKgszyA2)를 입력한다.

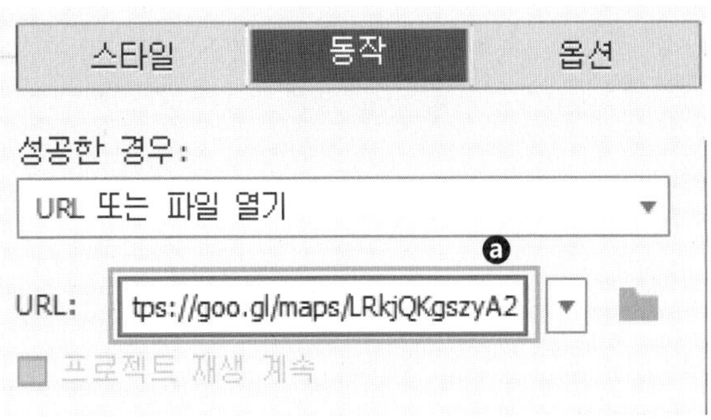

[그림 6-326]

8) 단추를 선택한 상태에서 [상태 보기](ⓐ)를 클릭하면 **그림 6-328**과 같이 상태보기 편집 창이 활성화된다.

[그림 6-327]

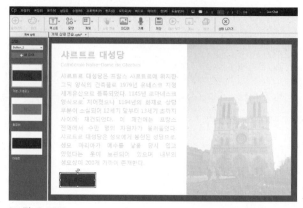

[그림 6-328]

9) [개체 상태](ⓐ)에서 [기본(기본 값)](ⓑ)을 선택한다.

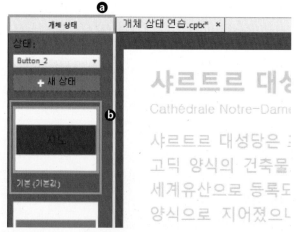

[그림 6-329]

10) [스타일](ⓐ)을 클릭하고 [채우기] > [획] > [문자] (ⓑ)에서 개체의 스타일을 변경한다.

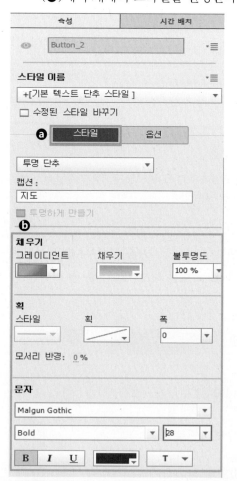

[그림 6-330]

보충설명

기본 상태 변경

기본 상태를 변경하면 다른 상태의 스타일도 똑같이 변경된다.

11) 단추 위에 마우스를 올려놓았을 때 상태를 변경하기 위해 **[개체 상태]**(ⓐ)에서 **[롤오버]**(ⓑ)를 선택한다.

[그림 6-331]

12) 기본 값과 차이를 주기 위해 **[채우기 색깔]**(ⓐ)과 **[글자 색깔]**(ⓑ)을 변경한다.

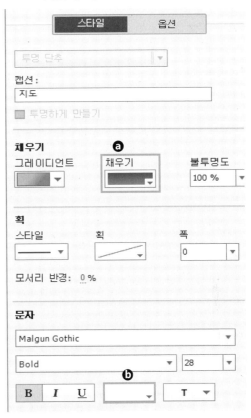

[그림 6-332]

13) 단추를 클릭했을 때 상태를 변경하기 위해 **[개체 상태]**(ⓐ)에서 **[아래로]**(ⓑ)를 선택한다.

[그림 6-333]

14) 기본 및 롤오버 상태와 차이를 주기 위해 **[채우기 색깔]**(ⓐ)과 **[글자 색깔]**(ⓑ)을 변경한다.

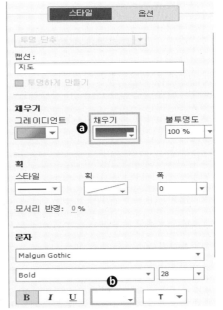

[그림 6-334]

15) [개체 상태](ⓐ)에서 각 상태별 차이를 확인하고 [상태 나가기](ⓑ)를 클릭한다.

[그림 6-335]

16) 빠른 실행 도구에서 [미리 보기](ⓐ)＞[프로젝트](ⓑ)를 클릭하여 프로젝트를 게시한다.

[그림 6-336]

17) 미리 보기에서 설정한 개체 상태가 적용되는지 확인한다.

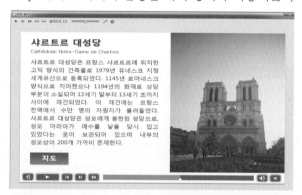

[그림 6-337]

2. 새 개체 상태 추가하기

> **예제**
> 단추에 새 개체 상태를 추가하고 슬라이드의 일부분을 클릭했을 때 단추의 상태가 바뀌도록 설정해 보자.

1) 새 개체 상태를 추가하기 위해 슬라이드를 연다. (파일명: 개체 상태 연습.cptx)

[그림 6-338]

2) 상단의 빠른 실행 도구에서 **[상호 작용](ⓐ) > [클릭 상자](ⓑ)**를 선택하면 **그림 6-340**과 같이 슬라이드에 클릭 상자가 삽입된다.

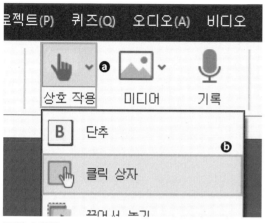

[그림 6-339]

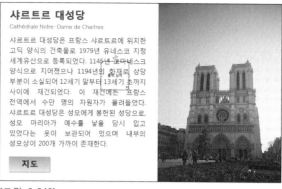

[그림 6-340]

3) 클릭 상자(ⓐ)의 크기를 조정하여 클릭하고자 하는 위치로 이동한다.

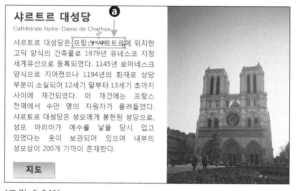

[그림 6-341]

4) 클릭 상자가 선택된 상태에서 **[동작](ⓐ) > [성공한 경우]** 드롭다운 목록(ⓑ)에서 **[계속](ⓒ)**을 선택한다.

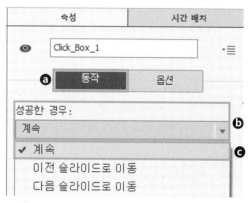

[그림 6-342]

5) 슬라이드의 단추(ⓐ)를 클릭하여 **[속성]** 창(ⓑ)을 활성화한다.

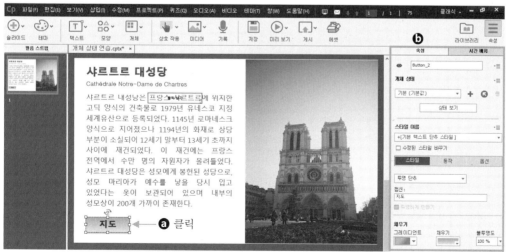

[그림 6-343]

6) [개체 상태](ⓐ)에서 [새 개체 상태 추가](ⓑ)를 클릭한다.

[그림 6-344]

7) 빈창에 커서가 활성화되면 개체 상태 이름을 'map'(ⓐ)이라고 입력하고 [확인](ⓑ)을 클릭한다.

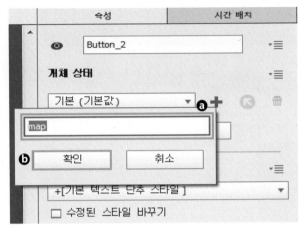

[그림 6-345]

8) 단추를 선택한 상태에서 [상태 보기](ⓐ)를 클릭하면 **그림 6-347**과 같이 상태보기 편집 창이 활성화된다.

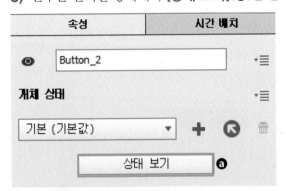

[그림 6-346]

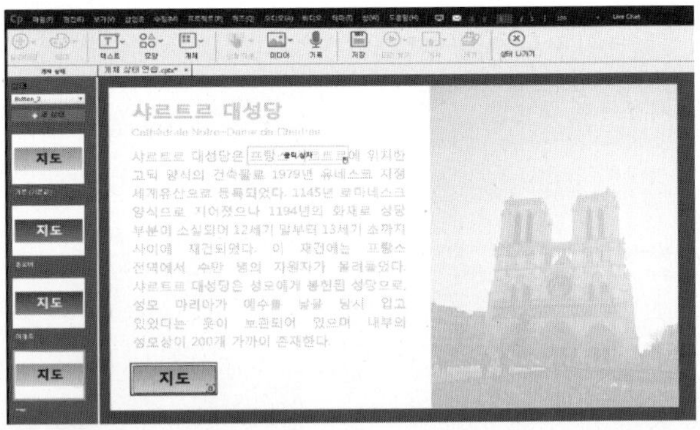

[그림 6-347]

9) [개체 상태](ⓐ)에서 새 개체 상태인 [map](ⓑ)을 선택한다.

[그림 6-348]

10) 다른 상태와 차이를 주기 위해 [채우기 색깔](ⓐ)을 변경한다.

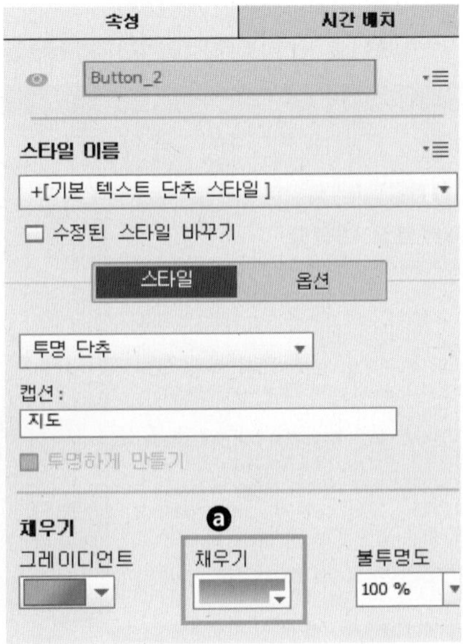

[그림 6-349]

11) [개체 상태](ⓐ)에서 각 상태별 차이를 확인하고 [상태 나가기](ⓑ)를 클릭한다.

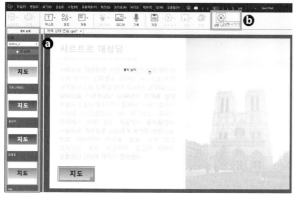

[그림 6-350]

12) [개체 상태](ⓐ)에서 [동작을 개체 상태로 설정ⓖ](ⓑ)을 클릭한다.

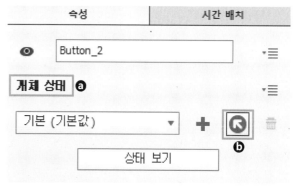

[그림 6-351]

13) [다음을 클릭할 때] 드롭다운 목록(ⓐ)에서 [Click_Box_1](ⓑ)을 선택한다.

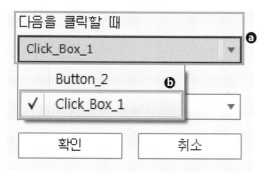

[그림 6-352]

14) [상태 변경] 드롭다운 목록(ⓐ)에서 [map](ⓑ)을 선택한다.

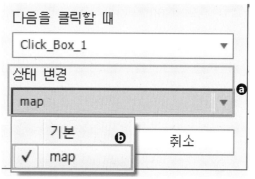

[그림 6-353]

15) [확인](ⓐ)을 누른다.

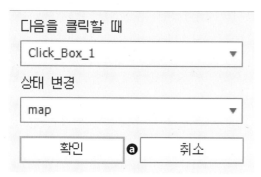

[그림 6-354]

16) 빠른 실행 도구에서 [미리 보기](ⓐ) > [프로젝트](ⓑ)를 클릭하여 프로젝트를 게시한다.

[그림 6-355]

17) 미리 보기에서 새 개체 상태가 추가돼서 적용된 것을 확인한다.

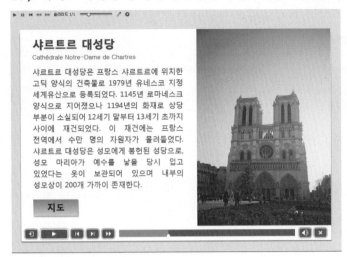

[그림 6-356]

3. Adobe Captivate 9에서 개체 상태

Adobe Captivate 9에서 개체 상태를 변경할 수 있는 개체 유형은 다음과 같다.

개체 유형	내장 상태	
롤오버 캡션, 이미지, 텍스트 캡션, 강조 상자, 롤오버 이미지, 수식	사용자 상태: 사용자 상태는 대화형, 비대화형 개체를 모두 지원한다. 사용자는 상태 변경을 통해 그들을 트리거할 수 있다.	
단추	• 보통: 개체의 디폴트 상태 • 롤오버: 마우스 커서를 단추 위에 올려놓았을 때 • 다운: 단추를 클릭했을 때	
드래그 앤 드롭 상호 작용 (드래그 소스)	• 드래그 오버 • 드래그 거절	• 드래그 수용 • 드래그 시작
드래그 앤 드롭 상호 작용 (드롭 대상)	• 드래그 오버 • 드롭 거절 • 드롭 불일치	• 드롭 수용 • 드롭 일치

오디오 및 비디오 삽입하기

제**7**장

♣ 오디오 삽입하기
• 개체에 오디오 삽입하기
• 하나 또는 여러 슬라이드에 오디오 삽입하기
• 배경에 오디오 삽입하기

♣ 음성 내레이션 삽입하기
• 음성 내레이션 삽입하기
• 텍스트를 음성으로 변환하기
• 폐쇄 캡션 삽입하기

♣ 오디오 편집하기
• 개체 오디오 편집기능
• 슬라이드 오디오 편집기능
• 오디오 설정
• 오디오 관리

♣ 오디오 내보내기
• 슬라이드에서 오디오 내보내기
• 프로젝트에서 오디오 내보내기

♣ 오디오 삭제하기
• 개체에서 오디오 삭제하기
• 슬라이드에서 오디오 삭제하기
• 배경에서 오디오 삭제하기

♣ 비디오 삽입하기
• 다중 슬라이드 동기화된 비디오 가져오기
• 이벤트 비디오 가져오기

♣ 비디오 편집하기
• 비디오 시간 배치 편집하기
• 이벤트 비디오 설정
• 비디오 관리하기
• 프로젝트 비디오 업데이트

실행 순서

♣ 오디오 삽입하기

오디오(A) ⇨ 가져오기 위치

오디오를 삽입하고 싶은 슬라이드를 선택한 후 상위 메뉴 [오디오]에서 [가져오기 위치]를 선택한다.

♣ 음성 내레이션 삽입하기

오디오(A) ⇨ 기록 위치

음성 내레이션을 삽입하고 싶은 슬라이드를 선택한 후 상위 메뉴 [오디오]에서 [기록 위치]를 선택한다.

♣ 오디오 편집하기

오디오(A) ⇨ 편집

삽입된 오디오를 편집하고 싶은 슬라이드를 선택한 후 상위 메뉴 [오디오]에서 [편집]을 선택한다.

♣ 오디오 내보내기

 [마우스로
⇨ 오디오 아이콘 ⇨ 내보내기(E)
클릭]

[필름 스트립]의 오디오 아이콘을 클릭한 후 [내보내기]를 선택한다.

♣ 오디오 삭제하기

오디오(A) ⇨ 제거

삽입된 오디오를 삭제하고 싶은 슬라이드를 선택한 후 상위 메뉴 [오디오]에서 [제거]를 선택한다.

♣ 비디오 삽입하기

오디오(A) ⇨ 비디오 삽입...

비디오를 삽입하고 싶은 슬라이드를 선택한 후 상위 메뉴 [오디오]에서 [비디오 삽입]을 선택한다.

♣ 비디오 편집하기

오디오(A) ⇨ 비디오 타이밍 편집...

삽입된 비디오를 편집하고 싶은 슬라이드를 선택한 후 상위 메뉴 [오디오]에서 [비디오 타이밍 편집]을 선택한다.

- 프로젝트에서 개체, 슬라이드, 배경에 오디오 삽입
- 삽입된 오디오 편집 및 관리
- 프로젝트에 비디오 삽입
- 삽입된 비디오 편집 및 관리

이러닝 설계팁

♣ 이러닝에서 오디오의 활용

이러닝에서 오디오는 학습 내용을 설명하는 내레이션과 박수소리와 같은 효과음, 슬라이드 혹은 프로젝트 전체적으로 깔리는 배경음악으로 나누어 진다. 세 개의 오디오를 동시에 활용할 때에는 크기나 위치 등을 고려하여 삽입해야 한다. 예를 들어, 내레이션을 통해 핵심적인 부분을 언급하는데 효과음이나 배경음악이 너무 크게 출력되면 학습 내용을 습득하는 데 방해가 된다. 따라서 세 개의 오디오는 동시에 제시되지 않는 것이 좋다. 함께 제시해야 할 경우, 학습 내용을 언급하는 내레이션의 출력을 가장 크게 하고 학습자의 주의를 집중하게 하는 효과음이나 배경음악은 작게 하여 조절해야 한다. Adobe Captivate 9에서는 [볼륨조절]을 통해 각 오디오의 출력크기를 조절할 수 있다.

♣ 이러닝에서 내레이션 설계

내레이션은 외국어, 음악과 같이 학습 내용 자체의 특성이 음성적일 때나, 초기의 읽기 학습에서처럼 학습자가 말을 해야만 할 경우에 필수적이다. 특히 내레이션은 글을 전혀 읽지 못하는 사람이나 잘 읽지 못하는 사람, 어린 아동, 한국어가 모국어가 아닌 사람, 시각 장애자에게도 유용하다(Alessi & Trollip, 2003).

일반적으로 이러닝에서 내레이션을 구성할 때 텍스트 내용을 그대로 읽는 경우가 많다. 하지만 똑같은 음성과 문자를 제공하는 것은 학습자를 혼란시키거나 학습에 방해가 되므로 지양해야 한다. 오히려 읽고, 듣는 것 중에서 학습자별로 개인적인 선호가 다를 수 있기 때문에 내레이션과 텍스트를 같이 제공하기 보다는 둘 중 하나를 학습자가 선택하도록 설계하는 것이 학습에 효과적이다. 또한 학습자간 학습 시간에 개인차가 있기 때문에 언제든지 원하는 만큼 반복할 수 있도록 내레이션이 설정되어야 한다(Alessi & Trollip, 2003).

♣ 이러닝에서 비디오의 활용

비디오는 시각적, 청각적 정보가 종합된 것으로 이러닝에서 유용하게 활용될 수 있다. 복잡한 장치의 작동 방법에 대한 내레이터의 설명이나 실제 활동을 녹화해서 어떤 활동을 어떻게 실행해야 하는 지를 보여주는 모델링에 특히 유용하다. 또한 드라마를 이용하여 사람들에게 자신의 태도를 평가해 보게 하여, 태도 변화를 위하여 효과적으로 활용할 수도 있다(Alessi, & Trollip, 2003).

이미지와 같이 비디오는 중요한 내용에 학습자의 주의를 집중하게 하기도 하고, 방해를 하기도 한다. 따라서 비디오는 중요한 내용을 강조하기 위해서만 사용되어야 한다. 또한 애니메이션과 마찬가지로, 사용자가 비디오를 볼 때 통제를 할 수 있어야 한다. 멈춤, 다시 보기, 메뉴로 가기, 음량 조절하기 등과 같은 프로그램 전체에 걸쳐 사용가능한 통제장치가 비디오 보기에서도 이용할 수 있어야 하며, 비디오 그 자체에서도 통제기능을 가지고 있어야 한다(Alessi & Trollip, 2003).

Adobe Captivate 9은 개체, 슬라이드, 배경에 음악, 사운드 효과, 음성녹음 등 다양한 유형의 소리를 삽입할 수 있다.

1. 개체에 오디오 삽입하기

> **예제**
> 강조하기 개체가 나타날 때 효과음이 나오도록 만들어 보자.

1) 열려 있는 프로젝트에서 [개체](ⓐ) > [강조 상자]
(ⓑ)를 클릭하여 오디오를 추가할 개체를 만든다.

[그림 7-1]

2) 삽입된 [강조 상자 개체](ⓐ)를 클릭한다.

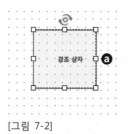

[그림 7-2]

> **보충설명**
>
> **오디오 추가가 가능한 다양한 개체**
>
> [Adobe Captivate 9]의 단추, 강조 상자, 클릭 상자 또는 텍스트 입력 상자 등의 개체에 오디오 파일을 가져올 수 있다.

3) [오디오](ⓐ) > [가져오기 위치](ⓑ) > [개체](ⓒ)를 클릭한다.

[그림 7-3]

4) 추가할 오디오 파일(❶)을 찾아 선택하고 [열기](❷)를 클릭한다. 본 예시에서는 'Electronic Beeping' 파일을 선택한다.

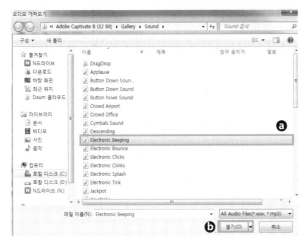

[그림 7-4]

5) 추가한 오디오 파일이 삽입(❶)된 것을 확인할 수 있다.

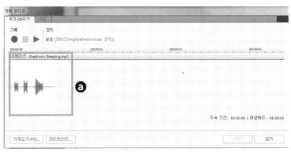

[그림 7-5]

6) [추가/바꾸기](❶) 탭에서 [오디오 재생](❷)을 클릭하여 오디오 파일을 듣고 테스트한다.

[그림 7-6]

7) [저장](❶) > [닫기](❷)를 클릭한다.

[그림 7-7]

8) 타임라인에 오디오가 삽입된 것을 확인할 수 있다.

[그림 7-8]

9) 강조 상자 개체(ⓐ)를 클릭한 후 강조 상자가 화면에 표시될 시간을 정한다.

[그림 7-9]

10) [미리 보기](ⓐ) > [프로젝트](ⓑ)를 클릭한다.

[그림 7-10]

11) 강조 상자가 화면에 나타날 때 효과음이 나오는 것을 확인할 수 있다.

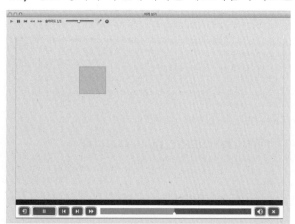

[그림 7-11]

하나의 배경음악 오디오 파일을 여러 슬라이드에 분배해 보자.

1) 예시 파일을 실행한 후 [필름 스트립]에서 첫 번째 슬라이드(ⓐ)를 선택한다. (파일명: 7장_오디오 및 비디오 삽입하기 연습.cptx)

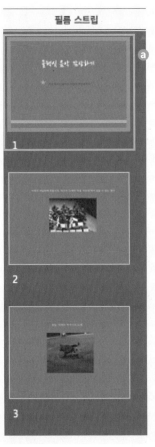

[그림 7-13]

보충설명

슬라이드 선택

전체 슬라이드에 하나의 오디오를 재생하고 싶을 경우, 첫 번째 슬라이드를 선택한 후 오디오를 추가한다.

2) [오디오](ⓐ)>[가져오기 위치](ⓑ)>[슬라이드](ⓒ)를 클릭한다.

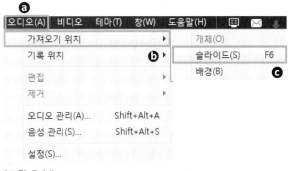

[그림 7-14]

3) 추가할 오디오 파일(ⓐ)을 찾아 선택 후 [열기](ⓑ)를 클릭한다.

[그림 7-15]

4) 추가할 오디오 재생 시간이 선택한 슬라이드 재생 길이보다 길 경우 다음 옵션 중에 하나를 선택해야 한다. 본 예시의 경우 선택한 오디오 재생 시간(2분 32초)이 선택한 슬라이드 재생 길이(12초)보다 길다. 세 가지 옵션 중 '**여러 슬라이드에 오디오 파일을 분배합니다.**'(ⓐ) 옵션을 선택하고 [OK](ⓑ)를 누른다.

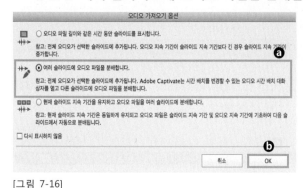

[그림 7-16]

5) [편집](ⓐ)탭의 재생 버튼(ⓑ)을 클릭하여 오디오 재생 파일을 들어보고, 각 슬라이드에 오디오를 어떻게 분배 할 지를 정한다.

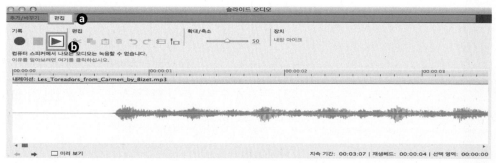

[그림 7-17]

6) 본 예시에서는 첫 번째 슬라이드는 오디오 재생 16초까지 삽입하려 한다. [슬라이드 2] 재생 막대를 16초로 위치시키기 위해 '**다음 슬라이드로 이동하기**' ⏩(ⓐ) 버튼을 클릭한다.

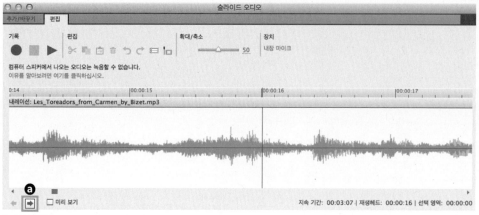

[그림 7-18]

7) [슬라이드 2](ⓐ) 재생 막대를 마우스를 이용해 재생 위치를 16초로 끌어놓는다.

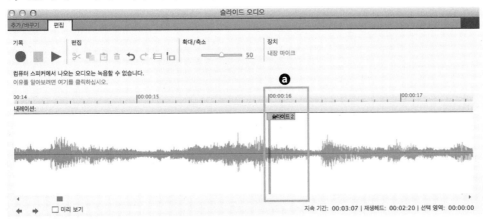

[그림 7-19]

8) 두 번째 슬라이드는 오디오 재생 32초까지 삽입하려 한다. [슬라이드 3] 재생 막대를 32초로 위치시키기 위해 '다음 슬라이드로 이동하기' ⮕(ⓐ) 버튼을 클릭한다.

[그림 7-20]

9) [슬라이드 3] 재생 막대를 마우스를 이용해 32초 위치(ⓐ)로 끌어놓는다.

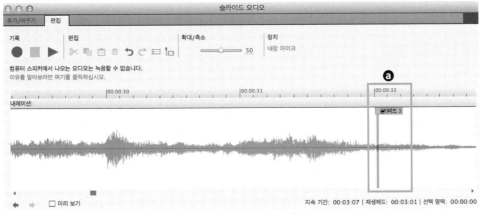

[그림 7-21]

10) [저장](ⓐ)＞[닫기](ⓑ)를 클릭한다.

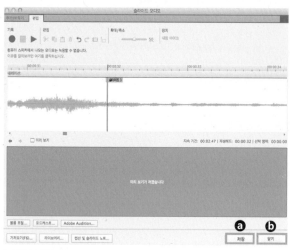

[그림 7-22]

11) [필름 스트립](ⓐ)에서 각 슬라이드에 오디오 아이콘(ⓑ)이 생긴 것을 확인할 수 있다.

[그림 7-23]

12) 각 슬라이드를 클릭하여 분배된 오디오 시간에 맞게 슬라이드와 개체 표시 시간을 조정할 필요가 있다. 타임라인의 레이어를 마우스로 드래그 하거나(ⓐ) [속성](ⓑ)＞[시간 배치](ⓒ)에서 [시간](ⓓ)을 조정한다.

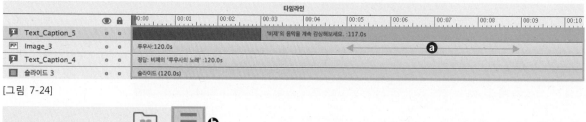

[그림 7-24]

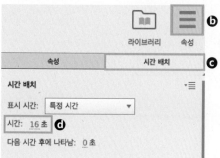

[그림 7-25]

13) [미리 보기](ⓐ)＞[프로젝트](ⓑ)를 클릭한다.

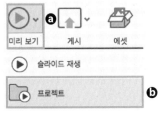

[그림 7-26]

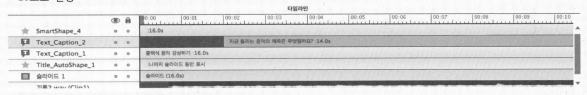

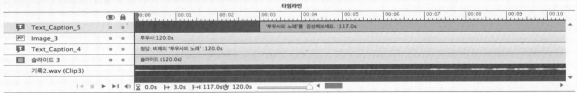

> **예제**
> 프로젝트 전체에 하나의 배경음악을 삽입하고(3-1), 슬라이드 내용과 표시시간을 고려하여 오디오를 편집해 보자(3-2).

3-1 프로젝트에 배경음악 삽입하기

1) 빈 프로젝트에서 [오디오](ⓐ)＞[가져오기 위치] (ⓑ)＞[배경](ⓒ)을 선택한다.

[그림 7-31]

2) 추가할 오디오 파일(ⓐ)을 찾아 선택 후 [열기](ⓑ) 를 클릭한다.

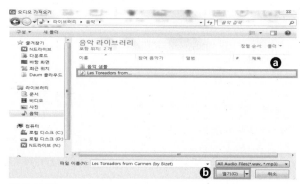

[그림 7-32]

3) [추가/바꾸기](ⓐ)에서 [오디오 재생](ⓑ)을 클릭 하여 오디오 파일을 듣고 테스트한다.

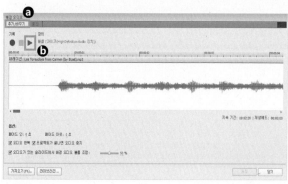

[그림 7-33]

4) [추가/바꾸기](ⓐ)에서 오디오 파일 옵션(ⓑ)을 모두 선택한다. '**오디오가 있는 슬라이드에서 배 경 오디오 볼륨 조정**'(ⓒ)은 30%로 한다. 각 옵션 에 대한 설명은 다음과 같다.

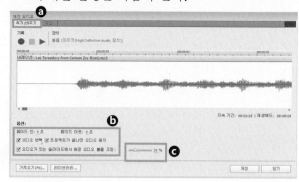

[그림 7-34]

- **[페이드 인 및 페이드 아웃]** 프로젝트 시작 및 종료 시 오디오 파일이 페이드 인하고 페이 드 아웃하는 시간(초)을 설정할 수 있다.
- **[오디오 반복]** 오디오 파일이 계속 재생된다.
- **[프로젝트가 끝나면 오디오 중지]** 프로젝트 종료 시 배경 오디오를 중지한다.

- **[오디오가 있는 슬라이드에서 배경 오디오 볼륨 조정]** 배경음악이 있는 상태에서 슬라이드에 별도 오디오가 있을 경우, 두 소리가 함께 나올 때 오디오 간에 소리의 크기를 조정할 수 있다.
- **[슬라이더]** ━━━━ 50 % 를 왼쪽으로 이동할수록 배경음악의 소리는 작아지고 오른쪽으로 이동할수록 배경음악의 소리는 커진다.

5) [저장](ⓐ) > [닫기](ⓑ)를 클릭한다.

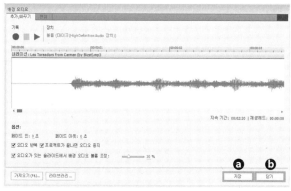

[그림 7-35]

6) 삽입된 배경 오디오는 타임라인이나 필름 스트립에는 표시되지 않고 [미리 보기](ⓐ) > [프로젝트](ⓑ)에서 확인할 수 있다.

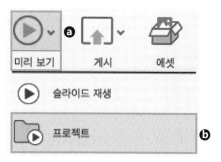

[그림 7-36]

보충설명

슬라이드 오디오 vs 배경 오디오

- **[슬라이드 오디오]:** 오디오 파일의 전체 재생 시간에 맞춰 각 슬라이드 재생 시간이 변경된다. 예를 들어, 60초짜리 오디오 파일을 10초짜리 세 개의 슬라이드에 삽입할 경우 각 슬라이드 길이를 20초로 변경하여 오디오 60초가 모두 재생된다.
- **[배경 오디오]:** 슬라이드 전체에 하나의 오디오 파일을 재생하되, 슬라이드 개수나 재생 시간에 맞춰 시간을 변경하지 않는다. 예를 들어, 60초짜리 오디오 파일을 10초짜리 세 개의 슬라이드에 삽입할 경우 오디오 파일은 30초까지만 재생된다.

보충설명

배경 오디오 추가 후 오디오 파일 변경을 원할 때

배경 오디오를 추가한 후에도 다른 오디오로 변경할 수 있다. 다른 오디오로 변경하고자 할 때, [추가/바꾸기] 탭에서 [가져오기] 또는 [라이브러리]를 클릭한다.

- **[가져오기]:** WAV 또는 mp3 형식의 오디오 파일을 추가할 수 있다.
- **[라이브러리]:** 이미 프로젝트에 가져온 WAV 또는 mp3 형식의 오디오 파일을 추가할 수 있다.

3-2 슬라이드 내용과 표시 시간을 고려하여 오디오 편집하기

1) [필름 스트립]에서 배경오디오가 삽입된 처음 슬
라이드(ⓐ)를 클릭한다.

[그림 7-37]

2) 상위 메뉴에서 [오디오](ⓐ)>[편집](ⓑ)>[배경](ⓒ)
을 클릭한다.

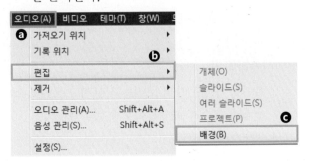

[그림 7-38]

3) [편집](ⓐ)의 재생 버튼(ⓑ)을 클릭하여 오디오 재생 파일을 들어보고, 각 슬라이드에 오디오를 어떻게 분배
할 지를 정한다.

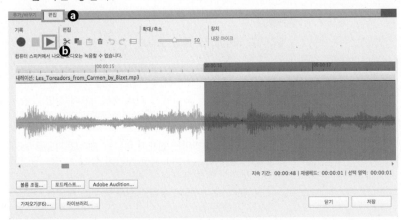

[그림 7-39]

4) 본 예시에서는 배경 오디오의 1~16초까지와 16~32초까지가 동일한 오디오가 재생되므로 1번 슬라이드는 1~16초까지만 재생한다. 이를 위해 16~32초까지의 오디오 구간을 잘라내야 하므로 파형표시막대(**ⓐ**)를 움직여 재생 헤드 막대를 16초에 두고(**ⓑ**) 32초까지 마우스를 끌어 편집범위를 설정한다.

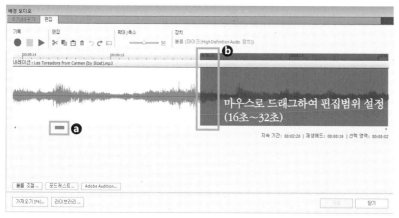

[그림 7-40]

5) 편집구간 설정 후 [편집](**ⓐ**)의 [잘라내기](**ⓑ**) 아이콘을 클릭한다.

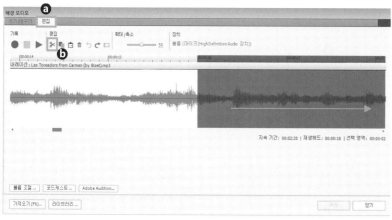

[그림 7-41]

6) 세 개의 슬라이드에 재생되는 오디오 시간이 약 2분으로 기존 슬라이드에 배정되어있는 50초에 비해 너무 길다. 불필요한 오디오 부분을 잘라내기 위해 파형표시막대(**ⓐ**)를 움직여 재생 헤드 막대를 50초에 두고(**ⓑ**) 마지막 부분까지 마우스를 끌어 편집범위를 설정한다.

[그림 7-42]

7) 편집구간 설정 후 [편집](ⓐ)의 [잘라내기](ⓑ) 아이콘을 클릭한다.

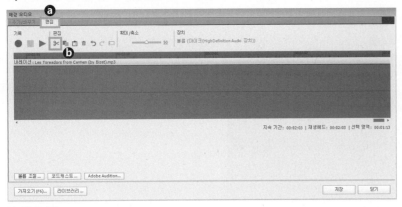

[그림 7-43]

8) 오디오 잘라내기 작업을 마치면 지속 기간이 50초(ⓐ)인 것을 확인할 수 있다. [저장](ⓑ) > [닫기](ⓒ)를 클릭한다.

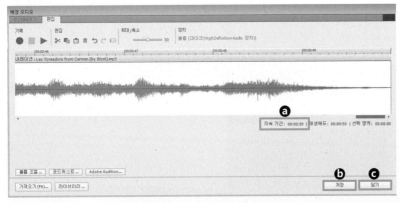

[그림 7-44]

9) 오디오 재생시간 총 50초를 각 슬라이드 표시시간에 얼마씩 분배할지를 정한다. 본 예시에서는 1번, 2번 슬라이드는 10초, 3번 슬라이드 30초로 분배한다. 이를 위해 [필름 스트립]에서 1번 슬라이드(ⓐ)를 선택한다.

[그림 7-45]

10) [속성](ⓐ) > [시간 배치](ⓑ) 탭에서 슬라이드 지속 기간을 10초(ⓒ)로 변경한다.

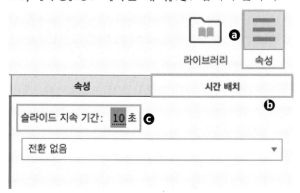

[그림 7-46]

11) 타임라인에서 1번 슬라이드 지속 기간이 10초(ⓐ)로 변경된 것을 확인한다.

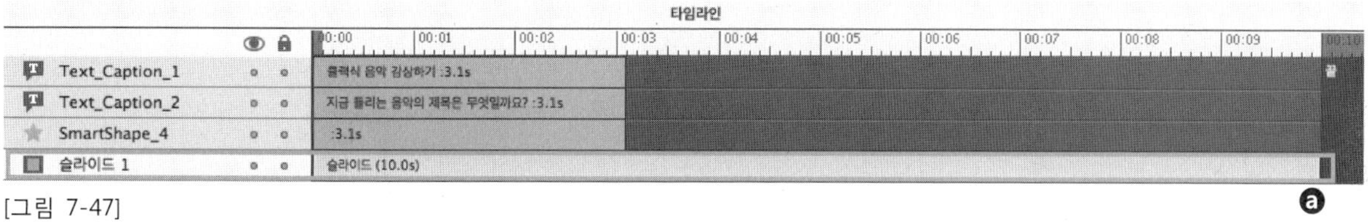

[그림 7-47]

12) 슬라이드 지속 기간에 맞게 다른 개체들의 표시 시간도 10초(ⓐ)로 변경한다.

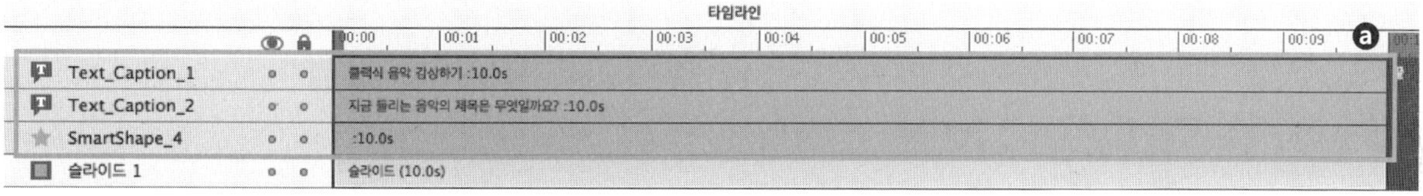

[그림 7-48]

13) 2번 슬라이드도 동일한 방법으로 지속 기간 및 개체 표시 시간을 10초로 변경한다. 3번 슬라이드도 동일한 방법으로 지속 기간 및 개체 표시 시간을 20초로 변경한다.

14) [미리 보기](ⓐ) > [프로젝트](ⓑ)를 클릭한다.

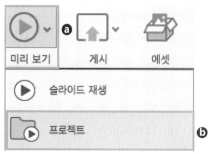

[그림 7-49]

Adobe Captivate 9은 직접 마이크(mic)로 내레이션을 녹음하여 개체, 슬라이드, 배경에 오디오를 추가할 수 있다. 단, 오디오를 녹음하려면 마이크, 스피커 등 몇 가지 기본 장비가 필요하다.

1. 음성 내레이션 삽입하기

> **예제**
> 슬라이드 내용에 포함된 학습 목표를 직접 녹음하여 삽입해 보자.

1) [필름 스트립]에서 음성 오디오를 추가할 슬라이드(ⓐ)를 선택한다.

[그림 7-50]

2) [오디오](ⓐ) > [기록 위치](ⓑ) > [슬라이드](ⓒ)를 클릭한다.

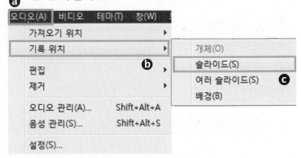

[그림 7-51]

3) [슬라이드 오디오] 대화 상자에서 [녹음](ⓐ)을 클릭한다.

[그림 7-52]

4) [오디오 입력 보정] 팝업 창이 뜨면, [아니요](ⓐ)를 클릭한다.

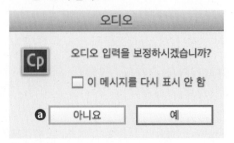

[그림 7-53]

5) 로딩화면이 나오며 녹음이 시작되면 내레이션 녹음을 시작한다.

[그림 7-54]

보충설명

오디오 편집에 대한 자세한 방법은 7장 오디오 편집(362p)을 참고한다.

6) 녹음을 마치면 [중지](ⓐ)를 클릭한다.

[그림 7-55]

7) 오디오 파일을 듣고 테스트하려면 [재생](ⓐ)을 클릭한다.

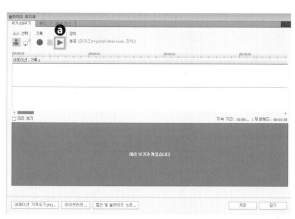

[그림 7-56]

8) 잡음이 섞이거나 불필요한 부분을 잘라내기 위해 [편집](ⓐ)을 클릭하고, 재생상태 표시박스에서 편집할 범위를 마우스로 드래그한다. 본 예시에서는 ⓑ지점(00:00)에서 ⓒ지점(00:02)으로 마우스를 드래그하여 범위를 설정한다.

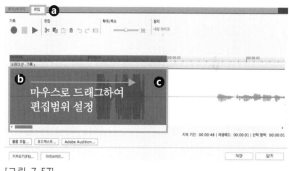

[그림 7-57]

9) [잘라내기](ⓐ) 아이콘을 클릭하여 설정된 음성 녹음 구간을 잘라낸다.

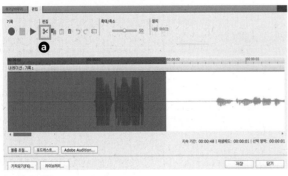

[그림 7-58]

10) 잘라내기 작업을 완료 후 [저장](ⓐ)＞[닫기](ⓑ)를 클릭한다.

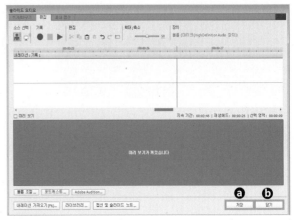

[그림 7-59]

11) [필름 스트립](ⓐ)과 [타임라인](ⓑ)의 슬라이드에 오디오가 삽입된 것을 확인할 수 있다.

[그림 7-60]

[그림 7-61]

보충설명

다른 방법으로 슬라이드에 기록 오디오 추가

<방법 1>
오른쪽 상단의 [속성]＞[옵션]＞[오디오 추가]를 선택한다.

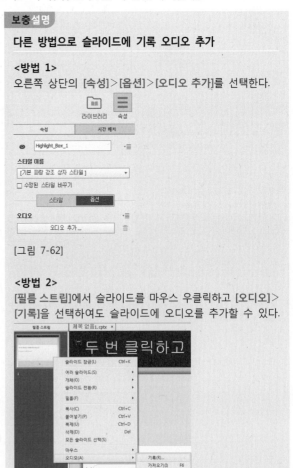

[그림 7-62]

<방법 2>
[필름 스트립]에서 슬라이드를 마우스 우클릭하고 [오디오]＞[기록]을 선택하여도 슬라이드에 오디오를 추가할 수 있다.

[그림 7-63]

2. 텍스트를 음성으로 변환하기

텍스트 음성변환은 슬라이드 노트의 텍스트를 음성파일로 변환해주는 기능이다. 이 기능은 설치 DVD 또는 다운로드 사이트(http://www.adobe.com/go/Cp9_win64_voices_installer)로부터 소프트웨어를 설치 한 후 이용할 수 있다.

> **예제**
> 슬라이드에 있는 텍스트를 내레이션 음성으로 변환해 보고(2-1) 이를 파일형태로 내보내기 해보자(2-2).

2-1 텍스트를 내레이션 음성으로 변환하기

1) [필름 스트립]에서 텍스트 음성변환을 추가하고 싶은 슬라이드(ⓐ)를 선택한다.

[그림 7-64]

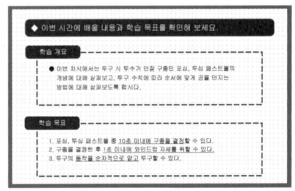

선택 슬라이드 확대화면

[그림 7-65]

2) [창](ⓐ) > [슬라이드 노트](ⓑ)를 클릭하여 슬라이드 노트를 연다. 그림 7-67은 슬라이드 노트 패널 창(ⓐ)이 만들어진 화면이다.

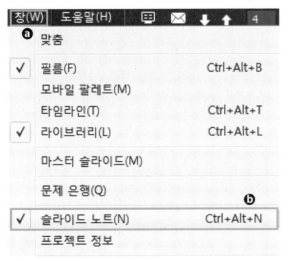

[그림 7-66]

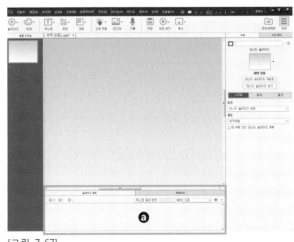

[그림 7-67]

3) 슬라이드 노트 패널 창의 [+](ⓐ)버튼을 클릭한다.

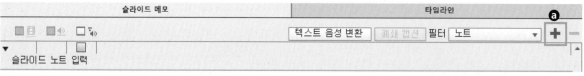

[그림 7-68]

4) 추가된 슬라이드 메모를 더블클릭하여 **그림 7-69**와 같이 학습개요 내용(ⓐ)을 추가한다.

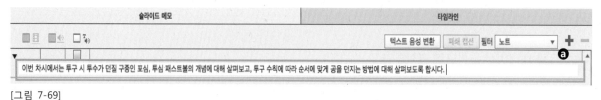

[그림 7-69]

5) 메모작성을 완료 한 후, 텍스트 음성 변환 버튼 옆 체크박스(ⓐ)에 체크표시를 한다.

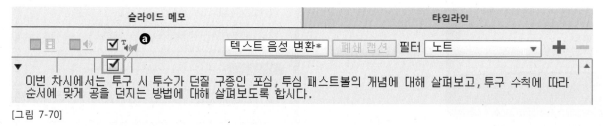

[그림 7-70]

6) [텍스트 음성 변환](ⓐ)을 클릭한다.

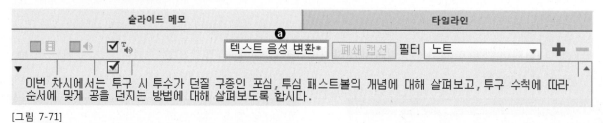

[그림 7-71]

보충설명

[Adobe Captivate 9]의 화면 창이 작을 경우 [텍스트 음성 변환] 버튼이 보이지 않을 수 있으므로 버튼이 보이지 않을 경우에는 화면 크기를 크게 조정해야 한다.

7) 슬라이드 메모의 제목 부분(ⓐ)을 클릭한다.

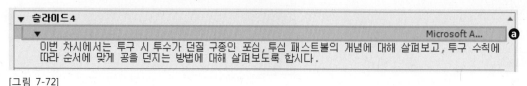

[그림 7-72]

8) [음성 에이전트](ⓐ) 드롭다운 목록에서 원하는 음성옵션을 선택할 수 있다. 음성 에이전트는 여자 한국어 음성인 [Yumi](ⓑ)를 선택한 후 [오디오 생성](ⓒ)을 클릭한다.

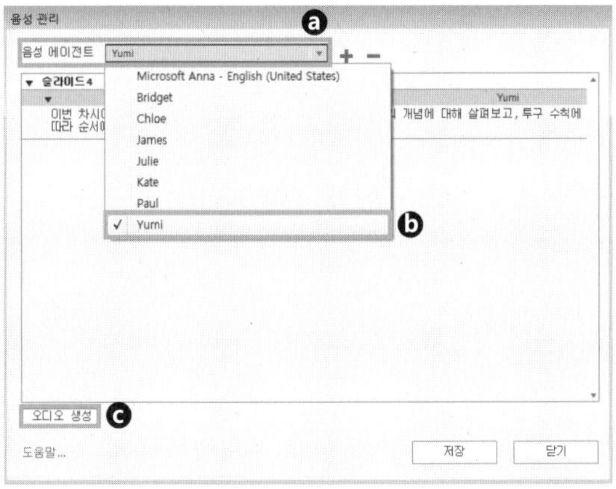

[그림 7-73]

9) [저장](ⓐ) > [닫기](ⓑ)를 클릭한다.

보충설명

음성 에이전트

- **Kate**: 여자 영어
- **Paul**: 남자 영어
- **Bridget**: 여자 영국식 영어
- **Julie**: 여자 미국식 영어
- **Chloe**: 여자 캐나다식 불어
- **Yumi**: 여자 한국어

10) [필름 스트립](ⓐ)과 [타임라인](ⓑ)에 슬라이드에 오디오가 추가된 것을 확인할 수 있다.

[그림 7-74]

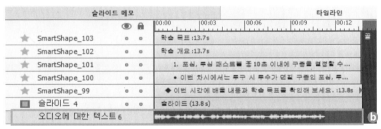

[그림 7-75]

11) [필름 스트립]의 오디오 아이콘(ⓐ)을 마우스 우클릭한 후, [재생](ⓑ)을 클릭하여 텍스트 음성 변환 결과를 확인한다.

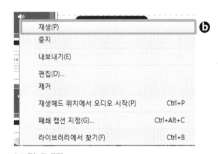

[그림 7-76]

[그림 7-77]

텍스트 음성 변환 결과는 mp3파일로 변환하여 내보낼 수 있다. 파일 형태로 변환된 음성파일은 다른 개체, 슬라이드, 배경에 동일한 오디오를 가져오고자 할 때 쉽게 적용 가능하다.

2-2 변환된 오디오 파일 파일형태로 내보내기

1) 본 예시는 앞에서 다룬 예시와 연결되는 예시다. [필름 스트립]에서 오디오가 포함된 슬라이드를 마우스로 우클릭한다.

[그림 7-78]

2) [내보내기](ⓐ)를 클릭한다.

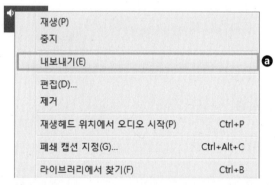

[그림 7-79]

3) 음성 파일명과 저장위치를 정한 후 [저장](ⓐ)을 클릭한다.

[그림 7-80]

4) 저장된 음성파일(.mp3)은 개체, 슬라이드, 배경에 오디오를 추가하고자 할 경우 [오디오](ⓐ) > [가져오기 위치](ⓑ)를 선택해 가져온다.

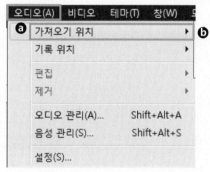

[그림 7-81]

3. 폐쇄 캡션 삽입하기

폐쇄 캡션은 프로젝트에서 슬라이드와 연결된 오디오 파일의 대본을 제공한다. 슬라이드에서 오디오 파일이 재생될 때 대본이 표시되므로 청각 장애가 있는 사용자에게 도움이 된다(프로젝트의 엑세스 가능성 향상).

> **예제**
> 슬라이드가 게시될 때 화면 하단에 자막이 생성되도록 해보고(3-1) 설정을 변경 해보자(3-2).

3-1 폐쇄 캡션 삽입하기

1) 열려있는 프로젝트에서 오디오가 삽입된 슬라이드를 선택(ⓐ)한다.

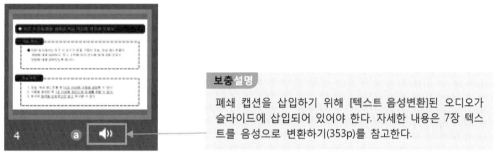

> **보충설명**
>
> 폐쇄 캡션을 삽입하기 위해 [텍스트 음성변환]된 오디오가 슬라이드에 삽입되어 있어야 한다. 자세한 내용은 7장 텍스트를 음성으로 변환하기(353p)를 참고한다.

[그림 7-82]

2) 오디오 파일의 대본을 만들고 싶은 슬라이드를 메모를 선택(ⓐ)한다.

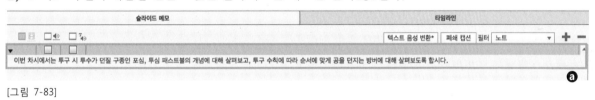

[그림 7-83]

3) 폐쇄 캡션 체크박스(ⓐ)에 체크표시 한다.

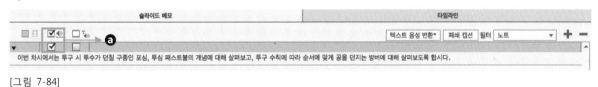

[그림 7-84]

4) [폐쇄 캡션](ⓐ)을 클릭한다.

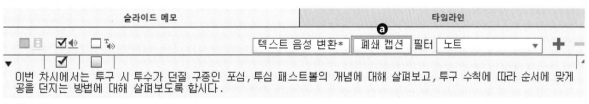

[그림 7-85]

5) [저장](ⓐ)>[닫기](ⓑ)를 클릭한다.

[그림 7-86]

6) [창](ⓐ)>[스킨 편집기](ⓑ)를 클릭한다.

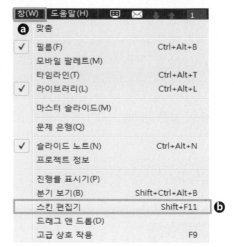

[그림 7-87]

7) [스킨 편집기]>[재생 컨트롤](ⓐ)에서 [폐쇄 캡션](ⓑ) 체크박스에 표시한 후, 오른쪽 상단의 ×표시(ⓒ)를 클릭하여 창을 닫는다.

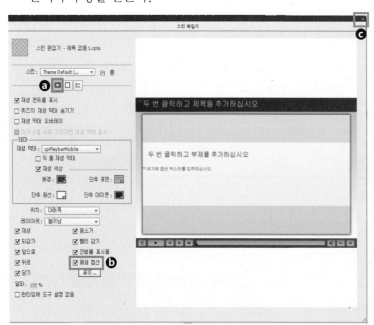

[그림 7-88]

8) [미리 보기](ⓐ)>[프로젝트](ⓑ)를 선택한다.

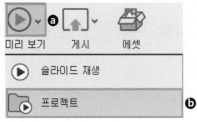

[그림 7-89]

보충설명

다른 방법으로 폐쇄 캡션 확인하기

[게시]>[컴퓨터에 게시]를 클릭해도 추가한 폐쇄 캡션을 확인할 수 있다.

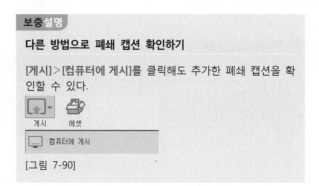

[그림 7-90]

9) [프로젝트 미리 보기] 화면 또는 **[게시]** 화면의 하단에 **[cc]**(ⓐ) 버튼을 클릭한다.

[그림 7-91]

10) 그림 7-92는 폐쇄 캡션이 추가된 화면이다. 슬라이드 하단에 폐쇄 캡션이 추가된 것을 확인할 수 있다.

◆ 이번 시간에 배울 내용과 학습 목표를 확인해 보세요.
학습 개요
● 이번 차시에서는 투구 시 투수가 던질 구종인 포심, 투심 패스트볼의 개념에 대해 살펴보고, 투구 수칙에 따라 순서에 맞게 공을 던지는 방법에 대해 살펴보도록 합시다.
학습 목표
1. 포심, 투심 패스트볼 중 10초 이내에 구종을 결정할 수 있다.
2. 구종을 결정한 후 1초 이내에 와인드업 자세를 취할 수 있다.
3. 투구의 동작을 순차적으로 알고 투구할 수 있다.

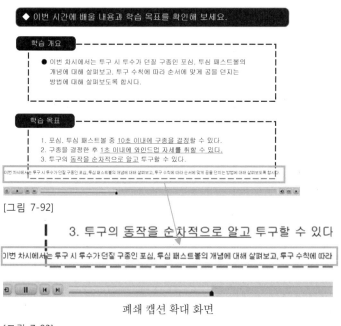

[그림 7-92]

3. 투구의 동작을 순차적으로 알고 투구할 수 있다
이번 차시에서는 투구 시 투수가 던질 구종인 포심, 투심 패스트볼의 개념에 대해 살펴보고, 투구 수칙에 따라

폐쇄 캡션 확대 화면

[그림 7-93]

폐쇄 캡션은 텍스트 배경화면, 글자크기, 색상 등의 편집기능을 제공한다.

3-2 폐쇄 캡션 설정하기

1) [슬라이드 오디오]>[폐쇄 캡션]에서 **[CC프로젝트 설정]**(ⓐ)을 클릭한다.

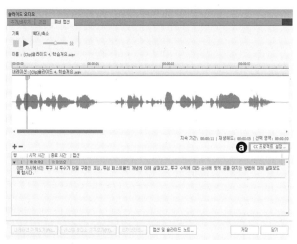

[그림 7-94]

2) CC프로젝트 설정 값에서 **[줄]**(ⓐ), **[배경]**(ⓑ), **[글꼴설정]**(ⓒ) 값을 원하는 값으로 변경한다.

CC 프로젝트 설정
일반:
줄: 3
배경:
글꼴 설정:
집합: Times New Roman
크기: 12
색상:
OK
취소

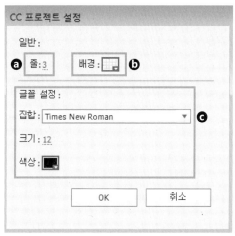

[그림 7-95]

ⓐ **[줄]** 슬라이드 화면 하단에 한번에 보여줄 수 있는 텍스트의 길이 즉, 화면에서 텍스트가 차지하는 높이다.

ⓑ **[배경]** 폐쇄 캡션의 배경색이다. 폐쇄 캡션

이 슬라이드 화면을 가릴 수 있기 때문에 배경색에 투명도가 기본으로 적용된다.

ⓒ **[글꼴 설정]** 글자의 모양, 크기, 색상에 대한 설정 값이다.

3) 설정 완료 후 [OK](ⓐ)를 클릭한다.

[그림 7-96]

4) [저장](ⓐ) > [닫기](ⓑ)를 클릭한다.

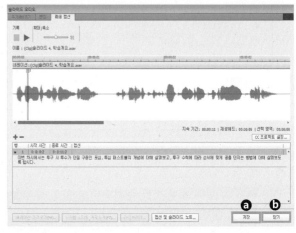

[그림 7-97]

5) 그림 7-98은 폐쇄 캡션의 설정 값이 적용된 화면이다.

[그림 7-98]

3-3 폐쇄 캡션 시작점 수정하기

1) [슬라이드 오디오] > [폐쇄 캡션] 탭에서 [슬라이드 메모](ⓐ)의 수정하고 싶은 부분(ⓑ)에 마우스 클릭 후, 수정 가능하다.

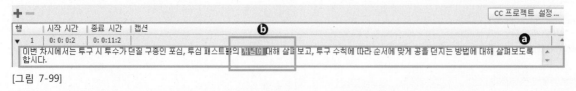

[그림 7-99]

2) [슬라이드 오디오]＞[폐쇄 캡션] 탭에서 오디오 파형(ⓐ)이 나타나는 부분에서 재생 헤드 막대(ⓑ)를 폐쇄
　캡션이 나타나는 시작시점으로 위치시킨다.

[그림 7-100]

슬라이드의 폐쇄 캡션 비활성화

• 프로젝트 전체 슬라이드의 폐쇄 캡션을 비활성화 하고자
　할 경우: [프로젝트 미리 보기] 화면 또는 [게시] 화면의 하
　단에 [cc 버튼]을 다시 클릭한다.

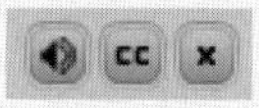

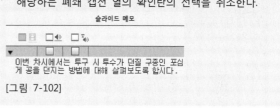

[그림 7-101]

• 일부 슬라이드 메모의 폐쇄 캡션을 비활성화 하고자 할 경
　우: 동영상이 재생될 때 폐쇄 캡션이 표시되지 않도록 할
　수 있다. [슬라이드 노트] 패널에서 표시하지 않을 노트에
　해당하는 폐쇄 캡션 열의 확인란의 선택을 취소한다.

슬라이드 메모

이번 차시에서는 투구 시 투수가 던질 구종인 포심
게 공을 던지는 방법에 대해 살펴보도록 합시다.

[그림 7-102]

1. 개체 오디오 편집

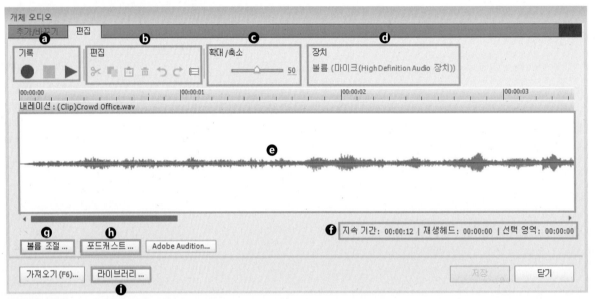

[그림 7-103]

ⓐ 기록

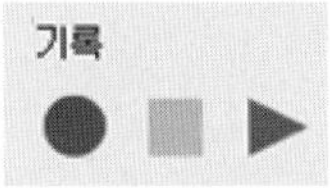

- **[녹음]** 오디오 녹음을 시작 한다. 녹음하려면 마이크가 필요하다.

기록

[그림 7-104]

- **[중지]** 오디오 파일 재생을 중지한다.
- **[재생]** 오디오 파일을 재생한다.

ⓑ 편집

오디오 파일의 일 부를 잘라낸 다음 붙여넣기, 무음 기간을 삽입하여 오디오 파일 길이를 늘리기, 볼 륨을 조절하기, 다른 오디오 파일을 가져오기 등 의 옵션을 사용할 수 있다.

편집

[그림 7-105]

- **[잘라내기]** 오디오 파일의 선택한 부분을 잘 라내려면 클릭한다.
- **[복사]** 오디오 파일의 선택한 부분을 복사하 려면 클릭한다.
- **[붙여넣기]** 클립보드의 정보를 붙여넣으려면 클릭한다. 예를 들어, 오디오 파일의 일부를 선 택한 다음 **[선택 영역 잘라내기]**나 **[선택 영역 복사]** 단추를 클릭하면 선택된 오디오가 클립 보드에 저장된다. 그런 다음 **[붙여넣기]** 기능 을 사용하여 클립보드의 오디오를 다시 오디오 파일 내 임의의 위치에 배치할 수 있다.
- **[삭제]** 오디오 파일의 선택한 부분을 제거하 려면 클릭한다.

- **[실행 취소]** 마지막으로 수행한 동작을 실행 취소하려면 클릭한다.
- **[다시 실행]** 마지막으로 수행한 동작을 다시 실행하려면 클릭한다.
- **[무음 삽입]** 무음을 삽입할 오디오 파일 부분을 선택하고 **[무음 삽입]**을 클릭한다. 다음 옵션 중 하나를 선택한다.

ⓒ **[확대/축소]** 슬라이더를 사용하여 파형을 확대하거나 축소한다.

[그림 7-106]

ⓓ **[장치]** 녹음 장치, 오디오 음질 수준 및 녹음 장치 보정과 같은 다양한 옵션을 설정하려면 클릭한다.

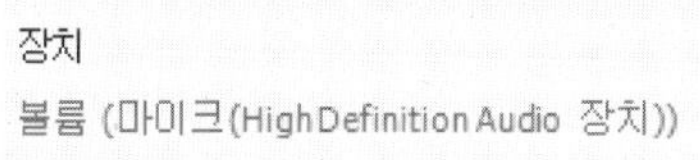

장치
볼륨 (마이크(High Definition Audio 장치))

[그림 7-107]

ⓔ **[파형]** 오디오 파일을 그래픽으로 표시한다. 파형은 오디오 파일을 시각적으로 표현한 것이다.
  - **[배율]** 파형이 표시되는 크기를 나타낸다. 크기를 변경하려면 **[확대/축소]** 슬라이더를 사용한다.

ⓕ **[상태]** 오디오 파일의 상태를 재생 중, 준비 등으로 표시한다.
  - **[지속 기간]** 오디오 파일 재생에 걸리는 총 시간을 표시한다.
  - **[재생헤드]** 오디오 파일 내에서 선택된 위치를 초 단위로 표시한다. 예를 들어, 10초 길이의 오디오 파일을 사용하는 동안 파일의 가운데를 클릭하면 이 재생헤드 영역에 약 00.05.00, 즉 5초가 표시된다.
  - **[선택 영역]** 선택 영역의 총 시간을 표시한다. 예를 들어, 20초 길이의 오디오 파일이 있는 경우 파일의 시작을 클릭하고 가운데로 끌면 이 파일 중 약 10초 분량을 선택한 것이다.

ⓖ **[볼륨 조절]** 오디오 파일의 사운드 수준을 높이거나 낮추려면 클릭한다. 오디오 파일 중 더 조용한 부분을 세밀하게 조정하는 옵션도 있다.

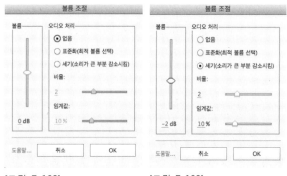

[그림 7-108]　　　　　　[그림 7-109]

- **[표준화]** Adobe Captivate 9에서 사운드 볼륨을 자동으로 조절하게 하려면 이 옵션을 선택한다. 오디오 표준화는 슬라이드 간에 사운드 수준을 일정하게 유지하는 데 도움이 된다.
- **[세기]** 오디오 볼륨의 변화를 보정하기 위해 오디오의 조용한 부분을 증폭하려면 이 옵션을 선택한다.
- **[비율]** 사용할 최대 증폭을 지정한다. 기본 설정인 2.0에서는 오디오 중 가장 조용한 부분을 두 배로 증폭하도록 설정한다. 높게 설정될수록 조용한 부분과 시끄러운 부분 간의 차이가 커져 프로젝트가 향상될 수 있으나 배경 노이즈도 증폭될 수 있다.
- **[임계값]** 배경 노이즈 증폭을 제어한다. 노이즈 임계값보다 조용한 소리는 증폭되지 않는다. 배경 노이즈가 지나치게 증폭된 경우 노이즈 임계값을 더 높게 설정하면 문제가 해결될 수 있다. 노이즈 수준이 높으면 **[동적]** 옵션이 제대로 작동하지 않는다.

ⓗ **[포드캐스트]** 오디오 파일을 WAV 또는 mp3로 내보낸다. 나중에 이 파일을 포드캐스팅에 사용할 수 있다. 포드캐스팅은 인터넷 환경에서 웹 피드를 사용하여 이동식 미디어 플레이어 및 컴퓨터에 파일을 배포하는 것이다.

❶ **[라이브러리]** [라이브러리에서 오디오 선택] 대화 상자를 표시한다. 여기서 새 오디오 파일을 찾아 가져올 수 있다. 프로젝트의 라이브러리에서 오디오 파일을 가져오려면 **[라이브러리에서 오디오 선택]**을 클릭한다.

보충설명

기존 오디오 파일에 새로운 오디오 추가

기존 오디오 파일에 새 오디오 파일을 추가하려면 파형 내 위치를 클릭하고 [라이브러리]를 클릭한 다음 파일을 찾아 [열기]를 클릭한다. 곧바로 [Adobe Captivate 9] 프로젝트의 지정된 위치로 오디오 파일을 가져온다.

2. 슬라이드 오디오 편집

1) 슬라이드 오디오는 대화 상자에서 필요에 따라 편집한다. (개체 오디오 편집기능과 겹치는 부분 생략)

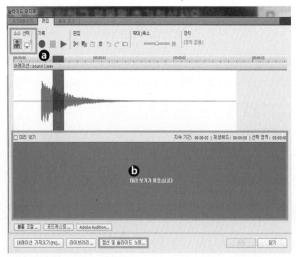

[그림 7-110]

❶ **[소스 선택]** 슬라이드 오디오 편집 시 슬라이드에 **[내레이션]**과 **[시스템 오디오]**가 모두 포함되어 있으면 **[슬라이드 오디오]** 대화 상자의 **[편집]** 탭에 두 개의 오디오 파형이 모두 표시된다.

[그림 7-111]

• **[내레이션]** 내레이션 오디오만 편집하려면 **[시스템 오디오]** 아이콘(🖥)을 클릭한다. 내레이션 오디오 파형만 표시되고, 오디오를 계속 편집할 수 있다.

• **[시스템 오디오]** 시스템 오디오만 편집하려면 **[내레이션]** 아이콘(👤)을 클릭한다. 시스템 오디오 파형만 표시되고, 오디오를 계속·편집할 수 있다.

• **[내레이션]**의 옵션
  - **[내레이션 가져오기]** 사용자가 직접 녹음하거나 파일로 저장한 소리를 가져온다.

• **[시스템 오디오]**의 옵션
  - **[시스템오디오]** 컴퓨터 내부에서 발생하는 소리를 가져온다.

• **공통 옵션**
  - **[라이브러리]** 이미 프로젝트에 있는 오디오 파일을 추가할 수 있다.
  - **[캡션 및 슬라이드 노트]** 슬라이드에 포함되어 있는 캡션 및 슬라이드 노트를 보여준다.

❷ **[미리 보기]** 녹음 창에 미리 보기 패널이 표시되며, 여기서 오디오가 녹음되는 동안 프로젝트를 볼 수 있다.

내레이션, 시스템 오디오 동시 편집

두 가지 오디오 유형을 동시에 편집하려면 내레이션 아이콘과 시스템 오디오 아이콘을 모두 클릭하면 두 가지 오디오 파형이 모두 표시된다. 한 오디오 파형의 일부를 선택하면 선택한 시간에 해당되는 다른 오디오 파형의 일부도 함께 선택된다. 필요에 따라 오디오 파형을 편집에서 제외하려면, 해당 파형에 대해 [선택 영역 제거] 아이콘(🔧)을 클릭한다.

[그림 7-112]

2-1 여러 슬라이드 오디오를 편집하기

1) [필름 스트립]에서 편집하고자 하는 여러 개의 슬라이드를 Shift 또는 Ctrl 을 사용해 선택한다.

[그림 7-113]

2) [오디오](ⓐ) > [편집](ⓑ) > [여러 슬라이드](ⓒ)를 선택한다.

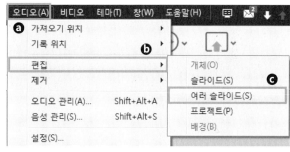

[그림 7-114]

3) 선택한 여러 슬라이드는 파형 아래 화살표(ⓐ)를 사용하여 각각 편집할 수 있다. 여러 슬라이드의 시간 배치 및 편집기능은 앞부분에서 다룬 오디오 편집기능과 동일하다.

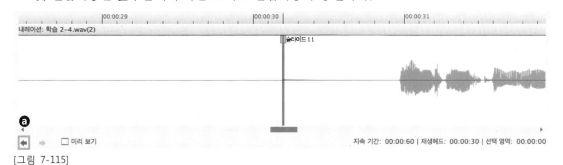

[그림 7-115]

프로젝트에 오디오 파일이 여러 개 포함된 경우 특정 슬라이드에 어떤 오디오 파일이 할당되었는지 확인 및 편집할 수 있다. 또한 긴 오디오 파일을 슬라이드 하나에 할당하거나 여러 슬라이드에 겹쳐 재생하면서 테스트해야 하는 경우 특히 유용하다.

2-2 프로젝트 오디오를 변경하기

1) [오디오](ⓐ) > [편집](ⓑ) > [프로젝트](ⓒ)를 클릭한다.

2) 다음과 같은 경고 창이 뜨면 [예](ⓐ)를 클릭한다.

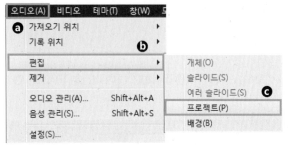

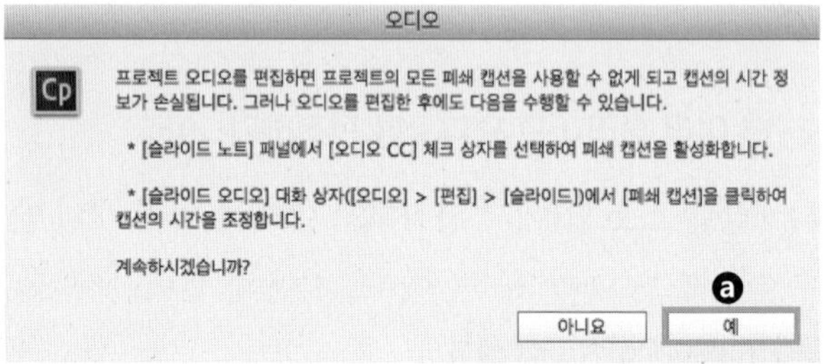

[그림 7-116]

[그림 7-117]

3) 오디오 파일을 녹음하거나 가져온 후에는 **[슬라이드 오디오]** 대화 상자에 파일이 파형으로 나타난다.

4) 파형의 위쪽에 슬라이드 번호(ⓐ)가 표시되므로 오디오 파일이 현재 여러 슬라이드 간에 어떻게 분배되어 있는지 정확하게 확인할 수 있다. 오디오 파일을 다르게 분배하려면 슬라이드 분할자(ⓑ)를 클릭하고 마우스로 왼쪽이나 오른쪽으로 이동한다.

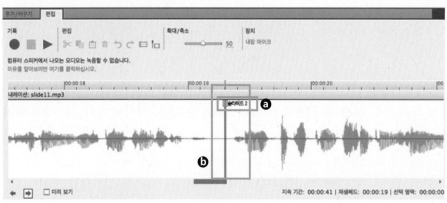

[그림 7-118]

프로젝트에 포함된 모든 오디오 파일에 무음 기간을 추가할 수 있다. 이 기능은 오디오 파일을 가져온 후 오디오를 개체 및 슬라이드와 동기화해야 하는 경우 특히 유용하다. 무음 기간을 추가하면 오디오를 전체적으로 편집하지 않고도 기존 오디오 파일을 사용할 수 있다.

2-3 슬라이드에 삽입된 오디오 파일에 무음을 추가하기

1) [필름 스트립]에서 오디오가 삽입된 슬라이드(ⓐ)를 선택한다.

[그림 7-119]

> **보충설명**
>
> **무음 삽입**
>
> 무음 삽입은 [Adobe Captivate 9]의 모든 오디오 파일(개체, 슬라이드, 배경)에 적용 가능한 기능이다.

3) 파형에서 무음을 추가하고 싶은 부분의 시작 지점에 재생 막대(ⓐ)를 위치시킨다. (예: 2초)

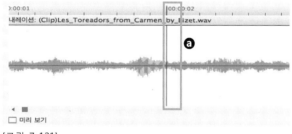

[그림 7-121]

5) [무음 삽입] 팝업 창에서 삽입할 무음 시간(초)를 적고(예: 2초, ⓐ) 무음을 삽입할 위치는 [재생헤드 위치](ⓑ)로 선택한다.

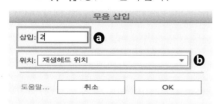

[그림 7-123]

2) [오디오](ⓐ) > [편집](ⓑ) > [슬라이드](ⓒ)를 클릭한다.

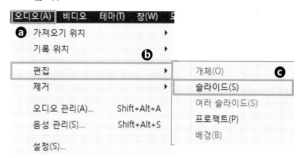

[그림 7-120]

4) [편집](ⓐ) > [무음 삽입](ⓑ)을 클릭한다.

[그림 7-122]

- **[오디오의 시작]** 오디오 파일의 시작 부분에 무음을 추가한다.
- **[오디오의 끝]** 오디오 파일의 끝 부분에 무음을 추가한다.
- **[재생헤드 위치]** 오디오 파일의 일부를 선택하지 않은 경우에만 이 옵션을 사용할 수 있다. 재생헤드 위치에 무음이 삽입된다. 무음 기간을 아주 짧게 삽입할 때 이 옵션을 사용한다.

6) 재생헤드 위치에서 2초동안 무음이 삽입(ⓐ)된 것을 확인할 수 있다. (예: 2초부터 4초 전까지 무음 삽입)

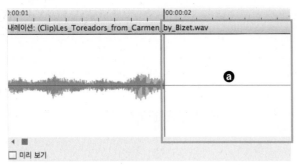

[그림 7-124]

7) [저장] > [닫기]를 클릭한다.

> **보충설명**
>
> **무음 반복삽입**
>
> 동일한 위치에서 동일한 길이의 무음을 자주 삽입하는 경우 [무음 삽입] 대화 상자를 사용하지 않고 S 를 눌러 추가할 수 있다.

---

3. 오디오 설정

3-1 오디오 설정

1) Adobe Captivate 9에서 [오디오](ⓐ) > [설정](ⓑ)을 클릭한다. 녹음 장치와 오디오 음질을 설정할 수 있다.

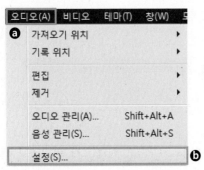

[그림 7-125]

2) [설정] 대화 상자에는 다음과 같은 옵션이 있다.

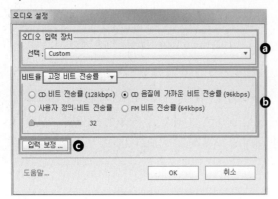

[그림 7-126]

ⓐ **[오디오 입력 장치]** 오디오를 만드는 데 사용할 장치 유형을 지정할 수 있다. 컴퓨터에서 사용 가능한 옵션이 메뉴에 나열된다.

ⓑ **[비트율]** 오디오 인코딩을 수행할 비트 전송률을 선택한다. 필요한 오디오 인코딩 음질에 따라 다음 옵션 중 하나를 선택한다.

- **[CD 비트 전송률(128Kbps)]** CD 음질로 녹음하는 동안 초당 저장될 오디오 정보의 양(Kbps)을 지정한다.

- **[CD 음질에 가까운 비트 전송률(96Kbps)]** CD 음질에 가깝게 녹음하는 동안 초당 저장될 오디오 정보의 양(Kbps)을 지정한다. 기본적으로 이 옵션이 선택되어 있다.

- **[사용자 정의 비트 전송률]** 사용자 정의 음질로 녹음하는 동안 초당 저장될 오디오 정보의 양(kbps)을 지정한다. 슬라이더 막대를 끌어 필요한 비트 전송률을 설정할 수 있다.

- **[FM 비트 전송률(64Kbps)]** FM 라디오 음질로 녹음하는 동안 초당 저장될 오디오 정보의 양(Kbps)을 지정한다.

ⓒ [오디오 입력 보정] 마이크를 사용하는 경우 녹음 장치에 대고 문장을 읽으라는 메시지가 표시된다. Adobe Captivate 9에서는 샘플 녹음을 사용하여 최적의 녹음 민감도 수준을 찾는다. 최적의 음질을 얻으려면 녹음 장치를 보정해야 한다.

- **[마이크 보정]** 프로젝트용 오디오를 녹음하는 경우 마이크 또는 녹음 장치를 올바른 녹음

수준으로 설정해야 한다. 이 과정을 녹음 장치 보정이라고 한다. Adobe Captivate 9은 최적의 마이크와 녹음 민감도 수준을 자동으로 감지할 수 있다.

> **보충설명**
>
> **[Adobe Captivate 9]**에서는 보정을 시도하기 전에 녹음 장치를 감지할 수 있어야 한다. 보정하기 전에 '라인 입력'을 사용하는 마이크나 녹음 장치가 컴퓨터에 제대로 연결되고, 켜져 있는지 확인한다.

3-2 오디오 입력 자동 보정

1) 열려 있는 프로젝트에서 [오디오](ⓐ) > [설정](ⓑ)을 선택한다.

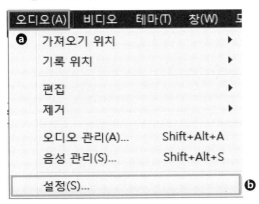

[그림 7-127]

2) [입력 보정](ⓐ)을 클릭한다.

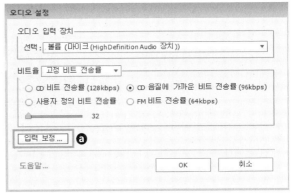

[그림 7-128]

3) [오디오 입력 보정] 대화 상자에서 [자동 보정](ⓐ)을 클릭한다.

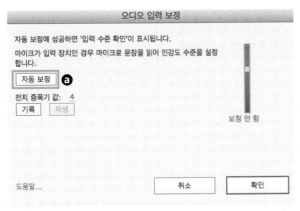

[그림 7-129]

4) 녹음 장치 수준을 올바르게 설정하려면 [입력 수준 확인] 메시지가 나타날 때까지 마이크(mic)로 다음 문장을 읽는다. '**Adobe Captivate 9에서 사용할 마이크 녹음 수준을 설정하는 중입니다.**'

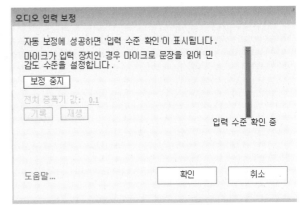

[그림 7-130]

5) [입력 수준 확인] 메시지가 나오면 [확인]을 클릭한다.

1) 열려 있는 프로젝트에서 [오디오](ⓐ)>[설정](ⓑ)을 선택한다.

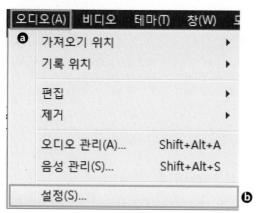

[그림 7-131]

2) [입력 보정](ⓐ)을 클릭한다.

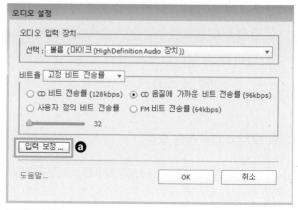

[그림 7-132]

3) [오디오 입력 보정] 대화 상자에서 .1~100 사이의 프리앰프 값을 지정한다. 지정한 값은 볼륨에 곱해지는데 예를 들어, 값으로 5를 지정하면 볼륨이 5배 증가하고 .5를 지정하면 볼륨이 절반으로 줄어든다.

4) 작업을 마치면 [확인]을 클릭한다.

4. 오디오 관리

1) Adobe Captivate 9은 모든 오디오 세부 사항([오디오]>[오디오 관리])을 편리하게 한 위치에서 볼 수 있다. 이를 통해 단일 프로젝트에 있는 모든 오디오 파일의 재생 시간, 크기 및 기타 특성을 쉽게 확인할 수 있다.

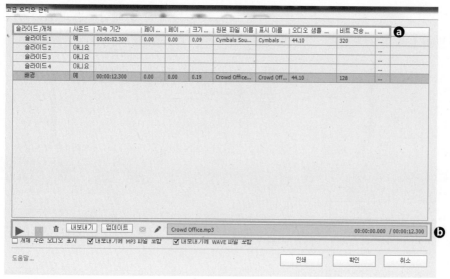

[그림 7-133]

ⓐ 오디오 관리 세부항목

- **[슬라이드/개체]** 슬라이드 이름이다.
- **[사운드]** 사운드 파일이 있는지에 대한 여부 (예 또는 아니요)를 나타낸다.
- **[지속 기간]** 사운드 파일의 길이(초)다.
- **[페이드 인]** 페이드 인 효과가 있는지에 대한 여부(예 또는 아니요)를 나타낸다.
- **[페이드 아웃]** 페이드 아웃 효과가 있는지에 대한 여부(예 또는 아니요)를 나타낸다.
- **[크기]** 사운드 파일의 크기다.
- **[원본 파일 이름]** 사운드 파일의 원래 이름이다.
- **[표시 이름]** Adobe Captivate 9에서 파일의 이름을 변경한 후의 파일 이름이다. 파일의 이름을 변경하지 않은 경우 원래 이름이 표시된다.
- **[오디오 샘플 속도(kHz)]** 이 속도는 초당 원본 파형이 디지털 형태로 변환되는 횟수다. 샘플 속도가 높을수록 더 정확한 디지털 사운드가 된다. 일반적으로 CD 음질 오디오의 샘플 속도는 초당 44,100개 샘플이다.
- **[비트 전송률(Kbps)]** 이 속도는 디지털 파일이 특정 기간에 사용하는 비트 수로서 주로 Kb/초로 표시된다. 오디오 파일이 인코딩되는 비트 전송률이 높을수록 음질이 향상된다. 일반적으로 사용되는 속도는 128Kbps다.
- **[폐쇄 캡션]** 대화의 대본이나 사운드 효과가 오디오 파일에 포함되어 있는지 여부를 나타낸다.

ⓑ 슬라이드 설정

- **[재생]** 선택한 슬라이드에 대한 오디오를 재생하려면 이 아이콘을 클릭한다.
- **[중지]** 오디오 재생을 중지하려면 이 아이콘을 클릭한다.
- **[제거]** 선택한 슬라이드에 대한 오디오를 제거 또는 삭제하려면 이 아이콘을 클릭한다.
- **[내보내기]** 선택한 오디오 파일을 폴더로 내보내려면 **[폴더 찾아보기]** 대화 상자를 열고 클릭한다.
- **[업데이트]** 오디오 파일의 업데이트된 버전을 가져오려면 클릭한다.
- **[폐쇄 캡션]** 오디오 파일에 포함되는 대화의 대본이나 사운드 효과를 입력하려면 이 아이콘을 클릭한다. 폐쇄 캡션은 청각 장애가 있는 사용자의 프로젝트 액세스 가능성을 높인다.
- **[개체 수준 오디오 표시]** 프로젝트의 개체 (클릭 상자, 캡션, 단추, 강조 상자 등)와 연결된 오디오 파일을 모두 표시하려면 선택한다.
- **[내보내기에 MP3 파일 포함]** 오디오를 내보낼 때 MP3 파일을 포함하려면 선택한다.
- **[내보내기에 WAVE 파일 포함]** 오디오를 내보낼 때 WAVE 파일을 포함하려면 선택한다.

1. 슬라이드에서 오디오 내보내기

1) 열려 있는 프로젝트에서 [오디오](ⓐ)>[오디오 관리](ⓑ)를 선택한다.

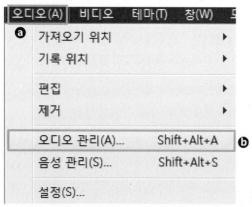

[그림 7-134]

2) 아래로 스크롤하고 내보낼 오디오 파일이 있는 슬라이드(ⓐ)를 클릭한다.

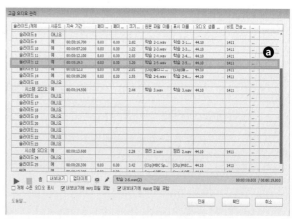

[그림 7-135]

3) MP3 파일을 내보내려는 경우 [내보내기에 MP3 파일 포함](ⓐ)을 선택한다. WAVE 파일을 내보내려는 경우 [내보내기에 WAVE 파일 포함](ⓑ)을 선택한다.

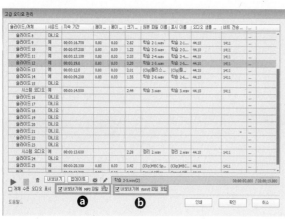

[그림 7-136]

4) [내보내기](ⓐ)를 클릭한다.

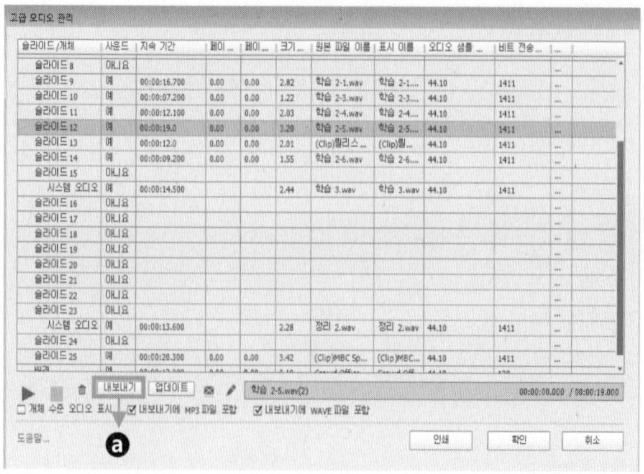

[그림 7-137]

5) 저장 대상 폴더를 찾고 [폴더 선택](ⓐ)을 클릭 후 저장한다.

[그림 7-138]

6) 저장한 위치에 오디오 파일이 생성된 것을 확인할 수 있다.

[그림 7-139]

2. 프로젝트에서 오디오 내보내기

삽입 또는 녹음된 오디오 파일을 내보낼 수 있다. 내보낸 오디오 파일은 포드캐스팅에 사용할 수 있다.

1) [오디오](ⓐ) > [편집](ⓑ) > [프로젝트](ⓒ)를 선택한다.

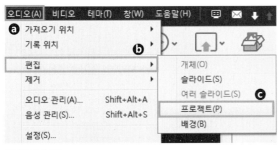

[그림 7-140]

2) 오디오 경고 창이 뜨면, [예](ⓐ)를 클릭한다.

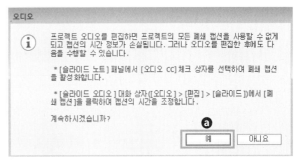

[그림 7-141]

3) [슬라이드 오디오] 대화 상자에서 [포드캐스트] (ⓐ)를 클릭한다.

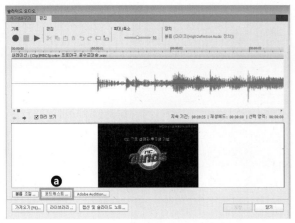

[그림 7-142]

4) 파일을 WAV 또는 MP3 형식(ⓐ)으로 선택 후 저장(ⓑ)을 클릭한다.

[그림 7-143]

1. 개체 오디오 삭제하기

1) 슬라이드에서 오디오가 포함된 개체를 클릭한 후, [오디오](ⓐ) ＞ [제거](ⓑ) ＞ [개체](ⓒ)를 선택한다.

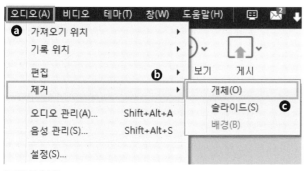

[그림 7-144]

2. 슬라이드 오디오 삭제하기

1) [필름 스트립] ([창] ＞ [필름 스트립])에서 슬라이드를 선택하고 슬라이드의 오른쪽 아래 모서리에서 오디오 기호를 마우스 우클릭한 다음 [제거](ⓐ)를 선택한다.

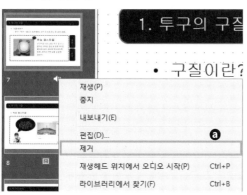

[그림 7-145]

2) 열려있는 프로젝트에서 오디오가 포함된 슬라이드를 선택한 다음 [오디오](ⓐ) ＞ [제거](ⓑ) ＞ [슬라이드](ⓒ)를 선택한다.

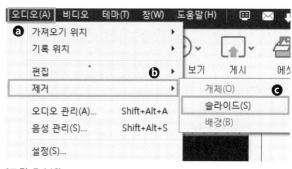

[그림 7-146]

3. 배경 오디오 삭제

1) 배경오디오가 포함된 열려 있는 프로젝트에서 [오디오](ⓐ)＞[제거](ⓑ)＞[배경](ⓒ)을 선택한다.

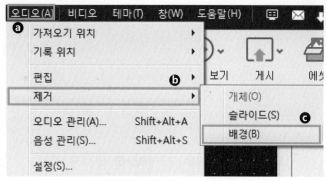

[그림 7-147]

비디오는 수행절차, 전문가와의 인터뷰, 시나리오, 시각적인 효과를 보여줄 수 있는 효과적인 방법이다. Adobe Captivate 9의 프로젝트에 비디오를 추가할 수 있는 방법으로 '이벤트 비디오'와 '다중 슬라이드 동기화된 비디오'가 있다.

다음 표는 이벤트 비디오와 다중 슬라이드 동기화된 비디오의 각 특성을 비교한 표다.

이벤트 비디오	다중 슬라이드 동기화된 비디오

• 슬라이드와 별개(동기화 안됨)
• 스테이지에만 배치할 수 있음
• 라이브러리에 추가 안됨
	• 슬라이드와 동시 재생(동기화 됨)
	• 스테이지 또는 목차에 배치할 수 있음
	  1. 라이브러리에 추가됨
	  2. 슬라이드와 라이브러리 모두에서 비디오를 미리 볼 수 있음
	  3. 라이브러리에서 파일 대체 또는 업데이트 가능

• 한 슬라이드에 여러 비디오 파일 추가 가능
• 자막(폐쇄 캡션) 추가 안됨
• 비디오 파일 편집 불가
  1. 본래 비디오 파일 크기로 바꿈
  2. 슬라이드가 전환되면 자동 재생
  3. 자동 되감기
  4. 재생 스킨 선택
	• 한 슬라이드에 한 개 비디오 파일만 추가 가능
	• 자막(폐쇄 캡션) 지원 가능
	• 비디오 파일 편집 가능
	  1. 파일경로
	  2. 비디오 유형
	  3. 비디오 보기(stage, TOC)
	  4. 비디오 시간 배치

<표 6-1> 이벤트 비디오와 다중 슬라이드 동기화된 비디오의 특성 비교

보충설명

삽입 가능한 비디오 유형

• 파일 .flv, .f4v, .avi, .mp4, .mov, .3gp
• 웹 서버, 플래시 비디오 스트리밍, 플래시 미디어 서버 형태의 비디오도 가능

1. 다중 슬라이드 동기화된 비디오 삽입하기

다중 슬라이드 동기화된 비디오는 슬라이드와 동시에 재생되고 동기화가 가능하며, 폐쇄 캡션기능을 지원한다. 단, 하나의 슬라이드에 한 개의 비디오 파일만 추가 가능하다.

1-1 프로젝트에 다중 슬라이드 동기화된 비디오 삽입하기

1) 열려있는 프로젝트에서 두 번째 슬라이드를 선택한 후, [비디오](ⓐ) > [비디오 삽입](ⓑ)을 클릭한다.

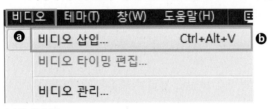

[그림 7-148]

보충설명

다른 방법으로 비디오 가져오기

빠른 도구 실행 모음에서 [미디어] > [비디오]를 클릭하여도 비디오를 삽입 할 수 있다.

[그림 7-149]

2) [다중 슬라이드 동기화된 비디오](ⓐ)를 선택한다.

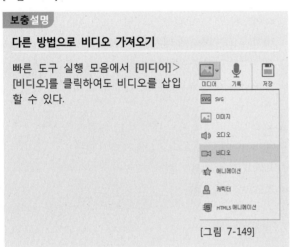

[그림 7-150]

3) [파일경로]의 [찾아보기](ⓐ)를 클릭하여 가져올 비디오 파일을 선택한다.

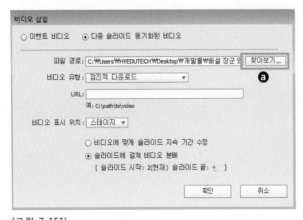

[그림 7-151]

4) [비디오 유형] 목록의 비디오의 유형에서 [점진적 다운로드](ⓐ)를 클릭한다.

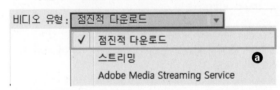

[그림 7-152]

- [점진적 다운로드] 비디오 유형의 기본 설정 값이다.
- [스트리밍], [Adobe Media Streaming Service] 서버에 비디오를 호스트 하기 원할 경우 선택 하고 호스트 할 위치를(URL 주소) 입력한다.

5) 비디오를 표시하려는 위치에 따라 [비디오 표시 위치] 목록에서 [스테이지](ⓐ)를 클릭한다.

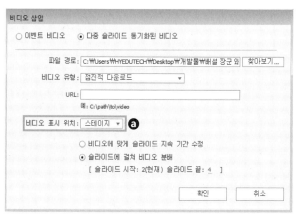

[그림 7-153]

6) 여러 슬라이드에 걸쳐 비디오를 분배하려면, [슬라이드에 걸쳐 비디오 분배](ⓐ)를 클릭하고 슬라이드 끝 번호를 3으로 지정한 후 [확인](ⓑ)을 클릭한다.

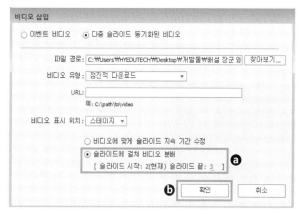

[그림 7-154]

보충설명

슬라이드에 걸쳐 비디오 분배

전체 슬라이드에 하나의 비디오를 재생하고 싶을 경우, 슬라이드 시작을 1(현재)로 설정한다.

7) 그림 7-155와 같이 [필름 스트립]의 두 번째, 세 번째 슬라이드에 동영상이 삽입된 것을 확인(ⓐ)할 수 있고, 그림 7-156과 같이 타임라인에 비디오가 슬라이드 비디오 형태로 삽입된 것을 확인(ⓑ)할 수 있다.

[그림 7-155]

[그림 7-156]

보충설명

잠긴 슬라이드, 무작위 슬라이드, 기록 슬라이드 자리 표시자, 퀴즈 자리 표시자 슬라이드, 동기화된 비디오가 포함된 슬라이드 또는 슬라이드 비디오 자리 표시자에는 동기화된 비디오를 추가할 수 없다.

1-2 다중 슬라이드 동기화된 비디오에 폐쇄 캡션을 삽입하기

1) 앞의 예시에서 삽입한 비디오 슬라이드에서 두 번째 슬라이드(ⓐ)를 클릭한다.

[그림 7-157]

2) [비디오](ⓐ)>[비디오 타이밍 편집](ⓑ)을 클릭한다.

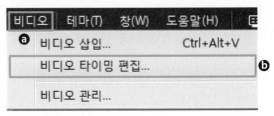

[그림 7-158]

3) [비디오 시간 배치 편집] 창에서 [폐쇄 캡션](ⓐ) 탭을 클릭한다.

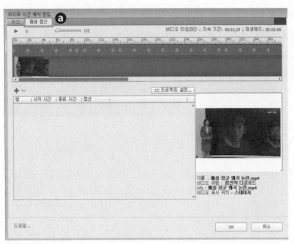

[그림 7-159]

4) [재생](ⓐ) 버튼을 클릭하여 폐쇄 캡션을 넣을 지점과 문장을 정한다.

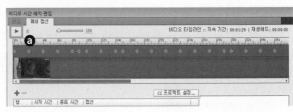

[그림 7-160]

5) 본 예시에서는 첫 번째, 세 번째 문장을 폐쇄 캡션 처리 하고자 한다. 먼저, 첫 번째 대사를 폐쇄 캡션에 추가하기 위해, **[재생]**(ⓐ) 버튼을 클릭하여 대사를 들어보고 첫 번째 대사가 나오는 부분에서 ＋(ⓑ)를 클릭한다.

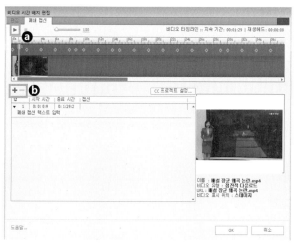

[그림 7-161]

6) 첫 번째 대사를 1번 폐쇄 캡션란(ⓐ)에 적는다.

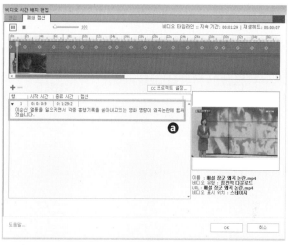

[그림 7-162]

7) 세 번째 대사를 폐쇄 캡션에 추가하기 위해, **[재생]**(ⓐ) 버튼을 클릭하여 대사를 들어보고 세 번째 대사가 나오는 부분에서 ＋(ⓑ)를 클릭한다.

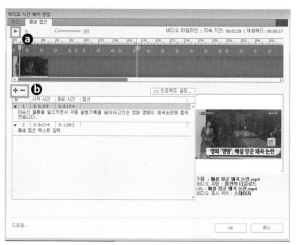

[그림 7-163]

8) 세 번째 대사를 2번 폐쇄 캡션란에 적고(ⓐ) **[OK]**(ⓑ)를 클릭한다.

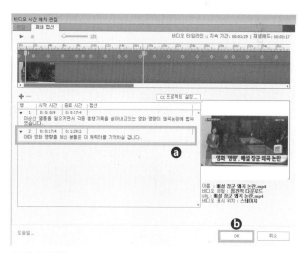

[그림 7-164]

9) [창](ⓐ) > [스킨 편집기](ⓑ)를 클릭한다.

[그림 7-165]

10) [재생 막대](ⓐ)를 클릭하고 [폐쇄 캡션](ⓑ)에 체크표시한 후, 오른쪽 창 상단의 [X](ⓒ) 표시를 클릭해 창을 닫는다.

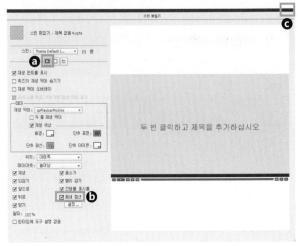

[그림 7-166]

11) [미리 보기](ⓐ) > [프로젝트](ⓑ)에서 결과를 확인한다.

[그림 7-167]

12) 창 하단에 [CC](ⓐ) 버튼을 클릭하면 동영상이 재생되면서 폐쇄 캡션(ⓑ)이 활성화되는 것을 확인할 수 있다.

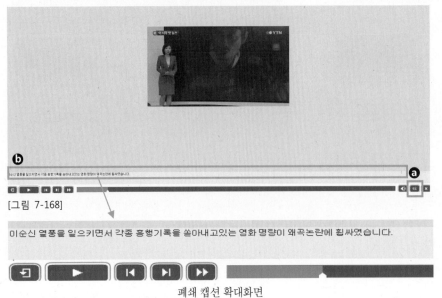

[그림 7-168]

이순신 열풍을 일으키면서 각종 흥행기록을 쏟아내고있는 영화 명량이 왜곡논란에 휩싸였습니다.

폐쇄 캡션 확대화면

[그림 7-169]

2. 이벤트 비디오 삽입하기

이벤트 비디오는 개체 형태로 하나의 슬라이드에 여러 개의 비디오 파일이 추가 가능하다. 단, 슬라이드와 동기화되지 않고 별개로 재생되며, 폐쇄 캡션기능을 지원하지 않는다.

1) 열려 있는 프로젝트에서 두 번째 슬라이드를 클릭 한 후, [비디오](ⓐ) > [비디오 삽입](ⓑ)을 클릭한다.

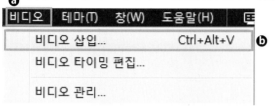

[그림 7-170]

2) [비디오 삽입] 대화 상자에서 [이벤트 비디오](ⓐ)를 선택한다.

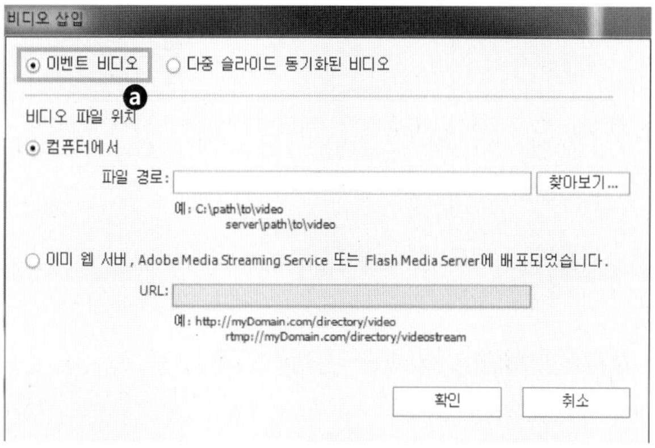

[그림 7-171]

3) 비디오 파일의 위치를 [찾아보기](ⓐ)를 클릭하여 파일 경로를 지정한 다음 [확인](ⓑ)을 클릭한다.

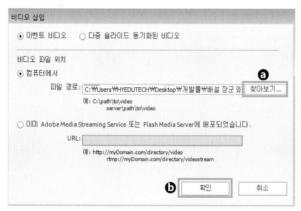

[그림 7-172]

4) 그림 7-173과 같이 [필름 스트립]의 두 번째 슬라이드에 동영상이 삽입된 것을 확인(ⓐ)할 수 있고, 그림 7-174와 같이 타임라인에 비디오가 비디오 개체 형태로 삽입된 것을 확인(ⓑ)할 수 있다.

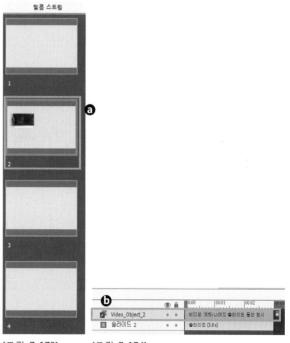

[그림 7-173]   [그림 7-174]

1. 비디오 편집기능

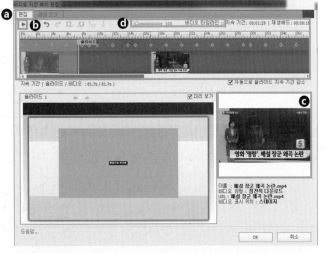

[그림 7-175]

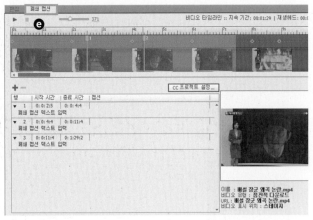

[그림 7-177]

ⓐ **[편집]** 편집 탭을 사용하여 시간 배치를 편집하고 편집 중에 동기화된 비디오를 미리 볼 수 있다. 각 슬라이드에서 재생할 비디오 부분을 결정할 수 있다. 시간 배치를 편집하는 경우 해당 동기화된 비디오 그룹에만 편집 내용이 적용된다.

ⓑ **[재생]** 버튼을 클릭하여 **[미리 보기](ⓒ)**를 재생한다. 비디오를 조정할 지점에서 **[일시 정지]**한 다음 마커를 왼쪽 또는 오른쪽으로 끌어서 조정한다.

ⓓ **[비디오 타임라인]** 비디오 전체 길이가 확대/축소되므로, 슬라이드와 비디오의 시간 및 위치 조정을 쉽게 할 수 있다.

371   비디오 타임라인

[그림 7-176]

ⓔ **[폐쇄 캡션]** 비디오에 오디오 콘텐트가 있는 경우 청각 장애가 있는 사용자를 위해 **[폐쇄 캡션]** 탭을 사용하여 캡션을 입력할 수 있다. 텍스트는 슬라이드가 재생될 때 오디오와 함께 표시된다.

2. 비디오 시간 배치 편집하기

[비디오 타이밍 편집]은 비디오가 프로젝트 또는 슬라이드의 길이에 맞게 배치되도록 돕는다.

> **예제**
> 두 번째 슬라이드에서 비디오가 시작되고 세 번째 슬라이드에서 비디오가 종료되도록 시간 배치 편집을 해 보자.

1) 열려있는 프로젝트에서 [비디오](ⓐ) > [비디오 타이밍 편집](ⓑ)을 클릭한다.

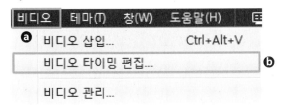

[그림 7-178]

2) [비디오 시간 배치 편집] 창의 [편집](ⓐ) 탭에서 [슬라이드 3 슬라이더](ⓑ)를 오른쪽으로 끌어 **그림 7-180** 과 같이 비디오 타임라인 마지막 부분(ⓒ)에 놓는다.

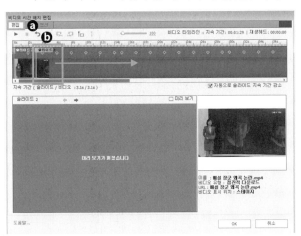

[그림 7-179]

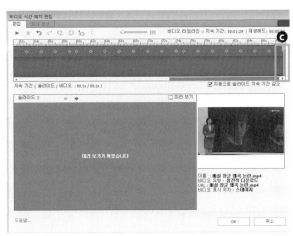

[그림 7-180]

3) 시간 배치 편집을 마친 후 [OK](ⓐ)를 누른다.

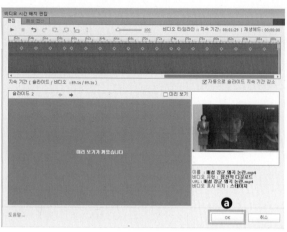

[그림 7-181]

4) 시간 배치 편집 완료 후, 세 번째 슬라이드의 비디오 화면이 영상 맨 마지막 화면으로 바뀌어있는 것을 확인(ⓐ)할 수 있다.

[그림 7-182]

5) [미리 보기](ⓐ)＞[프로젝트](ⓑ)를 클릭하여 결과를 확인한다.

[그림 7-183]

3. 이벤트 비디오 설정

1) [속성 관리자] ([창]＞[속성])를 사용하여 이벤트 비디오의 속성을 설정한다.

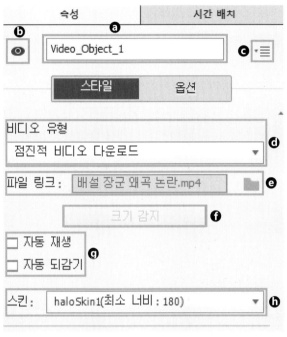

[그림 7-184]

ⓐ **[이름]** 개체에 대한 고유한 이름을 입력한다. 개체의 가시성 조건을 정의할 때 이 이름을 사용할 수 있다.

ⓑ **[보임]** 개체가 슬라이드에 표시되지 않도록 하려면 이 옵션을 선택 취소한다. **[표시]** 옵션을 사용하면 개체를 표시할 수 있다.

ⓒ **[액세스 가능성]** 개체에 액세스 가능한 텍스트를 추가하려면 클릭한다.

ⓓ **[비디오 유형]**
- **[점진적 다운로드 비디오]** 비디오가 내부 서버, 웹 서버 또는 Adobe Media Server(AMS)에 호스팅된 경우 이 옵션을 선택한다.
- **[스트리밍 비디오]** RTMP 스트리밍을 사용하려면 이 옵션을 선택한다. 비디오는 AMS에 호스팅되어야 한다.
- **[Flash 비디오 스트리밍 서비스]** 비디오가 AMS 또는 기타 웹 서버에 호스팅 되었으며 서비스 공급업체가 Adobe 파트너 중 하나인 경

우 이 옵션을 선택한다. 이 옵션을 사용하면 RTMP 또는 HTTP 스트리밍을 사용할 수 있다.

ⓔ **파일 링크** 비디오 파일에 대한 절대 또는 상대 경로다(선택한 비디오 유형이 **[점진적 다운로드 비디오]**인 경우에만 나타남).
- **[찾아보기]** 비디오 파일을 탐색하려면 클릭한다(선택한 비디오 유형이 **[점진적 다운로드 비디오]**인 경우에만 나타남).
- **[서버 URI]** 서버 이름, 응용 프로그램 이름 및 인스턴스 이름이다(선택한 비디오 유형이 **[스트리밍 비디오]**인 경우에만 나타남).
- **[스트림 이름]** 스트림 이름이다(선택한 비디오 유형이 **[스트리밍 비디오]**인 경우에만 나타남).
- **[URL]** Flash 비디오 스트리밍 서비스에서 제공한 직접 파일 링크다(선택한 비디오 유형이 **[Flash 비디오 스트리밍 서비스]**인 경우에만 나타남).

ⓕ **[크기 감지]** 삽입한 비디오의 기존 크기를 표시한다. 라이브 비디오 피드(선택한 비디오 유형이 **[스트리밍 비디오]**인 경우에만 나타남)를 삽입하려면 이 옵션을 선택한다.

ⓖ **[자동 재생]** 비디오가 슬라이드에 나타나는 즉시 자동으로 재생이 시작된다.

ⓖ **[자동 되감기]** 비디오 재생이 완료된 후 시작 위치로 자동으로 되감기 된다.

ⓗ **[스킨]** 삽입한 비디오의 스킨(재생 막대)이다. 선택한 스킨의 미리 보기가 [스킨] 메뉴 바로 아래에 나타난다.

2) 그림자 및 반사

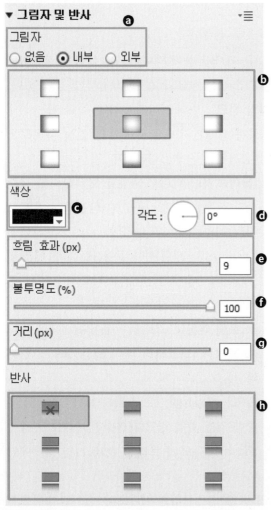

[그림 7-185]

ⓐ **[그림자]** 비디오에 그림자를 적용하려면 이 체크 상자를 선택한다. 사전 설정 중 하나를 선택한다. **[사용자 정의]**를 누르면 사전 설정을 사용자 정의할 수 있다.

ⓑ **[방향]** 방향(내부 또는 외부)을 선택한다. 선택한 방향의 미리 보기가 스테이지에 표시된다.

ⓒ **[색상]** 그림자의 색상을 선택하려면 클릭한다. 옆에 있는 필드에 색상에 대한 알파(백분율)를 지정한다.

ⓓ **[각도]** 그림자의 각도를 지정한다.

ⓔ **[흐림 효과]** 그림자의 흐림 효과에 대한 값(픽셀)을 지정한다.

ⓕ **[불투명도]** 그림자의 투명도에 대한 값(픽셀)을 지정한다.

ⓖ **[거리]** 그림자를 표시해야 하는 거리(픽셀)를 지정한다.

ⓗ **[반사]** 비디오에 반사를 추가하려면 이 체크 상자를 선택한다. 사전 설정 중 하나를 선택한다.

3) 시간 배치

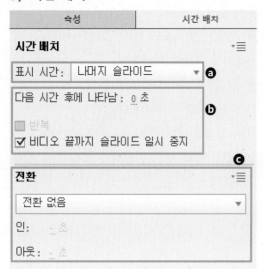

[그림 7-186]

ⓐ **[표시 시간]**
- **[특정 시간]** 지정한 시간 간격 동안 비디오 파일을 재생한다.
- **[나머지 슬라이드]** 슬라이드의 지속 기간 동안 비디오 파일을 재생한다.
- **[프로젝트의 나머지 부분]** 프로젝트의 지속 기간 동안 비디오 파일을 재생한다.
- **[비디오 지속 기간]** 완료될 때까지 비디오 파일을 재생한다.

ⓑ [다음 시간 후에 나타남]
슬라이드 재생이 시작된 후 비디오 파일이 슬라이드에 나타날 때까지의 시간이다.

- **[반복 재생]** 비디오를 계속 재생하려면 이 옵션을 선택한다([다음 시간 동안 표시] 메뉴에서 **[나머지 슬라이드]** 또는 **[비디오 지속 기간]**을 선택한 경우 비활성화되는 옵션).

- **[비디오 끝까지 슬라이드 일시 중지]** 비디오 재생이 완료될 때까지 해당 비디오가 포함된 슬라이드를 일시 중지하려면 이 옵션을 선택한다. 이 옵션은 [다음 시간 동안 표시] 메뉴에서 **[나머지 슬라이드]**를 선택하는 경우에만

활성화된다([다음 시간 동안 표시] 메뉴에서 **[나머지 슬라이드]**를 선택한 경우에만 활성화되는 옵션).

ⓒ [전환]

- **[효과]** 비디오 파일의 전환효과를 지정한다. 시작하는 동안 비디오 파일이 페이드 인하고 종료하는 동안 페이드 아웃하도록 설정할 수 있다.

- **[인: [#]초]** 비디오 파일이 보기로 완전히 페이드 인 될 때까지의 시간을 지정한다.

- **[아웃: [#]초]** 비디오 파일이 보기에서 완전히 사라질 때까지의 시간을 지정한다.

4. 비디오 관리하기

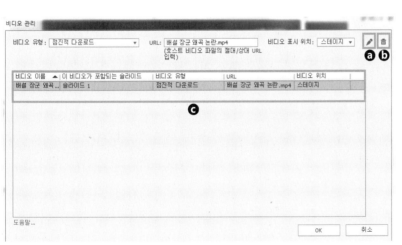

[그림 7-187]

ⓐ **[비디오시간 편집]** 개체, 슬라이드, 배경에 삽입된 비디오의 시간을 편집할 수 있다.

ⓑ **[비디오 삭제]** 개체, 슬라이드, 배경에서 비디오를 삭제할 수 있다.

ⓒ **[슬라이드 순서 조정]** 슬라이드 순서를 조정할 수 있다.

ⓓ 표시 위치는 스테이지(프로젝트 화면)와 목차(TOC, table of contents)가 있다.

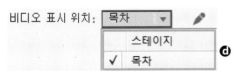

[그림 7-188]

1) Adobe Captivate 9에서 비디오를 업데이트할 프로젝트를 연다.

2) [라이브러리](ⓐ) 패널의 [미디어](ⓑ) > [비디오](ⓒ) 폴더를 클릭한다.

3) 비디오 이름을 마우스 우클릭하거나(Windows) Ctrl 을 누른 채 클릭하고 [업데이트](ⓓ)를 클릭한다.

[그림 7-189]

4) 업데이트가 완료되면 비디오를 사용하는 모든 슬라이드에 변경 내용이 반영된다.

프로젝트 기록하기   제**8**장

♣ 비디오 데모 기록하기
- 비디오 데모 프로젝트 만들기
- 비디오 데모 프로젝트 기록화면 설정하기
- 비디오 데모 프로젝트 화면구성 및 속성 값

♣ 비디오 데모 프로젝트 편집하기
- 마우스 포인터 편집
- 비디오 클립 트리밍
- 비디오 클립 분할
- 팬 및 확대/축소
- Picture-In Picture(PIP)효과
- 팝업 정리/바꾸기
- 오디오 추가
- 프로젝트에 비디오 데모 슬라이드 추가
- 비디오 프로젝트 게시

♣ 소프트웨어 시뮬레이션 기록하기
- 소프트웨어 시뮬레이션 프로젝트 만들기(1장 참고)
- 소프트웨어 시뮬레이션 프로젝트 속성 값

♣ 소프트웨어 시뮬레이션 프로젝트 편집하기
- 타입핑 편집
- 마우스 이동
- 풀-모션 기록 편집
- 슬라이드 배경 편집
- 추가 슬라이드 기록
- 상호 작용 개체 슬라이드 편집
- 프로젝트에 소프트웨어 시뮬레이션 슬라이드 추가
- 기록 후 재검토를 위한 슬라이드 표시

실행 순서

♣ 비디오 데모 기록

실행 첫 화면에서 [새 항목]을 클릭하고 [비디오 데모]를 선택한다.

♣ 비디오 데모 프로젝트 편집
- 마우스 포인터 편집

  편집(E) ⇨ 마우스 점 편집

  상위 메뉴 [편집]에서 [마우스 점 편집]을 선택한다.

- 비디오 클립 트리밍

  📼 비디오/오디오 ⇨ 트리밍

  [타임라인]의 [비디오/오디오] 레이어를 클릭하고 [트리밍]을 선택한다.

- 비디오 클립 분할

  📼 비디오/오디오 ⇨ 분할

  [타임라인]의 [비디오/오디오] 레이어를 클릭하고 [분할]을 선택한다.

- 팬 및 확대/축소

  📼 비디오/오디오 ⇨ 팬 및 확대/축소

  [타임라인]의 [비디오/오디오] 레이어를 클릭하고 [팬 및 확대/축소]을 선택한다.

♣ 소프트웨어 시뮬레이션 기록

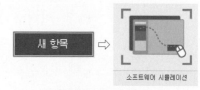

실행 첫 화면에서 [새 항목]을 클릭하고 [소프트웨어 시뮬레이션]을 선택한다.

♣ 소프트웨어 시뮬레이션 프로젝트 편집
- 타입핑 편집

  🅸 텍스트 입력 ⇨ 텍스트 애니메이션으로 바꾸기(R)

  [타임라인]의 [텍스트 입력] 레이어를 클릭한 상태에서 마우스 우클릭한 후 [텍스트 애니메이션으로 바꾸기]를 선택한다.

• 마우스 편집

[타임라인]의 [마우스] 레이어를 클릭하고 창 오른쪽의 [속성]을 선택한다.

기능의 목적

• 비디오 데모 및 소프트웨어 시뮬레이션 프로젝트 만들기
• 비디오 데모 및 소프트웨어 시뮬레이션 프로젝트 편집

• 직접 시연이 필요한 동작을 비디오 또는 슬라이드 형태로 기록하는 이러닝 콘텐츠 제작

이러닝 설계팁

♣ 소프트웨어 시연과 소프트웨어 시뮬레이션

Adobe Captivate 9에서는 소프트웨어 시뮬레이션과 비디오 데모 기능을 통해 온라인 상에서 소프트웨어를 학습할 수 있도록 지원한다. 이는 웹 사이트의 구조 탐색 방법, 학습포탈 활용 방법, 또는 기타 전자적인 형태의 문서과 같이 컴퓨터 프로그램 활용 절차를 소개할 때 효과적이다(Horton, 2006).

이러닝에서 소프트웨어를 가르치는 형태는 크게 소프트웨어 시연과 소프트웨어 시뮬레이션으로 나누어진다. 소프트웨어 시연은 교수자가 소프트웨어를 조작하는 것을 학습자들이 보고 듣도록 구현한 콘텐츠를 의미한다. 이를 통해 학습자는 특정 행동 절차의 연계를 명확하게 볼 수 있으며, 텍스트나 음성 내레이션, 혹은 두 가지 방법을 함께 사용해 보충 설명을 할 수도 있다(Horton, 2006).

소프트웨어 시연과 다르게 소프트웨어 시뮬레이션은 학습자가 조작하는 활동을 포함한다. 소프트웨어 시뮬레이션에서 학습자들은 교수자의 시연 활동을 보며, 이후 교수자는 학습자들에게 유사한 방식으로 절차를 따라해 보도록 요구해야 한다. 소프트웨어 시연은 프로그램 활용법을 처음 가르칠 때 효과적이나 초보자가 실제 프로그램을 앞에 놓고 따라할 준비가 되어 있을 때는 소프트웨어 시뮬레이션을 직접 수행하도록 해야 한다(Horton, 2006).

Adobe Captivate 9에서 두 가지 활동을 구분하여 구현할 수 있다. 소프트웨어 시연을 위해서는 소프트웨어 시뮬레이션 녹화 전 [데모]에 체크한다. 소프트웨어 시뮬레이션을 위해서는 [교육]에 체크한 후 녹화하면 클릭 상자가 삽입되어 학습자들이 교수자와 같이 수행하도록 유도한다. [평가]의 경우 시연 활동이나 시뮬레이션 활동을 평가할 때 활용한다.

♣ 소프트웨어 시뮬레이션의 설계

소프트웨어 시뮬레이션은 단순화하고 핵심 포인트를 잡고 녹화하는 것이 중요하다. 모든 시뮬레이션 활동에서 하나의 과제를 수행할 때 하나의 방법만을 활용하도록 해야 한다. 너무 많은 대체 방법들, 단순화된 방법들, 예외들을 한꺼번에 제시하면 학습자들은 혼란스럽게 되고 결국 원하는 기능을 습득하지 못할 가능성이 높아진다(Horton, 2006).

비디오 데모 기록은 사용자가 컴퓨터에서 수행하는 동작을 그대로 녹화하여 하나의 비디오로 만드는 기능이다.

1. 비디오 데모 프로젝트 만들기

1-1 비디오 데모 프로젝트 만들기

1) 기록하고자 하는 소프트웨어를 실행한다. 본 예
시에서는 엑셀 프로그램을 실행한다.

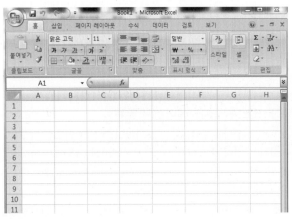

[그림 8-1]

2) 바탕화면 또는 시작프로그램 목록에서 **[Adobe
Captivate 9]**(ⓐ) 아이콘을 클릭한다.

[그림 8-2]

3) [새 항목](ⓐ) > [비디오 데모](ⓑ) > [만들기](ⓒ)를 클릭한다.

[그림 8-3]

보충설명

다른 방법으로 비디오 데모 프로젝트 만들기

[파일] > [새로 기록] > [비디오 데모]를 선택하여도 비디오 데
모 프로젝트를 만들 수 있다.

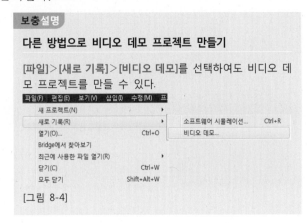

[그림 8-4]

4) 빨간 테두리로 표시된 기록 화면(ⓐ)과 기록 설정 화면(ⓑ)이 나타난다. 엑셀 프로그램을 바탕화면에 띄운 후 기록 화면을 설정하면 빨간 테두리 내에서 발생하는 모든 동작을 기록한다.

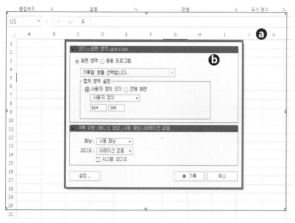

[그림 8-5]

5) 설정화면에서 [화면 영역](ⓐ)을 선택 후 [기록 유형](ⓑ)을 지정되어 있는 기본 값으로 설정한다.

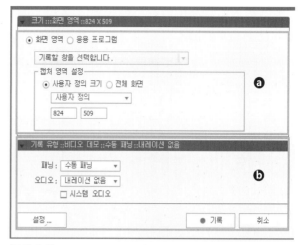

[그림 8-6]

6) 화면설정이 끝나면 [기록](ⓐ)을 클릭한다.

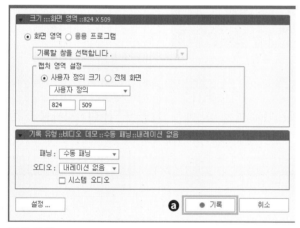

[그림 8-7]

7) 로딩화면이 뜨고 3, 2, 1이 끝나면 기록이 시작된다.

[그림 8-8]

8) 기록하고 싶은 내용을 절차에 따라 수행한다.

9) Window 상태표시줄에서 [Adobe Captivate 9](ⓐ) 아이콘을 클릭하여 기록을 종료한다.

[그림 8-9]

10) 비디오 데모 기록을 종료하거나 중단하면 기록한 내용이 바로 연결되어 자동으로 재생되고, 다양한 편집기능을 활용하여 편집할 수 있다.

프로젝트 기록화면 유형에서 **[화면 영역]**은 사용자가 기록하고자 하는 내용을 화면 크기(가로, 높이)로 정한다. 화면 크기는 빨간 테두리 박스로 표시되고, 테두리 내에서 발생하는 모든 동작을 기록한다.

2-1 캡처 영역을 [사용자 정의 크기]로 설정하기

1) 기록하고자 하는 소프트웨어를 실행한다. 본 예시에서는 엑셀 프로그램을 실행한다.

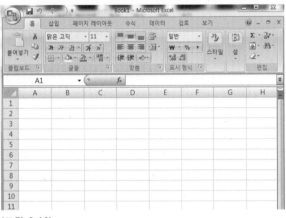

[그림 8-10]

2) 바탕화면 또는 시작프로그램 목록에서 **[Adobe Captivate 9]**(ⓐ) 아이콘을 클릭한다.

[그림 8-11]

3) **[새 항목]**(ⓐ)>**[비디오 데모]**(ⓑ)>**[만들기]**(ⓒ)를 클릭한다.

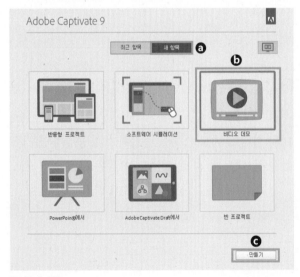

[그림 8-12]

4) 기록 설정화면에서 **[화면 영역]**(ⓐ)>**[사용자 정의 크기]**(ⓑ)를 선택한다.

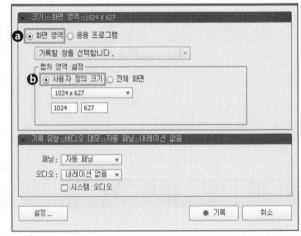

[그림 8-13]

5) 사용자 정의 크기 드롭다운 목록에서 [사용자 정의](ⓐ)를 선택한다.

[그림 8-14]

7) 화면설정이 끝나면 [기록](ⓐ)을 클릭한다.

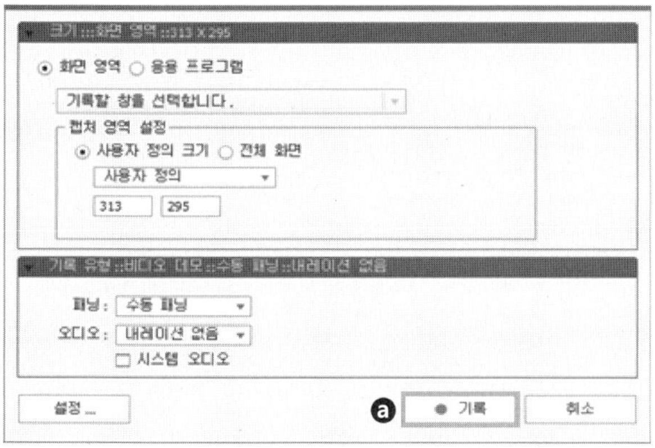

[그림 8-16]

9) 컴퓨터 화면의 빨간 테두리로 설정된 영역 내에서 기록하고 싶은 내용을 절차에 따라 수행한다. 본 예시에서는 실행해 놓았던 엑셀파일에서 첫째 행에 숫자1을 적고 마우스를 세로방향으로 끌어 10행까지 가져다 놓는다. 1행부터 10행까지 숫자 1이 삽입된 것을 확인한다.

[그림 8-18]

6) 그림 8-15와 같이 네모박스의 흰 꼭지점을 마우스로 드래그하면(ⓐ) 기록할 화면 사이즈가 조정되고, 너비 및 높이 숫자 값(ⓑ)도 자동으로 변한다.

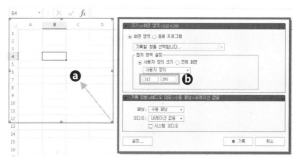

[그림 8-15]

8) 로딩화면이 뜨고 3, 2, 1이 끝나면 기록이 시작된다.

[그림 8-17]

10) Window 상태표시줄에서 [Adobe Captivate 9] (ⓐ) 아이콘을 클릭하여 기록을 종료한다.

[그림 8-19]

11) 화면 영역에서 사용자 정의한 범위만 기록된 것을 확인 할 수 있다. 설정비디오 데모 기록을 종료하거나 중단하면 기록한 내용이 바로 연결되어 자동으로 재생되고, 오른쪽 하단에 **[편집]**(ⓐ) 버튼을 클릭 후 비디오를 편집할 수 있다.

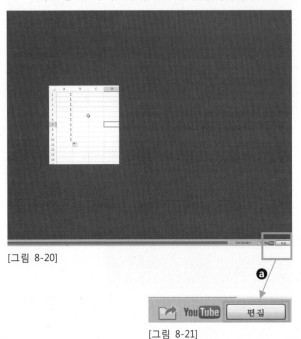

[그림 8-20]

ⓐ
YouTube
편집

[그림 8-21]

보충설명

화면 영역 사용자 정의 크기 표준 크기

[화면 영역]>[사용자 정의 크기]의 드롭다운 목록은 일반적으로 사용되는 화면의 표준 크기를 제공한다. 그림 8-23과 같이 드롭다운 목록에서 원하는 크기를 선택할 수 있다.

크기 :::화면 영역 ::1024 X 576
화면 영역
응용 프로그램
기록할 창을 선택합니다.
캡처 영역 설정
사용자 정의 크기
전체 화면
1024 x 576
1024
576
기록 유형 ::비디오 데모::수동 패닝::내레이션 없음
패닝 : 수동 패닝
오디오 : 내레이션 없음
시스템 오디오
설정 ...
기록
취소

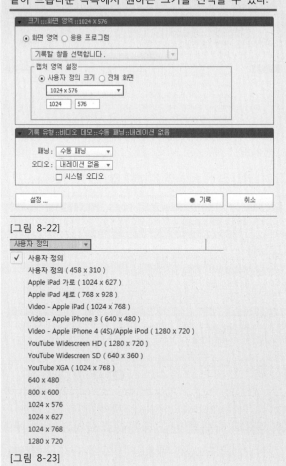

[그림 8-22]

사용자 정의
사용자 정의
사용자 정의 (458 x 310)
Apple iPad 가로 (1024 x 627)
Apple iPad 세로 (768 x 928)
Video - Apple iPad (1024 x 768)
Video - Apple iPhone 3 (640 x 480)
Video - Apple iPhone 4 (4S)/Apple iPod (1280 x 720)
YouTube Widescreen HD (1280 x 720)
YouTube Widescreen SD (640 x 360)
YouTube XGA (1024 x 768)
640 x 480
800 x 600
1024 x 576
1024 x 627
1024 x 768
1280 x 720

[그림 8-23]

2-2 캡처 영역을 [전체 화면]으로 설정하기

1) 기록하고자 하는 소프트웨어를 실행한다. 본 예시에서는 엑셀 프로그램을 실행한다.

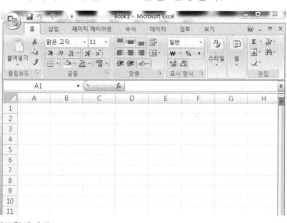

[그림 8-24]

2) 바탕화면 또는 시작프로그램 목록에서 [Adobe Captivate 9](ⓐ) 아이콘을 클릭한다.

[그림 8-25]

3) [화면 영역](ⓐ) > [전체 화면](ⓑ)을 선택한다.

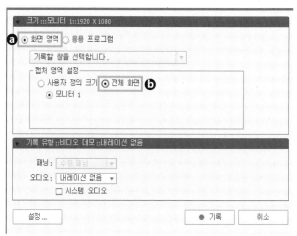

[그림 8-26]

4) 테두리가 없어지는 것을 확인하고 [기록](ⓐ)을 클릭하여 기록을 시작한다.

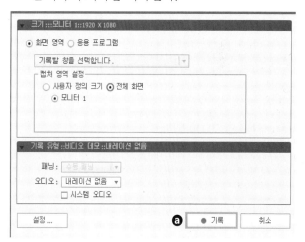

[그림 8-27]

5) 엑셀 프로그램에서 기록하고 싶은 내용을 절차에 따라 수행한다. 본 예시에서는 실행해 놓았던 엑셀파일에서 첫째 행에 숫자 1을 적고 마우스를 세로방향으로 끌어 10행까지 가져다 놓는다. 1행부터 10행까지 숫자 1이 삽입된 것을 확인한다.

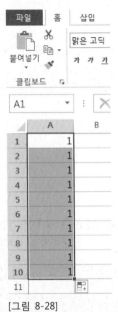

[그림 8-28]

6) Window 상태표시줄에서 [Adobe Captivate 9](ⓐ) 아이콘을 클릭하여 기록을 종료한다.

[그림 8-29]

7) 컴퓨터 화면의 전체영역이 기록된 것을 확인 할 수 있다. 설정비디오 데모 기록을 종료하거나 중단하면 기록한 내용이 바로 연결되어 자동으로 재생되고, 오른쪽 하단에 **[편집](ⓐ)** 버튼을 클릭 후 비디오를 편집할 수 있다.

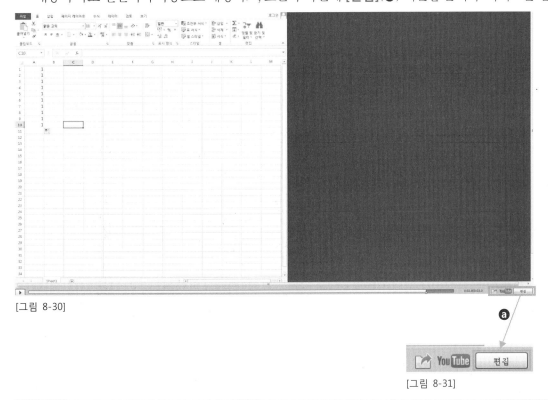

[그림 8-30]

ⓐ

[그림 8-31]

<보충설명>

이중 모니터 모드 사용

전체 화면은 기록 화면의 크기를 컴퓨터 모니터의 크기로 설정한다. 이중 모니터를 사용하는 경우 기록에 사용할 모니터를 선택 할 수 있다. 단, 이중 모니터 모드에서 기록하면 모니터의 높은 화면 해상도 때문에 프로젝트와 출력 파일 크기가 매우 커질 수 있으므로 반드시 필요한 경우에만 사용하는 것이 좋다.

프로젝트 기록에서 **[응용 프로그램]**은 사용자가 기록하고자 하는 화면을 한글, 엑셀, 인터넷 익스플로러 등과 같은 응용 프로그램 실행화면으로 정할 수 있다.

3-1 응용프로그램 선택하여 비디오 데모 만들기

1) 기록하고자 하는 소프트웨어를 실행한다. 본 예시에서는 인터넷 익스플로러 프로그램을 실행한다.

[그림 8-32]

2) 바탕화면 또는 시작프로그램 목록에서 **[Adobe Captivate 9]**(ⓐ) 아이콘을 클릭한다.

[그림 8-33]

3) 기록 설정화면에서 **[응용 프로그램]**(ⓐ)을 선택한 후, 기록할 창 드롭다운 목록(ⓑ)을 클릭한다.

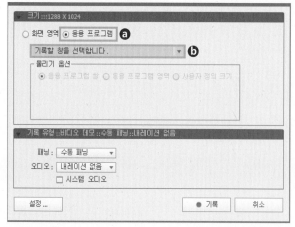

[그림 8-34]

4) **[기록할 창]**(ⓐ)드롭다운 목록에서 기록할 응용 프로그램(ⓑ)을 선택한다.

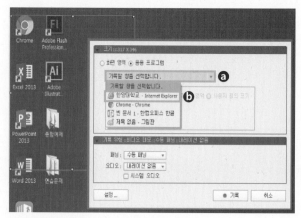

[그림 8-35]

3-2 화면기록 창을 [응용 프로그램 창]으로 설정하기

1) [물리기 옵션]에서 전체 응용 프로그램 창을 기록하려면 [응용 프로그램 창](ⓐ)을 선택한다.

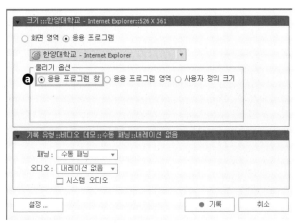

[그림 8-36]

2) [응용 프로그램 창]을 선택할 경우 **그림 8-37**과 같이 응용 프로그램 창의 크기(인터넷 익스플로러)는 바뀌지 않고, 기록 사각형의 크기가 응용 프로그램에 맞게 조정된다.

[그림 8-37]

3-3 화면기록 창을 [응용 프로그램 영역]으로 설정하기

1) [물리기 옵션]에서 응용 프로그램 창의 특정 영역을 기록하려면 [응용 프로그램 영역](ⓐ)을 선택한다.

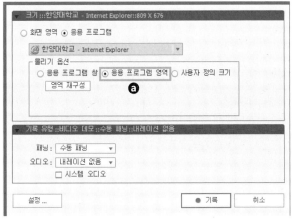

[그림 8-38]

2) [응용 프로그램 영역]을 선택할 경우 **그림 8-39**와 같이 응용 프로그램 창의 크기(엑셀 프로그램 실행 화면)은 두 부분으로 나누어지고(ⓐ, ⓑ) 원하는 영역을 선택할 수 있다.

[그림 8-39]

3-4 화면기록 창을 [사용자 정의 크기]로 설정하기

1) [물리기 옵션]에서 응용 프로그램 창의 영역을 사용자가 지정하려면 [사용자 정의 크기](ⓐ)를 선택한다.

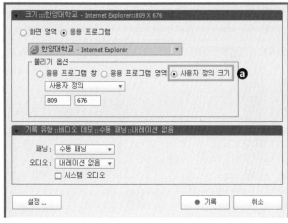

[그림 8-40]

2) 그림 8-41과 같이 네모박스의 흰 꼭지점을 마우스로 드래그하면 기록할 화면 사이즈(ⓐ)가 조정되고, 너비 및 높이 숫자 값(ⓑ)도 자동으로 변한다.

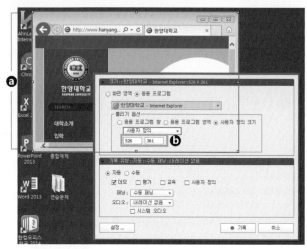

[그림 8-41]

---

4. 비디오 데모 프로젝트 기록 유형 설정하기

전체 화면에서 마우스 포인터가 이동할 때 기록 창도 함께 움직이게 하려면 [패닝]을 사용한다. [패닝]은 기록 창이 기록하고자 하는 전체 화면 크기보다 작은 경우에도 전체 화면에서 일어나는 동작을 캡처 할 수 있다.

4-1 기록 유형을 [자동 패닝]으로 설정하기

1) 기록 유형에서 [패닝](ⓐ)드롭다운 목록에서 [자동 패닝](ⓑ)을 선택한다.

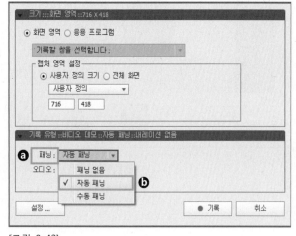

[그림 8-42]

> **보충설명**
>
> **패닝 활성화**
>
> [패닝]기능은 기록 창을 이동하기 위한 기능으로 캡처 영역 설정에 [전체 화면]을 선택할 경우 [패닝] 드롭다운 목록이 활성화되지 않는다.

2) [자동 패닝]에서는 기록 중에 마우스 위치를 이동(ⓐ → ⓑ)하면 기록 창인 빨간 테두리가 자동으로 함께 이동(ⓒ → ⓓ)한다.

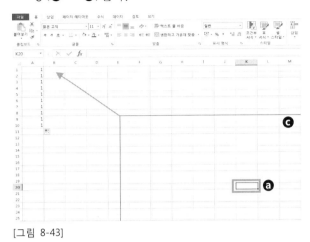

[그림 8-43]

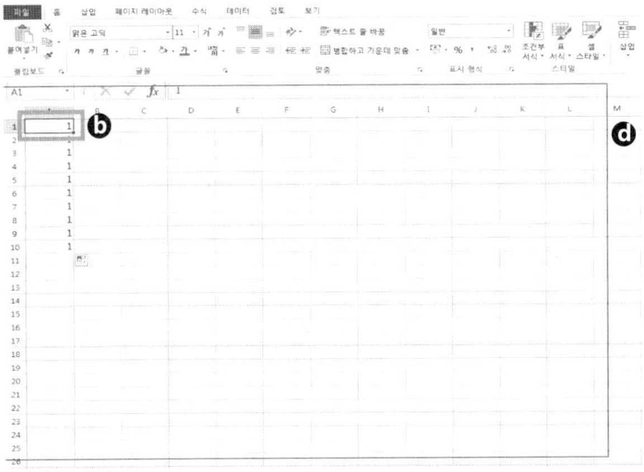

[그림 8-44]

4-2 기록 유형을 [수동 패닝]으로 설정하기

1) 기록 유형에서 [패닝](ⓐ)드롭다운 목록에서 [수동 패닝](ⓑ)을 선택한다.

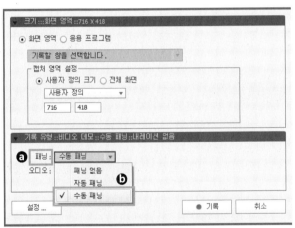

[그림 8-45]

2) [수동 패닝]에서는 마우스 위치를 이동(ⓐ → ⓑ)해도 기록 창은 초기에 지정된 자리(ⓒ)에 고정되어 있다. 기록 범위가 변경되서 기록 창을 이동해야 할 경우 마우스로 기록 창을 끌어 수동으로 이동해야 한다.

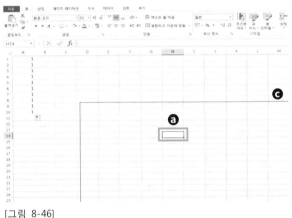

[그림 8-46]

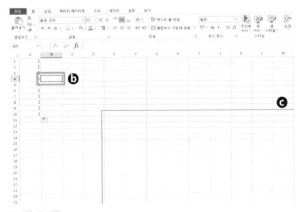

[그림 8-47]

5. 비디오 데모에서 오디오 설정하기

1) 기록 유형에서 오디오를 설정한다.

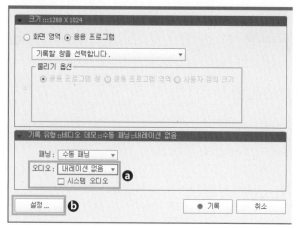

[그림 8-48]

ⓐ **[오디오]** 기록하는 동안 내레이션을 추가하는 경우 오디오 입력 유형을 선택한다.

ⓑ **[설정]** 비디오 데모 기록 시 Adobe Captivate 9이 사용하는 기본 설정을 변경하려면 [설정]을 클릭한다.

6. 비디오 데모 프로젝트 화면구성 및 속성 값 설정하기

6-1 비디오 데모 프로젝트 화면구성 살펴보기

1) 비디오 데모 프로젝트는 [프로젝트 화면](ⓐ), [비디오 데모 화면](ⓑ), [타임라인](ⓒ), [속성 값 설정](ⓓ) 영역으로 구성된다.

[그림 8-49]

ⓐ **[프로젝트 화면]** 프로젝트 화면은 기록된 비디오 화면 영역을 제외한 회색 배경의 화면이다. 프로젝트 화면 영역을 클릭하면 프로젝트의 속성 값(ⓓ)을 편집할 수 있다.

ⓑ **[비디오 데모 화면]** 기록된 비디오 화면 영역은 프로젝트 화면 내에 포함된다. 비디오 데모 화면을 클릭하면 비디오의 속성 값(ⓓ)을 편집할 수 있다.

ⓒ **[타임라인]** 기록된 비디오는 타임라인에서 재생, 편집 가능하다. 비디오 데모 프로젝트(CPVC)의 타임라인은 하나의 레이어를 갖는다.

비디오 데모의 타임라인 vs 소프트웨어 시뮬레이션의 타임라인

• 비디오 데모의 타임라인

[그림 8-50]

- 비디오 데모 프로젝트는 모든 개체가 하나의 레이어에 배치된다.
- PIP 비디오 및 기록된 비디오 클립은 다른 레이어에 배치된다.

• 소프트웨어 시뮬레이션의 타임라인

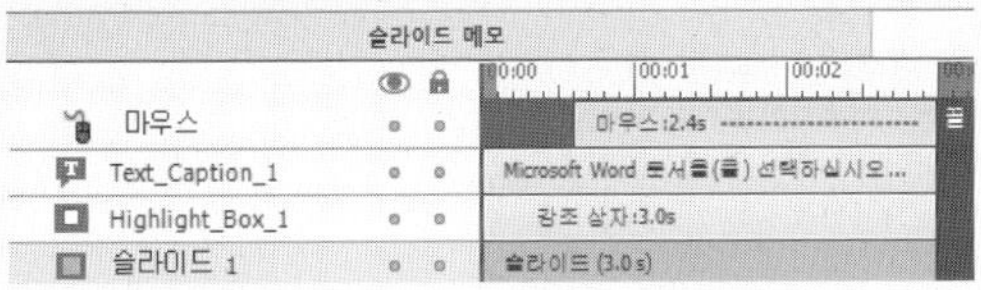

[그림 8-51]

- 소프트웨어 시뮬레이션 프로젝트는 개체마다 레이어를 갖는다.

프로젝트 기록파일 확장자

프로젝트 기록 파일의 확장자는 CPVC다. CPVC 파일은 일반 [Adobe Captivate 9] 프로젝트 또는 CPTX 파일과 다음과 같은 차이점이 있다.

CPTX 파일	CPVC 파일
'슬라이드' 방식에 기반한다. 기록 후 [필름 스트립]에서 개별 슬라이드를 볼 수 있다.	'슬라이드' 방식에 기반하지 않는다. 기록 후 파일은 타임라인에 하나의 비디오 클립으로 표시된다.
[필름 스트립]의 모든 슬라이드를 클릭하여 편집할 수 있다.	[속성]에서 [비디오 편집] 옵션을 사용하여 비디오 클립을 잘라내고 복사하거나 두 지점 사이에서 트리밍하는 등의 편집 작업을 수행할 수 있다.
대화형 개체 및 비대화형 개체 모두를 삽입할 수 있다.	비대화형 개체, 텍스트 캡션 및 강조 상자만 삽입할 수 있다.
퀴즈를 삽입할 수 있다.	퀴즈를 바로 추가할 수 없다. 평가를 포함하는 CPTX 프로젝트를 별도로 만들어 CPVC 파일을 MP4 파일로 게시하고 CPTX 프로젝트에 삽입할 수 있다.
전체 프로젝트, 현재 슬라이드 또는 특정 슬라이드를 미리 볼 수 있다.	전체 프로젝트 또는 현재 비디오 클립을 미리 볼 수 있다.

<표 8-1> CPTX 파일과 CPVC 파일의 특성 비교

6-2 비디오 데모 프로젝트의 속성 값 설정하기

1) 프로젝트 전체 화면에서 [프로젝트 화면](ⓐ)을 클릭하면, [속성 관리자](ⓑ)에서 프로젝트의 속성을 확인할 수 있다.

[그림 8-52]

2) 구체적인 비디오 데모 프로젝트 속성은 다음과 같다.

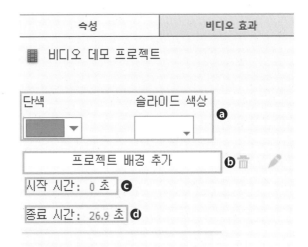

[그림 8-53]

ⓐ [스테이지] 스테이지는 프로젝트 배경의 채우기 색상을 제공한다. 그라디언트 채우기 또는 이미지 채우기를 적용할 수도 있다.

ⓑ [프로젝트 배경 추가] 프로젝트 배경 추가는 컴퓨터 내부에 저장되어 있는 배경 이미지를 제공한다. 적용된 배경은 기록된 비디오를 포함하지 않는 화면에 보인다. 예를 들어, 비디오를 분할하고 비디오 클립 사이에 텍스트 캡션과 같은 개체를 삽입하면, 배경은 텍스트 캡션이 있는 화면에 적용된다.

ⓒ [시작 시간] 타임라인의 어느 시점에서부터 비디오가 게시되는지 나타낸다. 기본적으로 이 값은 비디오 클립의 시작 부분에 설정된다.

ⓓ [종료 시간] 타임라인의 어느 시점까지 비디오가 게시되는지 나타낸다. 기본적으로 이 값은 비디오 클립의 끝 부분에 설정된다.

> **보충설명**
>
> **시작시간 및 종료시간 설정**
>
> [시작 시간] 및 [종료 시간]을 사용하여 비디오를 일부 게시한다. 예를 들어, 비디오의 전체 길이가 60초인 경우 비디오의 10~45초 부분만 게시할 수 있다.

6-3 비디오 데모화면의 속성 값 설정하기

1) 프로젝트 전체 화면에서 [비디오 데모 화면](ⓐ)을 클릭하면, [속성 관리자](ⓑ)에서 기록된 비디오 클립의 속성을 확인할 수 있다.

[그림 8-54]

2) 자세한 비디오 데모 화면 속성 값은 다음과 같다.

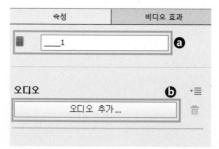

[그림 8-55]

ⓐ [이름] 비디오 클립의 고유한 이름을 입력한다.

ⓑ [오디오] 비디오 클립에 대한 오디오의 전환을 지정하거나 편집 또는 제거한다.

프로젝트 기록 설정 속성 값

• 전역 기록 환경 설정 지정
프로젝트 기록 속성 값은 기록설정 화면 또는 [편집]>[환경 설정]>[기록]에서 설정할 수 있다.

[그림 8-56]

옵 션	설 명
내레이션	프로젝트를 기록할 때 오디오를 녹음한다. 프로젝트에 대해 내레이션을 선택한 경우 카메라 사운드나 키보드 두드리기 사운드를 사용할 수 없다.
실시간 동작	실제 속도를 사용하여 동작을 기록한다.
카메라 사운드	기록하는 동안 스크린 샷을 캡처할 때마다 '카메라 셔터' 사운드가 재생된다. 스크린 샷을 캡처하는 시점, 특히 자동 기록 기능을 사용하는 시점을 정확하게 알 수 있기 때문에 이 사운드를 켜는 것이 도움이 된다. 카메라 사운드는 완료된 프로젝트에 포함되지 않는다.
키 입력	화면에서 텍스트를 입력하는 것과 같은 키보드 동작을 기록한다. Adobe Captivate 9은 키보드 입력을 기록하지만 입력한 각 문자에 대해 슬라이드를 만들지 않는다.
키보드 두드리기 사운드 듣기	기록 중에 키보드 두드리기 사운드가 들리도록 하는지 결정한다. 키보드 두드리기 사운드는 완료된 프로젝트에 포함되지 않는다.
기록 창	기록 창의 빨간 테두리가 기록 중에 표시되지 않는다.
작업 아이콘	기록 중에 작업 아이콘을 숨긴다. 이 옵션은 Windows에서만 사용할 수 있다.
시스템 트레이 아이콘	기록 중에 시스템 트레이 아이콘을 숨긴다. 이 아이콘은 컴퓨터 화면 우측 하단 구석의 시스템 트레이에 표시되는 작은 Adobe Captivate 9 아이콘이다. 프로젝트 기록 시 아이콘을 기록하지 않으려면 이 옵션을 사용한다.
기록 영역 내부로 새 창 이동	기록하는 동안 Adobe Captivate 9이 자동으로 모든 새 창을 기록 창으로 이동한다. 응용 프로그램을 사용할 때 여러 대화 상자가 열리는 응용 프로그램을 기록하는 경우 이 옵션을 사용한다.
끌어서 놓기 동작	Adobe Captivate 9은 끌어서 놓기 동작을 기록할 때 자동으로 비디오 모드로 전환한다.
마우스 휠 동작	Adobe Captivate 9은 마우스 이동을 기록할 때 자동으로 비디오 모드로 전환한다.

<표 8-2> 프로젝트의 기록 설정 값

• 다른 모드에 대한 환경 설정 지정
기록 모드에 대한 일부 옵션은 [Adobe Captivate 9]에서 비활성화된다. 그러나 특별한 요구 사항이 있는 경우 해당 옵션 중 일부를 활성화할 수 있다.
예를 들어, 일반적으로 텍스트 캡션은 평가 동영상에 추가하지 않는다. 따라서 텍스트 캡션에 대한 옵션은 [Adobe Captivate 9]에서 비활성화된다. 특정 요구 사항이 있는 경우 [환경 설정] 대화 상자에서 이 옵션을 활성화할 수 있다.

① [편집]>[환경 설정]을 선택한다.
② [환경 설정] 대화 상자의 [기록] 메뉴에서 [모드]를 선택한다.
③ [모드] 메뉴에서 사용자 정의하려는 기록 모드를 선택한다. 그런 다음 기록 중 자동으로 삽입되기를 원하는 개체를 선택한다.

옵 션	설 명
텍스트 캡션 추가	자동 기록 동안 수행된 사용자 및 시스템 동작을 기준으로 캡션이 자동으로 만들어진다. 텍스트 캡션은 단계를 설명하기 위해 응용 프로그램의 레이블을 사용한다. 예를 들어, 메뉴 모음에서 [파일]을 클릭하면 '파일 메뉴 선택'이라는 텍스트가 포함된 텍스트 캡션이 자동으로 만들어진다.
도구 설명을 롤오버 캡션으로 변환	캡처 중인 화면에서 도구 설명이 자동으로 롤오버 캡션으로 변환된다. 도구 설명은 마우스를 단추 위로 가져갈 때 나타나는 작은 부동 텍스트 창이다. 이 옵션은 모든 기록 모드에서 기본적으로 선택되지 않는다.
캡션 대신 스마트 모양 사용	캡션 대신 지정한 스마트 모양을 삽입한다.
마우스 위치 및 동작 표시	자동 기록 중에 마우스 동작을 표시한다.
클릭 시 강조 상자 추가	마우스를 클릭하는 영역 주위에 자동으로 강조 상자가 추가된다.
마우스 클릭 시 클릭 상자 추가	• 자동 기록 중인 화면을 클릭할 때마다 자동으로 클릭 상자가 만들어진다. • 힌트, 성공 및 실패 캡션을 활성화 또는 비활성화한다. • 동영상이 다음 슬라이드로 이동하기 전에 사용자가 클릭할 수 있는 횟수를 설정한다. • 사용자가 마우스 영역 위로 마우스를 이동할 때 커서가 표시되도록 한다.
텍스트 필드에 대한 텍스트 입력 상자 자동으로 추가	• 자동 기록 중인 텍스트 상자를 클릭할 때마다 자동으로 텍스트 입력 상자가 만들어진다. • 힌트, 성공 및 실패 캡션을 활성화 또는 비활성화된다. • 동영상이 다음 슬라이드로 이동하기 전에 동일한 텍스트 입력 상자 내에서 사용자가 텍스트를 입력할 수 있는 횟수를 설정한다.

<표 8-3> 기록의 모드 설정 값

• 비디오 기록 환경 설정 지정
[Adobe Captivate 9]은 자동 기록 중 비디오 모드에서 일부 동작을 자동으로 기록한다. [환경 설정] 대화 상자에서 이 기능을 비활성화하도록 선택할 수 있다. 또한 비디오 SWF 파일 크기를 최적화하도록 옵션을 설정하고 비디오 파일의 색상 모드를 설정할 수 있다.
[편집]>[환경 설정]을 선택한다. [환경 설정] 대화 상자의 [기록] 메뉴에서 [비디오 모드]를 선택한다.

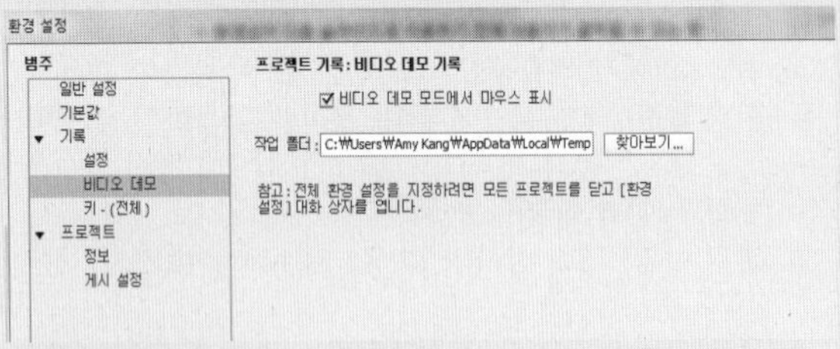

[그림 8-57]

옵 션	설 명
비디오 데모 모드에서 마우스 표시	비디오를 재생할 때 마우스 동작을 표시한다.
작업 폴더	컴퓨터에서 생성된 임시 파일의 위치다.

<표 8-4> 프로젝트 기록의 비디오 데모 설정 값

• 기록을 위해 바로 가기 키 변경
[환경 설정] 대화 상자를 사용하여 프로젝트를 기록할 때 포함된 동작에 대한 바로 가기 키를 선택할 수 있다. 예를 들어, End 는 [Adobe Captivate 9]에서 프로젝트 기록을 중지하는 데 사용된다. 대화 상자에서 다른 키를 입력하여 변경할 수 있다.
① [편집]>[환경 설정]을 선택한다. [환경 설정] 대화 상자의 [기록] 메뉴에서 [키-(전체)]를 선택한다.

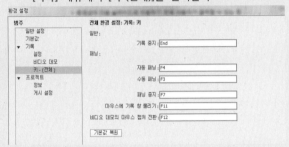

[그림 8-58]
② 변경하려는 값의 입력 창(흰 네모 박스)을 클릭한다.
③ 변경하려는 값을 키보드로 입력한다.

Adobe Captivate 9에서 비디오 데모 프로젝트 편집에서는 비디오 분할, 트리밍 효과, 팬 및 확대/축소 기능 등의 기능을 제공한다.

본 장에서는 아래 편집 기능에 대해 다룬다.
- 마우스 포인터 편집   • 트리밍 및 분할
- 팬 및 확대/축소 효과   • Picture-In Picture(PIP)효과
- 팝업 정리/바꾸기

1. 마우스 포인터 편집

1) 비디오 데모 프로젝트가 열려있는 상태에서 [편집](ⓐ) > [마우스 점 편집](ⓑ)을 클릭한다.

2) 창 하단의 타임라인에 마우스 점이 표시(ⓐ)된 것을 확인할 수 있다.

[그림 8-59]

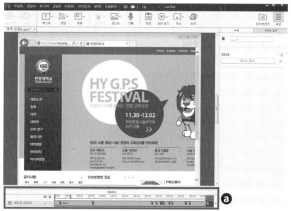

[그림 8-60]

3) 마우스 동작이 있는 부분은 타임라인에 마우스 아이콘으로 표시된다. 마우스 아이콘 중 속성 값을 수정하고 싶은 것을 클릭한다. 본 예시에서는 첫 번째 마우스 아이콘(ⓐ)을 클릭한다.

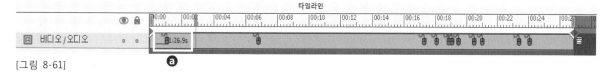

[그림 8-61]

4) 기록화면은 사용자의 마우스 동작을 실선(ⓐ)으로 보여준다. 화면 오른쪽의 **[속성](ⓑ)** 탭에서 마우스 속성 값을 편집할 수 있다.

[그림 8-62]

5) 자세한 마우스 속성은 다음과 같다.

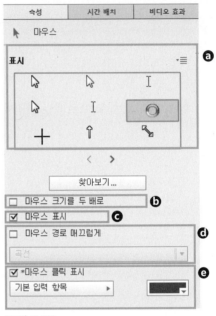

[그림 8-63]

ⓐ **[표시]** 필요한 포인터를 선택한다. **[찾아보기]**를 클릭하여 로컬 디스크에 저장된 포인터를 찾는다.

ⓑ **[마우스 크기를 두 배로]** 선택하면 **그림 8-64**와 같이 포인터의 크기가 두 배로 커진다.

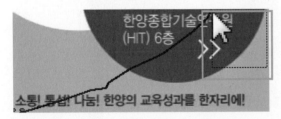

[그림 8-64]

ⓒ **[마우스 표시]** 마우스 동작을 표시하거나 숨긴다. 마우스 동작을 숨기면 마우스 아이콘은 여전히 비디오 클립에 보인다. 그러나 비디오를 재생하면 이전 마우스 포인터에서 숨긴 포인터로의 동작은 보이지 않는다.

ⓓ **[마우스 경로 매끄럽게]** 기본적으로 마우스 경로는 기록 시 마우스의 실제 움직임을 따라 매끄럽지 않게 표시된다. 이 옵션을 선택하면 **그림 8-66**과 같이 마우스 경로를 직선 또는 곡선으로 매끄럽게 만들 수 있다.

☑ *마우스 경로 매끄럽게

곡선 ▶

☐ 클릭 전 속도 감소

[그림 8-65]

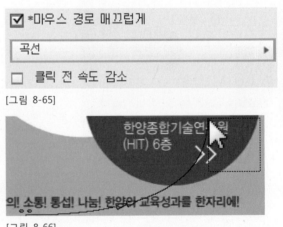

[그림 8-66]

- **[클릭 전 속도 감소]** 마우스를 클릭하기 전에 마우스 동작 속도가 느려지도록 하려면 이 옵션을 선택한다. 이 옵션은 신속하게 이동하다가 갑자기 중지하는 긴 마우스 경로에 유용하다.

보충설명

이 옵션은 [마우스 경로 매끄럽게] 옵션을 선택한 경우에만 나타난다.

- ❺ **[마우스 클릭 표시]** 마우스 동작에 시각적인 클릭 효과를 추가한다.
  - **[기본 입력 항목]** 사용자가 슬라이드를 클릭하면 작은 색상상자가 표시된다. 마우스 클릭 시 마우스 포인터 자리에 표시될 색상을 선택한다.

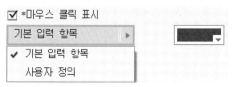

[그림 8-67]

- **[사용자 정의]** 시각적 클릭 효과로 SWF 파일을 사용하려면 이 옵션을 선택한다. Adobe Captivate 9에서는 두 가지 효과를 사용할 수 있으며 이러한 효과는 팝업 메뉴를 클릭하고 한 가지 효과를 선택한 다음 **[재생]**을 클릭하여 테스트할 수 있다. 오른쪽의 작은 미리 보기 창에서 효과를 확인한다.

[그림 8-68]

보충설명

SWF파일

SWF는 Adobe 시스템사의 플래시 소프트웨어가 만들어 내는 벡터 그래픽 파일 형식이다.

---

6) 수정된 속성을 비디오의 여러 마우스 포인터에 적용하려면 적용옵션 아이콘(❶)을 클릭하고 옵션 중 하나를 클릭한다.

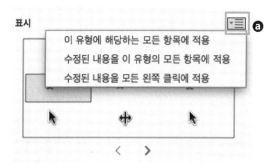

[그림 8-69]

보충설명

마우스 동작 삽입

비디오 기록 중에 캡처한 마우스 동작 외에도 새 마우스 동작을 비디오에 삽입할 수 있다.
① 타임라인의 비디오 클립을 클릭한다.
② 클릭하여 비디오를 재생하고 마우스 동작을 삽입하려는 시점에서 일시정지 아이콘을 다시 클릭한다.
③ [삽입]>[마우스]를 클릭한다. 화면(프레임)의 재생헤드 위치에 포인터가 나타난다. 포인터를 마우스로 드래그하여 삽입하고자 하는 마우스의 위치를 결정한다.

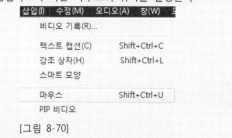

[그림 8-70]

④ 슬라이드의 비디오화면에서 포인터를 끌어 원하는 위치에 놓는다.
⑤ [속성 관리자]를 사용하여 마우스 속성을 편집한다.

2. 비디오 클립 자르기

비디오 데모 프로젝트에서 [트리밍] 기법은 기록된 비디오 클립에서 원하지 않는 부분을 잘라내는 기법이다.

2-1 비디오 클립 트리밍 하기(자르기)

1) 비디오 데모 프로젝트가 열려있는 상태에서 화면 하단의 타임라인의 비디오 클립(ⓐ)을 클릭한다.

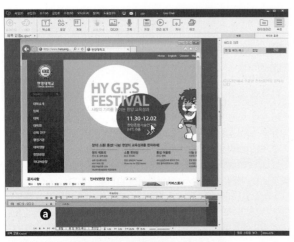

[그림 8-71]

2) 재생 버튼(ⓐ)을 클릭하여 비디오를 재생한 후, 잘라내고 싶은 부분의 시작부분에서 일시 정지 버튼(ⓑ)을 클릭한다.

[그림 8-72]

[그림 8-73]

3) 비디오 클립이 일시정지 된 상태에서 [트리밍](ⓐ)을 클릭한다.

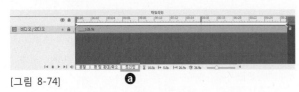

[그림 8-74]

4) [트리밍]을 클릭하면, 타임라인의 비디오 클립 레이어에 시작(ⓐ), 끝(ⓑ) 트리밍 마커가 생긴다.

[그림 8-75]

5) 마우스로 시작(ⓐ) 또는 끝(ⓑ) 트리밍 마커를 현재 재생 위치로 이동시키고, 왼쪽 또는 오른쪽으로 끌어 트리밍 할 비디오 클립 부분을 선택한다. 비디오에서 잘라낼 부분을 선택했다면, 타임라인에서 다시 [트리밍](ⓒ)을 클릭한다.

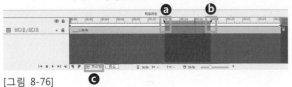

[그림 8-76]

6) **그림 8-77**은 **그림 8-76**에서 트리밍 기법이 적용된 화면이다. 전체 비디오 클립의 길이가 짧아졌음을 확인 할 수 있다. (비디오 길이: 26초 → 21초)

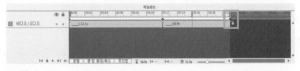

[그림 8-77]

보충설명

트리밍 기법

트리밍 마커가 가로 지르는 위치에 있던 텍스트 캡션 또는 강조 상자 등의 개체도 비디오 클립과 함께 잘린다.

2-2 비디오 클립에 전환효과 설정하기

전환효과는 비디오클립을 분할 또는 트리밍 한 후, 분할된 비디오 클립 사이에서 나타나는 시각적인 효과다. 앞에서(2-1) 트리밍 기법을 적용한 비디오 클립에 전환효과를 설정해 본다.

1) 두 개의 분리된 비디오 클립이 전환 아이콘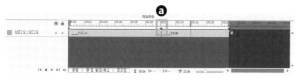
(ⓐ)과 함께 나타난다. 전환 아이콘 중 첫 번째 아이콘을 클릭한다.

[그림 8-78]

2) 창의 오른쪽 화면의 [비디오 효과] 창의 [전환] 기능 창이 활성화된 것을 확인할 수 있다. [전환](ⓐ)클릭 후 전환효과 목록에서 원하는 효과를 선택한다. 본 예시에서는 **[가로질러 늘이기](ⓑ)**에서 **[오른쪽](ⓒ)**을 클릭한다.

[그림 8-79]

3) [전환]될 때 속도를 조절하고 싶을 경우에는, 전환효과를 선택하고 **[속도](ⓐ)**를 설정한다. 본 예시에서는 **[중간](ⓑ)**을 선택한다.

[그림 8-80]

s4) **[미리 보기](ⓐ)**>**[슬라이드 재생]** 또는 **[프로젝트]**(ⓑ)를 클릭하여 위에서 설정한 화면의 전환효과를 확인한다.

[그림 8-81]

> **보충설명**
>
> **전환효과 제거**
>
> 전환효과를 제거하려면 전환 아이콘을 클릭하고 [비디오 효과]의 [전환]패널에서 [전환 없음]을 클릭한다.

비디오 데모 프로젝트에서 [비디오 분할]은 비디오 클립을 여러 개로 분할한다. 비디오 중간에 텍스트 또는 또 다른 비디오(PIP)를 삽입할 수 있다.

3-1 비디오 클립 분할하기

1) 비디오 데모 프로젝트가 열려있는 상태에서 화면 하단의 타임라인에서 비디오 클립(ⓐ)을 클릭한다.

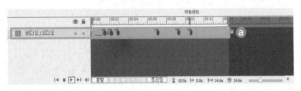

[그림 8-82]

2) 재생 버튼(ⓐ)을 클릭하여 비디오를 재생하고 비디오를 분할하려는 시점에서 아이콘을 다시 클릭하여 일시 정지(ⓑ) 버튼을 클릭한다.

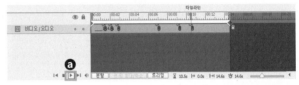

[그림 8-83]

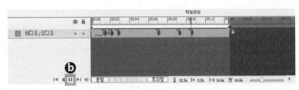

[그림 8-84]

3) 타임라인에서 [분할](ⓐ)을 클릭한다. 분할을 클릭한 부분을 기준으로 두 개의 비디오 클립(ⓑ, ⓒ)으로 구분된다.

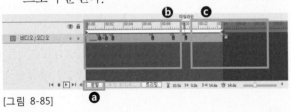

[그림 8-85]

보충설명

프로젝트에 있던 텍스트 캡션, 강조 상자와 같은 개체도 비디오 클립에 따라 분할된다. 비디오를 미리 보기하여 이러한 개체의 시간 배치를 조정한다.

4) 두 번째 클립을 마우스로 끌어(ⓐ) 삽입할 텍스트를 위한 공간(ⓑ)을 만든다.

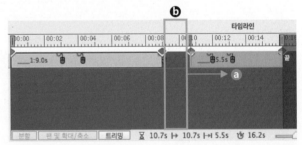

[그림 8-86]

5) 다음은 비디오 클립이 분할된 결과화면이다.

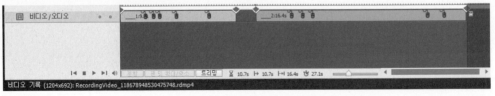

[그림 8-87]

3-2 비디오 클립 분할 활용하기

비디오 분할을 활용하는 대표적인 예는 '길이가 긴 비디오 클립 중간에 텍스트를 삽입'하는 경우다. 비디오 분할 후 텍스트를 삽입하면 하나의 비디오 클립을 내용단위로 구분할 수 있다. 앞에서(3-1) 분할한 비디오 클립 사이에 텍스트를 삽입해 본다.

1) 비디오 클립이 분할 된 상태에서 [삽입](ⓐ) > [텍스트 캡션](ⓑ)을 클릭한다.

[그림 8-88]

2) [텍스트 캡션](ⓐ)에 원하는 문구를 적고, 개체모양, 글자색상, 크기 등을 원하는 형태로 수정한다.

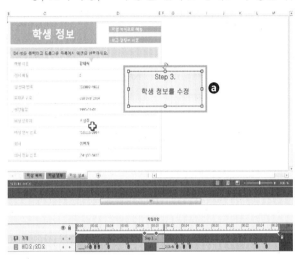

[그림 8-89]

3) 타임라인의 별도의 레이어에 기본 [텍스트 캡션](ⓐ)이 나타난다.

[그림 8-90]

4) 타임라인에서 [재생](ⓐ) 버튼을 클릭하여 비디오 데모 기록내용을 확인하고, 텍스트 캡션이 삽입될 위치를 정한다.

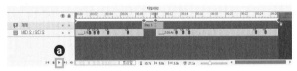

[그림 8-91]

5) 타임라인에서 텍스트 캡션 레이어를 마우스로 끌어 두 비디오 클립 사이의 공간에 맞게 배치(ⓐ)한다.

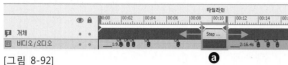

[그림 8-92]

6) 분할된 비디오 사이에 삽입된 텍스트 캡션 부분은 해당 비디오 프로젝트에 설정된 배경이 적용된다. 기본 값은 **그림 8-93**과 같이 흰 화면이다.

[그림 8-93]

7) 프로젝트 배경을 변경하려면 [속성](ⓐ)의 색상 상자에서 배경색(ⓑ)을 변경한다.

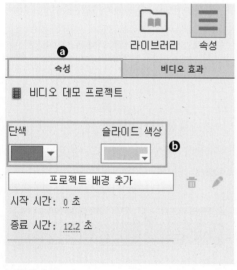

[그림 8-94]

8) 분할된 비디오 사이에 추가된 텍스트 캡션은 그림 8-94에서 변경한 프로젝트 배경이 반영되어 재생된다.

[그림 8-95]

[팬 및 확대/축소 효과] 기능은 비디오의 특정 영역 또는 동작을 확대하거나 축소함으로써 사용자의 주목을 끌 수 있다. 예를 들어, 특정 버튼 기능을 강조하고 싶을 경우 패닝기능을 사용해 버튼이 있는 화면 부분을 확대할 수 있다.

1) 비디오 데모 프로젝트가 열려있는 상태에서 화면 하단의 타임라인에서 비디오 클립(ⓐ)을 클릭한다.

[그림 8-96]

2) 타임라인의 재생 단추를 사용하여 비디오 파일의 [재생](ⓐ) 버튼을 클릭한다.

[그림 8-97]

3) 팬 및 확대/축소 효과가 필요한 지점에서 [일시 정지](ⓐ) 한다.

[그림 8-98]

4) 타임라인에서 [팬 및 확대/축소](ⓐ)를 클릭한다. 비디오 클립에 팬 및 확대/축소 아이콘(ⓑ)이 나타난다.

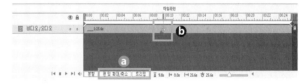

[그림 8-99]

5) [속성](ⓐ) > [비디오 효과]ⓑ > [팬 및 확대/축소]
(ⓒ) 탭에서 앞에서 설정한 비디오 클립 부분의
화면을 어느 정도의 크기와 속도로 원하는 화면
(프레임)을 확대(ⓓ)할 지를 정할 수 있다.
본 예시에서는 크기 조정(%)을 120%, 속도(초)를
1초로 설정하였다. 이 때 파란 테두리 박스와 하
단에 있는 [크기 및 위치](ⓔ)의 숫자는 자동으로
조정된다.

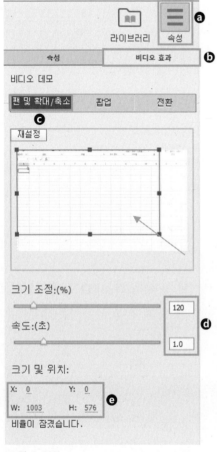

[그림 8-100]

6) 지금까지 비디오 클립 부분에서 확대할 화면(프
레임) 부분을 설정하였다면, 확대한 부분을 원래
크기대로 축소해 본다. 이를 위해 비디오 클립에
서 다시 [재생](ⓐ)버튼을 클릭하고 축소할 위치
를 정한다.

[그림 8-101]

7) 축소할 부분에서 [일시 정지](ⓐ)버튼을 클릭한다.

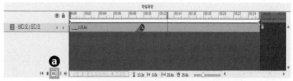

[그림 8-102]

8) [속성](ⓐ)＞[비디오 효과]ⓑ＞[팬 및 확대/축소] (ⓒ)에서 [축소](ⓓ) 버튼을 클릭한다. 그림 8-104 와 같이 [팬 및 확대/축소](ⓔ) 아이콘이 하나 더 생긴 것을 확인할 수 있다.

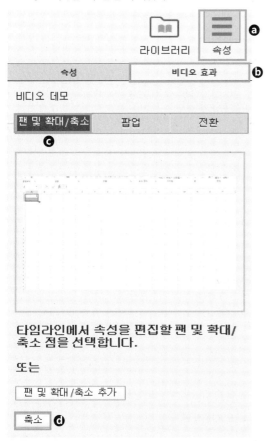

[그림 8-103]

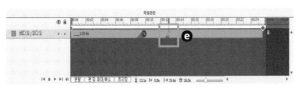

[그림 8-104]

9) [미리 보기](ⓐ)＞[슬라이드 재생] 또는 [프로젝트](ⓑ)를 클릭하여 위에서 설정한 화면이 확대 및 축소되는지 확인한다.

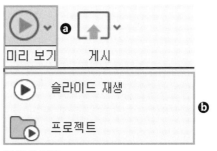

[그림 8-105]

10) 팬 및 확대/축소 지점을 삭제하려면 타임라인에서 아이콘을 마우스 우클릭하고 [팬 및 확대/축소 제거](ⓐ)를 클릭하거나 아이콘을 클릭한 뒤 키보드의 Del 을 누른다.

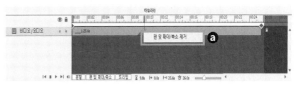

[그림 8-106]

5. Picture-In Picture(PIP)효과 넣기

기존 비디오 데모 프로젝트에 작은 창의 비디오를 추가할 수 있다.

1) 비디오 데모 프로젝트가 열려있는 상태에서 [삽입](ⓐ)＞[PIP 비디오](ⓑ)를 클릭한다.

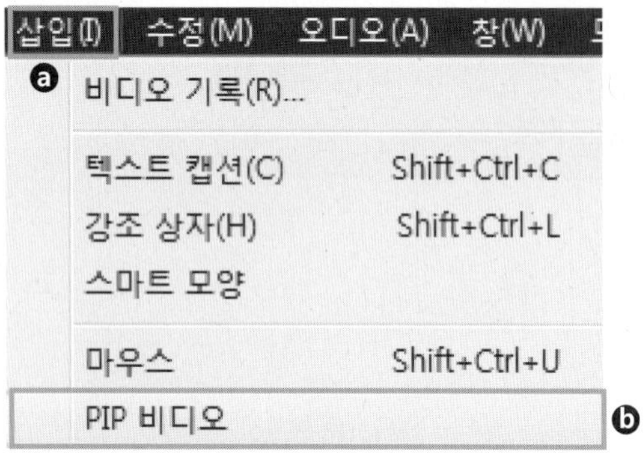

삽입(I) 수정(M) 오디오(A) 창(W) 모
ⓐ 비디오 기록(R)…
텍스트 캡션(C)　　　 Shift+Ctrl+C
강조 상자(H)　　　　 Shift+Ctrl+L
스마트 모양
마우스　　　　　　　 Shift+Ctrl+U
PIP 비디오　　　　　　　　　　 ⓑ

[그림 8-107]

2) 원하는 비디오 파일을 찾아 선택한 후 [열기](ⓐ)를 클릭한다.

[그림 8-108]

> **보충설명**
>
> **추가 가능한 비디오 파일 유형**
>
> .flv, f4v, avi, mp4, mov, 3gp 모두 가능하며, 이 외 유형이라면 mp4유형으로 변형 후 추가할 것을 권한다.

3) 슬라이드 화면에서 비디오가 놓이기를 원하는 위치(ⓐ)를 지정한다.

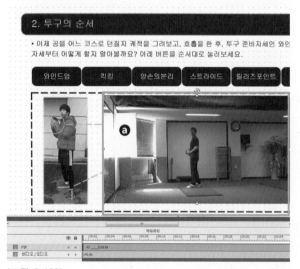

[그림 8-109]

4) 타임라인에서 PIP레이어가 삽입될 위치를 마우스로 끌어 배치한다.

[그림 8-110]

5) [속성] 창에서 비디오 클립의 속성 값을 설정한다. 구체적인 [속성] 값은 다음과 같다.

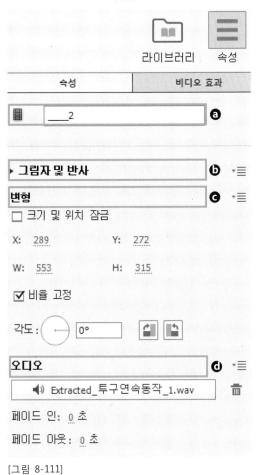

[그림 8-111]

ⓐ [이름] 비디오 클립의 고유한 이름을 입력한다.

ⓑ [그림자 및 반사] [그림자]를 클릭하여 비디오 클립에 그림자를 적용한다. 방향 및 사전 설정을 선택하거나 [사용자 정의]를 클릭하여 그림자 효과를 사용자 정의 한다. [반사]를 클릭하여 비디오 클립에 반사를 적용한다. 필요한 사전 설정을 클릭한다. [그림자 및 반사 추가에 대한 자세한 내용은 3장 개체에 그림자 효과 적용하기(113p)와 3장 개체에 반사효과 적용하기(116p)를 참고한다.]

ⓒ [변형] 비디오 클립의 크기를 조정하거나 XY 값을 지정하여 클립의 위치를 수정한다. 각도를 지정하여 클립을 회전할 수도 있다.

ⓓ [오디오] 비디오 클립에 대한 오디오의 전환을 지정하거나 편집 또는 제거한다.

6. 팝업 정리/바꾸기

팝업 정리/바꾸기는 화면 캡처 중에 표시되는 불필요한 부분을 수정 및 제거할 수 있다. 자동으로 정리 옵션 또는 수동으로 옵션 바꾸기를 사용하여 비디오에서 원하지 않는 팝업을 제거한다.

6-1 팝업 정리하기를 사용하여 팝업 제거하기

1) 열려 있는 비디오 프로젝트(팝업 창이 포함된)에서 비디오 화면(**ⓐ**) 또는 [**타임라인**]의 비디오 클립(**ⓑ**)을 선택한다.

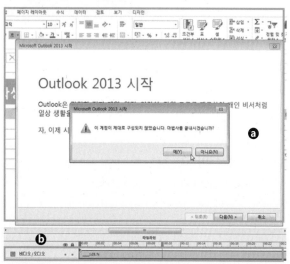

[그림 8-112]

2) 비디오 데모 프로젝트가 열려있는 상태에서 [**속성**](**ⓐ**) > [**비디오 효과**](**ⓑ**) > [**팝업**](**ⓒ**)을 선택한다.

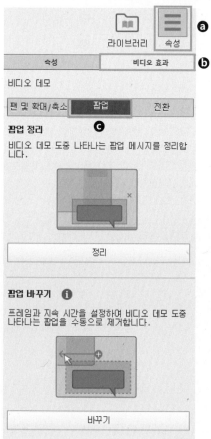

[그림 8-113]

3) [팝업]에서 [정리](ⓐ)를 클릭한다.

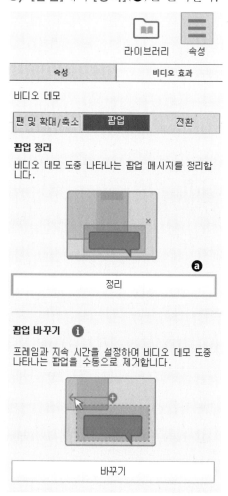

[그림 8-114]

5) 네모 실선 위의 [Cleanup](ⓐ) 버튼을 클릭하면 해당 팝업이 삭제된다.

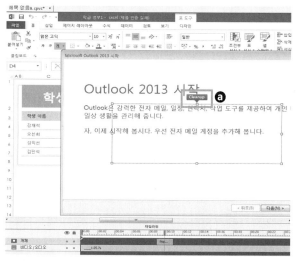

[그림 8-117]

4) '+'모양으로 바뀐 마우스 포인터를 이용해 제거하고 싶은 팝업 영역이 점선 테두리에 포함(ⓐ)되도록 마우스로 드래그 한다.

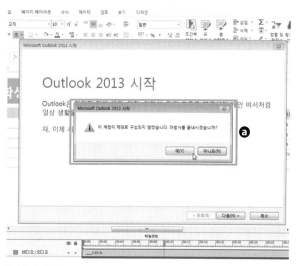

[그림 8-115]

보충설명

창 크기를 벗어나는 영역을 선택하면 오류 메시지가 표시된다.

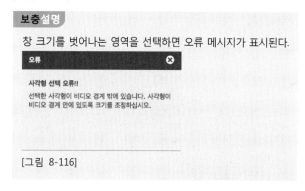

[그림 8-116]

6-2 팝업 바꾸기를 사용하여 팝업 제거하기

1) 열려 있는 비디오 프로젝트(팝업 창이 포함된)에서 비디오 화면(ⓐ) 또는 [타임라인의 비디오 클립](ⓑ)을 클릭한다.

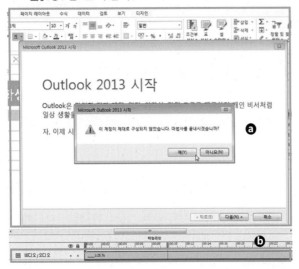

[그림 8-118]

2) 비디오 데모 프로젝트가 열려있는 상태에서 [속성](ⓐ) > [비디오 효과](ⓑ) > [팝업](ⓒ)을 선택한다.

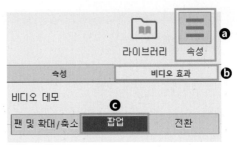

[그림 8-119]

3) [팝업]에서 [바꾸기](ⓐ)를 클릭한다.

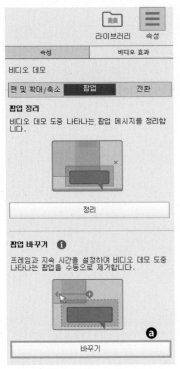

[그림 8-120]

4) 화면에 점선 테두리(ⓐ)가 생긴다. 제거하고 싶은 팝업 영역이 점선 테두리에 포함되도록 마우스로 드래그 한다.

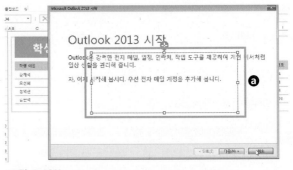

[그림 8-121]

5) [타임라인]의 [팝업 제거 개체](ⓐ)를 마우스로 끌어 팝업이 제거될 지속시간을 정한다.

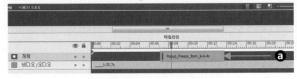

[그림 8-122]

7. 오디오 추가

비디오 데모 프로젝트는 오디오 클립(WAV또는MP3 파일)을 다음과 같은 용도로 기록하거나 가져올 수 있다. 오디오 가져오기 위치는 컴퓨터에 저장된 오디오 파일이 저장된 곳이다.

7-1 가져오기 위치에서 배경오디오 추가하기

1) 열려 있는 비디오 프로젝트에서 비디오 화면(ⓐ) 또는 [타임라인의 비디오 클립](ⓑ)을 클릭한다.

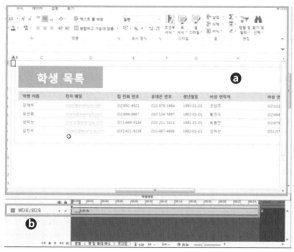

[그림 8-123]

2) [오디오](ⓐ) > [가져오기 위치](ⓑ) > [배경](ⓒ)을 클릭한다.

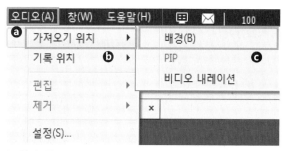

[그림 8-124]

보충설명

프로젝트의 PIP에 대한 배경 또는 내레이션. 타임라인에서 [PIP] > [오디오] > [가져오기 위치] > [PIP] 또는 [오디오] > [기록 위치] > [PIP]를 클릭한다.

3) 가져올 오디오 파일을 선택(ⓐ)한 후 [열기](ⓑ)를 클릭한다.

[그림 8-125]

4) [추가/바꾸기](ⓐ) 탭에서 오디오 파일 옵션(ⓑ)을 선택한 후 [닫기](ⓒ)를 클릭한다.

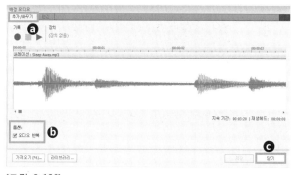

[그림 8-126]

보충설명

오디오 편집에 대한 자세한 내용은 7장 오디오 편집(362p)을 참고한다.

5) [미리 보기](ⓐ)>[슬라이드 재생] 또는 [프로젝트]

(ⓑ)를 클릭하여 위에서 설정한 배경오디오가 삽

입된 것을 확인한다.

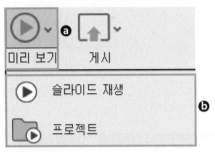

[그림 8-127]

배경 오디오 기록위치에서 추가하기는 음성 또는 소리를 직접 녹음하여 프로젝트 배경으로 가져올 수 있다.

7-2 오디오 기록하기 위치에서 배경오디오 추가하기

1) 열려 있는 비디오 프로젝트에서 비디오 화면(ⓐ)

또는 [타임라인의 비디오 클립](ⓑ)을 클릭한다.

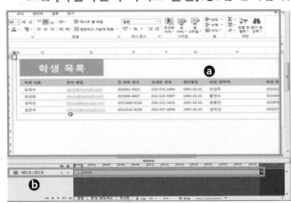

[그림 8-128]

3) [기록](ⓐ)을 클릭하여 녹음 후, [정지](ⓑ)를 클릭한다.

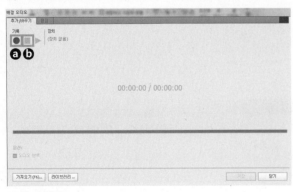

[그림 8-130]

2) [오디오](ⓐ)>[기록 위치](ⓑ)>[배경](ⓒ)을 클

릭한다.

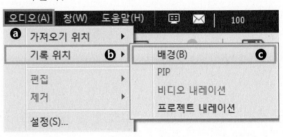

[그림 8-129]

4) [저장](ⓐ)>[닫기](ⓑ)를 클릭한다.

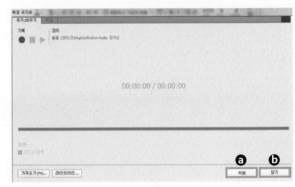

[그림 8-131]

5) [미리 보기](ⓐ)>[슬라이드 재생] 또는 [프로젝
트](ⓑ)를 클릭하여 위에서 설정한 배경오디오
가 삽입된 것을 확인한다.

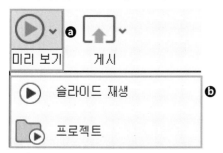

[그림 8-132]

7-3 개별 비디오 클립에 비디오 내레이션 추가하기

1) 열려 있는 비디오 프로젝트에서 비디오 화면(ⓐ)
또는 [타임라인의 비디오 클립](ⓑ)을 클릭한다.

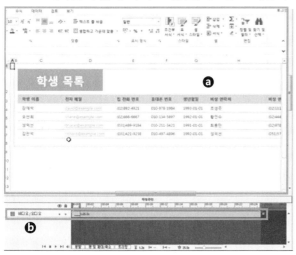

[그림 8-133]

3) 가져올 오디오 파일(ⓐ)을 선택한 후 [열기](ⓑ)
를 클릭한다.

[그림 8-135]

2) [오디오](ⓐ)>[가져오기 위치](ⓑ)>[비디오 내
레이션](ⓒ)를 클릭한다.

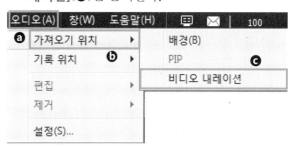

[그림 8-134]

> **보충설명**
>
> **비디오를 여러 개의 클립으로 분할한 경우**
>
> 비디오를 여러 개의 클립으로 분할한 경우, 각 비디오 클립
> 에 별도의 오디오 클립을 추가할 수 있다. 이렇게 하려면 비
> 디오 클립을 마우스 우클릭하고 [기록 위치] 또는 [가져오기
> 위치]를 선택한다.

4) [닫기](ⓐ)를 클릭한다.

[그림 8-136]

5) 타임라인의 비디오 클립에 오디오 아이콘(ⓐ)이 삽입된 것을 확인할 수 있다.

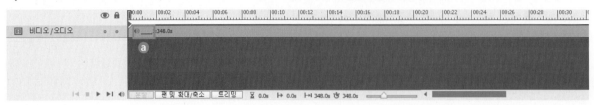

[그림 8-137]

8. 비디오 데모 활용하기

지금까지 Adobe Captivate 9의 비디오 데모 프로젝트에 대해 학습하였다. 배운 내용을 바탕으로 간단한 비디오 데모 프로젝트를 만들어 본다.

• 학습 주제 – 엑셀 기초학습에서 더하기 수식 방법 익히기 • 학습 목표 – 엑셀의 더하기 수식을 사용하여 1번 셀부터 11번 셀까지 합을 구한다. – 엑셀의 더하기 수식을 사용하여 1~2번 셀과 10~11번 셀의 합을 구한다.	• 실습절차 [비디오 데모 기록하기] 1. 수행절차 정해놓기 2. 비디오 데모 실행 및 화면 영역 설정 3. 기본 속성 값 설정 [비디오 데모 편집하기] 4. 비디오 데모 마우스 점 편집 5. 비디오 클립 트리밍 및 분할 6. 분할된 비디오 사이에 텍스트 삽입

비디오로 기록할 첫 화면은 기록을 시작하기 전에 기록할 수행절차를 미리 정해놓는다.

8-1 수행절차 정해놓기

<수행절차>

1) 그림 8-138과 같이 엑셀 칸에 값을 채운다.

	A	B	C
1	일자	수입1	수입2
2	09월 10일	₩ 300,000	₩ 24,000
3	09월 11일	₩ 275,000	₩ 60,000
4	09월 12일	₩ 483,000	₩ 19,000
5	09월 13일	₩ 200,000	₩ 120,000
6	09월 14일	₩ 367,000	₩ 67,000
7	09월 15일	₩ 400,000	₩ 55,000
8	09월 16일	₩ 186,000	₩ 49,000
9	09월 17일	₩ 700,000	₩ 72,000
10	09월 18일	₩ 578,000	₩ 16,000
11	09월 19일	₩ 248,000	₩ 150,000
12	09월 20일	₩ 313,000	₩ 67,000
13	합계		

[그림 8-138]

2) 수입 1의 합계(13번 셀)에 =sum(을 적는다.

	A	B	C
1	일자	수입1	수입2
2	09월 10일	₩ 300,000	₩ 24,000
3	09월 11일	₩ 275,000	₩ 60,000
4	09월 12일	₩ 483,000	₩ 19,000
5	09월 13일	₩ 200,000	₩ 120,000
6	09월 14일	₩ 367,000	₩ 67,000
7	09월 15일	₩ 400,000	₩ 55,000
8	09월 16일	₩ 186,000	₩ 49,000
9	09월 17일	₩ 700,000	₩ 72,000
10	09월 18일	₩ 578,000	₩ 16,000
11	09월 19일	₩ 248,000	₩ 150,000
12	09월 20일	₩ 313,000	₩ 67,000
13	합계	=sum(	
14		SUM(**number1**, [number2], ...)	

[그림 8-139]

3) 마우스로 수입 1의 셀을 모두(2~12번) 드래그 한다.

	A	B		C	
1	일자	수입1		수입2	
2	09월 10일	₩	300,000	₩	24,000
3	09월 11일	₩	275,000	₩	60,000
4	09월 12일	₩	483,000	₩	19,000
5	09월 13일	₩	200,000	₩	120,000
6	09월 14일	₩	367,000	₩	67,000
7	09월 15일	₩	400,000	₩	55,000
8	09월 16일	₩	186,000	₩	49,000
9	09월 17일	₩	700,000	₩	72,000
10	09월 18일	₩	578,000	₩	16,000
11	09월 19일	₩	248,000	₩	150,000
12	09월 20일	₩	313,000	₩	67,000
13	합계	=sum(B2:B12			
14		SUM(**number1**, [number2], ...)			

[그림 8-140]

4) =sum(B2:B12에서 괄호를 닫고 Enter 를 친다.

5) 수입 2의 합계는 수입 1의 합계 값을 마우스 오른 쪽으로 드래그하여 채운다.

	A	B		C	
1	일자	수입1		수입2	
2	09월 10일	₩	300,000	₩	24,000
3	09월 11일	₩	275,000	₩	60,000
4	09월 12일	₩	483,000	₩	19,000
5	09월 13일	₩	200,000	₩	120,000
6	09월 14일	₩	367,000	₩	67,000
7	09월 15일	₩	400,000	₩	55,000
8	09월 16일	₩	186,000	₩	49,000
9	09월 17일	₩	700,000	₩	72,000
10	09월 18일	₩	578,000	₩	16,000
11	09월 19일	₩	248,000	₩	150,000
12	09월 20일	₩	313,000	₩	67,000
13	합계	₩	4,050,000		

[그림 8-141]

6) 수입 1, 2의 합계 값을 모두 지운다.

	A	B		C	
1	일자	수입1		수입2	
2	09월 10일	₩	300,000	₩	24,000
3	09월 11일	₩	275,000	₩	60,000
4	09월 12일	₩	483,000	₩	19,000
5	09월 13일	₩	200,000	₩	120,000
6	09월 14일	₩	367,000	₩	67,000
7	09월 15일	₩	400,000	₩	55,000
8	09월 16일	₩	186,000	₩	49,000
9	09월 17일	₩	700,000	₩	72,000
10	09월 18일	₩	578,000	₩	16,000
11	09월 19일	₩	248,000	₩	150,000
12	09월 20일	₩	313,000	₩	67,000
13	합계				

[그림 8-142]

7) 다시 수입 1의 합계 값에 '=sum('을 친다.

	A	B		C	
1	일자	수입1		수입2	
2	09월 10일	₩	300,000	₩	24,000
3	09월 11일	₩	275,000	₩	60,000
4	09월 12일	₩	483,000	₩	19,000
5	09월 13일	₩	200,000	₩	120,000
6	09월 14일	₩	367,000	₩	67,000
7	09월 15일	₩	400,000	₩	55,000
8	09월 16일	₩	186,000	₩	49,000
9	09월 17일	₩	700,000	₩	72,000
10	09월 18일	₩	578,000	₩	16,000
11	09월 19일	₩	248,000	₩	150,000
12	09월 20일	₩	313,000	₩	67,000
13	합계	=sum(			
14		SUM(**number1**, [number2], ...)			

[그림 8-143]

8) Ctrl 을 누른 상태에서 수입 1의 2, 3, 11, 12번 셀 을 마우스로 클릭한다.

	A	B		C	
1	일자	수입1		수입2	
2	09월 10일	₩	300,000	₩	24,000
3	09월 11일	₩	275,000	₩	60,000
4	09월 12일	₩	483,000	₩	19,000
5	09월 13일	₩	200,000	₩	120,000
6	09월 14일	₩	367,000	₩	67,000
7	09월 15일	₩	400,000	₩	55,000
8	09월 16일	₩	186,000	₩	49,000
9	09월 17일	₩	700,000	₩	72,000
10	09월 18일	₩	578,000	₩	16,000
11	09월 19일	₩	248,000	₩	150,000
12	09월 20일	₩	313,000	₩	67,000
13	합계	=sum(B2,B3,B11,B12			
14		SUM(**number1**, [number2], ...)			

[그림 8-144]

9) =sum(B2, B3, B11, B12에서 괄호를 닫고 Enter 를 친다.

	A	B		C	
1	일자	수입1		수입2	
2	09월 10일	₩	300,000	₩	24,000
3	09월 11일	₩	275,000	₩	60,000
4	09월 12일	₩	483,000	₩	19,000
5	09월 13일	₩	200,000	₩	120,000
6	09월 14일	₩	367,000	₩	67,000
7	09월 15일	₩	400,000	₩	55,000
8	09월 16일	₩	186,000	₩	49,000
9	09월 17일	₩	700,000	₩	72,000
10	09월 18일	₩	578,000	₩	16,000
11	09월 19일	₩	248,000	₩	150,000
12	09월 20일	₩	313,000	₩	67,000
13	합계	₩	1,136,000		

[그림 8-145]

10) 수입 2의 합계는 수입 1의 합계 값을 마우스 오
른쪽으로 드래그하여 채운다.

	A	B	C
1	일자	수입1	수입2
2	09월 10일	₩ 300,000	₩ 24,000
3	09월 11일	₩ 275,000	₩ 60,000
4	09월 12일	₩ 483,000	₩ 19,000
5	09월 13일	₩ 200,000	₩ 120,000
6	09월 14일	₩ 367,000	₩ 67,000
7	09월 15일	₩ 400,000	₩ 55,000
8	09월 16일	₩ 186,000	₩ 49,000
9	09월 17일	₩ 700,000	₩ 72,000
10	09월 18일	₩ 578,000	₩ 16,000
11	09월 19일	₩ 248,000	₩ 150,000
12	09월 20일	₩ 313,000	₩ 67,000
13	합계	₩ 1,136,000	₩ 301,000

[그림 8-146]

앞에서 정해놓은 절차를 비디오 데모로 기록하려 한다. 먼저 엑셀파일 화면을 띄어놓은 상태에서 다음절차를 수행한다.

8-2 비디오 데모 실행 및 화면 영역 설정

1) Adobe Captivate 9에서 [파일](ⓐ)＞[새로 기록]
(ⓑ)＞[비디오 데모](ⓒ)를 선택한다.

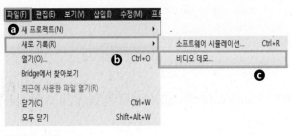

[그림 8-147]

2) [화면 영역](ⓐ)＞[사용자 정의 크기](ⓑ)를 선택
한 상태에서 빨간 네모 테두리 박스를 마우스로
적당한 사이즈로 조정한다.

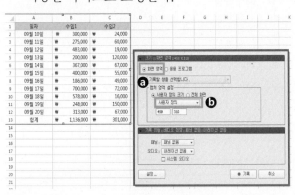

[그림 8-148]

3) [패닝]은 기록을 고정된 범위에서 수행할 것이므로 [수동 패닝](ⓐ)을 선택하고, [기록](ⓑ)을 클릭한다.

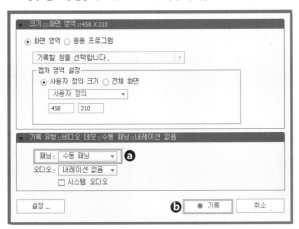

[그림 8-149]

4) 로딩화면이 나오고 기록이 시작되면, (8−1)의 엑셀 실행절차를 수행한다.

[그림 8-150]

8-3 기본 속성 값 설정

1) 스테이지에서 기록 비디오 밖(회색 창, ⓐ)의 아무 곳이나 클릭한 후, [속성](ⓑ) > [속성](ⓒ)탭을 클릭한다.

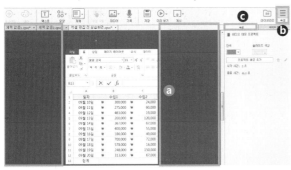

[그림 8-151]

2) 이후 실습하게 될 비디오 데모 편집에서 분할 기능을 활용할 것이므로, [단색](ⓐ) 및 [슬라이드 색상](ⓑ)을 수정한다.

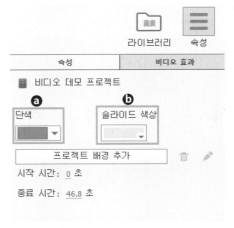

[그림 8-152]

3) 비디오 기록 화면을 클릭하여 비디오 이름(ⓐ)을 수정한다.

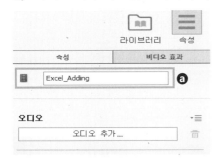

[그림 8-153]

보충설명

비디오 이름

첫 글자는 영문 대문자만 가능하다.

비디오 데모프로젝트에서 수정이 필요한 부분을 편집하려고 한다. 마우스를 클릭할 때마다 형성되는 마우스 점을 편집해 본다.

8-4 비디오 데모 마우스 점 편집

1) [편집](ⓐ)＞[마우스 점 편집](ⓑ)을 클릭한다.

[그림 8-154]

2) 기록 실행절차에서 마우스 포인터가 필요한 부분이 있는지 확인한다. 본 예시에서는 타임라인의 세 번째 마우스 아이콘(ⓐ)을 클릭한다.

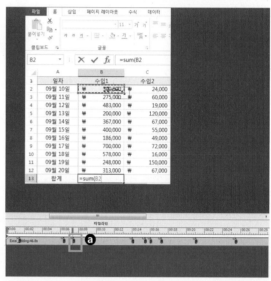

[그림 8-155]

3) 마우스 아이콘을 클릭한 상태에서 [속성](ⓐ)을 클릭하여 마우스 포인터에 대한 속성(ⓑ) 값을 변경한다.

[그림 8-156]

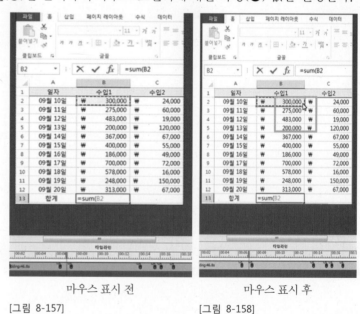

마우스 표시 전

[그림 8-157]

마우스 표시 후

[그림 8-158]

비디오 데모프로젝트에서 수정이 필요한 부분을 편집하려고 한다. 비디오 클립 자르기 및 분할기능을 통해 비디오 클립 특정부분에 원하는 내용을 삽입해 본다.

8-5 비디오 클립 트리밍 및 분할

1) 먼저 비디오 클립에서 불필요한 부분을 [트리밍] 기법을 활용하여 잘라내고자 한다. [타임라인]에서 불필요한 부분을 마우스로 드래그하여 범위(ⓐ)를 설정한 후 [트리밍](ⓑ)을 클릭한다.

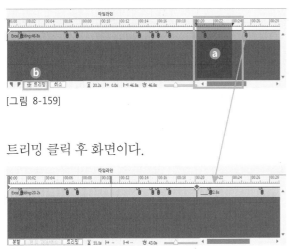

[그림 8-159]

트리밍 클릭 후 화면이다.

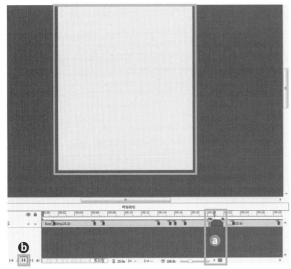

[그림 8-160]

3) 기록화면이 아닌 부분(ⓐ)은 슬라이드 배경색이 나온다. [타임라인]에서 분할된 구간 중 텍스트 캡션을 넣고 싶은 위치에서 [일시 정지](ⓑ) 버튼을 누른다.

2) 다음으로 [타임라인]의 비디오 클립에서 분할하고 싶은 부분을 클릭한 후 [분할]을 클릭한다. 클립이 두 개로 분할되었다면, 두 번째 클립을 끌어 삽입할 텍스트를 위한 공간(ⓐ)을 만든다.

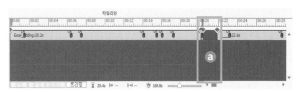

[그림 8-161]

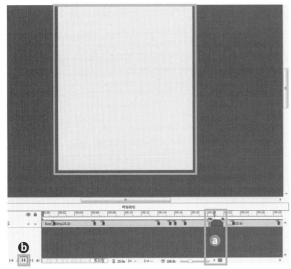

[그림 8-162]

8-6 분할된 비디오 사이에 텍스트 삽입

1) [타임라인]의 텍스트 캡션을 넣고 싶은 위치에서 일시정지 상태에서 [삽입](ⓐ) > [텍스트 캡션](ⓑ)을 클릭한다.

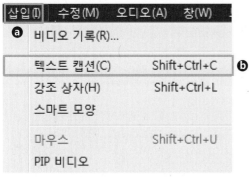

[그림 8-163]

2) 타임라인에 텍스트 캡션 레이어(ⓐ)가 추가된 것을 확인할 수 있다. 텍스트 캡션(ⓑ)에 원하는 내용을 삽입한다.

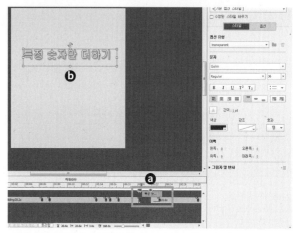

[그림 8-164]

3) 슬라이드를 재생해보고 타임라인의 적절한 위치를 파악한다. 마우스를 드래그 하여 텍스트 캡션 레이어를 적절한 위치에 배치(ⓐ)한다.

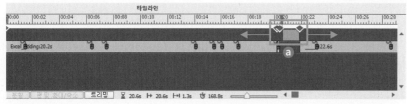

[그림 8-165]

4) 편집된 비디오 데모를 파일로 저장하고자 한다. [파일](ⓐ) > [다른 이름으로 저장](ⓑ)을 클릭한다.

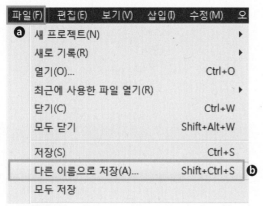

[그림 8-166]

5) 파일이름을 입력하고 [저장](ⓐ)을 클릭한다. 비디오 데모 파일은 CPVC형식으로 저장된다.

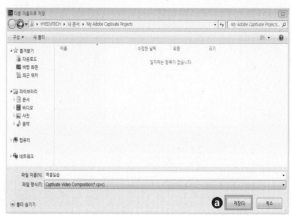

[그림 8-167]

9. 프로젝트에 비디오 데모 슬라이드 추가하기

기존 프로젝트에 기존 비디오 데모 캡처(CPVC)를 추가하거나, 기존 프로젝트에 새로운 비디오 데모를 추가할 수 있다. 비디오 데모는 풀-모션 기록으로 추가한다.

9-1 프로젝트에 비디오 데모 슬라이드 추가하기

1) 열려있는 프로젝트에서 [삽입](ⓐ) > [CPVC 슬라이드](ⓑ)를 클릭한다.

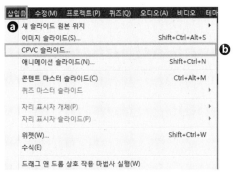

[그림 8-168]

2) 삽입할 CPVC 파일을 찾은 후 [열기](ⓐ)를 클릭한다.

[그림 8-169]

3) 그림 8-170은 CPVC파일이 추가된 필름 스트립 화면이다.

[그림 8-170]

9-2 프로젝트로 삽입된 CPVC파일 편집하기

1) 기존 비디오 데모 프로젝트에 추가된 CPVC 슬라이드(ⓐ)를 선택한다.

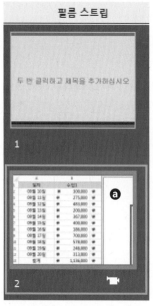

[그림 8-171]

2) 속성패널에서 [비디오 데모 편집](ⓐ)을 선택한다.

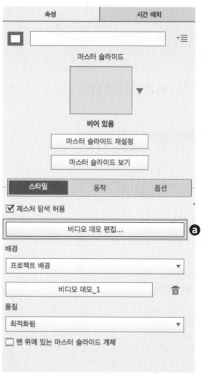

[그림 8-172]

3) CPVC 파일이 편집용으로 열린다. 편집을 완료한 후 나가기(ⓐ)를 클릭하여 CPTX 파일로 돌아간다.

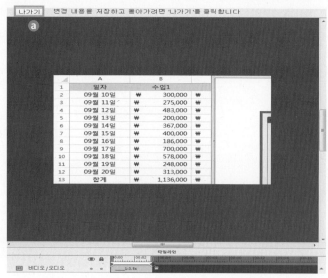

[그림 8-173]

Adobe Captivate 9에서 직접 CPVC 파일을 열어서 편집하면 모든 CPTX 프로젝트에 포함된 비디오를 업데이트 할 수 있다.

9-3 CPTX 프로젝트에 포함된 비디오 업데이트 하기

1) [창](ⓐ) > [라이브러리](ⓑ)를 클릭한다.

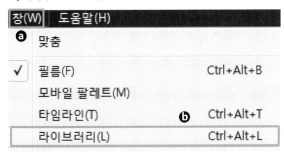

[그림 8-174]

2) [미디어](ⓐ) > 업데이트할 [비디오](ⓑ)를 클릭한다.

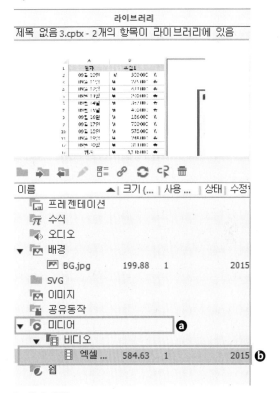

[그림 8-175]

3) CPVC 파일 이름을 마우스 우클릭하고 **[업데이트]**(ⓐ)를 클릭한다.

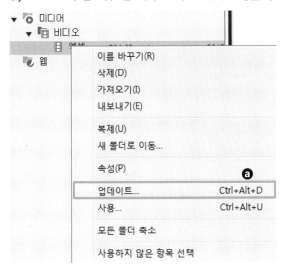

[그림 8-176]

1) [슬라이드](ⓐ) > [비디오 데모](ⓑ)를 클릭한다.

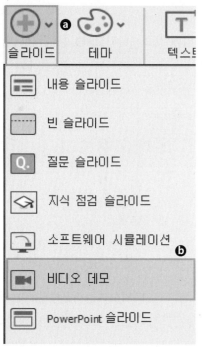

[그림 8-177]

2) 추가할 슬라이드 기록 대화상자에서 비디오 데모를 추가할 위치를 선택한다. 추가하는 비디오 데모는 선택한 슬라이드(ⓐ) 뒤에 추가된다.

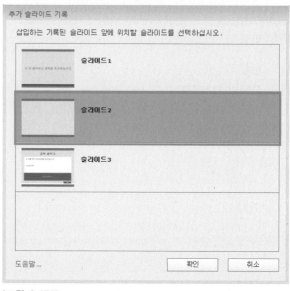

[그림 8-178]

3) [기록](ⓐ)을 클릭한 후 기록하고자 하는 내용을 기록한다.

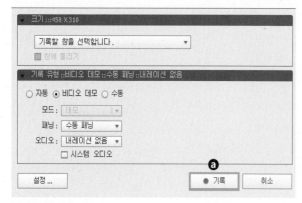

[그림 8-179]

4) 그림 8-180은 비디오 데모 슬라이드가 추가된 필름 스트립 화면이다. 슬라이드 하단에 비디오 아이콘이 생성된다.

[그림 8-180]

11-1 비디오를 MP4 파일로 게시

1) 전체 화면에서 비디오 기록 화면을 선택한 후 [**파일**](ⓐ) > [**게시**](ⓑ)를 클릭한다.

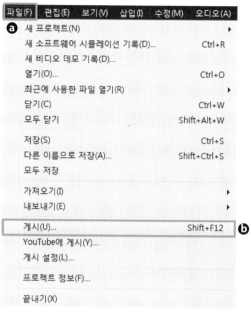

[그림 8-181]

2) 프로젝트의 제목을 지정하고(ⓐ) 프로젝트를 게시해야 하는 폴더를 지정(ⓑ)한다. 다음으로 [**사전설정**] 목록에서 옵션 중 하나를 선택 후(ⓒ) [**게시**](ⓓ)한다.

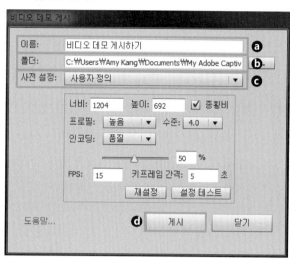

[그림 8-182]

3) Adobe Captivate 9에서 선택한 옵션에 따라 최적의 비디오 설정을 자동으로 설정한다. 필요한 경우 [**비디오 설정 사용자 정의**] 확인란을 선택하여 설정을 사용자 정의할 수 있다.

보충설명

YouTube에 비디오 게시

1) [파일] > [YouTube에 게시]를 클릭하거나, [파일] > [게시] > [사전 설정] 목록에서 [YouTube Widescreen]을 클릭한 후 [게시]를 클릭한다.

2) YouTube에 로그인하여 비디오를 업로드 한다.

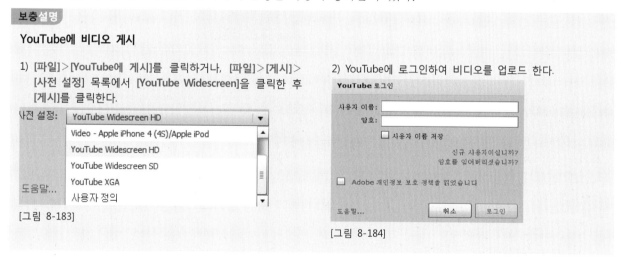

[그림 8-183]

[그림 8-184]

Adobe Captivate 9은 사용자가 컴퓨터 화면에서 수행하는 동작을 동영상 또는 슬라이드 형태로 기록하여 프로젝트로 만들 수 있다.

1. 소프트웨어 시뮬레이션 프로젝트 만들기

1) 기록하고자 하는 소프트웨어를 실행한다. 본 예시에서는 인터넷 익스플로러를 실행한다.

2) 바탕화면 또는 시작프로그램 목록에서 **[Adobe Captivate 9]**(ⓐ) 아이콘을 클릭한다.

[그림 8-185]

[그림 8-186]

3) [새 항목](ⓐ) > [소프트웨어 시뮬레이션 기록](ⓑ) > [만들기](ⓒ)를 클릭한다.

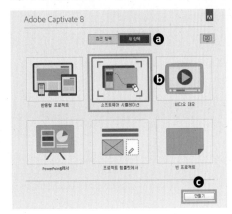

[그림 8-187]

보충설명

다른 방법으로 소프트웨어 시뮬레이션 프로젝트 만들기

[파일] > [새 소프트웨어 시뮬레이션 기록]을 선택하여도 소프트웨어 시뮬레이션 프로젝트를 만들 수 있다.

4) 빨간 테두리로 표시된 기록 화면(ⓐ)과 기록 설정 화면(ⓑ)이 나타난다. 엑셀 프로그램을 바탕화면에 띄운 후 기록 화면을 설정하면 빨간 테두리 내에서 발생하는 모든 동작을 기록한다.

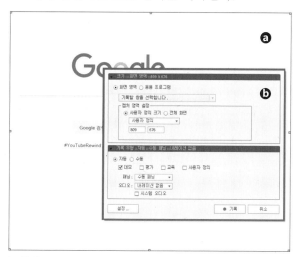

[그림 8-188]

5) 설정화면에서 [화면 영역](ⓐ)을 선택 후 [기록 유형](ⓑ)을 설정한다.

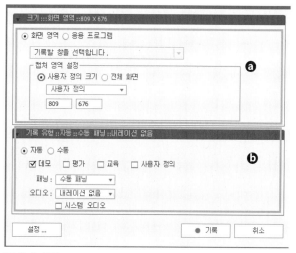

[그림 8-189]

6) 화면설정이 끝나면 [기록](ⓐ)을 클릭한다.

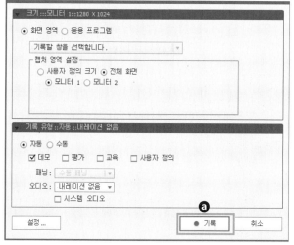

[그림 8-190]

7) 로딩화면이 뜨고 3, 2, 1이 끝나면 기록이 시작된다.

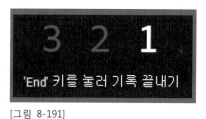

[그림 8-191]

8) 기록하고 싶은 내용을 절차에 따라 수행한다.

9) Window 상태표시줄에서 [Adobe Captivate 9](ⓐ) 아이콘을 클릭하여 기록을 종료한다.

[그림 8-192]

소프트웨어 시뮬레이션 프로젝트 속성 값은 크게 [화면 영역](ⓐ)과 [기록 유형](ⓑ) 두 부분으로 구분된다. 비디오 데모 프로젝트와 비교할 때 [화면 영역] 설정방법은 동일하고 [기록 유형]에서 일부 구별된다. 본 장에서는 비디오 데모 프로젝트와 구별되는 [기록 유형]에 대해 알아 본다.

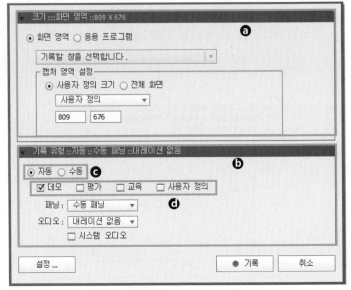

[그림 8-193]

2-1 [기록 유형] 설정에서 [자동], [수동]

• **[자동 기록]** [Adobe Captivate 9]에서 가장 일반적으로 사용되는 기록 방법으로, 자동 기록을 이용하여 기록할 경우 자동으로 스크린 샷을 캡처하여 개별 슬라이드에 배치한다. 마우스, 키보드가 작동하거나 시스템에서 이벤트가 발생할 경우 스크린 샷이 캡처된다.

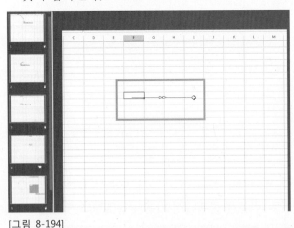

[그림 8-194]

• **[수동 기록]** 기록 중에 스크린 샷을 촬영하여 수동으로 프로젝트를 구성한다. 기록 프로세스 동안 몇 가지 스크린 샷을 선택하고자 할 때 사용한다. 여러 단계가 포함된 복잡한 절차의 경우에는 작업이 번거로울 수 있다.

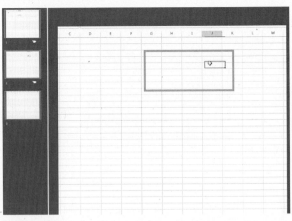

[그림 8-195]

보충설명

수동 기록

그림 8-194와 그림 8-195를 비교해 볼 때, 동일한 동작을 수행했음에도 마우스 이벤트의 표시 여부와 슬라이드 개수에서 차이가 있음을 확인할 수 있다.

[자동 기록] 선택유형의 차이를 구별하기 위해 네 가지 유형을 각각 선택 후 동일한 예시를 실습해 본다.

2-2 [기록 유형] 설정에서 [자동 기록] 선택 시

1) 기록하고자 하는 소프트웨어를 실행한다. 본 예시에서는 엑셀 프로그램을 실행한다.

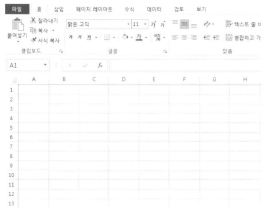

[그림 8-196]

2) 바탕화면 또는 시작프로그램 목록에서 [Adobe Captivate 9](ⓐ) 아이콘을 클릭한다.

[그림 8-197]

3) 설정화면에서 [화면 영역](ⓐ)＞사용자 정의 크기 드롭다운 목록에서 [1024×576](ⓑ)을 선택 후 [자동](ⓒ)＞[데모](ⓓ)를 선택한다.

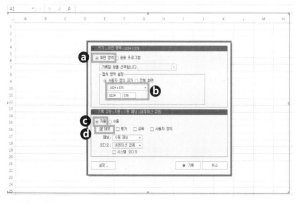

[그림 8-198]

4) 화면설정이 끝나면 [기록](ⓐ)을 클릭한다.

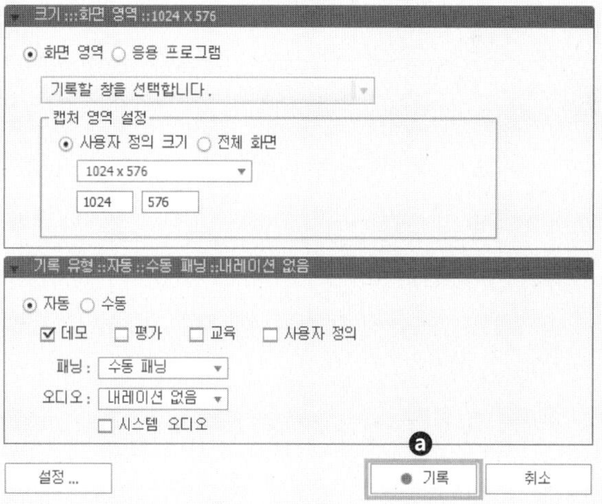

[그림 8-199]

5) 로딩화면이 뜨고 3, 2, 1이 끝나면 기록이 시작된다.

[그림 8-200]

6) 기록하고 싶은 내용을 절차에 따라 수행한다. 본 예시에서는 엑셀 프로그램에서 다음 절차를 수행한다.

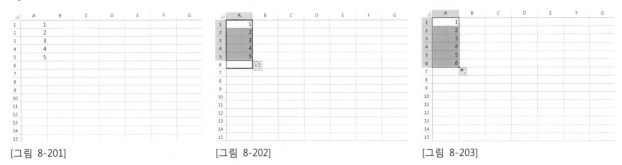

[그림 8-201]　　　　　　　　　　[그림 8-202]　　　　　　　　　　[그림 8-203]

7) Window 상태표시줄에서 [Adobe Captivate 9](ⓐ) 아이콘을 클릭하여 기록을 종료한다.

[그림 8-204]

2-3 소프트웨어 시뮬레이션 기록 유형

1) 소프트웨어 시뮬레이션 기록 유형에는 [데모], [교육], [평가] 모드 등이 있다.

- **[데모]** 일반적으로 사용되는 모드로 기능 또는 절차를 설명하려면 **[데모]** 모드를 사용한다. 그러나 이 모드에서 만든 동영상의 경우 사용자가 개입할 수는 없고, 프로젝트 기록 시 수행된 동작을 수동적으로 확인만 할 수 있다.
- 데모 모드에서 슬라이드를 기록하는 경우 Adobe Captivate 9은 다음을 수행한다.
  - 응용 프로그램에서 컨트롤의 레이블을 사용하여 **[텍스트 캡션]**을 추가한다. 예를 들어, 메뉴 모음에서 [파일]을 클릭하면 '**파일 메뉴 선택**'이라는 텍스트가 포함된 텍스트 캡션이 자동으로 만들어진다.
  - **[강조 상자]**를 추가하여 마우스로 클릭하는 영역을 강조한다.
  - 기록 중에 수동으로 입력된 텍스트를 추가한다.

- **[교육]** 사용자가 동영상 중에 절차를 시험해 보도록 하려면 교육 모드를 사용한다. 사용자가 이전 작업을 제대로 수행한 후에만 동영상이 다음 슬라이드로 이동한다.
- 교육 모드에서 슬라이드를 기록하는 경우 Adobe Captivate 9은 다음을 수행한다.
  - 사용자가 마우스를 클릭해야 하는 위치에 **[클릭 상자]**를 추가한다.
  - 사용자 입력을 위해 **[텍스트 입력 상자]**를 추가한다. 실패 및 힌트 캡션이 각 텍스트 입력 상자에 추가된다.

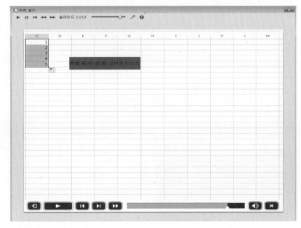

[그림 8-205]

- **[평가]** 사용자가 절차를 이해하는 수준을 테스트 하려면 평가 모드를 사용한다. 각각의 올바른 클릭에 대해 점수를 설정할 수 있다. 또한 사용자가 절차를 시도할 수 있는 횟수를 설정할 수도 있다. 사용자가 제공된 시도 횟수 내에 올바른 옵션을 클릭하지 못할 경우 동영상이 다음 단계로 이동한다. 사용자는 실패할 경우 점수를 얻지 못한다.

- 평가 모드에서 슬라이드를 기록하는 경우 Adobe Captivate 9은 다음을 수행한다.

  - 사용자가 마우스를 클릭해야 하는 위치에 **[클릭 상자]**를 추가한다.
  - 사용자 입력을 위해 텍스트 **[입력 상자]**를 추가한다.
  - 실패 캡션이 각 텍스트 **[입력 상자]**에 추가된다.

- **[사용자 정의]** 다른 모드에서 제공하는 기능을 혼합해야 하는 프로젝트에서 작업하는 경우 사용자 정의 모드를 사용한다. 이 모드를 통해 Adobe Captivate 9에서 최상위 수준의 사용자 정의를 구현할 수 있다. 사용자 정의 모드를 사용하면 일부는 **[데모]**, 일부는 **[교육]**인 프로젝트를 만들고 **[평가]**를 포함시킬 수도 있다. Adobe Captivate 9 개체는 기본적으로 사용자 정의 모드에서 기록하는 동안 추가되지 않는다.

- **[다중 모드 기록]** Adobe Captivate 9 프로젝트를 기록할 때 둘 이상의 모드에서 기록하도록 선택할 수 있다. 다중 모드 기록을 사용하면 둘 이상 자동 기록 모드의 출력이 필요한 프로젝트를 작업할 때 시간을 절약할 수 있다.

[그림 8-206]

Adobe Captivate 9에서 소프트웨어 시뮬레이션은 사용자가 컴퓨터에서 수행하는 동작들을 슬라이드 형태로 기록한다.

소프트웨어 시뮬레이션 프로젝트 편집기능은 일반적으로 다음과 같은 경우에 사용된다.

- 기록 중 화면이 의도와 다르게 기록된 경우
- 기록 중 자동으로 생기는 요소(마우스를 클릭할 때 생기는 클릭 상자 등)의 배치 또는 버튼 이름을 조정하고자 할 경우
- 추가설명이 필요한 슬라이드에 개체를 추가할 경우
- 민감한 정보를 숨기고자 할 경우

보충설명

소프트웨어 시뮬레이션 프로젝트 기록 후 주의할 점

항상 처음 기록한 내용을 저장한다. 편집과정에서 다시 복구할 일이 생길 수 있다.

보충설명

개체 삽입

기록할 때 자동으로 삽입되는 [텍스트 캡션], [강조 상자], [클릭 상자], [텍스트입력상자] 등에 대한 자세한 내용은 4장 텍스트 캡션 삽입하기(163p)와 4장 강조 상자 삽입하기(182p)를 참고한다.

1. 소프트웨어 시뮬레이션 프로젝트 만들기

지금까지 Adobe Captivate 9의 소프트웨어 시뮬레이션 프로젝트에 필요한 기능들에 대해 학습하였다. 다양한 편집기능을 익히기 위해 간단한 소프트웨어 시뮬레이션 프로젝트를 만들어 본다.

- 학습 주제
  - '구글Scholar이용하기'

- 학습 목표
  - 소프트웨어 시뮬레이션 프로젝트를 기록한다.
  - 기록된 내용 중에 불필요한 부분 또는 추가할 부분을 편집한다.

- 실습절차
  [소프트웨어 시뮬레이션 기록하기]
  1. 수행절차 정해놓기
  2. 소프트웨어 시뮬레이션 기록 실행
  [소프트웨어 시뮬레이션 편집하기]
  3. 타이핑 편집
  4. 마우스 포인터 이동
  5. 마우스 초기 위치 이동
  6. 마우스 경로 맞춤
  7. 마우스 표시 숨김
  8. 마우스 보임 또는 삽입

1-1 수행절차 정해놓기

1) 인터넷 주소 창에 www.google.com/scolar(**ⓐ**)를 검색한다.

[그림 8-207]

2) 검색 창에 web2.0 education(**ⓐ**)을 입력한다.

[그림 8-208]

3) 검색 결과 확인 후 원하는 목록(**ⓐ**)을 확인한다.

[그림 8-209]

4) 인용방법을 확인하기 위해 검색결과 목록 하단의 [인용](**ⓐ**)을 클릭한다.

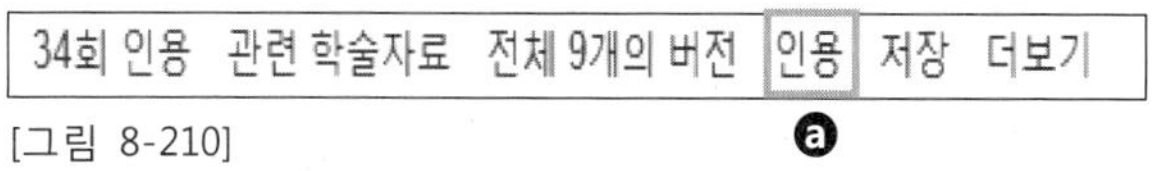

34회 인용 관련 학술자료 전체 9개의 버전	인용	저장 더보기

[그림 8-210]

5) APA스타일의 인용방법(**ⓐ**)을 복사한다.

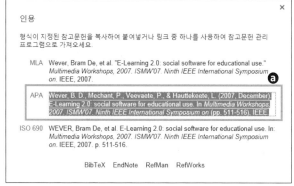

[그림 8-211]

1) 실행 첫 화면에서 [새 항목](ⓐ) > [소프트웨어 시뮬레이션](ⓑ) > [만들기](ⓒ)를 클릭한다.

[그림 8-212]

2) [속성] 값 설정 시 [화면 영역](ⓐ) > [전체 화면](ⓑ) > [모니터 1](ⓒ) > [기록](ⓓ)을 클릭한다.

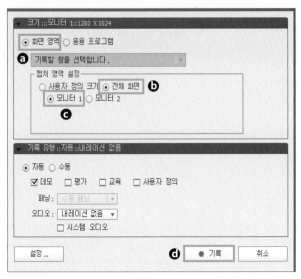

[그림 8-213]

3) 로딩화면이 나오고 기록이 시작되면, 앞에서 정해 놓은 실행절차를 수행한다.

[그림 8-214]

4) 프로젝트 기록을 완료하였다면, Window 상태표시줄에서 [Adobe Captivate 9](ⓐ) 아이콘을 클릭하여 기록을 종료한다.

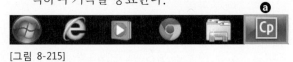

[그림 8-215]

1-3 타이핑 편집하기

소프트웨어 시뮬레이션은 기록 중에 타이핑(키보드)을 친 텍스트를 **[텍스트 입력]**이라는 개체로 형성된다. 형성된 개체는 타임라인 또는 화면에서 편집할 수 있다.

1) **[타임라인]**에서 **[텍스트 입력](ⓐ)** 레이어 선택한 후, 마우스 우클릭하여 **[텍스트 애니메이션으로 바꾸기]**
   (ⓑ)를 선택한다.

[그림 8-216]

[그림 8-217]

2) **[텍스트 애니메이션]**은 글자에 움직임이 있고 편집 가능한 텍스트 개체다. **[텍스트 애니메이션](ⓐ)**을 클릭한다.

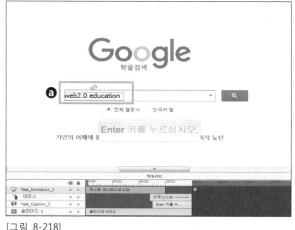

[그림 8-218]

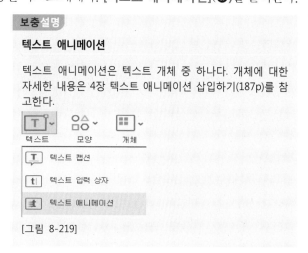

보충설명

텍스트 애니메이션

텍스트 애니메이션은 텍스트 개체 중 하나다. 개체에 대한 자세한 내용은 4장 텍스트 애니메이션 삽입하기(187p)를 참고한다.

[그림 8-219]

3) [속성](ⓐ) > [애니메이션 속성](ⓑ)을 클릭한다.

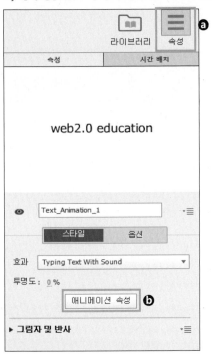

[그림 8-220]

4) [텍스트 애니메이션 속성] 대화상자가 나타나면, 텍스트 필드(ⓐ)에서 텍스트를 수정한 후 [확인](ⓑ)을 클릭한다. 본 예시에서는 다음과 텍스트의 글자 크기는 '**30**'으로, 색상은 '**빨강**'으로 수정한다.

[그림 8-221]

5) 그림 8-222는 [텍스트 애니메이션]의 변경된 속성 값이 반영된 화면이다.

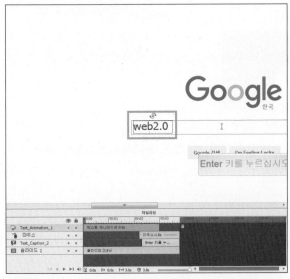

[그림 8-222]

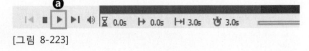

[그림 8-223]

6) 편집하는 동안 혹은 편집을 완료한 후에, 타임라인 맨 하단의 [재생](ⓐ) 아이콘을 클릭하여 의도대로 편집이 잘 되었는지 확인한다.

보충설명

텍스트 애니메이션 박스 위치 조정하기

텍스트 박스가 적합한 위치에 배치되도록 마우스 또는 키보드의 방향키로 수정한다.

소프트웨어 시뮬레이션은 수행하는 화면을 캡처할 때, 마우스의 움직임도 기록한다. 기록은 화면에서 마우스가 클릭된 위치와 각 슬라이드에서 클릭된 포인트 간의 과정과 동선을 보여준다.

1-4 마우스 포인터 이동하기

1) 마우스 클릭 포인트는 마우스로 드래그 하여 이동 가능하다.

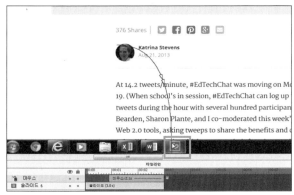

[그림 8-224]

2) 그림 8-225는 그림 8-224의 마우스 포인터를 위쪽으로 이동시킨 화면이다.

[그림 8-225]

> **보충설명**
>
> **마우스 시간 배치**
>
> 마우스의 움직임은 슬라이드의 맨 위 레이어에 위치하기 때문에, 다른 개체와의 위치 또는 시간을 배치하기에 수월하다. 예를 들어, 그림 8-226의 슬라이드 전체시간을 고려하여 마우스 시간 배치(3초)를 그림 8-227과 같이 1초로 수정하였다. 일반적으로 마우스 시간 배치는 슬라이드 전체길이보다 짧게 배치하는 것이 좋다.

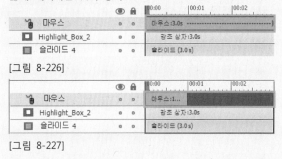

[그림 8-226]

[그림 8-227]

1-5 마우스 초기위치 이동

1) 마우스가 처음으로 기록된 슬라이드에 마우스 초기위치(ⓐ)가 표시된다. 마우스 초기위치를 마우스로 드래그(ⓑ)하여 원하는 위치로 옮긴다.

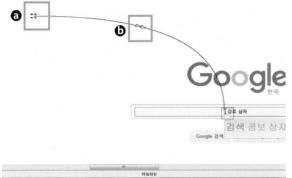
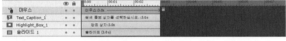

[그림 8-228]

2) 그림 8-229는 초기 위치와 클릭 위치의 간격을 줄인 화면이다. 이처럼 불필요한 마우스의 동선은 줄여주는 것이 좋다.

[그림 8-229]

Adobe Captivate 9에서는 슬라이드에 곡선 마우스 경로를 만들어 보다 사실적이고 자연스러운 느낌을 줄 수 있다. (단, 도구 모음을 가로지르는 이동을 보여주는 경우처럼 직선 마우스 경로가 더 적합한 경우도 있다.)

1-6 마우스 경로 모양 변경

1) 개별 슬라이드에 대해 곡선 또는 직선 마우스 이동 옵션을 설정할 수 있다. [속성 관리자] ([창] > [속성], ⓐ)에서 [직선 포인터 경로](ⓑ)를 선택한다. 옵션을 다시 선택하면 곡선 경로로 바뀐다.

[그림 8-230]

2) 직선 포인터 경로를 체크 표시할 경우, **그림 8-231**과 같은 곡선모양 경로가 **그림 8-232**와 같이 직선모양 경로로 바뀐다.

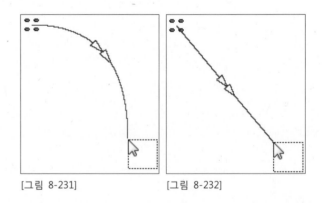

[그림 8-231]　　　　[그림 8-232]

슬라이드에서 마우스 위치를 정할 때 이전 슬라이드에 있던 마우스 위치를 지정하면 움직임을 매끄럽게 만들 수 있다.

1-7 마우스 경로 맞춤

1) 맞추고자 하는 마우스 경로가 포함된 슬라이드를 선택한 상태에서 마우스 우클릭한 뒤 **[이전 슬라이드에 맞춤]**(ⓐ)을 클릭한다.

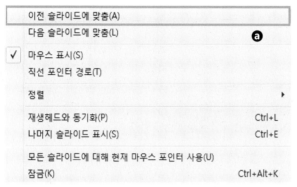

[그림 8-233]

3) 동일한 슬라이드를 선택한 상태에서 마우스 우클릭한 뒤 **[다음 슬라이드에 맞춤]**(ⓑ)을 선택한다.

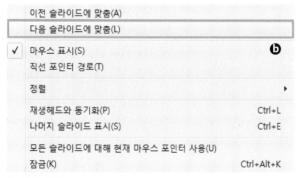

[그림 8-234]

2) 프로젝트를 미리 보기하여 슬라이드 사이에서 포인터가 어떻게 맞춰지는지 확인한다.

4) 프로젝트를 미리 보기하여 슬라이드 사이에서 포인터가 어떻게 맞춰지는지 확인한다.

소프트웨어 시뮬레이션은 화면에서 마우스 기록을 자유롭게 숨기거나 표시할 수 있다. 또한 기존에 없던 마우스 개체를 삽입하는 것도 가능하다.

1-8 마우스 표시 숨김

1) 기록된 마우스 포인터(ⓐ)를 클릭한 후 마우스 우 클릭하여 [마우스 표시](ⓑ)를 클릭한다.

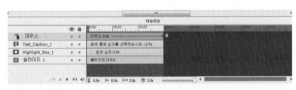

[그림 8-235]

2) [마우스 표시]를 숨길 경우 필름 스트립의 슬라이 드 번호 오른쪽(ⓐ)에 마우스 그림이 사라진다.

[그림 8-236]

보충설명

전체 프로젝트에서 포인터 숨기기

- 열려 있는 프로젝트에서 [편집]>[환경 설정]을 선택한다.
- [범주] 패널에서 [프로젝트]를 확장하고 [게시 설정]을 선택한다.
- [게시 설정] 패널에서 [마우스 포함] 옵션을 선택 취소한다.

1-9 마우스 보임 또는 삽입(마우스가 없는 슬라이드에서)

1) 기록된 화면에서 마우스 우클릭하여 [마우스](ⓐ) >[마우스 표시](ⓑ)를 클릭한다.

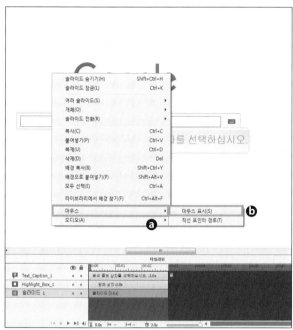

[그림 8-237]

2) [마우스 표시](ⓑ)를 체크할 경우 필름 스트립의 슬라이드 번호 오른쪽(ⓒ)에 마우스 그림이 생긴다.

[그림 8-238]

> **보충설명**
>
> **마우스 개체 삽입**
>
> [개체] > [마우스]를 클릭하여, 슬라이드에 마우스 개체를 삽입할 수 있다.
>
> [그림 8-239]

2. 마우스 속성 설정하기

2-1 마우스 기본속성

1) 전체 화면 오른쪽에 [속성]에서 마우스 개체의 속성을 변경할 수 있다. ([탭]＞[속성]도 가능하다.)

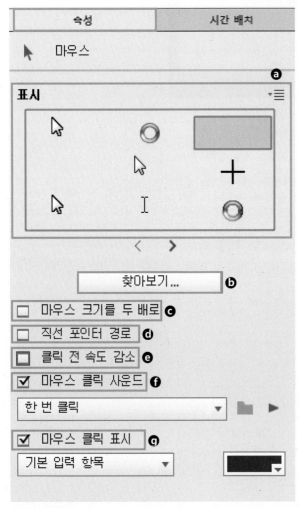

[그림 8-240]

ⓐ **[사용 가능한 마우스 포인터 목록]** 사용 가능한 포인터를 표시한다.

ⓑ **[찾아보기]** 찾아보기를 클릭하여 사용자 정의 파일을 찾은 후 **[열기]**를 클릭한다.

ⓒ **[마우스 크기를 두 배로]** 포인터 크기를 두 배로 늘린다.

ⓓ **[직선 포인터 경로]** 포인터가 시작점과 끝점 사이를 직선으로 이동하도록 하려면 이 옵션을 선택한다. 기본적으로 포인터는 곡선으로 이동하여

동작이 보다 사실적으로 나타나도록 한다. 예를 들어, 프로젝트가 그래픽 프로그램에서 선을 그리는 방법을 보여주는 데모일 경우 직선 경로로 변경할 수 있다.

ⓔ **[클릭 전 속도 감소]** 마우스를 클릭하기 전에 마우스 동작 속도가 느려지도록 하려면 이 옵션을 선택한다. 이 옵션은 신속하게 이동하다가 갑자기 중지하는 긴 마우스 경로에 유용하다.

ⓕ **[마우스 클릭 사운드]** 포인터가 대상에 도달했을 때 사운드를 재생하려면 이 옵션을 선택한다. 팝업 메뉴를 클릭하여 사운드를 선택한다(한 번 클릭 또는 두 번 클릭). 다른 마우스 클릭 사운드를 찾아보려면 **[찾아보기]**를 클릭한다.
선택한 마우스 클릭 사운드를 미리 보려면 **[재생]**을 클릭한다.

> **보충설명**
>
> **마우스 클릭 사운드**
>
> • [한 번 클릭] 사운드는 마우스 단추를 한 번 누를 때 나는 소리다.
> • [두 번 클릭] 사운드는 마우스 단추를 두 번 누를 때 나는 소리다.

ⓖ **[마우스 클릭 표시]** 마우스 동작에 시각적인 클릭 효과를 추가한다.

• **[기본 값]** 사용자가 슬라이드를 클릭하면 작은 색상 대화상자가 표시된다.

- **[사용자 정의]** 시각적 클릭 효과로 SWF 파일을 사용하려면 이 옵션을 선택한다. Adobe Captivate 9에서는 두 가지 효과를 사용할 수 있으며 이러한 효과는 팝업 메뉴를 클릭하고 한 가지 효과를 선택한 다음 **[재생]**을 클릭하여 테스트할 수 있다. 오른쪽의 작은 미리 보기 창에서 효과를 확인한다.

[그림 8-241]

2-2 마우스 시간 배치 설정

1) 특정 시간을 선택하려는 경우 시간을 지정한다.

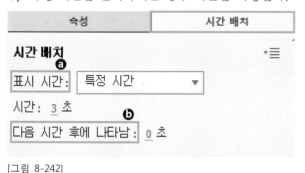

[그림 8-242]

❶ **[표시 시간]** 포인터가 슬라이드에 표시되는 기간이다.

❷ **[다음 시간 후에 나타남]** 슬라이드가 처음 나타나는 시점과 슬라이드 포인터가 처음 나타나는 시점 사이의 지연 시간이다.

3. 풀-모션 기록 편집

소프트웨어 시뮬레이션은 기록하는 동안 마우스로 드래그하는 동작 등 특정 동작을 풀-모션 기록으로 기록한다. 풀-모션 기록은 이미지로 저장되는 다른 기록화면과 달리 비디오(.swf유형)로 기록된다.

Adobe Captivate 9 슬라이드에 삽입한 풀-모션 기록 SWF 파일을 편집하여 다음을 수행할 수 있다.

1. 풀-모션 슬라이드에 다른 풀-모션 슬라이드 삽입 　　3. 하나의 풀-모션 슬라이드 트리밍 2. 하나의 풀-모션 슬라이드를 두 부분으로 분할 　　　4. 여러 개의 풀-모션 슬라이드를 하나로 병합

3-1 풀–모션 슬라이드에 다른 풀–모션 슬라이드 삽입

1) 풀–모션 파일이 포함된 슬라이드를 선택한다.

[그림 8-243]

2) [속성 관리자]의 [옵션](ⓐ)에서 [FMR 편집 옵션]
(ⓑ) 드롭다운 목록에서 [삽입](ⓒ)을 선택한다.

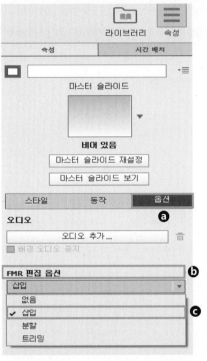

[그림 8-244]

3) 다른 풀–모션 파일을 삽입할 시간을 지정하기 위
해 삽입위치의 시간(ⓐ)을 입력한다. 본 예시에서
는 0.5초로 입력한다.

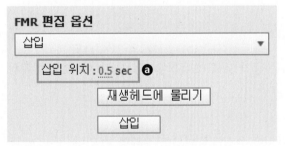

[그림 8-245]

4) 타임라인에서 삽입된 위치(ⓐ)를 확인한다.

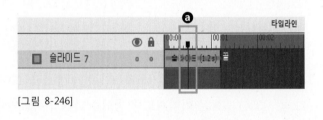

[그림 8-246]

5) [재생헤드에 물리기](ⓐ)를 클릭하여 삽입점을
파일 시작 부분에 물린다.

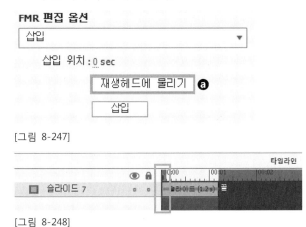

[그림 8-247]

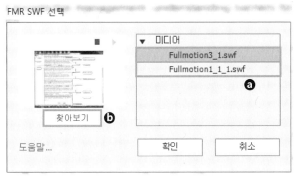

[그림 8-248]

7) 라이브러리(미디어 폴더)에서 SWF 파일(ⓐ)을 선
택하거나 **[찾아보기]**(ⓑ)를 클릭하고 라이브러리
에 저장되지 않은 파일을 선택한다.

[그림 8-250]

3-2 하나의 풀–모션 슬라이드를 두 부분으로 분할

1) 풀–모션 파일이 포함된 슬라이드를 선택한다.

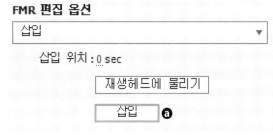

[그림 8-252]

6) [삽입](ⓐ)을 클릭한다.

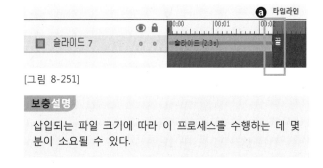

[그림 8-249]

8) 선택한 파일은 지정한 삽입점에 삽입되고, 슬라이
드 길이가 **그림 8-248**의 1.2초에서 **그림 8-251**
에서는 2.3초로 늘어난 것을 확인(ⓐ)할 수 있다.

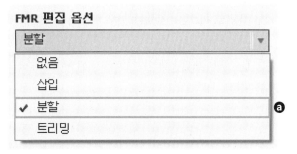

[그림 8-251]

> **보충설명**
>
> 삽입되는 파일 크기에 따라 이 프로세스를 수행하는 데 몇
> 분이 소요될 수 있다.

2) [속성 관리자]의 [FMR 편집 옵션] 영역에 있는
[옵션] 목록에서 [분할](ⓐ)을 선택한다.

FMR 편집 옵션

분할	▼
없음	
삽입	
✓ 분할	ⓐ
트리밍	

[그림 8-253]

3) 파일을 분할할 지점(슬라이드 지속 기간 내에서)
을 지정한다.

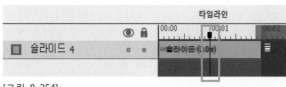

[그림 8-254]

4) [타임라인]의 기준선이 1초(**그림 8-254**)에서 0.5초
(**그림 8-256**)로 이동한 것을 확인할 수 있다.

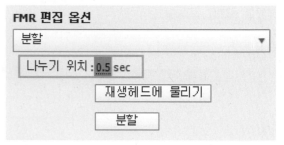

[그림 8-255]

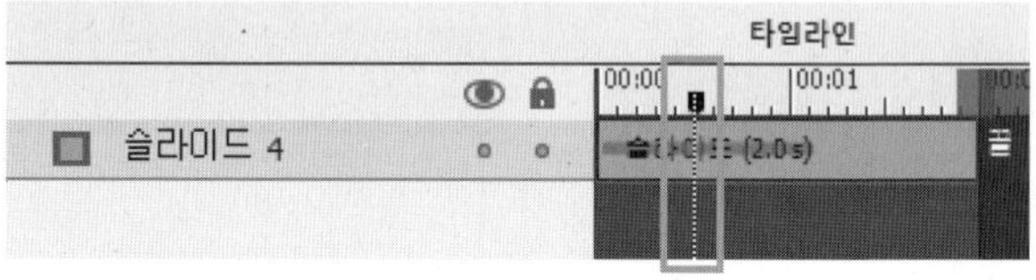

[그림 8-256]

5) [분할]을 클릭한다. **그림 8-258**과 같이 [타임라
인]의 레이어가 0.5초로 줄어든 것을 확인할 수
있다.

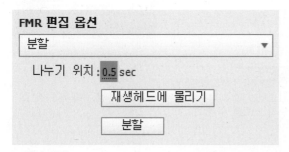

[그림 8-257]

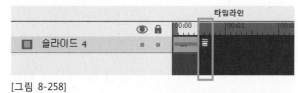

[그림 8-258]

보충설명

비디오 분할 후 비디오에 포함되어있던 개체 속성

파일을 분할할 경우 분할된 결과 파일에서는 개체가 유지되지
않으므로 분할된 결과 파일에 개체를 다시 삽입해야 한다.

3-3 하나의 풀-모션 슬라이드 트리밍

1) 풀-모션 파일이 포함된 슬라이드를 선택한다.

[그림 8-259]

2) [속성 관리자]의 [FMR 편집 옵션] 영역에 있는 [옵션] 목록에서 [트리밍](ⓐ)을 선택한다.

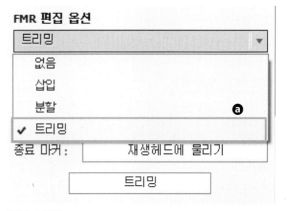

[그림 8-260]

3) [트리밍 위치](ⓐ) 및 [트리밍 마지막](ⓑ) 옵션에 필요한 값을 입력하여 시작 및 종료 마커를 지정한 후 [트리밍](ⓒ)을 클릭한다.

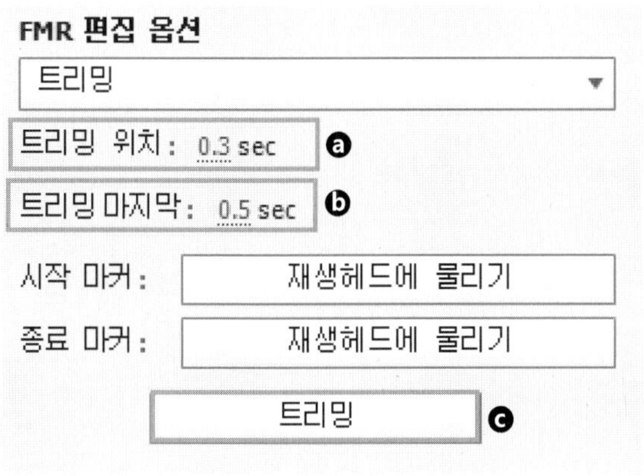

FMR 편집 옵션

트리밍	▼

트리밍 위치 : 0.3 sec ⓐ

트리밍 마지막 : 0.5 sec ⓑ

시작 마커 : 재생헤드에 물리기

종료 마커 : 재생헤드에 물리기

트리밍 ⓒ

[그림 8-261]

4) 그림 8-263은 트리밍 기법이 적용된 화면이다. 그림 8-262와 비교할 때 비디오 길이가 1.6초에서 1.4초로 0.2초 짧아진 것을 확인할 수 있다.

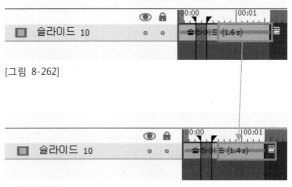

[그림 8-262]

[그림 8-263]

3-4 여러 개의 풀-모션 슬라이드를 하나로 병합

1) [필름 스트립]에서 Shift 또는 Ctrl 을 이용하여 병합할 여러 개의 풀-모션 슬라이드를 선택한다. 본 예시에서는 7번과 8번을 선택한다. 병합 전 슬라이드 지속 기간은 슬라이드 7은 2.3초, 슬라이드 8은 1초다.

[그림 8-264]

2) [속성](ⓐ)의 [옵션](ⓑ)영역에서 [FMR 슬라이드 병합](ⓒ)을 클릭한다.

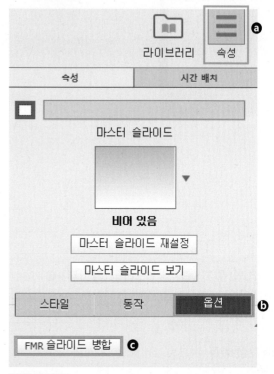

[그림 8-265]

3) 7번 슬라이드와 8번 풀-모션 슬라이드의 병합결과는, 7번 슬라이드에 반영된다. **그림 8-267**과 같이 병합 후 7번 슬라이드는 3.3초가 되었다.

[그림 8-266]

[그림 8-267]

4. 소프트웨어 시뮬레이션 슬라이드 편집하기

소프트웨어 시뮬레이션은 기록화면을 이미지로 저장한다. 이미지로 저장된 각 화면은 편집기능을 활용해 쉽게 편집할 수 있다. 예를 들어, 기록을 완료한 후 어떤 슬라이드에서 버튼 하나의 이름을 수정하고 싶을 경우 다시 기록을 하지 않더라도 이미 기록된 화면을 복사하여 버튼 부분만 수정할 수 있다.

4-1 슬라이드 배경 복사, 붙여넣기

다음은 (1-1)에서 설정한 수행절차에 따라 소프트웨어 시뮬레이션에서 기록한 화면이다. 먼저 11번 슬라이드 (ⓐ)를 본다.

- 교수자는 학습자에게 인용방법 중 두 번째 순서(ⓑ)에 위치한 APA 인용방법을 알려주고 싶었으나 실수로 첫 번째 순서(ⓒ)의 MLA 인용방법이 선택된 화면을 기록하였다. 단, 마우스, 강조 상자(ⓓ)는 올바르게 추가되었다.

- 한편 12번 슬라이드는 두 번째 순서에 위치한 APA 인용방법을 선택한 화면이 기록되었지만, 11번에서 원하는 마우스, 강조 상자 개체는 추가되지 않은 상태다. 이런 상황의 경우, 교수자는 다시 기록하지 않고도 배경 복사/ 배경으로 붙이기 편집기능을 사용하여 쉽게 수정할 수 있다.

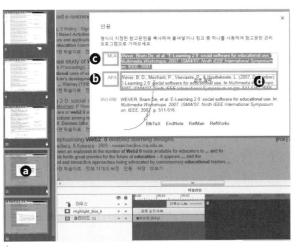

슬라이드 11

[그림 8-268]

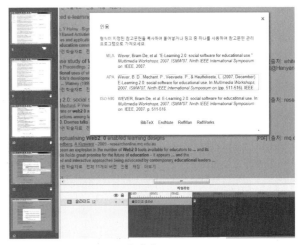

슬라이드 12

[그림 8-269]

보충설명

슬라이드에 병합된 개체 편집

슬라이드 배경에 개체가 병합된 화면은 개체 편집 불가능하다.

1) [필름 스트립]에서 12번 슬라이드를 선택한다.

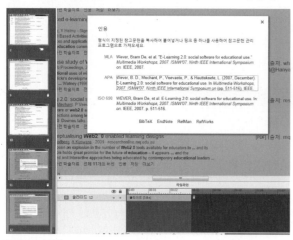

[그림 8-270]

2) 마우스 우클릭 후, [배경 복사](ⓐ)를 클릭한다.

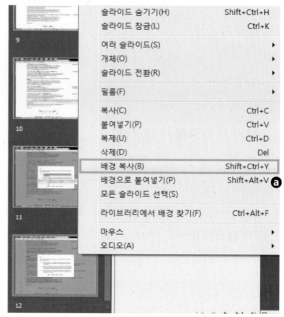

[그림 8-271]

3) [필름 스트립]에서 11번 슬라이드(ⓐ)를 선택한다.

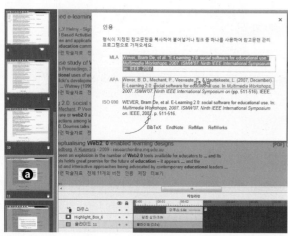

[그림 8-272]

4) 마우스 우클릭 후, [배경으로 붙여넣기](ⓐ)를 클릭한다.

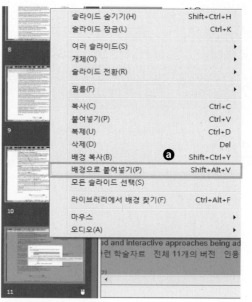

[그림 8-273]

5) 대화상자 창에서 [예](**ⓐ**)를 클릭한다.

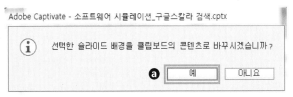

[그림 8-274]

6) 슬라이드 11번에 슬라이드 12번의 배경을 [붙여넣기]한 화면이다. 예시의 **그림 8-268**에서 실수한 기록화면은 교수자의 의도에 맞게 적절히 수정되었다.

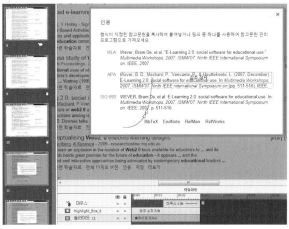

[그림 8-275]

배경복사/배경으로 붙여넣기 시 주의할 점

[베경복사], [배경으로 붙여넣기] 대신에 [복사], [붙여넣기] 할 경우, 기존에 삽입되어 있던 개체가 사라질 수 있으므로 주의해서 선택해야 한다.

<주의하지 않을 경우의 예>

1) [필름 스트립] 또는 [타임라인]에서 개체가 하나인 슬라이드 18레이어를 선택한 후, 마우스 우클릭하여 [복사]를 클릭한다.

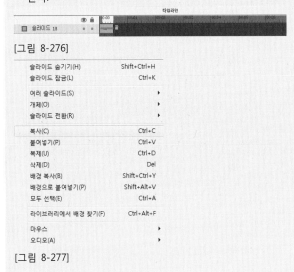

[그림 8-276]

슬라이드 숨기기(H)	Shift+Ctrl+H
슬라이드 잠금(L)	Ctrl+K
여러 슬라이드(S)	▶
개체(O)	▶
슬라이드 전환(R)	▶
복사(C)	Ctrl+C
붙여넣기(P)	Ctrl+V
복제(U)	Ctrl+D
삭제(D)	Del
배경 복사(B)	Shift+Ctrl+Y
배경으로 붙여넣기(P)	Shift+Alt+V
모두 선택(E)	Ctrl+A
라이브러리에서 배경 찾기(F)	Ctrl+Alt+F
마우스	▶
오디오(A)	▶

[그림 8-277]

2) [필름 스트립] 또는 [타임라인]에서 개체가 여러 개인 슬라이드 19레이어를 선택 후, 마우스 우클릭하여 [붙여넣기]를 클릭한다.

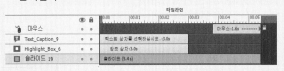

[그림 8-278]

3) 슬라이드 19의 여러 개의 개체는 삭제된다.

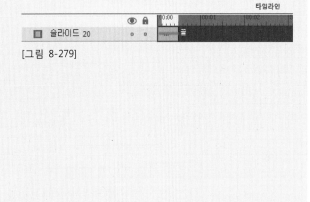

[그림 8-279]

4-2 상호 작용 개체 추가 및 레이어 편집

소프트웨어 시뮬레이션은 Adobe Captivate 9이 제공하는 다양한 상호 작용 개체(클릭 상자, 단추 등)를 추가할
수 있다.

그림 8-280은 실행화면 중, 검색어를 입력하는 화면이다. 학습자가 학습 내용에 집중하고 있는지 점검하기 위
해, 검색어 입력 후 클릭하는 부분에서 클릭 부분에 상호 작용 개체로 클릭 상자 개체를 추가해 본다.

[그림 8-280]

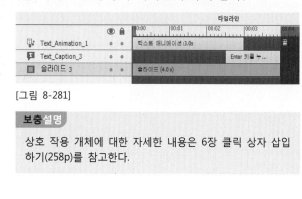

[그림 8-281]

보충설명

상호 작용 개체에 대한 자세한 내용은 6장 클릭 상자 삽입
하기(258p)를 참고한다.

1) 소프트웨어 프로젝트가 열려있는 상태에서 **[상호
작용](ⓐ) > [클릭 상자](ⓑ)**를 클릭한다.

[그림 8-282]

2) 기록 화면 영역에 **[클릭 상자](ⓐ)**가 삽입된다.

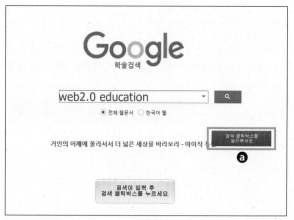

[그림 8-283]

3) 타임라인에서 클릭 상자 레이어를 클릭한 후 다
른 개체들과 위치 및 시간 배치를 조정(ⓐ)한다.

[그림 8-284]

4-3 프로젝트에 소프트웨어 시뮬레이션 슬라이드 추가

1) [슬라이드](ⓐ) > [소프트웨어 시뮬레이션](ⓑ)을 클릭한다.

[그림 8-285]

2) 추가할 슬라이드 기록 대화상자에서 소프트웨어 시뮬레이션을 추가할 위치를 선택한다. 추가하는 소프트웨어 시뮬레이션은 선택한 슬라이드(ⓐ) 뒤에 추가된다.

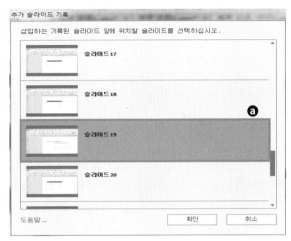

[그림 8-286]

5. 기록 후 재검토를 위한 슬라이드 표시

소프트웨어 시뮬레이션을 기록하는 중 원래 계획하지 않았던 옵션을 클릭하는 경우가 있다. 이러한 실수는 기록된 프로젝트에 원하지 않는 슬라이드를 남기게 된다. 슬라이드가 많을 경우 이렇게 원하지 않는 스크린 기록을 프로젝트 기록이 모두 끝난 후에 찾는 것은 쉬운 일이 아니다.

5-1 '실행 취소' 마커 표시하기

1) 기록된 프로젝트에서 삭제 또는 검토하려는 슬라이드를 찾으려면 기록 중에 Ctrl + Shift + Z를 누른다. 예를 들어, 기록 중에 화면의 옵션 하나를 실수로 클릭한 경우 Ctrl + Shift + Z를 누른다. 이 동작에 해당하는 슬라이드가 실행 취소 마커로 표시되고 프로젝트에서 숨겨진다.

2) 그림 8-287은 [필름 스트립]에 '실행 취소' 마커가 표시된 화면이다. 슬라이드 미리 보기 창 아래 눈 모양의 아이콘(ⓐ)이 생긴다.

[그림 8-287]

> **보충설명**
>
> **실행 취소 마커**
>
> 기본적으로 슬라이드에 포함된 투명 텍스트 캡션이다.

3) 그림 8-288은 소프트웨어 시뮬레이션 기록 화면
에 '**실행 취소**' 마커가 표시된 슬라이드 화면이다.
화면 중앙에 빨간 글자로 '**MARKED FOR UNDO**'
라고 표시된다.

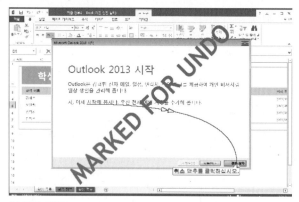

[그림 8-288]

슬라이드 유지 또는 편집을 하려면 '실행 취소' 마커를 삭제해야 한다.

5-2 '실행 취소' 마커 삭제하기

1) '**실행취소 마커**'인 영문자 캡션(ⓐ)을 마우스로 클
릭한다.

[그림 8-289]

2) 마우스 우클릭한 후 [삭제](ⓐ)를 선택한다.

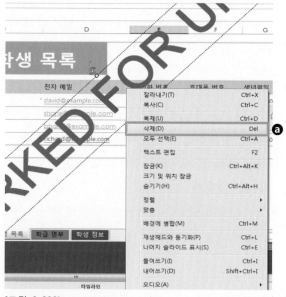

[그림 8-290]

3) 팝업 창에 [OK](ⓐ)를 클릭한다.

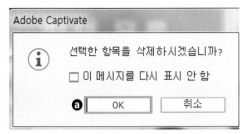

[그림 8-291]

4) 그림 8-292는 '실행취소' 슬라이드 화면에서 마커가 삭제된 화면이다. 마커 삭제 후에는 편집이 가능하다.

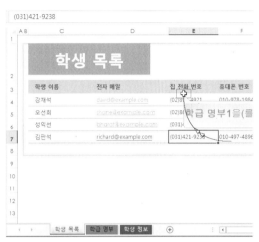

[그림 8-292]

보충설명

다른 방법으로 '실행취소' 마커 삭제하기

<방법 1>
슬라이드 선택 후 마우스 우클릭한 다음 [슬라이드 표시]를 클릭하여 슬라이드의 숨김을 해제한다.

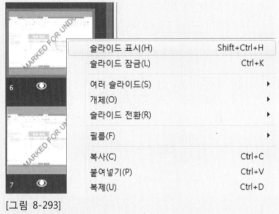

[그림 8-293]

<방법 2>
① [필름 스트립]의 슬라이드 미리 보기 창 아래 '눈 모양'의 아이콘을 마우스 우클릭한다.
② [슬라이드 표시]를 클릭하여 슬라이드의 숨김을 해제한다.

보충설명

기록 시 키보드 단축키 설정

[환경 설정]에서 실행 취소 마커에 대한 키보드 단축키를 변경할 수 있다. ([편집]>[환경 설정]>[기록]>[키-(전체)])

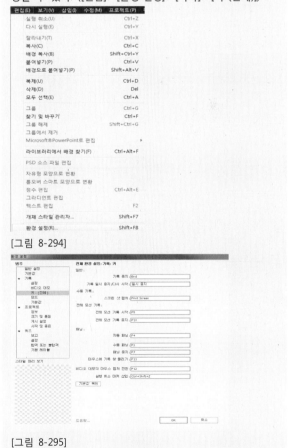

[그림 8-294]

[그림 8-295]

고급 동작을 활용한 특수효과 적용하기

제9장

♣ 변수 설정하기
• 시스템 변수 활용하기
• 사용자 변수 설정하기
• 사용자 변수 활용하기

♣ 표준 동작 설정하기
• 표준 동작 설정하기
• 표준 동작 활용하기

♣ 조건 동작 설정하기
• 조건 동작 설정하기
• 조건 동작 활용하기

♣ 공유 동작 설정하기
• 공유동작 저장하기
• 공유동작 내보내기
• 공유동작 가져오기
• 공유동작 실행하기

실행 순서

♣ 시스템 변수 설정하기

프로젝트(P) ⇨ 변수... ⇨ 시스템

상단 메뉴에서 [프로젝트]를 클릭하고 [변수]를 선택한다. 변수 창에 [시스템]을 선택한다.

♣ 사용자 변수 설정하기

프로젝트(P) ⇨ 변수... ⇨ 사용자

상단 메뉴에서 [프로젝트]를 클릭하고 [변수]를 선택한다. 변수 창에 [사용자]를 선택한다.

♣ 표준 동작 설정하기

프로젝트(P) ⇨ 고급 동작 ⇨ 표준 동작

상단 메뉴에서 [프로젝트]를 클릭하고 [고급 동작]을 선택한다. 고급 동작 창에 [표준 동작]을 선택한다.

♣ 조건 동작 설정하기

프로젝트(P) ⇨ 고급 동작 ⇨ 조건 동작

상단 메뉴에서 [프로젝트]를 클릭하고 [고급 동작]을 선택한다. 고급 동작 창에 [조건 동작]을 선택한다.

♣ 공유 동작 설정하기

프로젝트(P) ⇨ 고급 동작 ⇨ 공유 동작으로 저장...

상단 메뉴에서 [프로젝트]를 클릭하고 [고급 동작]을 선택한다. 고급 동작 창에 [공유 동작으로 저장]을 선택한다.

기능의 목적

• 사용자 변수, 시스템 변수를 활용하여 프로그램 및 학습자와 관련된 정보를 저장

• 표준 동작과 고급 동작을 활용하여 컨텐츠에 맞게 적응적으로 동작 설계

♣ 고급 동작을 통한 분기설정

Adobe Captivate 9에서 고급 동작을 사용하면 상호 작용에서 조건부 동작을 설정할 수 있으며, 특히 분기 설정에 유용하다. 예를 들어, 학습자가 퀴즈에서 80% 이상의 정답율을 나타낼 경우 합격을 축하하는 슬라이드로 이동하고, 80% 이하의 정답율을 보일 경우 복습을 안내하는 슬라이드로 이동할 수 있다. 혹은 사전 테스트 결과에 따라 학습내용의 난이도나 학습 종료 여부를 결정하도록 설계할 수도 있다. 연습활동의 경우 틀린 단어를 빈번하게 제시하도록 고급 동작을 설정하여 학습의 효과를 높일 수 있다.

♣ 고급 동작을 통한 맞춤형 피드백 제공

Adobe Captivate 9에서 고급 동작을 사용하면 질문 혹은 퀴즈의 결과에 따라 학습자에게 맞춤형 피드백을 제시할 수 있다. 예를 들어, 5지 선다형 문제에서 학습자가 오답을 선택했을 경우, 정답이 아닌 네 개의 답을 선택한 것에 대한 교정적 피드백 정보를 제시할 수 있다.

♣ 고급 동작을 통한 사용자 정보 입력

Adobe Captivate 9에서는 시스템 정보 변수를 통해 학습자가 텍스트 입력 상자에 입력한 값을 그대로 출력하게 할 수 있다. 이러한 기능을 통해 첫 슬라이드에서 입력한 학습자 정보를 학습 내용 중간에도 활용 가능하다. 예를 들어, 학습자가 첫 화면에 목표하는 점수를 입력하도록 한 후, 퀴즈 결과 페이지에 출력하여 실제 퀴즈 결과와 목표했던 점수를 비교하도록 설정할 수 있다.

♣ 고급 동작을 통한 프로젝트 정보 입력

Adobe Captivate 9에서는 시스템 정보 변수를 통해 환경설정에 기입한 프로젝트 정보를 그대로 출력할 수 있다. 이러한 기능을 활용하여 개발자는 프로젝트 정보를 여러 번 입력하지 않아도 여러 슬라이드에 용이하게 삽입할 수 있다.

변수의 사전적 의미는 어떤 관계나 범위 안에서 여러 가지 값으로 변할 수 있는 수를 의미한다. Adobe Captivate 9
에서는 사용자가 입력하거나, 혹은 프로젝트 내에서 변하는 정보를 저장하는 값을 저장하는 공간을 의미하며,
시스템 변수와 사용자 변수로 구분하여 제공하고 있다.
시스템 변수란 시스템에서 내장되어 있는 정보를 제공하는 변수로, 동영상 정보, 시스템 정보 등을 예로 들 수 있
다. 반면, 사용자 변수는 사용자가 직접 만든 변수를 의미하며, 사용자의 사용 목적에 따라 다양하게 정의될 수
있다.

1. 시스템 변수 활용하기

시스템 변수란 Adobe Captivate 9에서 기본적으로 설정된 변수로, 동영상 제어, 동영상 정보, 동영상 메타데이
터, 시스템 정보, 퀴즈, 모바일 등의 하위 메뉴로 구성되어 있다. 프로그램에서 기본적으로 제공되는 것이기 때문
에, 변수를 삭제, 변경, 추가할 수 없다. 그러나 시스템 변수 그 자체를 활용하여 표준 동작에 활용하거나, 시스템
변수와 연산자를 활용하여 조건 동작으로 응용하여 활용할 수 있다.

1) [파일](ⓐ)＞[새 프로젝트](ⓑ)＞[빈 프로젝트](ⓒ)
　　를 클릭하여 임의의 [프로젝트]를 생성한다.

[그림 9-1]

2) 상단 메뉴의 [프로젝트](ⓐ)＞[변수](ⓑ)를 선택
　　하면, **그림 9-3**과 같은 [변수] 창이 나온다.

[그림 9-2]

3) [시스템 변수]를 입력하기 위하여, 그림 9-3의 [변수] 창에서 [시스템](ⓐ)으로 변수 유형을 변경한다.

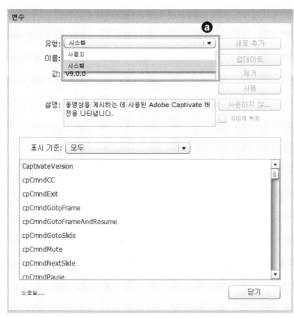

[그림 9-3]

4) 그림 9-4의 [표시 기준] 드롭다운 목록(ⓐ)을 클릭하면 [시스템 변수]의 종류를 확인할 수 있다.

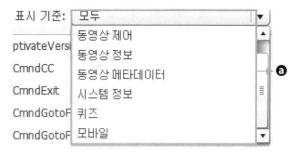

[그림 9-4]

시스템 변수의 종류

• **동영상 제어:** 동영상을 제어(예: 일시 중지, 계속, 이전, 다음 슬라이드 등)하는 이벤트와 관련된 변수가 있다.
• **동영상 정보:** 동영상 정보(예: 현재 슬라이드, 현재 프레임 등)과 관련된 변수가 있다.
• **동영상 메타데이터:** 프로젝트 이름, 작성자 및 회사와 같은 프로젝트에 대한 정보를 제공하는 변수를 나열한다. [프로젝트]>[정보] 아래의 [환경 설정] 대화 상자를 사용하여 이 정보를 설정할 수 있다. 프로젝트 템플릿에서 변수를 사용하여 이러한 값을 설정하면 이 값은 템플릿이 적용된 프로젝트에 사용된다.
• **시스템 정보:** 현재 날짜 및 현재 시간 등과 같이 컴퓨터에서 선택할 수 있는 변수를 나열한다.
• **퀴즈:** 퀴즈와 관련된 변수(예: 정답률, 문제 푸는 비율 등)를 나열한다. 예를 들어, 퀴즈 슬라이드에서 'cpInfoCurrentTime' 시스템 변수를 사용하여 사용자가 질문에 대한 답변을 완료하는 데 남은 시간을 표시할 수 있다. 위젯의 변수를 사용하여 진행률 표시줄이나 시간 표시기를 제공할 수도 있다.
• **모바일:** 사용자의 위치 정보 변수(예: 지역 정보 변수 cpInfoGeo)를 포함한다.

예제

시스템 변수가 어떻게 실제로 활용되는지 알아보기 위해, 프로젝트 정보와 관련된 시스템 변수를 활용하여 '이번 단원에 배울 내용': '프로젝트 이름'이 출력되도록 슬라이드를 제작하시오.

1) [파일](ⓐ) > [새 프로젝트](ⓑ) > [빈 프로젝트](ⓒ)를 클릭하여 임의의 [프로젝트]를 생성한다.

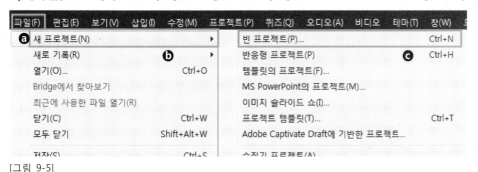

[그림 9-5]

2) [파일](ⓐ)＞[프로젝트 정보](ⓑ)를 클릭하면, 그림 9-7의 [환경 설정] 창이 나온다.

[그림 9-6]

3) [환경 설정]의 좌측 메뉴 중 [범주](ⓐ)＞[프로젝트](ⓑ)＞[정보](ⓒ)를 클릭한다.

[그림 9-7]

4) [환경 설정] 우측 메뉴의 [프로젝트: 정보](ⓐ)에 아래의 표와 같이 입력한 후 [OK](ⓑ)를 클릭한다.

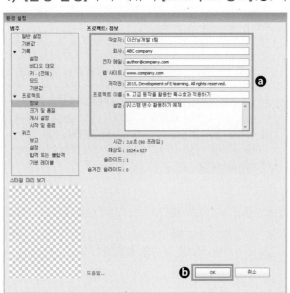

[그림 9-8]

작성자	이러닝개발 1팀
회사	ABC company
전자 메일	author@company.com
웹 사이트	www.company.com
저작권	2015, Development of E-learning. All rights reserved.
프로젝트 이름	8. 고급 동작을 활용한 특수효과 적용하기
설명	시스템 변수 활용하기 예제

5) 슬라이드에 [텍스트 캡션]을 넣어 본다. 먼저 상단의 메뉴 중에 [텍스트](ⓐ)＞[텍스트 캡션](ⓑ)을 클릭한다.

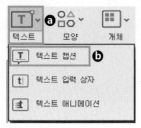

[그림 9-9]

6) [텍스트 캡션]이 생성 되었으면, **그림 9-10**과 같이 '**이번 단원에서 배울 내용**'을 입력한다.

이번 단원에서 배울 내용 :

[그림 9-10]

7) [텍스트 캡션]을 더블클릭한 후 캡션 안에 커서가 활성화되면, [속성] 창에서 [변수 삽입](**ⓐ**)을 클릭한다.

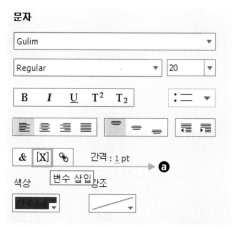

[그림 9-11]

8) 그림 9-11에서 [변수 삽입](**ⓐ**)을 클릭하면 **그림 9-12**와 같이 [변수 삽입] 창이 활성화된다. [변수 유형](**ⓐ**)은 '**시스템**'을, [변수](**ⓑ**)는 프로젝트의 이름을 나타내는 '**cpInfoProjectName**'을 클릭한다. [시스템 변수] '**cpInfoProjectName**'을 생성 후 [OK](**ⓒ**)를 클릭한다.

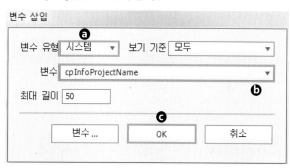

[그림 9-12]

> **보충설명**
>
> **보기 기준**
>
> [변수 유형]이 시스템 변수일 경우에만 활성화되며, 하위 메뉴로 동영상 제어, 동영상 정보, 동영상 메타데이터, 시스템 정보, 퀴즈, 모바일로 구성되어 있다. 만약 [표시 기준]에서 [동영상 제어]를 선택할 경우, **ⓑ**의 [변수]에서 [동영상 제어]와 관련된 시스템 변수에서 선택할 수 있다.

9) [텍스트 캡션]에 입력한 변수는 '**$$ 입력한 변수 $$**'의 형태로 슬라이드에 생성된다.

이번 단원에서 배울 내용 : $$cpInfoProjectName$$

[그림 9-13]

10) 상단 메뉴의 [미리 보기] > [프로젝트]를 클릭하면, **그림 9-14**와 같이 출력된다.

이번 단원에서 배울 내용 : 8. 고급 동작을 활용한 특수효과 적용하기

[그림 9-14]

> **보충설명**
>
> 다양한 시스템 변수에 대한 정보는 부록 4 시스템 정보변수(655p)를 참고한다.

사용자 변수는 시스템 변수와 달리 Adobe Captivate 9을 사용하는 사용자가 직접 생성하고, 추가, 속성 부여, 삭제를 할 수 있는 변수다. 특히 이러닝 프로그램을 설계할 때, 학습자가 입력한 기본 정보를 저장하거나, 미니 게임을 만들었을 때 점수를 저장하는 등의 형태로 활용할 수 있다.

> **예제**
>
> 임의의 사용자 변수를 만들어보자. 사용자 변수의 이름은 '테스트', 속성 값은 'N'으로 먼저 선언한 후, 'Y'로 변경하도록 한다. 설명에는 '임의의 값입니다.'를 입력해 보자.

1) [파일](ⓐ) > [새 프로젝트](ⓑ) > [빈 프로젝트](ⓒ)를 클릭하여 임의의 [프로젝트]를 생성한다.

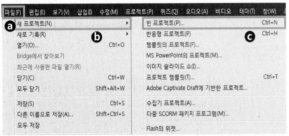

[그림 9-15]

2) 변수를 설정하기 위하여 상단 메뉴의 [프로젝트](ⓐ) > [변수](ⓑ)를 선택하면, **그림 9-17**이 나온다.

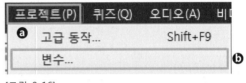

[그림 9-16]

3) 그림 9-17은 설정과 관련된 [변수] 창이다. 기본적으로 [시스템 변수], [사용자 변수]를 설정할 수 있는 드롭다운 목록(ⓐ)을 클릭한다.

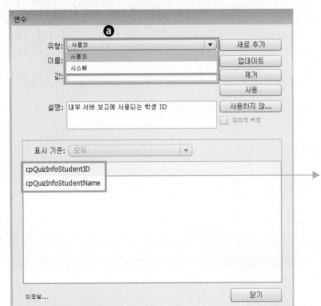

[그림 9-17]

> **보충설명**
>
> ### 사용자 변수의 기본 값
>
> [Adobe Captivate 9]에서 cpQuizInfoStudentID(내부 서버 보고에 사용되는 학생 ID)와 cpQuizInfoStudentName(LMS로부터의 학생 이름)이라는 두 개의 사용자 변수를 기본 값으로 제공하고 있다.

4) 임의의 [사용자 변수]를 생성해 본다. 변수 유형은 [사용자](ⓐ)로 설정한 후, [새로 추가](ⓑ) 버튼을 클릭하면, **그림 9-19**와 같이 이름과 설명이 초기화된다.

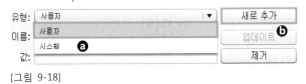

[그림 9-18]

[그림 9-19]

5) [이름](ⓑ)에는 '테스트', [값](ⓒ)에는 'N', [설명](ⓓ)에는 '임의의 값입니다.'라고 입력한 후, [저장](ⓐ) 버튼을 클릭하면, **그림 9-21**과 같이 [테스트 변수]가 생성된 것을 확인할 수 있다.

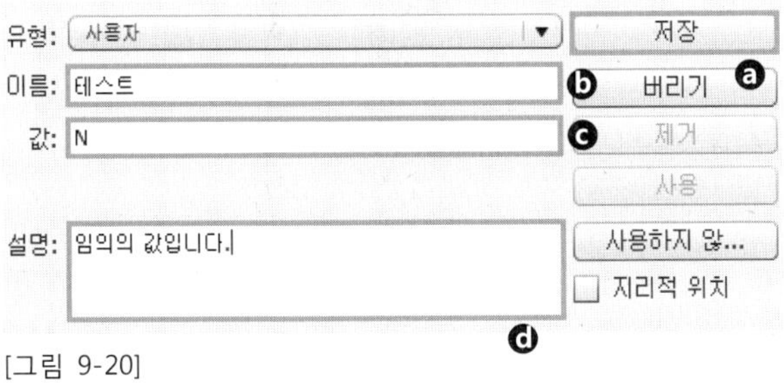

[그림 9-20]

[그림 9-21]

6) [사용자 변수]는 기존에 설정된 변수의 값, 설명을 [업데이트] 기능을 통하여 변경할 수 있다. [테스트 변수](ⓐ)의 값을 'N'에서 'Y'로 입력한 후 [업데이트](ⓑ)를 클릭한다.

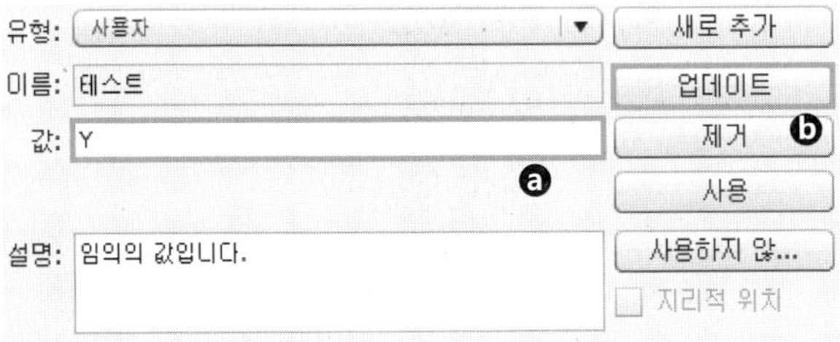

[그림 9-22]

7) [사용자 변수]는 변수 자체를 삭제할 수 있다. 앞에서 생성한 [테스트 변수]를 삭제하도록 한다. **그림 9-23**의 '테스트'(ⓐ)를 선택한 후, [제거](ⓑ)를 클릭한다.

[그림 9-23]

┌───┐
예제

학습자에게 이름을 입력 받은 후, 사용자 변수를 활용하여, 그 다음 슬라이드에 입력 받은 이름을 출력하는 프로그램을 작성한다.

본 예제는 크게 3단계로 나누어 생각해 보자.

| 1. 입력 받은 이름을 저장할 사용자 변수 선언 | → | 2. 사용자 이름을 입력 받을 슬라이드 구성하기 | → | 3. 사용자에게 입력 받은 변수 출력하기 |
└───┘

3-1 입력 받은 이름을 저장할 사용자 변수 선언

1) [파일](ⓐ)＞[새 프로젝트](ⓑ)＞[빈 프로젝트](ⓒ)를 클릭하여 임의의 [프로젝트]를 생성한다.

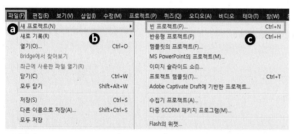

[그림 9-24]

2) 학습자의 이름을 저장할 [사용자 변수]를 선언하기 위하여, [프로젝트](ⓐ)＞[변수](ⓑ)를 클릭하면 **그림 9-26**이 나온다.

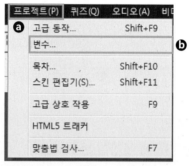

[그림 9-25]

3) 그림 9-26과 같이 [변수] 창이 나오면, [유형](ⓐ)에 [사용자]를 설정한 후, [새로 추가](ⓑ)를 클릭한다.

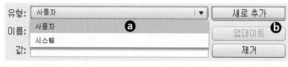

[그림 9-26]

[그림 9-27]

4) 그림 9-28의 [이름](ⓐ)에는 'Name', [값](ⓑ)에는 '학습자의 이름', [설명](ⓒ)에는 '학습자의 이름을 입력합니다.'를 입력한 후, [저장](ⓓ)을 클릭한다.

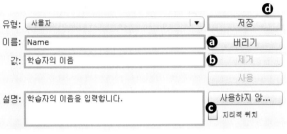

[그림 9-28]

5) 실제 값을 입력한 후 저장을 하면, **그림 9-29**와 같이 'Name'이라는 [사용자 변수](ⓐ)가 생성되었음을 확인할 수 있다. 그리고 변수가 생성된 후 [닫기](ⓑ)를 클릭한다.

[그림 9-29]

3-2 사용자 이름을 입력 받을 슬라이드 구성하기

1) [텍스트](ⓐ) > [텍스트 캡션](ⓑ)를 클릭한 후, 슬라이드에 텍스트 캡션을 삽입한다.

[그림 9-30]

2) **그림 9-31**과 같이 [텍스트 캡션] 생성 후 '이름'이라고 입력한다.

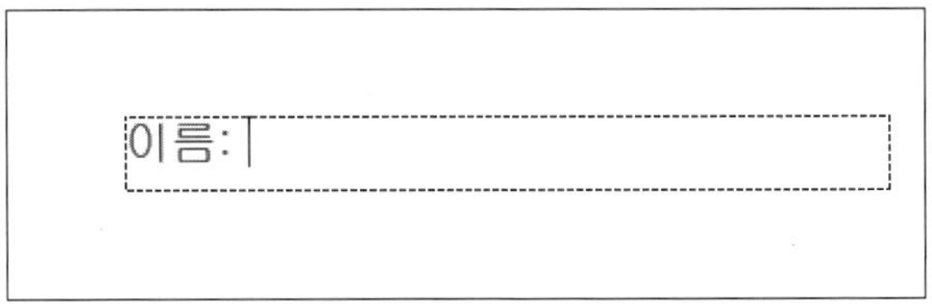

이름:

[그림 9-31]

3) 빈 슬라이드에 학습자 이름을 입력 받을 **[텍스트 입력 상자]**를 생성하기 위하여, **[텍스트](ⓐ)** > **[텍스트 입력 상자](ⓑ)**를 클릭한다.

[그림 9-32]

4) **[텍스트 입력 상자]** 생성 후 슬라이드에 배치한다.

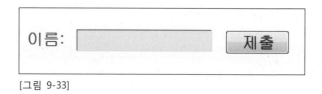

[그림 9-33]

5) 생성한 **[텍스트 입력 상자]**를 클릭한 후, **[속성](ⓐ)** > **[스타일](ⓑ)** > **[변수](ⓒ)** 전 단계에서 생성한 **[사용자 변수]** 'Name'로 변경한다.

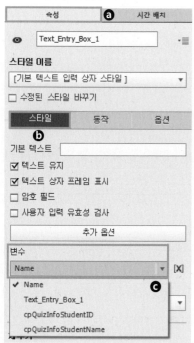

[그림 9-34]

6) 출력할 화면을 생성하기 위하여 상단 메뉴의 **[슬라이드](ⓐ)** > **[빈 슬라이드](ⓑ)**를 삽입한다.

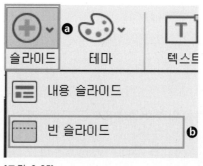

[그림 9-35]

7) 상단의 메뉴 중에 **[텍스트](ⓐ)＞[텍스트 캡션]** (ⓑ)을 클릭한다.

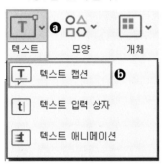

[그림 9-36]

8) 새롭게 생성한 **[텍스트 캡션]**을 더블클릭하여, 커서를 활성화한 후 '**이름**'을 입력한다.

이름 : |

[그림 9-37]

3-3 사용자에게 입력 받은 변수 출력하기

1) **[텍스트 캡션]** 내에 커서를 활성화 시킨 채로, **[속성](ⓐ)＞[스타일](ⓑ)＞[문자](ⓒ)＞[변수 삽입]** (ⓓ)을 클릭하면 **그림 9-39**와 같이 **[변수 삽입]** 창이 활성화된다.

[그림 9-38]

2) **[변수 삽입]** 창에서 **[변수 유형](ⓐ)**에 '**사용자**'를, **[변수](ⓑ)**는 이전에 생성한 사용한 변수인 '**Name**'을 클릭한 후, **[OK](ⓒ)**를 클릭한다.

[그림 9-39]

3) 그림 9-40과 같이 출력된다.

이름 : $$Name$$

[그림 9-40]

4) 빠른 실행 도구에서 [미리 보기](ⓐ) > [프로젝트] (ⓑ)를 클릭하여 프로젝트를 게시한다.

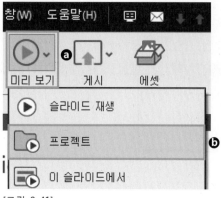

[그림 9-41]

5) 프로젝트가 게시된 상태에서 사용자의 이름을 입력하는 [텍스트 입력 상자](ⓐ)에 '**사용자의 이름**'(예: 'Author') 을 입력한 후, [**제출**](ⓑ)을 클릭하면, **그림 9-43**과 같이 화면에 입력한 내용(예: 'Author')(ⓒ)이 출력된다.

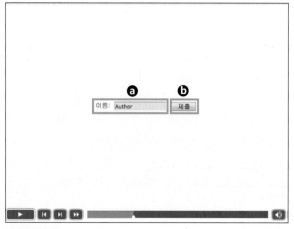

[그림 9-42]

[그림 9-43]

기존의 동작(action)은 하나의 개체에 대하여 하나의 동작만을 제공하였다면, 고급 동작(advanced action)은 기존의 동작과 달리 한 개체에 대하여 여러 개의 동작(grouping action)을 제공한다. 그리고 고급 동작으로 미리 지정하였다면, 한 프로젝트 내에서 여러 개체에 대하여 여러 번 사용할 수 있다. 상대적으로 자주 이용하는 동작의 경우 사전에 표준 동작으로 지정해 놓으면 보다 효율적으로 프로젝트를 제작할 수 있다.

1. 표준 동작 설정하기

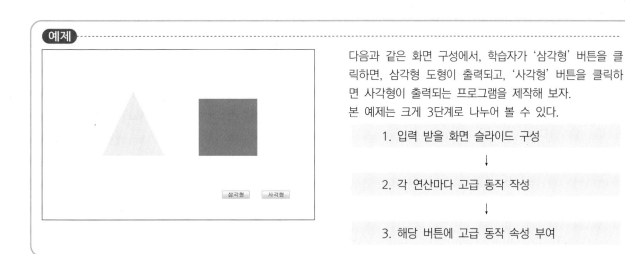

예제

다음과 같은 화면 구성에서, 학습자가 '삼각형' 버튼을 클릭하면, 삼각형 도형이 출력되고, '사각형' 버튼을 클릭하면 사각형이 출력되는 프로그램을 제작해 보자.
본 예제는 크게 3단계로 나누어 볼 수 있다.

1. 입력 받을 화면 슬라이드 구성
↓
2. 각 연산마다 고급 동작 작성
↓
3. 해당 버튼에 고급 동작 속성 부여

1-1 입력 받을 화면 슬라이드 구성

1) [파일](ⓐ) > [새 프로젝트](ⓑ) > [빈 프로젝트](ⓒ)를 클릭하여 임의의 [프로젝트]를 생성한다.

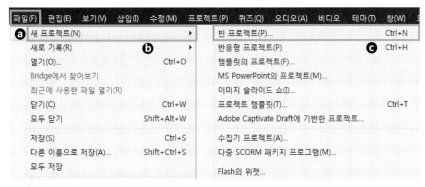

[그림 9-44]

2) 삼각형이 화면 슬라이드에 나타나게 하기 위하여, **[모양](ⓐ) > [삼각형](ⓑ)**을 선택한 후, 슬라이드에 삽입한다. 실제 작성한 화면은 **그림 9-46**과 같다.

[그림 9-45]

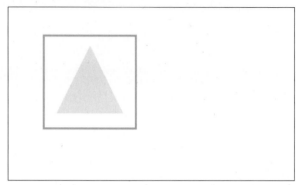

[그림 9-46]

3) 사각형이 화면 슬라이드에 나타나게 하기 위하여, **[모양](ⓐ) > [삼각형](ⓑ)**을 선택한 후, 슬라이드에 삽입한다. 실제 작성한 화면은 **그림 9-48**과 같다.

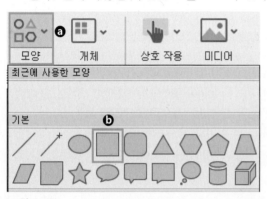

[그림 9-47]

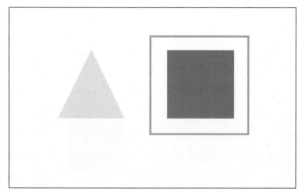

[그림 9-48]

4) 각 도형마다 **[변수 이름]**을 부여한다. 도형을 클릭한 채 **[속성] > [속성 이름]**에서 아래의 표의 내용을 참고하여 아래의 표와 같이 **[변수 이름]**을 부여한다.

도 형	변수 이름	속성 이름
삼각형	Triangle	👁 Triangle ▾☰
사각형	Square	👁 Square ▾☰

5) '삼각형' 버튼을 입력하기 위해, [상호 작용](ⓐ) > [단추](ⓑ)를 클릭한다. 실제 버튼을 생성한 후 슬라이드에 삽입한 화면은 **그림 9-50**과 같다.

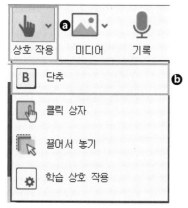

[그림 9-49]

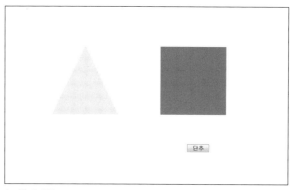

[그림 9-50]

6) 그림 9-51과 같은 [속성] 창에서 [속성](ⓐ) > [스타일](ⓑ) > [캡션](ⓒ)의 버튼 내에 텍스트를 '**삼각형**'으로 변경한다. 그리고 [**변수 이름**](ⓓ)은 '**Button_Tri**'로 변경한다.

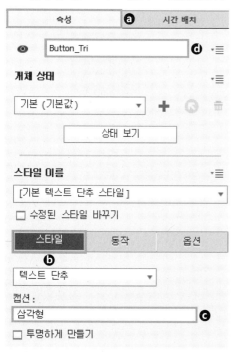

[그림 9-51]

7) '사각형' 버튼을 입력하기 위해, [상호 작용](ⓐ) > [단추](ⓑ)를 클릭한다. 실제 버튼을 생성한 후 슬라이드에 삽입한 화면은 **그림 9-53**과 같다.

[그림 9-52]

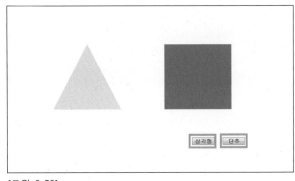

[그림 9-53]

8) 그림 9-54와 같은 [속성] 창에서 [속성](ⓐ) > [스타일](ⓑ) > [캡션](ⓒ)의 버튼 내에 텍스트를 '사각형'으로 변경한다. 그리고 [변수 이름](ⓓ)은 'Button_Squ'으로 변경한다.

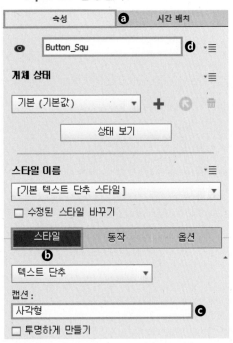

[그림 9-54]

9) 실제 도형과 버튼을 삽입한 슬라이드는 **그림 9-55**와 같다.

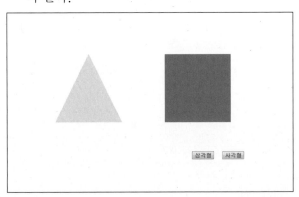

[그림 9-55]

1-2 각 연산마다 고급 동작 작성

1) [고급 동작]을 설정하기 위해, 상단 메뉴의 [프로젝트](ⓐ) > [고급 동작](ⓑ)을 클릭하여 **그림 9-57**과 같은 [고급 동작] 창을 활성화한다.

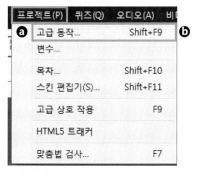

[그림 9-56]

[그림 9-57]

2) 삼각형과 관련된 [고급 동작]을 입력하기 위하여 [생성 위치](ⓐ)는 '비어있음', [동작 유형](ⓑ)은 '표준 동작', [동작 이름](ⓒ)은 '삼각형', [기존 동작](ⓓ)은 '동작 선택'을 입력한다.

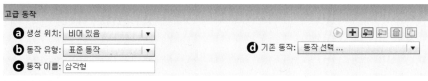

[그림 9-58]

3) 사용자가 [삼각형 버튼]을 클릭할 경우 [삼각형 도형]이 나타나고, [사각형 도형]이 사라져야 한다. 먼저 삼각형이 나타나는 고급 동작을 설정하기 위해 [선택 동작](ⓐ) 드롭다운 목록을 활성화시킨 후, [표시]ⓑ를 선택한다.

[그림 9-59]

4) [표시](ⓐ)동작이 적용될 [Triangle](ⓑ) 도형을 선택한다.

[그림 9-60]

5) 삼각형이 나타나는 [고급 동작]은 아래의 화면과 같다.

[그림 9-61]

6) 사각형이 사라지는 고급 동작을 설정하기 위해 [선택 동작](ⓐ) 드롭다운 목록을 활성화 시킨 후, [숨기기](ⓑ)를 선택한다.

[그림 9-62]

7) [숨기기](ⓐ) 동작이 적용될 [Square](ⓑ) 도형을 선택한다.

[그림 9-63]

8) [삼각형 도형]이 나타나고, [사각형 도형]이 사라지는 고급 동작은 아래의 화면(ⓐ)과 같다. 설정한 고급 동작을 저장하기 위하여 [동작으로 저장](ⓑ)을 클릭한다.

[그림 9-64]

9) 사각형에 새로운 [고급 동작]을 추가하기 위하여 (ⓐ)를 클릭한다.

[그림 9-65]

10) 사각형과 관련된 [고급 동작]을 입력하기 위하여 [생성 위치](ⓐ)는 '비어있음', [동작 유형](ⓑ)은 '표준 동작', [동작 이름](ⓒ)은 '사각형', [기존 동작](ⓓ)은 '동작 선택'을 입력한다.

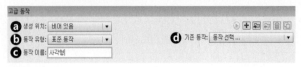

[그림 9-66]

11) 사용자가 [사각형 버튼]을 클릭할 경우 [사각형 도형]이 나타나고, [삼각형 도형]이 사라져야 한다. 먼저 삼각형이 나타나는 고급 동작을 설정하기 위해 [선택 동작](ⓐ) 드롭다운 목록을 활성화시킨 후, [표시](ⓑ)를 선택한다.

[그림 9-67]

13) 사각형이 나타나는 [고급 동작]은 아래의 화면과 같다.

[그림 9-69]

15) [숨기기](ⓐ) 동작이 적용될 [Triangle](ⓑ) 도형을 선택한다.

[그림 9-71]

12) [표시](ⓐ) 동작이 적용될 [Square](ⓑ) 도형을 선택한다.

[그림 9-68]

14) 삼각형이 사라지는 고급 동작을 설정하기 위해 [선택 동작](ⓐ) 드롭다운 목록을 활성화 시킨 후, [숨기기](ⓑ)를 선택한다.

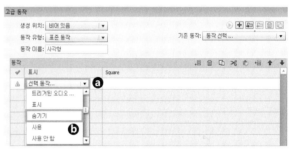

[그림 9-70]

16) [사각형 도형]이 나타나고, [삼각형 도형]이 사라지는 [사각형 고급 동작]은 아래의 화면(ⓐ)과 같다. 설정한 고급 동작을 저장하기 위하여 [동작으로 저장](ⓑ)을 클릭한 뒤, 고급 동작 설정 창을 닫기 위하여 [닫기](ⓒ)를 클릭한다.

[그림 9-72]

1-3 해당 버튼에 고급 동작 속성 부여

1) [고급 동작]은 각 버튼마다 고급 동작의 속성을 부여해야 한다. 먼저 삼각형 버튼을 클릭한 채(ⓐ), **그림 9-74**와 같은 [속성] 창에서 [속성](ⓑ)＞[동작](ⓒ)＞[성공한 경우]에서 [고급 동작 실행](ⓓ)을 클릭한다. 그리고 [스크립트](ⓔ)에서 '삼각형'을 클릭한다.

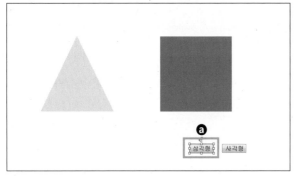

[그림 9-73]

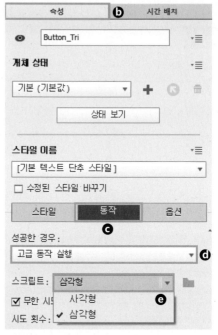

[그림 9-74]

2) 사각형 도형의 경우, 사각형 버튼을 클릭한 채(ⓐ), **그림 9-76**과 같은 [속성] 창에서 [속성](ⓑ)＞[동작](ⓒ)＞[성공한 경우]에서 [고급 동작 실행](ⓓ)을 클릭한다. 그리고 [스크립트](ⓔ)에서 '사각형'을 클릭한다.

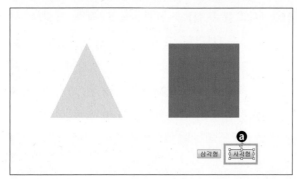

[그림 9-75]

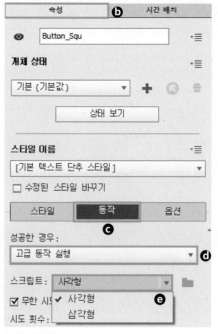

[그림 9-76]

3) 빠른 실행 도구에서 [미리 보기](**ⓐ**) > [프로젝트](**ⓑ**)를 클릭하여 프로젝트를 게시한다.

[그림 9-77]

4) 프로젝트가 게시되면 설정된 화면을 확인할 수 있다.

초기 인터페이스
[그림 9-78]

삼각형 버튼을 클릭할 경우
[그림 9-79]

사각형 버튼을 클릭할 경우
[그림 9-80]

보충설명

고급 동작 기능 설명

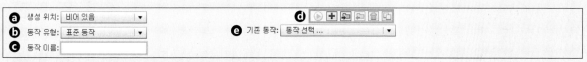

- **ⓐ 생성 위치**: 고급 동작의 저장 경로를 명시하는 것으로, 공유동작의 저장 위치를 지정할 때 유용한 기능이다.
- **ⓑ 동작 유형**: 표준 동작과 조건 동작으로 구분된다.
- **ⓒ 동작 이름**: 특정 동작의 이름을 설정할 때 사용하는 것으로, 각 동작마다 동작 이름으로 구분한다.
- **ⓓ 고급 동작 설정**

▶	특정 고급 동작을 미리 실행시킨다.	↰	이미 저장된 공유 동작으로 현재 고급 동작으로 불러온다.
✚	새로운 고급 동작을 추가한다.	🗑	고급 동작을 삭제 한다.
↱	공유 동작으로 저장한다.	❏	고급 동작 간에 복제 한다.

- **ⓔ 기존 동작**: 이미 저장된 고급 동작을 실행시켜주는 기능이다.

- 고급 동작 내 세부 동작 설정

동작		+冒 🗑 ❏ ✂ ↻ +冒 ⬆ ⬇

+冒	세부 동작을 추가한다.	🗑	특정 세부 동작을 삭제한다.
❏	세부 동작을 복사한다.	✂	세부 동작을 일시적으로 제거한다.
↻	기존의 세부동작에 다른 세부 동작을 붙인다.	+冒	세부동작과 세부동작 간의 특정 세부 동작을 삽입한다.
⬆	특정 세부동작을 앞의 순서로 이동시킨다.	⬇	특정 세부동작을 뒤의 순서로 이동시킨다.

- 고급 동작 내 세부 동작이 불완전하면 ⚠, 완전하면 ☑로 확인할 수 있다.

☑	표시	Square	
⚠	숨기기		▼

예제

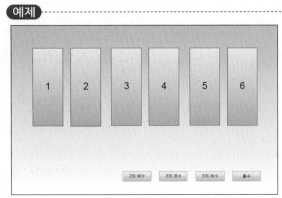

다음과 같은 화면 구성에서, 학습자가 2의 배수를 클릭하면, '2' '4' '6'이 출력되고, 3의 배수를 클릭하면 '3' '6'

이 출력되고, 5의 배수를 클릭하면 '5'가 출력되고, 마지막으로 '홀수'를 클릭하면 '1' '3' '5'가 출력되는 고급 동작을 작성하고, 그 기능 각 버튼에 적용하는 프로그램을 제작해 보자.

본 예제는 크게 3단계로 나누어 볼 수 있다.

1. 입력 받을 화면 슬라이드 구성

↓

2. 각 연산마다 고급 동작 작성

↓

3. 해당 버튼에 고급 동작 속성 부여

2-1 입력 받을 화면 슬라이드 구성

1) 1~6까지 정수를 화면 슬라이드에 나타나게 하기 위하여, [모양](ⓐ) > [네모 도형](ⓑ)을 선택한다. 여섯 개를 동일하게 그린 후, 정수 1~6을 입력한다. 실제 작성한 화면은 **그림 9-82**와 같다.

[그림 9-81]

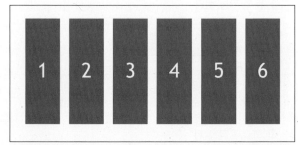

[그림 9-82]

보충설명

스마트 모양

스마트 모양 추가 및 스마트 모양 내 텍스트 입력에 대한 자세한 내용은 4장 스마트 모양 삽입하기(177p)를 참고한다.

2) 각 도형마다 [변수 이름]을 부여하자. 도형을 클릭한 채 [속성](ⓐ)>[속성 이름](ⓑ)에서 아래 표의 내용을 참고하여 **그림 9-83**과 같이 [변수 이름]을 부여한다.

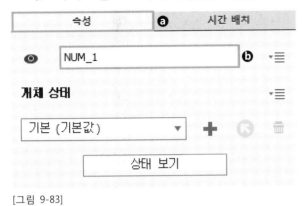

[그림 9-83]

도형	변수 이름	실제 도형		
1	NUM_1	◉	NUM_1	·≡
2	NUM_2	◉	NUM_2	·≡
3	NUM_3	◉	NUM_3	·≡
4	NUM_4	◉	NUM_4	·≡
5	NUM_5	◉	NUM_5	·≡
6	NUM_6	◉	NUM_6	·≡

3) '2의 배수' '3의 배수' '5의 배수' '홀수' 버튼을 입력하기 위해, [상호 작용](ⓐ)>[단추](ⓑ)를 클릭한다.

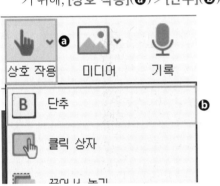

[그림 9-84]

4) 네 개의 버튼을 생성한 후, 아래의 그림과 같이 버튼을 배치한다.

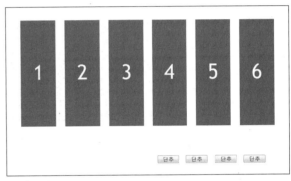

[그림 9-85]

5) 각 버튼을 클릭한 후, **그림 9-86**과 같은 [속성] 창에서 [속성](ⓐ)>[스타일](ⓑ)>[캡션](ⓒ)의 버튼 내에 텍스트를 각각 '2의 배수' '3의 배수' '5의 배수', '홀수'를 입력한다.

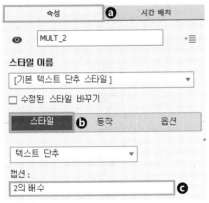

[그림 9-86]

6) 각 버튼을 클릭한 후, **그림 9-87**과 같은 **[속성](ⓐ)**에서 각 버튼의 **[변수 이름](ⓑ)**을 아래의 표와 같이 변경한다.

[그림 9-87]

버튼 텍스트	변수 이름	실제 화면
2의 배수	MULT_2	⊙ MULT_2 ·≡
3의 배수	MULT_3	⊙ MULT_3 ·≡
5의 배수	MULT_5	⊙ MULT_5 ·≡
홀수	ODD	⊙ ODD ·≡

7) 여섯 개의 도형과 네 개의 버튼을 모두 제작하면, **그림 9-88**과 같은 화면 구성이 완성된다.

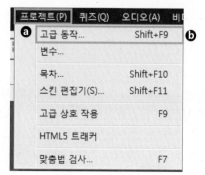

[그림 9-88]

2-2 각 연산마다 고급 동작 작성

1) **[고급 동작]**을 설정하기 위해, 상단 메뉴의 **[프로젝트](ⓐ)＞[고급 동작](ⓑ)**을 클릭하여 **그림 9-90**과 같은 **[고급 동작]** 창을 활성화한다.

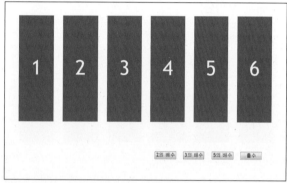

[그림 9-89]

2) 2의 배수 연산을 **[고급 동작]**에 입력하기 위하여 **[생성 위치](ⓐ)**는 '비어있음', **[동작 유형](ⓑ)**은 '표준 동작', **[동작 이름](ⓒ)**은 '2의 배수', **[기존 동작](ⓓ)**은 '동작 선택'을 입력한다.

[그림 9-90]

3) 특정 버튼을 눌렀을 때, 각 도형들이 취해야 하는 동작들에 대하여 알아 본다. 만약 사용자가 '**3의 배수**' 버튼을 클릭할 경우, '**도형 1, 2, 4, 5**'는 화면에 표시되지 않아야 하며, '**도형 3, 6**'은 화면에 표시되어야 한다. 이러한 논리를 정리한 표는 아래와 같다.

			도형					
			1	2	3	4	5	6
			NUM_1	NUM_2	NUM_3	NUM_4	NUM_5	NUM_6
버튼	2의 배수	MULT_2	숨기기	표시	숨기기	표시	숨기기	표시
	3의 배수	MULT_3	숨기기	숨기기	표시	숨기기	숨기기	표시
	5의 배수	MULT_5	숨기기	숨기기	숨기기	숨기기	표시	숨기기
	홀수	ODD	표시	숨기기	표시	숨기기	표시	숨기기

4) '**2의 배수**'를 클릭하면 '**도형 1, 3, 5**'는 표시되지 않아야 하며(숨기기 동작), '**도형 2, 4, 6**'은 표시되어야 한다(표시 동작). 도형 2, 4, 6이 나타나는 고급 동작을 설정하기 위해 **[선택 동작]**(ⓐ) 드롭다운 목록을 활성화 시킨 후, **[표시]**(ⓑ)를 선택한다.

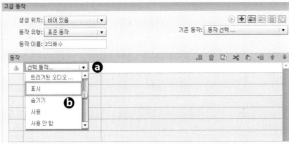

[그림 9-91]

5) **[표시]**(ⓐ) 동작이 적용될 **[NUM_2]**(ⓑ) 도형을 선택한다.

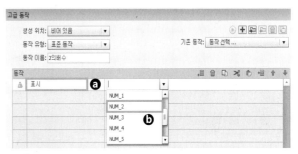

[그림 9-92]

6) '**도형 2**'가 나타나는 고급 동작은 아래의 화면과 같다.

[그림 9-93]

7) '**도형 4**'가 표시되는 고급 동작을 설정하기 위해 **[선택 동작]**(ⓐ) 드롭다운 목록을 활성화 시킨 후, **[표시]**(ⓑ)를 선택한다.

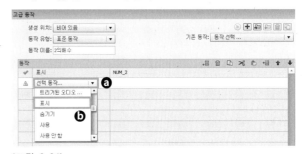

[그림 9-94]

8) [표시](ⓐ) 동작이 적용될 [NUM_4](ⓑ) 도형을 선택한다.

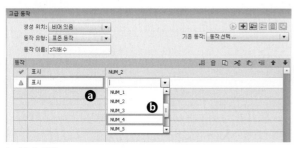

[그림 9-95]

9) '도형 4'가 나타나는 고급 동작은 아래의 화면과 같다.

[그림 9-96]

10) '도형 6'이 표시되는 고급 동작을 설정하기 위해 **[선택 동작](ⓐ)** 드롭다운 목록을 활성화 시킨 후, **[표시](ⓑ)**를 선택한다.

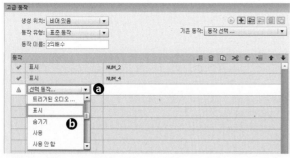

[그림 9-97]

11) [표시](ⓐ) 동작이 적용될 [NUM_6](ⓑ) 도형을 선택한다.

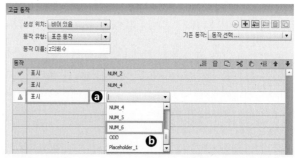

[그림 9-98]

12) '도형 6'이 나타나는 고급 동작은 아래의 화면과 같다.

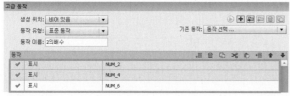

[그림 9-99]

13) '도형 1, 3, 5'가 사라지는 고급 동작을 설정하기 위해 **[선택 동작](ⓐ)** 드롭다운 목록을 활성화 시킨 후, **[숨기기](ⓑ)**를 선택한다.

[그림 9-100]

14) [숨기기](ⓐ) 동작이 적용될 [NUM_1](ⓑ) 도형
을 선택한다.

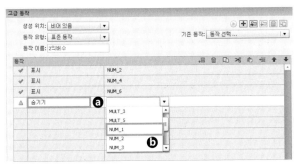

[그림 9-101]

15) '도형 1'이 사라지는 고급 동작은 아래의 화면과
같다.

[그림 9-102]

16) '도형 3'이 사라지는 고급 동작을 설정하기 위해
[선택 동작](ⓐ) 드롭다운 목록을 활성화 시킨
후, [숨기기](ⓑ)를 선택한다.

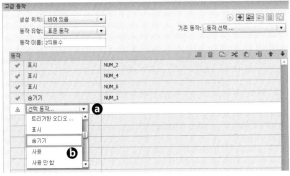

[그림 9-103]

17) [숨기기](ⓐ) 동작이 적용될 [NUM_3](ⓑ) 도형
을 선택한다.

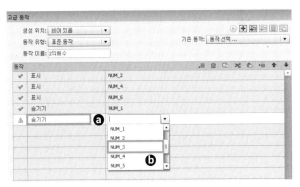

[그림 9-104]

18) '도형 3'이 사라지는 고급 동작은 아래의 화면과
같다.

[그림 9-105]

19) '도형 5'가 사라지는 고급 동작을 설정하기 위해
[선택 동작](ⓐ) 드롭다운 목록을 활성화 시킨
후, [숨기기](ⓑ)를 선택한다.

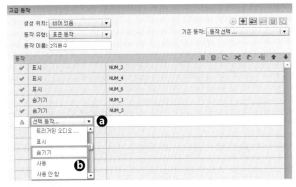

[그림 9-106]

20) [숨기기](ⓐ) 동작이 적용될 [NUM_5](ⓑ) 도형을 선택한다.

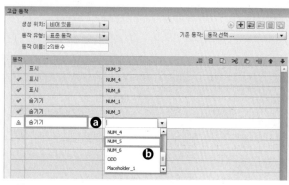

[그림 9-107]

21) '도형 5'가 사라지는 고급 동작은 아래의 화면과 같다.

[그림 9-108]

22) 2의 배수는 **그림 9-109**와 같이 입력한 후, [동작으로 저장](ⓐ)을 클릭한다.

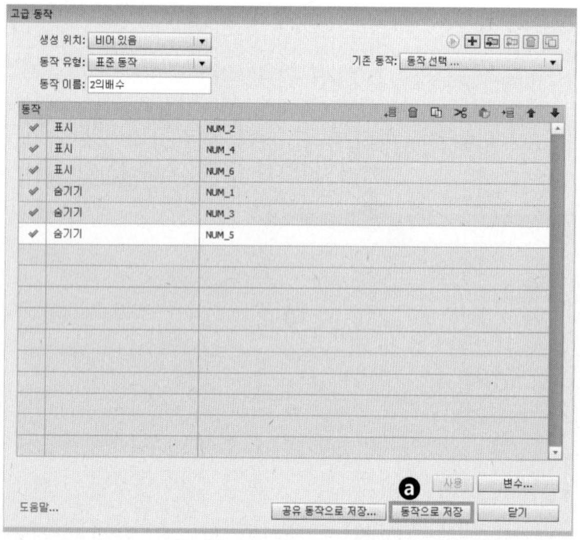

[그림 9-109]

23) 3의 배수와 관련된 고급 동작을 입력하기 위해 [**추가**](ⓐ) 버튼을 클릭한다.

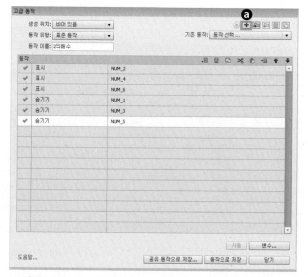

[그림 9-110]

24) 동작 이름에 **[3의 배수]**(**ⓐ**)를 입력한 후, **그림 9-111** 과 같이 세부 동작을 설정(**ⓑ**)한 후 **[동작으로 저장]**(**ⓒ**)을 클릭한다. (표시-NUM_3, NUM_6/숨기기-NUM_1, NUM_2, NUM_4, NUM_5)

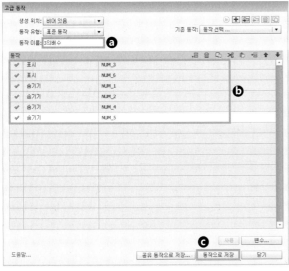

[그림 9-111]

25) 5의 배수와 관련된 고급 동작을 입력하기 위해 **[추가]**(**ⓐ**) 버튼을 클릭한다.

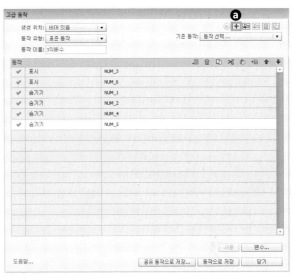

[그림 9-112]

26) 동작 이름에 **[5의 배수]**(**ⓐ**)를 입력한 후, **그림 9-113** 과 같이 세부 동작을 설정(**ⓑ**)한 후 **[동작으로 저장]**(**ⓒ**)을 클릭한다. 고급 동작이 모두 설정되었으면, **[닫기]**(**ⓓ**)를 클릭한다. (표시-NUM_5/숨기기-NUM_1, NUM_2, NUM_3, NUM_4, NUM_6)

[그림 9-113]

27) 짝수와 관련된 고급 동작을 입력하기 위해 **[추가]**(**ⓐ**) 버튼을 클릭한다.

[그림 9-114]

28) 동작 이름에 **[홀수](ⓐ)**를 선택하고, **그림 9-115**와 같이 세부 동작을 설정(ⓑ)한 후 **[동작으로 저장](ⓒ)**을 클릭한다. (표시-NUM_1, NUM_3, NUM_5/숨기기-NUM_2, NUM_4, NUM_6)

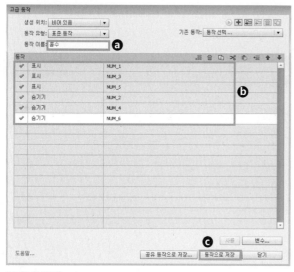

[그림 9-115]

2-3 해당 버튼에 고급 동작 속성 부여

1) **[고급 동작]**은 각 버튼마다 고급 동작의 속성을 부여해야 한다. 먼저 **[2의 배수](ⓐ)** 버튼을 클릭한 채, **그림 9-117**과 같은 **[속성]** 창에서 **[속성](ⓑ) > [동작](ⓒ) > [성공한 경우]**의 **[고급 동작 실행](ⓓ)**을 클릭한다.

[그림 9-116]

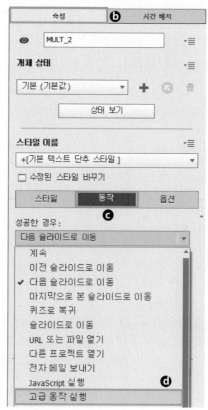

[그림 9-117]

2) [고급 동작 실행](ⓐ)의 [스크립트](ⓑ)에서 [2의 배수]를 클릭한다.

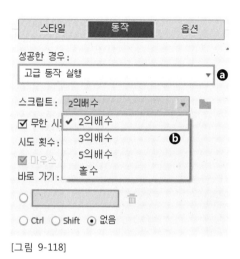

[그림 9-118]

3) 3의 배수인 경우, [3의 배수] 버튼을 클릭한 채, [속성](ⓐ)＞[동작](ⓑ)＞[성공한 경우](ⓒ)의 [고급 동작 실행]을 클릭한다. 그리고 [스크립트](ⓓ)에서 [3의 배수]를 클릭한다.

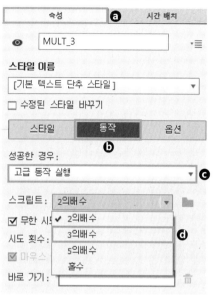

[그림 9-119]

4) 5의 배수인 경우, [5의 배수] 버튼을 클릭한 채, [속성](ⓐ)＞[동작](ⓑ)＞[성공한 경우](ⓒ)의 [고급 동작 실행]을 클릭한다. 그리고 [스크립트](ⓓ)에서 [5의 배수]를 클릭한다.

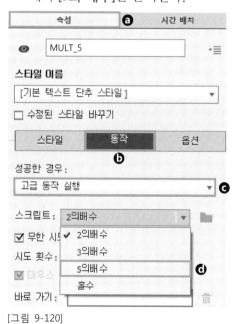

[그림 9-120]

5) 홀수인 경우, [홀수] 버튼을 클릭한 채, [속성](ⓐ)＞[동작](ⓑ)＞[성공한 경우](ⓒ)의 [고급 동작 실행]을 클릭한다. 그리고 [스크립트](ⓓ)에서 [홀수]를 클릭한다.

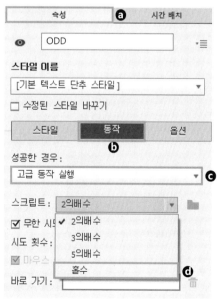

[그림 9-121]

6) 빠른 실행 도구에서 [미리 보기](ⓐ)>[프로젝트](ⓑ)를 클릭하여 프로젝트를 게시한다.

[그림 9-122]

7) 프로젝트가 게시되면 제작한 동작을 확인할 수 있다.

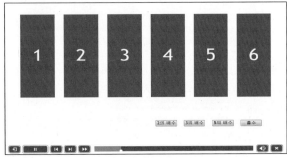
초기 인터페이스

[그림 9-123]

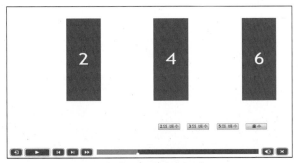
2의 배수를 클릭했을 때

[그림 9-124]

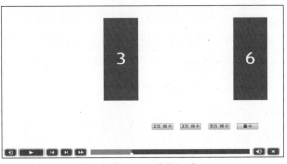
3의 배수를 클릭했을 때

[그림 9-125]

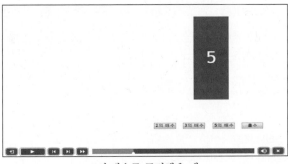
5의 배수를 클릭했을 때

[그림 9-126]

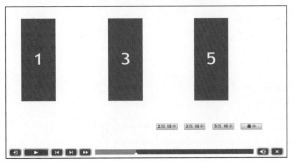
홀수를 클릭했을 때

[그림 9-127]

표준 동작과 달리 조건 동작은, 특정 조건에서만 적용되는 동작과 관련된 고급 동작을 의미한다. 예를 들어, 이러닝 학습 환경에서, 학습자가 형성 평가 후 80% 이상의 성취를 나타낼 경우 다음 학습으로 이동하고, 그 미만이면 이전에 학습했던 내용을 다시 학습할 수 있다.

1. 조건 동작 활용하기

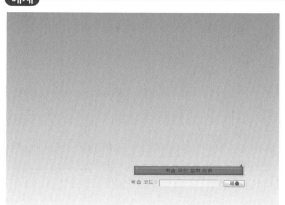

학습 코드를 입력(hanyang) 바르게 입력하면, 다음 페이지로 이동하고, 잘못 입력할 경우 '**학습 코드 입력 오류**' 창이 뜨면서, 다시 한번 더 학습할 수 있도록 하는 첫 화면을 제작한다.
이 예제는 이와 같은 단계로 구성된다.

1. 입력화면/두 번째 슬라이드 제작하기

↓

2. 사용자 변수 선언하기

↓

3. 조건동작 작성하기

IF	학습 코드 텍스트 입력 상자에 바르게 학습 코드를 입력하였는가? (학습코드: hanyang)
동작	다음 슬라이드(2 slide 2) 이동, '학습 코드 입력 오류' 표시 안 함
ELSE	'학습 코드 입력 오류' 표시 안 함, 기존 슬라이드(1 slide 1)로 다시 전환

↓

4. 조건 동작과 개체 연동시키기

1-1 입력화면/두 번째 슬라이드 슬라이드 제작하기

1) [파일](ⓐ)＞[새 프로젝트](ⓑ)＞[빈 프로젝트](ⓒ)를 클릭하여 임의의 [프로젝트]를 생성한다.

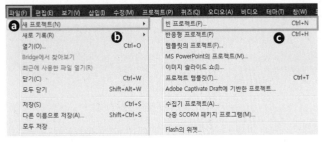

[그림 9-128]

2) [슬라이드](ⓐ)＞[빈 슬라이드](ⓑ)를 2회 선택하여 **그림 9-130**과 같이 프로젝트에 두 장의 슬라이드를 생성한다. 첫 번째 슬라이드는 학습 코드를 입력 받을 부분이고, 두 번째 슬라이드는 조건을 충족한 후 이동할 슬라이드를 의미한다.

[그림 9-129]

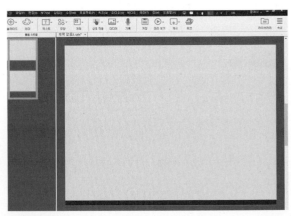

[그림 9-130]

3) 첫 번째 슬라이드에 학습 코드를 입력 받을 텍스트 입력 상자를 만든다. [텍스트 입력상자]는 [텍스트](ⓐ)＞[텍스트 입력 상자](ⓑ)를 클릭하여 생성할 수 있다.

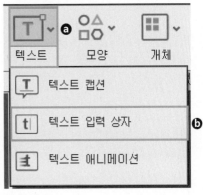

[그림 9-131]

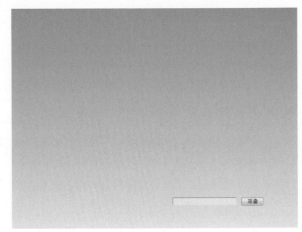

[그림 9-132]

4) 생성한 [텍스트 입력 상자] 앞에 '학습 코드'라는 텍스트를 입력하려면 [텍스트](ⓐ)＞[텍스트 캡션](ⓑ)을 클릭한다. 그리고 [텍스트 캡션]을 활성화하여 '학습 코드'라고 입력하면, 그림 9-134와 같다.

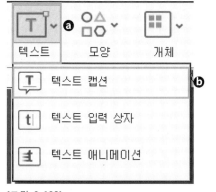

[그림 9-133]

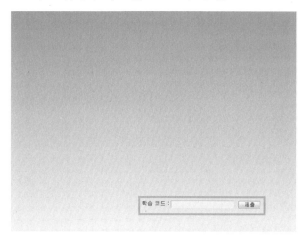

[그림 9-134]

5) 조건을 달성하지 못했을 때, 출력할 경고 창을 만들어 본다. [모양](ⓐ)＞[사각형](ⓑ)을 선택한 후, [텍스트 입력 상자] 상단에 배치한다.

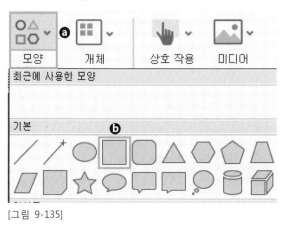

[그림 9-135]

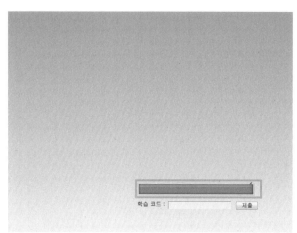

[그림 9-136]

6) 경고 창 도형에 '학습 코드 입력 오류'(ⓐ)라고 작성한다.

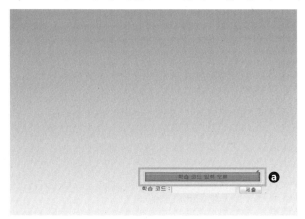

[그림 9-137]

7) '학습 코드 입력 오류' 텍스트가 삽입된 사각형 도형을 클릭한 채, **그림 9-138**의 [속성](ⓐ)에서 [변수 이름](ⓒ)을 'warning'으로, 출력화면에 보이지 않도록 Ø(ⓑ)으로 변경한다. 텍스트 상자에 스타일 이름은 +[기본 실패 모양 스타일](ⓓ)을 적용한다.

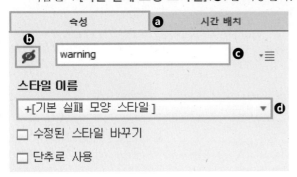

[그림 9-138]

8) 예제의 [조건 동작]에서는 사용자가 '학습 코드'를 바르게 입력할 경우에 이동할 '두 번째 슬라이드'를 제작해 본다. 상단 메뉴에서 [슬라이드](ⓐ)＞[빈 슬라이드](ⓑ)를 선택한 후, 두 번째 슬라이드(2 slide 2)를 생성한다.

[그림 9-139]

9) 생성한 빈 슬라이드(2 slide 2)에 탄수화물, 단백질, 지방의 칼로리를 출력해주는 도형을 제작한다. 상단 메뉴에서 [모양](ⓐ)＞[해당 도형](ⓑ)을 클릭한다.

[그림 9-140]

10) 세 개의 도형을 그린 후, 도형을 더블클릭하여 **그림 9-141**과 같이 '탄수화물' '단백질' '지방'으로 각각 입력한다.

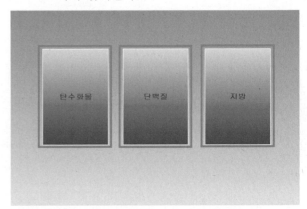

[그림 9-141]

1-2 사용자 변수 선언하기

1) '학습 코드'를 입력 받을 변수를 생성하기 위하여, 상단 메뉴의 [프로젝트](ⓐ)＞[변수](ⓑ)를 클릭한다.

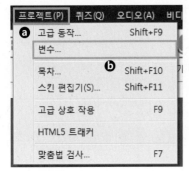

[그림 9-142]

2) 그림 9-143과 같은 [변수] 창이 활성화되면 [새로 추가]를 클릭한 후, 아래의 표와 같이 [사용자 변수](ⓐ) 정보를 입력한다.

유형	이름	값	설명
사용자	learning_code		학습자에게 입력 받는 학습 코드 값입니다.

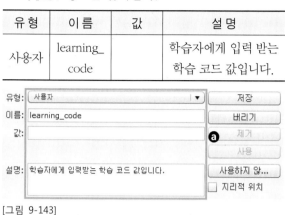

[그림 9-143]

3) 입력이 완료되었으면, [저장](ⓐ)을 클릭한 후 [닫기](ⓑ)를 클릭한다.

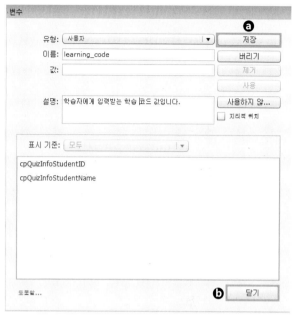

[그림 9-144]

조건 동작의 세 가지 요소, '① IF, ② 동작, ③ ELSE'를 활용하여 실제 프로젝트 내에서 학습 코드 입력이 수행될 수 있도록 논리를 고려해보면 아래의 표와 같다.

IF	학습자가 입력한 학습 코드인 'learning_code'가 실제 시스템의 학습 코드와 일치하는가?	
동작	IF의 조건이 충족된 경우 • 그 다음 슬라이드로 이동	• 'warning'을 표시하지 말 것
ELSE	IF의 조건이 충족되지 않을 경우 • 원래 슬라이드로 다시 이동할 것	• 'warning'을 표시할 것

1-3 조건 동작 작성하기

1) [고급 동작]을 설정하기 위해, 상단 메뉴의 [프로젝트](ⓐ)＞[고급 동작](ⓑ)을 클릭하여 그림 9-145와 같은 [고급 동작] 창을 활성화한다.

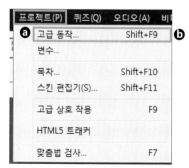

[그림 9-145]

2) 그림 9-146과 같은 [고급 동작] 창(ⓐ)에서 [생성 위치]는 '비어있음', [동작 유형](ⓑ)은 [조건 동작], [동작 이름](ⓒ)은 'excess', [세부 조건 동작](ⓓ)은 'warning'으로 설정한다.

[그림 9-146]

3) IF문에 [다음의 경우 동작 수행]에서 '모든 조건
이 참입니다.'를 선택한다.

[그림 9-147]

5) [변수/리터럴] 선택 드롭다운 목록이 활성화가
되면, [변수]를 클릭한다.

[그림 9-149]

7) 'learning_code' 변수에 입력 받아야 할 값과 실
제 학습 코드인 'hanyang'과 일치해야 하므로, [비
교 연산자 선택] 드롭다운 목록 창에서 '은(는) 다
음 항목과 같습니다.'를 선택한다.

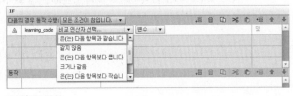

[그림 9-151]

9) [변수/리터럴] 선택 드롭다운 목록이 활성화가 되
면, [리터럴]을 클릭한다.

[그림 9-153]

11) 실제 IF문을 완성하면 **그림 9-155**와 같다.

[그림 9-155]

4) IF문에서 학습자가 입력한 'learning_code'가 실
제 시스템의 학습 코드와 일치하는지 알아보기
위하여, 첫 번째 비교대상인 'learning_code'를
설정해야 한다. 첫 번째 비교 대상을 설정하기 위
해 [첫 번째 행](ⓐ)을 더블클릭한다.

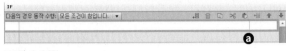

[그림 9-148]

6) 변수를 클릭하면, 실제 입력 가능한 모든 변수가
드롭다운 목록에 나타난다. 이 중 'learning_code'
를 선택한다.

[그림 9-150]

8) 두 번째 비교 대상을 설정하기 위하여, [변수/리
터럴] 선택 드롭다운 목록을 클릭한다.

[그림 9-152]

10) 드롭다운 목록 메뉴 중 [리터럴]을 선택하면, 실
제 리터럴 값인 'hanyang'을 입력한다.

[그림 9-154]

12) IF문의 조건을 충족하였다면, 그 다음 슬라이드
로 이동하기와 'warning' 경고 창을 표시하지 않
는 동작을 작성해야 한다. 동작을 설정하기 위
해 [첫 번째 행](ⓐ)을 더블클릭한다.

[그림 9-156]

13) [선택 동작] 드롭다운 목록 창이 활성화되면, [슬라이드로 이동]을 클릭한다.

[그림 9-157]

14) [슬라이드 이동]을 선택하면, 이동할 슬라이드를 선택할 수 있는 드롭다운 목록 창이 활성화된다. IF문을 충족할 경우 다음 슬라이드로 이동해야 하기 때문에 [2 slide 2]를 선택한다.

[그림 9-158]

15) 다음 슬라이드로 이동하는 조건 동작이 완성되었다.

[그림 9-159]

16) 동작문의 두 번째 부분인 'warning' 경고 창을 사라지게 하는 동작을 작성된다. 먼저 [두 번째 행](ⓐ)을 더블클릭 한다.

[그림 9-160]

17) [선택 동작] 드롭다운 목록 창이 활성화되면, [숨기기](ⓐ)를 클릭한다.

[그림 9-161]

18) [숨기기]를 선택하면, 숨기고자 하는 개체를 선택할 수 있는 드롭다운 목록이 활성화되고 'warning'을 클릭한다.

[그림 9-162]

19) 완성된 동작은 아래와 같다.

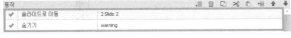

[그림 9-163]

20) IF문의 조건을 충족하였다면, 현재 슬라이드 (1 slide 1)로 이동과 'warning' 경고 창을 표시하는 동작을 작성해야 한다. ELSE문을 작성하기 위해 [ELSE]를 클릭한다.

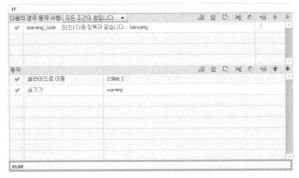

[그림 9-164]

21) ELSE문의 동작을 설정하기 위해 [첫 번째 행](ⓐ)
을 더블클릭한다.

[그림 9-165]

22) [선택 동작] 드롭다운 목록 창이 활성화되면,
[슬라이드로 이동]을 클릭한다.

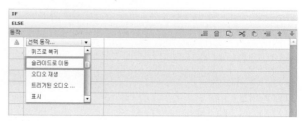

[그림 9-166]

23) [슬라이드 이동]을 선택하면, 이동할 슬라이드
를 선택할 수 있는 드롭다운 목록 창이 활성화된
다. IF문을 충족하지 못할 경우 다음 슬라이드로
이동해야 하기 때문에 [1 slide 1]를 선택한다.

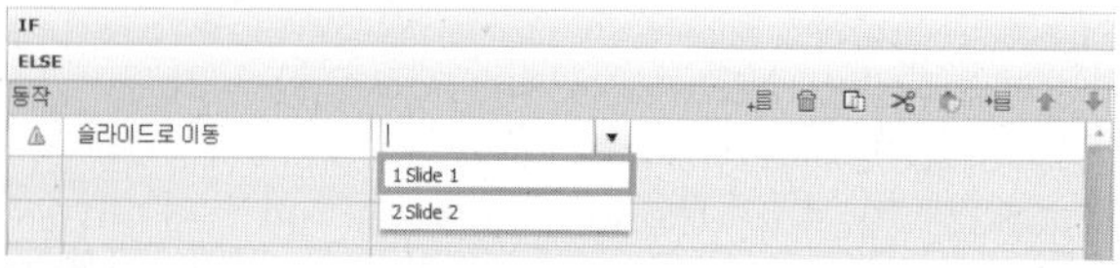

[그림 9-167]

24) 현재 슬라이드로 이동하는 동작이 완성되었다.

[그림 9-168]

25) 동작문의 두 번째 부분인 'warning' 경고 창을 표
시하는 동작을 작성한다. 먼저 [두 번째 행](ⓐ)
을 더블클릭한다.

[그림 9-169]

[그림 9-170]

26) [선택 동작] 드롭다운 목록이 활성화되면, [표
시]를 클릭한다.

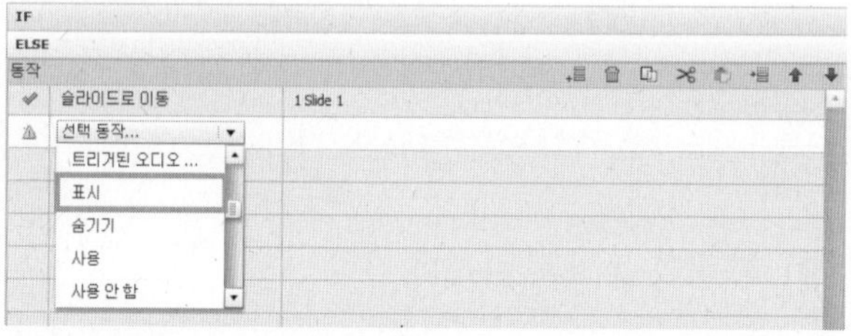

[그림 9-171]

27) [표시]를 선택하면, 나타내고자 하는 개체를 선
택할 수 있는 드롭다운 목록 창으로 활성화된다.
'warning'을 클릭한다.

[그림 9-172]

28) 완성된 ELSE문은 아래와 같다.

[그림 9-173]

29) IF문, 조건문, ELSE를 모두 설정한 경우, [동작으로 저장](ⓐ) > [닫기](ⓑ)를 클릭한다.

[그림 9-174]

보충설명

IF문 작성하기

IF문은 두 개의 비교 대상 ⓐ, ⓑ 간의 비교를 의미한다.

[그림 9-175]

- ⓐ, ⓑ 간의 비교대상으로, 변수와 리터럴 모두 지정할 수 있다. 학습 코드 입력 실습과 같은 경우, 학습자가 입력한 변수와 시스템에서 지정한 학습코드가 일치 여부를 확인할 수 있다. 즉, 학습자에게 입력 받은 변수 learning_code와 시스템에서 지정된 학습코드인 리터럴 형태의 'hanyang'의 일치 여부를 확인하도록 조건 동작을 작성해야 한다.
- ⓒ는 두 비교 대상 간의 연산을 지정해주는 역할을 수행한다. 연산의 경우 '다음 항목과 같습니다' '같지 않음' '다음 항목보다 큽니다.' '크거나 같음' '다음 항목보다 작습니다.' '작거나 같음' '다음을 포함'을 가지고 있다. 본 사례의 경우 두 비교 대상 간에 같은지 여부를 확인하기 때문에 '은(는) 다음 항목과 같습니다.'를 클릭한다.
- ⓓ는 IF 조건이 한 가지가 아닐 경우 즉, ①의 드롭다운을 활용하여 여러 개의 IF 조건 간의 관계를 설정할 때 사용한다. 모든 조건이 참입니다. true인 모든 조건, 사용자 정의 등 세 가지의 옵션으로 제공한다.

보충설명

리터럴과 변수

[리터럴]은 사용자가 지정한 값으로, 위의 사례처럼 'hanyang'과 같이 이미 지정된 값을 의미한다. 반면, [변수]는 사용자에 의해 정보를 담는 저장 공간을 의미한다. 예를 들어, 'learning_code'라는 사용자 변수를 사용할 경우, 실제 사용자가 입력하는 값에 따라 Name의 값은 달라진다.

조건 동작을 작성했으면, 실제 개체(텍스트 입력 상자)에 변수와 고급 동작을 연동시켜야 한다. 먼저 텍스트 입력 상자와 변수를 연동시킨다.

1-4 조건 동작과 개체 연동시키기

1) 첫 번째 슬라이드에서 [텍스트 입력 상자](ⓐ)를 클릭한 채, 그림 9-177과 같은 [속성] 창에서 [속성](ⓑ) > [스타일](ⓒ) > [변수](ⓓ)에서 기본 값으로 설정된 'Text_Entry_Box_1'을 'learning_code'(ⓔ)로 변경한다.

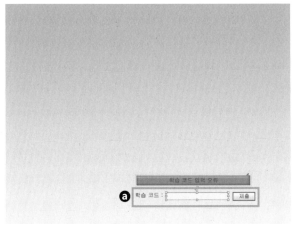

[그림 9-176]

[그림 9-177]

2) [텍스트 입력 상자]에 [고급 동작]을 연동시켜야
한다. [속성](ⓐ)＞[동작](ⓑ)＞[성공한 경우](ⓒ)
에서 [고급 동작 실행]을 선택한다.

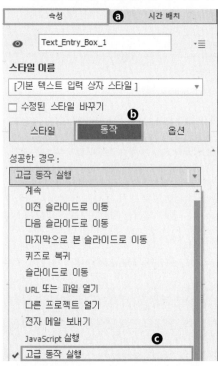

[그림 9-178]

3) [스크립트](ⓐ)에서 사전에 [고급 동작]에서 제작
한 'excess'(ⓑ)를 클릭한다.

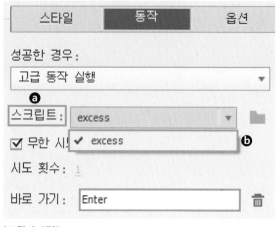

[그림 9-179]

4) 빠른 실행 도구에서 [미리 보기](ⓐ)＞[프로젝트]
(ⓑ)를 클릭하여 프로젝트를 게시한다.

[그림 9-180]

5) 프로젝트가 게시된 상태에서 설정한 동작을 실행시킬 경우, **그림 9-181**은 초기화면을, **그림 9-182**는 정답을 입력한 화면으로 텍스트 입력 상자에 'hanyang'(정답)을 입력할 경우(2 slide 2로 이동), **그림 9-183**은 오답을 입력한 화면으로 텍스트 입력 상자에 'hanyang' 외의 텍스트(예: 'hany')를 입력할 경우(warning 표시)를 나타낸다.

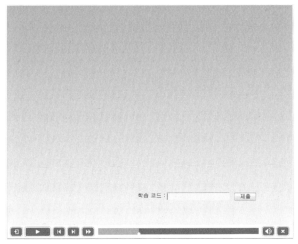

[그림 9-181]

[그림 9-182]

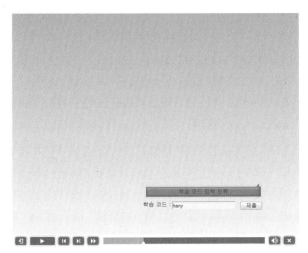

[그림 9-183]

이전 학습 코드 입력 예시에 이어서, 많은 변수와 다양한 조건이 적용되는 프로그램을 제작한다.

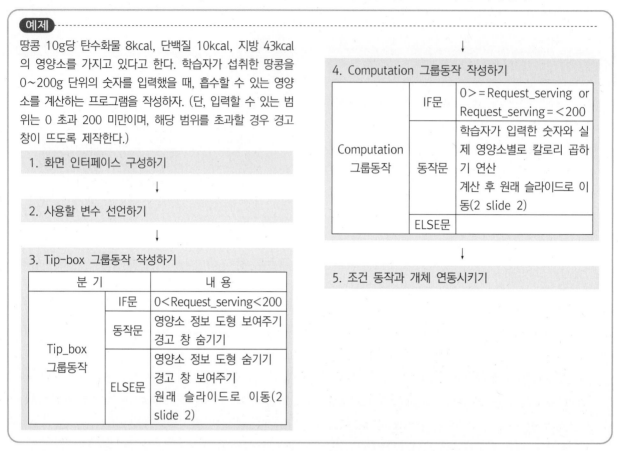

예제

땅콩 10g당 탄수화물 8kcal, 단백질 10kcal, 지방 43kcal의 영양소를 가지고 있다고 한다. 학습자가 섭취한 땅콩을 0~200g 단위의 숫자를 입력했을 때, 흡수할 수 있는 영양소를 계산하는 프로그램을 작성하자. (단, 입력할 수 있는 범위는 0 초과 200 미만이며, 해당 범위를 초과할 경우 경고 창이 뜨도록 제작한다.)

1. 화면 인터페이스 구성하기

↓

2. 사용할 변수 선언하기

↓

3. Tip-box 그룹동작 작성하기

분 기		내 용
Tip_box 그룹동작	IF문	0<Request_serving<200
	동작문	영양소 정보 도형 보여주기 경고 창 숨기기
	ELSE문	영양소 정보 도형 숨기기 경고 창 보여주기 원래 슬라이드로 이동(2 slide 2)

↓

4. Computation 그룹동작 작성하기

Computation 그룹동작	IF문	0>=Request_serving or Request_serving=<200
	동작문	학습자가 입력한 숫자와 실제 영양소별로 칼로리 곱하기 연산 계산 후 원래 슬라이드로 이동(2 slide 2)
	ELSE문	

↓

5. 조건 동작과 개체 연동시키기

이전 예시[슬라이드 2 (2 slide 2)]에 이어서 진행되며, 이전 단계에서 제작한 화면 구성은 **그림 9-184**와 같다. 탄수화물, 단백질, 지방의 수치를 나타내는 도형, 0 이하 200 이상의 숫자를 입력할 경우 나타내는 경고 창, 텍스트 입력 상자가 들어가야 하는 것을 확인했다. 먼저 경고 창부터 제작하도록 한다.

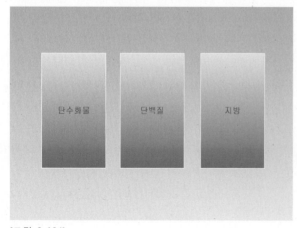

[그림 9-184]

2-1 화면 인터페이스 구성하기

1) 학습자가 0 이하, 200 이상의 숫자를 입력했을 때, 입력 범위가 넘었다는 정보를 제공해주는 **[경고 창]**을 만들어 본다. **[모양](ⓐ) > [타원 설명선](ⓑ)**을 선택하여 **그림 9-186**과 같이 화면에 배치한다.

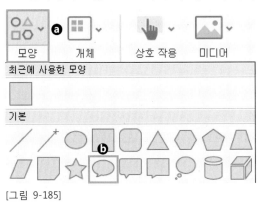

[그림 9-185]

2) 도형을 더블클릭하여 **'0 초과 200미만의 숫자를 입력해주세요.'**라는 텍스트를 입력한다.

[그림 9-186]

3) 해당 도형을 클릭한 후, **[속성](ⓐ)**에서 **[해당 도형]**(ⓑ)에 이름을 **'tip_box'**로 부여한다. 출력할 때 경고 창이 보여지지 않도록 ∅ (ⓒ)를 클릭한다.

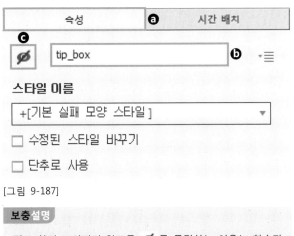

[그림 9-187]

> **보충설명**
>
> 경고 창이 보여지지 않도록 ∅ 를 클릭하는 이유는 학습자가 입력한 숫자가 0 이하, 200 이상일 경우에만 경고 창을 출력해야 하기 때문이다. 기본 화면에서는 경고 창을 출력하지 않고 고급 동작을 적용하여 출력하도록 한다.

4) 슬라이드 내에 탄수화물, 단백질, 지방 도형이 앞으로 나오고, 경고 창이 ('tip_box')가 맨 뒤로 나오도록 하기 위해, **'tip_box'**도형을 선택한 후, 마우스우클릭하여 **[정렬](ⓐ) > [맨 뒤로 보내기](ⓑ)**를 클릭한다.

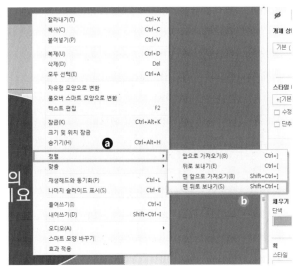

[그림 9-188]

5) 두 번째 슬라이드(2 slide 2)에 경고 창('tip_box')을 생성한 후, 배열한 결과는 아래와 같다.

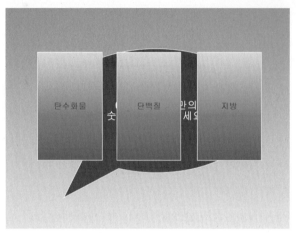

[그림 9-189]

6) 탄수화물, 단백질, 지방 도형을 클릭한 후, [속성] (ⓐ)에서 해당 도형에 [개체 이름](ⓑ)을 아래의 표와 같이 부여한다. 경고 창과 달리 기본 화면부터 학습자에게 보여지는 도형이기 때문에 ◉(ⓒ) 인 상태로 설정한다.

[그림 9-190]

탄수화물	Show_tansu	◉	Show_tansu	˙☰
단백질	Show_danbeak	◉	Show_danbeak	˙☰
지방	Show_jibang	◉	Show_jibang	˙☰

7) 학습자에게 숫자를 입력 받을 [텍스트 입력 상자]를 만들어 본다. [텍스트](ⓐ)>[텍스트 입력 상자](ⓑ)를 클릭한다.

[그림 9-191]

8) 그림 9-192와 같이 화면 하단에 생성한 [텍스트 입력 상자]를 배치한다.

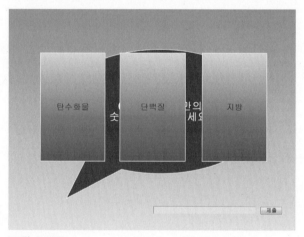

[그림 9-192]

2-2 사용할 변수 선언하기

1) [프로젝트](ⓐ) > [변수](ⓑ)를 클릭하여 변수 입력 창을 활성화 시킨다.

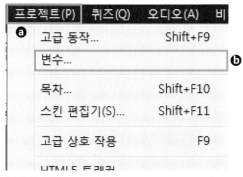

[그림 9-193]

2) [새로 추가](ⓐ)를 누른 후, [사용자 변수](ⓑ)를 선택하여 다음과 같은 7개 변수를 생성한다. 본 프로그램에서 사용할 변수는 아래의 표와 같다.

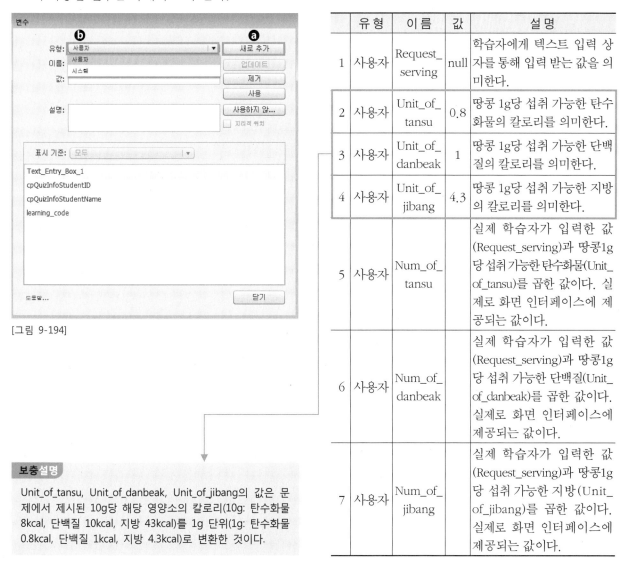

[그림 9-194]

	유형	이름	값	설 명
1	사용자	Request_serving	null	학습자에게 텍스트 입력 상자를 통해 입력 받는 값을 의미한다.
2	사용자	Unit_of_tansu	0.8	땅콩 1g당 섭취 가능한 탄수화물의 칼로리를 의미한다.
3	사용자	Unit_of_danbeak	1	땅콩 1g당 섭취 가능한 단백질의 칼로리를 의미한다.
4	사용자	Unit_of_jibang	4.3	땅콩 1g당 섭취 가능한 지방의 칼로리를 의미한다.
5	사용자	Num_of_tansu		실제 학습자가 입력한 값(Request_serving)과 땅콩1g당 섭취 가능한 탄수화물(Unit_of_tansu)를 곱한 값이다. 실제로 화면 인터페이스에 제공되는 값이다.
6	사용자	Num_of_danbeak		실제 학습자가 입력한 값(Request_serving)과 땅콩1g당 섭취 가능한 단백질(Unit_of_danbeak)를 곱한 값이다. 실제로 화면 인터페이스에 제공되는 값이다.
7	사용자	Num_of_jibang		실제 학습자가 입력한 값(Request_serving)과 땅콩1g당 섭취 가능한 지방(Unit_of_jibang)를 곱한 값이다. 실제로 화면 인터페이스에 제공되는 값이다.

> **보충설명**
>
> Unit_of_tansu, Unit_of_danbeak, Unit_of_jibang의 값은 문제에서 제시된 10g당 해당 영양소의 칼로리(10g: 탄수화물 8kcal, 단백질 10kcal, 지방 43kcal)를 1g 단위(1g: 탄수화물 0.8kcal, 단백질 1kcal, 지방 4.3kcal)로 변환한 것이다.

3) 실제 변수를 입력하면 **그림 9-195**와 같다.

[그림 9-195]

생성한 변수를 바탕으로 고급 동작을 작성하도록 하도록 한다. 고급 동작을 구성하는 방식에서 크게 조건을 충족시키는 경우, 조건을 충족시키지 않을 경우를 구분하여 살펴보도록 한다.

분기		내용
Tip_box 그룹동작	IF문	$0 <$ Request_serving < 200
	동작문	영양소 정보 도형 보여주기, 경고 창 숨기기
	ELSE문	영양소 정보 도형 숨기기, 경고 창 보여주기, 원래 슬라이드로 이동 (2 slide 2)

2-3 Tip_box 그룹동작 작성하기

1) [프로젝트](ⓐ) > [고급 동작](ⓑ)를 클릭하면 그림 9-197과 같은 [고급 동작] 창이 나온다.

[그림 9-196]

2) [동작 유형]은 [조건 동작](ⓐ)으로, [동작 이름]은 'calculation'(ⓑ)으로 지정한다.

[그림 9-197]

3) 첫 번째 영양소 정보 도형과 경고 창과 관련된 [조건 동작]과 관련된 [고급 동작]을 'Tip_box'로 지정한다. 첫 번째 [그룹 동작]을 더블클릭하여 활성화 시킨 후 'Tip_box'(ⓐ)라고 입력한다.

[그림 9-198]

4) 학습자에게 입력 받는 변수 'Request_serving'이 0 이하 200 이상인 경우를 입력한다. 하나의 조건 동작에 하나의 연산만 작성할 수 있으므로, 첫 번째 조건에는 'Request_serving 작거나 같음 0'(ⓐ)을, 두 번째 조건에는 'Request_serving 크거나 같음 200'(ⓑ)을 입력한다. 두 조건을 모두 충족시켜야 하기 때문에 [true인 모든 조건](ⓒ)을 선택한다. 완성된 IF는 **그림 9-199**와 같다.

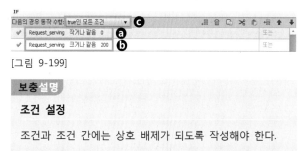

[그림 9-199]

5) IF문에서 설정한 0 이하, 200 이상의 조건을 충족할 경우(즉, 0 초과, 200 미만 조건을 충족하지 못할 경우), 경고 창을 보여주고, 영양소 정보 도형을 숨겨야 한다. 경고 창을 보여주기 위해서, [표시](ⓐ)라는 동작을 선택한 후, 표시해야 하는 대상을 선택한다. 아래의 화면은 경고 창 정보를 담은 [tip_box](ⓑ)를 선택하였다.

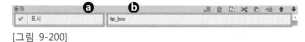

[그림 9-200]

6) 영양소 정보 도형을 안 보이도록 하기 위해서, [숨기기](ⓐ)라는 동작을 선택한 후, 표시해야 하는 대상을 선택한다. 아래의 화면은 탄수화물 정보를 담은 [Show_tansu](ⓑ)를 선택하였다.

[그림 9-201]

7) 탄수화물, 단백질, 지방의 영양소 정보 도형을 숨기는 동작은 ⓐ와 같다.

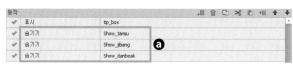

[그림 9-202]

8) 마지막 [고급 동작]인 ❶를 사용하는 이유는 만약 학습자가 IF 조건 외의 다른 숫자를 입력할 경우, 다른 숫자를 입력할 수 있도록 하는 역할을 수행한다. 이 동작이 없을 때 발생하는 프로그램의 흐름을 생각해 본다. IF 조건 외의 다른 숫자를 입력할 경우 경고 창이 표시되고, 프로그램이 종료된다. 그렇기 때문에 원래 슬라이드 이동 동작을 추가하여 여러 번 숫자 입력을 할 수 있는 기능을 제공한다.

[그림 9-203]

9) IF문에서 설정한 0이하, 200 이상의 조건을 충족하지 못할 경우(즉, 0 초과, 200 미만 조건을 충족할 경우), 영양소 정보 도형을 보여주고, 경고 창을 숨겨야 한다. 영양소 정보 도형인 [Show_tansu], [Show_danbeak], [Show_jibang](**ⓑ**)을 보여주고, 경고 창[tip_box](**ⓐ**)을 숨기도록 고급 동작을 작성하면 **그림 9-204**와 같다.

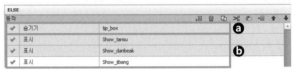

[그림 9-204]

Tip box와 마찬가지로 다음과 같은 조건문을 충족시키는 Computation 그룹동작을 만들어 본다.

분 기		내 용
Computation 그룹동작	IF문	0 >= Request_serving or Request_serving =< 200
	동작문	학습자가 입력한 숫자와 실제 영양소별로 칼로리 곱하기 연산 계산 후 원래 슬라이드로 이동 (2 slide 2)
	ELSE문	

구체적으로 학습자가 숫자를 입력하면 실제 영양소 별로 해당 칼로리를 계산하는 연산을 수행하는 [고급 동작]을 설정해야 한다. 예를 들어, 학습자가 [텍스트 입력 상자]에 '12'를 입력할 경우, 땅콩 12g 내에 포함되어 있는 탄수화물, 단백질, 지방의 칼로리를 계산하는 연산을 수행하는 동작이다. 실제 프로그램에서 학습자가 12를 입력하였다면, 프로그램 내에서 [Request_serving]이라는 변수를 통해 저장하고, 1g당 기본 칼로리인 [Unit_of_tansu], [Unit_of_danbeak], [Unit_of_jibang]을 [Request_serving]과 곱하여, [Num_of_tansu], [Num_of_danbeak], [Num_of_jibang]으로 대입되는 형태를 갖게 된다.

```
[Num_of_tansu] = [Request_serving] * [Unit_of_tansu]
[Num_of_danbeak] = [Request_serving] * [Unit_of_danbeak]
[Num_of_jibang] = [Request_serving] * [Unit_of_jibang]
```

2-4 Computation 그룹동작 작성하기

1) 두 번째 그룹 동작을 더블클릭하여 활성화 시킨 후 'computation'(**ⓐ**)이라고 입력한다.

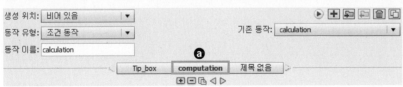

[그림 9-205]

2) [Tip_box]에서 작성한 IF 조건과 정반대의 조건을 갖는 형태로 작성해 본다. 학습자에게 입력 받는 변수 'Request_serving'가 0 초과 200 미만인 경우를 입력한다. 하나의 조건 동작에 하나의 연산만 작성할 수 있으므로, 첫 번째 조건에는 'Request_serving 은(는) 다음 항목보다 큽니다. 0'(ⓐ)을, 두 번째 조건에는 'Request_serving 은(는) 다음 항목보다 작습니다. 200'(ⓑ)을 입력한다. 두 조건을 모두 충족 시켜야 하기 때문에 [true인 모든 조건](ⓒ)을 선택한다. 완성된 IF는 그림 9-206과 같다.

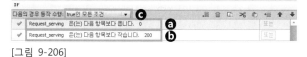

[그림 9-206]

3) 입력받은 숫자 [Request_serving]과 1g당 탄수화물의 기본 칼로리 [Unit_of_tansu]를 계산하여, 실제 땅콩의 탄수화물 칼로리[Num_of_tansu]를 계산하는 표현식 동작을 작성한다. 동작문의 첫 번째 열(ⓐ)을 더블클릭한다.

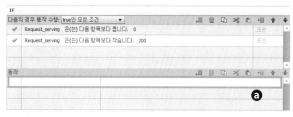

[그림 9-207]

4) [선택 동작] 드롭다운 목록을 활성화 시킨 후, 수식을 입력할 수 있는 [표현식](ⓐ)을 선택한다.

[그림 9-208]

5) [표현식]은 '변수ⓐ = 변수ⓑ (연산)ⓒ 변수ⓓ'의 형태를 지닌다. 먼저 계산 결과를 의미하는 변수(ⓐ) 드롭다운 목록 중에 'Num_of_tansu'(ⓔ)를 선택한다.

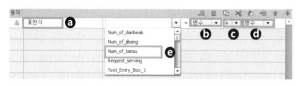

[그림 9-209]

6) [변수/리터럴 선택] 드롭다운 목록을 활성화한 후, [변수](ⓐ)를 선택한다.

[그림 9-210]

7) [변수]를 선택하면, 선택할 수 있는 모든 변수가 드롭다운의 형태로 나온다. 이 중 'Unit_of_tansu'(ⓐ)를 선택한다.

[그림 9-211]

8) [연산 선택] 드롭다운 목록을 활성화한 후, 곱셈 연산을 의미하는 [*](ⓐ)을 선택한다.

[그림 9-212]

9) [변수/리터럴 선택] 드롭다운 목록을 활성화한 후, [변수](ⓐ)를 선택한다.

[그림 9-213]

10) [변수]를 선택하면, 선택할 수 있는 모든 변수가 드롭다운 목록의 형태로 나온다. 이 중 'Request_serving'(ⓐ)를 선택한다.

[그림 9-214]

11) 탄수화물의 칼로리를 계산하는 표현식(ⓐ)은 아래의 화면과 같다.

[그림 9-215]

12) 입력받은 숫자 [Request_serving]과 1g당 단백질의 기본 칼로리 [Unit_of_danbeak]를 계산하여, 실제 땅콩의 단백질 칼로리 [Num_of_danbeak]를 계산하는 표현식(ⓐ)은 아래와 같다.

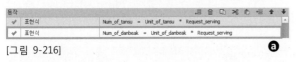

[그림 9-216]

13) 입력받은 숫자 [Request_serving]과 1g당 지방의 기본 칼로리 [Unit_of_jibang]를 계산하여, 실제 땅콩의 단백질 칼로리 [Num_of_jibang]를 계산하는 표현식(ⓐ)은 아래와 같다.

[그림 9-217]

14) 마지막 [고급 동작]인 **그림 9-218**의 ⓐ를 사용하는 이유는 만약 학습자가 IF 조건 외의 다른 숫자를 입력할 경우, 다른 숫자를 입력할 수 있도록 하는 역할을 수행한다. 이 동작이 없을 때 발생하는 프로그램의 흐름을 생각해 본다. IF 조건 외의 다른 숫자를 입력할 경우 경고 창이 표시되고, 프로그램이 종료된다. 그렇기 때문에 원래 슬라이드 이동 동작을 추가하여 여러 번 숫자 입력을 할 수 있는 기능을 제공한다.

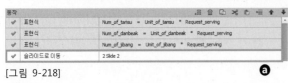

[그림 9-218]

15) [고급 동작]을 작성 완료 하면 하단의 [동작 업데이트](**ⓐ**)＞[닫기](**ⓑ**)를 클릭하여 작성한 내용을 저장한다.

[그림 9-219]

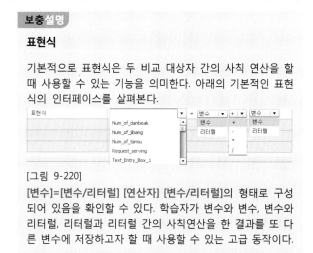
2-5 조건 동작과 개체 연동시키기

1) 실제 2-4 computation 고급 동작 작성하기에서 작성했던 내용을 실제 화면에 제시하기 위하여 탄수화물 내에 텍스트를 더블클릭하여 활성화 시킨다. [텍스트 캡션] 내에 커서를 활성화 시킨 채로(**ⓐ**), [속성](**ⓑ**)＞[스타일](**ⓒ**)＞[문자](**ⓓ**)＞[변수 삽입](**ⓔ**)을 클릭한다.

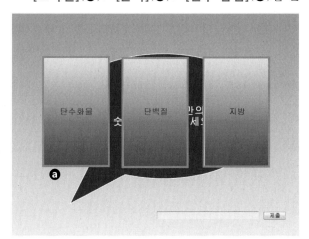

[그림 9-221]

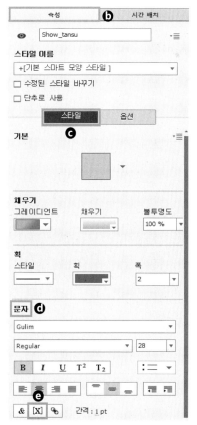

[그림 9-222]

2) 그림 9-222의 [변수 삽입](ⓔ)을 클릭하면 그림 9-223과 같이 변수 삽입 창이 활성화된다. [변수 유형](ⓐ)은 '사용자'를, [변수](ⓑ)는 탄수화물의 실제 칼로리를 계산한 결과인 'Num_of_tansu'을 선택한 후, [OK](ⓒ)를 클릭한다.

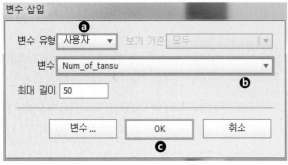

[그림 9-223]

3) 탄수화물과 마찬가지로, 단백질의 경우 단백질 도형 안에 텍스트를 활성화 시킨 후 단백질의 실제 칼로리를 계산한 결과인 'Num_of_danbeak'(ⓐ) 변수를, 지방의 경우 지방 도형을 활성화 시킨 후 지방의 실제 칼로리를 계산한 결과를 'Num_of_jibang'(ⓑ)를 클릭한다.

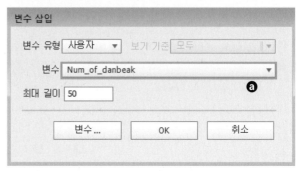

[그림 9-224]

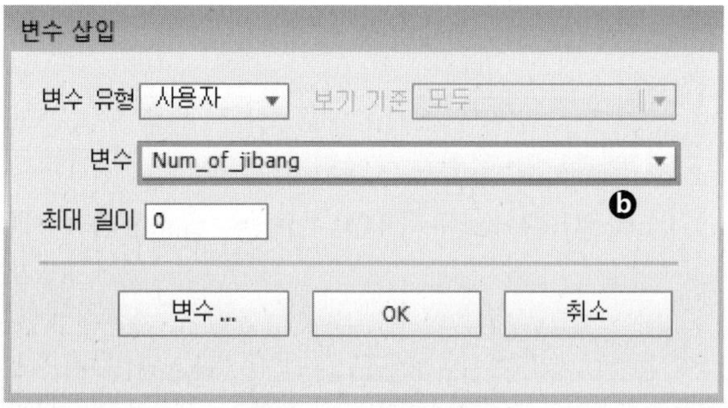

[그림 9-225]

4) 영양소 정보 도형에 실제 계산한 결과를 나타내는 변수를 삽입한 결과는 **그림 9-226**과 같다.

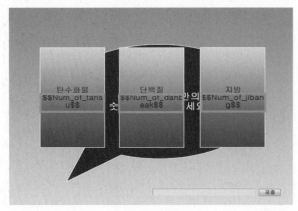

[그림 9-226]

5) **[텍스트 입력상자]**에 **[고급 동작]** 및 **[변수]**를 연동시키기 위하여, **그림 9-227**의 ❶를 클릭한 채로, **그림 9-228**의 **[속성]** 창에서 **[속성]**(ⓑ) > **[스타일]**(ⓒ) > **[변수]**(ⓓ)에서 학습자에게 입력 받는 숫자를 저장하는 'Request_ serving'을 입력한다.

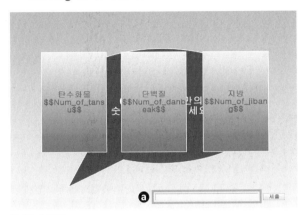

[그림 9-227]

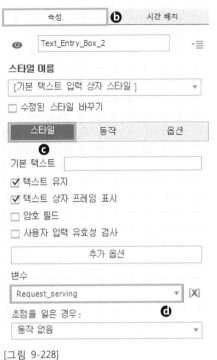

[그림 9-228]

6) 텍스트 입력상자가 선택된 상태에서, **[속성]**(ⓐ) > **[동작]**(ⓑ)에서, 드롭다운 목록을 활성화 시켜 **[성공한 경우]**에서 **[고급 동작 실행]**(ⓒ)을 지정하고, **[스크립트]**는 'calculation'(ⓓ)을 클릭한다.

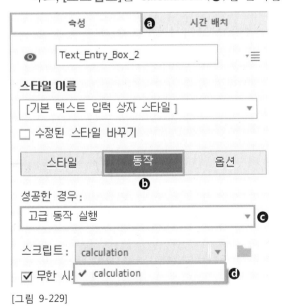

[그림 9-229]

7) 빠른 실행 도구에서 **[미리 보기]**(ⓐ) > **[프로젝트]** (ⓑ)를 클릭하여 프로젝트를 게시한다.

[그림 9-230]

8) 프로젝트가 게시되면 설정된 동작을 확인할 수 있다.

0 이하, 200 이상의 수를 입력할 경우 0을 입력

[그림 9-231]

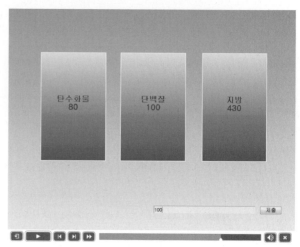

0 초과, 200 미만의 수를 입력할 경우 100을 입력

[그림 9-232]

공유 동작은 기존에 제작하였던 변수와 고급 동작들을 재사용할 수 있도록 하는 기능이다. 특히 같은 동작, 변수를 여러 번 사용해야 할 경우 이전에 제작했던 동작을 공유하여 다른 슬라이드에 적용할 수 있다. 공유된 동작의 파일 저장은 .cpaa의 형태로 저장되며, 불필요한 동작과 중복되는 변수를 최소화할 수 있어 효율적인 프로그램을 작성할 수 있다.

1. 공유 동작 저장하기

1) [프로젝트](ⓐ) > [고급 동작](ⓑ)를 클릭하여 **그림 9-234와 같은 [변수 입력]** 창을 활성화 시킨다.

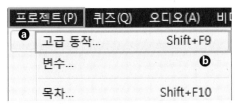

[그림 9-233]

2) 제2절 표준 동작 설정하기에서 제작하였던 **[cal-culation]**을 **[공유 동작]**으로 저장하기 위하여, **[기존 동작](ⓐ)**의 드롭다운 메뉴를 클릭하여 **[calculation](ⓑ)**을 클릭한다.

[그림 9-234]

3) **[고급 동작]** 창의 하단에 **[공유 동작으로 저장](ⓐ)**을 클릭한다.

[그림 9-235]

4) [공유 동작 저장] 창이 나오면, 사용할 [매개 변수](ⓐ)를 클릭한다. [매개 변수 설명](ⓑ)에 각 변수에 대한 설명을 작성한 후 [저장](ⓒ)을 클릭한다.

[그림 9-236]

> **보충설명**
>
> **매개 변수 이름 상태**
>
> [Adobe Captivate 9]에서는 매개 변수로 다른 변수를 지정할 때 변수 형태가 아닌 도형, 리터럴, 슬라이드로 지정할 경우 매개 변수 설명을 작성하도록 하고 있다. ⚠ 표시가 있는 변수의 경우, 옆에 매개 변수 설명을 작성하면 ✅으로 변한다.

5) 그림 9-237과 같은 팝업 창이 뜨면 [OK](ⓐ)을 클릭한다.

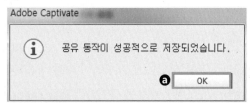

[그림 9-237]

---

2. 공유 동작 내보내기

1) [프로젝트](ⓐ) > [고급 동작](ⓑ)를 클릭하여 그림 9-239와 같은 [고급 동작] 창을 활성화 시킨다.

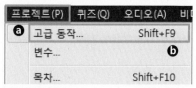

[그림 9-238]

3) 그림 9-240과 같이 [공유 동작 내보내기] 창이 활성화 되면, 공유했던 [calculation](ⓐ)을 선택한다.

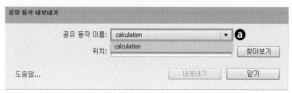

[그림 9-240]

2) (ⓐ)을 클릭하면, 그림 9-239와 같은 [공유 동작 내보내기] 창이 나온다.

[그림 9-239]

4) [찾아보기](ⓐ)를 클릭한다.

[그림 9-241]

5) [Calculation 고급 동작]을 저장하고 싶은 경로 [폴더 찾아보기] 창에서 선택(ⓐ)한 후 [폴더 선택](ⓑ)을 클릭한다.

[그림 9-242]

6) [위치](ⓐ)에서 선택한 위치가 설정되었는지 확인한 후, [내보내기](ⓑ)를 클릭한다.

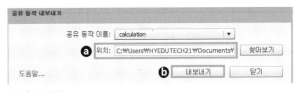

[그림 9-243]

7) 그림 9-244와 같은 팝업창이 뜨면 [OK](ⓐ)를 클릭한다.

[그림 9-244]

3. 공유 동작 가져오기

1) [프로젝트](ⓐ)＞[고급 동작](ⓑ)를 클릭하여 그림 9-246과 같은 [고급 동작] 창을 활성화 시킨다.

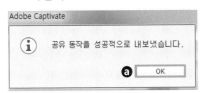

[그림 9-245]

2) 그림 9-246과 같은 [고급 동작] 창에서 📥(ⓐ)을 클릭한다.

[그림 9-246]

3) 해당 프로젝트에 가져올 공유 동작[calculation] (ⓐ)을 선택한 후, [열기](ⓑ)를 클릭한다.

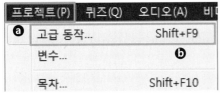

[그림 9-247]

4) 성공적으로 공유동작을 가져왔으면 [OK](ⓐ)를 클릭한다.

[그림 9-248]

5) [닫기](ⓐ)를 눌러 [고급 동작] 창을 닫는다.

[그림 9-249]

4. 공유동작 실행하기

1) [속성] 창에서 [속성](ⓐ) > [동작](ⓑ) > 드롭다운 메뉴에서 [공유 동작 실행](ⓒ)을 클릭한다. [공유 동작]에서 가져온 공유동작 [calculation](ⓓ)을 드롭다운 메뉴에서 선택한다.

[그림 9-250]

2) [공유 동작]의 [매개 변수]를 조정하고자 할 때, 그림 9-250의 [동작]에서 {P}(ⓔ)을 클릭한 후 [해당 매개 변수]를 조정한 후, 그림 9-251의 [닫기](ⓐ)를 클릭한다.

[그림 9-251]

퀴즈 만들기 제**10**장

♣ 퀴즈를 만들기 위한 기본 기능 익히기
• 퀴즈 문제 생성하기
• 퀴즈의 기본 기능 익히기

♣ 점수 매기기 퀴즈 만들기
• 다중 선택 유형 문제 만들기
• 참, 거짓 유형 문제 만들기
• 공백 채우기 유형 문제 만들기
• 단답형 유형 문제 만들기
• 짝짓기 유형 문제 만들기
• 핫스팟 유형 문제 만들기
• 평가 척도(리커트) 유형 문제 만들기

♣ 사전 테스트 유형 문제 만들기
• 사전 테스트 만들기
• 사전 테스트 활용하기

♣ 지식 점검 슬라이드 만들기

♣ 문제 은행 만들기
• GIFT형식 파일 가져오기
• 문제 은행 만들기
• 문제 은행에 문제 추가하기
• 문제 은행의 문제를 프로젝트에 추가하기

♣ 퀴즈 결과 확인하기

♣ 퀴즈 문제 생성하기

빠른 실행 도구에서 [슬라이드]를 클릭하고, [질문 슬라이드]를 선택한다.

♣ 점수 매기기 퀴즈 만들기

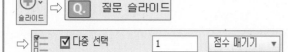

빠른 실행 도구에서 [슬라이드]를 클릭하고, [질문 슬라이드]를 선택한다. 질문 생성 창에서 [점수 매기기]를 선택한다.

♣ 사전 테스트 유형 문제 만들기

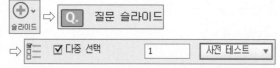

빠른 실행 도구에서 [슬라이드]를 클릭하고, [질문 슬라이드]를 선택한다. 질문 생성 창에서 [사전 테스트]를 선택한다.

♣ 지식 점검 슬라이드 만들기

빠른 실행 도구에서 [슬라이드]를 클릭하고, [지식 점검 슬라이드]를 선택한다.

♣ 문제 은행 만들기

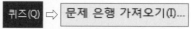

상단 메뉴에서 [퀴즈]를 클릭하고, [문제 은행 가져오기]를 선택한다.

♣ 퀴즈 결과 확인하기

상단 메뉴에서 [속성]을 클릭하고, [퀴즈] 하단의 메뉴를 선택한다.

• 학습을 시작하기 전에 사전 테스트를 통하여 학습자의 사전 지식 수준을 측정

• 점수 매기기 퀴즈를 통하여 학습자의 학습 수준을 판단하고, 피드백을 제공
• 문제 은행을 통해 다양한 형태의 파일을 퀴즈로 변환

♣ 퀴즈를 통한 학습 목표 달성 확인

이러닝에서 평가는 학습 목표를 달성하였는지 확인할 수 있어야 한다(Alessi & Trollip, 2003). 만약 퀴즈의 문제가 학습 목표와 일관성이 없다면 실제 학습한 결과를 충실하게 평가한다고 말할 수 없다. 예를 들어, 영어회화 능력을 향상시키기 위해 영어 구문을 연습하는 이러닝에서 영어문법에 대한 문제를 제공한다면 제대로된 평가라고 볼 수 없다.

♣ 사전 테스트를 통한 맞춤형 학습 경로 제공

오프라인 학습과 다르게 이러닝의 가장 큰 장점은 사전 지식, 학습 유형 등 다양한 학습자들의 특성을 확인하고 이에 맞게 맞춤형 학습 경로를 제시할 수 있다는 것이다(Cronbach & Snow, 1977). Adobe Captivate 9에서는 다중 선택형, 참거짓형, 단답형, 공백채우기형 등을 통해 학습 내용과 관련된 학습자들의 사전지식을 확인하고, 분기 기능과 고급 동작 기능을 활용하여 사전지식이 낮은 학습자에게는 낮은 난이도의 학습 코스를, 높은 학습자에게는 높은 난이도의 학습 코스를 제공할 수 있다. 또한 리커트형을 통해 학습자의 선호 학습 유형을 파악하고 이에 맞는 코스를 제공할 수 있다(Plass, Kalyuga & Leutner, 2009). 예를 들어, 학습자가 음성 위주의 강사의 영상 보다는 도표화된 학습 내용을 선호한다면 이에 맞게 설계된 코스를 안내할 수 있다.

♣ 학습 내용에 적합한 퀴즈의 유형 제시

이러닝에서 제공하는 학습 내용에 따라 적절한 퀴즈 유형을 선택하여 학습자들에게 제시해야 한다(Gagne, 1985). 먼저, 단순한 정보나 사실의 암기를 확인하는 경우에는 이미 배운 정보를 회상할 수 있는지를 평가해야 한다. 따라서 Adobe Captivate 9에서의 다중 선택형은 퀴즈 문제를 활용하여 여러 개의 답 중에 고르도록 하거나, 단답형을 통해 학습한 내용을 열거하도록 할 수 있다. 또한 인성과 같이 올바른 행동을 선택하도록 유도하는 학습 내용의 경우, 학습자가 실제로 행동했는지가 중요하기 때문에 모의상황을 제시하여 평가하도록 한다. 이 경우 Adobe Captivate 9의 리커트형 퀴즈 문제를 제시해 모의상황에서 자신의 행동을 점검할 수 있도록 설정할 수 있다. 그리고 고차원적 문제를 해결하거나 무엇인가를 활용하는 방법에 대해 배우고자 할 경우 단계별로 다른 퀴즈의 유형을 제공할 수 있다. 먼저, 문제를 해결하는데 필요한 지식들 간에 변별하거나 특성을 파악해야 하는 경우 Adobe Captivate 9에서 제공하는 다중 선택형이나 참거짓형, 핫스팟형 등을 활용할 수 있다. 예를 들어, 사다리꼴의 넓이를 구하는 문제해결과제에서 사다리꼴의 일부인 삼각형과 사각형의 넓이를 구해야 하며, 그 이전에 삼각형과 사각형을 구분할 수 있는지 부터 확인해야 한다. 따라서 핫스팟형 문제에서 사각형과 삼각형을 제시하고 특정한 도형을 선택하도록 유도할 수 있다. 개념과 개념간의 관계를 파악하는 규칙 같은 경우에는 공백채우기형을 통해 공식을 채울 수 있도록 안내할 수 있다. 마지막으로 주어진 문제해결에 가장 적합한 법칙을 선택하여 그 문제해결에 적용하기 위해 풀이 과정을 단답형으로 체크하거나 문제해결과제의 산출물을 리커트형 문제를 제시하여 점검할 수 있다.

♣ 시간 제한의 활용

퀴즈에서 시간을 한정하는 것은 대개 규준지향 또는 표준화 검사에서 일반적이다. 하지만 준거지향 검사에서 시간을 제한할 경우 학습자들은 시간적 압박으로 평가를 제대로 수행하지 못할 수 있으므로 시간 제한을 권하지 않는다(Alessi & Trollip, 2003). Adobe Captivate 9에서는 문항별로 시간 제한을 설정할 수 있으므로 퀴즈의 목적에 맞게 적절히 시간 제한 기능을 활용해야 한다.

♣ 합격 점수의 설정

퀴즈에서 합격 점수의 설정은 학습 내용에 따라 달라질 수 있다. 예를 들어, 원자력 발전소처럼 위험한 환경에서 작업을 수행하는 사람에 대한 숙달 검사와 자격검사의 경우 합격 점수는 높게 설정해야 한다. 그러나 일상적인 퀴즈의 경우 100점 만점의 80점 혹은 70점 등 다소 낮게 설정이 가능하다(Alessi & Trollip, 2003).

♣ 피드백 제공

퀴즈는 정답이든 오답이든 반드시 피드백을 제공하여 학습자들이 배운 내용과 연결할 수 있도록 유도해야 한다. 특히 전문성 수준이 낮은 학습자의 경우 퀴즈 직후 제시해야 효과적이기 때문에(Kester, Paas & van Merrienboer, 2009) 즉각적으로 피드백 결과를 확인할 수 있도록 설계해야 한다. 피드백은 그 내용에 따라 1) 정답/오답의 여부만 알려주는 것, 2) 정답 내용을 알려주는 것, 3) 왜 정답인지 오답인지 알려주는 것 세 가지로 나누어질 수 있다. 일반적으로 정답여부만 알려주는 것보다는 정·오답에 대한 이유를 알려주는 것이 학습을 촉진한다. Adobe Captivate 9에서는 이를 모두 설정할 수 있으므로 적절한 피드백 방법을 선택하여 안내한다.

1. 퀴즈 생성하기

1) 기본적인 퀴즈를 만들기 위하여, 상단의 빠른 실행 도구에서 [슬라이드](ⓐ)>[질문 슬라이드](ⓑ)를 클릭한다.

[그림 10-1]

2) 자신이 출제하고 싶은 문제의 유형을 선택한다. 본 예시에서는 [다중 선택](ⓐ) 유형의 퀴즈를 선택한다.

[그림 10-2]

3) 다중 선택 유형의 퀴즈를 한 개 제작하기 위하여, ⓐ에 '1'을 작성한다.

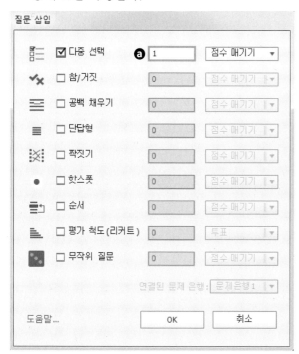

[그림 10-3]

4) 드롭다운 목록을 이용하여 [점수 매기기](ⓐ)를 클릭한 후 [OK](ⓑ)를 클릭한다.

[그림 10-4]

보충설명

문항 유형

문항 유형은 점수매기기, 투표, 사전 테스트 세 가지 형태로 제공된다.

- **점수 매기기**: 문제의 정답/오답을 평가에 반영할 때 사용한다. [Adobe Captivate 9]은 학습자가 문제를 푼 후, 정답과 오답에 따라 다른 피드백을 제공하는 기능을 가지고 있다.
- **투표**: 점수 매기기와 달리 정답/오답을 구분하는 기능이 없다.
- **사전 테스트**: 학습자가 본격적인 학습을 하기 전에 제공되는 평가로, 학습자의 사전 테스트의 결과에 따라 서로 다른 분기(브랜칭)을 활용하여 서로 다른 코스를 제공할 수 있다.

5) 삽입된 퀴즈의 슬라이드 구성은 다음과 같다.

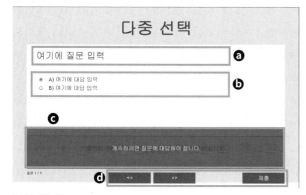

[그림 10-5]

ⓐ **[문제]** 문제 슬라이드 내에 설계자 혹은 교수자가 학습자에게 평가하고자 하는 문항을 포함하며, 주로 텍스트의 형태로 제시한다.

ⓑ **[선택지]** 문제에 대하여 선택할 수 있는 기능으로, Adobe Captivate 9에서는 객관식뿐만 아니라 단답형, 순서 배열, 이미지에서 선택 등 다양한 기능을 제공하고 있다. 학습자가 선택한 선택지에 따라 부분 점수 및 서로 다른 학습 과정을 제공할 수 있다.

ⓒ **[피드백(캡션)]** 문제에 대한 정답/오답, 시간 초과, 미응답, 선택지에 따른 서로 다른 피드백(캡션)을 제공할 수 있다.

ⓓ **[네비게이션(버튼)]** 학습자가 학습 과정을 스스로 결정할 수 있도록, 네비게이션 기능을 제공한다.

예제

문제 1) 대한민국의 수도는 '서울'이다.
선택지) 참
　　　거짓
조건)

정 답	'정답입니다.'
오 답	'오답입니다.'
문제를 풀지 않았는데, 다른 문제로 이동할 경우	'해당 문제를 풀지 않았습니다.'
문제풀이 제한시간을 넘길 경우	경고메시지 '문제풀이 제한 시간이 지났습니다.'

1) 피드백의 내용을 편집하기 위하여 상단 메뉴의
[편집](ⓐ) > [환경 설정](ⓑ)을 클릭한다.

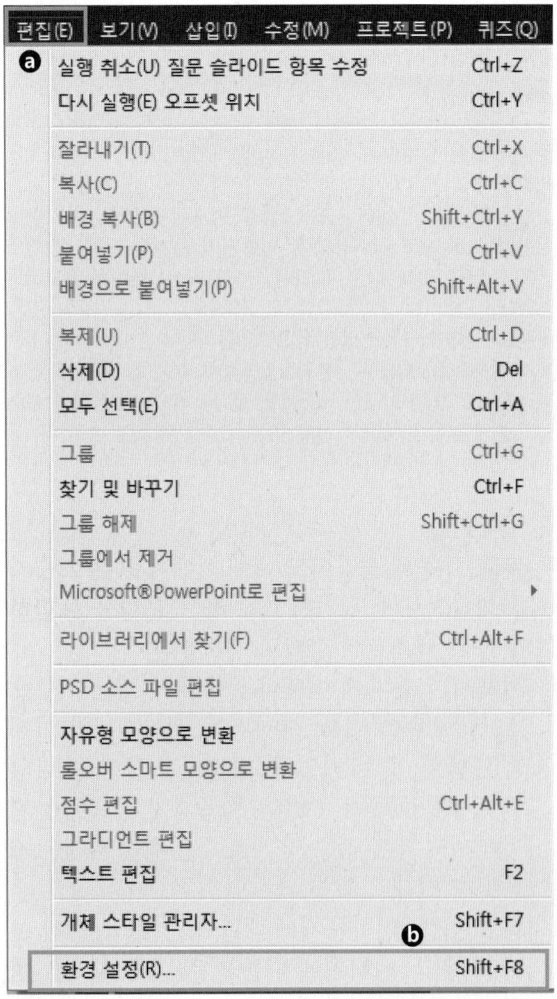

편집(E)	보기(V)	삽입(I)	수정(M)	프로젝트(P)	퀴즈(Q)
ⓐ 실행 취소(U) 질문 슬라이드 항목 수정					Ctrl+Z
다시 실행(E) 오프셋 위치					Ctrl+Y
잘라내기(T)					Ctrl+X
복사(C)					Ctrl+C
배경 복사(B)					Shift+Ctrl+Y
붙여넣기(P)					Ctrl+V
배경으로 붙여넣기(P)					Shift+Alt+V
복제(U)					Ctrl+D
삭제(D)					Del
모두 선택(E)					Ctrl+A
그룹					Ctrl+G
찾기 및 바꾸기					Ctrl+F
그룹 해제					Shift+Ctrl+G
그룹에서 제거					
Microsoft®PowerPoint로 편집					▶
라이브러리에서 찾기(F)					Ctrl+Alt+F
PSD 소스 파일 편집					
자유형 모양으로 변환					
롤오버 스마트 모양으로 변환					
점수 편집					Ctrl+Alt+E
그라디언트 편집					
텍스트 편집					F2
개체 스타일 관리자...					Shift+F7
ⓑ 환경 설정(R)...					Shift+F8

[그림 10-6]

2) 환경 설정 창이 뜨는 것을 확인할 수 있다.

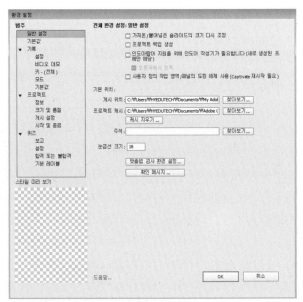

[그림 10-7]

3) [퀴즈](ⓐ) > [기본 레이블](ⓑ)을 선택한다.

[그림 10-8]

5) [오답 피드백]을 수정하기 위하여, [퀴즈: 기본 레이블]에서 [오답 메시지] 창의 내용을 '잘못됨-아무 곳이나 클릭하거나 Y를 눌러 계속하십시오.'를 '오답입니다.'로 변경한다.

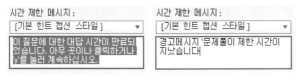

7) [문제풀이 제한시간을 넘길 경우]를 수정하기 위하여, [퀴즈: 기본 레이블]에서 [시간 제한 메시지] 창의 내용을 '이 질문에 대한 대답 시간이 만료되었습니다. 아무 곳이나 클릭하거나 Y를 눌러 계속하십시오.'를 '경고메시지 문제풀이 제한 시간이 지났습니다.'로 변경한다.

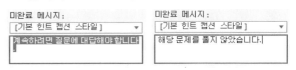

4) [정답 피드백]을 수정하기 위하여, [퀴즈: 기본 레이블]에서 [정답 메시지] 창의 내용을 '정답-아무 곳이나 클릭하거나 Y를 눌러 계속하십시오.'를 '정답입니다.'로 변경한다.

6) [문제를 풀지 않았는데, 다른 문제로 이동할 경우]를 수정하기 위하여, [퀴즈: 기본 레이블]에서 [미완료 메시지] 창의 내용을 '계속하려면 질문에 대답해야 합니다.'를 '해당 문제를 풀지 않았습니다.'로 변경한다.

8) 피드백 내용 변경을 완료하였으면 [OK](ⓐ)를 클릭한다.

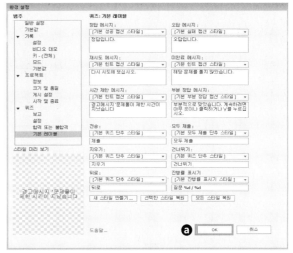

[그림 10-9]

3. 퀴즈 결과에 따른 분기 설정하기

예제
문제 1) 대한민국의 수도는 '서울'이다.
선택지) 참
　　　거짓
조건) 문제에 대한 학습자의 반응이 정답일 경우(A-참), 슬라이드 2로 이동한다. 반면, 문제에 대한 학습자의 반응이 오답일 경우(B-거짓), 슬라이드 3으로 이동한다. 단, 1회 이상 오답이 나올 경우 바로 슬라이드 3으로 이동하며, 한 퀴즈당 문제 지속 시간은 20초다.
　　　학습자가 정답을 맞출 경우 '정답에 대한 피드백', 오답을 선택할 경우 '오답에 대한 피드백', 정답 선택 없이 다른 문항으로 이동할 경우 '미완료 피드백', 문제풀이 제한 시간(20초)을 넘길 경우, '시간 제한 피드백'을 제공해야 한다.

| 1. 퀴즈 슬라이드 생성 | → | 2. 분기 설정 | → | 3. 시간 제한 및 피드백 제시 설정 |

3-1 퀴즈 슬라이드 생성

1) [파일](ⓐ)＞[새 프로젝트](ⓑ)＞[빈 프로젝트](ⓒ)를 클릭하여 임의의 [프로젝트]를 생성한다.

[그림 10-10]

2) 퀴즈를 설정하기 위하여 [슬라이드](ⓐ)＞[질문 슬라이드](ⓑ)를 클릭한다.

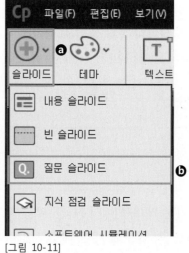

[그림 10-11]

3) **[질문 삽입]** 창이 생성되면, 퀴즈 유형은 **[참/거짓]**(ⓐ)으로, 퀴즈의 수는 '**3**'(ⓑ)을 입력한다.

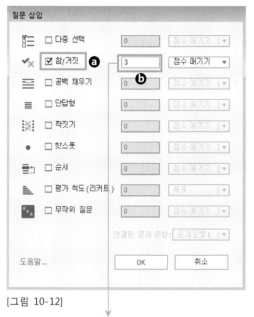

[그림 10-12]

보충설명

슬라이드 1에 문제를 작성하고, 문제에 대한 정답을 맞출 경우 '슬라이드 2'로, 오답일 경우 '슬라이드 3'으로 이동한다. 그러므로 총 세 장의 슬라이드를 생성한다.

4) 드롭다운 목록을 이용하여 **[점수 매기기]**(ⓐ)를 클릭한 후 **[OK]**(ⓑ)를 클릭한다.

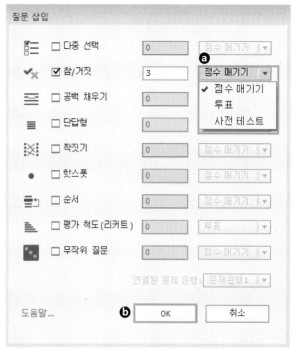

[그림 10-13]

5) 삽입된 퀴즈의 슬라이드 구성은 다음과 같다. 필름 스트립을 확인하면 생성된 퀴즈 슬라이드 세 장(ⓐ), 퀴즈 결과를 나타내는 슬라이드 한 장(ⓑ) 총 네 장의 슬라이드가 생성되었음을 확인할 수 있다.

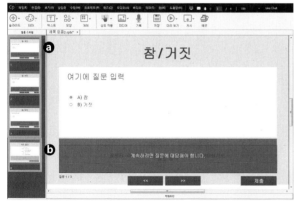

[그림 10-14]

6) 슬라이드 1의 질문에 '**문제 1) 대한민국의 수도는 '서울'이다.**'(ⓐ)를 입력한다.

[그림 10-15]

7) 슬라이드 2로 이동하여, 질문에 '**문제 2) 미국의 수도는 '뉴욕'이다.**'(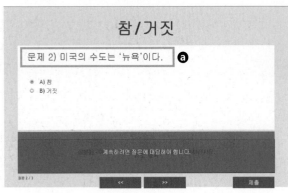a)를 입력한다.

[그림 10-16]

8) 슬라이드 3으로 이동하여, 질문에 '**문제 3) 프랑스의 수도는 '파리'다.**'(a)를 입력한다.

[그림 10-17]

9) 정답을 지정하기 위하여 '**A) 참**'의 체크박스(a)를 클릭한다.

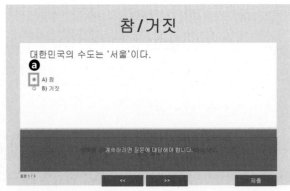

[그림 10-18]

3-2 분기 설정

1) 동작 분기를 설정하기 위하여 [속성](ⓐ) > [퀴즈]
(ⓑ)를 활성화한다.

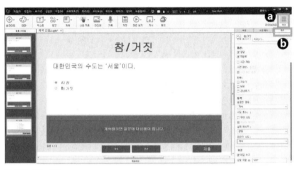

[그림 10-19]

2) 퀴즈 속성 중 [동작](ⓐ) > [성공한 경우](ⓑ)에서,
드롭다운 목록을 활성화하여 '슬라이드로 이동'
(ⓒ)을 선택한다.

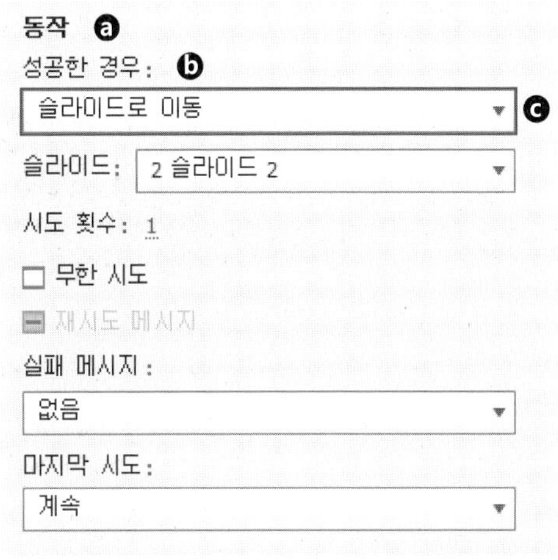

동작 ⓐ

성공한 경우 : ⓑ

슬라이드로 이동 ▼ ⓒ

슬라이드 : 2 슬라이드 2 ▼

시도 횟수 : 1

☐ 무한 시도

▬ 재시도 메시지

실패 메시지 :

없음 ▼

마지막 시도 :

계속 ▼

[그림 10-20]

3) 정답의 경우 슬라이드 2로 이동하는 분기를 설정
하기 위하여, 슬라이드 드롭다운 목록을 활성화
한 후 '2 슬라이드 2'(ⓐ)를 선택한다.

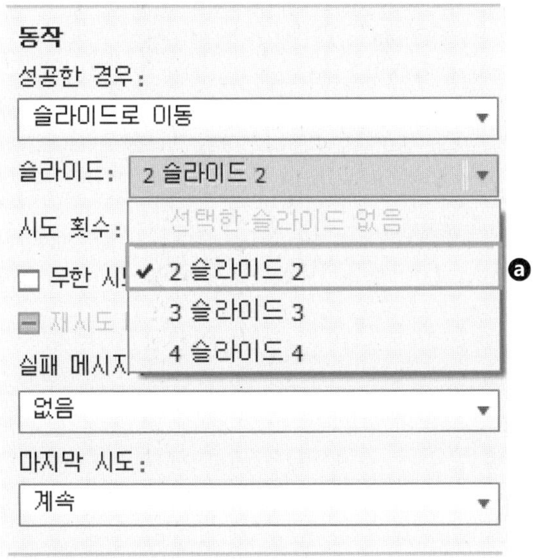

동작

성공한 경우 :

슬라이드로 이동 ▼

슬라이드 : 2 슬라이드 2 ▼

시도 횟수 :   선택한 슬라이드 없음

☐ 무한 시   ✔ 2 슬라이드 2   ⓐ

▬ 재시도   3 슬라이드 3

실패 메시   4 슬라이드 4

없음 ▼

마지막 시도 :

계속 ▼

[그림 10-21]

4) '1회 이상 오답이 나올 경우 바로 슬라이드 3으
로 이동한다.'라는 조건을 충족시키기 위해, 시도
횟수를 '1'(ⓐ)로 설정한다.

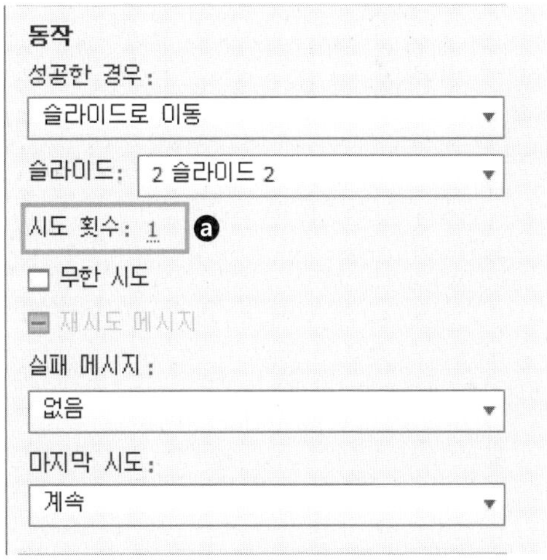

동작

성공한 경우 :

슬라이드로 이동 ▼

슬라이드 : 2 슬라이드 2 ▼

시도 횟수 : 1 ⓐ

☐ 무한 시도

▬ 재시도 메시지

실패 메시지 :

없음 ▼

마지막 시도 :

계속 ▼

[그림 10-22]

5) 실패할 경우 슬라이드 3으로 이동하기 위하여, 마지막 시도 드롭다운 목록을 활성화하여 '**슬라이드로 이동**'(ⓐ)을 선택한다.

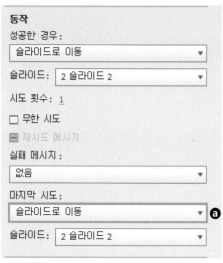

[그림 10-23]

6) 오답의 경우 슬라이드 3으로 이동하는 분기를 설정하기 위하여, 슬라이드 드롭다운 목록을 활성화 한 후, '**3 슬라이드 3**'(ⓐ)을 선택한다.

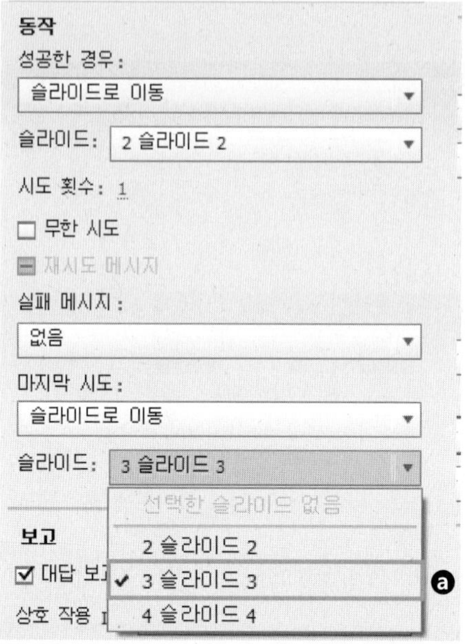

[그림 10-24]

3-3 시간 제한 및 피드백 제시 설정

1) 슬라이드 1에서 '**정답**'과 '**미완료**'에 대한 피드백을 제공하기 위하여, [**퀴즈**](ⓐ) > [**캡션**](ⓑ)에서 [**정답**], [**미완료**](ⓒ)를 선택한다.

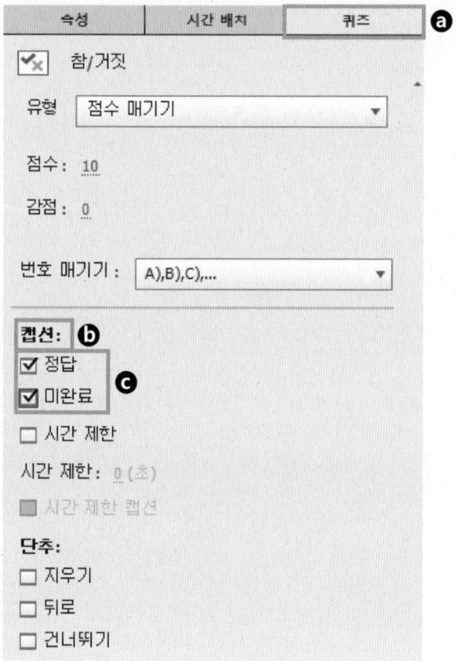

[그림 10-25]

2) 문제 1에 대한 시간 제한을 설정하기 위하여, [**퀴즈**](ⓐ) > [**캡션**](ⓑ)에서 [**시간 제한**](ⓒ)을 선택한다.

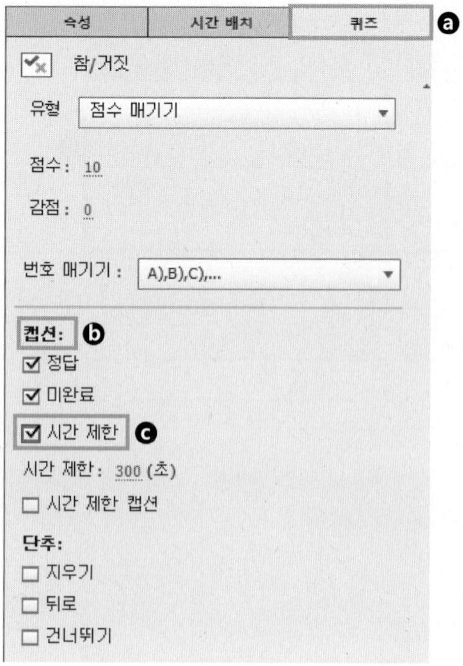

[그림 10-26]

3) 문제의 조건에서 시간 제한을 20초로 설정하였기
때문에, ❶를 더블클릭하여 활성화한 후 '**20초**'로
변경한다. 그리고 [**시간 제한 캡션**](❶)을 클릭하
여 [**시간 제한 피드백**]을 제공하도록 한다.

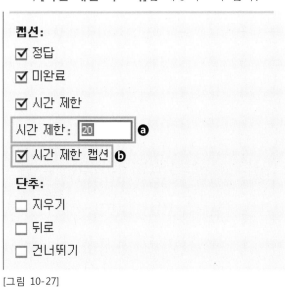

[그림 10-27]

4) 슬라이드 1에서 '**오답**'과 관련된 피드백을 제공하
기 위하여 [**동작**](❶) > [**실패 메시지**](❶)에서 '**1**'
(❸)을 클릭한다.

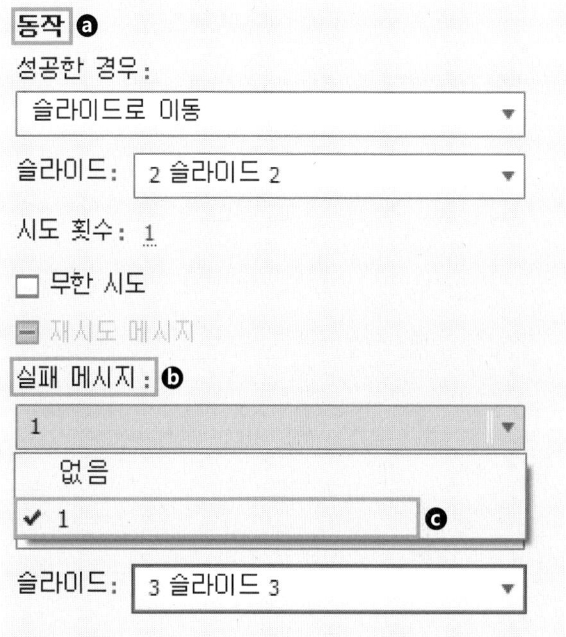

[그림 10-28]

5) 빠른 실행 도구에서 [**미리 보기**](❶) > [**프로젝트**](❶)를 클릭하여 프로젝트를 게시한다.

[그림 10-29]

6) 프로젝트가 게시된 상태에서 설정한 퀴즈가 출력되는 것을 확인할 수 있다. **그림 10-30**은 최초 출력 화면을 나타내고, **그림 10-31**은 어떠한 정답을 클릭하지 않고 '제출'을 클릭할 경우를 나타낸다. **그림 10-32**는 20초의 제한 시간을 넘길 경우를 나타내고, **그림 10-33**은 'A 참'>'제출'을 클릭할 경우를 나타낸다. **그림 10-34**는 정답을 맞춘 후 제출을 다시 클릭할 경우(문제 2가 있는 슬라이드 2로 이동)를 나타내고, **그림 10-35**는 'B 거짓'>'제출'을 클릭할 경우를 나타내며, **그림 10-36**은 오답을 제출할 경우(문제 3이 있는 슬라이드 3으로 이동)를 나타낸다.

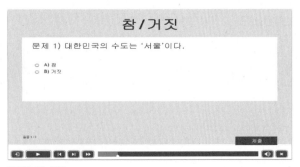

[그림 10-30]

[그림 10-31]

[그림 10-32]

[그림 10-33]

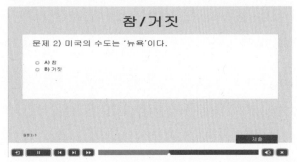

[그림 10-34]

[그림 10-35]

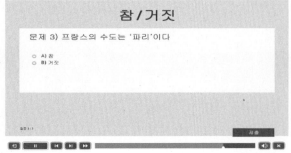

[그림 10-36]

4. 퀴즈 속성 알아보기

4-1 문제 및 선택지와 관련된 기능

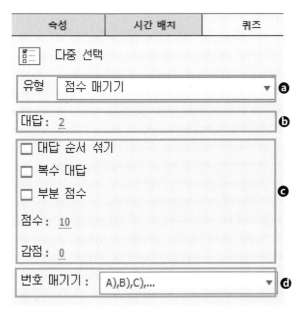

[그림 10-37]

ⓐ **[유형]** 그림 10-38의 [질문 삽입] 창에서 설정할 수 있지만, 문제 유형을 선택한 후에도 다시 설정할 수 있다. [질문 삽입] 창에서 이미 선택한 경우, 질문의 형태를 [점수 매기기], [투표] 두 가지의 형태로 제공한다.

[그림 10-38]

ⓑ **[대답]** 문제 제공 후 학습자가 선택할 수 있는 선택지의 수를 결정할 수 있다.

ⓒ **[선택지]** 다양한 기능을 부여할 수 있다. 동일한 문제라도 학습자마다 서로 다른 선택지 순서로 제시되는 기능인 **[대답 순서 섞기]**, 여러 선택지 중 여러 개의 답을 설정할 수 있는 **[복수 대답]**, 복수 정답에 대한 부분 점수를 제공할 수 있는 **[부분 점수]** 기능을 활용할 수 있다.

ⓓ **[번호 매기기]** 선택지 앞에 제공되는 숫자 유형을 선택할 수 있다.

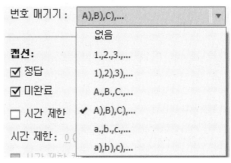

[그림 10-39]

4-2 검토영역

1) 퀴즈 슬라이드에서 검토영역을 확인한다. 사용자가 [퀴즈 결과 슬라이드]의 [퀴즈 검토] 단추를 사용하여 퀴즈를 검토할 때 사용자에게 사전 구성된 메시지를 표시한다.

[그림 10-40]

2) 검토 영역을 편집하기 위하여 상단 메뉴의 [편집](ⓐ) > [환경 설정](ⓑ)을 클릭한다.

[그림 10-41]

3) [환경 설정] 창이 뜨는 것을 확인할 수 있다.

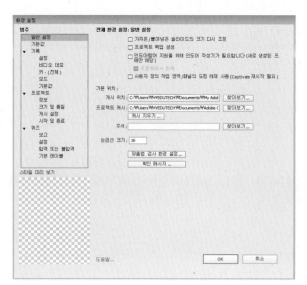

[그림 10-42]

4) [퀴즈](ⓐ) > [설정](ⓑ)을 선택한다. 여기에서 [질문 검토 메시지](ⓒ)를 클릭한다.

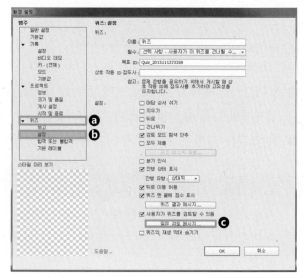

[그림 10-43]

5) [질문 검토 메시지] 창이 뜨면, [미완료](ⓐ), [정답](ⓑ), [부분 정답](ⓒ), [오답](ⓓ) 중 수정하고자 하는 부분의 텍스트 박스 내용을 수정한다. 그리고 저장하기 위해 [OK](ⓔ)를 클릭한다.

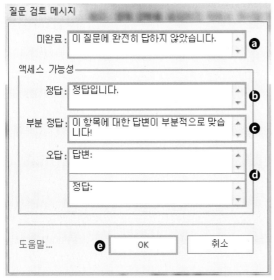

[그림 10-44]

4-3 피드백 제공하기(캡션)

[그림 10-45]

보충설명

시간 제한

한 문항당 0초에서 1800초까지 시간 제한을 둘 수 있다.

ⓐ **[정답/미완료에 대한 피드백]** 학습자가 퀴즈를 푼 후 자신의 풀이에 대한 [정답]과 [미완료]에 대한 피드백을 각기 다르게 제공할 수 있다. (단, 점수 매기기 모드에서만 가능) 정답/오답일 경우 피드백의 형태는 다음과 같다.

• 정답일 경우

> 정답 - 아무 곳이나 클릭하거나 'y'를 눌러 계속하십시오.

• 오답일 경우

> 잘못됨 - 아무 곳이나 클릭하거나 'y'를 눌러 계속하십시오.

그림 10-45의 ⓐ [미완료]의 경우, 학습자가 문제에 대한 응답을 하지 않을 경우, 제공되는 피드백이다.

• 제한 시간 내에 문제풀이를 완료하지 못하고 다음 문제로 넘어가고자 할 경우

> 계속하려면 질문에 대답해야 합니다.

ⓑ **[시간 제한에 대한 피드백]** 특정 문제에 대하여 [시간 제한]을 설정할 수 있고, 그 시간 내에 문제를 풀지 못할 경우 피드백을 제공한다.

• 시간 초과일 경우

> 이 질문에 대한 대답 시간이 만료되었습니다. 아무 곳이나 클릭하거나 'y'를 눌러 계속하십시오.

피드백 내용 수정과 관련된 부분은 '**2. 퀴즈 결과에 대한 피드백 설정하기**(540p)'에서 확인할 수 있으며, 피드백 인터페이스의 경우 [속성](ⓐ) ＞[스타일](ⓑ)에서 변경할 수 있다.

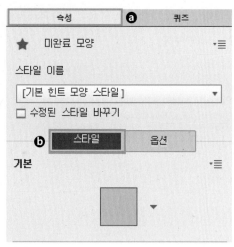

[그림 10-46]

4-4 네비게이션(버튼) 기능 활용하기

단추:
☑ 지우기
☑ 뒤로
☑ 다음

[그림 10-47]

| 뒤로 | 건너뛰기 | 지우기 | 제출 |

[그림 10-48]

1) 학습자들에게 제공되는 화면에 학습자가 스스로 학습 과정을 조절할 수 있는 버튼을 제공한다. 버튼의 인터페이스를 변경할 때, 해당 버튼을 클릭한 후 **[속성](ⓐ) > [스타일](ⓑ)**에서 변경할 수 있다.

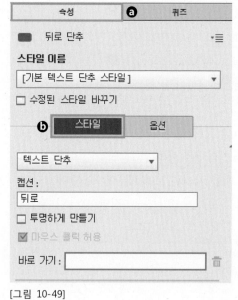

[그림 10-49]

4-5 동작 기능(학습 시도 횟수) 살펴보기

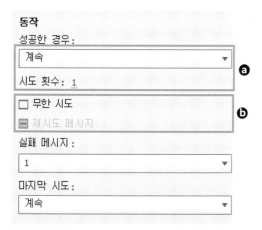

[그림 10-50]

ⓐ [시도 횟수] 학습자가 문제를 풀 수 있는 횟수를 의미한다.

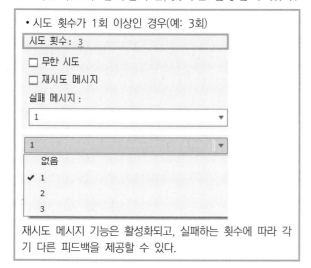

재시도 메시지 기능은 비활성화 되고, 실패 메시지의 경우 없음, 혹은 기본적인 오답 피드백이 제공된다.

만약 한 문제에 대하여 여러 번 풀 수 있는 기회를 제공하도록 설계한다면, 숫자를 변경할 수 있다.

재시도 메시지 기능은 활성화되고, 실패하는 횟수에 따라 각기 다른 피드백을 제공할 수 있다.

보충설명

시도 횟수

기본적으로 1로 설정되어 있으며, 설계자가 시도 횟수를 조절할 수 있다.

설계자가 한 문제에 대하여 무한으로 풀 수 있는 기회를 제공하고자 한다면 **[무한 시도](ⓑ)**를 클릭하면 된다. **[무한 시도](ⓑ)**를 클릭하는 순간 시도 횟수는 비활성화 된다.

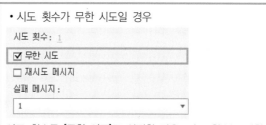

시도 횟수를 **[무한 시도]**로 설정할 경우, 시도 횟수는 비활성화 되고(시도 횟수: 1) 재시도 메시지 기능은 활성화된다. 실패하는 횟수에 따라 각기 다른 실패 메시지(피드백)를 제공할 수 있다. 실패 메시지의 수는 직전에 설정한 시도 횟수와 동일하다. 즉, 무한 시도를 설정하기 전에 5회를 설정할 경우 실패 메시지의 개수는 5개로, 20회로 지정할 경우 실패 메시지의 개수는 20개다.

ⓑ [재시도 메시지(오답 피드백)] 시도 횟수가 2회 이상일 경우 설정할 수 있는 기능이다. **[재시도 메시지]** (그림 10-50, ⓑ) 기능은 옵션이며, 선택할 경우 아래와 같은 피드백을 제공한다.

시도 횟수에 따라 각기 다른 실패 메시지(피드백)를 설정할 수 있다. 즉, 시도 횟수를 3회로 설정하면 다음과 같이 '**없음**'에서 '**3**'까지 선택하여 각기 다르게 피드백을 제공할 수 있다.

[그림 10-51]

4-6 동작 기능(분기) 살펴보기

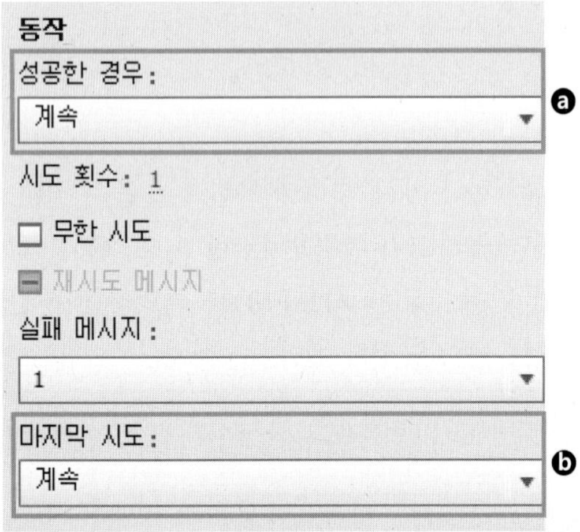

동작

성공한 경우:

계속 **ⓐ**

시도 횟수: 1

☐ 무한 시도

■ 재시도 메시지

실패 메시지:

1

마지막 시도:

계속 **ⓑ**

[그림 10-52]

동작은 문제에 대하여 학습자가 제출을 바르게 했을 경우, 이후에 이루어진 문제 혹은 액션을 지정할 수 있다. 학습자가 문제를 맞출 경우 **[성공한 경우](ⓐ)** 에서, 문제를 틀릴 경우 **[마지막 시도](ⓑ)**에서 분기를 정할 수 있다. 설계자는 학습자에게 피드백을 제공할 수 있을뿐만 아니라, 정답/오답에 따라 다른 **[분기]** (branching)를 제공할 수 있다. 본 내용의 예시는 **'3. 퀴즈 결과에 따른 분기 설정하기**(542p)'를 통해 살펴볼 수 있다.

5. 퀴즈 기능 활용하기

학습자가 선택한 선택지에 따라 서로 다른 **[피드백]**과 **[분기]**를 제공할 수 있다. (4-3) 피드백 제공하기(캡션)과 (4-5) 동작 기능(학습 시도 횟수) 살펴보기를 응용하여 각 선택지마다 서로 다르게 제공하는 피드백과 분기 기능을 알아 본다. 이 기능을 학습하기 위하여 다중 선택 유형 여섯 개의 선택지가 있는 문항을 기준으로 살펴 본다.

예제

문제) 다음 중 6의 배수를 고르시오.

선택지)　　11
　　　　　12
　　　　　13
　　　　　14
　　　　　15
　　　　　16

조건) 문제와 선택지를 입력한 후 문제에 대한 정답 B를 입력한다. 학습자가 B를 선택할 경우 다음 슬라이드로 이동한 후 선택지에 대한 피드백을 제공한다.

1) [파일](ⓐ)>[새 프로젝트](ⓑ)>[빈 프로젝트](ⓒ)를 클릭하여 임의의 [프로젝트]를 생성한다.

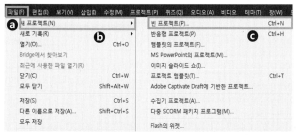

[그림 10-53]

2) 퀴즈를 설정하기 위하여, [슬라이드](ⓐ)>[질문 슬라이드](ⓑ)를 클릭한다.

[그림 10-54]

3) [질문 삽입] 창이 생성되면, 퀴즈 유형은 [다중 선택](ⓐ)으로, 퀴즈의 수는 '2'(ⓑ)를 입력한다.

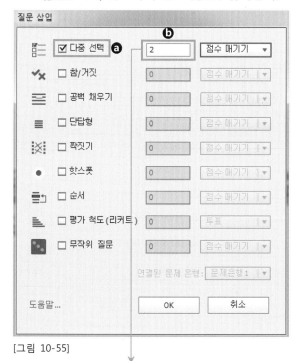

[그림 10-55]

> **보충설명**
>
> 슬라이드 1에 문제를 작성하고, 문제에 대한 정답을 맞출 경우 '슬라이드 2'로 이동하기 위해 퀴즈의 수를 2문항으로 선정한다.

4) 드롭다운 목록을 이용하여 [점수 매기기](ⓐ)를 클릭한 후 [OK](ⓑ)를 클릭한다.

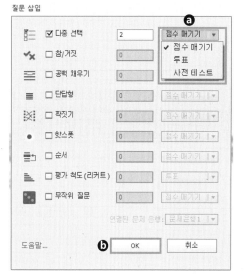

[그림 10-56]

5) '슬라이드 1'에서 [퀴즈](ⓐ)＞[대답](ⓑ)에서 대
답의 수를 '6'으로 설정한다.

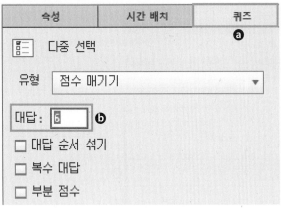

[그림 10-57]

6) [다중 선택] 유형의 문제와 선택지가 여섯 개가
있는 문항이 완성된다.

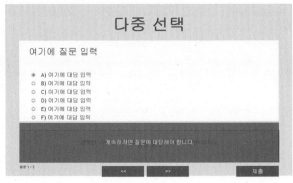

[그림 10-58]

7) '슬라이드 1'의 질문 영역에 '문제 1) 다음 중 6의
배수를 선택하세요.'(ⓐ)를 입력한다.

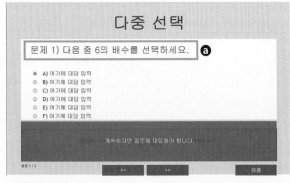

[그림 10-59]

8) '슬라이드 1'의 선택지 영역에 선택지 'A) 11, B)
12, C) 13, D) 14, E) 15, F) 16'(ⓐ)을 입력한다.

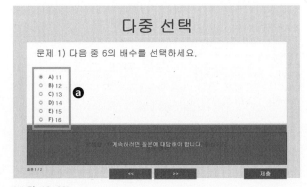

[그림 10-60]

9) '슬라이드 2'로 넘어간 후, [퀴즈](ⓐ)＞[대답](ⓑ)
에서 대답의 수를 '6'으로 설정한다.

[그림 10-61]

10) '슬라이드 2'의 질문 영역에 '문제 2) 다음 중 5
의 배수를 선택하세요.'(ⓐ)를 입력한다.

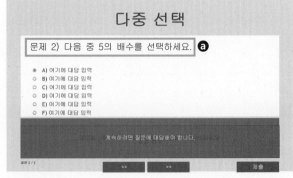

[그림 10-62]

11) '슬라이드 2'의 선택지 영역에 선택지 'A) 11, B) 12, C) 13, D) 14, E) 15, F) 16'(ⓐ)을 입력한다.

[그림 10-63]

12) 다시 '슬라이드 1'로 이동하여, 문제에 대한 정답인 'B) 12'(ⓐ) 앞의 도형을 클릭한다.

[그림 10-64]

13) '슬라이드 1'의 선택지 B)의 개별적인 피드백과 동작을 제공하기 위하여, **그림 10-65**의 '**B) 12**'를 클릭한 상태(ⓐ)에서 오른쪽 화면 **그림 10-66**의 [속성](ⓑ) > [옵션](ⓒ)에서 [고급 대답 옵션](ⓓ)을 클릭한다.

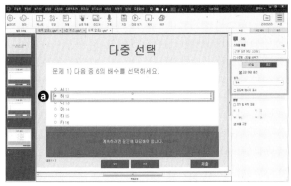

[그림 10-65]

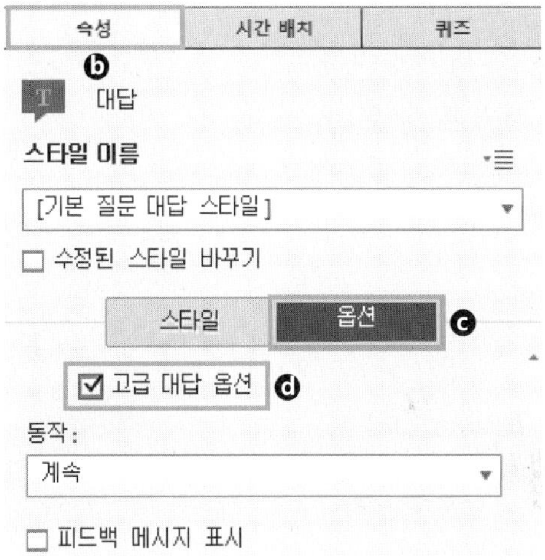

[그림 10-66]

14) [고급 대답 옵션]에서 [동작](ⓐ)과 [피드백 메시지 표시](ⓑ)하는 기능을 제공한다.

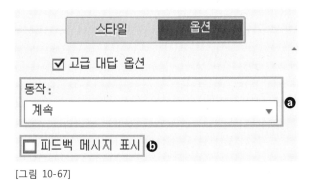

[그림 10-67]

15) [동작] 기능 중 [슬라이드로 이동](ⓐ)을 선택한 후 슬라이드 2로 이동하도록 [2 슬라이드 2](ⓑ)를 선택한다.

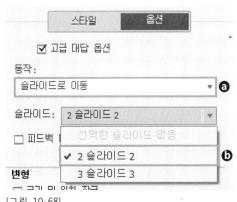

[그림 10-68]

16) 피드백을 제공하기 위하여 **[피드백 메시지 표시](ⓐ)**를 클릭한다.

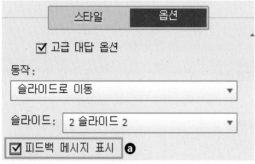

[그림 10-69]

17) 빠른 실행 도구에서 **[미리 보기](ⓐ)>[프로젝트](ⓑ)**를 클릭하여 프로젝트를 게시한다.

[그림 10-70]

18) 프로젝트가 게시된 상태에서 완성된 퀴즈를 확인할 수 있다.

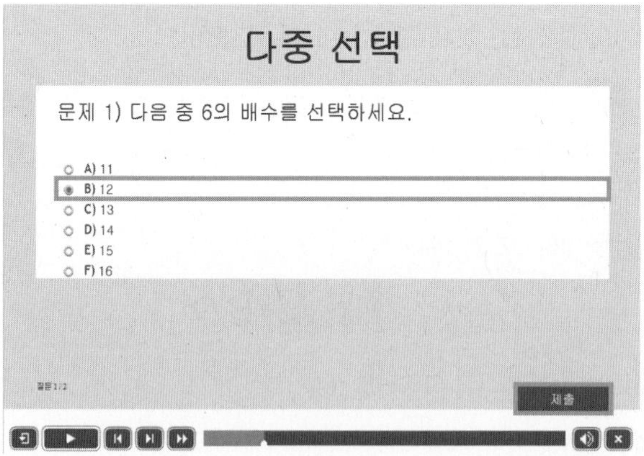

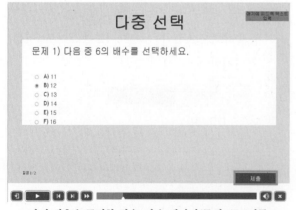

정답 'B 12'를 선택하고, 제출을 클릭한 경우

[그림 10-71]

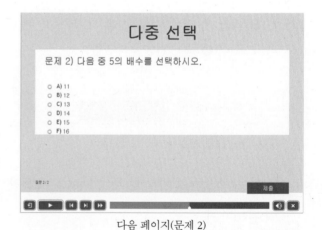

다시 제출을 클릭할 경우, 다음 페이지(문제 2)로 이동

[그림 10-72]

다음 페이지(문제 2)

[그림 10-73]

1. 다중 선택 유형

1) 상단의 빠른 실행 도구에서 [슬라이드](ⓐ)＞[질문 슬라이드](ⓑ)를 클릭한다. 그러면 **그림 10-75**의 [질문 삽입] 창이 나온다.

[그림 10-74]

2) [다중 선택] 문제를 출제하기 하기 위해서 [다중 선택](ⓐ)을 선택하고, 한 문제를 출제하기 때문에 문제 수에는 '1'(ⓑ)을 입력한다.

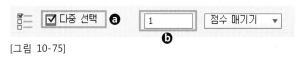

[그림 10-75]

3) [점수 매기기](ⓐ) 유형을 선택한 후, 퀴즈 생성을 위해 **그림 10-76**의 [OK](ⓑ) 버튼을 누른다.

[그림 10-76]

4) 생성된 [다중 선택] 유형의 퀴즈는 아래의 **그림 10-77**과 같은 화면이다.

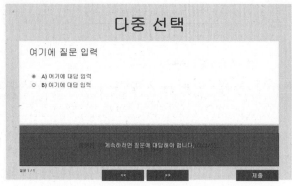

[그림 10-77]

보충설명

다중 선택 퀴즈 만들기

[다중 선택]과 관련된 세부 기능은 10장 퀴즈 기능 활용하기 (554p)를 참고한다.

---

2. 참/거짓 유형

1) 상단의 빠른 실행 도구에서 [슬라이드](ⓐ)＞[질 문 슬라이드](ⓑ)를 클릭한다. 그러면 **그림 10-79** 의 [질문 삽입] 창이 나온다.

[그림 10-78]

2) [참/거짓] 문제를 출제하기 하기 위해서 [참/거 짓](ⓐ)을 선택하고, 한 문제를 출제하기 때문에 문제 수에는 '1'(ⓑ)을 입력한다.

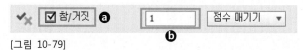

[그림 10-79]

560   제10장 퀴즈 만들기

3) [점수 매기기] 유형(**ⓐ**)을 선택한 후 [OK](**ⓑ**) 버튼을 누른다.

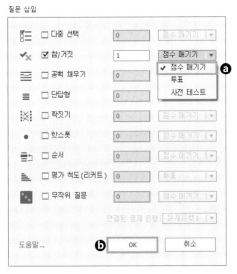

[그림 10-80]

4) [참/거짓] 문제 유형은 아래의 **그림 10-81**과 같은 화면이다.

[그림 10-81]

> **보충설명**
>
> **참/거짓 퀴즈 만들기**
>
> [참/거짓]과 관련된 세부 기능은 10장 퀴즈 결과에 대한 피드백 설정하기(540p)와 10장 퀴즈 결과에 대한 분기 설정하기(542p)를 참고한다.

3. 공백 채우기 유형

3-1 공백 채우기 문제 생성하기

1) 상단의 빠른 실행 도구에서 [슬라이드](**ⓐ**) > [질문 슬라이드](**ⓑ**)를 클릭한다. 그러면 **그림 10-83**의 [질문 삽입] 창이 나온다.

[그림 10-82]

2) [공백 채우기] 문제를 출제하기 하기 위해서 [공백 채우기](**ⓐ**)를 선택하고, 한 문제를 출제하기 때문에 문제 수에는 '1'(**ⓑ**)을 입력한다.

[그림 10-83]

3) [점수 매기기](ⓐ) 유형을 선택하고 [OK](ⓑ)를 누른다.

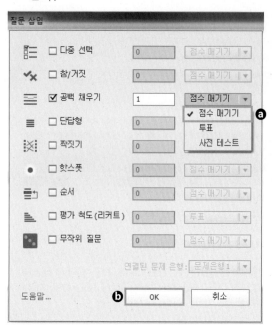

[그림 10-84]

4) [공백 채우기] 문제 유형은 아래의 **그림 10-85**와 같은 화면이다.

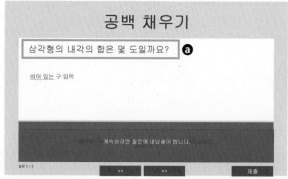

[그림 10-85]

예제 --

문제) 삼각형의 내각의 합은 몇 도일까요?
답안 유형) 삼각형의 내각의 합은 (   )도 입니다.

3-2 사용자 입력 공백 채우기 문제 활용하기

1) [공백채우기] 유형의 문제를 생성하고, 문제에 해당되는 부분을 더블클릭한 후 **'삼각형의 내각의 합은 몇 도일까요?'**(ⓐ)를 입력한다.

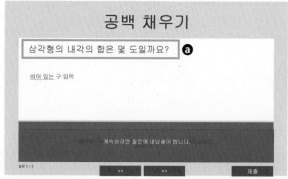

[그림 10-86]

2) 빈칸이 아닌 텍스트 '**삼각형의 내각의 합은 (**   **)도 입니다.**'를 입력한다.

[그림 10-87]

보충설명

효과적인 공백 표시를 위하여

• 실제 작업을 하다 보면, 빈칸으로 설정해야 하는 부분(밑줄 친 부분)과 실제 인터페이스로 부분으로 보여질 부분이 임의로 공백 표시 처리되는 경우가 있다. 바로 아래 그림과 같은 경우, (180) 부분만 공백 표시를 하고자 했으나, 실제 문장 전체가 공백처리가 된 경우다.

삼각형의 내각의 합은 (180)입니다.

• 이러할 경우 공백 표시를 하지 않을 부분을 드래그 한 후, 마우스 우클릭한 후 공백 표시 안 함 Shift+Ctrl+- 을 클릭한다.

삼각형의 내각의 합은 (180)입니다.

삭제(D)	Del
모두 선택(E)	Ctrl+A
공백 표시 안 함	Shift+Ctrl+-

• 공백 표시 안 함 Shift+Ctrl+- 을 활용하면, 아래 그림과 같이 '삼각형의 내각의 합은' 부분은 공백처리가 되지 않는다.

삼각형의 내각의 합은 180도 입니다.

3) 학습자가 작성해야 할 답안 부분의 기능을 만들기 위해 밑줄 친 부분(❶)을 더블클릭한다.

[그림 10-88]

4) 밑줄 친 부분을 더블클릭한 상태에서 [**퀴즈**](❶) > [**공백 표시**](❶)를 클릭한다.

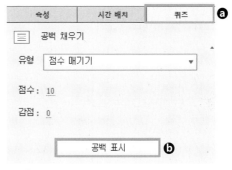

[그림 10-89]

5) 해당 빈칸에 정답을 입력할 수 있는 창이 활성화되면, 예상되는 정답인 '**180**'(❶)을 입력한다.

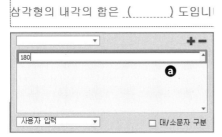

[그림 10-90]

6) 정답을 추가로 입력하기 위해 ⓐ를 클릭하고, '**백 팔십**'(ⓑ)을 입력한다.

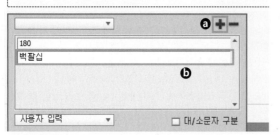

[그림 10-91]

7) 공백 표시 창 밖에 다른 부분(ⓐ)을 클릭하면, 자 동적으로 문제에 정답이 입력되고 **그림 10-91**과 같은 창은 사라진다.

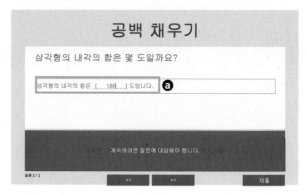

[그림 10-92]

8) 빠른 실행 도구에서 [**미리 보기**](ⓐ) > [**프로젝트**] (ⓑ)를 클릭하여 프로젝트를 게시한다.

[그림 10-93]

9) 프로젝트가 게시된 상태에서 결과 화면을 확인하 면 **그림 10-94**와 같다.

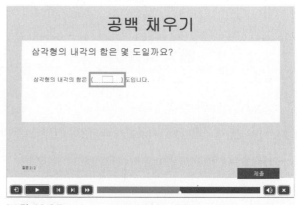

[그림 10-94]

드롭다운 목록 유형의 공백 채우기 문제 생성 방식은 사용자 입력 공백 채우기 문제 유형과 동일하다.

예제

문제) 삼각형의 내각의 합은 몇 도일까요?

답안 유형) 삼각형의 내각의 합은 (　　　)도 입니다.

☐ 120

☐ 180

☐ 240

☐ 300

☐ 360

3-3 드롭다운 목록 공백 채우기 문제 만들기

1) '3-2. 사용자 입력 공백 채우기 문제 만들기'의 3단계까지는 동일하므로, 4단계부터 살펴본다. 공백 채우기 유형과 달리 **[사용자 입력]** 메뉴 대신, **[드롭다운 목록]**(ⓐ)을 선택한다.

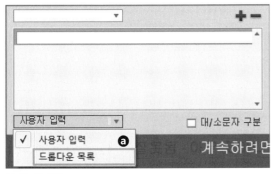

[그림 10-95]

보충설명

답안 작성 시 드롭다운 목록 기능 활용

학습자가 작성해야 할 답안 부분을 빈칸으로 제시할 수 있지만, 드롭다운 기능을 활용하여 답안을 작성할 수 있다.

---

3) 또 다른 선택지를 추가할 있는 **[입력]** 창(ⓐ)이 생성되었다. 두 번째 선택지 '**120**'을 작성한다.

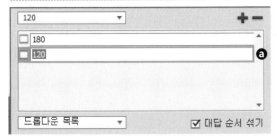

[그림 10-97]

2) 드롭다운 목록에 선택지를 추가하기 위하여, '+'(ⓐ)를 클릭한다.

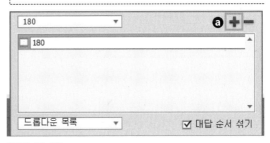

[그림 10-96]

보충설명

대답 순서 섞기

선택지 간의 무작위 순서로 제시하고자 할 때 대답 순서 섞기를 클릭한다.

---

4) 또 다른 선택지를 추가할 있는 '+'(ⓐ)를 클릭한 후 **[입력]** 창(ⓑ)에 세 번째 선택지 '**240**'을 작성한다.

[그림 10-98]

5) 또 다른 선택지를 추가할 있는 '+'(ⓐ)를 클릭한 후, [입력] 창(ⓑ)에 네 번째 선택지 '300'을 작성한다.

[그림 10-99]

6) 또 다른 선택지를 추가할 있는 '+'(ⓐ)를 클릭한 후, [입력] 창에 마지막 선택지 '360'(ⓑ)을 작성한다.

[그림 10-100]

7) 정답에 해당 되는 선택지(ⓐ)를 클릭한다.

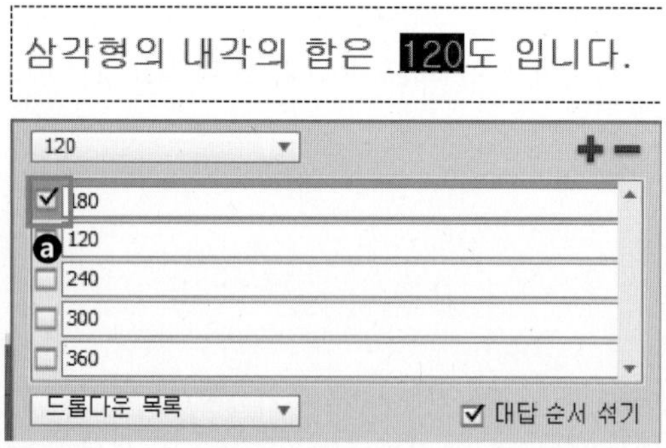

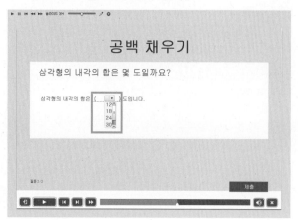

[그림 10-101]

8) 공백 표시 창 밖에 다른 부분(ⓐ)을 클릭하면, 자동적으로 문제에 정답이 입력되고 **그림 10-101**과 같은 창은 사라진다.

[그림 10-102]

9) [미리 보기]>[프로젝트]를 클릭한 후, 실행 화면을 보면 **그림 10-103**과 같다.

공백 채우기

삼각형의 내각의 합은 몇 도일까요?

삼각형의 내각의 합은 (▼)도입니다.

[그림 10-103]

4. 단답형 유형

4-1 단답형 문제 생성하기

1) 상단의 빠른 실행 도구에서 [슬라이드](ⓐ)＞[질문 슬라이드](ⓑ)를 클릭한다. 그러면 **그림 10-105**의 [질문 삽입] 창이 나온다.

[그림 10-104]

2) [단답형] 문제를 출제하기 하기 위해서 [단답형](ⓐ)을 선택하고, 한 문제를 출제하기 때문에 문제 수에는 '1'(ⓑ)을 입력한다.

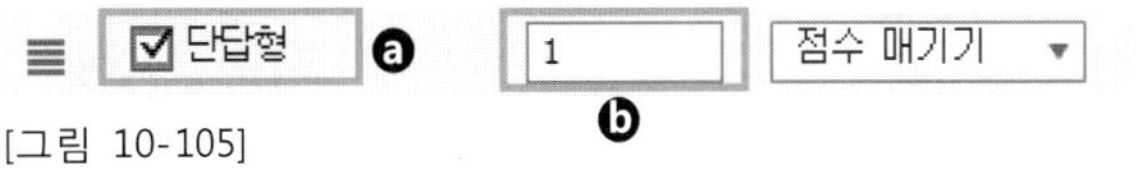

≡　☑ 단답형 ⓐ　　　1　　　점수 매기기 ▼

ⓑ

[그림 10-105]

3) [점수 매기기](ⓐ) 유형을 선택한 후, **그림 10-106**의 [OK](ⓑ) 버튼을 누른다.

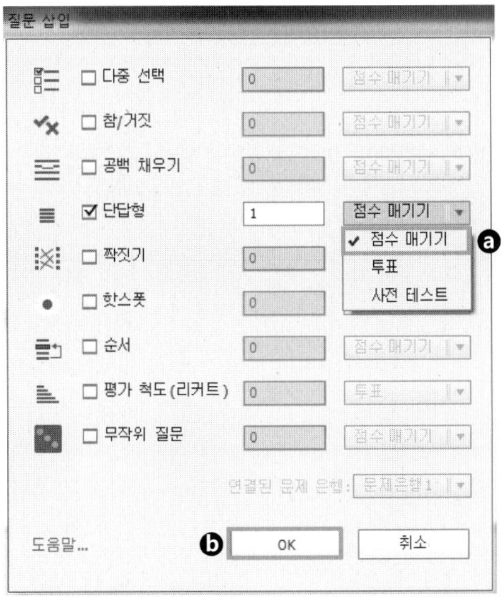

질문 삽입

- ☐ 다중 선택　0　점수 매기기 ▼
- ☐ 참/거짓　0　점수 매기기 ▼
- ☐ 공백 채우기　0　점수 매기기 ▼
- ☑ 단답형　1　점수 매기기 ▼
  - ✓ 점수 매기기 ⓐ
  - 투표
  - 사전 테스트
- ☐ 짝짓기　0
- ☐ 핫스폿　0
- ☐ 순서　0　점수 매기기 ▼
- ☐ 평가 척도(리커트)　0　투표 ▼
- ☐ 무작위 질문　0　점수 매기기 ▼

연결된 문제 은행: 문제은행1 ▼

도움말...　ⓑ　OK　취소

[그림 10-106]

4) [단답형] 문제 유형은 아래의 **그림 10-107**과 같은 화면이다.

[그림 10-107]

단답형 문제를 실제 Adobe Captivate 9에서 어떻게 구현할 수 있는지 알아 본다.

예제 ....

문제) 32×97−14=?

4-2 단답형 문제 활용하기

1) 문제 부분을 더블클릭한 후 '**32×97−14=**'(ⓐ)를
입력한다.

[그림 10-108]

2) 문제 밑에 있는 텍스트 박스를 더블클릭하면, **그림
10-109**와 같은 [**올바른 입력**] 창(ⓐ)이 활성화된다.

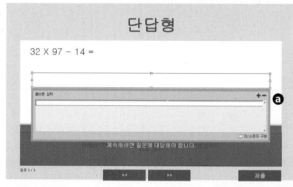

[그림 10-109]

3) [**올바른 입력**] 창에 정답 '**3090**'(ⓐ)을 입력한다.

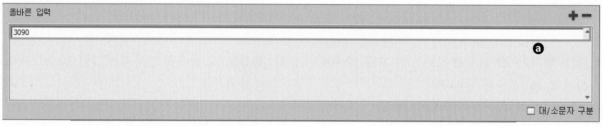

[그림 10-110]

4) 빠른 실행 도구에서 [**미리 보기**](ⓐ)＞[**프로젝트**]
(ⓑ)를 클릭하여 프로젝트를 게시한다.

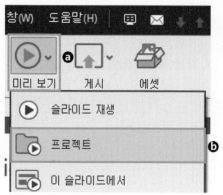

[그림 10-111]

5) 프로젝트가 게시된 상태에서 제작한 퀴즈를 확인
한다.

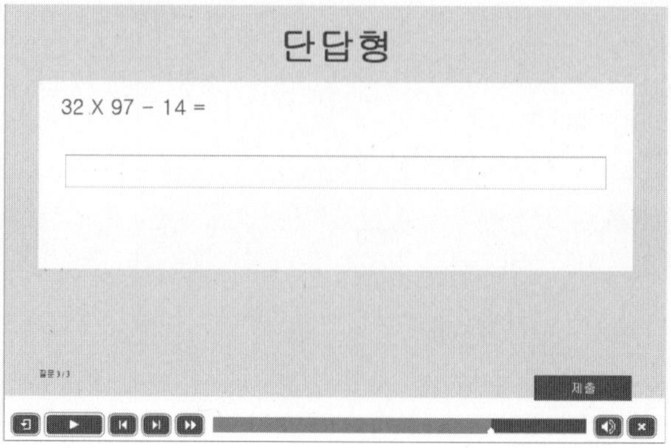

[그림 10-112]

5. 짝짓기 유형

5-1 짝짓기 문제 생성하기

1) 빠른 실행 도구에서 **[슬라이드]**(ⓐ)>**[질문 슬라이드]**(ⓑ)를 클릭한다. 그러면 **그림 10-114**의 **[질문 삽입]** 창이 나온다.

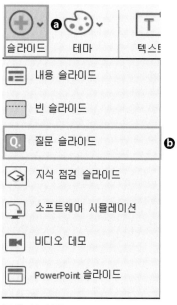

[그림 10-113]

2) **[짝짓기]** 문제를 출제하기 하기 위해서 **[짝짓기]**(ⓐ)를 선택하고, 슬라이드 한 장에 출제하기 때문에 문제 수에는 '1'(ⓑ)을 입력한다.

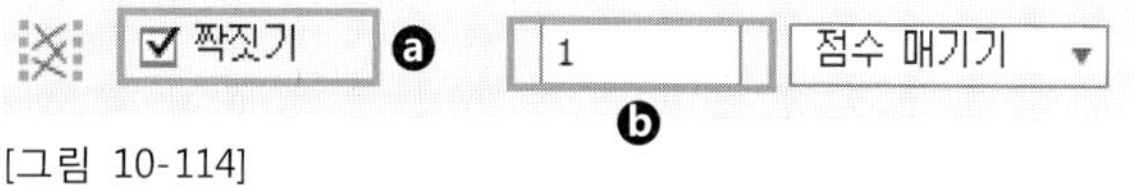

[그림 10-114]

3) **[점수 매기기]**(ⓐ) 유형을 선택한 후 **[OK]**(ⓑ) 버튼을 누른다.

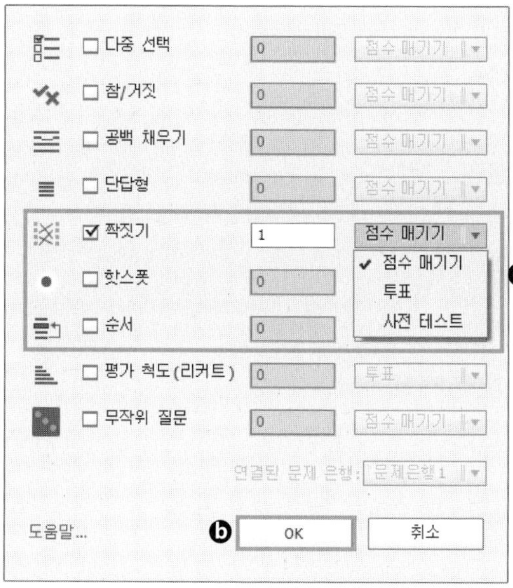

[그림 10-115]

4) **[짝짓기]** 문제 유형은 아래의 **그림 10-116**과 같은 화면이다.

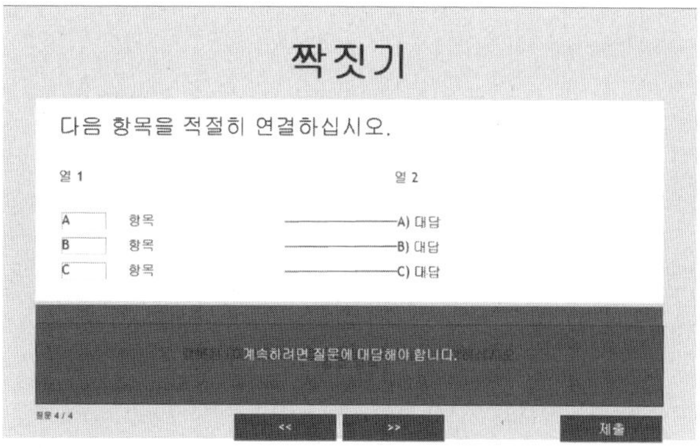

[그림 10-116]

짝짓기 유형의 문제가 Adobe Captivate 9에서 어떻게 구현되는지 알아 본다.

예제

다음 항목을 적절히 연결하시오.   [보기]   1155

                                                                  4723

[문제]   32×47＋29   4341

          53×81＋48   1204

          92×13－41   1533

5-2 짝짓기 문제 활용하기

1) 짝짓기 유형의 문제를 생성한 후 [퀴즈 속성] 창(ⓐ)에 문제의 개수를 [열 1]: 3(ⓑ)을 입력하고, 선택지의 개
   수를 [열 2]: 5(ⓒ)에 입력한다.

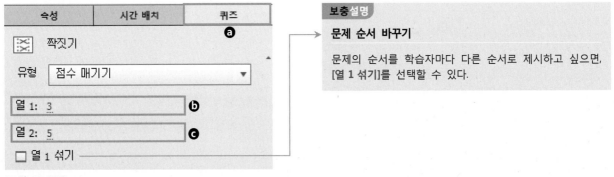

[그림 10-117]

2) 기본적인 문제와 보기의 배열이 완성된 화면은
   그림 10-118과 같다.

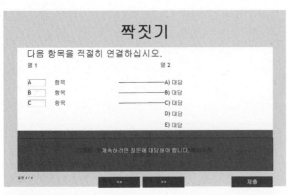

[그림 10-118]

3) 첫 번째 문항을 입력하기 위하여 [텍스트 박스](ⓐ)
   를 더블클릭하여 활성화 시킨 후 문제 '32×47＋
   29'를 입력한다.

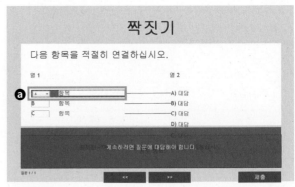

[그림 10-119]

4) 입력한 결과는 **그림 10-120**과 같다.

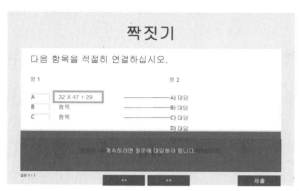

[그림 10-120]

5) 두 번째 문항 53×81＋48과 세 번째 문항 92×13−41 역시 3)～4)와 동일하게 수행하면, **그림 10-121** 과 같은 결과를 얻을 수 있다.

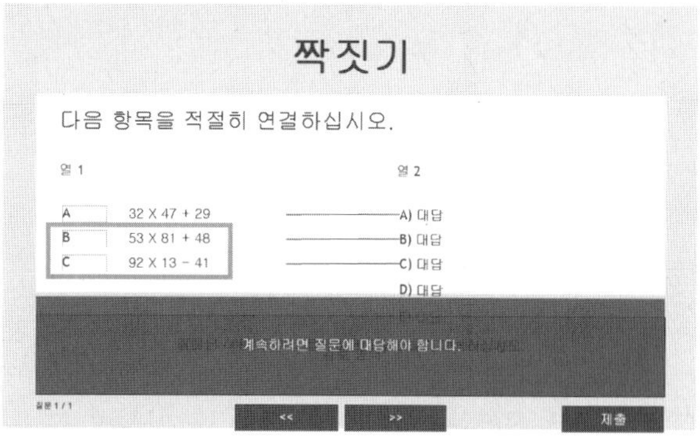

[그림 10-121]

6) 선택지 문항을 입력하기 위하여, **[텍스트 박스](ⓐ)**를 더블클릭하여 활성화 시킨 후, '**1155**'를 입력한다.

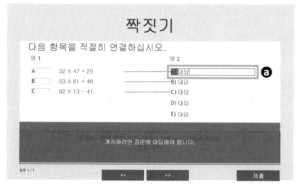

[그림 10-122]

7) 입력한 결과는 **그림 10-123**과 같다.

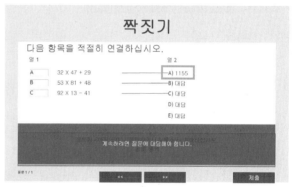

[그림 10-123]

8) 나머지 선택지 '**B) 4723, C) 4341, D) 1204, E) 1533**'(ⓐ)를 6)～7)과 동일하게 수행하면, **그림 10- 124**와 같은 결과를 얻을 수 있다.

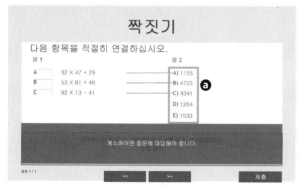

[그림 10-124]

9) 각 문제에 대한 정답을 입력해 본다. 첫 번째 문항 의 **[텍스트 박스](ⓐ)**를 클릭한 후, 드롭다운 목 록을 클릭하여 정답 '**E**'(ⓑ)를 클릭한다.

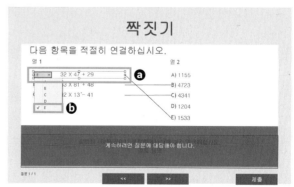

[그림 10-125]

10) 두 번째 문항의 **[텍스트 박스]**(ⓐ)를 클릭한 후, 드롭다운 목록을 클릭하여 정답 '**C**'(ⓑ)를 클릭한다.

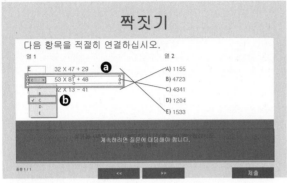

[그림 10-126]

11) 세 번째 문항의 **[텍스트 박스]**(ⓐ)를 클릭한 후, 드롭다운 목록을 클릭하여 정답 '**A**'(ⓑ)를 클릭한다.

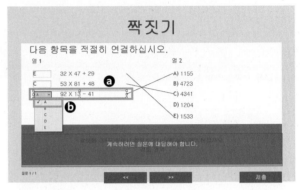

[그림 10-127]

12) 빠른 실행 도구에서 **[미리 보기]**(ⓐ) > **[프로젝트]**(ⓑ)를 클릭하여 프로젝트를 게시한다.

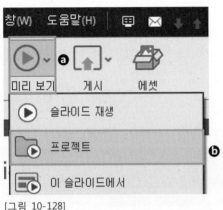

[그림 10-128]

13) 프로젝트가 게시된 상태에서 실행 결과를 확인해볼 수 있다.

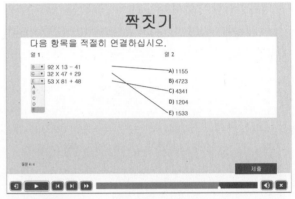

[그림 10-129]

1) 상단의 빠른 실행 도구에서 [슬라이드](ⓐ)＞[질문 슬라이드](ⓑ)를 클릭한다. 그러면 **그림 10-131**의 [질문 삽입] 창이 나온다.

[그림 10-130]

2) [핫스폿] 문제를 출제하기 하기 위해서 [핫스폿](ⓐ)을 선택하고, 한 문제를 출제하기 때문에 문제 수에는 '1'(ⓑ)을 입력한다.

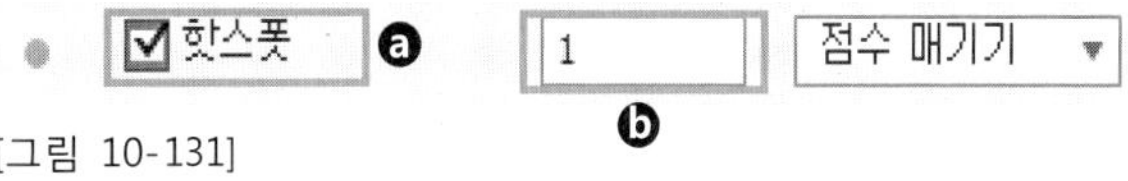

☑ 핫스폿 ⓐ   1   점수 매기기 ▼
ⓑ

[그림 10-131]

3) [점수 매기기](ⓐ) 유형을 선택한 후 [OK](ⓑ) 버튼을 누른다.

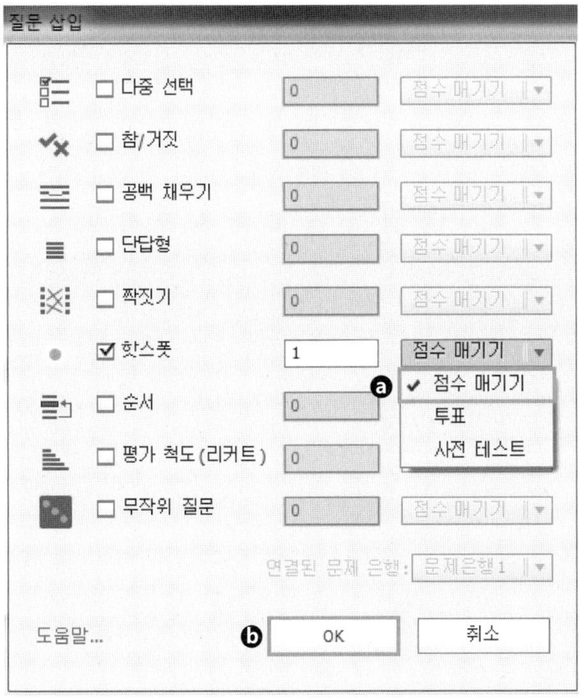

질문 삽입

☐ 다중 선택   0   점수 매기기 ▼
☐ 참/거짓   0   점수 매기기 ▼
☐ 공백 채우기   0   점수 매기기 ▼
☐ 단답형   0   점수 매기기 ▼
☐ 짝짓기   0   점수 매기기 ▼
☑ 핫스폿   1   점수 매기기 ▼
                        ✓ 점수 매기기 ⓐ
☐ 순서   0   투표
☐ 평가 척도 (리커트) 0   사전 테스트
☐ 무작위 질문   0   점수 매기기 ▼

연결된 문제 은행: 문제은행1 ▼

도움말...   ⓑ   OK   취소

[그림 10-132]

4) [핫스폿] 문제 유형은 아래의 **그림 10-133**과 같은 화면이다.

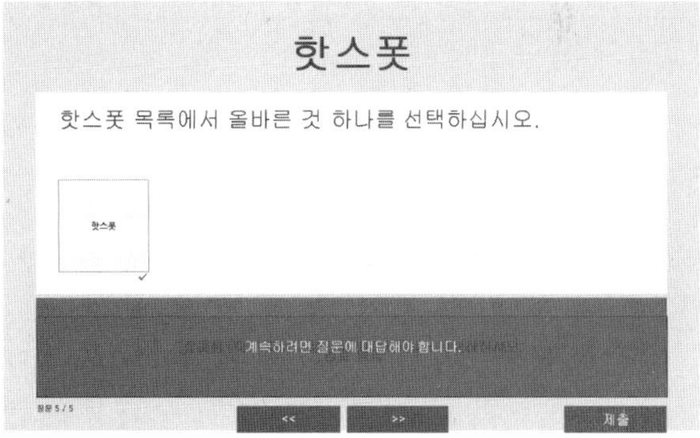

핫스폿

핫스폿 목록에서 올바른 것 하나를 선택하십시오.

핫스폿

계속하려면 질문에 대답해야 합니다.

질문 5 / 5   <<   >>   제출

[그림 10-133]

[핫스폿 문제]는 실제 이미지 위에 직접 체크를 하는 형태의 문제로, 주로 시각적인 정보를 습득하는데 효과적인 평가 방식이다. 핫스폿 유형의 문제의 경우, 문제 슬라이드 내에 배경이 되는 이미지가 필요하다.

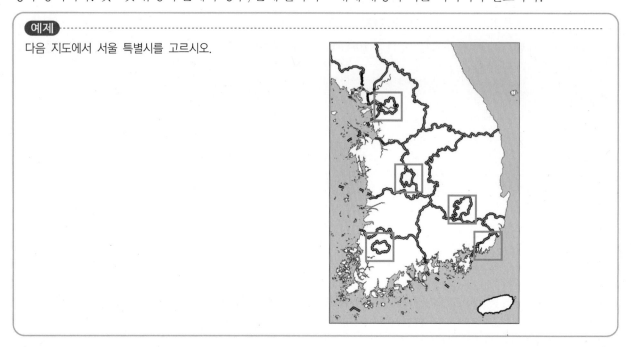

예제

다음 지도에서 서울 특별시를 고르시오.

6-1 핫스폿 문제 활용하기

1) 문제와 관련된 **[텍스트 박스](ⓐ)**를 더블클릭한 후, '**다음 지도에서 서울 특별시를 고르시오.**'를 입력한다.

[그림 10-134]

2) 슬라이드 배경이 되는 이미지 배치를 위해 피드백 영역과 검토 영역의 위치와 크기를 변경해야 한다. **[미완료 피드백](ⓔ)**을 클릭한 후, **[속성](ⓐ) > [옵션](ⓑ) > [변형](ⓒ)**에 들어가 '**X: 612, Y: 366, W: 350, H : 40**'(ⓓ)으로 변경한다.

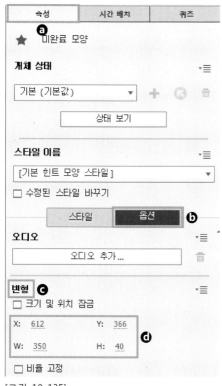

[그림 10-135]

보충설명

비율 고정

크기 고정 및 비율 고정을 막기 위하여, '크기 및 위치 잠금', '비율 고정'을 해제 한다.

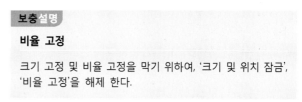

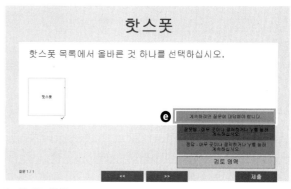

[그림 10-136]

3) 오답(ⓐ), 정답(ⓑ), 피드백, 검토영역(ⓒ)을 클릭한 후, [속성] > [옵션] > [변형]에 들어가 위치와 크기를 아래의 표와 같이 재조정 하도록 하자.

[그림 10-137]

ⓐ	오답 - 아무 곳이나 클릭하거나 Y를 눌러 계속하십시오	X: 615, Y: 411, W: 350, H: 55
ⓑ	정답 - 아무 곳이나 클릭하거나 Y를 눌러 계속하십시오	X: 615, Y: 466, W: 350, H: 55
ⓒ	검토 영역	X: 615, Y: 522, W: 350, H: 40

4) 슬라이드에 이미지를 불러오기 위하여, **[미디어](ⓐ) > [이미지](ⓑ)**를 클릭한다.

[그림 10-138]

5) 이미지가 저장된 경로에서 '**한반도 지도.png**'(**ⓐ**)
>[**열기**](**ⓑ**)를 클릭한다.

[그림 10-139]

6) [**핫스폿**] 슬라이드에 한반도 이미지와 캡션 검토
영역을 **그림 10-140**과 같이 배치한다.

[그림 10-140]

7) 그림 10-141의 [**속성**](**ⓐ**)에서 [**대답**](**ⓑ**)을 '**한 개**'
에서 '**다섯 개**'로 변경한다.

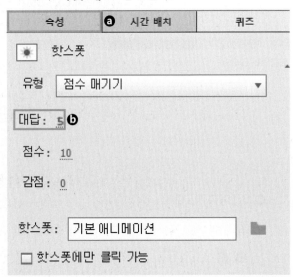

[그림 10-141]

보충설명

핫스폿에만 클릭 가능

만약 [핫스폿에만 클릭 가능]할 경우, 해당 핫스폿에만 선택
할 수 있다. 만약, 이 기능을 선택하지 않을 경우, 학습자의
입장에서 슬라이드의 어느 곳에도 클릭이 가능해지기 때문
에 문제에 대한 난이도가 증가한다.

8) 그림 10-142와 같이 [**핫스폿**]이 다섯 개로 증가
한 것(**ⓐ**)을 확인할 수 있다.

[그림 10-142]

9) [핫스폿]을 클릭한 상태에서 [속성](ⓐ)＞[옵션](ⓑ)＞[변형](ⓒ)에서 [핫스폿]의 크기를 'W: 30, H: 30'(ⓓ)으로 그림 10-143과 같이 변경한다.

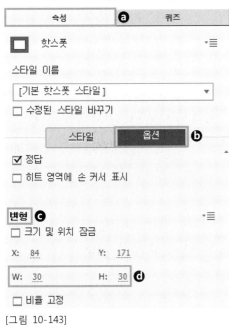

[그림 10-143]

10) 각 [핫스폿]마다 클릭한 후, [속성](ⓐ)＞[스타일](ⓑ)＞[채우기](ⓒ), [획](ⓓ)에서 그림 10-144와 같은 속성으로 변경한다.

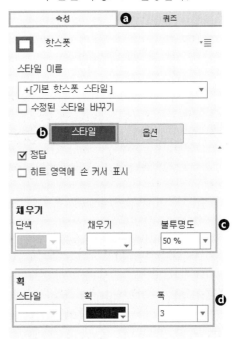

[그림 10-144]

11) 크기 변형, 채우기, 획 속성 변경 후 그림 10-145와 같이 [핫스폿](ⓐ)은 변경된다.

[그림 10-145]

12) 원래 문제와 동일하게 문제를 작성한 후, 그림 10-146과 같이 [핫스폿](ⓐ)을 선택지 위치에 올려 놓는다.

[그림 10-146]

13) 정답 [핫스폿](**ⓐ**)을 제외한 다른 선택지(**ⓑ**~**ⓔ**)를 클릭한 채로, [속성](**ⓕ**) > [옵션](**ⓖ**) > [정답](**ⓗ**)의 기능을 해제한다.

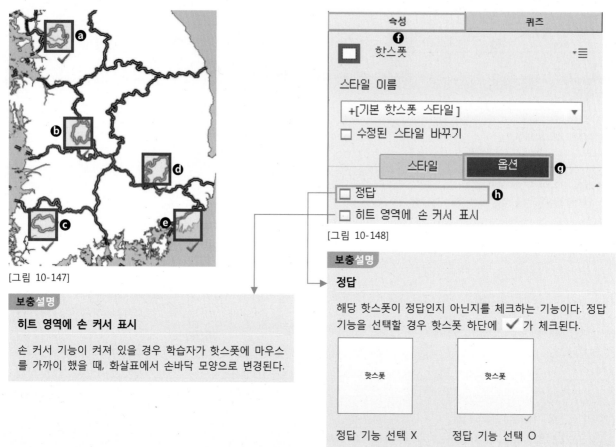

[그림 10-147]

[그림 10-148]

보충설명

히트 영역에 손 커서 표시

손 커서 기능이 켜져 있을 경우 학습자가 핫스폿에 마우스를 가까이 했을 때, 화살표에서 손바닥 모양으로 변경된다.

보충설명

정답

해당 핫스폿이 정답인지 아닌지를 체크하는 기능이다. 정답 기능을 선택할 경우 핫스폿 하단에 ✔ 가 체크된다.

정답 기능 선택 X   정답 기능 선택 O

14) 정답을 제외한 나머지 선택지 핫스폿(**ⓒ**, **ⓓ**, **ⓔ**)에도 **13)** 과정을 동일하게 수행한다. **ⓐ**를 제외한 나머지 선택지에 ✔ 가 사라진 것을 **그림 10-149**에서 확인할 수 있다.

[그림 10-149]

15) 빠른 실행 도구에서 [미리 보기](**ⓐ**) > [프로젝트](**ⓑ**)를 클릭하여 프로젝트를 게시한다.

[그림 10-150]

16) 프로젝트가 게시된 상태에서 퀴즈가 설정된 것을 확인한다.

[그림 10-151]

7. 순서 바꾸기 문제

7-1 순서 바꾸기 생성하기

1) 상단의 빠른 실행도구에서 [슬라이드](ⓐ) > [질문 슬라이드](ⓑ)를 클릭한다. 그러면 **그림 10-153**의 [질문 삽입 창]이 나온다.

[그림 10-152]

2) [순서 바꾸기] 유형 문제를 출제하기 하기 위해서 [순서](ⓐ)를 선택하고, 한 문제를 출제하기 때문에 문제 수에는 '1'(ⓑ)을 입력한다.

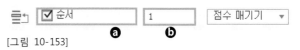
[그림 10-153]

3) 문제를 생성하기 위하여 **[OK](ⓐ)**를 누른다.

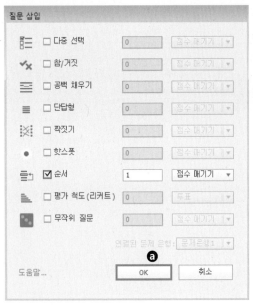

[그림 10-154]

4) 순서 바꾸기 문제 유형은 아래의 **그림 10-155**와 같은 화면이다.

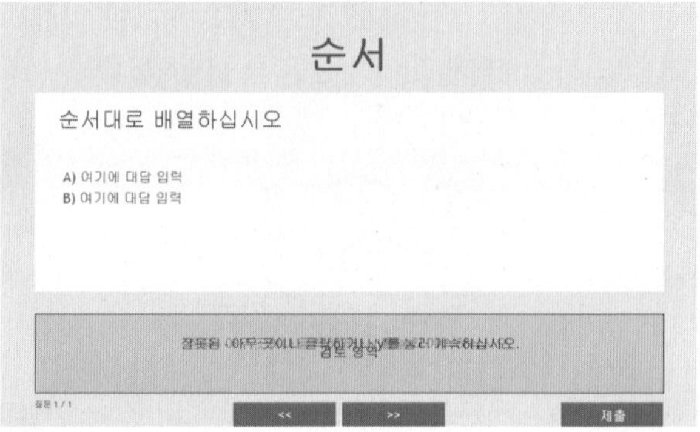

순서

순서대로 배열하십시오

A) 여기에 대답 입력
B) 여기에 대답 입력

[그림 10-155]

다른 퀴즈 유형과 달리 순서 바꾸기 문제의 경우 **[드래그 드롭]**, **[드롭다운]** 두 가지의 형태로 대답 유형을 설정할 수 있다.

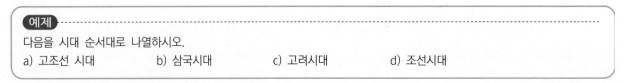

예제 --

다음을 시대 순서대로 나열하시오.
a) 고조선 시대　　　　b) 삼국시대　　　　c) 고려시대　　　　d) 조선시대

7-2 순서 바꾸기 문제 활용하기

1) **[순서]** 유형의 문제를 생성하고, 문제에 해당되는 부분을 더블클릭한 후, '**다음을 시대 순서대로 나열하시오.**'(ⓐ)를 입력한다.

[그림 10-156]

2) 네 개의 선택지를 사용하므로, **[퀴즈](ⓐ)**의 대답을 '**4**'(ⓑ)로 조정한 후, 대답 유형은 '**드래그 드롭**'(ⓒ)을 선택한다.

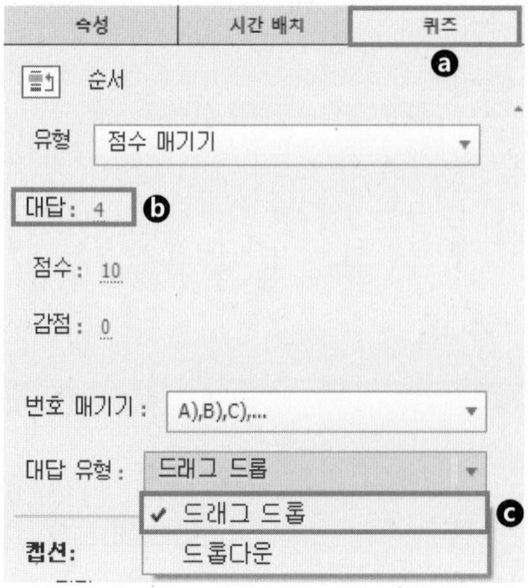

속성	시간 배치	퀴즈

ⓐ

▤ 순서

유형 : 점수 매기기 ▼

대답 : 4 ⓑ

점수 : 10

감점 : 0

번호 매기기 : A),B),C),... ▼

대답 유형 : 드래그 드롭 ▼
　　　　✓ 드래그 드롭　　　ⓒ
　　　　　드롭다운

캡션 :

[그림 10-157]

3) 순서 바꾸기 문제는 선택지 순서가 실제 정답 순서를 의미한다. 즉, 본 예시의 경우 정답이 '**고조선 시대**' – '**삼국 시대**' – '**고려 시대**' – '**조선 시대**'이므로, a) 고조선 시대, b) 삼국 시대, c) 고려 시대, d) 조선 시대로 입력해야 한다. 첫 번째 선택지를 입력하기 위하여, [**텍스트 박스**](❶)를 더블클릭하여 활성화 시킨 후 '**고조선 시대**'라고 입력한다.

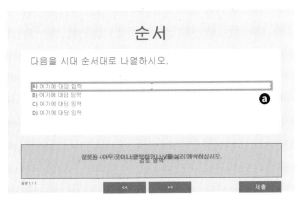

[그림 10-158]

보충설명

순서 바꾸기에서 선택지의 순서

실제 제작 과정에서 입력한 선택지 순서와 달리, 학습자에게 제공되는 순서는 랜덤으로 제시된다.

4) 입력한 결과는 **그림 10-159**와 같다.

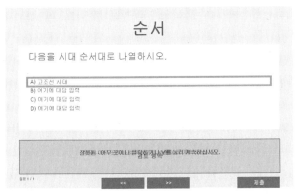

[그림 10-159]

5) b) 선택지는 정답의 두 번째 순서인 '**삼국 시대**'를 입력한다.

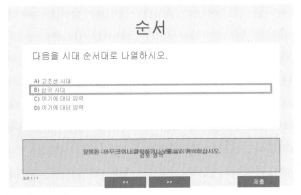

[그림 10-160]

6) c) 선택지는 정답의 세 번째 순서인 '**고려 시대**'를 입력한다.

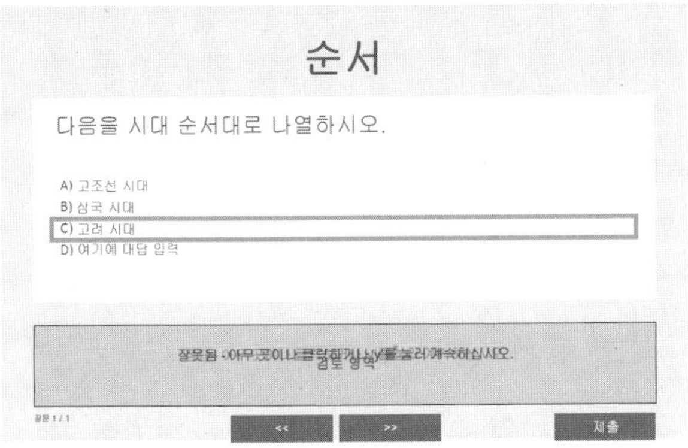

[그림 10-161]

7) d) 선택지는 정답의 네 번째 순서인 '**조선 시대**'를 입력한다.

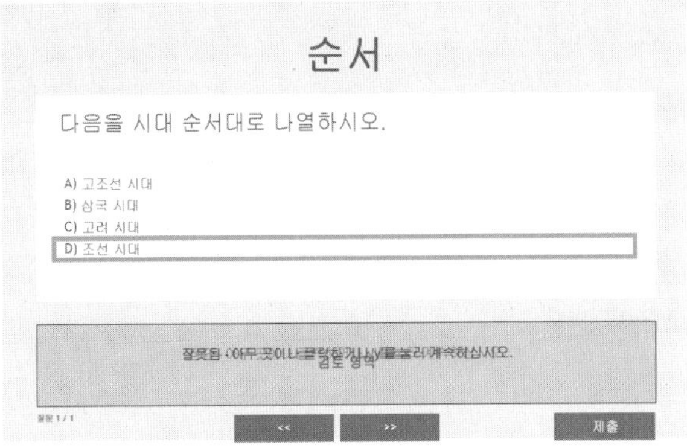

[그림 10-162]

8) 빠른 실행 도구에서 [미리보기](ⓐ)＞[프로젝트] (ⓑ)를 클릭하여 프로젝트를 게시한다.

[그림 10-163]

9) 프로젝트가 게시된 상태에서 실행 결과를 확인해 볼 수 있다. 'a) 고조선 시대, b) 삼국 시대, c) 고려 시대, d) 조선 시대'로 입력한 것과 달리, 학습자에게 출력된 선택지는 'a) 고려 시대, b) 고조선 시대, c) 삼국 시대, d) 조선 시대'라는 것을 확인할 수 있다. 즉, 순서 바꾸기의 경우 정답 순서대로 선택지를 입력하면, adobe captivate 9에서 무작위 순서로 출제한다는 것을 확인할 수 있다.

[그림 10-164]

10) 동일한 예제를 [드래그 드롭] 대답 유형이 아닌, [드롭다운]으로 변형할 수 있다. [퀴즈](ⓐ)에서 대답 유형을 '드래그 드롭'에서 '드롭다운'(ⓑ) 으로 변경한다.

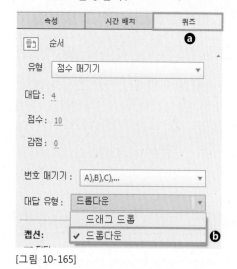

[그림 10-165]

11) 빠른 실행 도구에서 [미리보기](ⓐ)＞[프로젝트](ⓑ)를 클릭하여 프로젝트를 게시한다.

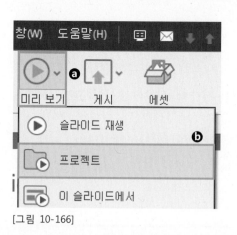

[그림 10-166]

12) 프로젝트가 게시된 상태에서 실행 결과를 확인
해볼 수 있다. 모든 선택지에 '**드롭다운**'이 활성
화된 것을 확인할 수 있다.

[그림 10-167]

8. 평가 척도(리커트) 유형

8-1 평가 척도 유형 문제 생성하기

1) 상단의 빠른 실행 도구에서 [슬라이드](ⓐ)＞[질문
슬라이드](ⓑ)를 클릭한다. 그러면 **그림 10-169**
의 [질문 삽입] 창이 나온다.

2) [평가 척도(리커트)] 유형 문제를 출제하기 하기
위해서 [**평가 척도(리커트)**](ⓐ)를 선택하고, 한
문제를 출제하기 때문에 문제 수에는 '**1**'(ⓑ)을
입력한다.

[그림 10-169]

[그림 10-168]

3) 문제를 생성하기 위하여 **[OK]**(**ⓐ**)를 누른다.

[그림 10-170]

4) **[평가 척도(리커트)]** 문제 유형은 아래의 **그림 10-171**과 같은 화면이다.

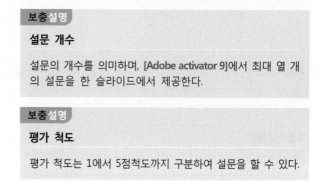

[그림 10-171]

예제

	1	2	3	4	5
A) 당신은 수학을 좋아하십니까?					
B) 숫자 연산 속도가 빠른 편입니까?					
C) 당신은 이 수업을 열심히 준비하였습니까?					

8-2 평가 척도 문제 활용하기

1) 세 개의 설문과 5점 척도를 사용하므로, **[퀴즈]**(**ⓐ**)의 **대답**(**ⓑ**)에는 '**3**'을, **평가 척도**(**ⓒ**)는 '**5**'로 조정한다.

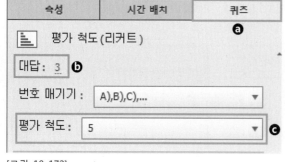

[그림 10-172]

2) 첫 번째 문항을 입력하기 위하여, **[텍스트 박스]**(ⓐ)를 더블클릭한 후 '**당신은 수학을 좋아하십니까?**'를 입력한다.

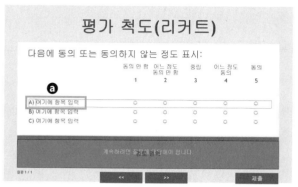

[그림 10-173]

3) 두 번째 문항을 입력하기 위하여, **[텍스트 박스]**(ⓐ)를 더블클릭한 후 '**숫자 연산 속도가 빠른 편입니까?**'를 입력한다.

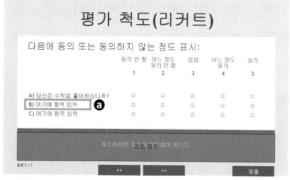

[그림 10-174]

4) 세 번째 문항을 입력하기 위하여, **[텍스트 박스]**(ⓐ)를 더블클릭한 후 '**당신은 이 수업을 열심히 준비하였습니까?**'를 입력한다.

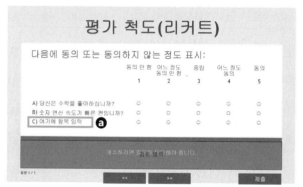

[그림 10-175]

5) 모든 문항을 입력한 화면은 아래와 같다.

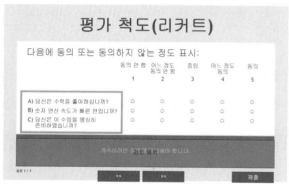

[그림 10-176]

6) 빠른 실행 도구에서 **[미리 보기]**(ⓐ)＞**[프로젝트]**(ⓑ)를 클릭하여 프로젝트를 게시한다.

[그림 10-177]

7) 프로젝트가 게시된 상태에서 설정한 퀴즈를 확인한다.

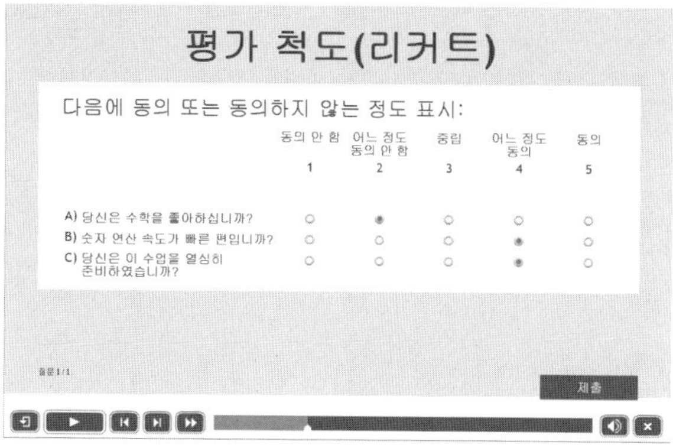

[그림 10-178]

제2절 점수 매기기 퀴즈 만들기에서 배웠던 **[점수 매기기]** 유형의 문제 만들기와 달리, **[사전 테스트]**는 학습자의 수준에 따라 서로 다른 **[분기]**를 제공한다. 예를 들어, 사전 테스트에서 학습자가 70%의 성취율을 달성할 때, 본격적인 평가를 받을 수 있고, 그 미만일 경우 다시 학습해야 하는 기능이 바로 사전 테스트에서 구현할 수 있는 기능이다. 일반 퀴즈와 사전 테스트와 다른 점을 비교하면 아래와 같다.

사전 테스트	일반 퀴즈 질문
• 무작위 질문 슬라이드를 포함할 수 없음 • 학습 분기와 관련된 동작 편집 가능 • 문제를 맞춘 후 동작이 없음 • 프로젝트를 실제 재생할 때, 재생 막대(재생 바)는 항상 숨겨져 있음	• 무작위 질문 슬라이드를 포함 가능 • 기본적으로 고급 동작 기능을 제공하지 않음 • 문제를 맞춘 후 특정 피드백을 제공하는 등의 동작을 제공함 • 프로젝트를 실제 재생할 때 스킨 편집기에서 활성화되어 있으면 재생 막대 사용 가능

1. 사전 테스트 만들기

1) 상단의 빠른 실행 도구에서 **[슬라이드]**(ⓐ)＞**[질문 슬라이드]**(ⓑ)를 클릭한다. 그러면 **그림 10-180**의 **[질문 삽입]** 창이 나온다.

[그림 10-179]

2) **[다중 선택]** 유형 문제를 출제하기 하기 위해서 **[다중 선택]**(ⓐ)을 선택하고, 한 문제를 출제하기 때문에 문제 수에는 '**1**'(ⓑ)을 입력하고, **[문제유형]**은 **[사전 테스트]**(ⓒ)를 선택한다.

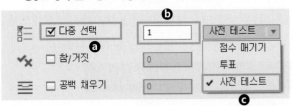

[그림 10-180]

3) 설정이 끝났으면 [OK]()을 클릭한다.

4) [사전 테스트] 문제 유형은 아래의 **그림 10-182**와 같은 화면이다.

[그림 10-182]

질문 삽입

▤	☑ 다중 선택	1	사전 테스트 ▾
			점수 매기기
✔✗	☐ 참/거짓	0	투표
▤	☐ 공백 채우기	0	✔ 사전 테스트
▤	☐ 단답형	0	점수 매기기 ▾
▨	☐ 짝짓기	0	점수 매기기 ▾
●	☐ 핫스폿	0	점수 매기기 ▾
▤	☐ 순서	0	점수 매기기 ▾
▤	☐ 평가 척도(리커트)	0	투표 ▾
▨	☐ 무작위 질문	0	점수 매기기 ▾

연결된 문제 은행: 문제은행1 ▾

도움말...　　　OK　　　취소

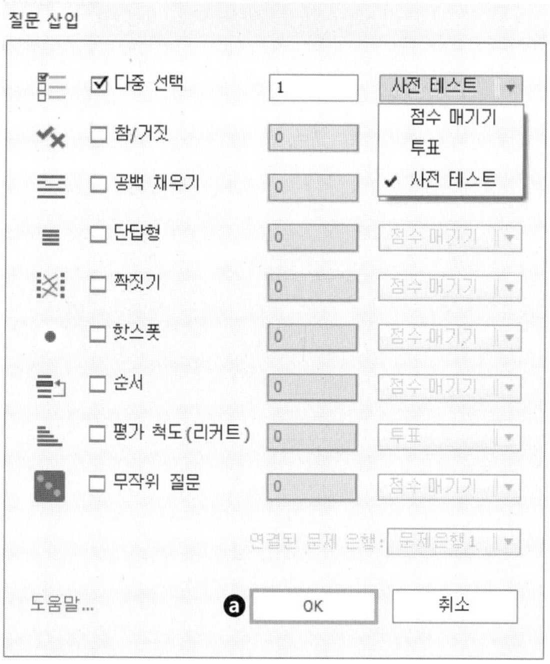

[그림 10-181]

보충설명

사전 테스트의 설정

실제 점수 매기기 유형과 인터페이스 측면에서 동일하지만, 학습자의 성취 수준에 따라 서로 다른 조건 동작을 연동시켜 학습 과정을 조정할 수 있다.

2. 사전 테스트 활용하기

예제
참 거짓 유형의 사전 테스트 세 개를 생성한 후, 정답률이 70%이상이면, 슬라이드 4로, 그 미만 슬라이드 5로 이동하는 사전 테스트 분기문을 작성하도록 하자. 단, 문제 4와 문제 5는 다중 선택 유형으로 작성하라.

[슬라이드 1]
문제 1) 한국의 수도는 '서울'이다.

[슬라이드 2]
문제 2) 미국의 수도는 '뉴욕'이다.

[슬라이드 3]
문제 3) 중국의 수도는 '상하이'다.

[슬라이드 4]
문제 4) 루마니아의 수도는?
　　　　바르샤바
　　　　부쿠레슈티

[슬라이드 5]
문제 5) 호주의 수도는?
　　　　캔버라
　　　　맬버른

1) 상단의 빠른 실행 도구에서 [슬라이드](ⓐ)>[질문 슬라이드](ⓑ)를 클릭한다. 그러면 **그림 10-184** 의 [질문 삽입] 창이 나온다.

[그림 10-183]

2) [사전 테스트] 유형의 [참/거짓] 문항을 세 개 생성하기 위하여, [참/거짓](ⓐ)을 선택하고, 세 문제를 출제하기 때문에 문제 수에는 '3'(ⓑ)을 입력하고, [사전 테스트](ⓒ) 유형을 선택한다.

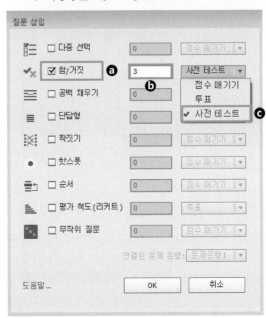

[그림 10-184]

3) [점수 매기기] 유형의 [다중 선택] 문항을 두 개 생성하기 위하여, [다중 선택](ⓐ)을 선택하고, 두 문제를 출제하기 때문에 문제 수에는 '2'(ⓑ)를 입력하고, [점수 매기기](ⓒ) 유형을 선택한다. 그리고 [OK](ⓓ)버튼을 클릭한다.

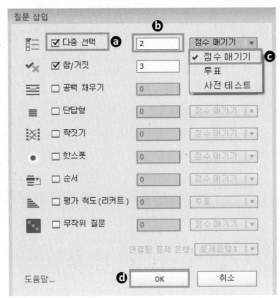

[그림 10-185]

4) 생성된 '슬라이드 1'에 문제 영역의 [텍스트 박스]에, '**문제 1) 한국의 수도는 '서울'이다.**'(ⓐ)를 입력한다. 그리고 정답 '**A) 참**'(ⓑ)을 선택한다.

[그림 10-186]

5) 생성된 '슬라이드 2'에 문제 영역의 **[텍스트 박스]**에, '**문제 2) 미국의 수도는 '뉴욕'이다.**'(ⓐ)를 입력한다. 그리고 정답 '**B) 거짓**'(ⓑ)을 선택한다.

[그림 10-187]

6) 생성된 '슬라이드 3'에 문제 영역의 **[텍스트 박스]**에, '**문제 3) 중국의 수도는 '상하이'다.**'(ⓐ)를 입력한다. 그리고 정답 '**B) 거짓**'(ⓑ)을 선택한다.

[그림 10-188]

7) 생성된 '슬라이드 4'에 문제 영역의 **[텍스트 박스]**에, '**문제 4) 루마니아의 수도는?**'(ⓐ)을 입력한다.

[그림 10-189]

8) '**A) [텍스트 박스]**'에 '**바르샤바**'를, '**B) [텍스트 박스]**'에는 '**부쿠레슈티**'(ⓐ)를 입력한다. 그리고 정답 '**B) 부쿠레슈티**'(ⓑ)를 선택한다.

[그림 10-190]

9) 생성된 '슬라이드 5'에 문제 영역의 **[텍스트 박스]**에, '**문제 5) 호주의 수도는?**'(ⓐ)을 입력한다.

[그림 10-191]

10) '**A) [텍스트 박스]**'에 '**캔버라**'를, B) **[텍스트 박스]**'에는 '**멜버른**'(ⓐ)을 입력한다. 그리고 정답 '**A) 캔버라**'(ⓑ)를 선택한다.

[그림 10-192]

11) '슬라이드 1'로 이동한 후, [퀴즈](ⓐ)＞[동작](ⓑ)＞[사후 테스트 동작 편집](ⓒ)을 클릭하여, [고급 동작] 창을 활성화한다.

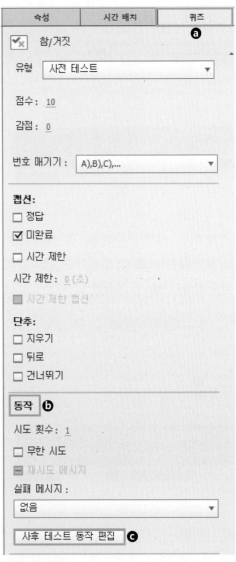

[그림 10-193]

12) IF 부분에서 [변수](ⓐ), [비교 연산자](ⓑ), [비교 대상](ⓒ)을 설정한다. '정답률이 70% 이상일 경우'으로 조건을 설정하였기 때문에 기본적으로 사전 테스트 문항의 정답률에 해당하는 ⓐ 'cpQuizInfoPretestScorePercentage'이라는 [변수]를 사용한다. 그리고 [비교 연산자](ⓑ)에는 '이상'을 의미하는 '은(는) 다음 항목보다 큽니다.'를 선택하고, 마지막으로 70%라는 비교 대상을 입력하기 위하여 ⓒ에 [리터럴 형식]의 '70'을 입력한다.

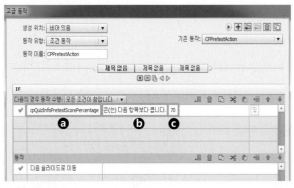

[그림 10-194]

13) [동작]의 경우, IF 조건을 충족할 경우 '슬라이드 2'로 이동하기 위하여, [선택 동작](ⓐ) 드롭다운 목록에서 [슬라이드로 이동](ⓑ)을 클릭한다.

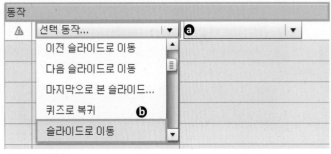

[그림 10-195]

14) '슬라이드 4'로 이동을 설정하기 위하여, [4 slide 4](ⓐ)를 클릭한다.

[그림 10-196]

15) IF 조건을 충족하지 않을 경우, 즉 ELSE일 경우 '슬라이드 5'로 이동하기 위하여, ELSE(ⓐ)를 클릭하여 창을 활성화 시킨 후, [선택 동작](ⓑ) 드롭다운 목록에서 [슬라이드로 이동](ⓒ)을 클릭한다.

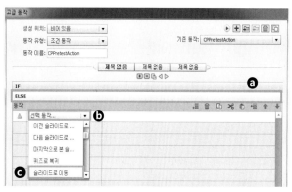

[그림 10-197]

16) '슬라이드 5'로 이동을 설정하기 위하여, [5 slide 5](ⓐ)를 클릭한다.

[그림 10-198]

17) IF, 동작, ELSE와 관련된 설정이 모두 끝나면, [동작 업데이트](ⓐ) > [닫기](ⓑ)를 클릭한다.

[그림 10-199]

제3절에서 배웠던 [질문 슬라이드]와 유사한 기능을 제공하지만, 점수 매기기 기능(채점)이 없으며, 학습자가 수행한 결과를 시스템으로 보고하는 등의 기능을 제공하지 않는다. 특히 평가 척도와 무작위 질문 기능이 없으므로, 제5절에서 학습할 문제 은행을 활용할 수 없다.

1. 지식 점검 슬라이드 생성하기

1) 지식 점검 슬라이드를 만들기 위하여, 상단의 빠른 실행 도구에서 [슬라이드](ⓐ)>[지식 점검 슬라이드](ⓑ)를 클릭한다. 그러면 **그림 10-201**의 [질문 삽입] 창이 나온다.

[그림 10-200]

2) 기존의 문제 슬라이드와 달리 [질문 삽입] 창에 [평가 척도(리커트)], [무작위 질문](ⓐ) 뿐만 아니라, [점수 매기기], [투표], [사전 테스트](ⓑ) 기능까지 비활성화된 것을 확인할 수 있다.

[그림 10-201]

3) [다중 선택] 문제를 출제하기 하기 위해서 [다중 선택](ⓐ)을 선택하고, 한 문제를 출제하기 때문에 문제 수에는 '1'(ⓑ)을 입력한다. 그리고 [OK](ⓒ) 버튼을 누른다.

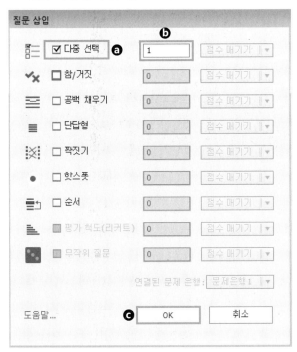

[그림 10-202]

4) 지식 점검 슬라이드의 [다중 선택] 문제 유형은 아래 **그림 10-203**과 같은 화면이다.

[그림 10-203]

Adobe Captivate 9에서는 효과적인 평가를 위하여 문제 은행 기능을 제공하고 있다. 여러 개의 문제를 pool의 형태로 저장한 후, 각 프로젝트에서 필요할 때마다 랜덤 형태로 문제 은행에서 출제하는 방식이다. 문제 은행을 활용하여 평가를 하고자 할 때, ① 문제 은행 만든 후, ② 문제 은행에 문제를 추가한 후, ③ 문제 은행에서 각 프로젝트별로 문제를 활용 하는 방법에 대하여 알아 본다.

1. GIFT 파일 형식 가져오기

1-1 GIFT(General Import Format Technology)

GIFT란 General Import Format Technology의 줄인 말로, 텍스트 파일을 바탕으로 하여 Adobe Captivate 9으로 변환하여 바로 문제 슬라이드로 적용시킬 수 있다. 특히 문제의 양이 많을 경우, txt로 만든 후, GIFT로 변환하여 사용하면 훨씬 빠른 속도로 개발할 수 있다. GIFT 파일은 다중 선택, 참/거짓, 단답형, 짝짓기 유형 등 다양하게 변환할 수 있다. 본 교재에서는 다중 선택을 중심으로 살펴보도록 한다.

예제 --

텍스트 파일 형태의 문제를 Adobe Captivate 9으로 가져온 후, 질문 슬라이드를 생성하라.

```
:: 문제 1 ::
다음 중 16의 약수인 것은?
{
 ~ 3
 = 4
 ~ 7
 = 8
}
```

1-2 GIFT 형식의 파일을 변환하기

1) 먼저 메모장을 실행시킨 후 아래의 내용과 같이 입력한다.

2) 이 파일을 저장할 때 그림 10-204와 같이 [파일명](ⓐ)은 'question1'로, [파일 형식](ⓑ)은 [텍스트 문서(*.txt)]로, [인코딩 유형](ⓒ)은 [UTF-8]을 선택한 후, [저장](ⓓ)을 클릭한다.

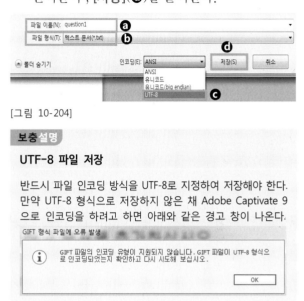

[그림 10-204]

보충설명

UTF-8 파일 저장

반드시 파일 인코딩 방식을 UTF-8로 지정하여 저장해야 한다. 만약 UTF-8 형식으로 저장하지 않은 채 Adobe Captivate 9으로 인코딩을 하려고 하면 아래와 같은 경고 창이 나온다.

3) 상단 메뉴 중 [퀴즈](ⓐ) > [GIFT 형식 파일 가져오기](ⓑ)를 선택하면, 그림 10-206과 같은 창이 뜬다.

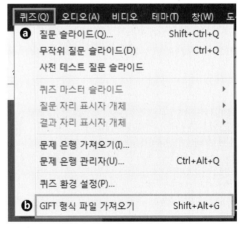

[그림 10-205]

4) 그림 10-206과 같은 [열기] 창이 뜨면 2)에서 저장했던 [question1.txt] 파일(ⓐ) > [열기](ⓑ)를 클릭한다.

[그림 10-206]

5) GIFT형식의 파일을 변환하면 **그림 10-207**과 같은 **[문제 슬라이드]**를 만들 수 있다.

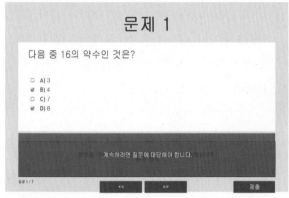

[그림 10-207]

1-3 GITF 구문 형식

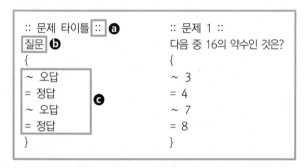

ⓐ [문제 번호] ':'로 시작해서 ':'로 종료한다. 반드시 ':'와 ':'를 넣을 필요는 없으나, ⓑ와 혼란을 줄 수 있기 때문에 기호를 넣는 것을 권장한다.

ⓑ [질문] 타이틀 아래에 작성한다. 단 질문과 선택지를 구분하는 구문이 '{ }'이기 때문에 질문

이 끝나고, 선택지를 제시할 경우 반드시 '{ }'를 입력한다. 만약에 입력하지 않을 경우 **그림 10-208**과 같은 경고 창이 나온다.

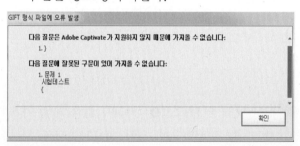

[그림 10-208]

ⓒ [선택지] 정답 앞에는 '='를, 오답 앞에는 '~'를 표기하여, 문제에 대한 정/오답을 구분한다.

2. 문제 은행 만들기

예제
새로운 문제 은행을 생성한 후, '기본연산'으로 이름을 변경하라.

1) 상단 메뉴에 [퀴즈](ⓐ) > [문제 은행 관리자](ⓑ)
를 클릭하면, 그림 10-210의 [문제 은행 관리자]
창이 활성화된다.

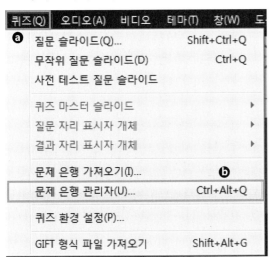

[그림 10-209]

2) 문제 은행을 추가하기 위해, ⓐ버튼을 클릭한다.
실제 '문제 은행2'(ⓑ)라는 새로운 문제 은행이
생성된 것을 확인할 수 있다.

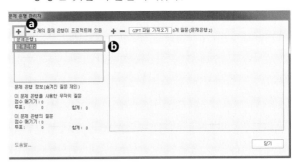

[그림 10-210]

3) '문제 은행2'라는 새로운 문제 은행의 이름을 '기
본연산'으로 변경하기 위해, ⓐ를 더블클릭한 후
텍스트 입력이 활성화되면 '**기본연산**'을 입력한다.

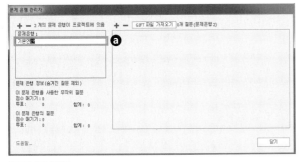

[그림 10-211]

보충설명

문제 은행 파일명

문제 은행의 이름에 띄어쓰기가 있거나, 100자를 초과할 경
우 아래와 같은 경고 창이 뜬다.

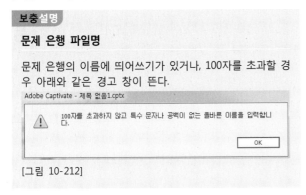

[그림 10-212]

4) [닫기](ⓐ)를 클릭하여, 생성한 문제 은행을 저장
한다.

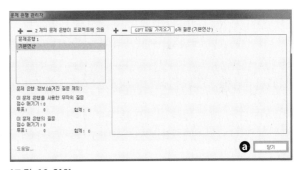

[그림 10-213]

앞에서 살펴보았던 **그림 10-214**의 **[문제 은행 관리자]** 창을 보면 문제 은행을 관리하는 창(ⓐ)과 하나의 문제 은행 안에 문제를 관리하는 부분(ⓑ)으로 볼 수 있다. 문제 은행 관리자 창을 활용하여 문제 은행에 어떻게 문제를 추가하는지 살펴보도록 한다.

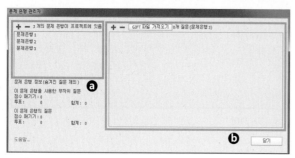

[그림 10-214]

1) 상단 메뉴에 [퀴즈](ⓐ) > [문제 은행 관리자](ⓑ)를 클릭하면, 그림 10-216의 [문제 은행 관리자] 창이 활성화된다.

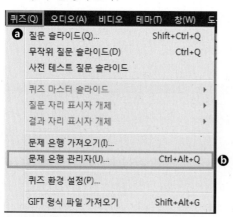

[그림 10-215]

2) 해당 [문제 은행](ⓐ)을 클릭 한 후, 문제 은행 내에 문제를 추가하기 위하여 버튼(ⓑ)을 클릭한다.

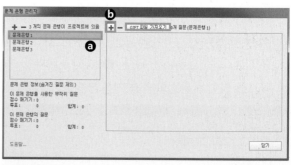

[그림 10-216]

보충설명

GIFT 유형 문항

GIFT 유형의 문항도 해당 문제 은행을 클릭한 후, [GIFT 파일 가져오기]를 클릭하여 활용할 수 있다.

3) [문제 은행]에 문제를 추가하기 위한 [질문 삽입] 창(ⓐ)이 그림 10-217과 같이 활성화된다. 문제 은행에 추가하고 싶은 문제를 선택한 후 [OK](ⓑ)버튼을 누른다.

[그림 10-217]

4) [문제 은행]에 문제를 추가한 형태는 **그림 10-218**과 같다. 문제 은행 내에 문제를 추가하고자 할 때, **ⓐ**를 클릭하고, 삭제할 경우 해당 문제를 클릭한 후 **ⓑ**를 클릭하면, 해당 문제가 문제 은행에서 삭제된다.

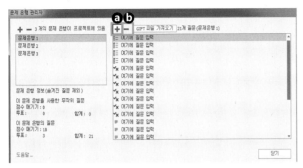

[그림 10-218]

보충설명

문제 은행에 생성한 문제/문제 슬라이드는 실제 프로젝트에 있는 것이 아니기 때문에, 슬라이드 하단에 타임라인 옆에 별도의 창을 만들어서 관리한다.

[그림 10-219]

문제 은행 간의 이동을 하기 위해서 **ⓐ**를 클릭하면, 활성화된 드롭다운 목록을 통해 이동할 수 있다.

[그림 10-220]

문제 은행 내에 문제를 추가하기 위해서 **ⓑ**를 클릭하면 질문 삽입 창이 활성화된다. 문제 은행 내의 문제를 검토하거나, 문제를 삭제할 경우 **ⓒ**를 클릭하면 문제 은행 관리자 창이 활성화된다.

[그림 10-221]

4. 문제 은행의 문제를 프로젝트에 추가하기

1) 상단의 빠른 실행 도구에서 [슬라이드]>[질문 슬라이드]를 클릭하면 **그림 10-223**이 나온다.

[그림 10-222]

2) [무작위 질문]를 출제하기 하기 위해서 [무직위 질문](**ⓐ**)을 선택하고, 한 문제를 출제하기 때문에 문제 수에 는 '1'(**ⓑ**)을 입력하고, [점수 매기기](**ⓒ**) 유형을 선택한다. 그리고 무작위 질문을 출제하고자 하는 [문제 은 행 1](**ⓓ**)을 선택하고, [OK](**ⓔ**) 버튼을 누른다.

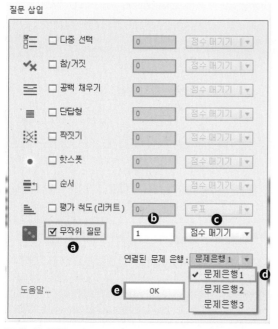

[그림 10-223]

3) [무작위 질문 유형]은 아래의 **그림 10-224**와 같은 화면이다.

[그림 10-224]

4) 무작위 질문 유형의 정보를 확인은 [퀴즈](**ⓐ**) 속성에서 [문제 은행](**ⓑ**) 영역에서 확인할 수 있다. 다른 문제 은행의 유형을 확인하려면, 드롭다운 메뉴를 클릭한다.

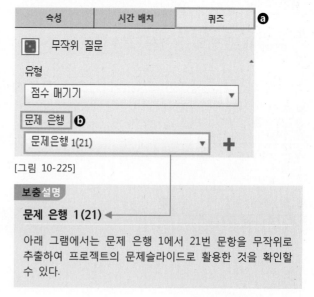

[그림 10-225]

문제 슬라이드를 활성화하면 생성한 문제 슬라이드와 더불어 **그림 10-226**과 같은 퀴즈 결과 슬라이드가 자동적으로 생성된다. 아래의 그림은 기본적으로 제공하는 인터페이스다. Adobe Captivate 9은 설계자가 원하는 결과 요소(점수, 최대점수, 올바르게 대답한 질문, 총 질문의 수, 정확도, 퀴즈 시도)를 출력한다. 더불어 원하는 결과 값을 변수로 설정하여 결과 화면에 출력할 수 있다.

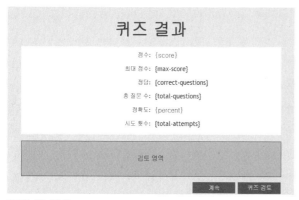

[그림 10-226]

퀴즈 결과 슬라이드를 클릭한 후 **[퀴즈](ⓐ)**를 클릭하면 **그림 10-227**과 같이 제공한다.

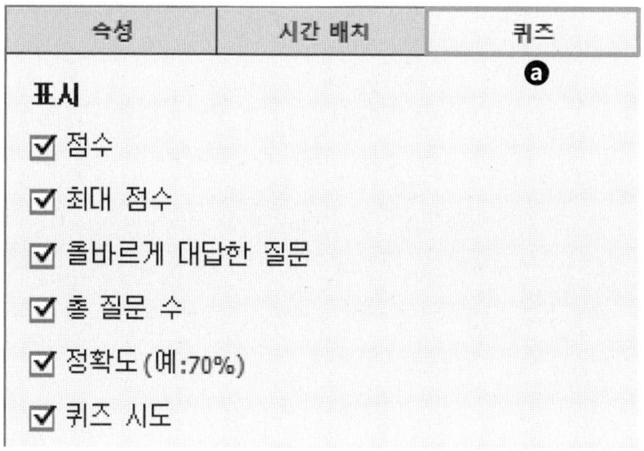

속성	시간 배치	퀴즈
		ⓐ

표시

☑ 점수

☑ 최대 점수

☑ 올바르게 대답한 질문

☑ 총 질문 수

☑ 정확도 (예:70%)

☑ 퀴즈 시도

[그림 10-227]

출력하기 제**11**장

📖 학습할 내용

♣ 출력하기와 관련된 환경 설정
- 프로젝트 크기 다시 조정하기
- 스킨 편집기
- 프로젝트 환경 설정

♣ 컴퓨터로 게시하기
- 파일로 게시하기

- 실행 파일로 게시하기
- 비디오로 게시하기

♣ 인쇄하기
- 인쇄하기
- 인쇄 관련 속성 알아보기

ⓔ 실행 순서

♣ 출력하기와 관련된 환경 설정
- 프로젝트 크기 다시 조정하기

  수정(M) ⇨ 프로젝트 크기 다시 조정...

  상단 메뉴에서 [수정]을 클릭하고 [프로젝트 크기 다시 조정]을 선택한다.

- 스킨 편집기

  프로젝트(P) ⇨ 스킨 편집기(S)...

  상단 메뉴에서 [프로젝트]를 클릭하고 [스킨 편집기]를 선택한다.

- 프로젝트 환경 설정

  편집(E) ⇨ 환경 설정(R)...

  상단 메뉴에서 [편집]을 클릭하고 [환경 설정]을 선택한다.

♣ 컴퓨터로 게시하기
- 파일로 게시하기

빠른 실행 도구에서 [게시]를 클릭하고 [컴퓨터에 게시]를 선택한 후, [HTML5/SWF]를 선택한다.

- 실행 파일로 게시하기

빠른 실행 도구에서 [게시]를 클릭하고 [컴퓨터에 게시]를 선택한 후, [실행 파일]을 선택한다.

- 비디오로 게시하기

빠른 실행 도구에서 [게시]를 클릭하고 [컴퓨터에 게시]를 선택한 후, [비디오]를 선택한다.

♣ 인쇄하기

파일(F) ⇨ 인쇄(T)...

상단 메뉴에서 [파일]을 클릭하고 [인쇄]를 선택한다.

✏️ 기능의 목적

- 프로젝트 크기, 스킨 편집기를 통해 출력할 때의 화면을 설정
- 개발한 프로젝트를 파일, 실행 파일, 비디오, 출력물 등 다양한 형태로 출력

이러닝 설계팁

♣ 목차의 설계

목차의 설계는 어떻게 목차를 보여주고 구성할 것인지, 그리고 어떻게 전체 이러닝을 조직화할 것인지에 대한 중요한 의사결정을 요구한다(Horton, 2006). 학습자들은 인쇄된 교재에서와 같은 형태의 학습 목차를 활용하는 것에 익숙하므로 단순한 일련의 의사결정을 통해 특정 주제로 깊이 들어갈 수 있도록 해 주면 된다. 내용 목차는 또한 전체 이러닝이 어떻게 구성되어 있는지를 보여 주는 지도와 같은 역할을 하기도 한다. 전반적으로 목차의 하위 수준의 개수가 많을 경우 개별적 선택이 어렵기 때문에 하위 수준은 7개가 넘지 않는 것이 좋다. 목차의 하위 수준에 대한 선택은 단순하지만 보다 많은 의사결정을 요구하므로 하나의 메뉴를 선택할 때 3수준을 넘지 않도록 한다(Horton, 2006). Adobe Captivate 9에서 목차는 크게 분리된 목차와 오버레이된 목차로 구현가능하다. 분리된 목차는 목차를 감출 수 없으며 필요 시 즉각 활용될 수 있도록 항상 화면상에 존재한다. 학습자가 항상 옵션과 그 구조를 볼 수 있어서 방향감을 가질 수 있으며, 다음에 공부할 내용이 무엇인지를 시각적으로 항상 볼 수 있다. 하지만 화면의 일정부분을 차지하므로 학습할 때는 방해가 될 수도 있다(Alessi & Trollip, 2003). 오버레이된 목차는 학습자들이 목차를 보려면 버튼을 클릭해야 한다. 이는 공간을 절약해 주며, 목차가 나타났을 때만 공간을 차지하므로 제목들이 충분한 공간을 가지고 완성될 수 있어서 이해하기에도 쉽다(Horton, 2006).

♣ 목차를 통한 학습자 통제

학습자들은 목차를 통해 학습순서나 진도를 결정할 수 있다. 일반적으로 학습 내용의 순서가 중요하지 않으면 프로그램 순서 통제가 가능한 목차를 제공하는 것이 좋다(Alessi & Trollip, 2003). 또한 다시보기는 되지만 스킵은 되지 않는 목차를 사용해야 하며(Alessi & Trollip, 2003), Adobe Captivate 9에서는 [목차 설정]을 통해 이를 설정할 수 있다.

♣ HTML5 파일로 게시

Adobe Captivate 9에서는 HTML5 파일 게시를 지원함으로써 iPad 혹은 iPhone 등의 장치에서 출력이 가능하다. 이는 기존 Adobe Flash에서는 제한된 기능으로 모바일 콘텐츠를 제작하는데 효과적이다.

제작한 프로젝트를 실제 컴퓨터, 모바일 환경에서 사용할 수 있도록 출력하기 위하여 사전에 설정해야 하는 요소들을 살펴보도록 한다.

1. 프로젝트 크기 다시 조정하기

예제

다음은 6장의 클릭 상자 연습 사례(파일명: 5장_클릭 상자 연습_1.cptx)다.

별모양을 찾아 클릭해 보세요.

이 화면 크기는 1024×627의 아이패드 가로 크기 화면으로 설정되어있는데, 너비 1200×높이 800의 크기로 조정하라. (단, 프로젝트를 같은 크기로 유지하고 개체를 배치하며, 프로젝트 위치 조정 값을 오른쪽 위로 선택하라.)

1-1 프로젝트 크기 조정하기

1) [프로젝트]의 크기를 재조정하기 위하여 [수정](ⓐ)
> [프로젝트 크기 다시 조정](ⓑ)을 클릭한다.

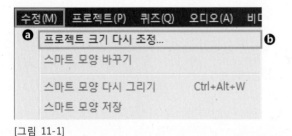

[그림 11-1]

2) [프로젝트 크기 다시 조정] 창을 확인할 수 있다.

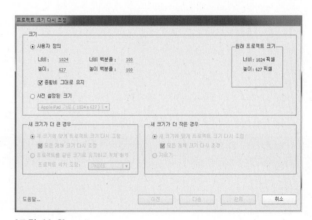

[그림 11-2]

3) 기존의 1024×627과 1200×800을 비교했을 때, 너비와 높이 비율이 다르므로 **[종횡비 그대로 유지](ⓐ)**를 해제한다.

[그림 11-3]

5) **[사용자 정의](ⓐ)**의 **[높이](ⓑ)**를 더블클릭하여 활성화한 후, '627'에서 '800'으로 조정한다.

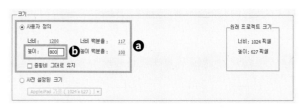

[그림 11-5]

7) 새 크기가 더 큰 경우 중 **[프로젝트를 같은 크기로 유지하고 개체 배치](ⓐ)**를 선택한다.

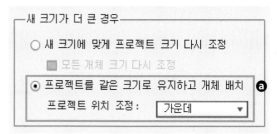

[그림 11-7]

4) 화면의 크기를 조정하기 위하여 **[사용자 정의](ⓐ)**의 **[너비](ⓑ)**를 더블클릭하여 활성화한 후, '1024'에서 '1200'으로 조정한다.

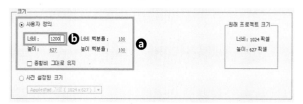

[그림 11-4]

6) 변경된 화면의 크기(1200×800)가 기존의 화면(1024×627)에 비해 크기 때문에 **[새 크기가 더 큰 경우](ⓐ)**가 활성화된 것을 확인할 수 있다.

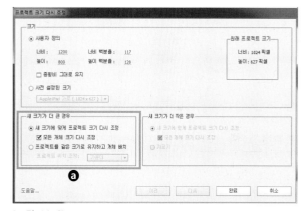

[그림 11-6]

8) 프로젝트 위치 조정에서 **[오른쪽 위](ⓐ)**를 선택한다.

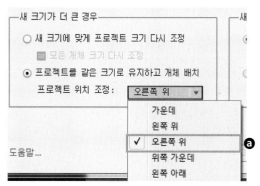

[그림 11-8]

9) 조정 부분을 모두 선택하였으면, [완료](ⓐ)를 클릭한다.

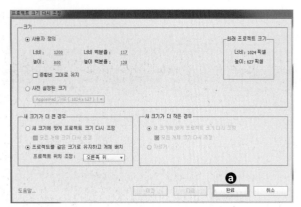

[그림 11-9]

10) 빠른 실행 도구에서 [미리 보기](ⓐ)>[프로젝트](ⓑ)를 클릭하여 프로젝트를 게시한다.

[그림 11-10]

11) 프로젝트가 게시된 상태에서 변경된 화면 크기를 확인한다.

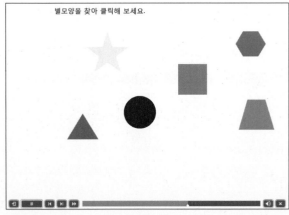

[그림 11-11]

제작한 프로젝트의 화면 크기와 실제 출력하는 화면 크기가 같다면 별 다른 크기 조정 없이 **[출력하기]**를 진행한다. 그러나 제작한 프로젝트의 화면 크기와 실제 출력하는 화면 크기가 다를 경우 프로젝트 크기를 조정해야 한다.

1-2 프로젝트 크기 조정하기와 관련된 속성 알아보기

1) [프로젝트]의 크기를 재조정하기 위하여 [수정](ⓐ)>[프로젝트 크기 다시 조정](ⓑ)을 클릭한다.

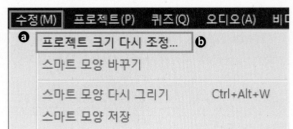

[그림 11-12]

2) [프로젝트 크기 다시 조정] 창이 나타난다.

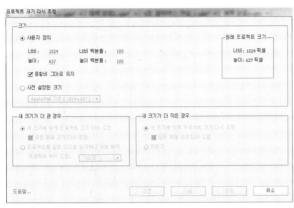

[그림 11-13]

3) 사용자가 직접 수치를 입력할 수 있는 [사용자 정의](ⓐ)와 규격 크기로 미리 설정된 [사전 설정된 크기](ⓑ) 두 가지의 기능을 선택할 수 있다.

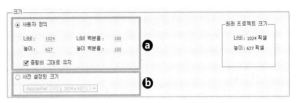

[그림 11-14]

보충설명

사전 설정된 크기

사전 설정된 크기는 Android, IOS에서 사전 설정된 인터페이스의 규격화된 크기를 기본 값으로 제공한다. 실제 드롭다운 메뉴를 활성화 시키면 그림과 같은 크기 중 선택할 수 있다.

✓ Apple iPad 가로 (1024 x 627)
   Apple iPad 세로 (768 x 928)
   640 x 480
   800 x 600
   1024 x 576
   1024 x 627
   1024 x 768
   1280 x 720

4) [사용자 정의](ⓐ)의 경우 [너비]와 [높이]의 값에 사용자가 원하는 값(그림 11-15)을 실제로 넣어 크기를 직접 조절할 수 있다. [원래 프로젝트의 크기] (예: 너비 1024 픽셀, 높이 627 픽셀)보다 작을 경우, 즉 [새 크기가 더 큰 경우](ⓑ)와 [새 크기가 더 작은 경우](ⓒ) 두 가지로 나누어서 조정할 수 있다.

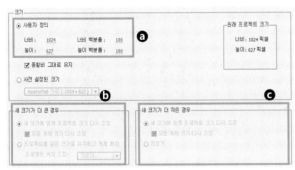

[그림 11-15]

보충설명

종횡비 그대로 유지

[종횡비 그대로 유지]란, [너비]와 [높이]의 값을 일정 비율로 고정시킬 수 있는 기능이다.

5) [출력할 프로젝트]의 크기(예: 너비 922 픽셀, 높이 564 픽셀)가 [제작한 프로젝트 크기] (예: 너비 1024 픽셀, 높이 627 픽셀) 보다 작을 경우 **그림 11-16**과 같이 [새 크기가 더 작은 경우]가 활성화된다.

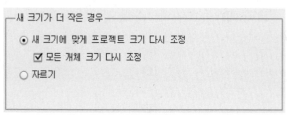

[그림 11-16]

보충설명

새 크기에 맞게 프로젝트 크기 다시 조정

제작한 프로젝트의 크기를 출력할 프로젝트의 크기로 확대해서 보여준다.

보충설명

자르기

배경 혹은 전체 바탕 슬라이드는 그대로 둔 채, 그 안의 내용에서 바탕 슬라이드를 초과하는 부분을 잘린 채 출력한다. 100%가 초과하여 잘린 부분은 NEXT 버튼이 활성화되어 다음 슬라이드에서 확인할 수 있다.

6) [출력할 프로젝트]의 크기(예: 너비 1126 픽셀, 높이 690 픽셀)가 [제작한 프로젝트] 크기(예: 너비 1024 픽셀, 높이 627 픽셀) 보다 클 경우 **그림 11-17**과 같은 [새 크기가 더 큰 경우]가 활성화된다.

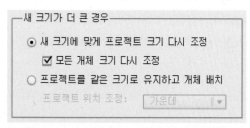

[그림 11-17]

보충설명

새 크기에 맞게 프로젝트 크기 다시 조정

제작한 프로젝트의 크기를 출력할 프로젝트의 크기로 축소해서 보여준다.

보충설명

프로젝트를 같은 크기로 유지하고 개체 배치

배경 혹은 전체 바탕 슬라이드는 그대로 둔 채, 그 안의 내용이 그대로 축소해서 출력한다. 전체 슬라이드에서 축소된 레이아웃을 배치하기 위하여 드롭다운 메뉴를 활성화 시켜 배경과 내용의 배치를 다시 설정할 수 있다.

   ✓ 가운데
       왼쪽 위
       오른쪽 위
       위쪽 가운데
       왼쪽 아래
       오른쪽 아래
       아래쪽 가운데
       왼쪽 가운데
       오른쪽 가운데

2. 스킨 편집기

[스킨 편집기] 기능에서 출력할 때 슬라이드에서 보이는 재생 컨트롤(ⓐ), 테두리(ⓑ), 목차(ⓒ)를 편집하는 부분이다.

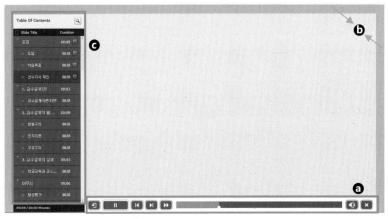

[그림 11-18]

2-1 프로젝트 스킨 선택하기

1) 상단 메뉴에서 [프로젝트](ⓐ) > [스킨 편집기](ⓑ)를 클릭하면, **그림 11-20**과 같은 [스킨 편집기]가 활성화된다.

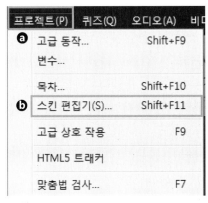

[그림 11-19]

[그림 11-20]

2) [스킨 편집기]에서 원하는 스킨을 드롭다운 메뉴를 활성화 시켜 선택한다. 본 예시에서는 '**Captivate 기본값**'(ⓐ)을 선택한다.

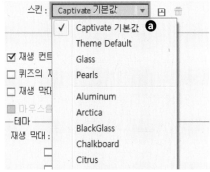

[그림 11-21]

3) [스킨 선택]이 완료되면, [스킨 편집기]의 우측 상단의 [×](ⓐ)를 클릭하여 창을 닫는다.

[그림 11-22]

재생 컨트롤 선택하기

1) 상단 메뉴에서 [프로젝트](ⓐ)>[스킨 편집기](ⓑ)를 클릭하면, [스킨 편집기]가 활성화된다.

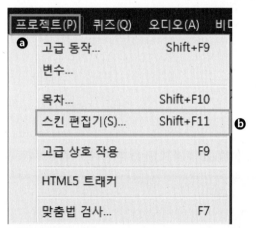

[그림 11-23]

2) [스킨 편집기] 메뉴 중 [재생 컨트롤]과 관련된 ▶(ⓐ)를 클릭한다.

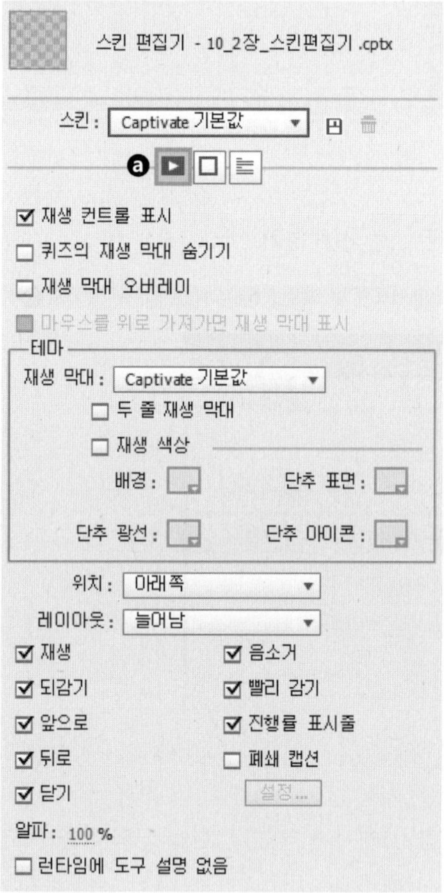

스킨 편집기 - 10_2장_스킨편집기 .cptx

스킨 : Captivate 기본값 ▼

ⓐ ▶ □ ☰

☑ 재생 컨트롤 표시
☐ 퀴즈의 재생 막대 숨기기
☐ 재생 막대 오버레이
■ 마우스를 위로 가져가면 재생 막대 표시

테마
재생 막대 : Captivate 기본값 ▼
☐ 두 줄 재생 막대
☐ 재생 색상
배경 : ☐   단추 표면 : ☐
단추 광선 : ☐   단추 아이콘 : ☐

위치 : 아래쪽 ▼
레이아웃 : 늘어남 ▼

☑ 재생   ☑ 음소거
☑ 되감기   ☑ 빨리 감기
☑ 앞으로   ☑ 진행률 표시줄
☑ 뒤로   ☐ 폐쇄 캡션
☑ 닫기   설정...

알파 : 100 %
☐ 런타임에 도구 설명 없음

[그림 11-24]

3) [재생 컨트롤]에서는 그림 11-25와 같은 옵션을 제공하고 있다.

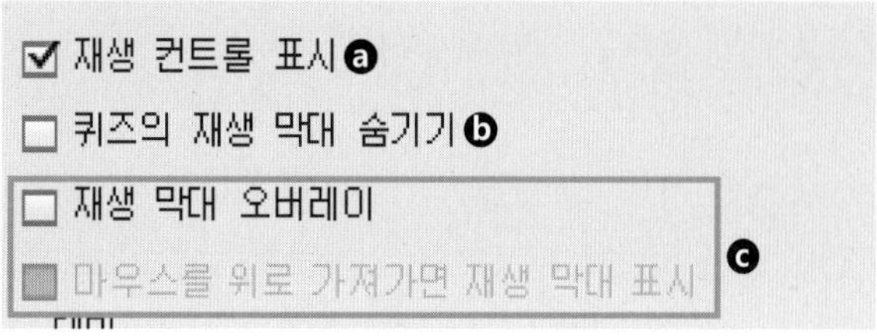

☑ 재생 컨트롤 표시ⓐ
☐ 퀴즈의 재생 막대 숨기기ⓑ
☐ 재생 막대 오버레이
■ 마우스를 위로 가져가면 재생 막대 표시 ⓒ

[그림 11-25]

ⓐ [재생 컨트롤 표시]   클릭하면 출력 화면에 **그림 11-26**과 같은 [재생 막대]를 나타낼 수 있다.

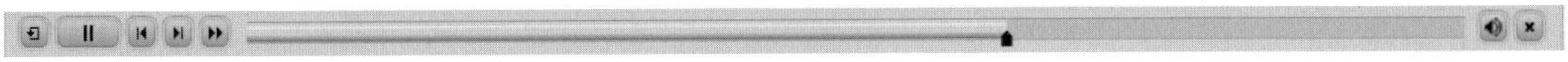

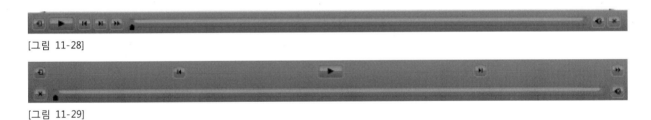

[그림 11-26]

ⓑ [퀴즈의 재생 막대 숨기기] 퀴즈 슬라이드에서 학습자가 이전 퀴즈, 이후 퀴즈를 이동하지 않게 하기 위하여 설정하는 것으로, 사전 테스트에서는 이 기능을 제공하고 있지 않다.

ⓒ [재생 막대 오버레이] 클릭하면 [마우스를 위로 가져가면 재생 막대 표시]가 활성화되는데, 마우스를 하단에 놓을 때만 [재생 막대]가 나타난다.

4) [재생 컨트롤 테마]를 그림 11-27과 같이 설계자가 직접 선택할 수 있다.

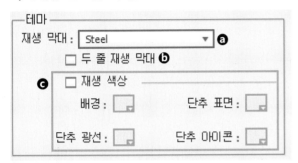

[그림 11-27]

ⓐ [재생 막대] 드롭다운 메뉴를 활성화하면, 다양한 인터페이스를 선택할 수 있다.

ⓑ [두 줄 재생 막대] [한 줄 재생 막대] (그림 11-28)와 [두 줄 재생 막대] (그림 11-29)로 다르게 제공할 수 있다.

ⓒ [재생 색상] [재생 막대] 내에 버튼의 색상을 직접 선택할 수 있다.

[그림 11-28]

[그림 11-29]

5) [위치]는 [재생 막대]의 위치를 결정하는 것으로, 위쪽, 오른쪽, 아래쪽, 왼쪽으로 설정할 수 있다.

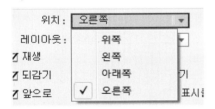

[그림 11-30]

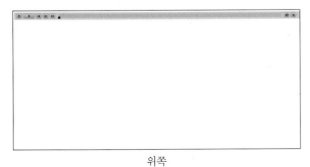

위쪽

[그림 11-31]

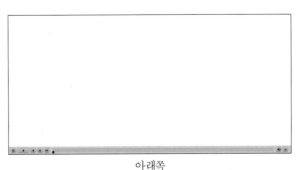

아래쪽

[그림 11-32]

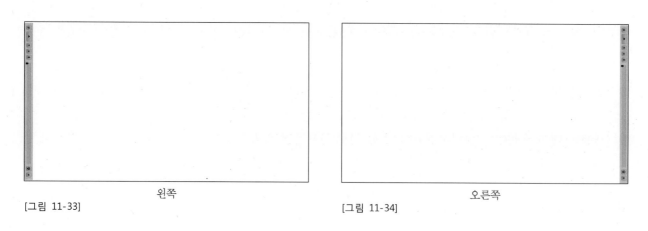

[그림 11-33] 왼쪽   [그림 11-34] 오른쪽

6) [레이아웃]은 화면 내의 [재생 막대]의 크기와 배치를 결정하는 것으로, [위치]를 [아래쪽](ⓐ)으로 한 경우 왼쪽 아래, 오른쪽 아래, 아래쪽 가운데, 늘어남(ⓑ) 중 선택할 수 있다.

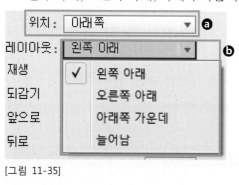

[그림 11-35]

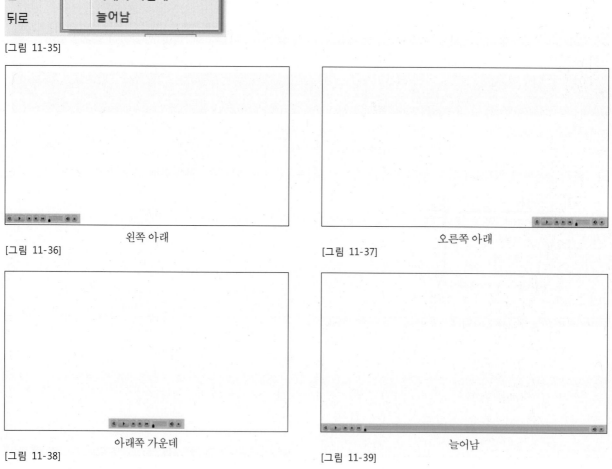

[그림 11-36] 왼쪽 아래

[그림 11-37] 오른쪽 아래

[그림 11-38] 아래쪽 가운데

[그림 11-39] 늘어남

7) [재생 막대]의 위치와 각 기능을 **그림 11-40**과 같이 설계자가 직접 선택할 수 있다.

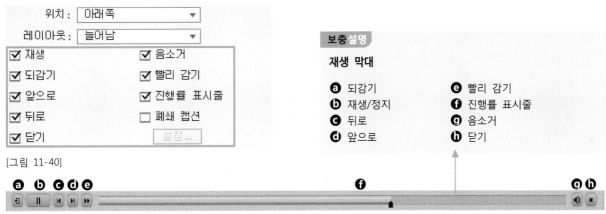

[그림 11-40]

[그림 11-41]

2-3 테두리 편집

1) 상단 메뉴에서 [프로젝트](**ⓐ**)>[스킨 편집기](**ⓑ**)를 클릭하면, [스킨 편집기]가 활성화된다.

[그림 11-42]

2) [스킨 편집기] 메뉴 중 [재생 컨트롤]과 관련된 ☐(**ⓐ**)를 클릭한다.

[그림 11-43]

3) [테두리 표시](**ⓐ**)를 클릭하여 테두리 기능을 활성화한다.

[그림 11-44]

4) [테두리 표시]를 활성화 하였을 때, 테두리와 관련된 기능을 설정할 수 있다.

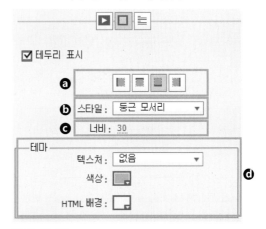

[그림 11-45]

ⓐ **[테두리 위치]** 내용 화면 주변에 어디에 테두리를 표시할 지 정하는 기능이다. 여러 개를 동시에 눌러 다양한 테두리 위치를 구현할 수 있다.

ⓑ **[스타일]** 설계자는 **[둥근 모서리]** 혹은 **[사각형 가장자리]**로 선택할 수 있다.

ⓒ **[너비]** 테두리의 너비를 정하는 것으로, 너비를 1~80까지 정할 수 있다.

ⓓ **[테마]** 테두리의 테마를 정하는 것으로, 테두리의 **[텍스쳐]**, **[색상]**, **[배경]**을 각각 다르게 정할 수 있다.

2-4 목차 설정하기

1) 상단 메뉴에서 **[프로젝트](ⓐ)＞[스킨 편집기](ⓑ)**를 클릭하면, **[스킨 편집기]**가 활성화된다.

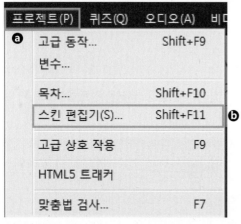

[그림 11-46]

2) **[스킨 편집기]** 메뉴 중 목차와 관련된 ☰(ⓐ)를 클릭한다.

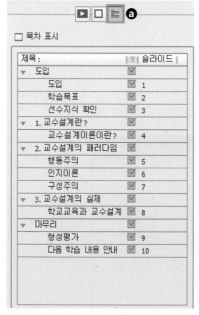

[그림 11-47]

3) 출력 화면에서 **[목차]**를 제시하기 위해, **[목차 표시](ⓐ)**를 클릭한다.

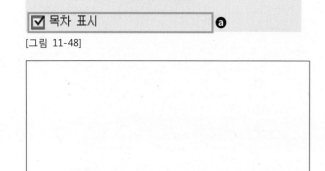

[그림 11-48]

목차가 없는 경우

[그림 11-49]

목차가 있는 경우

[그림 11-50]

4) 해당 슬라이드의 제목을 입력 및 변경할 수 있다. 슬라이드 1의 '**도입**'을 '**들어가며**'로 변경해 본다. [**제목**] 아래 슬라이드 1의 '**도입**'(ⓐ)을 더블클릭한 후, 텍스트를 입력할 수 있도록 활성화를 시킨다.

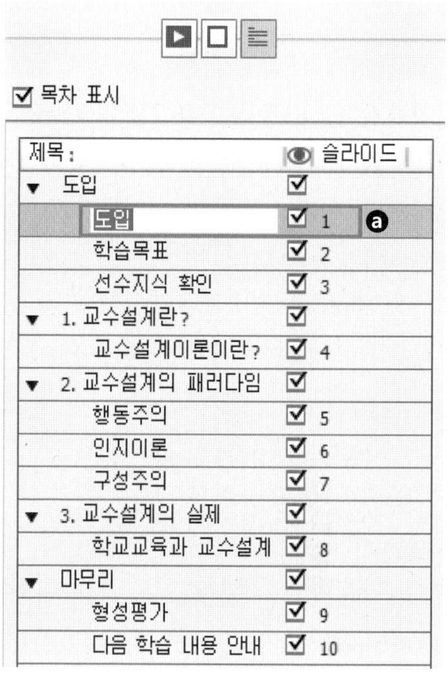

[그림 11-51]

5) 슬라이드 1의 '**도입**'(ⓐ)에 '**들어가며**'를 입력한다.

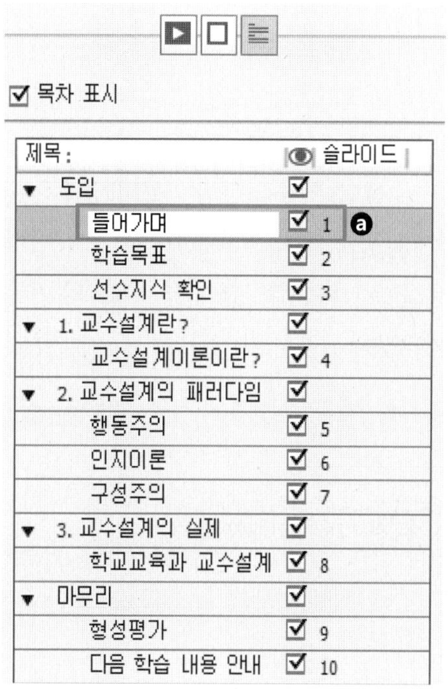

[그림 11-52]

6) 그림 11-53과 같이 변경된 것을 확인할 수 있다.

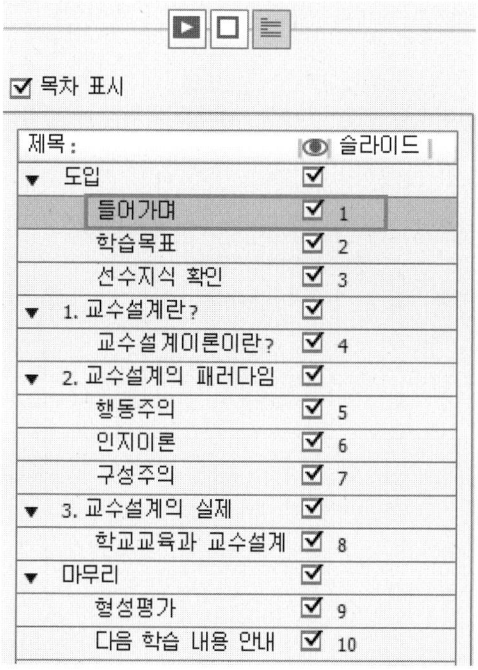

[그림 11-53]

7) 목차항목 표시/숨기기의 [**체크박스**](ⓐ)를 해제하면, 실제 출력 화면에서 해당 목차가 보이지 않는다.

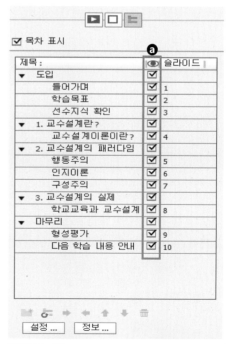

[그림 11-54]

8) 목차의 순서와 관련된 속성은 아래와 같다.

[그림 11-55]

ⓐ [폴더] 여러 슬라이드를 하나로 묶을 때 사용한다. 앞의 사례에서는 '**도입, 1. 교수설계란?, 2. 교수설계의 패러다임, 3. 교수설계의 실제, 마무리**'가 [폴더] 기능을 통해 만들어진 목차다.

ⓑ [목차 재설정] 목차의 제목기능에서 작성했던 내용을 초기화 하고, 원래 슬라이드의 이름으로 나타낸다.

ⓒ, ⓓ [목차 항목을 오른쪽으로, 왼쪽으로 이동] 해당 목차의 수준을 변경할 수 있다. 폴더 안으로 목차를 집어 넣을 때 ⓒ를, 목차를 폴더 수준으로 변경할 때 ⓓ를 사용한다.

ⓔ, ⓕ [목차 항목을 위, 아래로 이동] 해당 목차의 순서를 변경할 수 있다. 폴더를 클릭할 경우, 폴더의 위치를 변경할 수 있다.

ⓖ [목차 항목 삭제] 목차의 제목을 삭제하기 위하여 사용한다. 슬라이드 자체를 없앨 수 없고, 👁를 활용하여 숨길 수 있다.

9) 목차의 인터페이스를 조정할 수 있는 **[설정](ⓐ)**을 살펴 본다.

[그림 11-56]

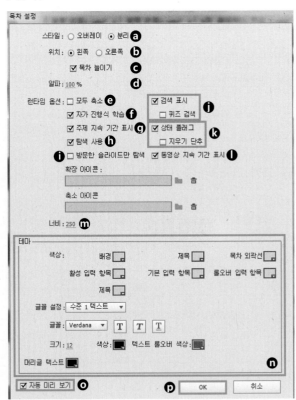

10) [목차 설정] 창에서 '**목차에 대한 스타일 설정**'을 변경한다.

[그림 11-57]

ⓐ [스타일]   슬라이드 내에 목차를 제공하는 방식으로, [오버레이]인 경우 [재생 바]의 [TOC] 버튼을 클릭하면 목차를 확인할 수 있다. [분리]의 경우, 슬라이드 옆에 [목차]가 제시된다.

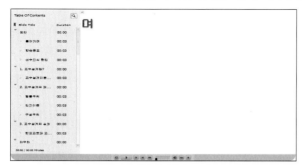

오버레이로 제시할 경우

[그림 11-58]

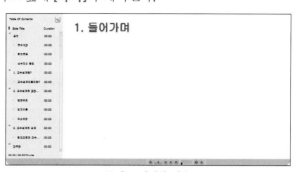

분리로 제시할 경우

[그림 11-59]

ⓑ [위치]   목차를 슬라이드의 [오른쪽]에 놓을 지, [왼쪽]에 놓을 지 결정할 수 있다.

오른쪽으로 제시할 경우

[그림 11-60]

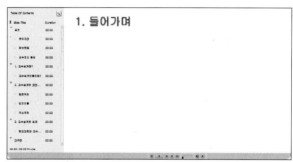

왼쪽으로 제시할 경우

[그림 11-61]

ⓒ [목차 늘이기]   [스타일]의 [분리] 형태의 목차만 선택할 수 있는 기능으로, [목차 늘이기]를 선택할 경우, [재생 바]까지 목차를 확장할 수 있다.

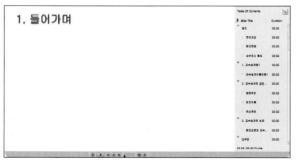

목차 늘이기를 선택 안 한 경우

[그림 11-62]

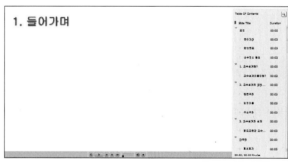

목차 늘이기를 선택한 경우

[그림 11-63]

ⓓ **[알파]** **[목차]**의 투명도를 결정할 수 있다. 만약 **[알파]**에 0%를 입력하면, 목차는 투명해져서 화면에 제공되지 않는다.

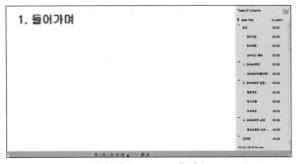

알파 값을 100%로 할 경우
[그림 11-64]

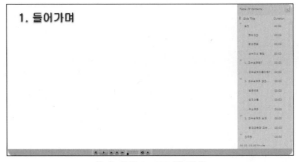

알파 값을 30%로 할 경우
[그림 11-65]

11) **[목차 설정]** 창에서 '런타임 옵션'을 변경한다.

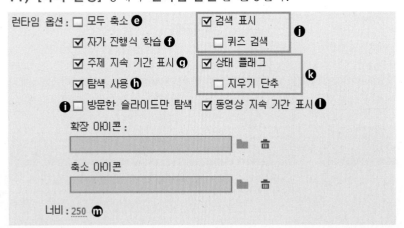

[그림 11-66]

ⓔ **[모두 축소]** 목차 내에 **[폴더]**만 제시하고, **[폴더]** 이하의 세부 목차는 제시하지 않는다.

모두 축소한 경우
[그림 11-67]

모두 축소를 하지 않는 경우
[그림 11-68]

❻ [자가 진행식 학습] 학습자가 학습을 하는 도중 중단하였을 때, 학습자가 중단한 부분부터 학습을 다시 시작할 수 있다.

❼ [주제 지속 기간 표시] 이 기능을 선택하면, 한 슬라이드의 **[지속 기간]**을 표시한다.

[그림 11-69]

❽ [탐색 사용] 이 기능을 선택하면, 학습자가 **[목차]** 기능을 통해 자유롭게 학습 내용을 이동할 수 있다.

❾ [방문한 슬라이드만 탐색] 이 기능은 학습자가 방문한 슬라이드는 자유롭게 선택할 수 있지만, 방문하지 않은 슬라이드에 대해서는 자유롭게 탐색할 수 없다.

❿ [검색 표시] 학습자는 상단의 버튼(**ⓐ**)을 클릭하면 검색 창이 나오고, 학습 내용을 **[검색]**(**ⓑ**)할 수 있다. 프로젝트 내에 퀴즈가 포함되어 있을 경우, **[퀴즈 검색]**도 가능하다.

[그림 11-70]

⓫ [상태 플래그] 이 기능을 선택하면, 학습자가 학습한 슬라이드에 **그림 11-71**과 같이 버튼(**ⓐ**)이 나온다. 만약에 버튼(**ⓐ**)의 체크를 지우려면, 해당 슬라이드를 클릭한 후 목차 하단의 **[지우기 단추]**(**ⓑ**)를 클릭한다.

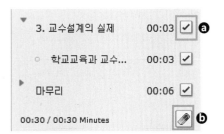
[그림 11-71]

⓵ [동영상 지속 시간 표시] 이 기능은 **[주제 지속 기간 표시]**과 달리 슬라이드 총 재생 시간을 표시하는 것으로, **[동영상 지속 시간 표시]**을 선택할 경우 **그림 11-72**와 같이 목차 하단에 제시한다.

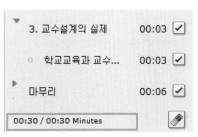
[그림 11-72]

⓶ [너비] 출력 화면 내에 **[목차]**의 크기를 조절할 수 있다. 설계자는 250～500의 값을 선택할 수 있다.

너비가 250일 경우
[그림 11-73]

너비가 500일 경우
[그림 11-74]

12) **[목차 설정]** 창에서 '**테마**'를 변경한다.

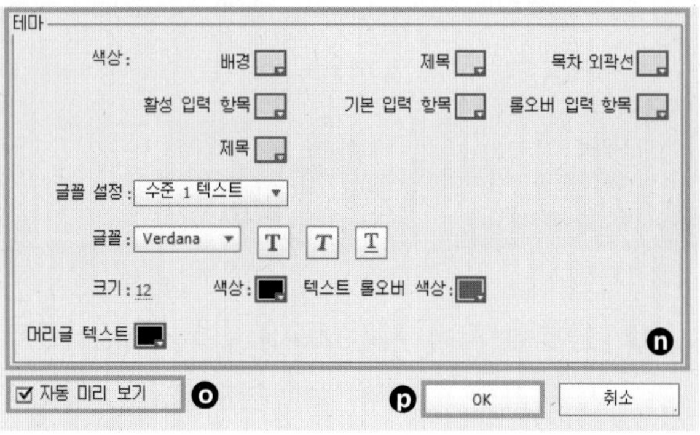

[그림 11-75]

13) 목차 정보를 게시할 수 있는 **[정보]**(**ⓐ**)를 클릭
    한다.

[그림 11-76]

ⓝ **[테마]** 설계자는 **[목차]**의 색상, 글꼴 등을
    직접 선택할 수 있으며, **[글꼴 설정]**의 경우
    하위 다섯 개의 수준까지 설정 가능하다.

ⓞ **[자동 미리 보기]** 이 기능을 통해 설계자가
    변경한 설정 값들을 즉각적으로 **[스킨 편집
    기]**의 화면을 통해 반영시킬 수 있다.

ⓟ **[OK]** 클릭한 후, 설정한 값을 저장할 수 있다.

14) **[목차 정보]** 창이 나온다.

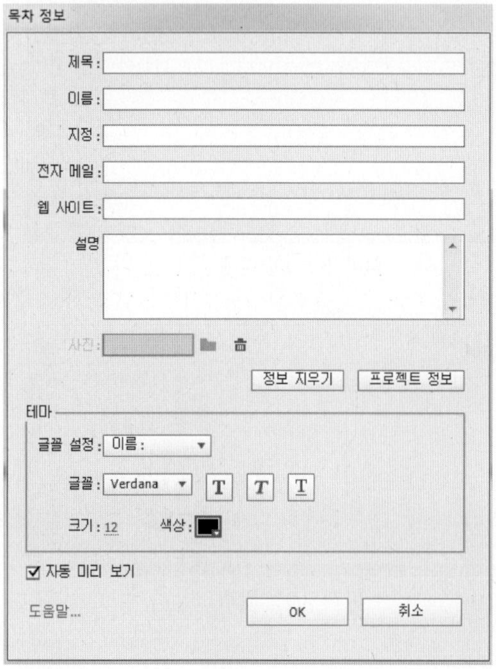

[그림 11-77]

15) [목차 정보] 창에 아래 표의 내용을 입력한다.

제목	10. 게시하기
이름	Author
지정	Captivate 9를 활용한 e-learning 개발
전자 메일	auther@auther.com
웹사이트	www.auther.com
설명	Captivate 9를 활용한 e-learning 개발의 10장 게시하기 내용입니다.

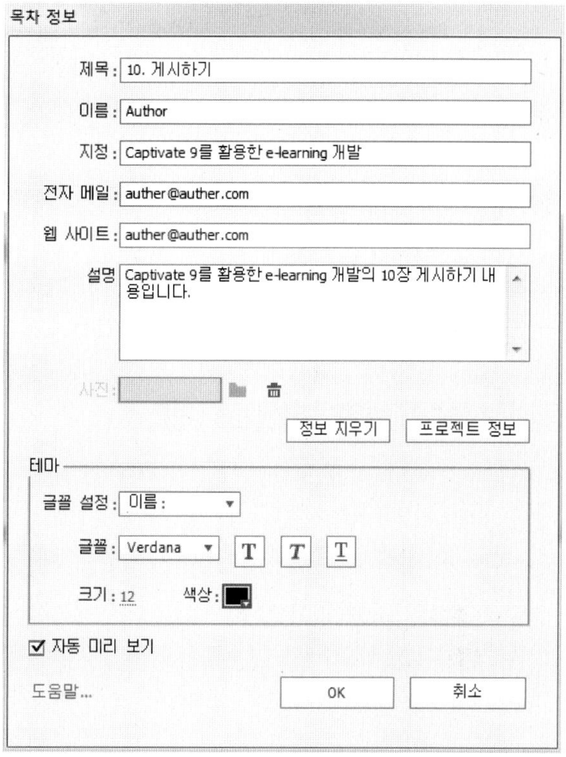

[그림 11-78]

16) 입력을 완료하였으면, [OK](ⓐ)버튼을 클릭한다.

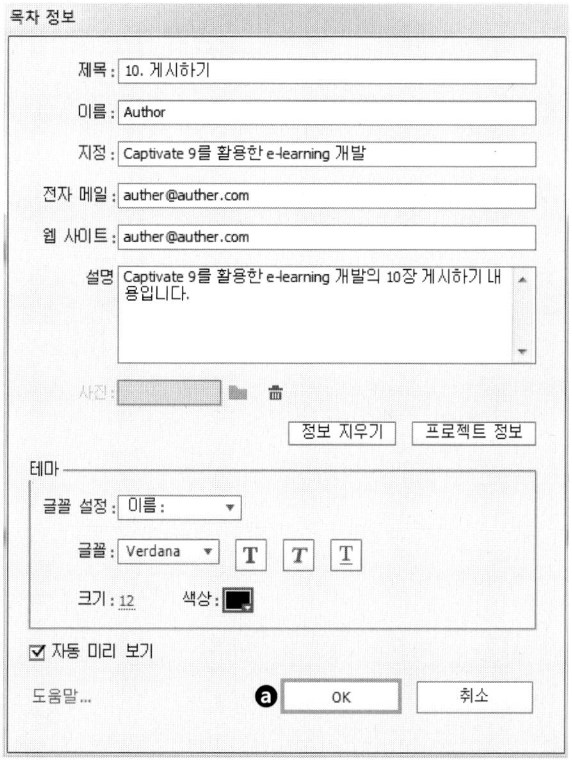

[그림 11-79]

17) [미리 보기]＞[프로젝트]를 클릭하며, 실제 입력한 [목차 정보](ⓐ)를 확인할 수 있다.

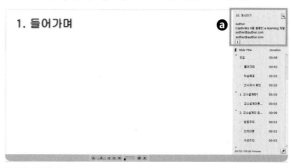

[그림 11-80]

3. 프로젝트 환경 설정

환경 설정은 프로젝트 일반적인 설정, 기본, 기록, 프로젝트 등 다양한 변수를 설정할 수 있다. 이번 단원에서는 프로젝트 정보, 출력과 관련된 환경 설정 위주로 살펴보도록 한다.

3-1 프로젝트 정보 설정

1) 상단 메뉴의 [편집](ⓐ)＞[환경 설정](ⓑ)을 클릭하면, [환경 설정] 창이 나온다.

[그림 11-81]

2) [환경 설정] 창에서 [프로젝트]＞[정보](ⓐ)를 클릭하고, [프로젝트: 정보](ⓑ)를 아래의 표 내용으로 입력한다.

작성자	이러닝개발 1팀
회사	ABC company
전자 메일	author@company.com
웹 사이트	www.company.com
저작권	2015, Development of E-learning. All rights reserved.
프로젝트 이름	10. 게시하기
설명	프로젝트 정보 입력하기

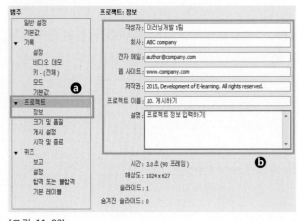

[그림 11-82]

3) 프로젝트 정보 입력 후 [OK](ⓐ) 버튼을 클릭하면 프로그램 내에 정보가 저장된다.

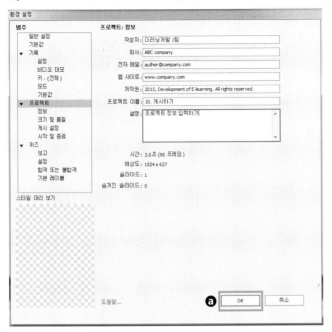

[그림 11-83]

3-2 크기 및 품질 설정

1) 상단 메뉴의 [편집](ⓐ)>[환경 설정](ⓑ)을 클릭하면, [환경 설정] 창이 나온다.

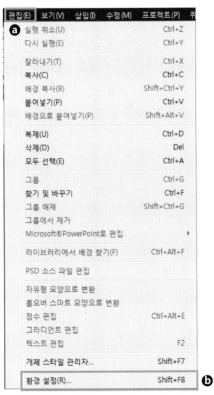

[그림 11-84]

2) [환경 설정] 창에서 [프로젝트]>[크기 및 품질](ⓐ)을 클릭하면, 프로젝트의 크기 및 품질을 설정할 수 있는 창(ⓑ)이 나온다.

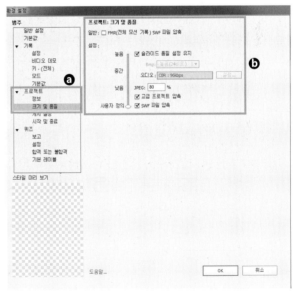

[그림 11-85]

3) [크기 및 품질]과 관련된 설정과 관련된 세부 내용은 다음과 같다.

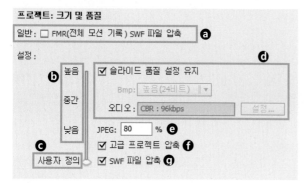

[그림 11-86]

ⓐ **[일반: FMR(전체 모션 기록) SWF 파일 압축]** 시뮬레이션과 같은 전체 모션을 기록하는 프로젝트일 경우, 학습자가 수행하는 동작들은 모두 비디오의 형태로 저장된다. 이 기능을 체크하면, 비디오를 압축된 형태로 저장할 수 있다.

ⓑ **[높음], [중간], [낮음]** 프로젝트를 출력할 때, 음성, 이미지의 품질을 다르게 출력할 수 있다. 만약 학습자가 **[높음]** 품질을 선택할 경우, 출력되는 프로젝트의 이미지와 음성의 품질은 높지만, 전체 용량이 증가하므로 학습자의 로딩 시간이 길어진다. 반면, **[낮음]** 품질을 선택할 경우, 출력되는 프로젝트의 이미지와 음성의 품질은 낮지만, 전체 용량이 감소하므로 학습자가 쉽게 로딩할 수 있다.

ⓒ **[사용자 정의]** 출력되는 화면의 음성과 이미지의 품질을 설계자가 직접 결정할 수 있다.

ⓓ **[슬라이드 품질 설정 유지]** 설계자가 슬라이드의 수준을 일정 수준으로 유지하고자 한다면, 슬라이드 품질 설정 유지를 선택하고, 출력되는 이미지와 오디오의 품질 수준을 각기 다르게 설정하고 싶다면 이 기능을 해제한다.

ⓔ **[JPEG]** 내용 슬라이드 안에 있는 .jpg의 기능들을 압축할 수 있다.

ⓕ **[고급 프로젝트 압축]** 이 옵션을 선택하면, 원래 프로젝트와 출력되는 프로젝트 간의 차이점만을 고려하도록 한다. 압축은 프로젝트의 전체 용량을 줄여주지만, .swf 파일을 실행할 때 실행이 안될 수 있다.

ⓖ **[SWF 파일 압축]** 만약 설계자가 **[높음]**, **[중간]**, **[낮음]**(**ⓑ**)을 선택하였다면, 자동적으로 선택하였을 것이다. **[SWF 파일 압축]**을 통해 압축한 파일은 Flash player 9 이상에서만 실행 가능하다.

4) 크기와 품질과 관련된 입력 후 **[OK]** 버튼을 클릭하면 프로그램 내에 정보가 저장된다.

3-3 게시 설정

1) 상단 메뉴의 [편집](ⓐ) > [환경 설정](ⓑ)을 클릭
하면, 그림 11-87과 같은 [환경 설정] 창이 나온다.

[그림 11-87]

3) [프로젝트 게시 설정]의 세부 내용은 다음과 같다.

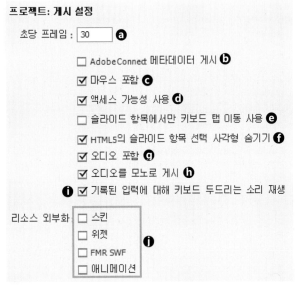

[그림 11-89]

2) [환경 설정]에서 [프로젝트](ⓐ) > [게시 설정](ⓑ)
을 클릭하면, [게시 설정](ⓒ)과 관련된 내용을 조
정을 할 수 있다.

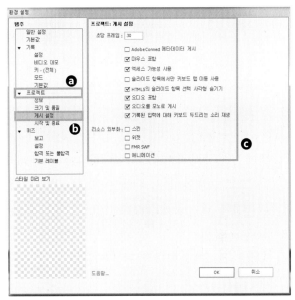

[그림 11-88]

ⓐ **[초당 프레임]** Adobe Captivate 9은 설계자가
제작한 프로젝트를 정지된 화면으로 제공하는 것
이 아니라, 움직임이 있는 동영상의 형태로 제공
해 준다. 기본 값으로 초당 30 프레임을 제공하며,
초당 프레임 수를 늘리면 프로젝트의 화면이 좀
더 부드럽게 움직인다. 그러나 출력된 프로젝트
의 전체 용량이 커진다.

ⓑ **[AdobeConnect 메타데이터 게시]** 프로젝트를
Adobe Connect Pro에 쉽게 통합할 수 있는 Adobe
Captivate 9 프로젝트 파일(SWF)에 정보를 추가
한다.

ⓒ **[마우스 포함]** 학습자가 프로젝트 내에서 학습
할 때, 마우스의 기록을 저장한다.

ⓓ [엑세스 가능성 사용] 시력 장애가 있는 학습자 프로젝트를 가지고 학습을 할 때, 선택한다. 화면 리더기를 통해 출력된 텍스트를 음성으로 변환해 준다.

ⓔ [슬라이드 항목에서만 키보드 탭 이동 사용] 이 기능을 선택하면, 학습자는 **[목차]**, **[재생 바]**에서 키보드의 TAB을 활용하여 화면을 이동시킬 수 있다.

ⓕ [HTML5의 슬라이드 항목 선택 사각형 숨기기] 학습자가 TAB을 가지고 학습 컨텐츠 내에서 이동할 때, 개체 주변에 노란 사각형이 나타난다. HTML5 형식으로 출력할 경우, 개체 주변의 노란 사각형을 숨길 수 있다.

ⓖ [오디오 포함] 이를 선택할 경우, 출력하는 과정에서 프로젝트에 포함된 오디오를 같이 출력한다.

ⓗ [오디오를 모노로 게시] **[오디오 포함]**과 대조적으로 오디오 영역을 무음으로 넣을 수 있다. 프로젝트의 전체 용량을 줄이기 위해서, 음성파일을 무음의 형태로 넣을 수 있다.

ⓘ [기록된 입력에 대해 키보드 두드리는 소리 재생] 프로젝트 내에 키보드로 실제 입력하는 기능이 있을 때, 키보드 두드리는 소리를 같이 재생시킬 수 있다. 예를 들어, 프로젝트 내에 이메일 주소를 입력하는 부분이 있을 때, 실제 입력하는 과정에서 키보드 두드리는 소리를 재생할 수 있다.

ⓙ [리소스 외부화] Adobe Captivate 9은 기본적으로 하나의 .swf 형태로 출력한다. 하나의 .swf 파일에 스킨, 위젯, 음성, 애니메이션 등 다양한 리소스들이 있다. 이러한 자원들을 외부와 연동시켜 출력할 수 있다. **[리소스 외부화]**의 장점은 기존에 포함되었던 리소스들을 다른 곳으로부터 연동시키기 때문에 출력되는 프로젝트의 전체 용량을 줄일 수 있다.

4) 크기와 품질과 관련된 입력 후 **[OK]** 버튼을 클릭하면 프로그램 내에 정보가 저장된다.

3-4 시작 및 종료 설정

1) 상단 메뉴의 **[편집]**(ⓐ) > **[환경 설정]**(ⓑ)을 클릭하면, **[환경 설정]** 창이 나온다.

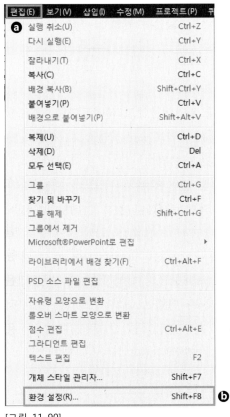

[그림 11-90]

2) **[환경 설정]** 창에서 **[프로젝트]**(ⓐ) > **[시작 및 종료]**(ⓑ)을 클릭하면, ⓒ와 같은 프로젝트의 **[시작 및 종료]**를 설정할 수 있는 창이 나온다.

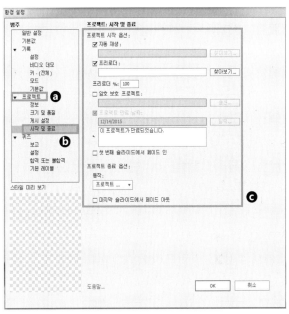

[그림 11-91]

3) **[시작 및 종료]**의 설정에 대한 자세한 내용은 다음과 같다.

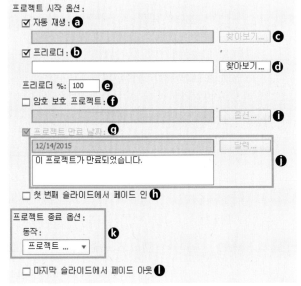

[그림 11-92]

ⓐ **[자동 재생]** 기본적으로 출력된 프로젝트가 다운로드가 되면, 프로젝트의 슬라이드 첫 화면부터 재생을 시작한다. 그러나 **[자동 재생]** 기능을 선택하지 않으면, 학습자가 **[재생 버튼]**을 클릭하여 시작해야 한다. **[자동 재생]**을 클릭하지 않을 경우, 아래의 **[찾아보기]**(ⓒ)가 활성화되며, 재생할 버튼을 선택할 수 있다.

ⓑ **[프리로더]** **[자동 재생]**의 경우, 프로젝트가 100% 다운로드 되었을 때 자동으로 재생하는 기능이라면, **[프리로더]**는 프로젝트의 다운로드가 일정 정도의 비율 이상일 때, 재생을 할 수 있도록 하는 기능이다. ⓔ는 일정 비율이 넘었을 때 재생되는 **[프리로더]**의 비율을 설정하며, ⓓ는 실제 프로젝트가 재생되기 전까지 재생되는 .swf 파일을 선택할 수 있다.

❻ [암호 보호 프로젝트] 이는 학습자들이 업로드된 프로젝트를 학습하기 위해서 암호를 입력해야한다. **[옵션](❶)**를 클릭하면, **그림 11-93**과 같이실제 암호를 설정하고, 암호를 바르게 입력한 경우, 바르게 입력하지 않은 경우를 개별적으로 설정할 수 있다.

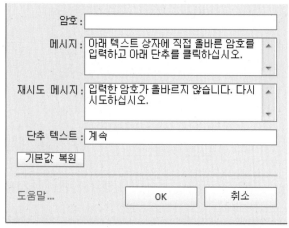

[그림 11-93]

❾ [프로젝트 만료 날짜] 이 기능을 선택하면, 학습자들이 특정 날짜까지 학습할 수 있고, 그 이후에는 프로젝트를 학습할 수 없게 된다. **[달력](❶)**을 클릭하면, **그림 11-94**와 같이 날짜를 지정할수 있다. 설계자가 지정한 날짜가 지난 후에 프로젝트로 학습하고자 할 경우, ❶의 경고 메시지를개별적으로 설정할 수 있다.

[그림 11-94]

❺ [첫 번째 슬라이드에서 페이드 인] 프로젝트 첫 번째 슬라이드를 실행할 때, 페이드 인의 형태로 실행한다.

❻ [프로젝트 종료 옵션] 이를 통해 프로젝트가끝난 후, 이후의 행동을 **그림 11-95**와 같이 지정할 수 있다. **[프로젝트 중지], [프로젝트 반복 재생], [프로젝트 닫기], [URL 또는 파일열기], [JavaScript 실행], [다른 프로젝트열기], [전자 메일 보내기]** 등의 기능을 제공한다.

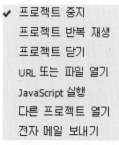

[그림 11-95]

❶ [마지막 슬라이드에서 페이드 아웃] 프로젝트 마지막 슬라이드를 실행할 때, 페이드 아웃으로 프로그램이 종료된다.

4) 시작 및 종료와 관련된 설정 값을 입력하고, **[OK]**를 클릭한다.

[게시하기] (출력하기)는 설계자가 제작한 프로젝트, 컨텐츠를 학습자가 학습할 수 있는 형태로 출력하는 기능을 의미한다. 제작한 프로젝트를 출력하는 가장 일반적인 방법은 [SWF] 타입의 [플래시 파일]로 출력하는 것이다. 그러나 Apple의 모바일 장비들은 .swf 파일을 지원하지 않는다. 이러한 점을 보완하기 위하여, Adobe Captivate 9에서는 [SWF] 대신에 [HTML5]를 지원하고 있다. 학습자가 swf, HTML5형태의 파일을 사용할 수 없을 경우, 종이로 출력할 수 있도록 pdf 게시도 지원하고 있다.

1. 파일로 게시하기

1-1 SWF 파일 게시하기

1) 상단 메뉴에 [게시](ⓐ) > [컴퓨터에 게시](ⓑ)를 클릭한다.

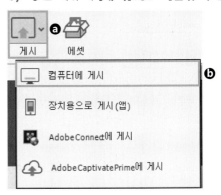

[그림 11-96]

2) 그림 11-97과 같은 [내 컴퓨터에 게시] 창이 나온다. [게시 형식]은 [HTML5/SWF](ⓐ)을, [프로젝트 제목]에 '게시하기 샘플'(ⓑ)을, [위치]는 제작한 프로젝트를 출력하고 싶은 위치(ⓒ)(예: C:₩Users₩HYEDUTECH21₩ Documents₩My Adobe Captivate Projects)에 저장하도록 한다. 경로를 재설정 하려면, ⓓ를 클릭하여 저장 위치를 지정할 수 있다. [출력 형식]의 경우 'SWF'(ⓔ)를 선택한다.

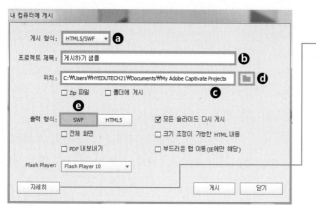

[그림 11-97]

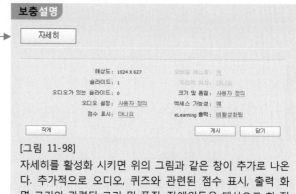

[그림 11-98]
자세히를 활성화 시키면 위의 그림과 같은 창이 추가로 나온다. 추가적으로 오디오, 퀴즈와 관련된 점수 표시, 출력 화면 크기와 관련된 크기 및 품질, 장애인들을 대상으로 한 접근 가능성, LMS와 연동시킬 수 있는 eLearning 출력을 지정할 수 있다.

3) [게시](ⓐ)를 클릭한다.

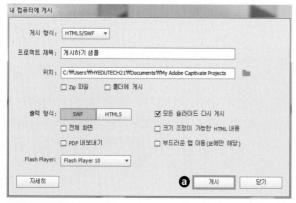

[그림 11-99]

4) 그림 11-100과 같은 확인 창이 나오면, [예](ⓐ)를 선택할 경우, 실제 제작한 화면이 출력되고, [아니오](ⓑ)를 클릭하면 프로젝트로 다시 돌아간다.

[그림 11-100]

1-2 HTML5 파일 게시하기

1) 상단 메뉴에 [게시](ⓐ) > [컴퓨터에 게시](ⓑ)를 클릭한다.

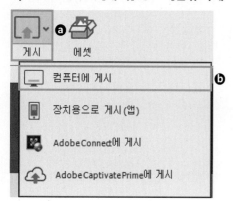

[그림 11-101]

2) 그림 11-102와 같은 [내 컴퓨터에 게시] 창이 나온다. [게시 형식]은 [HTML5/SWF](ⓐ)을, [프로젝트 제목]에 '게시하기 샘플'(ⓑ)을, [위치]는 제작한 프로젝트를 출력하고 싶은 위치(ⓒ)(예: C:₩Users₩HYEDUTECH21₩ Documents₩My Adobe Captivate Projects)에 저장하도록 한다. 경로를 재설정 하려면, ⓓ를 클릭하여 저장 위치를 지정할 수 있다. **[출력 형식]**의 경우 **'HTML 5'**(ⓔ)를 선택한다.

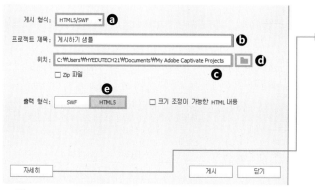

[그림 11-102]

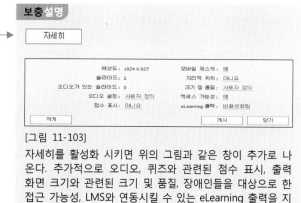

[그림 11-103]

자세히를 활성화 시키면 위의 그림과 같은 창이 추가로 나온다. 추가적으로 오디오, 퀴즈와 관련된 점수 표시, 출력 화면 크기와 관련된 크기 및 품질, 장애인들을 대상으로 한 접근 가능성, LMS와 연동시킬 수 있는 eLearning 출력을 지정할 수 있다.

3) [게시](ⓐ)를 클릭한다.

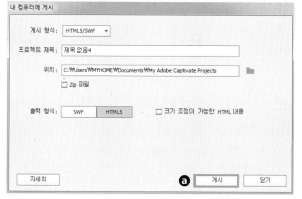

[그림 11-104]

4) 그림 11-105와 같은 확인 창이 나오면, [예](ⓐ)를 선택할 경우, 실제 제작한 화면이 출력되고, [아니오](ⓑ)를 클릭하면 프로젝트로 다시 돌아간다.

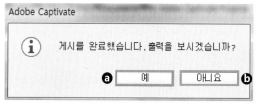

[그림 11-105]

1-3 게시 속성 설정하기

1) [SWF 파일을 게시]하기 위한 [내 컴퓨터 게시] 창의 다양한 기능들을 살펴보도록 한다.

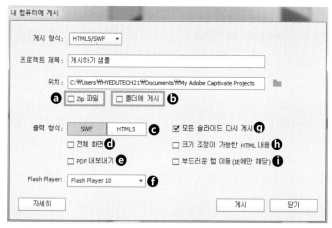

[그림 11-106]

ⓐ [Zip 파일] 게시하기 샘플을 압축된 형태(ⓐ)로 게시하며, 특히 LMS와 연동하여 운영할 경우 .zip 의 형태로 저장한다.

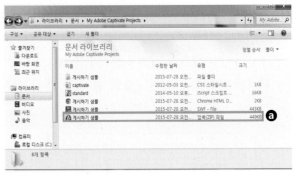

[그림 11-107]

ⓑ [폴더에 게시] 그림 11-106의 [Zip파일/폴더에 게시]를 선택하지 않을 때와 대조적으로, 분리된 폴더의 형태로 게시한다.

[그림 11-108]

ⓒ [SWF/HTML5] Adobe Captivate 9에서는 ① [SWF], ② [HTML5], ③ [SWF]과 [HTML5]를 동시에 지원하는 경우, 세 가지 유형을 지원하고 있다. 이 중 [SWF]만 선택한다.

ⓓ [전체 화면] 이 기능을 선택하면, 게시되는 화면이 검색, 즐겨찾기 창 없이 바로 출력되는 형태다. 전체 화면 기능을 선택한 것과 선택하지 않은 것을 비교하면 아래와 같다.

전체 화면을 선택한 경우   전체 화면을 선택하지 않은 경우

[그림 11-109]   [그림 11-110]

ⓔ [PDF 내보내기] 컴퓨터를 활용하여 학습할 수 없을 경우, PDF를 통해 Adobe Captivate 9에서 제작한 프로젝트를 출력할 수 있다.

ⓕ [Flash Player 10] 제작한 프로젝트가 최적화된 플레이어에서 재생할 수 있도록, 플레이어의 버전을 선택하는 기능이다. Adobe Captivate 9에서는 '**Flash Player 10, Flash Player 10.2, Flash Player 11**'을 제공하고 있다.

ⓖ [모든 슬라이드 다시 게시]　설계자가 프로젝트 내의 슬라이드를 편집할 때, 다시 게시하기를 할 경우 변경된 부분을 반영하여 출력할 수 있도록 하는 기능이다. 만약 이 기능을 선택하지 않으면, 게시하는 속도는 빠르나 설계자가 변경한 부분을 게시하지 못한다.

ⓗ [크기 조정이 가능한 HTML 내용]　HTML5을 출력할 때 고려해야 하는 부분으로, HTML5 형태로 출력할 경우 학습자가 보고 있는 화면 크기로 출력하도록 하는 기능이다.

ⓘ [부드러운 탭 이동(IE에만 해당)]　출력하는 공간이 Internet Explorer일 경우, 마우스 대신 TAB 키를 통해 다양한 공간으로 이동할 수 있도록 지원한다.

2) [HTML5 게시]하기 위한 [내 컴퓨터 게시] 창의 다양한 기능들을 살펴보도록 하자.

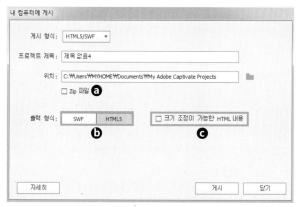

[그림 11-111]

[그림 11-112]

ⓐ [Zip 파일]　게시하기 샘플을 압축된 형태로 **[위치]** 경로 폴더에 게시하며, 특히 LMS와 연동하여 운영할 경우 **그림 11-112**의 **ⓐ**처럼 .zip의 형태로 저장한다.

ⓑ [출력형식]　Adobe Captivate 9에서는 ① **[SWF]**, ② **[HTML5]**, ③ **[SWF]**과 **[HTML5]**를 동시에 지원하는 경우, 세 가지 유형을 지원하고 있다. 이 중 HTML5형식에 맞게 출력하기 위해서 **[HTML]**을 선택한다.

ⓒ [크기 조정이 가능한 HTML 내용]　**[HTML5]**을 출력할 때 고려해야 하는 부분으로, HTML5 형태로 출력할 경우 학습자가 보고 있는 화면 크기로 출력하도록 하는 기능이다.

설계자가 프로젝트 형태로 제작한 파일을 웹, 모바일 연동 없이 바로 컴퓨터에서 실행할 수 있는 **[실행 파일]**로 게시할 수 있다. 특히 CD 등의 저장매체에 저장해야 하는 경우 **[실행 파일]**로 게시하는 것이 바람직하다.

1) 상단 메뉴에 **[게시](ⓐ)＞[컴퓨터에 게시](ⓑ)**를 클릭한다.

[그림 11-113]

2) **[내 컴퓨터에 게시]** 창에서 **[게시 형식]**은 **[실행 파일](ⓐ)**을, **[게시 유형]**은 학습자가 프로그램을 실행시키는 운영체제 환경에 따라 **[Windows 실행 파일(*.exe)]**와 **[MAC 실행 파일(*.app)](ⓑ)**로 선택한다. **[프로젝트 제목]**에 '게시하기 샘플'(ⓒ)을, **[위치]**는 제작한 프로젝트를 출력하고 싶은 위치(ⓓ)에 저장하도록 한다. 경로를 재설정 하려면, ▣을 클릭하여 저장 위치를 지정할 수 있다. **[아이콘](ⓔ)**은 실행 파일의 아이콘 이미지(파일 타입: *.ico)를 설정할 수 있으며, 이미지의 경로를 입력하지 않으면 기본 값으로 **Cp**을 제공한다. 설정을 완료하면 **[게시](ⓕ)**를 클릭한다.

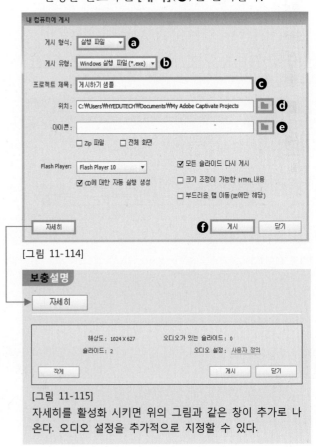

[그림 11-114]

보충설명

[그림 11-115]

자세히를 활성화 시키면 위의 그림과 같은 창이 추가로 나온다. 오디오 설정을 추가적으로 지정할 수 있다.

3) 확인 창에서 [예](ⓐ)를 선택할 경우, 실제 제작한 화면이 출력되고, [아니요](ⓑ)를 클릭하면 프로젝트로 다시 돌아간다.

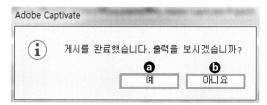

[그림 11-116]

3. 비디오로 게시하기

사용자가 제작한 프로젝트를 '.mp4' 형태의 비디오 동영상으로 게시할 수 있다. 출력 형태는 파일로 변환하거나, 바로 YouTube에 게시하여 쉽게 웹에서 사용할 수 있다.

3-1 비디오 파일 게시하기

1) 상단 메뉴에 [게시](ⓐ) > [컴퓨터에 게시](ⓑ)를 클릭한다.

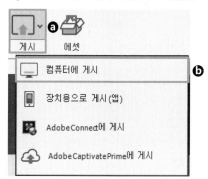

[그림 11-117]

2) 그림 11-118과 같은 [내 컴퓨터에 게시] 창이 나온다. [게시 형식]은 [비디오](ⓐ)를, [프로젝트 제목]에 '게시하기 샘플'(ⓑ)을, [위치]는 제작한 프로젝트를 출력하고 싶은 위치(예: C:₩Users₩HYEDUTECH21₩Documents ₩My Adobe Captivate Projects)(ⓒ)에 저장하도록 한다. 경로를 재설정 하려면, ⓓ를 클릭하여 저장 위치를 지정할 수 있다.

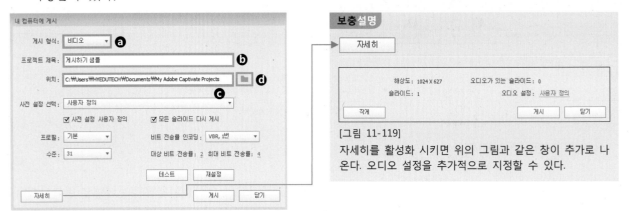

[그림 11-118]

[그림 11-119]
자세히를 활성화 시키면 위의 그림과 같은 창이 추가로 나온다. 오디오 설정을 추가적으로 지정할 수 있다.

3) [게시](ⓐ)를 클릭한다.

[그림 11-120]

4) [제시된 비디오 열기](ⓐ)를 선택할 경우, 동영상으로 변환된 mp4 유형의 파일이 실행되고, [제시된 비디오 열기]를 통해 생성한 비디오 동영상은 2)에서 지정한 [위치] 경로에 저장되어 있다.

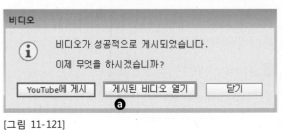

[그림 11-121]

3-2 YouTube에 비디오 파일 게시하기

1) 비디오로 게시 후 'YouTube'에 업로드하기 위하여 [YouTube에 게시](ⓐ)를 클릭한다.

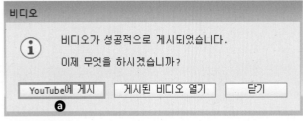

[그림 11-122]

2) [YouTube 로그인] 창이 뜨면, [로그인](ⓐ)을 클릭한다.

[그림 11-123]

3) YouTube계정에 로그인하기 위한 **그림 11-114**가 나온다. 자신의 Google 계정의 e-mail과 비밀번호를 입력한다.

[그림 11-124]

4) YouTube 계정에 접속하면, Adobe Captivate 9에서 제작한 동영상을 YouTube에 [계정 관리](ⓐ) 및 [동영상 관리](ⓑ) 기능 여부를 확인한다.

[그림 11-125]

5) 업로드할 동영상의 [제목], [설명](ⓐ)을 작성하고, [공개 여부]를 선택(ⓑ)한 후, [사용 약관]에 대한 동의를 확인한 후 동영상을 YouTube에 [업로드](ⓒ)를 선택한다.

[그림 11-126]

6) 그림 11-127과 같은 업로드 과정 후, 실제 YouTube에 업로드 한 동영상 클립(**그림 11-128**)을 확인할 수 있다. 모든 동영상이 완료되었으면 **[창 닫기]**(ⓐ)를 클릭한다.

[그림 11-127]

[그림 11-128]

3-3 비디오 게시 설정하기

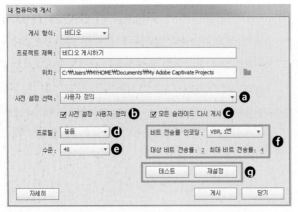

[그림 11-129]

ⓐ **[사전 설정 선택]** 출력하고자 하는 대상에 맞춰 Adobe Captivate 9은 동영상 출력 설정 값을 최적화 시켜 사전 설정을 하도록 제공하고 있다. 옆의 표는 해당 사전 설정 값들을 제시한 것이다.

사전 설정	프로필	수 준	비트전송률
Video-Apple iPad	기본	31	VBR 1번 대상 비트 전송률: 2 최대 비트 전송률: 4
Video-Apple iPhone 3	기준선	30	CBR 대상 비트 전송률: 5 최대 비트 전송률: 5
Video-Apple iPhone 4(4S) Apple iPod	기본	31	VBR 1번 대상 비트 전송률: 2 최대 비트 전송률: 4
YouTube Widescreen HD	높음	40	VBR 1번 대상 비트 전송률: 2 최대 비트 전송률: 4
YouTube Widescreen SD	높음	31	VBR 1번 대상 비트 전송률: 1 최대 비트 전송률: 2
YouTube XGA	높음	31	VBR 1번 대상 비트 전송률: 2 최대 비트 전송률: 4

ⓑ [사전 설정 사용자 정의] [사전 설정]이 아닌, 설계자 혹은 개발자가 직접 설정한 값으로 출력해야 할 때 사용하는 것으로, **[프로필]**, **[수준]**, **[비트 전송률]** 등의 값을 설정할 수 있다.

ⓒ [모든 슬라이드 다시 게시] 설계자가 프로젝트 내의 슬라이드를 편집할 때, 다시 게시하기를 할 경우 변경된 부분을 반영하여 출력할 수 있도록 하는 기능이다. 만약 이 기능을 선택하지 않으면, 게시하는 속도는 빠르나 설계자가 변경한 부분을 게시하지 못한다.

ⓓ [프로필] 동영상을 **[인코딩]**, **[디코딩]**하는 과정에서의 복잡도를 결정하는 것으로, **[기준선]**, **[기본]**, **[높음]**으로 나누어 선택할 수 있다.

ⓔ [수준] 동영상을 **[디코딩]**하는 과정에서의 필요한 복잡도로, 10~51 사이의 값에서 선택할 수 있다.

ⓕ [비트 전송률 인코딩] **[비트 전송률]**은 **[VBR, 1번]**과 **[CBR]** 중 하나를 선택할 수 있다. **[VBR, 1번]**은 **[대상 비트 전송률]**과 **[최대 비트 전송률]** 사이의 값을 전송률로 설정하며, **[CBR]**은 전체 동영상에 **[대상 비트 전송률]**을 기준으로 전송률을 설정한다.

ⓖ [테스트], [재설정] **[테스트]**는 출력하기 위하여 설정한 값들이 시스템 내에서 작동가능한지 테스트 하는 것으로, 다른 값을 넣고자 할 때 **[재설정]**을 클릭한다.

---

4. 실행 파일로 게시하기

프로젝트 형태로 제작한 파일을 웹, 모바일 연동 없이 바로 컴퓨터에서 실행할 수 있는 **[실행 파일]**로 게시할 수 있다. 특히 CD 등의 저장매체에 저장해야 하는 경우 **[실행 파일]**로 게시하는 것이 바람직하다.

1) 상단 메뉴에 **[게시]**(ⓐ) > **[컴퓨터에 게시]**(ⓑ)를 클릭한다.

[그림 11-130]

2) 그림 11-131과 같은 **[내 컴퓨터에 게시]** 창이 나온다. **[게시 형식]**은 **[실행 파일]**(ⓐ)을, **[게시 유형]**은 학습자가 프로그램을 실행시키는 OS 환경에 따라 **[Windows 실행 파일(*.exe)]**과 **[MAC 실행 파일(*.app)]**(ⓑ)로 선택한다.

3) **[프로젝트 제목]**에 '게시하기 샘플'(**ⓒ**)을, **[위치]**는 제작한 프로젝트를 출력하고 싶은 위치(**ⓓ**)(예: C:₩Users ₩HYEDUTECH21₩Documents₩My Adobe Captivate Projects)에 저장하도록 한다. 경로를 재설정 하려 면, **ⓔ**를 클릭하여 저장 위치를 지정할 수 있다. **[아이콘]**(**ⓕ**)은 실행 파일의 아이콘 이미지(파일 타입: *.ico) 를 설정할 수 있으며, 이미지의 경로를 입력하지 않으면 기본 값으로 Cp 을 제공한다.

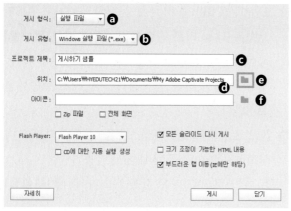

[그림 11-131]

4) **[게시]**(**ⓐ**)를 클릭한다.

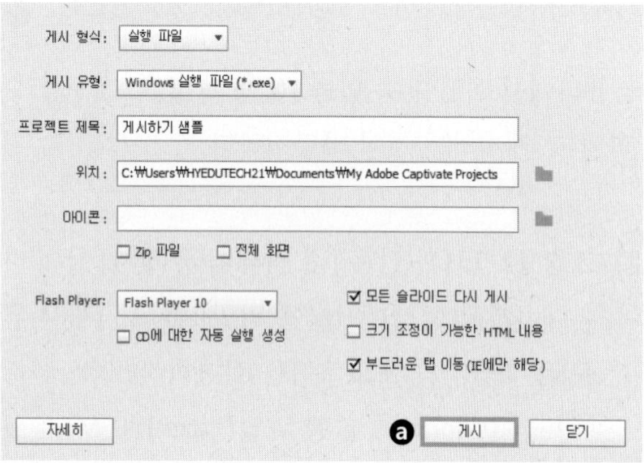

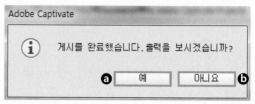

[그림 11-132]

5) **[예]**(**ⓐ**)를 선택할 경우, 실제 제작한 화면이 출력 되고, **[아니요]**(**ⓑ**)를 클릭하면 프로젝트로 다시 돌아간다.

[그림 11-133]

제2절 컴퓨터로 게시하기에서 제작한 프로젝트를 pdf의 형태로 출력하는 방법 외에도 MS word와 연동하여 **[Handouts]**, **[Lesson]**, **[Step by Step]**, **[storyboard]** 등 다양한 형태로 출력할 수 있다.

1. 인쇄하기

┌─ **예제** ───

파일을 handout의 형태로 인쇄하자.

┌──┐
│ 조건) 프로젝트 제목: Handouts형태로 인쇄하기 │
│   저장경로: 바탕화면(Desktop) │
│   슬라이드 범위: 1~12 │
│   숨겨진 슬라이드 출력 │
└──┘

1) 인쇄하고 싶은 파일을 실행시킨다. (파일명: 10장 _인쇄하기 연습.cptx)

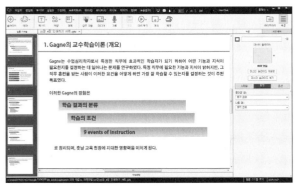

[그림 11-134]

2) 상단 메뉴에 **[파일]**(**ⓐ**) > **[인쇄]**(**ⓑ**)를 클릭하면, 그림 **11-136**과 같은 **[인쇄]** 창이 나온다.

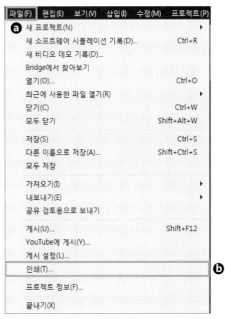

[그림 11-135]

3) [인쇄] 창의 [프로젝트 제목](ⓐ)에 'Handouts형
태로 인쇄하기'를 입력한다.

[그림 11-136]

4) 저장할 경로를 지정하기 위하여 [찾아보기](ⓐ)를
클릭한다.

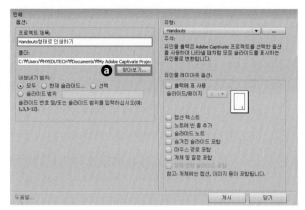

[그림 11-137]

5) 저장할 경로에 '바탕화면'(ⓐ)으로 지정한 후, [폴
더 선택](ⓑ)을 클릭한다.

[그림 11-138]

6) 저장 경로가 '바탕화면(Desktop)(ⓐ)'으로 변경된
것을 확인할 수 있다.

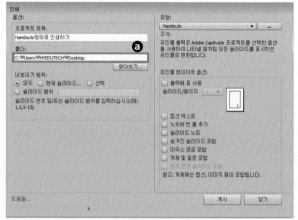

[그림 11-139]

7) 출력 범위를 설정하기 위하여 [내보내기 범위](ⓐ)
> [슬라이드 범위]에서 '1-12'(ⓑ)라고 입력한다.

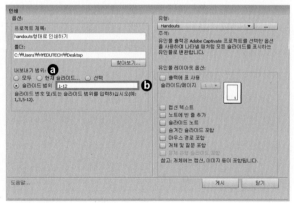

[그림 11-140]

8) 'Handout' 형태로 출력하기 위하여 [유형](ⓐ) 드롭
다운을 활성화한 후, 'Handouts'(ⓑ)를 선택한다.

[그림 11-141]

9) 숨겨진 슬라이드를 같이 출력하기 위하여 [유인물 레이아웃 옵션](ⓐ) > [숨겨진 슬라이드 포함](ⓑ)의 체크박스를 선택한다.

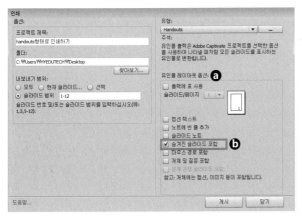

[그림 11-142]

10) 프로젝트 내에 개체와 질문이 포함되어 있기 때문에 [유인물 레이아웃 옵션](ⓐ) > [개체 및 질문 포함](ⓑ)을 클릭한다.

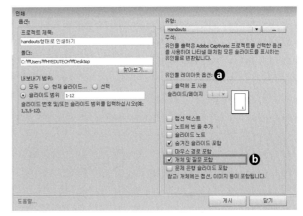

[그림 11-143]

11) [게시](ⓐ)를 클릭한다.

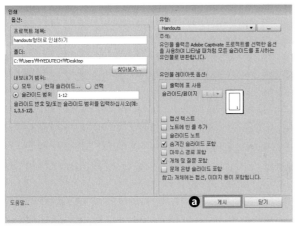

[그림 11-144]

12) 완성된 handout 형태의 [MS Word] 파일을 확인할 수 있다.

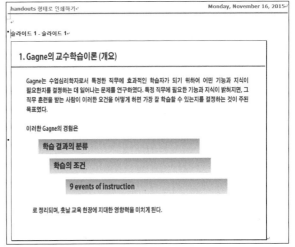

[그림 11-145]

2-1 Handout 속성 알아보기

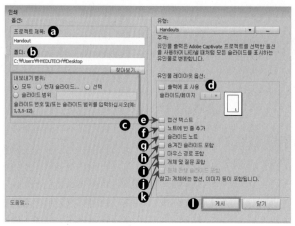

[그림 11-146]

ⓐ **[프로젝트 제목]** 기본 값으로 실제 프로젝트 제목이 들어가 있으나, 프로젝트 제목이 아닌 다른 값을 입력할 수 있다.

ⓑ **[폴더]** 프로젝트의 슬라이드가 워드 파일로 변환된 후 저장되는 경로를 의미한다.

ⓒ **[내보내기 범위]** **[모두]**, **[현재 슬라이드]**, **[선택]**, **[슬라이드 범위]** 등을 선택할 수 있으며, **[모두]**, **[현재 슬라이드]**, **[선택]**을 선택할 경우 **[슬라이드 범위]**가 비활성화 된다.

ⓓ **[출력에 표 사용]** 각 페이지에 인쇄되는 슬라이드 수를 정한다.

ⓔ **[캡션 텍스트]** 캡션이 나타나는 슬라이드 아래에 캡션 텍스트를 인쇄한다.

ⓕ **[노트에 빈 줄 추가]** Word 문서에서 프로젝트의 각 슬라이드와 함께 빈 줄을 인쇄한다. **[출력**

에 표 사용]을 선택한 경우 이 줄은 슬라이드 아래에 나타난다. 이 옵션을 선택하지 않은 경우 빈 줄은 슬라이드 오른쪽에 나타난다.

ⓖ **[슬라이드 노트]** Word 문서에 슬라이드 노트를 포함한다.

ⓗ **[숨겨진 슬라이드 포함]** 숨김으로 표시된 슬라이드를 인쇄한다.

ⓘ **[마우스 경로 포함]** 슬라이드에 나타나는 마우스 경로를 포함한다.

ⓙ **[개체 및 질문 포함]** 캡션, 이미지, 클릭 상자, 강조 상자 및 기타 개체를 슬라이드에 포함한다.

ⓚ **[문제 은행 슬라이드 포함]** 문제 은행의 질문 슬라이드를 포함한다.

ⓛ **[게시]** Handout 형태의 게시 결과물은 **그림 11-147**과 같다.

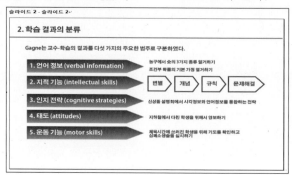

[그림 11-147]

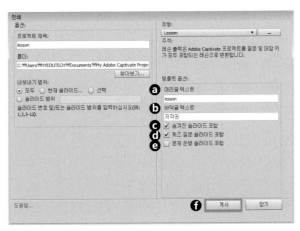

[그림 11-148]

ⓐ [머리글 텍스트]　프로젝트 인쇄물의 머리글에 입력할 내용을 작성한다. 기본 값은 **[프로젝트 제목]**으로 설정되어 있다.

ⓑ [바닥글 텍스트]　프로젝트 인쇄물의 바닥글에 입력할 내용을 작성한다. 기본 값은 '**저작권**'으로 설정되어 있다.

ⓒ [숨겨진 슬라이드 포함]　게시된 프로젝트에 숨겨진 슬라이드가 나타나게 하려면 이 옵션을 선택한다.

ⓓ [퀴즈 질문 슬라이드 포함]　게시된 프로젝트에 퀴즈 질문 슬라이드가 나타나게 하려면 이 옵션을 선택한다.

ⓔ [문제 은행 슬라이드 포함]　게시된 프로젝트에 문제 은행 슬라이드가 나타나게 하려면 이 옵션을 선택한다.

ⓕ [게시]　Lesson 형태의 게시 결과물은 **그림 11-149**와 같다.

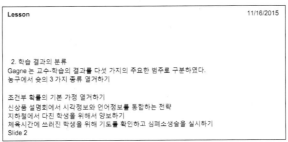

[그림 11-149]

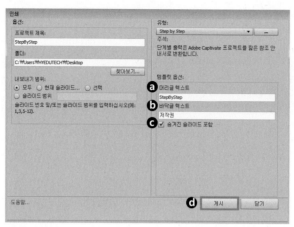

[그림 11-150]

ⓐ **[머리글 텍스트]** 프로젝트 인쇄물의 머리글에 입력할 내용을 작성한다. 기본 값은 **[프로젝트 제목]**으로 설정되어 있다.

ⓑ **[바닥글 텍스트]** 프로젝트 인쇄물의 바닥글에 입력할 내용을 작성한다. 기본 값은 '**저작권**'으로 설정되어 있다.

ⓒ **[숨겨진 슬라이드 포함]** 게시된 프로젝트에 숨겨진 슬라이드가 나타나게 하려면 이 옵션을 선택한다.

ⓓ **[게시]** Step by Step 형태의 게시 결과물은 **그림 11-151**과 같다.

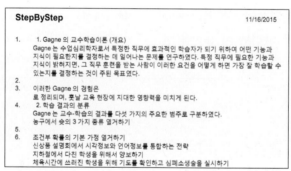

[그림 11-151]

2-4 Storyboard 속성 알아보기

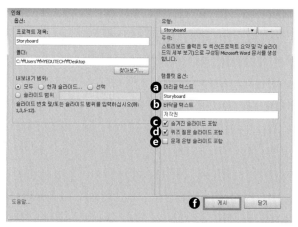

[그림 11-152]

ⓐ **[머리글 텍스트]** 프로젝트 인쇄물의 머리글에 입력할 내용을 작성한다. 기본 값은 **[프로젝트 제목]**으로 설정되어 있다.

ⓑ **[바닥글 텍스트]** 프로젝트 인쇄물의 바닥글에 입력할 내용을 작성한다. 기본 값은 '**저작권**'으로 설정되어 있다.

ⓒ **[숨겨진 슬라이드 포함]** 게시된 프로젝트에 숨겨진 슬라이드가 나타나게 하려면 이 옵션을 선택한다.

ⓓ **[퀴즈 질문 슬라이드 포함]** 게시된 프로젝트에 퀴즈 질문 슬라이드가 나타나게 하려면 이 옵션을 선택한다.

ⓔ **[문제 은행 슬라이드 포함]** 게시된 프로젝트에 문제 은행 슬라이드가 나타나게 하려면 이 옵션을 선택한다.

ⓕ **[게시]** Storyboard 형태의 게시 결과물은 **그림 11-153**과 같다.

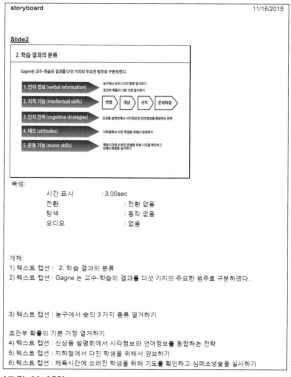

[그림 11-153]

부록

1. 동영상 제어 변수

변수명	설 명	기본 값
cpCmndCC	폐쇄 캡션을 표시하거나 숨기는 기능을 제공한다. 폐쇄 캡션을 표시하려면 cpCmndCC를 1로, 폐쇄 캡션을 숨기려면 0으로 설정한다.	0
cpCmndExit	동영상을 종료하려면 cpCmndExit를 1로 설정한다.	0
cpCmndGotoFrame	동영상이 이동하여 특정 프레임에 일시 중지하기 위하여 cpCmndGotoFrame에 프레임 번호를 지정한다.	−1
cpCmndGotoFrameAndResume	특정 프레임으로 이동한 후 재생하기 위하여 cpCmndGotoFrameAndResume에 프레임 번호를 지정한다. (색인은 0부터 시작)	−1
cpCmndGotoSlide	프로젝트 내의 Adobe Captivate 9 동영상을 지정한 슬라이드로 이동시킬 수 있다. 슬라이드 번호는 0에서 시작하는 것을 고려하면, 필름 스트립에서 슬라이드 14로 이동하려면 cpCmndGotoSlide에 13으로 지정한다.	−1
cpCmndMute	음소거하려면 cpCmndMute에 1을, 오디오를 복원하려면 0으로 설정한다.	0
cpCmndNextSlide	다음 슬라이드로 이동하려면 1로 지정한다.	0
cpCmndPause	cpCmndPause를 1로 설정한 경우, 동영상을 일시 중지한다.	0
cpCmndPlaybarMoved	cpCmndPlaybarMoved를 1로 설정한 경우, 재생 막대를 이동시킬 수 있다.	0
cpCmndPrevious	cpCmndPrevious를 1로 설정한 경우, 프로젝트 내의 동영상이 이전 슬라이드로 이동한다.	0
cpCmndResume	cpCmndResume를 1로 설정할 경우, 동영상이 다시 시작한다.	0
cpCmndShowPlaybar	재생 막대를 표시하려면 cpCmndShowPlaybar를 1로, 재생 막대를 숨기려면 0으로 설정한다.	1
cpCmndTOCVisible	목차를 표시하려면 cpCmndTOCVisible를 1로, 목차를 숨기려면 값을 0으로 설정한다.	0
cpCmndVolume	오디오 볼륨을 높이거나 낮출 수 있다. cpCmndVolume의 값을 0(음소거)에서 100(최대) 사이의 값을 지정하여 볼륨의 크기를 조절한다.	100
cpLockTOC	목차의 사용자 상호 작용을 활성화하거나 비활성화 할 수 있다. 사용자 상호 작용을 비활성화 하려면 cpLockTOC를 1로, 사용자 상호 작용을 다시 활성화하려면 값을 0으로 설정한다.	0

2. 동영상 정보 변수

변수명	설 명	기본 값
CaptivateVersion	동영상을 게시하는 데 사용된 Adobe Captivate 9 버전을 나타낸다.	v9.0.0
cpInfoCurrentFrame	cpInfoCurrentFrame에 저장된 값은 현재 프레임 번호를 의미한다. (색인은 0부터 시작)	1
cpInfoCurrentSlide	cpInfoCurrentSlide에 저장된 값은 현재 슬라이드 번호를 의미한다. (색인은 1부터 시작)	1
cpInfoCurrentSlideLabel	cpInfoCurrentSlideLabel에 저장된 값은 현재 슬라이드의 슬라이드 제목 (label)을 의미한다.	slide
cpInfoCurrentSlideType	cpInfoCurrentSlideType에 저장된 값은 일반 슬라이드 또는 질문 슬라이드 등 슬라이드의 유형(type)을 의미한다.	Normal
cpInfoElapsedTimeMS	cpInfoElapsedTimeMS에 저장된 값은 Adobe Captivate 9 동영상이 시작된 때부터 경과된 시간(ms)을 의미한다.	0
cpInfoFPS	cpInfoFPS에 저장된 값은 동영상의 프레임 속도(FPS)를 의미한다.	1
cpInfoFrameCount	cpInfoFrameCount에 저장된 값은 프로젝트의 총 프레임 수를 의미한다.	1
cpInfoHasPlaybar	슬라이드에 재생 막대가 활성화되었는지 나타낸다. cpInfoHasPlaybar에 저장된 값이 1일 때 재생 막대가 활성화되었음을 의미하며, 0일 때에는 재생막대가 활성화되지 않았음을 의미한다.	1
cpInfoIsStandalone	Adobe Captivate 9 프로젝트가 독립실행형 출력(EXE 또는 APP)인지, 일반 SWF 출력인지 나타낸다. cpInfoIsStandalone에 저장된 값이 1이면 프로젝트가 독립실행형 파일임을 의미하고, 0일 경우에는 그 외의 파일을 의미한다.	1
cpInfoLastVisitedSlide	cpInfoLastVisitedSlide에 저장된 값은 사용자가 마지막으로 본 슬라이드의 번호를 의미한다. (슬라이드 번호가 0부터 시작)	0
cpInfoPrevSlide	cpInfoPrevSlide에 저장된 값은 현재 슬라이드 앞에 있는 슬라이드의 수를 의미한다. (슬라이드 번호가 1부터 시작)	−1
cpInfoSlideCount	cpInfoSlideCount에 저장된 값은 프로젝트의 총 슬라이드 수를 의미한다.	1

3. 동영상 메타데이터 정보

변수명	설 명	기본 값
cpInfoAuthor	cpInfoAuthor에 저장된 값은 Adobe Captivate 9 프로젝트의 속성에 지정된 작성자 이름을 의미한다([파일]＞[프로젝트 정보]).	author
cpInfoCompany	cpInfoCompany에 저장된 값은 Adobe Captivate 9 프로젝트의 속성에 지정된 회사 이름을 의미한다([파일]＞[프로젝트 정보]).	company
cpInfoCopyright	cpInfoCopyright에 저장된 값은 프로젝트의 속성에 지정된 저작권 정보를 의미한다([파일]＞[프로젝트 정보]).	copyright
cpInfoCourseID	cpInfoCourseID에 저장된 값은 Adobe Captivate 9 프로젝트의 속성에 지정된 과정 ID를 의미한다([파일]＞[프로젝트 정보]).	−1
cpInfoCourseName	cpInfoCourseNamep에 저장된 값은 Adobe Captivate 9 프로젝트의 속성에 지정된 과정 이름을 의미한다([파일]＞[프로젝트 정보]).	Course Name
cpInfoDescription	cpInfoDescription에 저장된 값은 프로젝트 속성에 지정된 Adobe Captivate 9 프로젝트 설명을 의미한다([파일]＞[프로젝트 정보]).	project description
cpInfoEmail	cpInfoEmail에 저장된 값은 프로젝트 속성에 지정된 전자 메일 주소를 의미한다([파일]＞[프로젝트 정보]).	author@ company. com
cpInfoProjectName	cpInfoProjectName에 저장된 값은 프로젝트 속성에 지정된 프로젝트 이름을 의미한다([파일]＞[프로젝트 정보]).	
cpInfoWebsite	cpInfoWebsite에 저장된 값은 프로젝트 속성에 지정된 웹 사이트를 의미한다([파일]＞[프로젝트 정보]).	www.com pany.com

4. 시스템 정보 변수

변수명	설 명	기본 값
cpInfoCurrentDate	CpInfoCurrentDate에 저장된 값은 사용자의 컴퓨터에 설정된 현재 날짜를 의미한다. 예를 들어, 현재 날짜가 2015년 12월 25일이면 cpInfoCurrentDate에 저장된 값은 25를 의미한다.	dd
cpInfoCurrentDateString	CpInfoCurrentDateString에는 현재 날짜와 관련된 정보가 mm/dd/yyyy 형식으로 저장되어 있다.	mm/dd/yyyy
cpInfoCurrentDateString DDMMYYYY	cpInfoCurrentDateStringDDMMYYYY에는 현재 날짜와 관련된 정보가 dd/mm/yyyy 형식으로 저장되어 있다.	dd/mm/yyyy
cpInfoCurrentDay	CpInfoCurrentDay는 날짜의 요일와 관련된 정보를 숫자 형태로 저장되어 있다. 예를 들어, 일요일은 1로, 월요일은 2로 cpInfoCurrentDay에 저장되어 있다.	1
cpInfoCurrentHour	CpInfoCurrentHour에 저장된 값은 현재 시간(24시간 형식)을 의미한다.	hh
cpInfoCurrentLocaleDate String	CpInfoCurrentLocaleDateString에 저장된 값은 사용자의 컴퓨터의 지정된 로케일 설정에 기반한 현재 날짜를 의미한다. 예를 들어, 로케일이 연도로 설정된 경우 CpInfoCurrentLocale에 저장된 값은 'Fri Dec 25 2015'을 의미하며, CpInfoCurrentDateString은 '12/25/2015'를 의미한다.	
cpInfoCurrentMinutes	CpInfoCurrentMinutes에 저장된 값은 현재 분을 의미한다.	mm
cpInfoCurrentMonth	CpInfoCurrentMonth에 저장된 값은 현재 월을 의미한다. 예를 들어, 현재 날짜가 2015년 12월 25일(2015/12/25)이면 cpInfoCurrentMonth에는 12를 저장한다.	mm
cpInfoCurrentTime	CpInfoCurrentTime에 저장된 값은 현재 시간을 hh:mm:ss 형식으로 저장한다.	hh:mm:ss
cpInfoCurrentYear	CpInfoCurrentYear에 저장된 값은 사용자의 컴퓨터에 설정된 현재 연도를 의미한다. 예를 들어, 현재 날짜가 2015년 12월 25일이면 cpInfoCurrentYear에는 2015를 저장한다.	yyyy
cpInfoEpochMS	CpInfoEpochMS에 저장된 값은 1970년 1월 1일부터 경과한 시간(밀리초)을 의미한다.	0
cpInfoMobileOS	CpInfoMobileOS에 저장된 값은 모바일 장치 OS 유형을 의미한다. 데스크탑 　　　　 － 0 IOS 　　　　　　 － 1 Android 　　　　 － 2 기타(대소문자 구분) － blackberry / 　　　　　　　　　　 symbian / smartphone / 　　　　　　　　　　 windows ce / 　　　　　　　　　　 windows_phone / 　　　　　　　　　　 webos	0

5. 퀴즈 변수

변수명	설 명	기본 값
cpInQuizScope	사용자가 과정의 퀴즈 범위 안에 있는지 여부를 나타낸다.	0
cpInReviewMode	사용자가 검토 모드에 있는지 여부를 나타낸다.	0
cpInfoPercentage	CpInfoPercentage에 저장된 값은 퀴즈 점수의 백분율을 의미한다.	0
cpQuizInfoAnswerChoice	CpQuizInfoAnswerChoice에 저장된 값은 질문에 대하여 사용자가 선택한 대답을 의미한다.	
cpQuizInfoAttempts	CpQuizInfoAttempts에 저장된 값은 퀴즈를 시도한 횟수를 의미한다.	0
cpQuizInfoLastSlidePointScored	CpQuizInfoLastSlidePointScored에 저장된 값은 마지막으로 본 질문 슬라이드에서 얻은 점수를 의미한다.	0
cpQuizInfoMaxAttemptsOnCurrentQuestion	CpQuizInfoMaxAttemptsOnCurrentQuestion에 저장된 값은 현재 질문에 허용되는 최대 시도 횟수를 의미한다.	0
cpQuizInfoNegativePointsOnCurrentQuestionSlide	CpQuizInfoNegativePointsOnCurrentQuestionSlide에 저장된 값은 현재 질문 슬라이드에 설정된 마이너스 점수를 의미한다.	0
cpQuizInfoPassFail	CpQuizInfoPassFail에 저장된 값은 퀴즈의 결과(합격 또는 실패)를 의미한다.	0
cpQuizInfoPointsPerQuestionSlide	CpQuizInfoPointsPerQuestionSlide에 저장된 값은 현재 질문 슬라이드에 설정된 점수의 수를 의미한다.	0
cpQuizInfoPointsscored	CpQuizInfoPointsscored에 저장된 값은 프로젝트에서 얻은 점수의 합계를 의미한다.	0
cpQuizInfoPreTestMaxScore	CpQuizInfoPreTestMaxScore에 저장된 값은 사전 테스트 질문에 대한 최대 점수를 의미한다.	0
cpQuizInfoPreTestTotalCorrectAnswers	CpQuizInfoPreTestTotalCorrectAnswers에 저장된 값은 올바르게 대답한 사전 테스트 질문의 수를 의미한다.	0
cpQuizInfoPreTestTotalQuestions	CpQuizInfoPreTestTotalQuestions에 저장된 값은 프로젝트의 사전 테스트 질문의 수를 의미한다.	0
cpQuizInfoPretestPointsscored	CpQuizInfoPretestPointsscored에 저장된 값은 사전 테스트 점수의 포인트를 의미한다.	0
cpQuizInfoPretestScorePercentage	CpQuizInfoPretestScorePercentage에 저장된 값은 사전 테스트 점수의 백분율을 의미한다.	0

변수명	설명	기본 값
cpQuizInfoQuestionPartialScoreOn	CpQuizInfoQuestionPartialScoreOn에 저장된 값은 현재 질문에 부분 점수의 활성화 여부를 의미한다. CpQuizInfoQuestionPartialScoreOn에 저장된 값이 1이면 부분 점수가 활성화 되었음을 의미하며, 0이면 활성화 되지 않았음을 의미한다.	0
cpQuizInfoQuestionSlideTiming	CpQuizInfoQuestionSlideTiming에 저장된 값은 현재 질문에 대한 시간 제한(초)을 의미한다.	0
cpQuizInfoQuestionSlideType	CpQuizInfoQuestionSlideType에 저장된 값은 현재 질문의 유형을 의미한다. 예를 들어, 객관식 질문의 경우 cpQuizInfoQuestionSlideType에 'choice'를 저장한다.	choice
cpQuizInfoQuizPassPercent	cpQuizInfoQuizPassPercent에 저장된 값은 합격 조건으로 지정한 백분율을 의미한다.	80
cpQuizInfoQuizPassPoints	cpQuizInfoQuizPassPoints에 저장된 값은 퀴즈 합격을 위해 설정된 점수를 의미한다.	0
cpQuizInfoTotalCorrectAnswers	cpQuizInfoTotalCorrectAnswers에 저장된 값은 올바르게 대답한 질문의 수를 의미한다.	0
cpQuizInfoTotalProjectPoints	cpQuizInfoTotalProjectPoints에 저장된 값은 프로젝트의 총 퀴즈 점수를 의미한다.	0
cpQuizInfoTotalQuestionsPerProject	cpQuizInfoTotalQuestionsPerProject에 저장된 값은 프로젝트의 총 질문 수를 의미한다.	0
cpQuizInfoTotalQuizPoints	cpQuizInfoTotalQuizPoints에 저장된 값은 퀴즈의 총점을 의미한다.	0
cpQuizInfoTotalUnansweredQuestions	cpQuizInfoTotalUnansweredQuestions에 저장된 값은 프로젝트에서 대답하지 않은 질문의 합계를 의미한다.	0

6. 모바일 변수

변수명	설 명	기본 값
cpInfoGeoLocation	cpInfoGeoLocation에 저장된 값은 지리적 위치를 의미한다.	0

Alessi, S.M., & Trollip, S.R. (2003). *Multimedia for learning: Methods and development*. Boston, MA: Allyn & Bacon. (역: 김동식, 박인우) 서울: 피어슨 에듀케이션 코리아. (원저는 2001년 출판)

Cronbach, L., J., & Snow, R. E. (1977). *Aptitudes and instructional methods: A handbook for research on interaction*. New York: Irvington Publishers.

Dwyer, F. M., & Moore, D. M. (1992). Effect of color coding on visually and verbally oriented tests with students of different field dependence levels. *Journals of Educational Technology Systems, 20*(4), 311–320.

Gagne, R. M. (1985). *The conditions of learning and theory of instruction*. NewYork: Holt, Pinehart and Winston.

Horton, W. (2006). *E-Learning by Design*. Published by Pfeiffer San Francisco CA, USA. (역: 김세리, 한승연, 우영희, 박성희) 서울: 아카데미프레스. (원저는 2006년 출판)

Kester, L., Paas, F., & van Merriënboer, J. J. G. (2009). Instructional control of cognitive load in the design of complex learning environments. In J. Plass, R. Moreno, & R. Brünken (Eds.), *Cognitive load theory* (109–130), New York: Cambridge University Press.

Mayer, R. (2009). *Multimedia learning* (2nd ed.). New York: Cambridge University Press. (역: 김동식, 권숙진, 방선희, 정효정) 서울: 아카데미프레스. (원저는 2009년 출판)

Plass, J. L., Kalyuga, S., & Leutner, D. (2010). Individual differences and cognitive load theory. In J. L. Plass, R. Moreno, & R. Brunken (Eds.), *Cognitive load theory* (65-87). New York: Cambridge University Press.

Szabo, M., & Poohkay, B. (1996). An experimental study of animation, mathematics achievement and attitude toward computer-assisted instruction, *Journal of Research on Computing in Education, 28*(3), 390–402.

찾아보기

저자 소개

김동식(Kim, Dongsik)
부산대학교 교육학과 졸업
미국 Florida State University 교육공학 석사 및 Ph. D.
전 한국교육공학회 회장 역임(2009~2010)
현 한양대학교 교육공학과 교수
kimdsik@hanyang.ac.kr

이효진(Lee, Hyojin)
한양대학교 사학과 졸업
한양대학교 교육공학 석사 및 Ph. D.
현 한양대학교 교육공학과 강사
siena1220@gmail.com

신윤희(Shin, Yoonhee)
한성대학교 정보시스템공학과 졸업
한양대학교 교육공학 석사
한양대학교 교육공학 박사과정 중
shinyoonhee06@gmail.com

나청수(Na, Chungsoo)
성균관대학교 한문교육과 및 컴퓨터교육과 졸업
한양대학교 교육공학 석사과정 중
skcjdtn@gmail.com

어도비 캡티베이트 9을 활용한 이러닝 개발
E-learning Development by Adobe Captivate 9

2016년 4월 15일 1판 1쇄 인쇄
2016년 4월 20일 1판 1쇄 발행

지은이 • 김동식 · 이효진 · 신윤희 · 나청수
펴낸이 • 김진환
펴낸곳 • ㈜ **학지사**

　　　　04031 서울특별시 마포구 양화로 15길 20 마인드월드빌딩
대표전화 • 02)330-5114　　　　팩스 • 02)324-2345
등록번호 • 제313-2006-000265호

홈페이지 • http://www.hakjisa.co.kr
페이스북 • https://www.facebook.com/hakjisabook

ISBN 978-89-997-0924-1　93370

정가 32,000원

이 도서의 국립중앙도서관 출판시도서목록(CIP)은 서지정보유통지원
시스템 홈페이지(http://seoji.nl.go.kr)와 국가자료공동목록시스템
(http://www.nl.go.kr/kolisnet)에서 이용하실 수 있습니다.
(CIP제어번호: CIP2016006162)

교육문화출판미디어그룹 **학지사**

심리검사연구소 **인싸이트** www.inpsyt.co.kr
원격교육연수원 **카운피아** www.counpia.com
학술논문서비스 **뉴논문** www.newnonmun.com